DIE LEBENSWELT DER
HABSBURGER

Karl Vocelka / Lynne Heller

DIE LEBENSWELT DER HABSBURGER

Kultur- und Mentalitätsgeschichte
einer Familie

STYRIA

INHALT

EINLEITUNG *8*

I GIBT ES HABSBURGISCHE „FAMILIENEIGENSCHAFTEN"?

13 PIETAS AUSTRIACA – DAS HABSBURGISCHE FRÖMMIGKEITSVERHALTEN
Kreuzesfrömmigkeit *14* · Eucharistiefrömmigkeit *18* · Marienfrömmigkeit *20* · Spezifisch habsburgische Heiligenverehrung *25* · Askese und Demut *29* · Stiftungen und Unterstützung geistlicher Genossenschaften *31* · Nachbarocke habsburgische Frömmigkeit *38*

39 VON PFERDEN, HUNDEN UND FALKEN – DIE HABSBURGER ALS JÄGER
Die höfische Jagd – habsburgische Jäger im Mittelalter und am Beginn der Neuzeit *39* · Die barocke Hauptjagd – Disziplinierung und Verwilderung *42* · Legendenbildung um jagende Habsburger im 19. Jahrhundert – Weidmänner und Schießwütige *46*

52 „SIE STÜTZEN IHR SZEPTER AUF LEIER UND SCHWERT" – DIE HABSBURGER ALS MUSIKLIEBHABER
Die Habsburger als Förderer und Konsumenten der Musik *52* · Die Habsburger als Komponisten *62*

67 KUNST UND NATUR – DIE HABSBURGER ALS MÄZENE DER KUNST UND WISSENSCHAFT
Das sich wandelnde Verhältnis der Habsburger zur Kunst *67* · Die bildende Kunst im Dienste der Herrschaftsrepräsentation *71* · Kunst als Sammelobjekt und Geschenk *82* · Die Förderung der Wissenschaften *87*

91 SCHÄTZE AUS ALLER WELT – DIE HABSBURGER ALS SAMMLER
Der mittelalterliche Schatz *91* · Die Kunst- und Wunderkammern der Frühen Neuzeit bei den österreichischen Habsburgern *92* · Die Sammlungen der spanischen Habsburger *100* · Die Differenzierung der Sammlungen im Zeitalter der Aufklärung und das Interesse für die Naturwissenschaften *102* · Bibliotheken *106*

113 VERERBUNG ODER ERZIEHUNG? DIE HABSBURGER ALS RESULTAT EINES SOZIALISIERUNGSPROZESSES

II DIE SCHWIERIGE ANNÄHERUNG AN DEN HABSBURGISCHEN MENSCHEN

117 AHNEN UND TUGENDEN – LEGENDEN UND KLISCHEES UM DIE HERRSCHAFT DER HABSBURGER
Herrschaftsfundierung und deren propagandistische Umsetzung *117* ·
Das habsburgische Sendungsbewußtsein *121* · Herrschafts- und Familieneigenschaften *128* · Herkunftslegenden *132* · Legenden und Klischees der Historiographie, der Schulbücher und des Films *137*

141 ... ETC. ETC – DER HABSBURGISCHE TITEL IM WANDEL DER ZEIT
Erzherzog *141* · Großer, mittlerer und kleiner Titel *148* · Anspruchstitel – Der König von Jerusalem *150*

153 „EIN GEKRÖNTER ROTER LÖWE AUF GOLDENEM GRUND" – DIE WAPPENSYMBOLIK DER HABSBURGER
Das Familienwappen und das genealogische Wappen *153* ·
Die Wappen der habsburgischen Länder *154*

161 ZEICHEN DER MACHT – HERRSCHAFTSSYMBOLE DER HABSBURGER
Der Erzherzogshut *161* · Die Insignien des Reiches *163* · Die böhmischen Insignien *167* · Die ungarischen Insignien *168* · Die Eiserne Krone *172* ·
Von Privatkronen und anderen Insignien *173*

179 RITUALE DER MACHT – KRÖNUNGEN UND HERRSCHAFTSEINSETZUNGEN
Erbhuldigung und Kärntner Herzogseinsetzung *179* · Königs- und Kaiserkrönung im Reich *182* · Die böhmische Krönung *194* · Die ungarische Krönung *196* ·
Sonstige Herrschaftseinsetzungen *201*

205 DIE BUNTE WELT DER ORDEN – HABSBURGER ALS GRÜNDER, SOUVERÄNE UND MITGLIEDER VON ORDEN
Die weltlichen Ritterorden der Habsburger *205* · Der Hausorden des Hauses Habsburg – Das burgundische Toison d'or *207* · Die geistlichen Ritterorden *212* ·
Die habsburgischen Verdienstorden *213* · Der Sternkreuzorden und der Elisabethorden *216* · Habsburger als Ordensträger *218*

219 DIE WELTERKLÄRUNG IN EINEM SATZ – DEVISEN UND MOTTI DER HABSBURGER
Das Vokalspiel Friedrichs III. – AEIOU *219* · Die Säulen des Herkules – Die Imprese Karls V. *221* · Die Wahlsprüche der neuzeitlichen Habsburger *223*

III LEBENSUMSTÄNDE UND KULTURELLE PRÄGUNG EINER FAMILIE

227 DER REALE RAUM – RESIDENZEN, SCHLÖSSER UND GÄRTEN
Residenzen der österreichischen Habsburger *227* · Lust- und Jagdschlösser *235* · Residenzen der spanischen Habsburger *237* · Klosterresidenzen *241*

249 DER SYMBOLISCHE RAUM – DAS ZEREMONIELL BEI HOF
Die Entwicklung des burgundisch-spanischen Zeremoniells *249* · Das Zeremoniell des Wiener Hofes *255*

263 DER TRIUMPH DER MACHT – FEST UND REPRÄSENTATION BEI DEN HABSBURGERN
Turnier und Theater *263* · Triumph und Einzug *270* · Übergangsriten *274* · Die Feste des letzten Jahrhunderts der Monarchie – Jubiläen und Hofbälle *285*

288 DER LETZTE TRIUMPH – DAS HABSBURGISCHE BEGRÄBNISZEREMONIELL
Das mittelalterliche und frühneuzeitliche Zeremoniell *288* · Die Begräbnistradition in der Kapuzinergruft *296* · Die Rituale der spanischen Habsburger *299*

305 „... ZU EWIGER GEDECHTNUS" – DIE HABSBURGISCHEN GRABLEGEN

320 SPUREN IN DER GESCHICHTE – KULTUR UND POLITIK EINER FAMILIE

321 ANHANG

STAMMTAFEL *322*

LITERATURVERZEICHNIS *328*

PERSONENREGISTER *337*

EINLEITUNG

Bei dem von Brigitte Vacha herausgegebenen, von Walter Pohl und Karl Vocelka verfaßten Buch „Die Habsburger. Eine europäische Familiengeschichte", das die gleichnamige Fernsehserie ergänzen sollte, war es Aufgabe der Autoren, die Familie vor allem in ihrer politischen Funktion darzustellen. Beim Schreiben dieses Buches wurden allerdings manche Leerstellen und Desiderata der Forschung klar, und das vorliegende Buch kann als eine Ergänzung zum Band „Die Habsburger" verstanden werden. Obwohl auch beim „Buch zur Fernsehserie" schon viele moderne Ansätze der Forschung berücksichtigt wurden und es sich nicht mehr um eine politische Geschichte im klassischen Sinn handelt, mußten viele interessante Bereiche der Forschung ausgespart bleiben. Dieses Buch und seine geplanten Fortsetzungen wollen daher diese sozialwissenschaftlichen, kultur- und mentalitätengeschichtlichen Fragestellungen in der Gesamtfamilie in den Vordergrund stellen.

Die Geschichtsschreibung der letzten Jahrzehnte hat sich auch in Österreich und seinen Nachbarländern verstärkt den Fragen der Alltags- und Mentalitätengeschichte zugewandt. Dabei standen unterschiedliche Gruppen der Bevölkerung – Bauern, Adelige und Bürger – im Mittelpunkt verschiedener Studien und Ausstellungen; ihre Lebenswelt, ihre Einstellungen, ihre Selbstdarstellung und ihre kulturellen Verhaltensmuster wurden und werden studiert. Die Annäherung an die ehemalige Dynastie in ihrer Gesamtheit hingegen erfolgte – sieht man von der Detailforschung ab – immer noch vorwiegend unter dem Gesichtspunkt der politischen Geschichte. Dieses Buch unternimmt es erstmals, die für andere Schichten der Bevölkerung entwickelten Fragestellungen systematisch auf die Familie Habsburg anzuwenden.

Die Literatur über das Haus Habsburg im allgemeinen und über einzelne Mitglieder dieser Familie im besonderen ist schier unüberschaubar. Fundierte wissenschaftliche Arbeiten stehen neben phantasievoll zusammengetragenen Geschwätzigkeiten, detailreiche Studien zu punktuellen Fragen neben große Linien zeichnenden populären Büchern. Die Gesamtdarstellungen zeigen aber entweder die Tendenz, rein biographische Fragen zu behandeln, oder aber die Habsburger als Anlaß zu nehmen, um über die Geschichte der von ihnen beherrschten Länder zu reflektieren. In beiden Fällen ist man fast ausschließlich auf die zur Regierung gelangten Mitglieder der Familie ausgerichtet. Von der Zeit Rudolfs I. bis zu den vor 1918 geborenen Habsburgern erreichten rund 400 Personen das Erwachsenenalter. Dabei sind alle geborenen Habsburgerinnen und Habsburger sowie die angeheirateten Frauen aller Erzherzöge berücksichtigt, soweit sie in den üblichen Nachschlagewerken der Familie behandelt werden. Nur neun Prozent dieser Zahl (23 Prozent der Männer) waren Kaiser oder Könige, rechnet man die Landesfürsten hinzu, so kommt man immerhin auf 13 Prozent (37 Prozent der Männer), die zur Regierung gelangten.

Betrachtet man die Einzelbiographien, so zeigen auch diese eine sehr ungleiche Verteilung des Interesses der Historiker und Schriftsteller. Während es über manchen Habsburger viele – auch viele unnötige – Biographien gibt, sind andere Mitglieder der Familie anscheinend niemals einer Biographie für würdig befunden worden. Dies trifft sogar auf manche der Kaiser zu. Von Matthias oder Ferdinand III. gibt es keine Biographie, und erst in allerjüngster Zeit hat Kaiser Karl VI. zwei Biographen gefunden. Bei den nicht regierenden Erzherzögen und den Frauen ist die Zahl der von der Forschung Vernachlässigten noch erheblich größer. Natürlich hat auch eine Reihe von nicht regierenden Personen biographische Aufmerksamkeit gefunden. Vor allem jene, die das „Glück" ungewöhnlicher Lebenswege hatten, haben das Interesse der Biographen und manchmal – man denke an Elisabeth und Kronprinz Rudolf – auch das der Leser geweckt.

Zwar gibt es, wie z. B. die beiden Bibliographien von Kertész und Martin zeigen, eine sehr große Zahl von Veröffentlichungen, die im Zusammenhang mit den Habsburgern stehen, aber eine Reihe von Forschungslücken und methodischen Defiziten wird deutlich, wenn man über den biographischen Bereich hinausgeht. Nur auf einige wenige soll hier hingewiesen werden. Blickt man auf die Habsburger-Literatur, so fällt auf, daß zwar häufig von Familiengeschichte die Rede ist, daß sich aber kaum ein Autor von der Einzelbiographie lösen konnte. Die Habsburger waren niemals Studienobjekt einer sozialwissenschaftlich verstandenen Familiengeschichte, obwohl über sie ein ausgezeichnetes, über lange Zeiträume vorliegendes Quellenmaterial vorhanden ist. Auch zusammenfassende Studien zur Sozialisierung und Mentalität – also zur Frage der Vorstellungswelten, der bewußten und unbewußten Leitlinien, nach denen die Habsburger handelten und dachten – fehlen, obwohl hier wichtige Detailuntersuchungen vorliegen, die in diesem Buch zusammengefaßt werden sollen.

Auch die fast völlige Trennung der spanischen und der österreichischen Habsburger in der Forschung – sieht man von der Forschung zu Karl V. ab – fällt auf, dabei gibt es zahlreiche Studien zu verschiedenen Einzelthemen, die entweder den einen oder den anderen Familienzweig betreffen, obwohl sich ein Vergleich geradezu aufdrängt.

Weiters fällt auch ein Auseinanderklaffen zweier Arten von Publikationen auf, deren Verhältnis von großen, gegenseitigen Vorurteilen vergiftet ist. Einerseits gibt es eine historisch-wissenschaftliche Forschung, die es zwar ihrerseits nie schafft, ein größeres Publikum zu erreichen, aber über alle „populären" Bücher hinwegsieht, andererseits gehen viele dieser populären, in größeren Auflagen erscheinenden Bücher an den wissenschaftlichen Erkenntnissen vorbei, sind häufig genug schlampig recherchiert und dokumentiert. Zwischen diesen beiden Ansätzen zu vermitteln, eine zwar lesbare, aber auch wissenschaftlich fundierte Geschichte der Familie Habsburg zu schreiben, ist Anliegen der Autoren dieses Bandes.

Ein weiteres Manko vieler populärwissenschaftlicher Bücher über das Haus oder einzelne seiner Mitglieder ist die mangelnde Quellenkritik vieler Autoren. Längst Widerlegtes, Legenden und Fabeln wurden und werden kritiklos übernommen, abgeschrieben und von Generation zu Generation weitergegeben. Hier wäre es an der Zeit, eine kritischere Geschichtsbetrachtung auch und gerade gegenüber den Habsburgern, deren Wirken doch immer wieder beschönigend und apologetisch dargestellt wurde, anzuwenden.

Dieser Band, der sich mit Einstellungen und kulturellen Leistungen der Familie

Habsburg, bzw. Habsburg-Lothringen, beschäftigt, berücksichtigt im Gegensatz zum geplanten Folgeband noch recht stark die regierenden Mitglieder des Hauses, da deren Vorstellungswelten und kulturelle Leistungen von der Quellenlage her besser faßbar sind. Soweit wie möglich wurde aber auch in vielen Bereichen die Gesamtheit der Familie berücksichtigt, also auch die spanische Linie und die nichtregierenden Nebenlinien, die nachgeborenen Söhne und vor allem auch die Töchter.

Die Literatur, auf der dieses Buch aufbaut, ist weit breiter, als die im Auswahlliteraturverzeichnis genannte, an die Stelle der enzyklopädischen Aufzählung und vermeintlicher Vollständigkeit trat eine Wertung der Literatur, neuere Studien wurden bevorzugt zitiert, da ihr Literaturverzeichnis ja wieder den Zugang zur älteren Forschung eröffnet. Langfristig ist auch eine umfassende Bibliographie der Habsburger-Literatur auf einem modernen Medium notwendig.

Alle in diesem Buch behandelten Fragen sind nicht voneinander zu trennen und stellen ein Ganzes dar. Die Gliederung des Buches will drei große Bereiche festmachen, doch sollen die immer wieder vorhandenen oder impliziten Querverweise die umfassende Betrachtungsweise klarmachen. Der erste Teil des Buches diskutiert die Frage der Familieneigenschaften, die bei den Klischees über die Habsburger eine wesentliche Rolle spielen. Eine der Grundannahmen der älteren – und manchmal auch neueren – Literatur lautet, die frommen, jagenden, musizierenden und kunstverständig sammelnden Habsburger seien ein Produkt der Vererbung. Eine nähere Betrachtung muß hingegen die Faktoren der Erziehung wie auch die sich wandelnde Mentalität ebenso berücksichtigen wie den Vergleich mit anderen Dynastien. Dies führt dazu, daß man sich von der Vorstellung eines einheitlichen Familientyps verabschieden muß und daß manches, das als habsburgische „Spezialität" galt, sich im Vergleich relativiert. Der zweite Teil versucht, jene Schichten an Tradition aufzuzeigen, die jeder Habsburger in sich trug: Legenden über die Familie, Titel, Wappen, Orden und Kronen verstellen den Blick auf manches, was sich unter den bunten Gewändern der Vergangenheit verbarg. Der letzte Teil soll Lebensumstände der Habsburger aufzeigen, das Umfeld ihres Lebens im materiellen Sinn – die Residenzen und Schlösser – und im übertragenen Sinn – den Käfig des Zeremoniells. Die Höhepunkte des strengen Zeremoniells waren die Festlichkeiten, die auch die Wendepunkte im Leben der Habsburger markieren: Taufen, Hochzeiten und Begräbnisse sind ja nicht nur bei den Habsburgern, sondern in allen Familien Anlässe für das Zusammenkommen der verstreut lebenden Familienangehörigen.

Der zweite Band wird sich fast ausschließlich den nicht „prominenten", also nicht zur Regierung gelangten Familienmitgliedern widmen, und sich mit sozialgeschichtlichen Fragen, mit Versorgung und Karrieren, mit Familienkonstellationen und Konflikten beschäftigen.

Viele Menschen haben einen direkten oder indirekten Anteil am Zustandekommen dieses Buches, ihnen allen sei hier gedankt, vor allem unseren Freunden vom Institut für die Erforschung der Frühen Neuzeit – Anita Huber, Anita Mayer-Hirzberger, Christa Müller, Friedrich Polleroß, Markus Reisenleitner, Andrea Scheichl und Andrea Sommer-Mathis – sowie Marie-Agnes Dittrich und Cornelia Szábo-Knotik, die das Manuskript teilweise oder zur Gänze gelesen haben und wertvolle Hinweise und Ratschläge gaben. Besonderer Dank gilt auch Arno Traninger für seine permanente Hilfe bei EDV-Problemen. Winfried Stelzer vom Institut für österreichische Geschichtsforschung und Hauke Fill vom Stift Kremsmünster ist für die Hilfe bei der Übersetzung einiger schwieriger panegyrischer Texte aus dem Lateinischen zu danken. Auch Hubert Konrad vom Verlag Styria gebührt unser Dank für die hervorragende Betreuung des Buches.

I GIBT ES HABSBURGISCHE „FAMILIENEIGENSCHAFTEN"?

Den Habsburgern und Habsburg-Lothringern werden als Familie häufig besondere Eigenschaften zugeschrieben; körperliche Merkmale wie die Habsburgerlippe oder die ausgeprägte Nase ebenso wie geistige Eigenschaften und Vorlieben. Vorwiegend ältere, aber auch neuere Werke über die Habsburger argumentieren dabei fast immer mit dem biologistischen Element der Vererbung. Ein gutes Beispiel dafür aus der jüngeren Zeit liefert das folgende Zitat aus dem Jahr 1970 aus einem Aufsatz von Adam Wandruszka: „Kaiser Leopold ist im äußeren Erscheinungsbild wie in seinen Charaktereigenschaften die extremste Verkörperung des habsburgischen ‚Idealtypus', der im 16. und 17. Jahrhundert durch die zahlreichen Verwandtenheiraten geradezu ‚gezüchtet' wurde (langes, schmales Gesicht, ‚müder' Blick, lange, etwas ‚überhängende' Nase, die berühmte ‚Habsburgerlippe' durch Prognatie, psychisch geringe Entschlußkraft, Melancholie, Tatenscheu, Sinn für Würde und Repräsentation, Pflichtbewußtsein, musikalische und literarische Begabung, Vorliebe für Künste und Wissenschaften, Bibliophilie), bei Karl VI. finden wir alle diese Züge, wenngleich in etwas weniger extremer Ausprägung als bei seinem Vater, während Maria Theresia in physischer und psychischer Hinsicht mehr in die Familie ihrer welfischen Mutter zu schlagen scheint."

Wir werden im zweiten Band dieses Buches auf dieses Thema noch speziell für die sogenannten physischen „Familienmerkmale" eingehen müssen, an dieser Stelle muß man sich aber die grundlegende Frage stellen, inwieweit geistige Eigenschaften und Vorlieben von einem Familientyp geprägt, wenn nicht gar prädestiniert sein können. Selbst kritischere Vertreter der Vererbungslehre sind mit Aussagen über geistige Eigenschaften extrem vorsichtig, da genetische Fragen überaus kompliziert sind, und auch das Phänomen der Mendel'schen Auspendelung, also der unterschiedlichsten Varianten in der Ausprägung der Erbmerkmale, keinen einheitlichen Familientyp garantieren würde. Wenn dieser Unsicherheitsfaktor schon bei der Kreuzung von roten und weißen Erbsen nachvollziehbar ist, kann man sich erst recht vorstellen, wie wenig Aussagen man über das komplizierte System menschlicher Ver-

haltensweisen und Eigenschaften treffen kann. Die kritische Frage muß also lauten: Sind diese „spezifisch habsburgischen Eigenschaften" ausschließlich das Ergebnis von Vererbung oder sind sie durch historisch veränderbare Zeitumstände und Sozialisierungsformen geprägt?
Diese Auseinandersetzung gilt selbstverständlich nicht nur für die Mitglieder dieser einen Familie, sie bedeutet vielmehr eine allgemeine anthropologische Fragestellung. Frühere Wissenschaftler haben das Hauptgewicht ihrer Forschung auf die Vererbung gelegt, die Eigenschaften eines Menschen wurden durch seine „Rassenzugehörigkeit" und seine genetische Herkunft bestimmt.
Ohne die Bedeutung von Vererbung völlig zu leugnen, ist es die Auffassung der Verfasser dieses Buches – und damit befinden sie sich in der modernen Geschichtsschreibung durchaus in guter Gesellschaft –, daß in der Prägung menschlicher Verhaltensmuster der Sozialisierungsprozeß, in dem sich auch epochenspezifische Charakteristika ausmachen lassen, die wesentliche Rolle spielt. Die Schwierigkeit der Argumentation für den einen oder anderen Standpunkt bei einer Familie besteht natürlich vor allem darin, daß Vererbung und Sozialisierung innerhalb desselben Umkreises erfolgen, so daß es immer auch eine Interpretationsfrage bleibt, welche Einflüsse man als entscheidend ansehen will. Die Vorlieben und Interessen, die kulturellen Verhaltensweisen und intellektuellen Spezifika der Habsburger werden durch die Erziehung, die – zwar von Epoche zu Epoche modifiziert – ähnlichen Regeln folgte, geprägt. Neu auftretende Vorlieben – etwa ein Interesse für die Naturwissenschaften im 18. und beginnenden 19. Jahrhundert – wurden oft dem biologischen Einfluß der Lothringer zugeschrieben, ohne zu bedenken, daß damit einfach ein neues, nicht nur in der habsburgischen Dynastie, sondern überall in den Eliten Europas merkbares Phänomen sich in der Familie spiegelt, wobei immer nur einige Mitglieder davon betroffen sind. Selbst wenn man den verkürzten biologistischen Ansatz der Vererbung weiterdenkt, so muß man sich der Tatsache der Vielfältigkeit der Erbmasse europäischer Dynastien und auch ihrer engen Verwandtschaftsbeziehungen bewußt sein. Das spezifisch „Habsburgische" müßte dann auch bei den Bourbonen, deren „habsburgischer Blutsanteil" fast genauso hoch ist wie bei den Habsburgern selbst, zu merken sein. Die folgenden Kapitel werden zeigen, daß die durch sogenannte erbliche Familieneigenschaften geprägten Neigungen der Habsburger häufig das Produkt einer bestimmten Erziehung und Sozialisation und daher durchaus auch in anderen regierenden oder adeligen Familien in einer bestimmten Epoche übliche Interessen waren.

PIETAS AUSTRIACA –
DAS HABSBURGISCHE FRÖMMIGKEITSVERHALTEN

Im Zusammenhang mit der Erziehung und dem dadurch vermittelten Herrscherideal spielte die katholische Frömmigkeit der Habsburger bei deren Sozialisierung eine entscheidende Rolle. Dieser hohe Stellenwert der Religion ist in allen Epochen der Geschichte gegeben, da ja stets der Herrscher einer von Gottes Gnaden war. Er regierte *Dei Gratia*, also im Namen Gottes auf Erden; die Vorbildhaftigkeit der habsburgischen Frömmigkeit für die Untertanen stellt ein vielbeschworenes Prinzip dar.

Soweit man es den wenigen bisher erarbeiteten Studien zu den spätmittelalterlichen Habsburgern entnehmen kann, ist eine besonders ausgeprägte, eigenständige religiöse Orientierung für diese noch nicht feststellbar. Die Frömmigkeit der Habsburger vor 1517 folgte weitgehend den Mustern anderer Dynastien, ohne deren Auswüchse mitzumachen. Die im späten Mittelalter überhandnehmenden Frömmigkeitsformen, denen eine Anhäufung von Ablaß durch „fromme Werke", wie das Stiftungswesen oder das Reliquiensammeln, zugrunde lag, hatten bei den Habsburgern keine allzugroße Bedeutung. Keiner der spätmittelalterlichen Habsburger sammelte so manisch Reliquien und damit Ablaßjahre wie etwa der sächsische Kurfürst Friedrich der Weise, der im Jahr 1520 bereits 19.013 Reliquien mit einem Ablaß von zwei Millionen Jahren angehäuft hatte.

Es gibt viele schriftliche Hinweise auf Reliquienkäufe der Habsburger im Mittelalter, eines der spektakulärsten Stücke ist mit der größten Wallfahrt des Mittelalters verbunden. Erzherzog Sigmund († 1496) zahlte 1466 für eine für seine Frau aus Gold verfertigte und mit Reliquien versehene Statue des heiligen Jacobus seinem Hofmeister Konrad Vintler 112 Dukaten. Diese Statue wurde als Weihegeschenk – offenbar zu Ehren und im Namen des Vaters der Herzogin, König Jakob I. von Schottland – nach Santiago de Compostela gewidmet, wo Schatzverwalter und Kapitel am 8. Juni 1467 die Übernahme bestätigten und als Gegengeschenk eine Muschel mit einem silbernen vergoldeten Stab überreichten. Bekannt ist vielleicht auch die Reliquiensammlung Friedrichs III. in dem bemerkenswerten Reliquienschrein in der Georgskapelle in Wiener Neustadt.

Die nachweisbare Förderung der Kirche, der Klöster und Stifte und die Stiftung von Altären und Bildern entsprach durchaus den üblichen Normen der Zeit.

Noch hatte die habsburgische *pietas*, wie sie neuere Untersuchungen analysieren, nicht ihre spezifische Ausprägung gefunden. Eine besondere Ausformung und Pointierung erlebte die habsburgische Frömmigkeit erst durch die religionspolitischen Auseinandersetzungen im Zeitalter der Konfessionalisierung.

Standen die Habsburger der zweiten Hälfte des 16. und des beginnenden 17. Jahrhunderts einer Mehrheit von evangelischen Untertanen in ihren Ländern gegenüber, so änderte sich das mit der siegreichen Gegenreformation innerhalb kurzer Zeit. Die gewaltsame Zurückdrängung der Nichtkatholiken durch die gegenreformatorischen Maßnahmen vor und insbesondere nach 1620 machte die böhmisch-österreichischen Länder zu einem ausschließlich von Katholiken bewohnten Gebiet. Die Formen der barocken Frömmigkeit dieser Untertanen waren nicht unwesentlich vom Vorbild der Herrscher geprägt, wenn auch – wie neuere Forschungen auf dem Gebiet der Volkskultur zeigen – dieser Prozeß keineswegs linear war, also die alte These, daß Volkskultur nur „gesunkenes Kulturgut" der Elite ist, bestätigen würde. Der Eigensinn des Volkes, wie es Norbert Schindler so trefflich formulierte, ging sehr selbständig mit den von der höfischen Frömmigkeit ausgehenden Anregungen um. Dennoch war die Gestalt habsburgischer Frömmigkeit, die ihrerseits von der durch das Reformkonzil von Trient (1545–1563) geprägten Kirche beeinflußt war, bestimmend für die religiösen Verhaltensweisen in der Volkskultur.

Die Habsburger befanden sich ja im 16. und 17. Jahrhundert in einer doppelten religiösen Verteidigungsstellung, gegen den islamischen „Erbfeind der Christenheit", die Türken, ebenso wie gegen den „neuen Türken", die reformatorischen Bestrebungen lutherischer oder calvinistischer Prägung. Beides führte zu einer Betonung bestimmter katholischer Glaubensgrundsätze im spezifisch habsburgischen Frömmigkeitsverhalten, die sich von den Auffassungen der „anderen" unterschieden. So ist etwa die starke Dreifaltigkeitsverehrung auch als ein wesentliches Symbol gegen die nicht-trinitarischen Glaubenssätze des Islam zu verstehen. Deutlicher und entscheidender war allerdings die Abgrenzung gegen die anderen christlichen Lehren. Der Apologetiker des Hauses Habsburg, Johann Ludwig Schönleben, hob drei Säulen der Habsburgerfrömmigkeit hervor: den katholischen Glaubenseifer allgemein, die Verehrung der Eucharistie und die

Oben: *Ein nach dem Ende der habsburgischen Herrschaft entstandenes Gemälde von Robert Vosak ist dem Andenken Kaiser Karls gewidmet. Der gekreuzigte Christus trägt seine Gesichtszüge. Augustiner Chorherrenstift Klosterneuburg, Foto: Inge Kitlitschka*
Rechte Seite: Das Altarbild der Stiftskirche in Stams von Matthias Gasser stellt die Verehrung der Eucharistie durch das Haus Österreich dar. Stift Stams

Verehrung der Unbefleckten Empfängnis. Noch deutlicher brachte der italienische Jesuit Joseph Scalletari die spezifische *pietas Austriaca* auf den Punkt. Zur habsburgischen Frömmigkeit beider Linien des Hauses gehörten das Vertrauen in das Heilige Kreuz *(fiducia in crucem Christi* oder auch *pietas crucis)*, der Kult der Eucharistie *(pietas eucharistica)* und der Marienkult *(pietas Mariana)* als konstituierende Elemente, von denen die beiden letztgenannten natürlich als Abgrenzung gegen die Lehren Luthers und Calvins zu verstehen sind.

Kreuzesfrömmigkeit

Eine Verankerung der habsburgischen Frömmigkeit in der Tradition zeigt sich daran, daß alle diese Frömmigkeitsformen – wie wir sehen werden – auf eine Nachahmung Rudolfs von Habsburg, des Ahnherrn der Dynastie, zurückgeführt werden können, daß aber dahinter noch andere Anspielungen auf Herrscher der Vergangenheit zu finden sind. So war der Kult des Kreuzes natürlich mit der Kreuzauffindung durch die heilige Helena, die Mutter Kaiser Konstantins des Großen, verbunden, aber ebenfalls mit der Ideenwelt der Kreuzzüge und ihren imperialen Implikationen, mit der spätmittelalterlichen Leidensmystik des Versenkens in die Wundmale Christi, das dann in der Barockzeit in die „Verehrung der Herzwunde und des göttlichen Herzens selbst" überging. Auch in den Insignien des Heiligen Römischen Reiches spielt ja die Kreuzesverehrung eine zentrale Rolle, man denke nur an das mit den Reichsinsignien aufbewahrte Reichskreuz, das angeblich ein großes Stück des „Wahren Kreuzes Christi" enthalten soll, und die ebenfalls heute in der Wiener Schatzkammer ausgestellte „Heilige Lanze", die mit der Kreuzigung in Zusammenhang gebracht werden konnte. Diese sicherlich geistesgeschichtlich mit dem germanischen Heerkönigtum zusammenhängende Lanze, die auch einen angeblichen „Wahren Nagel" vom Kreuz Christi enthält, wurde als die Lanze des Longinus, mit dem man Christus die Seitenwunde beibrachte, identifiziert. Auch die spätantik-frühchristliche Tradition der Schlacht auf der Milvischen Brücke, als Konstantin prophezeit wurde, wenn er das Kreuz als Symbol des Christentums annehme, werde er siegen *(in hoc signo vinces)*, schwingt in diesen Vorstellungen mit.

Aber auch eine eigene habsburgische Familientradition konnte mit dieser Kreuzesfrömmigkeit in Verbindung gebracht werden. Als Rudolf I. zum König gekrönt werden sollte – so der Fortsetzer der Chronik von Hermann von Niederaltaich –, verwendete er ein einfaches Holzkreuz statt des nicht auffindbaren Szepters und

Die Lebenswelt der Habsburger

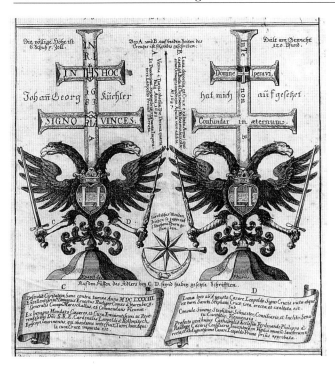

Links: Nach der zweiten Wiener Türkenbelagerung 1683 wurde der Halbmond mit dem Stern auf dem Stephansturm in Wien durch eine neue Turmbekrönung ersetzt, die den Kaiseradler und das Kreuz zeigt. Die Inschrift IN HOC SIGNO VINCES spielt auf die Schlacht an der Milvischen Brücke an. Museen der Stadt Wien

sagte: *„Ecce signum, quo nos et totus mundus redemptus est. Hoc signo utamur loco sceptri"* (Das ist das Zeichen, das uns und alle Welt erlöst hat. Dieses Zeichen nehmen wir an Stelle des Szepters.) Derselbe Rudolf I. hatte außerdem noch vor der entscheidenden Marchfeldschlacht gegen Přemysl Ottokar 1278 ein Gelöbnis zur Errichtung einer Kreuzkirche abgelegt, das dann nach gewonnener Schlacht mit der Stiftung des Dominikanerinnenklosters in Tulln erfüllt wurde.

An diese Legenden konnte man anknüpfen, sie spielten in der habsburgischen Familientradition ein große Rolle, und die Propagandisten der Dynastie, wie etwa der italienische Jesuit Hortensio Pallavicini, leiteten davon sogar die Ausbreitung des Habsburgerreiches in Kreuzform ab.

Unten: Die Eucharistieverehrung war eine der Säulen der habsburgischen Frömmigkeit. Der Stich von Ch. Weigel nach C. Layken stellt Joseph I. kniend vor einem Priester mit dem Altarsakrament dar. Museen der Stadt Wien

Rechts: Die Kreuzesfrömmigkeit der Habsburger spielt immer wieder auf spätantike Vorbilder an. Das Porträt Karls V. und Ferdinands I. mit den vier Evangelistensymbolen und dem Kreuz steht unter dem Motto: IN HOC SIGNO VINCES. Biblioteca Nacional, Madrid

Eine besondere Kraft gewann das Kreuzessymbol in Zusammenhang mit der frühneuzeitlichen habsburgischen Politik, die als Kampf des Kreuzes gegen den Halbmond stilisiert wurde. Der Kreuzeskult konnte sich hier auch mit der marianischen Frömmigkeit gut verbinden, da die apokalyptische Frau der Johannes-Offenbarung *(Apokalypse 12, 1-18)*, die als Maria gedeutet wurde, den Mond – das Symbol der osmanischen Herrschaft – unter ihren Füßen zertritt. Doch auch in der Auseinandersetzung mit den „Ketzern" spielten diese beiden Symbole eine dominierende Rolle; die Kapuziner Laurentius von Brindisi und Marco d'Aviano predigten darüber, daß die Habsburger unter diesem Zeichen siegreich sein würden, und 1620 trug der Karmelit Domenico a Jesu Maria Ruzzola Kreuz und Ma-

Unten: Dem Vorbild Rudolfs I. folgend überläßt Karl II. von Spanien seine Kutsche einem Priester beim Versehgang. Biblioteca Nacional, Madrid

donnenbild in der entscheidenden Schlacht auf dem Weißen Berg den katholischen Truppen voran. Ein weiteres Beispiel verdeutlicht die Verbindung zwischen dem Kampf gegen die Protestanten und der habsburgischen Kreuzesfrömmigkeit. Als die Herrschaft der protestantischen Adelsfamilie Jörger in Hernals – damals ein Vorort Wiens – in der Gegenreformation beseitigt wurde, war damit den Wienern die letzte Möglichkeit genommen worden, in der Nähe der Stadt einen reformierten Gottesdienst zu besuchen und am Sonntag dorthin „auszulaufen". Das Schloß wurde geschliffen und – symbolträchtig – an seiner Stelle ein Kalvarienberg errichtet. Die den Wienern vorgeschriebene Bußprozession zu diesem Kalvarienberg und der damit verbundene Kreuzweg begann beim Corpus-Christi-Altar des Stephansdomes, der Leidensweg Christi wurde gewissermaßen als Siegesweg der katholischen Sache dargestellt. Der Ausgangspunkt dieser Prozession in St. Stephan verband die Kreuzesfrömmigkeit mit der Eucharistiefrömmigkeit der Dynastie. Auch in anderen Zusammenhängen kam dieser speziellen Kreuzesverehrung große Bedeutung zu. So blieb bei einem Brand der Wiener Hofburg 1668 ein Kreuzpartikel unversehrt, daraufhin gründete Eleonore († 1686), die Witwe Kaiser Ferdinands III., den Sternkreuzorden, von dem in anderem Zusammenhang die Rede sein wird.

Eucharistiefrömmigkeit

Während das Kreuz natürlich auch als Symbol der Evangelischen fungierte, schieden sich bei der Verehrung der Eucharistie die Geister. Luther und – noch radikaler – Calvin leugneten den Opfercharakter der Messe und die Realpräsenz Christi in der Eucharistie, wie sie katholischerseits im Tridentinum zum Dogma erhoben worden war. Das Altarsakrament und die anbetende Verehrung, die es genoß, waren integrativer Bestandteil nachtridentinischer Frömmigkeit. Die Fronleichnamsprozessionen und -bruderschaften, das vierzigstündige Gebet vor der ausgesetzten Eucharistie, aber auch Theaterspiele nach spanischem Muster mit dem Thema Altarsakrament prägten diese Verehrungsformen. Schon in der frühen Zeit der Auseinandersetzung mit den Protestanten war die Fronleichnamsprozession Symbol der katholischen Sache gewesen, so hatte etwa Kaiser Karl V. 1530 am Augsburger Reichstag eine besonders prächtige Fronleichnamsprozession als katholische Glaubensdemonstration veranstaltet. Die Teilnahme der Habsburger an dieser Prozession entwickelte sich aber auch später zu einem staatlich-religiösen Akt allerersten Ranges, die Anwesenheit des Landesfürsten bzw. Kaisers unter dem „Himmel" war Ausdruck der katholischen Gesinnung des Staates. Auch die Veranstaltung des Eucharistischen Kongresses 1912 in Wien paßt in diesen Zusammenhang. Sogar nach dem Ende der Monarchie setzte sich die Eucharistieverehrung fort, die Bundespräsidenten der Ersten wie auch der Zweiten Republik – mit Ausnahme der Sozialisten Renner, Körner, Schärf und Jonas – nahmen, gewissermaßen als Rechtsnachfolger der Kaiser, ebenfalls demonstrativ hinter dem „Himmel", dem Baldachin, unter dem die Hostie getragen wurde, an dieser religiösen Zeremonie teil.

Für die Habsburger vor der zweiten Hälfte des 16. Jahrhunderts gestaltete sich die Teilnahme an der Fronleichnamsprozession allerdings keineswegs so selbstverständlich, da in ihren weitgehend protestantischen Ländern eine solche Prozession provokativ wirken konnte. Karl von Innerösterreich etwa wagte es erst 1572, an der Fronleichnamsprozession teilzunehmen, sein Sohn Ferdinand II. hingegen schrieb bereits 50 Jahre später nach dem Sieg der Gegenreformation die Beteiligung des Hofes daran vor. Der jesuitische Beichtvater Lamormaini berichtete über die Prozessionen mit der Beteiligung Ferdinands II.: „Zu Fueß mit entdecktem Haupt, mit einem schlechten Kräntzlein von Rosen auff dem Kopff, mit einem Windtliecht in der Hand dienet er alle Jahr seinem Herrn, den man im Thriumph herumb truge."

Künstlerische Auswirkungen hatte diese Corpus-Christi-Verehrung der Habsburger etwa bei der Stiftung von Monstranzen, aber auch von Gemälden und Wandteppichen mit diesem Thema. Als vielleicht kunsthistorisch bedeutendste Stücke seien die von Rubens im Auftrag der Erzherzogin Isabella Clara Eugenia († 1633) entworfenen Wandteppiche zum Thema „Triumph der Eucharistie" für das Kloster Descalzas Reales in Madrid hier angeführt. Die große Verehrung der Achatschale in der Schatzkammer, die man in der Frühen Neuzeit offenbar für die Gralsschale hielt, ist ebenso in diesen Zusammenhang einzuordnen wie die besondere Verehrung der Habsburger für St. Gundula in Brüssel, deren Ruhm sich auf ein Hostienwunder gründete.

Diese Eucharistieverehrung enthält aber auch politische Implikationen. Die Monstranz, in der die Hostie umhergetragen wurde, war häufig als Sonne, der Beherrscherin des Weltsystems, gestaltet, über der Hostie schwebte oft eine Königskrone. Die politische Umdeutung sagte „*Quod in coelis sol hoc in terra Caesar est*" (Was im Himmel die Sonne, ist auf der Erde der Kaiser). Die Sonne war sowohl eine Allegorie des absoluten Monarchen als auch Christus als „Himmelskaiser", der – nach katholischer Auffassung – in der Hostie gegenwärtig ist. Die eucharistische Sonne wurde wieder dem osmanischen Mond gegenübergestellt, so daß die Bedeutung des Erzhauses in der Bekämpfung des

Eine der berühmtesten Darstellungen der Legende von Rudolf I. und dem Priester auf dem Versehgang stammt von Peter Paul Rubens und Jan Wildens. Prado, Madrid

„Erbfeindes der Christenheit" ebenfalls damit symbolisiert werden konnte.

Ähnlich wie bei der Kreuzesfrömmigkeit konnte man auch bei der Eucharistieverehrung wieder an eine Legende, die sich um Rudolf I. rankte, anknüpfen. Dieser hatte – wie es die bekannte Ballade von Friedrich Schiller zum Schulbuchwissen werden ließ – einem Priester bei einem Versehgang geholfen. Der Priester mit der Eucharistie konnte einen reißenden Fluß nicht übersetzen, so daß Rudolf ihm sein Pferd zur Verfügung stellte. Als der Priester dieses am nächsten Tag zurückbrachte, nahm Rudolf es nicht mehr an und soll dann – wie Schiller es eben in seiner Ballade „Der Graf von Habsburg" ausführt – gesagt haben:

„Nicht wolle das Gott, rief mit Demutssinn
Der Graf, daß zum Streiten und Jagen
Das Roß ich beschritte fürderhin,
Das meinen Schöpfer getragen."

Einen anderen „Großen" der Dynastie, auf den man sich gerne bezog, verband die Legende ebenfalls mit einer eucharistischen Geschichte. Die bekannte Sage, daß sich Kaiser Maximilian I. bei der Gamsjagd in der Martinswand bei Innsbruck verstiegen hatte und weder vor noch zurück konnte, erzählt, daß Maximilian in dieser Notsituation zunächst mit einer Monstranz gesegnet wurde und daß man ihm dann an einer langen Stange eine Hostie als „Wegzehrung" reichte. Aufgrund dieses Sakramentempfangs wurde er auf wunderbare Art von Engeln gerettet. Vielleicht im Zusammenhang mit dieser Legende steht die Tatsache, daß Maximilian I. den eucharistischen Gnadenort Seefeld in Tirol besonders verehrte und sein Enkel Ferdinand I. an diesem Ort sogar eine Klostergründung vornahm. Noch Ferdinand von Tirol († 1595) ließ dort 1575 eine neue Blutkapelle errichten und pilgerte 1583 mit seiner Familie und 2000 Personen Gefolge nach Seefeld.

Insbesondere die barocken Habsburger ließen der Eucharistie außerhalb der demonstrativen Fronleichnamsprozession besondere Verehrung zukommen. Über Ferdinand II. etwa berichtet Lamormaini nicht nur von seiner Teilnahme bei der Corpus-Christi-Prozession, sondern auch von seiner Reaktion auf andere Begegnungen mit der Hostie. Wenn dem Kaiser ein Priester mit dem Venerabile begegnete, „folgete er allezeit nach dem löblichen Exempel Rudolphi des Ersten. Alsbald sprange er mit Ehrerbietung aus dem Wagen, boge sein Knye, auch auf khotiger Erden, bettet an seine Haylandt" und begleitete den Priester zum Kranken. Ähnliches ist über einige andere barocke Habsburger, z. B. über Leopold Wilhelm († 1662), Ferdinand III., Joseph I. und Karl VI. und natürlich von allen spanischen Habsburgern überliefert.

Marienfrömmigkeit

Auch die *pietas Mariana*, die Verehrung der Maria Immaculata, kann bei den Habsburgern der Gegenreformation als Reaktion auf die Glaubensspaltung gesehen werden. Die evangelische Lehre reduzierte den Anteil Marias auf ihre natürliche Mutterschaft Christi, für die katholische Seite verkörperte sie weitaus mehr.
Die Vorstellung der Jungfrau Maria als *Immaculata Concepta* hat eine lange ins Mittelalter zurückreichende theologische Tradition. Schon das Baseler Konzil beschäftigte sich mit dem Lehrsatz der Unbefleckten Empfängnis und dem Dogma der Erbsünde, das Maria ausnahm. In der Zeit der Gegenreformation war diese Diskussion in Spanien unter Philipp III. besonders heftig, sie führte schließlich am 8. Dezember 1661 zur Bulle Papst Alexanders VII., in der die *Immaculata Conceptio* zur Lehrmeinung der Kirche erklärt wurde. Auch literarisch fand die Immaculataverehrung ihren Niederschlag in Spanien, wo Calderón und Lope de Vega Immaculatadramen schrieben. Mit dem mystischen Verständnis der Unbefleckten Empfängnis verkörpert Maria – im Sinne der katholischen Auslegung – das Bild der *Ecclesia Immaculata*, der vollendeten Kirche. Der für die österreichische Gegenreformation so zentrale Jesuitenorden tat sich als Propagator dieses Kultes besonders hervor.
Bei der marianischen Frömmigkeit konnte man auf die bewährte Haustradition zurückgreifen, auch wenn der Zusammenhang schwächer und weniger bekannt war. Rudolf I. gründete einen Marienwallfahrtsort namens Todtmoos im Schwarzwald, der seinen eigenartigen Namen von den umliegenden todbringenden Sümpfen ableitet. Doch wurde die Legende der Gründung eines Marienheiligtums durch Rudolf niemals so verbreitet wie die schon zitierten Legenden, an welche die Eucharistie- und Kreuzesfrömmigkeit anknüpfen konnten. Die frühen Beziehungen der Habsburger zu ihrem „Hauswallfahrtsort" Maria Einsiedeln in der Schweiz könnten ebenfalls ins Treffen geführt werden, verschiedene Marienstiftungen im Spätmittelalter sind belegt. Doch der entscheidende Impuls kam durch die

Die Verehrung von Loreto im Zuge der Gegenreformation wurde auch durch den Papst gefördert. Ein vollkommener Ablaß für einen bestimmten Tag wurde für die Hofkirche in Wien und die dort befindliche Loretonachbildung erteilt. Albertina, Wien

politisch-genealogische Verbindung mit Spanien; von den 70.000 Kirchen, die Spanien im Mittelalter aufwies, war die Mehrzahl Maria geweiht. Sogar eine politische Parallele konnte man ziehen. Das Erstarken Spaniens und die Einigung des Landes erfolgten durch einen langwierigen Kampf gegen die islamischen Araber in der sogenannten *Reconquista*, die man mit dem Türkenkampf der österreichischen Habsburger vergleichen konnte. Der spanische König und Kaiser Karl V. setzte etwa den Marienwallfahrtsort Altötting, von dem noch die Rede sein wird, mit dem spanischen Nationalheiligtum Montserrat gleich, das am Fuß des Berges Gral liegt, wodurch dieses Marienheiligtum mit dem Kult vom Blute Christi verbunden wurde.
Doch ist mit dem Madonnenkult nicht nur die theologische Bedeutung von Maria, sondern auch ihre politische angesprochen, war sie doch der Auffassung der

Gegenreformation nach jene, welche der „Schlange, dem Satan, den Kopf zertritt", die „Siegerin in allen Schlachten Gottes".

Gerade für die habsburgisch-katholische Mythologie spielte der Gedanke des Eingreifens Mariens in das weltliche Geschehen zugunsten der Habsburger eine zentrale Rolle. Drei entscheidende oder als entscheidend angesehene Schlachten waren – dem Verständnis der habsburgischen Propaganda nach – mit dem unmittelbaren Eingreifen Mariens in die Weltgeschichte verbunden: die Schlacht von Lepanto 1571, in der eine osmanische Flotte von Don Juan de Austria († 1578) besiegt wurde, die Schlacht am Weißen Berg 1620, der Wendepunkt in der konfessionellen Frage, und die zweite Wiener Türkenbelagerung 1683, mit der die Offensive gegen den islamischen Gegner auf dem Balkan begann.

1571 wurde der Sieg gegen die Osmanen dem knapp zuvor eingeführten Rosenkranzgebet zugeschrieben. Dieses Gebet schloß nach der Auffassung der Kirche ein geistiges Heer zusammen, dem man den Sieg im Zeitalter des Glaubens ebensogut zuschreiben konnte wie einer realen Armee. Daraufhin verkündete Papst Pius V. 1572 einen neuen Feiertag, das Fest Maria vom Sieg oder Maria de Victoria am 7. Oktober, dem Tag der Lepantoschlacht.

Bei der Schlacht auf dem Bílá Hora, dem Weißen Berg nahe Prags, in der die katholische Liga und der Kaiser die protestantischen böhmischen Stände besiegten, war ebenfalls der Kampfruf „Maria" ausgegeben worden. Damit nahm man nur bereits existierende ältere Vorbilder auf. Wie schon erwähnt, war Maria auf der Mondsichel stehend als *Signum Magnum*, als großes Zeichen, im Kampf gegen den Islam verwendet worden. „Rebellen und Ketzer" waren nach Auffassung der Katholiken die „Neuen Türken", und dies rechtfertigte natürlich einen marianischen Kreuzzug. Schon 1547 im Schmalkaldischen Krieg Kaiser Karls V. gegen die protestantischen Reichsstände hatte der Papst zum Kreuzzug aufgerufen. Als Symbol trug der Harnisch Karls V., den er in der Schlacht bei Mühlberg trug, eine Ätzung der Madonna auf der Mondsichel. In der Auseinandersetzung mit dem protestantischen Böhmen konnten diese Vorstellungen genützt werden, in seinem Werk „Classicum Belli Sacri" 1619 proklamierte etwa der Konvertit Caspar Schoppe den „Heiligen Krieg gegen Ketzer". In diesem Sinne schmückte das Bild der Muttergottes 1620 die Fahnen des katholischen Heeres, der Feldprediger und Karmelit Domenico a Jesu Maria Ruzzola trug ein Kreuz und ein spätgotisches Bild der Geburt Christi aus der Deutschordenskommende in Strakonitz den Soldaten voran. Nach Auffassung der Habsburger gab Maria persönlich der katholischen Sache den Sieg. In den Jahren 1622 bis 1624 wurde am Schlachtfeld des Weißen Berges eine Kirche mit dem Patrozinium *Beata Maria Virginis de Victoria* errichtet, in der eine Kopie des Strakonitzer Gnadenbildes aufgestellt wurde. Das Original des Bildes sandte man nach Rom in die 1605 begonnene Mutterkirche des Karmeliterordens mit dem bezeichnenden Namen *Santa Maria della Vittoria*, wo das Gnadenbild 1633 verbrannte.

Die Mariendarstellungen markierten die Straße des Sieges 1620: An der Prager Teynkirche wurde das Bild des hussitischen Königs Georg von Podiebrad und des Kelches als Symbol der hussitischen Utraquisten durch eine Madonna im Strahlenkranz ersetzt, am Wiener Hof wurde das Fest *Maria de Victoria* eingeführt, ein Votivbild Ferdinands II. von 1631 im Prager Veitsdom ist Maria gewidmet. 1620 wurde eine Prager Prozession in München eingeführt, die zur Weihe der Münchener Mariensäule diente und 1647 in Wien Nachahmung fand. Am politisch brisantesten blieb die Errichtung einer Mariensäule 1650 auf dem Altstädter Ring in Prag, genau an jener Stelle, an der das Blutgericht nach der Schlacht am Weißen Berg, die Hinrichtung einiger „Rebellen", stattgefunden hatte. Wie lange politische Symbole nachwirken, zeigt die Tatsache, daß 1918 diese Marienstatue in Prag – als die Habsburgerherrschaft endete – gestürzt wurde und daß es jetzt – nach 1989 – erneut eine erregte Diskussion um eine eventuelle Wiedererrichtung der Statue gibt.

Auch die Loreto-Verehrung hängt eng mit 1620 zusammen. Die Legende erzählt, daß das Haus Mariens, die *Casa Santa*, 1291 beim Fall von Akkon, der letzten christlichen Bastion im Heiligen Land, auf wunderbare Weise von Jerusalem nach Loreto an der adriatischen Küste (in der Provinz Marken) gebracht wurde. Der Legende nach machten die Engel einen für die habsburgische Ideologie interessanten Zwischenstopp mit der *Casa Santa* in Istrien, den die barocken Schriftsteller mit der habsburgischen Frömmigkeit verbanden. So schrieb der Jesuit Wilhelm Gumppenberg: „Erst kürzlich hatte Rudolf dem Sohn der Jungfrau sein Pferd gegeben, für das die Jungfrau ihm ihr Haus, und der Sohn der Jungfrau, wie wir hoffen, ein Reich ohne Ende verliehen und bestimmt hat, daß Österreich fortan dem Adler als Nest diene."

Die Verehrung von Loreto – der *Casa Santa* und des Kultbildes – war weitverbreitet, große Pilgerscharen strömten in den Ort, handelte es sich doch um die einzige wirklich bedeutende sogenannte „Sekundärreliquie" Mariens, die durch ihre von der katholischen Kirche behauptete leibliche Himmelfahrt keine Primärreliquien hinterlassen konnte. Die Gebete der „Lauretanischen Litanei", die der Verbreitung des Kultes dienten, waren schon 1558 durch den bekannten Jesuiten und späteren Rektor des Prager Clementinums Petrus Canisius, der zuvor Beichtvater in Loreto gewesen war, in Dillingen im Druck herausgegeben worden, doch für die Habsburger wurde Loreto erst etwas später zu einem wichtigen Bezugspunkt.

Schon Erzherzog Karl II. von Innerösterreich († 1590) hatte eine goldene Medaille für Loreto gespendet, seine Frau Maria von Bayern pilgerte mindestens einmal zur *Casa Santa*. Damit stand sie in der wittelsbachischen Familie nicht isoliert da, auch ihr tieffrommer Bruder Wilhelm V. von Bayern hatte etwa 1585 einen silbernen Kronleuchter im Gewicht von 84 Pfund für den Wallfahrtsort gespendet. Karls Bruder Ferdinand von Tirol († 1595) kam durch seine verwandtschaftlichen Beziehungen mit Loreto in Kontakt. Seine zweite Frau Anna Katharina von Mantua ließ 1589 in Hallerau bei Innsbruck eine schlichte Kopie der *Casa Santa* errichten, die im Land Nachahmung fand. So baute die Kapuzinerbruderschaft 1619 schon vor dem großen Boom der Loreto-Verehrung eine *Casa Santa-Kopie* in Bozen.

Doch erst mit Ferdinand II. wurde der Loreto-Kult zu einem zentralen Anliegen habsburgischer Frömmigkeit; der Kaiser konnte dabei an die bayrische Tradition seiner Mutter ebenso anknüpfen wie an die mantuanische seiner Frau Eleonore, die eine Schwester der zweiten Frau Ferdinands von Tirol war. Anläßlich seiner Italienreise im Jahr 1598 legte Ferdinand II. schon vor seinem Herrschaftsantritt in Loreto selbst das Gelübde ab, sein Land von der Ketzerei zu befreien. Loreto spielte also in seiner Denkwelt eine wesentliche Rolle, da er 1606 mit dem Befehl, Holz für Loreto bei Fiume – also in Istrien, wohin die *Casa Santa* von den Engeln zunächst gebracht wurde – zu schlagen, die alte Legende, die die *Casa Santa* mit der habsburgischen Tradition verband, aufgriff.

Nach 1620 entstanden in den habsburgischen Ländern, vor allem in denen der böhmischen Krone und in Wien, zahlreiche Kopien der *Casa Santa* zu Loreto. Diese Kopien der Gnadenstätte spiegeln die Gestalt, welche das Original in Loreto 1518 nach Plänen von Bramante durch Andrea Sansovino erhalten hatte. 1620 oder 1623 entstand in Nikolsburg in Mähren die früheste *Casa Santa-Kopie* in den Ländern der Wenzelskrone durch den Kardinal Fürst Franz Dietrichstein. 1623 bis 1625 wurde durch Ritter Florian Dietrich Saar in Waldl bei Prag eine *Casa Santa* gebaut, zu der auch Wallenstein zur Danksagung pilgerte, ihr folgte die heute noch bedeutendste auf dem Prager Hradschin, die 1626/27 von Benigna Katharina von Lobkowitz angeregt wurde.

Nach 1620 wurde Böhmen als eine neue *Terra Sancta* angesehen. Man legte hier z. B. viele Jerusalemanlagen an, etwa in Rimau mit 25 Kapellen und Leidensstationen, aber auch mit einer Loretokapelle; in Krumau wurde ebenfalls eine Loretokapelle von den Je-

suiten 1658 geweiht. Das alte böhmische Kloster Strahov in Prag wurde als neuer Berg Sion, als „böhmisches Jerusalem", gesehen und durch einen heiligen Weg, auf dem den 44 Anrufungen der Lauretanischen Litanei die 44 angelegten Kapellen entsprachen, mit dem bedeutenden Wallfahrtsort Alt Bunzlau verbunden. Viele marianische Großwallfahrten, die sowohl politisch-habsburgische als auch gegenreformatorische Bedeutung hatten, entstanden in Böhmen.

In Wien hatte 1622 Ferdinands Frau Eleonore von Gonzaga († 1655) in der Hofpfarrkirche bei den Augustinern eine *Casa Santa* errichten lassen, die Joseph II. 1784 abbrechen ließ. 1621 entstand eine *Casa Santa* bei den Franziskanern in Brüssel als eine Stiftung der Infantin Isabella Clara Eugenia († 1633). Alle diese Kopien stehen geistesgeschichtlich in einem Zusammenhang mit der Schlacht am Weißen Berg. Sie sind Denkmäler des katholischen Sieges und somit Votive der Rekatholisierung.

Die *Casa Santa* in Wien spielte ebenfalls eine bedeutende Rolle. Papst Urban VIII. gewährte am 1. März 1628 für die Kopie in der Augustinerkirche einen Ablaß, der allen, die sie besuchten, zugute kommen sollte. Bei dieser *Casa Santa* in der Augustinerkirche fanden zur Fastenzeit Illuminationen und Mysterienspiele statt, die um die Erneuerung des Rosenkranzkultes anläßlich der Seeschlacht von Lepanto kreisten. Diese Nachbildung der *Casa Santa* entwickelte sich zum Haus- und Hofheiligtum der Habsburger bei militärischen Anliegen, hier wurden Siegestrophäen niedergelegt, und es ist kein Zufall, daß 1683 der polnische König Johann Sobieski die Siegeslorbeeren der *Casa Santa* weihte.

Der Sieg gegen die Türken bei Wien 1683, an dem der regierende Habsburger Kaiser Leopold I. militärisch wenig Anteil hatte, den man aber später einem anderen Vater der Dynastie, Karl von Lothringen († 1690), zuschreiben konnte, wurde ebenfalls dem direkten Eingreifen der Madonna zugeschrieben. Wieder waren es mehrere Vorbilder, an die man anknüpfen konnte. Der für die habsburgische Frömmigkeit so wichtige Marienwallfahrtsort Mariazell verband sich der Legende nach mit dem Kampf Ludwigs I. von Ungarn (1342 bis 1382) gegen die Ungläubigen ebenso wie Maria Lanzendorf angeblich auf den Kampf Karls des Großen gegen die Hunnen und Mariabrunn auf die Vertreibung der Türken durch Maximilian I. verwies. Das Gebet Leopolds in Mariazell, vor allem aber das in Passau, wo der Wallfahrtsort Maria-Hilf sein Ziel war, wurden von

Den Sieg in der Seeschlacht von Lepanto 1571 gegen die Osmanen schrieb man indirekt dem Einwirken Mariens zu. Das Gemälde von Tizian allegorisiert diese Schlacht. Prado, Madrid

der religiösen Habsburger-Mythologie als ebenso wichtig angesehen wie der eigentliche Kampf um Wien. Gerade der Passauer Marienkult um das Cranachsche Maria-Hilf-Bild geht auch auf eine habsburgische Wurzel zurück, denn das Originalbild von Lucas Cranach dem Älteren aus dem Jahr 1517 war als Geschenk des Kurfürsten Johann Georg von Sachsen an den Bischof von Passau, Erzherzog Leopold († 1632), gekommen. 1618 wurde in Passau eine Kopie des Bildes angefertigt. Als der Passauer Bischof Erzherzog Leopold 1619 Landesfürst in Tirol wurde, nahm er das Originalbild nach Innsbruck mit, wo es zunächst in der Hofkapelle, dann in der St.-Jakobs-Pfarrkirche, dem heutigen Dom, aufgestellt wurde und nochmals kultbildend wirkte. So existieren Nachbildungen in verschiedenen Tiroler Orten, darunter in Gries im Ötztal, Strengen, Brixlegg, St. Jakob im Defreggen, Brixen und Lana.

Die Passauer Kopie, die nach wunderbaren Lichterscheinungen in das Kapuzinerkloster und die Wallfahrtskirche am Mariahilfberg (errichtet 1624–1627) übertragen wurde, wo Leopold 1683 davor betete, wurde ebenfalls kopiert und wirkte somit in den österreichischen Raum hinein. In einer ganzen Reihe von ober- und niederösterreichischen Orten werden Kopien des Passauer Bildes verehrt. Besonders erfolgreich war dieser Kult in Wien, wo es neben der Mariahilferkirche, nach der ein ganzer Bezirk benannt ist, noch zahlreiche Kopien des Bildes gab. So waren die Kopien in den Wiener Pfarren St. Laurenz, St. Stephan, St. Peter, in der Ursulinenkirche, in St. Johannes und St. Joseph in der Leopoldstadt, in St. Florian im fünften Bezirk, in der Mechitaristenkirche im siebenten Bezirk und der Trinitarier- oder Minoritenkirche im achten Bezirk und in der Hernalser Pfarrkirche Ziel lokaler Verehrung seit dem 18. Jahrhundert. Besonders verehrt wurde die Kopie in der Mariahilferkirche. Im Jahr 1683 mußte das vom Barnabiten Joanelli 1660 für eine Kapelle in Mariahilf gestiftete Bild in die Michaelerkirche gerettet werden, da beim Anmarsch der Türken die Vorstädte niedergebrannt wurden. Nach der Türkenbelagerung wurde dann statt der niedergebrannten Kapelle eine Kirche errichtet.

Gerade die zweite Wiener Türkenbelagerung zeigt, wie die einzelnen Varianten habsburgischer Frömmigkeit, die verschiedenen bevorzugten Marienorte und Marienbilder zu einer Einheit zusammengefügt wurden, wobei Mariahilf und Mariazell eine ähnliche Rolle wie Loreto spielten.

Die marianische Frömmigkeit des Kaiserhauses erreichte ihren Gipfelpunkt sicher darin, daß die Herrscher das ganze Land unter den Schutz Mariens stellten. Ferdinand II. war während seines Studiums in Ingolstadt gemeinsam mit Herzog (später Kurfürst) Maximilian von Bayern – beeinflußt von den Jesuiten – Mitglied der marianischen Sodalität, also einer Vereinigung, die sich der Marienverehrung widmete, geworden. Er und Maximilian unterzeichneten sogar mit ihrem Blut ein Weihedokument an die Madonna von Altötting. Die von Maximilian ausgestellte Pergamenturkunde befand sich im Gnadenbild-Tabernakel und trug die Inschrift: *„In mancipium tuum me tibi dedico consacroque, Virgo Maria, hoc teste cruore atque Chyrographo Maximilianeus peccatorum corypheus"* (Dir gebe ich mich ganz zu eigen und weihe mich Dir, Jungfrau Maria. Dies bekräftige ich mit meinem Blut und eigenhändig. Maximilian, der größte der Sünder). Das in Bayern gelegene Altötting spielte lange Zeit als Reichswallfahrtsort auch für die Habsburger eine ganz wichtige Rolle, auf den Reisen ins Reich besuchten sie diesen Ort, insbesondere vor und nach Krönungen.

Der bayrische Herzog Maximilian I. machte Maria zur *Patrona Bavariae*, zur Schutzherrin seines Landes nach dem Text der Lauretanischen Litanei „*sub tuum praesidium confugimus*" (unter Deinen Schutz flüchten wir). Die Habsburger Ferdinand II. und III. stellten ihre Länder ebenfalls unter den Schutz Mariens, importierten allerdings diese Idee nicht direkt aus Bayern. Sie stammte vielmehr ebenfalls aus der Wurzel einer stark jesuitisch beeinflußten Frömmigkeit.

Die große politische Bedeutung des Marienkultes für Ferdinand II. kann man bereits seinem Versprechen in Loreto, Innerösterreich zu rekatholisieren, entnehmen. Auch später verpflichtete er sich in Mariazell, in dessen Namen eine Analogie zur *Casa Santa* steckt, zur Vertreibung der „Ketzer" aus Böhmen. Mariazell gewann damit eine zentrale Bedeutung für die habsburgische *pietas Mariana* und löste Altötting allmählich als wichtigsten Wallfahrtsort der Dynastie ab. Am 22. Juni 1621 etwa, als die Anführer des böhmischen Aufstandes hingerichtet wurden, begab sich Ferdinand II. nach Mariazell, um zu beten. Folgende Stellungnahme von ihm ist überliefert: „Heute werden meine Herren zu Prag (so nannte er die Rebellenführer) einen der kläglichsten Tage haben; allein, wie hart laß ich geschehen, was dennoch geschehen muß, und ist unter anderem dies die Hauptursache meiner dermaligen Wallfahrt zur heiligen Zelle, damit ich jenen, deren ich sonst nicht schonen darf, wenigstens durch mein Gebet zu Hilfe eile. Kann ich sie ferner nicht leben lassen, so will ich doch nach dem Beispiel des Erlösers für meine Feinde bitten, daß sie glücklich sterben."

In der Auseinandersetzung des Dreißigjährigen Krieges betrachtete Ferdinand II. Maria als „seine Generalissima" und als „das oberst Kriegshaupt", Madonnenbilder schmückten die Fahnen der Heere der Liga und des Kaisers. Ferdinand III. schließlich entschloß sich, „das gantze Land under den schutz, schirm undt patrocinium glorwürdigster Jungfrauen Mariae zu devocieren undt einzuverleiben, wie auch zu mehrerer beförderung der Ehre und Veneration der glorwürdigsten Mutter Gottes alhie in der Statt alß wie zu München auf einem platz ein Saul oder Statuam mit Unser Lieben Frauen Biltnus aufrichten zu lassen, damit darbey zu gewissen Zeiten Litaniam undt andere andachten gehalten werden." Die Mariensäule am Platz am Hof hat in dieser politischen Verbindung des Sieges gegen die „Ketzer" und der Marienverehrung ihren Ursprung. Am 18. März 1647 weihte Ferdinand sich, seine Kinder, Völker, Heere und Provinzen in einem feierlichen Akt Gott und der Jungfrau Maria, und auch Leopold I. nahm nach der Krönung in einer feierlichen Zeremonie in Altötting das Land von Maria zum Lehen.

Später erfolgte die ausschließliche Verlagerung dieser religiösen und staatlichen Akte nach Mariazell. Schon früher hatte die *Magna Mater Austriae* für die Dynastie eine Rolle gespielt, als Pilger nach Mariazell im 16. Jahrhundert sind z. B. die Erzherzogin und Exkönigin Elisabeth von Frankreich († 1592) oder Karl von Innerösterreich († 1590) belegt. Nach seinem Sieg über die Türken bei Stuhlweißenburg stiftete Erzherzog Matthias, der spätere Kaiser, eine goldene Krone für das Mariazeller Gnadenbild. Doch erst in der Barockzeit wurde Mariazell zum wichtigsten Wallfahrtsort der Dynastie. Dort wurde 1665 der Dank für den Sieg gegen die Türken bei Mogersdorf/St.Gotthard abgestattet, und Kaiser Leopold I. pilgerte selbst siebenmal nach Mariazell. Auch er unterstellte seine Länder 1676 dem Schutz Mariens: „Ich will die allerheiligste jungfrau Maria im kriege zu meiner befehlshaberin und bey friedenstractaten zur gevollmachtigten machen", lautete seine Begründung für diesen Schritt.

Erst der Umschwung der Frömmigkeit in der Zeit des aufgeklärten Absolutismus, vor allem unter der Regierung Josephs II., führte zu einer neuen Position dieser dynastischen Marienverehrung und der volkstümlichen Parallelerscheinungen, vor allem durch das 1772 erfolgte Verbot der mehrtägigen Wallfahrten. Sowohl in der Dynastie als auch im Volk blieb die marianische Frömmigkeit erhalten, die habsburgische Frömmigkeit wurde jedoch immer mehr zu einer Privatsache, die nicht mehr denselben politischen Stellenwert beanspruchen konnte wie in der Barockzeit.

Spezifisch habsburgische Heiligenverehrung

Neben den drei genannten Grundpfeilern frühneuzeitlicher habsburgischer Frömmigkeit – Kreuz-, Eucharistie- und Marienverehrung – spielten auch andere Frömmigkeitsformen eine wesentliche Rolle. Spezifisch für die gegenreformatorischen Habsburger waren etwa die Verehrung des Namens Jesu durch Karl VI. oder der Herz-Jesu-Kult und die Verehrung von Heiligen der katholischen Erneuerung, wie des Gründers des Jesuitenordens Ignatius von Loyola und des Jesuitenmissionars Franz Xaver. 1622 feierte man in Spanien die Kanonisierung des Ignatius von Loyola, des Franz Xaver, der Teresa de Jesús und des Philipp Neri mit Triumphbögen und Theateraufführungen von Lope de Vega, denen König Philipp IV. und seine Frau von der Panadería auf der Plaza Mayor in Madrid aus zusahen. Besonders gefördert wurde auch der Kult des heiligen Josephs als Bewahrer des Friedens, der von der ebenfalls stark verehrten heiligen Theresia von Ávila und ihrem Orden verbreitet wurde. Der schon erwähnte Karmeliter Domenico a Jesu Maria hatte diese Andacht zunächst in Österreich eingeführt. 1678 übergab Kaiser Leopold I. die Erblande und das Reich diesem Patron, da seiner Meinung nach der Fürbitte dieses Heiligen die Geburt seines – auch nach diesem Heiligen benannten – Sohnes zu verdanken war. Noch heute wird Joseph als Landespatron der Bundesländer Steiermark, Kärnten und Tirol am 19. März gefeiert.

Aber auch einige andere Heilige wurden aus politisch-religiösen Gründen besonders geehrt. Jede Dynastie versuchte natürlich, Mitglieder ihrer eigenen Familie in den Rang von Heiligen erheben zu lassen, da damit die religiöse Legitimation und natürlich auch der vermeintliche Gnadenschatz der Familie gestärkt wurde. Schon Maximilian I. hatte mit einer Sammlung der „Heiligen der Sipp-, Mag- und Schwägerschaft Kaiser Maximilians I." (Sippschaft ist die männliche, Magenschaft die weibliche Verwandtschaft) diese Interessen verfolgt – und selbst heute noch, lange nachdem diese Dynastie ihre Rolle ausgespielt hat, sind Bestrebungen zur Seligsprechung des letzen Kaisers Karl im Gange, die sich auf einige angebliche und höchst eigenartige Gebetserhörungen und Wunder stützen.

Eine andere Möglichkeit der Stärkung politischer Bezüge im Frömmigkeitsverhalten bot die Schaffung und Verehrung von Landesheiligen. Die Auswahl der Landesheiligen hängt oft mit der Frühgeschichte der Christianisierung zusammen. So beeinflußten Adalbert, Wenzel und Ludmilla in Böhmen als Bischof und Herzog bzw. Herzogin die Christianisierungsphase, und auch die schlesische Landesheilige Hedwig hat mit der Einführung des Christentums in diesem Land zu tun. In Ungarn spielten die Landesheiligen eine noch viel bedeutendere Rolle, vor allem der heilige Stephan, dessen bestimmender Einfluß auf die Christianisierung sich mit dem auf den staatlichen Ausbau Ungarns die Waage hielt. Die Schaffung einer kirchlichen Organisationsstruktur durch Stephan und die vom Papst übersandte „Heilige Stephanskrone" spielen letztlich bis heute eine wichtige Rolle in Ungarn. Schon 1083 wurde Stephan auf Betreiben des später ebenfalls heiliggesprochenen und als Landespatron verehrten ungarischen Königs Ladislaus I. († 1095) durch feierliche „Erhebung der Gebeine" – also der Übertragung in ein neues, dem Heiligen gemäßes Grab – kanonisiert. Der Stephanstag, der 20. August, war und ist ein ungarischer Staatsfeiertag, und die unversehrte rechte Hand Stephans wurde als Staatsreliquie verehrt.

Eine ähnlich prägende Heiligenpersönlichkeit fehlte in den österreichischen Erblanden. Zwar wurden der heilige Koloman in Nieder- und der heilige Florian in Oberösterreich als Landesheilige verehrt, doch konnte keiner der beiden mit der Dynastie in Verbindung gebracht werden, so daß der einzige österreichische Herrscher, der es zum Heiligen gebracht hatte, immer mehr ins Blickfeld der Habsburger trat, auch wenn er ein Babenberger war und damit nur von der Funktion her einen ihrer „Vorfahren" darstellte.

Der Babenbergerherzog Leopold III. († 1136), zutiefst in die Auseinandersetzungen im Reich verstrickt, erhielt nach einem politischen Frontwechsel Agnes, Witwe nach Friedrich von Staufen und Schwester des Königs Heinrich V. († 1125), zur Frau. Dies wurde zwar durch die Verletzung der Gefolgschaftstreue erkauft, aber der Gewinn war ungeheuerlich: Leopold stand nun in engen verwandtschaftlichen Beziehungen zu den Saliern und den Staufern. Sein schlechtes Gewissen beruhigte er durch die Ausstattung von Klöstern mit Grundbesitz: Melk sowie seine Gründungen Klosterneuburg und Heiligenkreuz profitierten davon besonders. Nach dem Tod Heinrichs V. 1125 lehnte er die Kaiserwürde dreimal ab, was zur Legendenbildung wesentlich beitrug.

In der zweiten Hälfte des 12. Jahrhunderts führte er bereits den Beinamen Pius, der Fromme, sein Grab wurde verehrt, und Wunderberichte mehrten sich. So stellte schon der Habsburger Rudolf IV. ein erstes Ansuchen um Kanonisierung Leopolds. Wie stark sich die Habsburger in den ersten Generationen an die Babenberger „ansippten", zeigt nicht zuletzt die Tatsache, daß der bis zu diesem Zeitpunkt in der Familie ungebräuchliche Name Leopold nun als Taufname häufig Verwendung fand. Die Heiligsprechung Leopolds III. erfolgte allerdings erst im Jahr 1485; wenig später, 1506, wurden unter Kaiser Maximilian in Klosterneuburg die Gebeine des Markgrafen in feierlicher Weise gehoben und in einem Goldschrein aufgestellt.

Unter Kaiser Leopold I. kam es schließlich zum großen Aufschwung der Leopoldverehrung, im Jahr 1663 wurde der heilige Leopold zum Patron für ganz Österreich erklärt. In einem Patent vom 19. Oktober 1663 ordnete Kaiser Leopold I. an, daß in den Ländern Österreich ob und unter der Enns der heilige Leopold an seinem Festtag, dem 15. November, verehrt werden sollte. Offiziell wurde damit Leopold zum Landespatron, dessen Verehrung mit Strafandrohung allen Landeskindern zur Pflicht gemacht wurde. Die Jagdausflüge Kaiser Leopolds I. nach Klosterneuburg nahmen im Zuge dieser Entwicklung nach 1663 immer mehr den Charakter von Staatswallfahrten zum Landespatron an.

Eine durchaus andere religiös-politische Dimension zeigt die „Schaffung" eines weiteren barocken Heiligen in den habsburgischen Ländern, die Propagierung des Kultes des Johann von Nepomuk. Der um 1340 in Nepomuk in Südböhmen geborene Kleriker war Pfarrer in der Prager Neustadt und Generalvikar des Prager Erzbischofs Johannes von Jentzenstein. Als Opfer des Jähzorns König Wenzels wurde er – aufgrund eines kirchenpolitischen Streites zwischen König und Bischof – zusammen mit zwei weiteren Prälaten gefoltert und in die Moldau geworfen. Die für seine Verehrung wesentlichen Elemente der Legende um das Beichtgeheimnis der Frau des Königs, das Nepomuk angeblich wahrte, tauchten erst 40 Jahre später auf. Zwar wurde Johann von Nepomuk erst 1729 heiliggesprochen, doch seine Verehrung ist älter. Die erste Statue, die auch den Typus der weitverbreiteten Nepomukstatuen festlegte, wurde 1683 auf der Karlsbrücke in Prag aufgestellt.

Nepomuks Siegeszug rührt wohl nicht zuletzt daher, daß seine Legende mit zwei wesentlichen Ideen der Barockzeit verbunden werden konnte: mit dem Marienkult und dem Beharren der Katholiken auf dem Sakrament der Beichte in der Form der Ohrenbeichte. Die Legende berichtet, daß Maria dem Heiligen Sterne aus ihrem Sternenkranz zuwarf, deren Fünfzahl mit dem Wort TACUI (ich habe geschwiegen) als Anspielung auf die Wahrung des Beichtgeheimnisses interpretiert wird.

Im Jahr 1715 wurde der Seligsprechungsprozeß eröffnet, am 15. April 1719 die Grabplatte in Gegenwart des Prager Erzbischofs gehoben, um die Überreste des Johannes von Nepomuk zu exhumieren. Im Schädel fand man unverwestes organisches Gewebe, das natürlich als Zunge (Beichtgeheimnis!) interpretiert werden konnte – heute weiß man aus einer neueren anthropologischen Untersuchung, daß es sich dabei um ein Stück Gehirn handelt. 1721 wurde Nepomuk von Papst Innozenz XIII. selig- und 1729 heiliggesprochen.

Nepomuk war für Böhmen ein geradezu idealer Heiliger, er stammte aus dem Lande und war – nicht zuletzt auch durch die Namensgleichheit – gut geeignet, die Erinnerung an einen ganz andern „Heiligen", an Johann Hus, auszulöschen. Außerdem betonte er als *Proto-Martyr Poenitentiae*, als Blutzeuge des Beichtgeheimnisses, einen wesentlichen Unterschied zu den Reformierten.

Leopold I. hat besondere Verehrung für den hl. Joseph empfunden und daher die Erblande dem Schutz dieses Heiligen übergeben. Kunsthistorisches Museum, Wien

Links: „Traum Philipps II.", Gemälde von El Greco. Symbolische Darstellung des Sieges über die Osmanen in der Schlacht von Lepanto 1571. Madrid, Escorial. AKG, Berlin
Rechts oben: Die Symbole der Eucharistie und des Kreuzes waren auch die wichtigsten Themen der Frömmigkeit der spanischen Habsburger. Der Stich zeigt Philipp IV. als Verteidiger des Glaubens. Biblioteca Nacional, Madrid
Rechts unten: Der junge und wenig zur Regierung geeignete Karl II., dem seine Mutter Mariana de Austria die Krone überreicht, sitzt bezeichnenderweise vor einem Bild Mariens und einem der Eucharistie. Biblioteca Nacional, Madrid

Viele Nepomukkirchen entstanden in Böhmen schon vor 1729, ja sogar vor der Seligsprechung 1721, die wichtigste davon ist sicherlich die Wallfahrtskirche auf dem Grünen Berg bei Saar, deren symbolgeladene Architektur von Santin-Aichel auf einem fünfzackigen Stern als Grundriß aufbaut. Das Urbild dieser Anlage ist wieder ein habsburgisches, das Jagdschloß Stern bei Prag, das 1555/56 nach einer Idee Erzherzog Ferdinands († 1595), damals böhmischer Statthalter und später Landesfürst von Tirol, von Juan Maria del Pambio und Giovanni Lucchese geplant und von Hans von Tirol und Bonifaz Wolmuet ausgeführt wurde.

Abgesehen von der habsburgischen Förderung verbreitete sich der Nepomukkult in ganz Europa durch den böhmischen Adel und dessen Heiratsbeziehungen, aber auch durch verschiedene Orden, vor allem die Jesuiten und die Kapuziner als Träger dieser Verehrung. Interessant erscheint wieder die Parallele zu Bayern. Unter der Regierung Kurfürst Karl Albrechts (1728–1745) wurde Nepomuk 1729 zum zweiten Landespatron von Bayern und Neben-Hauptpatron von München erklärt, er war auch der Schutzpatron Maria Theresias. Ihre große Zahl verdanken die Nepomukstatuen allerdings einem anderen Element der Legende, nämlich der Tatsache, daß Nepomuk in seinem Martyrium von der Moldaubrücke in den Fluß gestürzt wurde und sein Leichnam auf der Moldau – von eigenartigen Lichterscheinungen begleitet – stromaufwärts trieb. Aus diesem Grund wurden Nepomukstatuen bei fast allen Brücken aufgestellt und so sein Kult im gesamten böhmisch-österreichisch-bayrischen Raum intensiv verbreitet.

Askese und Demut

Die Habsburger, die sonst selbstbewußt ihren eigenen Ruhm und ihre besondere Sendung betonten und sich so gerne vom gewöhnlichen Volk, aber auch vom Adel abhoben, man denke nur an Josephs II. oft zitierte, halb ironische, halb überhebliche Aussage, wenn er sich so abgrenzte wie der Adel, müsse er nur in der Kapuziner-

gruft verkehren, zeigten sich auf dem religiösen Gebiet voller Demut und Askese. Natürlich hielt man sich an die Fastenregeln der Kirche, wenn es dem Hof auch leichter fiel, sich mit Fisch und exotischen Dingen, wie Mandelmilch statt der verbotenen Kuhmilch, zu versorgen. Zwar gab es auch Fastendispense für die Habsburger, die gegen entsprechende Bezahlung jederzeit erhältlich waren, diese wurden aber nicht sehr oft genutzt.

Eine seit dem 16. Jahrhundert geübte Demutsformel der Familie stellte die Fußwaschung am Gründonnerstag dar, bei der der jeweilige Regent zwölf alten Männern, die gewissermaßen die Rolle der Apostel spielten, die Füße wusch, die Kaiserin hingegen zwölf armen Frauen. Im 19. Jahrhundert wurden sogar die Namensverzeichnisse dieser Männer gedruckt. Diese seit dem 7. Jahrhundert in der Kirche übliche Zeremonie, die die Nachfolge Christi und die Demut des wahren Christentums betonte, wurde schon im hohen Mittelalter im Reich durchgeführt, doch im österreichischen Zeremoniell wurde sie erst durch Ferdinand I. 1528 verankert. Neben der in Anwesenheit aller Erzherzoginnen und Erzherzöge durchgeführten Waschzeremonie – es ist anzunehmen, daß diese später vom Bürgermeister der Gemeinde Wien ausgewählten Armen schon vorher besonders gründlich gewaschen wurden – war auch die Bewirtung mit trockenen Speisen, die auf irdenen Tellern serviert wurden, ein Teil des Wohltätigkeitsgestus. Die Männer und Frauen erhielten Fastenspeisen: Apostelfisch, grünen Karpfen, Schmalztorte, Fischpasten, Mandelsuppe, Gugelhupf, Spritzkrapfen mit Mandeln, Käse, Obst und Dörrpflaumen, die sie zusammen mit dem Pilgergewand, einem irdenen Krug, einem Zinnbecher sowie einem Beutel mit 30 Silbermünzen mitnehmen durften.

Viele Habsburger – und besonders Habsburgerinnen – pflegten nicht nur über Stiftungen innige Beziehungen zu Orden, sondern übernahmen auch manches vom asketischen Lebensideal des Mönchtums in ihre eigene Frömmigkeit. Die Abkehr von weltlichem Prunk, das Tragen von Ordenskleidung und das Zurückziehen in ein Kloster waren Bestandteil dieser Tradition. Der sicherlich bekannteste Fall war der Rückzug Karls V. in das Kloster Yuste, aber auch andere Habsburger entwickelten solche Ideen – die spanischen Mitglieder der Familie legten zumindest zum Sterben eine Ordenstracht an, wenn sie sich schon nicht in ein Kloster zurückzogen. Als Beispiel für einen österreichischen Habsburger sei Erzherzog Maximilian III. der Deutschmeister († 1618) angeführt, der das Ordenskleid der Kapuziner und auch der Kartäuser verliehen bekam, obwohl er nicht im Kloster lebte. Er ließ sich Einsiedeleien errichten, wobei er Intentionen der verwitweten Anna Katharina († 1621) aufnahm, die ihr Betzimmer wie eine Zelle in einem Kapuzinerkloster einrichten ließ, bevor sie 1612 in das von ihr gestiftete Servitinnenkloster eintrat. Dieses alte Betzimmer bildete den Ausgangspunkt der Einsiedelei in Innsbruck, weitere Eremitorien ließ Maximilian in Wiener Neustadt, am Hochmeistersitz des Deutschen Ritterordens in Mergentheim und beim Kloster Stams anlegen. Trotz ihrer asketischen Funktion erfüllte die Einsiedelei aber auch eine Art repräsentative Funktion, denn diese „bescheidene Einsiedlerzelle" bestand aus elf Räumen mit einer Fläche von 120 Quadratmetern: Vorsaal, Audienzzimmer, Arbeitszimmer, Betraum, Vorratsraum, Küche, Gang, Betrachtungsraum, Wohnraum, Chorzelle und Schlafzelle bildeten die für den Erzherzog bestimmten Räumlichkeiten.

Zum asketischen Verhalten der Habsburger gehörte die Selbstgeißelung. Mehrere Geißeln der Frau des Kaisers Matthias, Anna, sind in der Wiener Schatzkammer erhalten. Kunsthistorisches Museum

Eine besondere Form der barocken Askese stellte die Selbstgeißelung dar, die von vielen Erzherzoginnen ausgeübt wurde. Diese Praxis, sich selbst zu geißeln, war schon seit dem Mittelalter verbreitet und wurde „Disciplin" genannt. Nach den Lehren der Gegenreformation sollte der Geist durch die Unterdrückung des Körpers befreit werden, womit man seine Sünden bereits auf Erden büßen konnte. Den Kapuzinern, zu denen die Habsburger intensive Beziehungen unterhielten, war eine solche Selbstzüchtigung sogar wöchentlich vorgeschrieben. Von der den Kapuzinern so nahestehenden Kaiserin Anna († 1618), der Frau des Kaisers Matthias, sind vier Geißeln hinterlassen worden, zwei davon sind in der geistlichen Schatzkammer zu sehen. Den Quellen nach dürfte die Disziplinierung mit diesen Instrumenten nicht bloß formell, sondern wirklich schmerzhaft erfolgt sein – was man verschieden, auch sexualpathologisch, deuten kann.

Auch von der Kaiserinwitwe Eleonora Magdalena Theresia († 1720) wird folgendes berichtet: „Die Begierd / das Göttliche Wort zuvernehmen / konte weder Ihr kayserliches Bett-Hauß / noch die so häuffig hierzu bestimte Tag ersättigen. Daß der Mensch nicht im Brod allein / sondern vom Wort Gottes lebe; Dieses bewise Sie durch Ihr Beyspiel: Einmahl des Tages speisen / ware vor die Nahrung des Leibes / aber nur einmal das Wort Gottes hören / ware Ihr vor die Nahrung der Seel nicht genug; So offt die Umständ diese Erquickung öffters zuliessen. Die Lenden waren mit einem Buß-Strick umbgürtet / und also wolte Sie den göttlichen Bräutigamb / nach dessen Befehl empfangen. Der schwache Leib / welcher zwar von der Eytel- und Sinnlichkeit / durch Nahr- und Kleydung nichts / ware von der Strengheit schwär beladen / und unter solchem Last wurde ihme doch keine Ruhe verstattet: Der gehorsambe Leib wurde streng gezüchtiget / wurde durch offt wiederholte / und anhaltende Geißl-Streich / auch entsetzlich zerfleischet."

Die beiden Aspekte der Demut und der Askese sind deutlich merkbar. Viele Habsburger haben vor allem im Tod einen solchen Demutsgestus gesetzt, z. B. Maximilian I., der, wie wir noch sehen werden, schreckliche Dinge für seinen Leichnam bestimmte.

Stiftungen und Unterstützung geistlicher Genossenschaften

Die Förderung bevorzugter Orden hängt mit der spezifischen Frömmigkeit der habsburgischen Dynastie, aber auch mit den allgemeinen religionspolitischen Entwicklungen der jeweiligen Länder zusammen. Die Unterstützung bestimmter Orden stand in Zusammenhang mit den Bedingungen der jeweiligen Geschichtsperioden, aber auch mit menschlichen Konstellationen. Vor allem durch eingeheiratete Frauen kamen neue Orden ins Spiel, die dann in der nächsten Generation weiterwirken konnten. Zuwendungen und Stiftungen, aber auch die Gründung von Klöstern und Damenstiften sind in den Testamenten der Habsburgerinnen und Habsburger in großer Zahl überliefert.

Links oben: Profeß der Infantin Ana Margarita de Mendoza, einer illegitimen Tochter Philipps IV., 1650 im Real Monasterio de la Encarnación in Madrid.
Links unten: Erzherzog Karl von Innerösterreich und seine Gattin Maria bringen ihren Sohn Gott dar. ÖNB, Wien
Folgende Doppelseite: Zu den abstoßendsten Formen der Frömmigkeit zählt die Teilnahme der spanischen Herrscher bei den Autodafés. Hier eines auf der Plaza Mayor in Madrid in Anwesenheit des Königs. Gemälde von F. Rizzi. Prado, Madrid

Die Lebenswelt der Habsburger

Ein Beispiel eines spätmittelalterlichen Testamentes soll hier die große Streuung der Zuwendungen an geistliche Gemeinschaften aufzeigen. Im Testament Friedrichs des Schönen († 1330) aus dem Jahr 1327 wurden unterschiedliche Summen an fast 100 verschiedene Klöster und Stifte verteilt, darunter Salzburg, Augsburg, Konstanz, Passau, Kempten, Neuburg im Elsaß, Speyer, Basel, Freising und verschiedene Kirchen in Regensburg. Neben diesen Klöstern im Reich und in den Stammlanden wurden vor allem österreichische Klöster bedacht, darunter die Wiener Schotten und das Leprosenhaus, St. Pölten, Heiligenkreuz, Herzogenburg, Seitenstetten, Göttweig, Wiener Neustadt, Kirchberg, Dürnstein, Melk, Zwettl, Garsten, Waldhausen, Lambach, Wilhering, Engelhartszell, Kremsmünster, St. Florian, Suben, Reichersberg, Mariazell, Vorau, Admont etc., dazu kamen noch die Niederlassungen der Bettelorden in den meisten österreichischen Städten.

Wollte man eine genaue Liste mit Beschreibungen aller habsburgischen Gründungen geben, wäre damit ein eigenes Buch zu füllen. Schon die frühen Habsburger vor Rudolf I. stifteten Klöster, das Hauskloster Muri etwa oder Ottmarsheim im Elsaß. Diese Stiftungen sind nicht außergewöhnlich, da traditionsgemäß große Adelsfamilien immer wieder solche Klöster begründet hatten, deren Funktion eine vielfache war. Diese Eigenklöster dienten dem Landesausbau, aber auch als Begräbnisstätten, sie bildeten einen Ort des Gebetes für die Familie und auch einen für die materielle Versorgung der nachgeborenen Söhne und Töchter. Diese Gründungen, die auch in den österreichischen Ländern ihre Fortsetzung fanden, begünstigten die schon seit dem frühen Mittelalter in Europa verbreiteten Orden. So waren Muri und Ottmarsheim Benediktinerklöster, Neuberg an der Mürz hingegen ein Zisterzienserkloster.

Die Förderung der spätmittelalterlichen Habsburger galt aber auch besonders den Bettelorden und den eremitischen Gemeinschaften, hier vor allem den Kartäusern. Schon Rudolf von Habsburg stützte sich bei seiner politischen Arbeit – der „Propaganda" seiner Zeit – stark auf die städtischen Bettelorden; im späten Mittelalter wurden daher die Klöster der Minoriten und Klarissinnen besonders reich bedacht. So beschenkten etwa die Fürstinnen Blanca (Blanche) von Frankreich († 1305) und Elisabeth von Aragón († 1330), die mit Rudolf III. († 1307) und Friedrich dem Schönen († 1330) verheiratet waren, das Wiener Minoritenkloster in ihrem Testament. Dort wurden sie auch begraben – allerdings gingen die offenbar prachtvollen Hochgräber später verloren. Blanche stiftete 1000 Pfund für das Münster, im Vergleich dazu betrugen die Ausgaben für ihren Grabstein nur 50 Pfund.

Die von den Habsburgern gegründeten Kartäuserklöster in Mauerbach und Gaming sind Stiftungen, die ebenfalls aus der Zeit heraus zu verstehen sind und die sich keineswegs von der Gründungspolitik anderer Dynastien unterscheiden. Dank ihres Rufes als strenger Orden galt das Gebet der Kartäuser als besonders wirksam, und so wählte man häufig diesen Orden für eine Gründung, die auch gleichzeitig als Grabstätte dienen sollte, da dem Gebet für das Seelenheil des Verstorbenen verstärktes Gewicht zukam.

In der Zeit der Gegenreformation förderte man in erster Linie jene Orden, die in Zusammenhang mit der katholischen Reform des 16. Jahrhunderts entstanden sind, allen voran natürlich die Jesuiten, die von den österreichischen Habsburgern schon seit 1551 in ihre Länder berufen worden waren und immer größeren Einfluß als Beichtväter, Erzieher und politische Berater gewannen, wobei interessant ist, daß bei den spanischen Habsburgern die Franziskaner und Augustiner als Beichtväter mehr geschätzt wurden als die Jesuiten, die aber vor allem in Spanien erhebliche Förderung erfuhren. Die Nähe der Habsburger zu den Jesuiten – bis zu deren zeitweiliger Aufhebung 1773 – hatte auch große politische Folgen für die Geschichte der habsburgischen Länder. Neben den Jesuiten waren es aber auch andere Orden der Gegenreformation, wie etwa die Kapuziner, die von den barocken Habsburgern besonders gefördert wurden. So ist es kein Zufall, daß das habsburgische „Erbbegräbnis" – also die gemeinsame Familienbegräbnisstätte – gerade von diesem Orden betreut wird. Die Förderung der Kirche wurde von den spanischen Habsburgern intensiv betrieben – ein Drittel der Bauten von Madrid waren Klöster, Kirchen und Spitäler –, aber die barocken österreichischen Habsburger standen dem um nichts nach. Besonders nach 1683 baute man in Wien zerstörte Kirchen auf und stiftete neue; die verschiedenen Orden wie Hibernier, Kapuziner, Karmeliter und Paulaner errichteten nicht nur Kirchen in Wien, sondern auch in verschiedenen Teilen Böhmens.

Neben den Stiftungen von Klöstern, die beschaulichen oder seelsorgerischen Zwecken dienten, sind im Zusammenhang mit der Frömmigkeit der Habsburger besonders karitative Stiftungen anderer Art zu sehen, vor allem Spitalsstiftungen. Spitäler dieser Zeit sind mit unseren modernen Krankenanstalten nicht zu vergleichen, sie sind eine Mischung aus Armenanstalt, Altersheim, Pilgerherberge und Waisenhaus. Eine Trennung dieser verschiedenen Funktionen erfolgte erst unter Joseph II., dessen Gründungen allerdings nicht mehr religiösen, sondern aufgeklärten, utilitaristischen Überlegungen folgten. Dieser Typus des Herrschaftsspitales war schon bei den spätmittelalterlichen Habsburgern verbreitet; Friedrich der Schöne stiftete das Spi-

Eine der frühen Klostergründungen der Habsburger – noch lange bevor sie im Reich eine bedeutende Rolle spielten – ist das Kloster Ottmarsheim im Elsaß. Archiv Verlag Styria, Nemeth

tal St. Johann vor dem Werdertor, Herzog Otto († 1339) das St. Martin-Spital vor dem Widmertor und Albrecht II. († 1358) zu Ehren des heiligen Theobald und der heiligen Katharina eine Kapelle und ebenfalls ein Spital vor dem Widmertor. Der Gedanke des „Seelgeräts" war dabei maßgebend; die Armen sollten für das Seelenheil des Stifters und seiner Familie beten, ihrem Gebet kam – eben weil sie arm und krank waren – besonderes Gewicht zu. In seinem Testament legte Maximilian I. fest, daß sieben Spitäler begründet werden sollten, die allerdings erst von seinem Enkel Ferdinand wirklich bestiftet wurden. Es entstanden das Wiener Hof- oder Kaiserspital (einst rund um den Ballhausplatz), das lange Zeit neben dem Bürgerspital die medizinische Versorgung der Stadt aufrechterhielt, aber auch Hofspitäler in Graz, Innsbruck, Wels, St. Veit an der Glan, Laibach und Breisach, dazu bestiftete Ferdinand noch die Salinenspitäler in Aussee und Hallstatt neu, das heißt, er gewährte ihnen zusätzliche Mittel. Die Spitalsordnungen dieser Gründungen spiegeln deutlich die Tradition der mittelalterlichen Frömmigkeitsvorstellungen: Die Spitalsinsassen wurden verpflichtet, für das Seelenheil, vor allem Annas, der früh verstorbenen Frau Ferdinands, zu beten. Schon im Testament Maximilians I. hatte dieser bestimmt, „daz in yedem spital an ain gelegen ort ain pilt von unser person und unserm angesicht conterfet gegossen werd mit ainer kertzen in der handt, die ain ewig liecht sey und daz alzeit nach dem hochambt sanndt Johannes ewangelium gesungen, darzue das liecht angzynnt werd, gott zu lob, dem heiligen ritter sand Jergen zu eren und uns zu seliger gedechtnus". Weiß man dazu, daß die „schwarzen Mander", die Ahnenfiguren des Kaisers bei seinem Innsbrucker Kenotaph, ebenfalls solche Kerzen tragen sollten, so wird der Zusammenhang zwischen dem Grabmal und den Spitalsgründungen über die Frömmigkeit leicht herstellbar. Die religiöse Motivation der Stiftung karitativer Anstalten ist keineswegs von der späteren humanitären Tradition habsburgischer Spitalsgründungen zu trennen, etwa dem Allgemeinen Krankenhaus oder der Rudolfsstiftung von 1858.

Zwar waren die Motive der Gründung zeitbedingt andere, doch spielte sicherlich das religiöse Motiv der *caritas* als Herrschertugend quer durch alle Zeiten eine Rolle bei den Stiftungen der Dynastie.

Für die Frauen der Habsburger bestanden grundsätzlich zwei Möglichkeiten der Stiftung; sie konnten entweder ein Kloster gründen, gegebenenfalls sogar in dasselbe eintreten, oder aber ein Damenstift, dessen Insassinnen zwar klösterliche Lebensformen übten, aber keine Gelübde ablegten. Manche Witwe oder auch unverheiratete Erzherzogin wählte als Aufenthaltsort ein Kloster. Bekannte Beispiele wären etwa die bucklige Erzherzogin Maria Anna († 1789), eine Tochter Maria Theresias, die bei den Elisabethinen in Klagenfurt lebte, oder Elisabeth († 1592), die Witwe König Karls IX. von Frankreich, die ihr eigenes Kloster gründete. Diese Tochter Maximilians II. kehrte, als ihr Mann früh starb, nach Wien zurück und stiftete hier das „Königinnenkloster" oder Klarissenkloster St. Maria Königin der Engel in der Dorotheergasse, das später großteils abgerissen wurde, den letzten Rest bildet die heutige evangelische Stadtpfarrkirche. Zu diesem Zweck kaufte Elisabeth im Jahr 1582 Freihäuser adeliger Familien, die zunächst Karl II. von Innerösterreich erworben hatte, und gestaltete sie zu einem Kloster um, in das sieben Klarissinnen aus Stift Anger zu München einzogen. 1582 wurde der Grundstein zur Kirche, die der Hofbaumeister Pietro Ferrabosco in der Art der Portiuncula-Kirche in Assisi entwarf, gelegt. Schon 1583 konnte die Kirche geweiht werden. Im Kloster, das sie reich mit Reliquien ausstattete – darunter der Kopf der heiligen Elisabeth und das Schulterblatt des heiligen Leopold –, bezog nun auch die Königinwitwe selbst Residenz. Viele andere Beziehungen barocker Herrscherinnen zu den Dominikanerinnen und Salesianerinnen könnten noch genannt werden, doch der Typus ist klar, man zog sich von der Welt zurück, um in Frömmigkeit und Askese sein Leben zu beschließen und sich damit das Himmelreich zu sichern.

Den materiellen Aspekt hingegen betonte die Gründung von Damenstiften. Auch hier handelte es sich um eine karitative Institution, deren Segnungen allerdings nicht den Armen, sondern den Privilegierten der Gesellschaft zukamen. Solche Einrichtungen von Damenstiften gab es auch in den protestantischen Ländern, wo die Frauenklöster sogar häufig in weltliche Fräuleinstifte umgewandelt wurden, um die standesgemäße Versorgung unverheirateter, meist hochadeliger Mädchen zu sichern. Diese legten keine Gelübde ab und konnten daher jederzeit wieder austreten, um sich zu verheiraten. Sie trugen keine Ordenskleidung, außer zu besonderen Feierlichkeiten, sie konnten ausgehen, Theater, Bälle und Gesellschaften besuchen und durften meist vier Monate Urlaub bei ihren Verwandten verbringen. Besonders das 18. Jahrhundert stellt die Blütezeit dieser Institutionen in der Habsburgermonarchie dar.

Waren die Damenstifte des 18. und 19. Jahrhunderts weitgehend Versorgungsanstalten für adelige Töchter, so trug eines der frühen von einer Habsburgerin gegründeten Damenstifte – sicherlich im Einklang mit der Mentalität der Zeit – einen weitaus strengeren Charakter, wobei die Grenze zwischen Kloster und Damenstift nicht genau zu ziehen ist. Dieses später von Joseph II. aufgelöste Damenstift zu Hall ging mehr in die klösterliche Richtung, die Damen legten nach einem Probejahr ein Gelübde ab, verließen das Stift nur mehr selten und durften keine Besuche empfangen. Es herrschte strenge Zucht, dagegen trugen sie keine Nonnenkleidung, sondern ein Art Trauergewand. Die Gründerin des Haller Damenstiftes Erzherzogin Magdalena († 1590), eine der Töchter Ferdinands I., die in Innsbruck erzogen wurde, war sehr religiös. Im Zuge des Schmalkaldischen Krieges mußte sie 1546 aus

Eine andere Form der Versorgung von Erzherzoginnen stellten die Damenstifte dar, deren Lebensform weniger streng als die des Klosters war. Diese Medaillen wurden auf die Gründung des Damenstiftes in Innsbruck 1765 geschlagen. Kunsthistorisches Museum, Wien

Innsbruck fliehen, wobei sie die Plünderung des Klosters Stams durch protestantische Truppen erlebte, welche die Gruft aufbrachen und die Särge der Fürsten plünderten. Dadurch verstärkte sich ihre Religiosität, sie machte Wallfahrten zu den Gnadenbildern der Umgebung von Innsbruck, nach Maria Waldrast, nach Seefeld, zur heiligen Kapelle nach Hall und nach Wilten. Unter dem Einfluß des Jesuiten Petrus Canisius legte sie zusammen mit ihrer Schwester Helena 1564 das Gelübde der Jungfernschaft und Keuschheit ab und trug sich mit der Absicht, ein Kloster zu gründen. Die Suche nach einem passenden Ort endete in Hall, und zwar in der Burg Sparberegg in der Oberen Stadt, die landesfürstliche Münze wurde in die Burg Hasegg in der Unteren Stadt verlegt. Am 12. Mai 1567 wurde von Erzherzog Ferdinand († 1595) unter großen Feierlichkeiten der Grundstein des Stiftsgebäudes gelegt, in dem die drei königlichen Schwestern Margareta – diese starb allerdings schon 1566 –, Magdalena († 1590) und Helena († 1574) hätten leben sollen. Gleichzeitig plante man auch die Gründung eines Jesuitenkollegiums in Hall, das das Frauenkloster geistig betreuen sollte. Neben den Erzherzoginnen beschlossen einige Adelige ins Kloster einzutreten, z. B. Regina Colonna von Völs, aber unter anderem auch ein türkisches Mädchen, das von kaiserlichen Truppen gefangen genommen und in Innsbruck 1563 von Canisius getauft worden war. Insgesamt sechs Frauen waren es, die 1569 ins Kloster einzogen. Die Beschäftigung der Stiftsdamen bestand aus Gebet, Arbeit – besonders dem Sticken von Paramenten und Kirchengewändern – und der Übung der Nächstenliebe. Über 20 Jahre verbrachte Magdalena mit dieser Lebensweise, sie und ihre Schwestern wurden auch im Stift begraben. Die 1706 neuangelegte weitläufige Gruft wurde nach der Aufhebung unter Joseph II. in die Jesuitenkirche zu Hall versetzt. In das Haller Damenstift traten auch die Erzherzoginnen Maria Christierna († 1621) und Eleonore († 1620) aus der innerösterreichischen Linie ein. Maria Christierna wurde 1612 zur Vorsteherin des Damenstiftes gewählt, während Erzherzogin Eleonore, von Kindheit an leidend, später erblindete. Sie zeich-

Die Tradition der rituellen österlichen Fußwaschung entwickelte sich im 16. Jahrhundert. Hier Schüssel und Schenkkrug vermutlich von J. J. Biler, Augsburg 1764. Kunsthistorisches Museum, Wien

nete sich durch feinste Stick- und Näharbeiten im Kloster aus. 1783 wurde das Stift aufgehoben.

Neben dieser Versorgungsanstalt für Erzherzoginnen behielten sich die Habsburger auch Äbtissinnenstellen in Innsbruck und in Prag vor, wo etwa Erzherzogin Maria Anna († 1789), eine Tochter Maria Theresias, Äbtissin war, ehe sie nach Klagenfurt übersiedelte. Im 18. Jahrhundert – nicht zuletzt nach der Aufhebung zahlreicher Frauenklöster in den josephinischen Reformen – kam es zu einem wahren Gründungsboom von Damenstiften. Schon unter Maria Theresia wurden drei Damenstifte ins Leben gerufen – 1755 auf dem Hradschin in Prag, 1765 in Innsbruck und 1769 das Herzoglich Savoyische Damenstift zu Wien aus dem Vermögen der Herzogin von Savoyen-Carignan Gräfin von Soisson. Das Innsbrucker Damenstift zeigt deutlich die Verwurzelung in der religiösen Tradition. Es wurde aus Anlaß des Todes Franz Stephans in Innsbruck 1765 mit der Aufgabe, für den Verstorbenen zu beten, gegründet, und stellt somit ein ewiges Denkmal Maria Theresias für ihren toten Gatten dar. Die Stiftsdamen trugen Trauerkleidung, der Tageslauf, die täglichen Gebete und jährlich am Todestag des Kaisers abzuhaltende Trauerfeiern waren dem Zweck der Fürsprache vor Gott geweiht. Der detaillierte Stiftsbrief wies dem Innsbrukker Stift aus tirolischen und anderen Kameralgefällen die Summe von 10.000 Gulden zum Unterhalt der Damen und des ganzen Haushaltes an. Nicht nur Damen aus dem landständischen Adel, sondern auch Habsburgerinnen wurden in dieser Anstalt versorgt. Erzherzogin Elisabeth († 1808), die nach der Pockenepidemie 1767 verunstaltet war und als nicht mehr heiratsfähig galt, wurde nach Innsbruck ins Damenstift abgeschoben.

Nach großen Schwierigkeiten in der Zeit der Napoleonischen Kriege, in der das Innsbrucker Damenstift 1806 von den Bayern aufgelöst wurde, kam es 1814 bis 1816 zu einer Neugründung. Das Stift blieb auch nach 1918 bestehen, die Zahlungen wurden jetzt vom Land geleistet, da der Vorstoß der Sozialdemokraten zur Aufhebung fehlschlug. Zwar kam es mit dem Anschluß

1938 zu einer Aufhebung der Stiftung, die Damen sollten aber lebenslänglich versorgt werden, eine Regelung, die auch nach dem Zweiten Weltkrieg weiter bestand. Auch unter Joseph II. und Leopold II. kam es in Hall, Görz, Laibach, Klagenfurt und Prag zur Errichtung von Damenstiften, ja selbst im 19. Jahrhundert wurden noch zwei Damenstifte durch die Erzherzogin Stephanie († 1945) in Wien 1881 und in Prag 1882 gegründet. Die spanischen Habsburger beschritten mit den Klosterresidenzen im Escorial und in Madrid mit den Descalzas Reales und dem Kloster Encarnación andere Weg.

Nachbarocke habsburgische Frömmigkeit

Diese vielfältige und bunte, aber auch in sich stimmige Welt der barocken habsburgischen Frömmigkeit kam mit der Ideenwelt der Aufklärung, die im 18. Jahrhundert nach Österreich vordrang, in eine Krise. Man wandte sich vor allem gegen die starke Ritualisierung der Religion, die sich nur mehr in der Befolgung äußerer Vorschriften erschöpfte und ein Übermaß an äußerlichen Frömmigkeitsformen aufwies. So wurden etwa nach dem Tod Ferdinands IV. 10.000 Messen gestiftet, für Karl V., Philipp II. und Philipp III. 30.000 und für Philipp IV. und Karl II. sogar 100.000 Messen. Maria Theresia ist durchaus noch als Figur des Überganges zu sehen; aufgewachsen in der barocken Frömmigkeit des Hofes Karls VI., wandte sie sich – unter dem Einfluß der Zeit ebenso wie ihres Sohnes Joseph – langsam und mühsam von diesem barocken Katholizismus jesuitischer Prägung ab und einer anderen, „moderneren" Form der Frömmigkeit zu, die mit dem Gedankengut des Jansenismus zusammenhängt. Die Wurzeln dieser Geistesströmung gehen auf Cornelius Jansenius am Beginn des 17. Jahrhunderts zurück, der – ähnlich wie Luther – eine an Augustinus orientierte Interpretation der Gnadenlehre bevorzugte und eine Verinnerlichung des Glaubens befürwortete. Als einer der Wendepunkte in der Religiosität der Habsburger gilt der Austausch des jesuitischen Beichtvaters Maria Theresias durch den jansenistisch denkenden Propst von St. Dorothea, Ignaz Müller, in ihren späten Lebensjahren. Sowohl Joseph II. als auch sein Bruder Leopold rezipierten die Ideen der Aufklärung voll. Joseph durchforstete nicht nur durch seine strikte Gesetzgebung das bestehende Gefüge der unzähligen Orden der Gegenreformation – hier ist vor allem die von ganz anderer Seite ausgehende Aufhebung des Jesuitenordens 1773 von zentraler Bedeutung –, sondern griff auch zutiefst in die Frömmigkeitsvorstellungen seiner Familie und seiner Untertanen ein. Selbstverständlich spielten religiöse Elemente nach der Aufklärung weiterhin eine nicht wegzudenkende Rolle im staatlichen Bereich, doch gehörten sie nicht mehr zum Kernbereich des Herrschens. Jetzt wurden andere säkularisierte und „vernünftige" Theorien der Herrschaft zugrunde gelegt, wenn auch unter Kaiser Franz, oder dann – nicht zuletzt unter dem Einfluß seiner bigotten bayrischen Mutter Sophie – unter Kaiser Franz Joseph religiösen Vorstellungen wieder stärkere Bedeutung zukam, als es in der Blütezeit der Aufklärung der Fall war. Trotz der Abnahme religiöser Orientierung blieben manche ritualisierten Elemente, wie etwa die Teilnahme an der Fronleichnamsprozession oder die Fußwaschung, in der Tradition verankert und hielten sich im langen 19. Jahrhundert.

Zwar blieb man als Habsburger durch Erziehung und Lebensweise noch im 19. und 20. Jahrhundert mit barocken Frömmigkeitsvorstellungen, die von der katholischen Kirche zumindest bis zum Zweiten Vatikanum und großteils sogar bis heute bewahrt wurden, verbunden, doch wurde die Intensität religiöser Übung differenzierter. Neben einem Franz Joseph, der unter dem Einfluß seiner erzkatholischen bayrischen Mutter stand, war der liberalere Maximilian von Mexiko († 1867) im selben geistigen Klima sozialisiert worden. Die recht freigeistigen, aber dennoch im Katholizismus verankerten jüngeren Erzherzöge, wie etwa Johann (Orth) (1911 für tot erklärt) oder Kronprinz Rudolf († 1889), liefern gute Beispiele für unterschiedliche Ergebnisse religiöser Erziehung.

Daß die habsburgische Dynastie diese religiösen Bindungen als einen nicht wegzudenkenden Bestandteil des kollektiven Verhaltens sieht, mögen zwei abschließende Hinweise belegen. Die geheimnisvolle Verschleierung des Mordes und Selbstmordes in Mayerling ist ohne die zentrale Funktion des religiösen Gnadenschatzes der Familie Habsburg-Lothringen nicht zu verstehen. Die Tatsache, daß Kronprinz Rudolf als Mitglied dieser Familie zunächst einen Mord und dann Selbstmord verübte und damit im Zustand der Todsünde starb – womit ihm kein christliches Begräbnis zustand –, löste nicht nur seinerzeit, sondern bis vor kurzem heftigste Reaktionen aus. Man denke nur an die Stellungnahme der Ex-Kaiserin Zita, die von Erich Feigl kolportiert wurde. Sie behauptete, daß Rudolf nicht Selbstmord begangen hätte, sondern Opfer eines französischen Mordkomplotts geworden sei. Auch die Tatsache, daß 75 Jahre nach der Absetzung der Dynastie eine intensive Seligsprechungskampagne für eines ihrer Mitglieder, den letzten Kaiser Karl, lief und läuft, ist in diese religiöse Grundmotivierung der Dynastie, in ihrem heute noch bestehenden Glauben an das Gottesgnadentum, das in ihrer Familie ruht, als einem Rest spätmittelalterlich-frühneuzeitlicher Frömmigkeit einzuordnen.

VON PFERDEN, HUNDEN UND FALKEN – DIE HABSBURGER ALS JÄGER

Wenn man nach den „Familieneigenschaften" der Habsburger fragen würde, wäre die Jagdleidenschaft sicherlich eine der meistgenannten. Vom ersten Habsburgerherrscher im Reich, von Rudolf I., dessen Begegnung mit dem Priester auf dem Versehgang eben auf einer Jagd stattfand, bis zum greisen Franz Joseph, der in Ischl dem Vergnügen der Jagd nachging, versuchte man eine Reihe von Jägern zu konstruieren, die das Jagen gewissermaßen „im Blut hätten". Damit hat man wieder eine der angeblich „vererblichen" Eigenschaften vor sich, die sich bei näherem Hinsehen aber recht bald in soziale Phänomene auflösen, deren Wurzeln in höfischen Verhaltensweisen zu sehen sind.

Die höfische Jagd – habsburgische Jäger im Mittelalter und am Beginn der Neuzeit

Seit dem Mittelalter kam der Jagd – und in geringerem Ausmaß der Fischerei – neben ihrer materiellen Bedeutung des Gewinns von besonders geschätzter Nahrung auch ein immaterieller Aspekt zu. Das richtige Jagdverhalten, eine gewisse weidmännische Ethik, aber auch die Techniken des Aufstöberns, Verfolgens, Erlegens und Aufbrechens des Wildes wurde stilisiert, wurde zu einer Kunst, die der Adel, der Hof perfektionierte. Seit dem 11. Jahrhundert war die Jagd für den Ritter die standesgemäße Beschäftigung schlechthin, und die höfische Epik ist voll von Szenen, die die Jagd betreffen, wobei deren Terminologie und Ritual Allgemeingut geworden sind. Später kamen dann viele Jagdtraktate, vor allem für die Falknerei, dazu, die dieses Wissen der Adelsschicht aufschrieben und tradierten. Wirtschaftlich bestand seit dem 9. Jahrhundert der zunehmend durchgesetzte Rechtsanspruch des Adels auf die Jagdrechte, die den Bauern entzogen wurden, was deren Nahrungsmittelspielraum stark einengte. Dazu kamen noch besonders in der Frühen Neuzeit die großen Flurschäden durch die übermäßige Hege des Wildes, so daß die Bauern zu Leidtragenden dieser adelig-höfischen Jagdlust wurden.
Die Jagdleidenschaft der Habsburger war also keine spezifische Eigenschaft einer Familie, sondern eine allgemein verbreitete Übung des Adels und der herrschenden Dynastien, die auch die Grundlage für dieses Vergnügen, nämlich die entsprechenden Jagdreviere, besaßen. Besonders die Vorstellung, daß die Habsburger zu allen Zeiten so maßlos gejagt hätten, wie es manche Jäger des 19. Jahrhunderts taten, ist zu korrigieren. Wie in anderen Bereichen des Lebens spiegeln sich auch auf diesem Gebiet die Zeitumstände in den Verhaltensweisen der Mitglieder der Dynastie.

Für die Jagd als Vergnügung des Adels kam eine Reihe von Spielformen in Betracht, die in unterschiedlichen Epochen der Jagdgeschichte unterschiedliches Gewicht hatten: die Hetzjagd, auch *Venerie* oder Parforcejagd genannt, die Beizjagd mit Raubvögeln, die Fangjagd mit Netz und Garn und sogar der Vogelfang mit Leimruten, wobei diese beiden zuletzt genannten Spielarten in der Neuzeit verschwanden. Alle diese Formen der Jagd wurden unter den frühen Habsburgern ausgeübt, die auch an eine gewisse Jagdtradition der Babenberger anschließen konnten.

Die Jagd hatte auch mit der Haltung von drei Tierarten – Hunden, Pferden und Falken – zu tun, die schon bei den frühen Habsburgern belegt ist. Wie wir aus einer überlieferten Episode wissen, besaß Albrecht I. († 1308) jedenfalls seine eigene Jagdhundezucht, da er König Philipp IV. von Frankreich († 1314) anläßlich eines Treffens in Tulln 200 Jagdhunde mit dem dazugehörigen Personal als Geschenk überreichte. Die kaiserlichen Spür- und Hatzhunde wurden bei Flecksiedern, also jenen, die Kutteln verkochten, Fleischhauern und Abdeckern, die mit Tierkadavern zu tun hatten, untergebracht. Auch auf verschiedenen Stiften, wie Melk, Zwettl, Göttweig, Lilienfeld und Klosterneuburg, lag das Servitut der Hundelege, das heißt, sie mußten für die kaiserliche Jagd eine bestimmte Zahl von Hunden füttern und halten. Erst in der Zeit Maria Theresias wurde dieser Dienst in Geld abgelöst. Die Zahl der Hunde unter Maximilian I. ist bekannt, er hielt nicht weniger als 1500 Stück.

Für die Hetzjagd, aber auch die Beizjagd, die im Ritt über Land erfolgte, weil man ja den „Hohen Flug" des Falken mitverfolgen mußte und möglichst rasch beim geschlagenen Flugwild sein wollte, brauchte man gute, speziell trainierte Pferde. Die Falken selbst wurden oft aus exotischen Ländern eingeführt oder als Geschenk mitgebracht, so daß die Habsburger Falken aus England, Venedig und sogar aus Rhodos besaßen. Besonders „exotisch" jagte Leopold I., er besaß zwei Geparde, die als Geschenk des Sultans an den Hof gekomen waren. Einer der Beweggründe für die Babenberger, ihre Residenz in Wien aufzuschlagen, scheint durchaus der Wildreichtum der Jagdreviere in der Nähe von Wien gewesen zu sein. Später profitierten auch die Habsburger davon, wenn auch manche, wie Friedrich der Schöne, andere Reviere vorzogen, wie etwa Gutenstein.

Der Ausschnitt aus dem berühmten Gemälde von Lucas Cranach zeigt Karl V. im Kreis der sächsischen Kurfürstenfamilie auf der Jagd. Kunsthistorisches Museum, Wien

Der Habsburger Albrecht der Weise († 1358) hatte als einer der wenigen kein Interesse an der Jagd, er beschäftigte sich lieber mit theologischen und wissenschaftlichen Fragen. Sein Desinteresse ging sogar so weit, daß er selbst die freigewordene Stelle des Oberstjagdmeisters nicht nachbesetzte. Erst Rudolf IV., der im *Privilegium maius* alle Jagd- und Fischereirechte dem (Erz)herzog von Österreich zusprach, ernannte 1358 Friedrich von Kreussenbach zum *supremus magister venatorum* und gab ihm die Herrschaft Rapottenkirchen zu Lehen. Dieses erbliche Amt ging später an die Herren von Greiss zu Wald über, ähnliche Funktionen gab es auch in den anderen Erbländern, so z. B. in der Steiermark, wo die Stubenberger damit belehnt waren.

Auch von anderen spätmittelalterlichen Habsburgern werden Jagdgeschichten tradiert. So ist eine Legende überliefert, die berichtet, daß Herzog Ernst der Eiserne († 1424) seine spätere Frau Cimburgis von Masowien († 1429) aus den Klauen eines Bären befreien mußte. Auch Friedrich III. hatte in jungen Jahren gerne gejagt, er ließ einen Tiergarten bei der Wiener Neustädter Burg anlegen und ordnete die Aufforstung der Heide im Steinfeld mit Föhren an, um den Wildreichtum dieser Gegend zu mehren.

Mit Maximilian I. erreichte die Begeisterung für die Jagd einen ersten Höhepunkt in der Familie. Maximilian war nicht nur selbst – angeregt durch seinen Lehrer Diepolt von Stein zu Reißenberg – ein begeisterter Einzel- und Pirschjäger, der auch die Reit- und Beizjagd liebte, er war auch der erste, der sich aktiv für den Jagd- und Wildschutz einsetzte, allerdings vorwiegend im eigenen Interesse, um die Bauern und andere vom Wildbestand fernzuhalten. Dennoch verbot er den Abschuß des Steinbocks, um diese Wildgattung zu erhalten, und er ließ sogar Steinböcke in den Linzer Tiergarten bringen, um deren Überleben zu sichern.

Ähnlich wie in der Polarität zwischen Hof und Wald, welche die mittelalterliche höfische Epik durchzieht, erlebte auch Maximilian die Jagd als Ausgleich zum höfischen Leben. In seinen autobiographischen Schriften kommen immer wieder Jagdszenen vor, und wir erfahren bei ihm erstmals Details, die davor nicht überliefert sind. So kennen wir den Namen seines weißen Windspiels „Ali" aus Zypern, der sein Lieblingsjagdhund war, und den seines weißen Falken „Iwein". Entsprechend der für Maximilian charakteristischen Orientierung an den ritterlichen Idealen der Vergangenheit spielte die Falknerei an seinem Hof eine wichtige Rolle. Er beschäftigte 15 Falkenmeister und 60 Falkenknechte und ließ Reiherkolonien in Cilli und Laxenburg für die Jagd mit dem Falken anlegen. Aber auch die Gemsenjagd schätzte er besonders – ein Grund mehr, sich häufig in Tirol aufzuhalten. Mit einfachem Wams, Hose und Hut aus grünem oder grauen Stoff, zwei verschiedenen Paar Handschuhen, wollenen Socken, einem Gemsenspieß und Steigeisen sowie einem Helm gegen Steinschlag begab sich der Kaiser auf diese gefährliche Jagd. Die bereits zitierte Geschichte von der wunderbaren Errettung Maximilians in der Martinswand ist in diesen Zusammenhang einzuordnen. Weder die selbst ausgestandenen Gefahren noch die Tatsache, daß seine beiden Ehefrauen, Maria von Burgund und Bianca Maria Sforza, bei der Beizjagd vom Pferd fielen und dabei tödlich verunglückten, hielten ihn von diesem Zeitvertreib ab.

Als Maximilian Maria von Burgund heiratete, war er von ihrer Neigung zur Jagd ganz besonders angetan, er schrieb: „mein gemahel ist ein gantze waidtmännin mit valckhen und hundten, sie hatt ein weiß windtspil, daz lauft vast bald. Daz liegt zue maisten theil alle nacht bey uns." Aus dieser Zeit sind uns eine Reihe von wichtigen Quellen zur Geschichte der habsburgischen Jagdübung erhalten, vor allem die bekannten prunkvoll illustrierten Jagd- und Fischereibücher wie das „Haimlich Gejaidbuch" des Gejaidschreibers Wolfgang Hohenleiter oder das „Gejaidbuch von Hiersen und Gembsen in den 16 Gerichten des oberen und untern Inntales" aus dem Jahr 1500, das 150 Hirsch- und 190 Gamsjagden beschreibt. Ähnlich genaue Quellen sind auch für Niederösterreich im „Wildbann und Gejaidbuch" des Wilhelm von Greiß erhalten geblieben. Kaiser Maximilians verzeichnete Abschüsse sind gering: 32 Hirsche, 41 Gemsen und 300 Enten, von denen er 100 mit 104 Schuß erlegte, bilden die „Jahresstrecke" des Kaisers – in der Jagdterminologie werden die erlegten Tiere als Strecke bezeichnet, weil sie nach dem Ende der Jagd nebeneinander aufgelegt werden.

Die Umgebung Wiens wurde seit der Zeit Maximilians ebenfalls jagdlich vom Hof durchorganisiert. Maximilian schuf zwölf Wienerwaldämter, die vom „Hasenpannamt" (der „Jagdbann" bezeichnet das ausschließliche Jagdrecht des jeweiligen Inhabers) verwaltet wurden, das als kaiserliches Oberstjägermeisteramt bis zum Ende der Monarchie bestand. Maximilian I. jagte aber auch in Ebelsberg und Neusachsenburg in Oberösterreich, wo für ihn Hasengehege angelegt wurden. Maximilian war ein ausgezeichneter Schütze, er hatte eine Abneigung gegen Feuerwaffen und bevorzugte die Armbrust. Einmal schoß er in einem halben Jahr 100 Enten und 27 Hasen hintereinander ohne Fehlschuß.

Interessant bleibt eine Äußerung Maximilians, in der er die Jagd auch politisch für sich und seine Umgebung begründete, obwohl dieser Beleg einer Motivierung der Jagd gegenüber Kritikern vereinzelt und daher leider nicht besonders aussagekräftig ist. Dabei betonte Maximilian weniger den Unterhaltungswert der Jagd für den Hof als deren symbolische Ausdeutungsmöglichkeiten. Als ein Zeitgenosse darauf hinwies, daß er „zu vil lust" zu der Falknerei hätte, führte er diesen auf die Beiz: „der raiger flog hoch in die luft, die valcken flugen weit von dem raiger in die höch; da fraget der kunig denselben (Mann), was ine bedeucht, ob die valken den raiger fahen wurden (fangen) oder nit? Da sprach derselb: ‚der raiger ist inen zu hoch und ist den valken entrunen, dann die valken sein zu weit von dem raiger'; pald darnach waren die valken bey dem raiger und ob dem raiger und fiengen den raiger. Da saget der kunig zu demselben: ‚ALSO UBERWYND ICH MEINE VEIND'."

Die Voralpen, der Wienerwald und die Donauauen umfaßten im 16. und 17. Jahrhundert noch Reviere, in denen kapitale Stücke geschossen werden konnten. Prächtige Trophäen geben Zeugnis von dem großen und schönen Wildbestand. Ferdinand I. setzte die Politik seines Großvaters fort, 1560 kaufte er den Auhof bei Hütteldorf und machte ihn zum Sitz eines Forstmeisters. Auch sein Sohn Maximilian II. ließ im Neugebäude Menagerien und einen Fasanen- und Mufflonhirschgarten anlegen und pachtete bzw. kaufte vom

Kaiser Maximilian I. beim Fischfang. Jagd- und Fischereibuch Maximilians I. Archiv Verlag Styria

Stift Klosterneuburg Gründe im Prater, in dem schon Ferdinand I. ein Lusthaus hatte errichten lassen. Auch ein Tiergarten bei der Katterburg wurde von Maximilian II. angelegt und mit einem Eichenzaun umgeben, woraus sich später der Schönbrunner Park entwickelte. Aber auch andere Jagdreviere rund um Wien wurden im 16. Jahrhundert von den Habsburgern aufgesucht, so vor allem (Kaiser-)Ebersdorf. Im Jahr 1609 wurde Lainz als Au- und Jagdgebiet des Kaisers Matthias erwähnt.

In diesen nahe an der Residenzstadt Wien gelegenen Gebieten war es damals noch möglich, heute recht exotisch anmutende Tiere zu erlegen. So konnte man noch 1637 bei Rodaun einen 120 kg schweren Bären sowie Wölfe und Luchse erlegen. Der schwerste Bär im Lainzer Tiergarten wurde 1721 bei Hütteldorf erlegt, er wog 229 kg. Der Wildreichtum war gewaltig, in

den Jahren 1712–1740 wurden vom Wiener Hof 100.000 Stück Wild auf die Waage gebracht. Kaiser Karl VI. schoß im Revier Wolkersdorf an einem einzigen Tag auf der sogenannten „Tausendt-Wildbreht-Wüsen" 109 Hirsche, 11 Tiere (Hirschkühe), 16 Kälber, 3 Rehe und einen Frischling. Ähnlich ertragreich waren die böhmischen Jagden, von denen vor allem Brandeis an der Elbe hervorzuheben ist, wo seit der Zeit Rudolfs II. gejagt wurde. Noch Karl VI. schoß auf seiner Reise in Böhmen 353 Hirsche, 123 Tiere (Hirschkühe), 57 Kälber, 1058 Stück Schwarzwild, 23 Stück Damwild, 154 Rehe, 805 Hasen, 52 Fasane, 19 Rebhühner und 48 Füchse.
Ähnliche Anstrengungen um den Ausbau der Jagdreviere unternahmen auch die anderen Teillinien des Hauses Habsburg im 16. Jahrhundert. Ferdinand von Tirol († 1595)

Jagdhund Erzherzog Ferdinands von Tirol in einem Aquarell von Georg Hoefnagel um 1590. ÖNB, Wien

hatte die reichen, schon von Maximilian genützten Tiroler Reviere zur Verfügung, und Karl von Innerösterreich baute zwischen 1568 und 1570 einen Jagdhof in der Nähe von Graz um und nannte ihn Karlau. Dieses kleine Schlößchen wurde auch reich mit Waffen und Porträts ausgestattet, war also beinahe schon ein Lustschloß.

Die barocke Hauptjagd – Disziplinierung und Verwilderung

Unser Informationsstand über die Jagd der österreichischen Habsburger in der Frühen Neuzeit ist dank der erhaltenen Jagdtagebücher, die eine einzigartige Quelle für Abschußlisten und Wildstandsverzeichnisse sind, besonders hoch. Die beiden ältesten erhaltenen Jagdtagebücher stammen aus dem Jahre 1558 und sind Aufzeichnungen des Erzherzogs Ferdinand von Tirol. Die Abschußzahlen der einzelnen Wildarten wie „Stückwild", Tiere (Hirschkühe), Rehe, Tendel (Damwild), Füchse, Hasen, Schweine, Pöcker (männliches Wildschwein), Pachen (weibliches Wildschwein), Frischlinge, Hunde, Wölfe usw. sind darin genauestens verzeichnet. Charakteristisch für die Jagdmoral dieser Zeit ist die gesonderte Aufzählung der Treff- und Fehlschüsse.
Erzherzog Ferdinand war – ähnlich wie Maximilian I. –

den ritterlichen Vergnügungen der Jagd und dem Turnier besonders zugetan. In Pürglitz und Pardubitz richtete er in seiner Zeit als Statthalter in Böhmen zeitgemäße große Wildtierparks ein, für die er sogar Murmeltiere und Steinböcke aus Tirol bezog. Auf Schloß Ambras soll einmal der Fasanenstand die stattliche Zahl von 1500 Stück erreicht haben. Jagdlich besonders bemerkenswert ist, daß wir in den Tagebüchern keine gewaltigen Strecken verzeichnet finden, wie sie uns aus späterer Zeit vielfach überliefert sind. Das Tagebuch von 1560 etwa berichtet von einem Abschuß von 58 Hirschen, darunter vier Sechzehn-, ein Vierzehn-, neun Zwölf, vierzehn Zehn- und fünfzehn Achtender, 14 Rehe, 22 Wildschweine, 35 Bacher, 75 Bachen, 103 Frischlinge, 30 Hasen, fünf Füchse und 262 Rebhühner (118 mit dem Sperber, 80 mit Blaufüßen, 27 mit dem hohen Netz und fünf im „Pern" gefangen). Auffallend ist allerdings die große Zahl von 49 erlegten „Bauernhund". Auch sogenannte „wunderbare" Schüsse, wie sie Maximilian I. im „Puech mit den Wunderbarlichen Waidgeschichten", dem zweiten Teil seines „Geheimen Jagdbuches", erzählte, führte Erzherzog Ferdinand gesondert an. Am 18. Juni 1563 schoß dieser mit einem Schuß „ein zechner, ein sechser und ein zwelfer" und dann wieder mit zwei Schüssen drei Rehe und mit einem Schuß zwei Enten.
Eine zweite Gruppe von Jagdtagebüchern umfaßt jene des gleichnamigen Neffen Ferdinands von Tirol, des Erzherzogs und nachmaligen Kaisers Ferdinand II., der seine Abschüsse in einen gedruckten Schreibkalender, den bekannten „Krakauer Kalender", eintrug. Sehr abweichend von heutigen Jagdverhältnissen sind die vielen genannten Lerchenfänge wie z. B.: „Den ersten Oktober ein Hasen, 40 Lerchen; den vierten Oktober 330 Lerchen, den fünften Oktober 339 Lerchen." Besonders reich an jagdlichen Aufzeichnungen ist das Jagdtagebuch des Kaisers aus dem Jahr 1627, das ausführliche Eintragungen von erfolgten Abschüssen mit Ortsangaben im Prater, beim Fasangarten, beim Neugebäude, Ebersdorf, Rauchenwart, Wolkersdorf, beim alten Tiergarten, bei Laab, Kaltenleutgeben, Auhof beim Wolfgarten, dann wieder in Böhmen bei Brandeis, Podiebrad usw. enthält.
Eine dritte Gruppe sind die sieben Tagebücher des

Erzherzogs Leopold (V.) von Tirol († 1632). Im Jahr 1624 schoß er 44 Hirsche, 29 Hirschkühe, 25 Schweine, 24 Becker, 114 Bachen, 40 Überläufer und Frischlinge, 80 Rehe, 125 Hasen, 23 Wölfe, 151 Füchse, einen Bären, 21 Reiher, sechs Trappen, 29 Auerhähne und 216 Rebhühner neben anderem Kleinwild.

Die Trophäen, also die schönen Geweihe, die unter Maximilian noch eine Rolle gespielt hatten, verloren ihre Bedeutung unter seinen Nachfolgern gegenüber dem Wert starker, das heißt schwerer Stücke. Die Aufzeichnungen geben uns auch Einblick in die Auffassung des späten 16. Jahrhunderts von der „Waidgerechtigkeit". Die Anführung von Treff- und Fehlschüssen weist auf das Streben nach treffsicheren waidgerechten Schüssen hin im Gegensatz zum Streben nach Massenabschüssen im 19. Jahrhundert.

Die barocke Jagd schloß zwar an die bisherige Tradition an, betonte aber die Treibjagd, die dem Stil der Zeit mehr entsprach. Die Weidmannssprache der Jäger wurde zu einer Art Salonsprache; bei einem Verstoß gegen das strenge Zeremoniell wurde man etwa mit dem „Waidblatt ausgestrichen", es wurde also öffentlich der Hintern versohlt, was nicht nur Herren, sondern auch Damen passierte. Um Gemsen zu jagen, ging man nicht mehr so gerne auf die Pirsch oder kletterte gar in Felsen herum, sondern ließ sich das Wild in großen Mengen an einer Art Schießstand vorbeitreiben. Daneben wurden aber auch weiterhin im Wienerwald Reiherbeizen durchgeführt.

Bei der großartig ausgestalteten Vermählung Leopolds I. etwa wurde am 15. und 16. Dezember 1666 eine Prunkjagd abgehalten, die typisch für eine solche barocke Hofjagd war. Zunächst wurden über 100 Füchse im Prellnetz grausam zu Tode geschleudert, ebenso ließ man 24 Dachse von Hunden hetzen und würgen. Dann wurden 800 Hirsche in einem Rudel herangebracht, von denen der Kaiser und seine Frau einige Stück schossen. Daran schloß sich eine Sauhatz, bei der 60 Stück herangetrieben wurden. Das stärkste Schwein wurde vom Kaiser mit einem Eisen abgefangen, nachdem es von zwei geharnischten Hunden gehetzt worden war. Leopold frönte zwar der Jagd, doch hatte er geringe Abschußziffern; diese erhöhten sich dann unter Joseph I. und erfuhren unter Karl VI. eine

Die barocke Hauptjagd war eine besonders aufwendige Form der Treibjagd.
Die aquarellierte Federzeichnung von Valentin Janscha stellt eine Wasserjagd in den Donauauen dar. Albertina, Wien

gewaltige Steigerung. Dennoch war Leopold von einer Jagd in Schloß Orth so begeistert, daß er diesen Besitz 1689 von den Brüdern Gotthard Heinrich und Franz Ferdinand Graf Salburg um 130.000 Gulden kaufte. Damit wurde ein bis zum Ende der Monarchie wichtiges Jagdrevier der Habsburger dem Besitz der Familie einverleibt.

Die Jagd war also ebenso wie die höfische Gesellschaft reglementiert. Das Wild wurde im hohen Zeug aus Stangen, Seilen, Netzen und Tüchern von Hilfskräften, oft robotenden Bauern, zusammengetrieben und dann am Hof vorbeigeführt. Die kaiserliche Familie saß hinter Schirmen und tötete einige Tiere aus dem Rudel, die höfische Gesellschaft war bloßer Zuschauer – vermutlich hatte sie die Aufgabe, die „guten Schüsse" der Majestäten zu loben. Die Tiere hatten bei diesen Jagden keine Chance, sie wurden durch mit Netzen abgesperrte Gassen gehetzt, bei den Wasserjagden im Prater wurde das Rotwild gar in Rinnen getrieben und ebenfalls von Schirmen aus beschossen. An diesen Jagden nahmen auch die Erzherzoginnen in „Amazonischer Kleidung" teil.

Trotz dieser Reglementierung der Jagd als höfische Lustbarkeit waren die Habsburger der Barockzeit gut trainierte Schützen. Der Schuß auf laufende Hasen etwa, die im Kreis getrieben wurden, galt als gerecht, besonders Karl VI. pflegte diese Kreisjagd in Halbturn. Sein Bruder Joseph I. war ebenfalls ein erfolgreicher Jäger, besonders ein ausgezeichneter Flugschütze. Die Falknerei wurde in der Barockzeit noch immer betrieben, Laxenburg galt als Paradies der Falknerei und unterstand daher auch administrativ dem Oberstfalkenmeisteramt, besonders die Reiherbeize wurde als Krone der Jagd gesehen. 1713–1725 beizte Karl VI. 3800 Vögel, darunter 1500 Reiher, aber auch seine Nachfolger Maria Theresia und sogar Joseph II. beizten – die letzte große Beizjagd fand noch während des Wiener Kongresses 1815 statt.

Kaiser Karl VI. – sein jagdlicher Lehrmeister war Anton Florian von Liechtenstein – wurde ein besonders enthusiastischer Jäger, dessen Leben durch die Jagd geradezu dominiert wurde. Auch seine Frau Elisabeth († 1750) und seine Schwestern Maria Elisabeth († 1741) und Maria Magdalena († 1743) waren jagdbegeistert und gute Schützinnen und nahmen an solchen Jagdereignissen aktiv teil. Trotz seines hervorragenden Könnens trug sich bei Karl VI. ein tragischer Zwischenfall zu. Der Kaiser war so stark kurzsichtig, daß seine Gewehre mit einem Monokel bestückt werden mußten. 1732 schoß er so unglücklich, daß er bei einer Jagd in Brandeis den Oberstallmeister Adam Franz Fürst von Schwarzenberg tödlich verletzte. Damit befand er sich bei den Habsburgern in guter Gesellschaft, auch Karl V. und Joseph II. hatten solche „Jagdunfälle" auf dem Gewissen. Seiner Begeisterung für die Jagd tat der Zwischenfall aber keinen Abbruch.

Nur in der Fastenzeit entfiel die Jagd, danach begann die Saison mit dem Fuchsprellen und der Schnepfenjagd im Prater, bevor sich der Hof Ende April nach Laxenburg zur Beizjagd begab. Im Juni zog er in die Favorita und fuhr von dort aus zur Rotwildjagd in den Wienerwald. In der zweiten Julihälfte gab es dann halbgesperrte oder gesperrte Jagden, also Hauptjagden, bei denen schon Tage vorher das Wild zusammengetrieben wurde. Ende August erreichte die Saison ihren Höhepunkt mit der großen Wasserjagd an der Donau, bei der man die Hirsche ins Wasser trieb und von einem Schiff aus beschoß. Anschließend fuhr der Hof für zwei Wochen nach Halbturn zur Niederwildjagd, um dann wieder in der Favorita oder in Kaiserebersdorf zu jagen. Im Oktober übersiedelte er in die Hofburg und

Oben: Peter Snayers stellt in einem seiner Gemälde eine Pirschjagd Philipps IV. auf Hirsche dar. Prado, Madrid
Linke Seite: Philipp IV. als Jäger, Gemälde von Velázquez. Prado, Madrid

betrieb von dort aus die Schwarzwildjagd in der Umgebung Wiens. Insgesamt kam man auf ca. 100 Jagdtage im Jahr. Der Oberstjägermeister Graf von Hardegg ließ Protokolle der Hohen Jagd anlegen, die über Revier, Wetter, Strecke und Gewicht der stärksten Hirsche und Schweine Auskunft gaben, so daß wir über jeden einzelnen Jagdtag Bescheid wissen.

Wie schon gesagt, legte man in der Barockzeit auf große Tiere Wert, aber auch auf Exotisches, so schoß Karl VI. 1717 zwölf Bären. Bei den Hauptjagden, wie etwa bei denen, die Oberhof- und Landjägermeister Fürst Hartmann von Liechtenstein in seiner Herrschaft Niederabsdorf an der Zaya veranstaltete, wurden nur jagdbare Hirsche mit mindestens 350 Pfund Gewicht und Zehnender oder Wildschweine von mindestens 250 Pfund Gewicht angesprochen. Bei einem dieser Ereignisse wurden 419 Hirsche und 150 Tiere (Hirschkühe) vorbeigetrieben, Mitglieder der kaiserlichen Familie erlegten davon etwa 50 Stück.

Auch auf den Reisen wurde fast täglich gejagt. Bei Karls VI. Reise zur Krönung nach Prag 1723 wurde ihm von Franz Anton Graf Sporck der von diesem gestiftete Hubertusorden, der aus grüner Masche mit goldenem Horn bestand, überreicht. Ein kapellenartiges Baudenkmal, errichtet von František Maximilian Kaňka und Matthias Bernhard Braun in Hlavanec in Böhmen, erinnert noch heute an diesen Akt. Auf dem Dach der Kapelle stellt eine Figurengruppe die Erscheinung des heiligen Hubertus dar, in deren Inneren steht die Figur Karls VI. als römischer Imperator. Bei der 1728 erfolgten Reise zur Erbhuldigung in der Steiermark und in Kärnten gab es ebenfalls Jagden bei Schloß Eggenberg und auf dem Hochreiting, wo Karl VI. einige Gemsen erlegte. Karls Tochter und Erbin Maria Theresia betrieb in ihrer Jugend ebenfalls das Weidwerk, lehnte es aber mit der Zeit immer mehr ab zu jagen. Ihr Mann dagegen bevorzugte die von Karl von Lothringen nach französischem Vorbild eingeführte Parforcejagd.

Ähnlich – schließlich war die Jagd seit dem Mittelalter ein mit der gesamteuropäischen höfischen Kultur verbundenes Phänomen – muß auch das Jagdverhalten der spanischen Habsburger eingeschätzt werden. Vor allem Philipp IV., dem neben anderen Beinamen wie *el Abúlico* (der Willensschwache), *el Poeta*, *el Galante* und *el Planeta* (der Planetenkönig) auch *el Cazador*, der Jäger, beigelegt wurde, liebte sowohl die Pirschjagd auf Wildschweine und Hirsche zu Fuß wie zu Pferd, wie sie auf den Bildern von Peter Snayers dargestellt ist, als auch die weniger sportlich akzentuierte Hofjagd, also die Treibjagd. Seine durch die Umgebung beeinflußte Neigung zu blutigen Schauspielen – was wäre Spanien ohne Stierkampf! – ließ ihn auch an solchen Dingen Vergnügen finden, die er dann mit der Jagd verband. Wenn bei einer *corrida de toros* ein Stier nur schwer zu töten war, erschoß ihn Philipp unter großem Applaus mit seiner Arquebuse. Die Jagdbilder des Diego Velázquez geben von seiner Jagdleidenschaft ebenso Zeugnis wie die zeitgenössischen Beschreibungen von Jagden, zu denen mancher Grande den König einlud.

Legendenbildung um jagende Habsburger im 19. Jahrhundert – Weidmänner und Schießwütige

Das Ende des barocken Jagdwesens – oder -unwesens – kam mit dem Aufklärer Joseph II., dessen Jagdgesetz von 1786 versuchte, die Bauern zu schützen. Als auslösende Momente mögen zwei Erlebnisse gedient haben. Einerseits nahm er sich mehr als seine Vorgänger, denen Ähnliches passierte, den von ihm verschuldeten Tod eines Treibers zu Herzen, andererseits war er bei einer Treibjagd in der Brigittenau 1784 von einem Hirsch beinahe geforkelt worden, so daß die Jagd ihn fortan weniger reizte. Das Ende der höfischen Prunkjagden kam also parallel mit jenem Rationalisierungsschub des aufgeklärten Absolutismus, der auch sonst in der Gedankenwelt der Habsburger tiefe Spuren hinterlassen hat. Aber ähnlich wie bei anderen Phänomenen war der Einbruch des Rationalismus temporär, schon bald kehrte man – wenn auch in neuer und gemäßigter Form – zu den alten Idealen der Jagd zurück, auch wenn ab der Zeit des Biedermeiers die Bürger jagen durften und die Jagd damit an Exklusivität stark einbüßte.

Der Erneuerer der Jagd nach der Zeit des Verfalles – so die Jagdliteratur, die Tiere des Waldes sahen es vermutlich anders – war Erzherzog Johann († 1859), dessen legendenumwobenes Bild das eines Jägers ist. Er schuf nicht nur die österreichische Jägertracht, die aschgraue Joppe mit grünen Aufschlägen, sondern nahm sich auch der Hege des Wildes an, verordnete amtliche Wolfsjagden und propagierte hohe ethische Normen, wie sie vor der barocken Treibjagd gepflegt wurden. „Mit einem Einläufigen lernt man rein schießen, seine Schüsse sparen und sie zur rechten Zeit abzugeben. Vieles anzuschießen, aber wenig rein auf die Decke zu legen, ist eine Metzelei und wird bei mir nicht geduldet. Ich lasse die Zahl der abgegebenen Schüsse vermerken, um zu sehen, wie oft und wie geschossen wird." Seine erste Gams erlegte er 1800 mit 18 Jahren am Traunstein bei Gmunden; die Jagd auf dieses Wild wurde ihm zur Leidenschaft, über 1000 Gemsen sind seine Lebensstrecke. Mit dem Erwerb des Brandhofes 1818 pachtete er auch große Jagdgebiete von den Herrschaften Mariazell und Aflenz im Gesamtumfang von 30.000 Hektar, wo er seiner Leidenschaft frönen konnte.

Ähnlich wie Erzherzog Johann wird auch Franz Joseph besonders als Jäger von Legenden umrankt. Auch er machte früh seine ersten Erfahrungen, mit zwölf Jahren erlegte er im Lainzer Tiergarten den ersten Hirsch, am 29. September 1843 schoß er mit 15 Jahren seine erste Gams auf der hohen Schrott. Am Beginn seiner Regierung lag das kaiserliche Jagdwesen im Argen, zwar hatten seine beiden Vorgänger Franz und Ferdi-

Auch viele Frauen des Hauses Habsburg waren begeisterte Jägerinnen. Das Bild zeigt Kaiserin Elisabeth Christine im Jagdkostüm. Kunsthistorisches Museum, Wien

Veláquez schuf eine Reihe von Porträts der Habsburger im Jagdkostüm. Hier Infant Baltasar Carlos. Prado, Madrid

nand gejagt, doch keineswegs mit der Leidenschaft etwa eines Karls VI. Erst unter Franz Joseph wurde das Hofjagdgebiet durch Zupachtung von Genossenschafts- und Gemeindejagden sehr erweitert. Insgesamt waren es 142.000 Hektar, die in 14 Jagden eingeteilt waren, davon waren aber nur 150 Hektar Eigentum des Kaisers. Die Einnahmen aus den Jagden waren gering, die Ausgaben hoch. Verschiedene Jagdhäuser wurden durch den Kaiser angekauft bzw. die bekannten kaiserlichen Jagdschlösser gebaut. Das wichtigste war Mürzsteg, mit Blick auf die Hohe Veitsch, das 1869–1878 im Schweizer Stil mit Geweihen geschmückt gestaltet wurde. Wie es in der patriotisch-pathetischen Jagdliteratur der Zeit heißt: „Und im Schoße dieser herrlichen Bergwelt suchte und fand er (Franz Joseph) bisher jedes Jahr Erholung und Kräftigung nach der Staatsgeschäfte Sorgen und Mühen,

Kaiserkrone und Szepter mit dem schlichten, grauen Jägerhute aus Loden und dem langerprobten treuen 'Stutzen' vertauschend." Neben Dienerräumen, Küche und Keller im Erdgeschoß verfügte dieses „bescheidene" Jagdschloß im Hochparterre über sechs Gästezimmer, einen Speisesaal und einen Billardsaal, im ersten Stock befanden sich das Wohnzimmer des Monarchen und Appartements für gekrönte Gäste. Das ständige Personal bestand aus dem Hofjagdleiter, vier Hofjagdverwaltern, elf Förstern, vier Forstgehilfen, 24 Hilfsjägern, sechs bis acht Aushilfsjägern, zwei Jagdschloßbeschließerinnen und einem Jagdschloßdiener. Der Wildbestand betrug rund 2350 Stück Rotwild, 2750 Gemsen, 260 Hähne und 1800 Stück Rehwild. Eine der bedeutendsten Zusammenkünfte der späten Monarchie fand hier 1903 statt, als man mit Zar Nikolaus II. die sogenannten Mürzsteger Punktationen zu verschiedenen Balkanfragen vereinbarte. Auch eine Jagd wurde natürlich bei dieser Gelegenheit angesetzt, der Zar erlegte 17 Gemsen und Franz Joseph acht; der erstmals zu einer Hofjagd eingeladene Franz Ferdinand schoß 35 Gemsen, einen Vierzehnender und zwei Hirschkühe.

Wenn man in Mürzsteg pausierte, jagte man in Eisenerz, wo schon Kaiser Maximilian I. die Jagd betrieben hatte. 1871 erlegte Franz Joseph dort an einem Tag 27 Gemsen, darunter 18 starke Böcke, im Jahr 1903 waren es insgesamt sogar 2000 Stück Gamswild. 1882 ließ er das Jagdschloß Radmer erbauen, wo auch die deutschen Kaiser Wilhelm I. und Wilhelm II. häufig zu Gast waren. Das Jagdrevier des Eisenerzer Kammerhofes umfaßte 20.000 Hektar.

Weitere Jagdschlösser waren Naßkör im Gebiet der Schneealpe, Offensee im Salzkammergut und das Jagdschloß am vorderen Langbathsee. Franz Joseph hielt sich besonders gerne in letzterem auf, ein nicht gerade formvollendetes vom 18. August 1884 datiertes Gedicht seiner 16jährigen Tochter Marie Valerie († 1924) beschreibt seine Beziehung zu diesem Ort:

„Von Bergen umgeben, von Wäldern umrauscht,
Liegt ein See unten im Tal,
Ein Häuschen steht einfach am Ufer dort,
Gott segne es tausendmal!
Denn fliehend das wilde Getümmel der Stadt,
Eilt in heil'ge Ruhe hierher
Mein Vater, wenn manchmal auf seinem Haupt
Die Krone drückt zu schwer.
Hier vergißt er der Sorgen, vergißt der Müh'n
Weiht dem edlen Waidwerk sich nur
Und schöpft sich neuerdings Jugendkraft
Aus Gottes freier Natur.
Und darum segn' ich dich viel tausendmal,
Du liebes, einsam stilles Tal!"

Außer diesen wichtigen Stützpunkten gab es noch viele kleinere Jagdschlösser und eine Unzahl von Jagdhütten in den Jagdrevieren Reichenau, Neuberg-Frein, Ebensee-Ischl, Persenbeug, Aspern, Auhof, Laxenburg, im Lainzer Tiergarten, der Lobau und Eckartsau, aber auch in Gödöllö in Ungarn.

An Jagdtagen in Gödöllö stand der Kaiser um vier Uhr auf, machte um fünf Uhr einen Spaziergang, um acht Uhr kam der Kurier aus Wien, dann wurden die Staatsgeschäfte bis zehn Uhr erledigt, danach hörte man den Gottesdienst, um elf Uhr wurde ein *Déjeuner dinatoire* eingenommen und um zwei Uhr nachmittags brach man zur Jagd auf. Die dort gepflegte Wildsauhatz war sehr anstrengend und dauerte bis zum Abend, um sieben Uhr nahm man das Diner ein, um neun Uhr begab sich der Kaiser zur Nachtruhe.

Franz Joseph hatte eine besondere Vorliebe für die Hahnenbalz im Reichenauer Revier, denn dort konnte man ohne Einbuße für den Wildbestand pro Jahr 100 große und 50 kleine Hahnen schießen. Am 18. April 1880 erlegte er seinen 500. Auerhahn. Im Frühjahr ging er Schnepfenklopfen im Wienerwald, in Sievering, Neustift, Dornbach, Breitenfurt und Kaltenleutgeben.

Besonders die Sommer, die Franz Joseph und der ganze Hof in Ischl verbrachten, waren der Jagd gewidmet, dort konnte er Pirsch und Riegler betreiben. Bei der Pirsch in den Wiener Prateraűen verwendete er seit 1850 die Windbüchse, im Gebirge hingegen den Ischler Stutzen des Büchsenmachers Leitner, später eine Doppelbüchse mit dem System Lancaster, vom Büchsenmacher Springer in Wien angefertigt. Er trug die „kurze Wichs", also Lederhose, graue Joppe und die stets etwas zu locker sitzenden grauen oder grünen Wadenstrümpfe sowie einen Hut, der mit einer Halbschar des Birkhahnspiels und Gamsbart geschmückt war. Seine engsten Jagdfreunde dort waren Albert von Sachsen, Maximilian von Thurn und Taxis, Großherzog Ferdinand IV. von Toskana, seine Schwiegersöhne Leopold von Bayern und Franz Salvator sowie später seine Enkelkinder Prinz Georg und Konrad von Bayern, Erzherzog Franz Karl und Hubert Salvator, Joseph August und Karl Salvator, Graf Franz Meran, Graf Paar, Fürst Montenuovo, Freiherr von Beck, Baron Lederer und die Ärzte Dr. Kerzel und Dr. Widerhofer. Die Jagdausflüge von Ischl führten zunächst mit der Bahn in offener Veranda nach Ebensee, dann auf Haflingern oder Ponys bergan und schließlich zu Fuß zu den Jagdständen. Es fand meist lediglich ein Treiben pro Tag statt. Bürokratisch penibel, wie er war, löste Franz Joseph für sich jährlich eine eigene Jagdkarte. Die Jäger der Ischler Umgebung ließen 1910 das Kaiser-Jagdstandbild, das den Kaiser als großen Weidmann ehren sollte, am Lauffener Waldweg am Fuße der Katrin in Ischl von Georg Leisek errichten.

Erzherzog Johann war der Erneuerer der Jagd nach der Zeit des Verfalles. Museen der Stadt Wien

Die von Franz Joseph erlegte Strecke war – nicht zuletzt durch seine lange Lebensdauer – gewaltig. Schon in der ungarischen Abteilung der Pariser Weltausstellung 1900 war das Schießregister des Kaisers von 1848 bis 1899, das 48.345 Stück Wild umfaßte, öffentlich ausgestellt. Darunter befanden sich 1190 Hirsche, 1313 Tiere (Hirschkühe), 204 Damwild, 441 Rehwild, 1939 Gamswild, 1365 Schwarzwild, 7249 Feldhasen, 224 Füchse, 711 große und kleine Hahnen, 16.970 Fasane, 896 Schnepfen, 8321 Rebhühner, 1404 Wildenten, 1343 Raubvögel und 4784 Diverses. Das Schußbuch seines Lebens ist noch etwas eindrucksvoller, es umfaßt 1436 Hirsche, 1516 Stück Kahlwild, 2051 Gams, 204 Stück Damwild, 458 Rehe, 1442 Stück Schwarzwild, 7588 Hasen, 4597 Kaninchen, 226 Füchse, einen Bären, zwei Wölfe, drei Wildkatzen, einen Dachs, einen Alpenhasen, 653 Auerhahnen, 58 Birkhahnen, sechs Haselhühner, 18.031 Fasane, 8350 Rebhühner, 288 Wachteln, 897 Schnepfen, 1404 Enten, 1304 Stück verschiedenes anderes Federwild und als Kuriosum eine weiße Gams, die er am 11. Oktober 1869 erlegte. Seine letzte Pirsch führte der greise Monarch am 14. Juli 1914 in Pöllnitz bei Ischl ohne Resultat durch, seine schwachen Augen hinderten ihn am Schuß.

Die Lebenswelt der Habsburger

Auch seine Frau Elisabeth war eine begeisterte Jägerin und Reiterin, ihre Meisterschaft zu Pferd ließ sie die Tradition der Parforcejagden wieder aufnehmen, für die sie sich Personal und Hunde in England besorgte. Die 1882 nach Plänen Karl Hasenauers erbaute Hermesvilla war der Lieblingsaufenthalt Elisabeths, wenn sie in der Umgebung Wiens jagte.

Der letzte der großen – wenn auch sehr umstrittenen – Jäger der habsburgischen Familie vor 1918 war der Thronfolger Franz Ferdinand. Er legte in seiner krankhaften Einstellung Wert auf Rekordstrecken, konnte diese durch seine fabelhafte Schießfertigkeit und Treffsicherheit mit der von ihm bevorzugten Doppelhahnflinte auch leicht erreichen. Aber nicht nur seine Treffsicherheit, sondern auch seine Disziplinlosigkeit trugen zu den großen Abschußzahlen bei – dazu wird eine Geschichte immer wieder erzählt. Auf einer Jagd beim Fürsten Pless in Schlesien wurde dem Erzherzog Thronfolger als Gastgeschenk der Abschuß eines Wisentbullen freigegeben, doch Franz Ferdinand schoß auch die Wisentkuh, trotz ausdrücklichen Verbotes. Fürst Pless zog es vor, beim anschließenden Jagdsouper nicht zu erscheinen. Ein Beispiel für Franz Ferdinands Blutrausch mag genügen: Am Hubertustag 1911 erlegte er mit drei Flinten an einem Tag 1200 Stück Wild in Böhmen! Er jagte so oft, daß infolge des vielen Schießens sein Gehörvermögen zu leiden begann. Ähnlich wie auch Kronprinz Rudolf, der ebenfalls ein erfolgsgieriger Jäger war, könnte man annehmen, das manches von diesem Streben, der beste und erfolgreichste Jäger zu sein, eine Kompensation für die politische Bedeutungslosigkeit der Thronfolger war.

Den Kaiser wenigstens auf der Pirsch zu übertreffen, scheint eine Art Ersatzbefriedigung gewesen zu sein. Franz Joseph, der mit geringen Ausnahmen nie mit Franz Ferdinand jagte, überließ ihm die Lobau und

Die Jagd war nicht auf den regierenden Zweig der Familie und nicht auf Männer beschränkt.
Das Bild zeigt eine Jagd in Teschen um 1910. Erzherzogin Isabella und ihre Töchter bringen die Jagdbeute ein. Familienalbum

Franz Joseph vor einem erlegten Hirsch. ÖNB, Wien

den Lainzer Tiergarten zur Alleinbejagung, daneben hatte der Thronfolger in seinen böhmischen Besitzungen Konopischt und Chlumetz große Gatterreviere und im Blühnbachtal ein ergiebiges Hochgebirgsjagdrevier.

Zwar ging den Habsburgern der Großteil ihrer Jagdreviere 1918 verloren – wenn auch die nicht regierenden Linien manchen Besitz behalten konnten –, aber dem alten adeligen Vergnügen, das schon lange zu einem Symbol der Standeszugehörigkeit geworden war, frönten und frönen die Habsburger auch nach ihrem politischen Ende, wenn auch in eingeschränktem Maß. Spricht man also von der Jagdleidenschaft der Habsburger als einer Familieneigenschaft, so löst sich dies beim näheren Hinsehen bald auf. In allen adeligen Familien, und besonders in den Dynastien, war die Jagd ein Statussymbol, das als standesgemäße Beschäftigung dieser Klasse, die keiner geregelten Erwerbstätigkeit nachgehen mußte, galt. Dennoch zeigen die Schwankungen in der Begeisterung für die Jagd, daß es natürlich auch mit persönlichen Neigungen zu tun hatte, wie gerne und wie viel man jagte. Von der vornehmen Zurückhaltung einiger Mitglieder der Dynastie bis zum Jagdrausch Franz Ferdinands – und auch Kronprinz Rudolfs – ist die ganze Breite der Begeisterung für die Jagd in der Familie vertreten gewesen.

„SIE STÜTZEN IHR SZEPTER AUF LEIER UND SCHWERT" – DIE HABSBURGER ALS MUSIKLIEBHABER

Eines der am weitest verbreiteten Klischees über Österreich und seine Dynastie betrifft die Musik. Das „Musikland Österreich" und die Habsburger als Förderer und Produzenten der Musik sind immer wieder auftauchende Begriffe, die besonders bei diversen Jubiläumsveranstaltungen hervorgeholt werden und einer Identifikation für die Gegenwart dienen sollen. Was könnte aber auch besser von der Machtpolitik einer Dynastie ablenken als ihre Neigung zur „zarten" Musik? Besonders gut greifbar sind viele der Klischees über Österreich und seine Dynastie in einem Staatsfilm mit dem Titel „1. April 2000" aus dem Jahre 1952, in dem das damals noch besetzte Österreich seine Identität demonstriert. In einer Szene dieses Films, der einen fiktiven Prozeß der Völkergemeinschaft gegen das „aggressive" Land Österreich zum Inhalt hat, das seinerseits durch verschiedene historische Beispiele seine Friedensliebe beweisen will, kommt auch die Musik als identitätsstiftendes Element vor. In dieser Szene sitzt der Kaiser am Klavier, während Prinz Eugen – als Kriegsverbrecher angeklagt – die weitere Expansion auf dem Balkan vorschlägt. Der Kaiser hingegen meint, die Musik und die kulturelle Sendung des Erzhauses seien wichtiger als die Eroberungen. In diesem Film wird – wie auch sonst häufig in der Literatur – die politische Rolle des Hauses Habsburg verniedlicht und durch ein kulturell-musikalisches Klischee ersetzt.

Auch dabei ist zu relativieren: Die Musik spielte an allen Höfen Europas eine wesentliche Rolle, wurde zur Repräsentation des Herrschers eingesetzt und stand in Konkurrenz zu anderen Höfen. Berühmte und erfolgreiche Musiker wurden besonders in der Frühen Neuzeit von anderen Höfen abgeworben; man versuchte, Opernaufführungen anderer Höfe zu übertreffen und den Ruhm der eigenen Kapelle zu verbreiten. Das hatte nun vor allem in der Barockzeit wenig mit ästhetischen Vorlieben und besonderer Begabung zu tun, sondern war schlichtweg ein Mittel der Stilisierung, eine Demonstration kultureller Überlegenheit, die symbolisch für die politische steht. Aber dieses Phänomen ist zeitgebunden; im Zeitalter des aufgeklärten Absolutismus verloren die Höfe das Interesse an dieser Form von demonstrativem Verhalten, und es wird deutlich, daß danach die wirklich bedeutenden musikalischen Fortschritte nicht mehr am Hof stattfanden. Stand Haydn lange Zeit seines Lebens in einem festen Arbeitsverhältnis zu einem Hof – wenn auch nicht dem der Habsburger, sondern dem der Esterházys –, so war bei den anderen Meistern der „Wiener Klassik" der Hof nicht mehr das Zentrum ihrer Tätigkeit. Bei Mozart spielte er unter dem Aspekt der Versorgung noch eine gewisse Rolle, aber bei Beethoven, Schubert und den darauffolgenden Generationen trat er als Auftraggeber und Förderer weitgehend in den Hintergrund. Bürgertum und Adel bildeten nun das Publikum dieser neuen Musik, der Hof führte nur noch die alte Tradition der Hofkapelle weiter, aber deren innovative Kraft war durch die gesellschaftlichen Veränderungen erloschen.

Die Habsburger als Förderer und Konsumenten der Musik

Wie auf vielen anderen Gebieten wissen wir nur Weniges und wenn nur Bruchstückhaftes über die Stellung der mittelalterlichen Habsburger zur Musik. Ähnlich wie schon am Babenbergerhof in Wien dürften Minnesänger und deren Nachfolger mit dem Wiener Hof in Beziehung gestanden sein. Rudolf I. beherbergte einige fahrende Sänger, darunter den „Frauenlob" genannten Heinrich von Meissen, an seinem Hof. Ähnliches kann man auch von seinen Nachfolgern berichten. Erst über Rudolf IV. († 1365) haben wir wieder genauere Informationen, er errichtete eine neue Kapelle neben dem Widmertor, die manchen als Vorläuferin der Hofkapelle gilt, und förderte den Minnesänger Heinrich von Mügeln. Auch Albrecht III. († 1395) unterhielt sporadische Beziehungen zu Minnesängern wie Oswald von Wolkenstein und Hugo von Montfort. Insgesamt jedoch scheint die Beziehung der mittelalterlichen habsburgischen Herrscher zu den Musikern der Zeit eine eher zufällige gewesen zu sein. Spielleute und Trompeter reisten zwar an ihren Hof, aber auch an viele andere und verbreiteten damit schnell musikalische Formen.

Erst mit der kurzen Regierungszeit Albrechts II./V. († 1439), der die musikalische Ausgestaltung des Gottesdienstes in der Hofburgkapelle regelte, und besonders in der langen Regierungszeit Friedrichs III. scheint sich eine Konsolidierung der musikalischen Situation am Habsburgerhof ergeben zu haben. Friedrich verfügte offensichtlich schon über eine feste Kapelle

Die Förderung der Musik durch die Habsburger ist seit alter Zeit belegt. In seinem autobiographischen Werk „Weißkunig" stilisiert sich Maximilian I., umgeben von Musikern, als Mäzen dieser Kunst. ÖNB, Wien

mit Sängern und Instrumentalisten deutscher und burgundischer Herkunft, aber auch der Einfluß der Renaissance durch den am Wiener Hof tätigen Humanisten Enea Silvio Piccolomini ist nicht zu vernachlässigen. Der Sekretär Friedrichs III. und spätere Bischof von Trient Johann Hinderbach hat in den „Trienter

Codices" manches an Staatsmotetten dieser Zeit überliefert. Die mehrstimmige Kunstmusik der Niederländer setzte sich auch am Hof der Habsburger durch und trat neben ältere Formen musikalischer Tätigkeit, die im Mittelalter häufig überliefert sind, vor allem der Pfeifer, Trompeter, Posaunisten und Pauker.

Die schon unter Friedrich III. begonnene „Modernisierung der Musik" setzte sich endgültig durch, als Maximilian I. 1477 nach Burgund heiratete und dort die berühmte burgundische Kapelle, die auf Herzog Philipp den Guten († 1467) zurückging, übernahm. Ihr stand mit Pierre de la Rue einer der berühmtesten Komponisten jener Zeit vor. Sie war vor allem auf Instrumentalmusik spezialisiert, begleitete Maximilian I. auch bei seiner Krönung im Reich und erregte dort Aufsehen. Als Maximilian Tirol übernahm, fand er dort eine von Herzog Friedrich mit der leeren Tasche († 1439) und Herzog Sigmund († 1496) begründete Kapelle traditioneller Art vor, es ist unklar, ob diese beiden Kapellen – die deutsche und die niederländische – nebeneinander bestanden. Jedenfalls wandelte Maximilian I. am 7. Juni 1498 die von seinem Vater ins Leben gerufene „Kantorei" von einer geistlichen Institution in ein Hofinstitut mit Laien als Sängern und Instrumentalisten um und kann so als Begründer der Hofmusikkapelle – und auch der Institution der Wiener Sängerknaben – gelten.

Berühmte Musiker der Zeit wie Paul Hofhaimer und Heinrich Isaac wirkten zumindest zeitweise am Hof Maximilians; die wichtige Rolle der Musik wird auch in den Illustrationen des „Weißkunigs" deutlich. Ihr großer propagandistischer Wert äußert sich aber auch darin, daß Maximilian in zeremoniellen Staatsmotetten von Heinrich Isaac, Ludwig Senfl und Benedictus de Opitiis gefeiert wurde, und auch bei dem großen Fürstenkongreß mit der Doppelhochzeit in Wien 1515 spielte die Musik eine hervorragende repräsentative Rolle. Maximilians Kapelle zeigte schon das neue Adelsideal der Frühen Neuzeit, das mit Baldassare Castigliones „Cortegiano" wenige Jahre später festgeschrieben wurde. Diesem Lehrbuch nach sollte sich der Höfling und auch der Herrscher selbst mit Musik beschäftigen, er sollte ein Instrument lernen und singen können, vielleicht sogar komponieren. In den ersten Generationen des 16. Jahrhunderts kam man diesem Ideal noch näher, wir wissen, daß Karl V. und seine Schwestern eine gründliche musikalische Bildung genossen. Besonders seine Tante Margarete († 1530), die von dem Hoforganisten Govard Nepotis erzogen worden war, entfaltete an ihrem Hof in Mecheln große musikalische Aktivitäten, in deren Zentrum naturgemäß die Niederländer standen. Das eigentliche Erbe der burgundischen Hofmusik nach dem Tod Philipps des Schönen († 1506) trat aber Karl V. an, der in Brüssel seine Residenz hatte. Die flämische Kapelle begleitete ihn, als er 1519 Herrscher im Reich geworden war, auf seinen Reisen in diesem Territorium, und das große Prestige dieser kaiserlich-burgundischen Hofkapelle trug dazu bei, daß der niederländische Stil bedeutend blieb.

Auch Karls Bruder Ferdinand I. stand unter dem Einfluß der niederländischen Musik. Als er in den österreichischen Ländern zu herrschen begann, fand er dort kaum Reste der maximilianeischen Kapelle vor, da sein Bruder die Musiker der österreichischen Hofkapelle 1519 entlassen hatte, doch begann Ferdinand unter dem „obristen Capellmeister" Georg Slatkonia, dem späteren Bischof von Wien, mit der Neuorganisation einer Hofkapelle. In der „Capell-Ordnung" von 1527 schuf Ferdinand eine musikalische Organisationsform, die lange bestehen und die musikalische Situation des Wiener Hofes bis zum Ende der Monarchie – und in Relikten auch die musikalische Situation der Republiken – wesentlich prägen sollte, wenn sie auch im Laufe der langen Zeit großen Wandlungen unterlag. An der Spitze der Kapelle standen Hofprediger, Hofelemosinarius (der Geld an die Armen zu verteilen hatte und für die Einhaltung des kirchlichen Festkalenders zuständig war) und vier oder fünf Hofkapläne – ihnen assistierten die Bassisten, Tenoristen, Altisten und Diskantisten sowie die Kantoreiknaben, Kopisten, Organisten, Orgelstimmer und Kalkanten (die den Blasbalg der Orgel zu treten hatten) –, insgesamt eine Zahl von 50 bis 80 Personen. Die Hofkapelle sorgte für Musik in der Hofkirche, bei Hoffesten und während der Tafel und begleitete den jeweiligen Herrscher auch auf Reisen. Zusätzlich zur eigentlichen Hofkapelle gab es auch noch eigene Kapellen der Kinder und Frauen der regierenden Fürsten. Ferdinands Bemühungen um die Ausgestaltung der Kapelle spiegeln sich auch in Zahlen; während in den ersten Jahren seiner Regierung 56 Personen angestellt waren, waren es an deren Ende schon 83. Niederländische Musiker und Kapellmeister wie Heinrich Finck und Arnold van Bruck und dann unter Ferdinands Sohn Maximilian II. Jakob Vaet und Philipp de Monte, der schon in Beziehung zum Hof Margaretes in Mecheln gestanden hatte, waren am Wiener Hof besonders einflußreich. Auch unter Maximilians Söhnen Rudolf und Matthias blieb der niederländische Stil mit Komponisten wie Jakob Regnart, Jakob Handl (genannt Jacobus Gallus) und Charles Luython bedeutend. Ein Versuch, 1567 unter Maximilian II., Giovanni Pierluigi da Palestrina für den Habs-

Libretto mit Figurinen für ein Theaterspiel am Hof „L'isola di Luciano", verfaßt von Kaiserin Maria Theresia, die 2. Frau von Kaiser Franz, ca. 1800. Handschrift mit kolorierten Figuren. ÖNB, Wien

burgerhof zu gewinnen, scheiterte. Die Habsburger unterhielten Beziehungen zu Orlando di Lasso, der in München lebte, aber auch Kompositionen für die Habsburger – unter anderem für die Wiener Hochzeit 1571 – schuf. Lassos Tochter war übrigens mit dem Hofmaler Rudolfs II. Hans von Aachen verheiratet, was einiges über das intensive Beziehungsgeflecht der Zeit aussagt. Überdies zeigen auch die Widmungen in den Werken der Frühen Neuzeit, daß die habsburgischen Kaiser als Publikum und Mäzene der Musik immer wieder auch von Musikern anderer Höfe angesprochen wurden.

Ein Wandel im musikalischen Geschmack machte sich zuerst in den Teilresidenzen der Habsburger – in Innsbruck und Graz – bemerkbar. Erzherzog Ferdinand von Tirol († 1595) machte den Mailänder Orfe de Cornay zu seinem „Obristmusicus", auch in Graz richtete man den Blick zunehmend nach Italien. Zwar herrschten durch die familiären Beziehungen der Frau Erzherzog Karls von Innerösterreich († 1590) enge Verbindungen zu München, wo Lasso wirkte, doch stand der wittelsbachische Hof auch der venezianischen Musikkultur offen gegenüber. In Graz trat also mit Hannibale Padovano, ein berühmter Orgelspieler, Lautenist und Komponist seiner Zeit, ebenfalls ein Italiener an die Spitze der Kapelle, dieser Trend wurde dann von Karl von Innerösterreichs Sohn Ferdinand II. an den Wiener Hof verpflanzt. Ferdinand brachte schon 1619 eine italienische Kapelle unter Giovanni Priuli mit nach Wien und förderte damit auch die Musik der Gegenreformation und die damalige „Moderne". Sowohl Wien als auch die Residenz in Innsbruck unterhielten nun im Laufe des 17. und 18. Jahrhunderts intensiven musikalischen Kontakt mit Italien, mit dem sie auch persönlich, vor allem durch dynastische Familienbeziehungen, eng verbunden waren. Der Tiroler Landesfürst Erzherzog Leopold († 1632) hatte auf seinen Reisen in Florenz und Rom den neuen Stil kennengelernt, und seine Hochzeit mit einer Gonzaga-Prinzessin brachte seinen Hof in Beziehung zu Claudio Monteverdi, dem großen Neuerer in Mantua. Die Hauptlinie des Hauses hatte durch die beiden Eleonoren, die Frauen Ferdinands II. und III., enge Verbindungen mit dem mantuanischen Hof, die Italianisierung auf sprachlichem wie auf musikalischem Gebiet schritt rasant voran. Die Kapelle vergrößerte sich, und die Zahl der Italiener in ihr wuchs, vor allem die Kapellmeisterstellen waren bis ins 18. Jahrhundert fast ausschließlich mit Italienern besetzt.

Wie nie zuvor und nie danach spielte die Musik, insbesondere das Musiktheater, die dominierende Rolle in der Manifestation von Geschmack und Macht. Die Oper als Kunstform war das Mittel der Herrschaftsrepräsentation schlechthin, ihre Geschichte ist von der höfischen Feste nicht zu trennen. Schon im Jahr 1622 nach der Krönung Eleonores († 1655) zur ungarischen Königin gab es die erste große Ballettaufführung in Wien, bei der die Tänzerinnen unter der Choreographie der Kaiserin tanzten und alle Buchstaben des Namens Ferdinand in Figuren formten. Der Tanz blieb auch noch länger eine weibliche Domäne am Hof. Die Hochzeit Ferdinands III. mit Maria Anna von Spanien 1631 bildete dann den Auftakt des großen Reigens der Opernaufführungen des 17. und frühen 18. Jahrhunderts. 1641 wurde erstmals eine große Oper Monteverdis „Il ritorno d'Ulisse" und 1642 Francesco Cavallis „L'Egisto Re di Cipro" in Wien aufgeführt, dem folgten nun Opern und Roßballette in großer Zahl. Rund 400 Werke, darunter 100 geistliche, wurden allein in der Regierungszeit Leopolds I., der jährlich 60.000 Gulden für die Hofmusiker ausgab, auf die Bühne gebracht. Aufführungen von Berufsmusikern und von Höflingen wechselten einander ab, in den Jahren 1631–1702 wurden nicht weniger als 120 Bühnenwerke von der Hofgesellschaft für die Hofgesellschaft aufgeführt. Auch in dieser Blüte der barocken Wiener Hofkultur darf der Einfluß des „provinziellen" Hofes in Innsbruck nicht zu gering veranschlagt werden. Schon 1629/30 baute Christoph Gumpp in Innsbruck mit der Dogana das erste feste Theater nördlich der Alpen, und 1652–1654 wurde in Innsbruck ein Theater in der Art der venezianischen Bühnen erbaut, das 1000 Personen faßte und mit Maschinen und Flugwerken für den damals in der Oper beliebten *Deus ex machina* und andere Himmelserscheinungen ausgerüstet war. Dieses Theater war nicht nur das erste freistehende Operntheater nördlich der Alpen, sondern auch die erste deutsche Bühne mit festangestelltem Personal. Die gesamte Kultur in Innsbruck war stark nach Süden ausgerichtet, und der Wiener Hof bezog – insbesondere nach dem Ende der eigenständigen Hofhaltung in Innsbruck mit dem Aussterben der jüngeren Tiroler Linie 1665 – manchen bedeutenden Musiker aus dem Innsbrucker Ensemble, unter anderem den bekannten Komponisten Antonio Cesti.

Die höfischen Feste mit Musik wurden zu den Geburtstagen der Monarchen und ihrer Frauen sowie der Kinder gefeiert, seit 1678 auch an den Namenstagen des Kaisers und anderer Familienmitglieder. Zu diesen vielen weltlichen Anlässen kam auch ein bedeutender geistlicher: am Karfreitag gab man vor dem Heiligen Grab in der Hofkapelle eine *representatio sacra*. Die gesamte Entwicklung der Hofmusik stand unter dem bestimmenden Einfluß der italienischen Musik, wenn auch auf dem Gebiet des Tanzes in der zweiten Hälfte des 17. Jahrhunderts der französische Stil an Einfluß gewann.

Komponisten und Musiker waren also großteils Italiener, manche von ihnen haben in den Konzertaufführungen und der CD-Produktion der letzten Zeit neues Interesse gefunden wie der schon genannte Cesti, Antonio Draghi, Antonio Pancotti und Marc'Antonio Ziani, die unter Joseph I. wirkten, oder Antonio Caldara unter Karl VI. Die kurze Regierungszeit Josephs I. brachte organisatorisch und künstlerisch manche Veränderungen, in diesen Jahren wurden 12 bis 14 Opern jährlich aufgeführt.

War das leopoldinische Hoftheater noch einheitlich, weil fast sämtliche Texte von einem einzigen Poeten (Minato), die meiste Musik von einem Komponisten (Draghi) und ein Großteil der Inszenierungen von einem Mann (Lodovico Burnacini) stammten, so vervielfältigten sich die künstlerischen Einflüsse unter Karl VI., der mit Pietro Pariati, Apostolo Zeno und Pietro Metastasio mehrere Textdichter, mit Francesco Conti und Johann Joseph Fux mehrere Komponisten und mit Ferdinando, Giuseppe und Antonio Galli-Bibiena auch mehrere Szenenkünstler beschäftigte. Unter Karl, dessen Regierungszeit eine letzte herbstliche Nachblüte der barocken Prunkentfaltung im Musikalischen darstellte, trat mit dem Steirer Johann Joseph Fux, dessen Oper „Costanza e fortezza" unter der Regie von Giuseppe Galli-Bibiena anläßlich der Krönung Karls VI. in Prag aufgeführt wurde, auch ein Nicht-Italiener an die Spitze der Musikpflege. Damit begann die letzte, von deutschsprachigen Musikern, die allerdings an italienischen und französischen Vorbildern geschult waren, dominierte Phase der Wiener Hofmusik. Die Zahl der Musiker wuchs in der Barockzeit stetig an, 1705 waren es 102, 1711 schon 107 Personen, von denen allerdings ein großer Teil wegen Untauglichkeit unter Karl VI., dessen Hofkompositeur Fux die Kapelle reorganisierte, entlassen wurde, doch erreichte die Kapelle unter ihm mit 140 Mitgliedern ihren höchsten Stand. Dieser Personenkreis bestand aus Sängern und Instrumentalisten, darunter Posaunisten, Trompeter, Oboisten, Cellisten und Gambisten, wobei die Bläser zahlenmäßig überwogen, weil sie im Zeremoniell – z. B. bei der Ankündigung des Herrschers durch Fanfarenstöße – eine zusätzliche Rolle spielten.

Ganz anders verlief die zeitgleiche Entwicklung der Musik bei der spanischen Linie des Hauses. Die Ausgangsvoraussetzungen waren zwar gleich oder sogar besser, denn Philipp II. verfügte nicht nur über seine eigene Kapelle mit guten Sängern, Instrumentalisten und Komponisten, darunter Francisco de Soto und Antonio de Cabezón, sondern hatte auch die burgundische Kapelle seines Vaters geerbt. Zwar pflegte er die Musik mehr als seine Nachfolger am spanischen Thron, doch auch Philipp zog die bedeutendsten spanischen Komponisten seiner Zeit, Morales, Guerrero und Victoria, nicht an den Hof, obwohl diese durch gewidmete Werke in Beziehung zu ihm standen. Die Capilla Real in Madrid bestand aus 30–40 Personen, musikalisch dominierte allerdings fast ausschließlich die religiöse Musik. Auch für den Escorial schuf Philipp II. eine eigene Kapelle, allerdings ordnete er an, daß die Messen jederzeit – auch zu den großen Festen – in einstimmigem Gesang und nicht in Polyphonie gesungen werden sollten. Dieser Toledanische Gesang, der mit römischen Intonationen nichts zu tun hatte, war eine spanische Besonderheit und wurde vom Papst durch eine Dispens den Katholischen Königen Ferdinand und Isabella bewilligt. Es gab in der Kapelle des Escorials in der Regel etwa 14 Sänger, darunter auch Kastraten, die von „Correctores del Canto" überwacht und von Instrumentalisten, vor allem Organisten, begleitet wurden. Es gab keine weltlichen, sondern nur geistliche Musiker. Am Ende der Regierungszeit Philipps III. und am Beginn der seines Sohnes war der beherrschende

Oben: Johann Joseph Fux war der Musiklehrer Karls VI. und sein Hofkompositeur. ÖNB, Wien
Unten: Clavichord Kaiser Leopolds I. Kunsthistorisches Museum, Wien

Links und rechte Seite: Eine der verbreitesten Legenden ist der Besuch Mozarts bei Maria Theresia bzw. am Hofe. Hier einige Szenen. ÖNB, Wien

Komponist der Mönch Martín de Villanueva. Lange Zeit vertrat die Forschung die Meinung, daß nach dem Tode Philipps II. die musikalische Neigung bei den spanischen Habsburgern fast völlig erlosch, was in letzter Zeit zumindest für die Regierung Philipps III., dem jetzt eine außergewöhnliche Liebe zur Musik attestiert wird, korrigiert wurde. Dieser stellte eigene Violingruppen an, schuf eine Art Kammermusik und erhöhte die Zahl der in der Kapelle tätigen Musiker, wobei jetzt fast ausschließlich Spanier zum Zuge kamen. 21 Kapläne, 30 Sänger und zwölf Sängerknaben waren unter der Leitung von Mateo Romero in dieser Kapelle tätig.

Trotz dieser Ehrenrettung der spanischen Hofmusik fällt der Vergleich mit Wien schlecht aus. Zwar beschäftigte der spanische Hof wichtige Musiker wie die Organisten Correa de Arajo, Joan Cabanilles oder Juan Hidalgo sowie den später als Mörder verfolgten, davor im Kloster Encarnación tätigen José Marin oder Juan Blas de Castro, doch ging die barocke Oper, trotz der engen Beziehungen zu Wien und zu dem von den Spaniern beherrschten Neapel, die beide eine Blüte der italienischen Oper erlebten, weitgehend an Spanien vorbei. Das Interesse der spanischen Linie des Hauses Habsburg galt vielmehr der Literatur – ein Gebiet, das wiederum von der österreichischen Linie vernachlässigt wurde –, und nur in Zusammenarbeit mit den großen Schriftstellern kam der Musik ein gewisser Stellenwert zu. Juan Hildalgo arbeitete etwa mit Calderón de la Barca zusammen; Hidalgos *Tonos Humanos* bildeten als Teile von Opern und Zarzuelas – eine Art von Singspiel – eine der Höhepunkte der spanischen Oper. Das Wort *Zarzuela* leitet sich von einem Palais Philipps IV. ab, in dem solche aus Gesang, Tanz und gesprochenem Wort bestehende Stücke, die dem italienischen *dramma per musica* ähnlich waren, zunächst aufgeführt wurden, aus dem Namen des Spielortes wurde der Gattungsbegriff. Ähnliches ist von der Zusammenarbeit Juan Blas de Castros mit Lope de Vega zu berichten, bei der ebenfalls der literarische Aspekt dominierte. Sebastián Durón, der letzte große Meister der spanischen Hofmusik unter den Habsburgern, ging 1713 mit der endgültigen Herrschaftsübernahme der Bourbonen in Spanien bezeichnenderweise ins Exil und machte Platz für eine völlige Erneuerung der Musik unter dem neuen Geschlecht, die im Zeichen einer verspäteten Italianisierung stand. Erstaunlich gering bleibt die gegenseitige Beeinflussung der Höfe in Wien und Madrid auf dem Gebiet der Musik, nur zwei Beispiele, die sich beide

Die Habsburger als Musikliebhaber

bezeichnenderweise auf Höfe von österreichischen Habsburgern, die in Spanien erzogen worden waren, beziehen, sind zu nennen. Der katalanische Mönch und Komponist Matheo Flecha wirkte am Hof Maximilians II. und Rudolfs II. und wurde dort mit Pfründen reichlich belohnt: Er war sowohl Abt des Klosters Tihany am Plattensee als auch des Klosters La Portella in Katalonien. Er stellt eine der wenigen personellen Verbindungen der beiden Musikkulturen dar. Etwa zur gleichen Zeit finden wir den spanischen Komponisten Tomás Luis de Victoria, der zwar wenig Kontakt zum Madrider Hof hatte, dafür aber kurz als Kapellmeister am Hof in Prag tätig war. Er wirkte als Beichtvater der französischen Königswitwe Elisabeth († 1592) und gab später seinen Posten in Rom auf, um der Witwe Kaiser Maximilians II., Maria († 1603), ins Kloster Descalzas Reales zu folgen. Victoria widmete Maximilian II. ein Buch mit Madrigalen, andere seiner Werke sind in Prag gedruckt und Erzherzog Ernst († 1595), dem Bruder Kaiser Rudolfs II., gewidmet. Trotz der engen dynastischen Kontakte mit Spanien in der Barockzeit lehnte Leopold I. den spanischen – auch musikalischen – Einfluß auf seinen Hof ab, von ihm ist der Ausspruch überliefert: „Die mujeres españoles wollen meinen Hof ganz Spanisch machen." Die Oper als Höhepunkt der Musik des Barocks war stets eine öffentliche Demonstration kultureller Führungsansprüche, die mit der öffentlichen Machtdemonstration der Herrschaft in einer unauflöslichen Verbindung stand.

Ein entscheidender Wandel in Österreich trat mit dem Tod Karls VI. ein. Allzu gerne wird dieser Wandel wieder dem sich verändernden „biologischen Gefüge" der Familie zugeschrieben. Die Althabsburger waren großartige Musiker, mit den Lothringern hingegen endet die Musikalität der Familie, lautet die These, was sich schon angesichts des komponierenden Erzherzogs Rudolf († 1831), Bischof von Olmütz, von dem noch die Rede sein wird, als Unsinn erweist.

Die Zeitumstände änderten sich nach 1740 merklich. Der Staat und die Dynastie definierten sich anders, die Feste waren nicht mehr das tragende Element der Selbstdarstellung, die Habsburger und die anderen Dynastien Europas mußten sich nicht mehr über die musikalische Szene repräsentieren, die Konkurrenz der Höfe auf diesem Gebiet war zu Ende. Sparmaßnahmen im Zusammenhang mit den Kriegen am Beginn der Regierungszeit Maria Theresias und ein verändertes Zeremoniell drängten bei Hofe die Musik zurück, die nun zunehmend ihr Schwergewicht außerhalb des höfischen Bereiches fand. Wie auf anderen Gebieten übernahmen im 18. und insbesondere dann im 19. Jahrhundert in Wien zunehmend Adel und dann Bürgertum die Rolle der Mäzenaten, an die Stelle des Hoffestes in der Burg trat das bürgerliche Publikum der Gesellschaft der Musikfreunde. Dieser Prozeß begann in der Zeit des aufgeklärten Absolutismus langsam zu wirken, obwohl die höfischen Zentren noch immer Anziehungspunkte für Künstler blieben – man denke nur an den legendenhaft ausgeschmückten und geradezu kitschig verarbeiteten Besuch Wolfgang und Nannerl Mozarts in Schönbrunn am 13. Oktober 1762.

Ein anderer Aspekt ist damit eng verbunden: die Privatisierung des Hoflebens, der Rückzug ins Familiäre, die Verbürgerlichung der Welt der Dynastien. Der teilweise Rückzug der Herrscher aus der Öffentlichkeit und die größere Privatheit spiegeln sich auch in der Musizierpraxis. Neben und an die Stelle der nach außen gerichteten Aufführungen von Musik trat verstärkt das Musizieren im familiären Kreis, wie bei den bürgerlichen Familien.

Ähnlich wie wir es bei den Sammlungen und auf anderen Gebieten sehen werden, verdrängten die staatlichen Interessen, die das Kaiserhaus wahrnahm, zunehmend die persönlichen, was aber nicht heißt, daß die Hofmusik aufgegeben wurde; Maria Theresia reorganisierte vielmehr deren Verwaltung. 1746 trennte sie den sakralen Bereich unter dem zweiten Kapellmeister Georg von Reuttner von dem des säkularen unter dem ersten Kapellmeister Luca Antonio Perdieri, in dessen Aufgabenbereich nun Oper, Serenaden und öffentliche Tafelmusiken fielen. Damit kehrte man zu organisatorischen Formen, die auch in der Renaissance geherrscht hatten, zurück.

Die große *Opera seria* blieb weiterhin eine Angelegenheit des Hofes, sie wurde fast ausschließlich aus Anlaß von Hochzeiten im Sommer in der Alten Favorita, im Augarten oder der Neuen Favorita, dem Theresianum, und im Winter in der kaiserlichen Burg aufgeführt. 1741 wurde an der Stelle des alten Hofballhauses ein neues Theater erbaut, in dem deutsche Schauspiele – eine Neuerung gegenüber der Barockepoche, in der das deutsche Schauspiel vom Hof nicht gepflegt wurde – und italienische Singspiele Aufführung finden sollten. Daran fanden Maria Theresia und ihr Mann mehr Geschmack, so daß die großen, kostspieligen Opernaufführungen bald ganz eingestellt wurden. Die letzte große Opernaufführung im alten Stil wurde 1744 anläßlich der Vermählung der Erzherzogin Maria Anna mit Karl von Lothringen inszeniert.

Die Ausgestaltung der Hochzeiten der nächsten Generation, also der Kinder Maria Theresias, mit Theater und Musik war dennoch reich, nur zwei der vielen möglichen Beispiele sollen genannt werden. Bei der Hochzeit Erzherzog Ferdinands († 1806) mit Marie Beatrix von Este († 1829) wurde Mozarts Serenata „Ascanio in Alba" aufgeführt, und bei der besonders prunkvollen Hochzeit der Erzherzogin Marie Antoinette († 1793) mit dem Dauphin von Frankreich wurden schon auf der

Joseph II. musiziert mit seinen Schwestern. Gemälde von Joseph Hauzinger. Kunsthistorisches Museum, Wien

Reise Ehrenpforten errichtet und Theaterstücke gegeben, die Serie von Festlichkeiten gipfelte in Paris 1770, wo neben musikalischen Darbietungen auch die Tragödie „Athalie" von Racine zur Aufführung gelangte.
Die weitere Förderung der Musik war eng mit der Erhaltung von „Staatstheatern" verbunden. Der Hof übernahm das „Management" des Burgtheaters und des Kärntnertortheaters, in denen die französische *Opéra comique* und die italienische *Opera seria*, aber auch deutsche Schauspiele und italienische Singspiele gepflegt wurden. Niemand geringerer als Christoph Willibald Gluck war 1754–1764 Kapellmeister des Burgtheaters. Wie der Obersthofmeister Maria Theresias, Johann Joseph Fürst Khevenhüller-Metsch, dessen Tagebücher eine bedeutende Quelle für die Musik- und Theatergeschichte dieser Epoche darstellen, berichtet, besuchte der Hof auch die deutschen Aufführungen im Kärntnertortheater regelmäßig.
Die bestehende Hofmusikkapelle, deren Mitgliederzahl 1772 mit nur 20 Personen einen nie dagewesenen Tiefstand erreichte, wurde hingegen eher vernachlässigt, sie bestand fast nur noch aus Greisen und Invaliden. Erst 1790 wurde mit 50 Musikern wieder ein Stand erreicht, der nun bis zum Ende der Monarchie weitgehend konstant blieb. Dieser Stab bestand aus einem Kapellmeister, einem Vizekapellmeister, fünf Sopran- und fünf Altstimmen von den Sängerknaben, vier Tenören, vier Bässen, zwei Organisten, zwölf Violinen, je zwei Violoncelli, Kontrabässen, Oboen, Klarinetten, Fagotten, Waldhörnern, Posaunen und einer Flöte. Trompeter und Pauker, die nach wie vor im Zeremoniell eine Rolle spielten, wurden zur Dienstleistung zugewiesen.
Die bahnbrechenden musikalischen Entwicklungen der Wiener Klassik gingen weitgehend am Hof vorbei. Joseph II., der den konservativen Geschmack seiner Jugend beibehielt, bevorzugte Antonio Salieri, der auch unter Josephs Nachfolgern bis 1824 Hofkomponist blieb. Viele Werke von Mozart wurden zwar in Wien gegeben, darunter die „Entführung aus dem Serail", an deren Aufführung auch der Hof teilnahm, aber Mozart war niemals Hofkomponist. Die böhmischen Stände bestellten 1792 bei ihm die Oper „La clemenza di Tito" für die Krönung Leopolds II. in Prag – eine Verherrlichung einer der „Tugenden des Erzhauses", der *clemencia austriaca*, wodurch Mozart in den Umkreis höfischer Feste trat. Diese war die letzte für einen Festakt geschriebene Oper, auch die Dynastie hielt sich mit der Förderung der Musiker zurück. Mozarts Ansuchen, sich als Hofkomponist ein regelmäßiges – wenn auch geringfügiges – Einkommen zu sichern, wurde nicht entsprochen. Unter den Herrschern des 19. Jahrhunderts finden sich keine Komponisten allerersten Ranges im Dienste des Kaiserhauses, Männer wie Joseph Leopold von Eybler, die beiden Hellmesberger, Hans Richter und Leopold Kozeluh, der die Erzherzogin Elisabeth († 1903) unterrichtete, zählen noch zu den bekanntesten Namen. Franz Schubert war zwar Hofsängerknabe, doch die von ihm angestrebte Stelle eines „Vice-Hofkapellmeisters" konnte er ebensowenig erlangen wie Ludwig van Beethoven die eines Hofkompositeurs.
Nur mehr die leere Hülle, die Institution ohne ihren Geist, war von der Hofmusikkapelle der Dynastie erhalten geblieben. Ihre Tätigkeit in der franzisko-josephinischen Epoche beschränkte sich auf das Gebiet der sakralen Musik, auf dem sie unter den Hofkapellmeistern und Hoforganisten, darunter Anton Bruckner, gediegene musikalische Leistungen erbrachte. Die kaiserlichen Musiker, die seit 1723 „Kayserliche Hof- und Kammer-Musici" genannt wurden, standen bis zum Ende der Monarchie unter der Leitung des kaiserlichen Oberst-Hofmeisteramtes. Zwischen dem Kapellmeister und dem Obersthofmeister vermittelten die Musik-Oberdirectoren, deren letzter Graf Leopold Podstatzky-Liechtenstein von 1846 bis 1848 war. Danach wurde diese Stelle nicht mehr besetzt. Daneben gab es noch die Mitglieder des Hofopernorchesters und des im Löwenburgischen Konvikt untergebrachten Instituts der Hofsängerknaben. Die Hofoper als heute finanziell belastendes Erbe der Monarchie und die Hofkapelle mit den Sängerknaben überlebten das Jahr 1918 und wurden – wie so vieles – in der Republik weitergeführt („so als war nix g'schehn", wie Weinheber es formulierte).

Die Habsburger als Komponisten

Unterschied sich die Musikpflege der Habsburger in institutioneller Hinsicht nicht wesentlich von der anderer Höfe, die insbesondere in der Barockzeit mit dem Erzhaus konkurrierten, so liegt sicherlich eine Besonderheit in der Tatsache, daß viele Habsburger selbst musizierten und einige Habsburger – vor allem in der Barockzeit – auch selbst komponierten. Bemerkenswert ist die Dichte der Komponisten in aufeinanderfolgenden Generationen, die dieses Phänomen – gegenüber vereinzelten gekrönten Komponisten wie Johann IV. von Portugal († 1656) oder Heinrich VIII. von England († 1547) – auffällig macht.
Die theoretische musikalische Ausbildung bildete stets einen Teil der adeligen Erziehung, schon im Mittelalter war die Musik als Teil des Quadriviums neben Arithmetik, Geometrie und Astronomie Bestandteil des unbedingten Wissens aller Gebildeten. Ihre Anwendung im sakralen und weltlichen Bereich war dabei ein ebenso wichtiger Aspekt wie die mathemati-

Musiknachmittag im Schloß Halbturn 1897. Am Flügel Erzherzogin Isabella, um sie ihre Töchter und Franz Ferdinand mit Geige, am Klavier stehend Sophie Chotek, die spätere Frau Franz Ferdinands. Familienalbum

sche Komponente und die Einsicht in die *Harmonia mundi*, die sich in der musikalischen Theorie und in Ausdrücken wie *Musica mundana*, des Makrokosmos oder der Sphärenharmonie, und *Musica humana*, der Harmonie des menschlichen Mikrokosmos spiegelt. Mit der Renaissance wurde diese musikalische Ausbildung auch gesellschaftlich motiviert und damit verstärkt. Der Höfling, und damit auch der Herrscher, sollte sich mit den Künsten allgemein beschäftigen, der „Cortegiano" mußte – schon um den Frauen zu gefallen – Laute spielen und singen können und sollte auch von der Kompositionstechnik etwas verstehen. Dieses neue Menschenideal, das die Habsburger auf so vielen Gebieten beeinflußte, baute darauf auf, daß Kunst nichts mit angeborenem Genie zu tun hat, sondern eine erlernbare Fähigkeit ist. Das Studium des Kontrapunktes bildete die Voraussetzung zur rationalen Beherrschung der Kunst des Komponierens, die man wie ein Handwerk erlernte. Damit muß man auch die Kompositionen der Habsburger im richtigen Kontext sehen und relativieren, sie waren ähnlich denen anderer barocker Komponisten, weil sie auf derselben theoretischen Basis standen, wenn auch manche der Habsburger sicherlich Begabung für die Musik zeigten. Von den frühen Habsburgern wissen wir nichts über eine musikalische Erziehung, erst mit dem Ende des Mittelalters lassen sich Spuren einer solchen Ausbildung nachweisen und damit auch die Tatsache, daß Habsburger aktiv Musik ausübten. Karl V. und seine Schwestern und Kinder etwa spielten Instrumente, Karl vor allem eine kleine Orgel, die er auch in sein Refugium im Kloster Yuste mitnahm. Doch erst die barocken Habsburger entwickelten eine ganz besondere Beziehung zum Musizieren und wurden von Förderern und Liebhabern sogar zu Komponisten. Ferdinand III., dessen Lehrer in der Musik Giovanni Valentini war, komponierte viele musikalische Werke, Kirchenwerke, Madrigale, 170 Stücke vokaler Kammermusik, vier oder fünf Oratorien, vier Sepolcri, zwei Messen, 38 kleine Kirchenwerke, wie ein Stabat mater und eine Lauretanische Litanei, drei Serenaden, sechs Schauspielmusiken und 103 Tänze. Dem gelehrten Jesuiten Athanasius Kircher widmete Ferdinand III. sein Hauptwerk, das in italienischer Sprache komponierte

„Drama musicum", das 1649 aufgeführt wurde. Es ist ein denkwürdiges Werk, eine der ersten Kompositionen auf deutschem Boden, die in Nachahmung der kurz davor entstandenen italienischen Oper geschaffen wurde. Die Komponierweise Ferdinands ist durch zahlreiche Wiederholungen gekennzeichnet, er hielt sich dabei an die Komponierrezepte, die Athanasius Kircher in seiner Erzherzog Leopold Wilhelm († 1662) gewidmeten „Musurgia universalis" (erst 1650 veröffentlicht) gegeben hatte, die der Kaiser offensichtlich schon vor der Drucklegung kannte. Ferdinand III., der die italienische Sprache perfekt beherrschte und ebenso wie sein Bruder Leopold Wilhelm viele Gedichte, von denen Zeitgenossen sagten, daß sie graziös, lebhaft und leicht singbar seien, in dieser Sprache schrieb, war ein besonders feinsinniger Geist. So konnte Erzherzog Leopold Wilhelm über seinen kaiserlichen Bruder mit Recht sagen: „Er stützte sein Szepter auf Leier und Schwert." Durch den Ankauf der Fuggerschen Musikbibliothek für den Wiener Hof hat Ferdinand Bleibendes geleistet.

Leopold I. schloß sprachlich an die italienische Tradition an – explizit sogar, indem er Texte Leopold Wilhelms vertonte. Er war ein überaus fruchtbarer Komponist, 155 Arien, neun *Feste teatrali* und 17 Ballettsuiten mit Tanzformen wie Sarabande, Menuett, Bourée, Courante, Canario, Ciaccona, Intrada, Retirada, Treza und Gagliarda von seiner Hand sind bekannt. Er schrieb nicht nur Teile der Oper „Il pomo d'oro", die

Der bedeutendste Komponist der kaiserlichen Familie nach der Barockzeit war der Bischof von Olmütz, Erzherzog Rudolf. Ein Denkmal für den Förderer Beethovens steht in Bad Ischl. ÖNB, Wien

bei seiner Hochzeit mit Margarita Teresa von Spanien aufgeführt wurde, sondern nach ihrem frühen Tod auch ein Requiem. Neben dem Requiem sind eine Reihe anderer geistlicher Kompositionen Leopolds bekannt, darunter zwei Messen, 20 Motetten, neun Psalmen, zwölf Hymnen, 14 Mariengesänge, vier Litaneien und fünf Totenofficien. Für die Exequien Leopold Wilhelms schrieb er ein *Dies irae*, die drei Trauerlectionen für Claudia Felicitas wurden beim Tod seiner dritten Frau und bei seinem eigenen Begräbnis aufgeführt.

Sein Lehrer dürfte der Hofkapellmeister Antonio Bertali gewesen sein, der die frühen Kompositionen des späteren Kaisers aus den Jahren 1655–1657 gesammelt hatte. Leopold setzte sich aber auch mit spanischen

Komponisten auseinander. Italienisch war die bevorzugte Sprache aller Libretti, doch komponierte Leopold I. die Musik zu drei deutschen Komödien – Vorläufer deutscher Singspiele –, „Die vereinten Bruder und Schwester" 1680, „Die thörichte Schäffer" 1683 und „Die Ergetzung Stund der Sclavinnen auf Samie" 1685 sowie zwei Oratorien in deutscher Sprache: „Die Erlösung des menschlichen Geschlechts" 1678 und „Der Sieg des Leydens Christi" 1682. Neben seiner Tätigkeit als Komponist war er ein guter ausübender Musiker, er spielte mehrere Instrumente, vor allem Cembalo – in jeder seiner Residenzen war eines zur Hand –, und war sogar ein hervorragender Tänzer, ähnlich wie seine Tochter Maria Anna († 1754), die ebenfalls eine gerühmte Tänzerin in höfischen Balletten war.

Seine beiden Söhne musizierten ebenfalls, tanzten und komponierten selbst, von Joseph I. sind allerdings nur drei Kompositionen erhalten, eine geistliche und zwei weltliche. Obwohl Karl VI. nachweislich komponierte, sind seine Kompositionen – darunter ein *Regina Coeli* – nicht überliefert. Der Kaiser beherrschte ausgezeichnet das Klavierspiel, er dirigierte vom Klavier aus die Opern „Euristeo" von Caldara und „Elisa" von Fux. Dieser soll sich nach der Aufführung geäußert haben: „Oh, es ist schade, daß Eure Majestät kein Virtuose geworden sind."

Die nachfolgenden Generationen musizierten mit wenigen Ausnahmen nur noch selbst, komponierten aber nicht mehr. Maria Theresia lernte unter Anleitung des Organisten Georg Christoph Wagenseil Gesang und tanzte in ihrer Jugend – wie andere Habsburger vor und nach ihr – bei öffentlichen Aufführungen. Ihr Sohn Joseph II. erhielt einen gediegenen Musikunterricht, lernte Klavier, war ein guter Baß-Sänger und spielte Viola und Cello. Dreimal in der Woche fanden Konzerte bei Hof ohne Publikum statt, also Kammermusik, bei der Joseph mit Florian Leopold Gassmann, Antonio Salieri und Ignaz Umlauf gemeinsam musizierte. Josephs Schwester Marie Antoinette († 1793) hatte Christoph Willibald Gluck zum Lehrer. Im Gegensatz dazu scheinen Leopold II. und ein Teil seiner Familie weniger Interesse an Musik gezeigt zu haben, wenn auch der oft zitierte Ausspruch seiner Frau Maria Ludovica († 1792) über Mozarts „La Clemenza di Tito", *una porcheria tedesca* (eine deutsche Schweinerei), nicht verbürgt ist. Leopolds Sohn Kaiser Franz übte sich in der Kunst der Kammermusik, doch durfte er der Legende nach in Baden im Quartett des Bürgermeisters nur zweite Geige spielen, und Metternich stellte später fest, daß das Spiel des Kaisers nicht immer ein Ohrenschmaus war. Franzens zweite Frau Maria Theresia († 1807) war eine gute Sängerin, sowohl Beethoven als auch Haydn widmeten ihr Werke.

Einzig der jüngste Sohn Leopolds II., Erzherzog Rudolf, Kardinal-Erzbischof von Olmütz († 1831) zeigte von Kindheit an großes Interesse für Musik und war musikalisch besonders begabt, allerdings ebenso ein talentierter Kupferstecher. Er trat in den Salons des Adels – etwa beim Fürsten Lobkowitz – als Klaviervirtuose auf und lernte dabei Ludwig van Beethoven kennen, dessen Schüler und Förderer er wurde. Gelegentlich trat er mit seinem Lehrer auch gemeinsam in Konzerten auf. Beethoven stand ja in seiner Jugend zu einem anderen Habsburger, dem Erzherzog Maximilian Franz († 1801), Erzbischof von Köln, in Beziehung, er wirkte in seiner Hofkapelle, und Maximilian Franz beließ ihm die Bezüge, als er nach Wien übersiedelte. Wie verschiedene Zeitgenossen bestätigen, spielte der junge Erzherzog schwere Stücke von Beethoven und Prinz Louis Ferdinand von Preußen „mit vieler Fertigkeit, Präzision und Zartheit". Beethoven widmete ihm einige Klavierwerke, darunter sein viertes und fünftes Klavierkonzert und die Hammerklaviersonate. Beethovens „Missa Solemnis" war ursprünglich für Rudolfs Inthronisation als Erzbischof von Olmütz gedacht. Gemeinsam mit den Fürsten Lobkowitz und Kinsky verhinderte Erzherzog Rudolf 1809 die Abwanderung Beethovens nach Kassel durch einen Pensionsvertrag. Im Gegensatz zum Hof fand Rudolf also Anschluß an die modernen Strömungen der Musik und deren neuen gesellschaftlichen Hinter-

Dieses Clavichord, auf dem angeblich Karl V. gespielt haben soll, wird im Kloster von Tordesillas aufbewahrt. Foto: Vocelka

grund, was sich in der Tatsache ausdrückt, daß er sich 1814 bereit erklärte, die Würde des Protektors der Gesellschaft der Musikfreunde in Wien, der er später seine musikalische Sammlung vererbte, zu übernehmen. Die eigenen Kompositionen des Erzherzogs beschränkten sich auf kleine Formen, Variationen und Tanzstücke. Manche der Versuche in der Kammermusik blieben fragmentarisch, vor allem die Klavierwerke sind aber technisch anspruchsvoll und huldigen teilweise dem zeitgenössischen Virtuosentum. Rudolfs erste Komposition war eine Variation für Klavier zu zwei Händen mit dem Titel „Premiere composition de son A. I. Monseigneur l'Archiduc Rodolphe d'Autriche", diese zeigt aber eine noch „recht primitive Kompositionstechnik". Manuskripte davon mit Bleistiftkorrekturen Beethovens haben sich im Archiv der Gesellschaft der Musikfreunde und im Archiv in Kremsier erhalten. Eine weitere Variation über ein tschechisches Volkslied nannte Beethoven ein „hübsches, angenehmes Werk". 1820 brachte Rudolf unter dem Pseudonym R. E. H. ein Tonwerk mit dem Titel „Aufgabe von Ludwig van Beethoven gedichtet, vierzigmal verändert und ihrem Verfasser gewidmet von seinem Schüler" heraus.

Auch von einigen der späteren Habsburger ist bekannt, daß sie musikalisch überdurchschnittlich begabt waren, so spielte Karl Stephan († 1933) ausgezeichnet Klavier und Maria Henriette († 1902) Harfe, auch eine weitere Komponistin, Maria Immakulata († 1971), eine Tochter Erzherzog Leopold Salvators, findet sich unter den Mitgliedern der Familie. Allerdings ist diese musikalische Dominanz keineswegs so stark, daß man von einer vererbten Begabung ausgehen kann, denn ebensoviele oder ebensowenige zeichnerisch, malerisch oder als Erfinder begabte Habsburger kann man unter den zahlreichen Mitgliedern der Familie im 19. und 20. Jahrhundert aufspüren. Die große Blüte der Musik in der Barockzeit hat also in erster Linie mit dem Stellenwert dieser Kunst in der Repräsentation der Zeit zu tun und weniger mit einer großartigen erblichen Begabung der Dynastie.

KUNST UND NATUR – DIE HABSBURGER ALS MÄZENE DER KUNST UND WISSENSCHAFT

Das sich wandelnde Verhältnis der Habsburger zur Kunst

Herrscher und ihre Familienangehörigen leben in einer Welt, die von Überfluß geprägt ist. Auch wenn die kunsthistorische Literatur oft den Geldmangel der Habsburger beklagt, der sie daran hinderte, manches große Projekt durchzuführen, so waren die Angehörigen der Dynastie doch stets von Luxus, der sich in Kleidung, Wohnung und Lebensstil niederschlug, umgeben. Ihre Lebensumstände standen zu denen der breiten Masse der Bevölkerung im krassen Gegensatz – um nur ein Beispiel als Illustration zu nennen: Kaiser Karl V. gab 150.000 Maravedí (spanische Münzen) pro Tag aus, während ein Arbeiter einen solchen pro Tag verdiente. Im Rahmen dieses Luxus spielte bei den Dynastien die Beschäftigung verschiedener Handwerker und Künstler seit jeher eine zentrale Rolle, da ihre Produkte der Ausschmückung des Alltags der Herrschenden dienten. Die Künstler ihrerseits bemühten sich um die Gunst der Herrschenden, sandten ihnen Proben ihrer Arbeit – vor allem Porträts – zu, in der Hoffnung, dafür Geldgeschenke oder sogar Hofanstellungen zu erhalten. Künstler standen immer im Dienst der Eliten, deren Aufträge ihren Lebensunterhalt bestritten. Ein Herrscher, der Künstlern gegenüber nicht großzügig war, verlor Prestige. So vermerkte Dürer verärgert in seinem Tagebuch über die habsburgische Statthalterin der Niederlande: „Sonderlich hat mit fraw Margareth für das ihr geschenkt und gemacht hab, nicht geben." Künstler wurden bei Hof angestellt, gewissermaßen in die *familia* aufgenommen. Diese „Familiares" schlossen auch die Diener eines Herrn mit ein. Den Titel eines Hofkünstlers erhielt etwa Tizian, andere wurden geadelt, in Spanien als Ritter des Santiago-Ordens aufgenommen oder aber wie Velázquez 1652 zum *Aposentador de Palacio*, zum Hofmarschall, der den zeremonialen Betrieb überwachte, ernannt. Der Titel eines Kammermalers, eines *Pintor de camera*, stammt aus Spanien, er wurde von Rudolf II. in die österreichischen Länder mitgebracht und blieb noch lange erhalten.

Gerade im 16. Jahrhundert begann sich eine Neubewertung der Position des Künstlers durchzusetzen. In zwei in kunsttheoretischen Schriften überlieferten, legendenhaften Anekdoten, in denen bezeichnenderweise Habsburger eine Rolle spielen, wird die neue Hochschätzung des Künstlers deutlich. Laut der ersten soll Maximilian I. einem Edelmann befohlen haben, sich zu bücken, damit Albrecht Dürer auf ihn steigen und bequemer sein Wandbild malen könne, in der zweiten soll der gichtkranke Karl V. selbst sich gebückt haben, um Tizian den entfallenen Pinsel aufzuheben. Wie groß auch immer der Wahrheitsgehalt dieser Geschichten im einzelnen sein mag, die Tatsache, daß sie erzählt wurden, sagt viel über die Stellung des Künstlers aus. Bei Hof genoß er Freiheiten, die in Zeiten religiöser Intoleranz beachtlich waren. Nicht nur am Hof Rudolfs II. in Prag konnten Protestanten und Kalviner wirken, selbst am Hof Philipps II. wurden einige Künstler, die der Inquisition verdächtig waren, weiterhin beschäftigt. Neben praktischen Erwägungen, wie der Ausstattung des eigenen Lebensbereichs und der Anfertigung von Geschenken, beschäftigte der Herrscher Künstler an seinem Hof auch aus anderen Gründen: Einerseits verteidigte er damit seinen Statusvorsprung gegenüber dem Adel, andererseits überdeckte die Kunst in allen Zeiten Krieg und Unterdrückung, ein Grund warum totalitäre Systeme unseres Jahrhunderts in Zeiten des totalen Krieges und der unmenschlichen Massenvernichtung immer noch als „Kunstmäzene" auftraten.

In den Untersuchungen über die Habsburger ist der zusammenhängende Bereich des Mäzenatentums, des Sammelns und der künstlerischen Darstellung – also der Habsburger als Thema der Kunst – vermutlich einer der besterforschten. Generationen von Kunsthistorikern und Historikern haben sich mit den großen habsburgischen Sammlungen in Wien und Madrid und deren Objekten beschäftigt, wenn auch sehr häufig mit Detailfragen untergeordneter Bedeutung, die aber im großen Zusammenhang einen neuen Sinn ergeben. Die Ergebnisse dieser Literatur in zwei Kapiteln mit allen Details auszubreiten ist unmöglich, dazu wären mehrere Bücher nötig. Was hier aufgezeigt werden soll, sind die Grundzüge des Mäzenatentums und des Sammelns der Habsburger, die dahinterstehenden Intentionen und großen Linien. Wer nach Details sucht, sei unter anderem auf die Sammlungsgeschichten von Alphons Lhotsky und Elisabeth Scheicher, auf die vielen Bände des Jahrbuchs der kunsthistorischen Sammlungen des Allerhöchsten Kaiserhauses (später Jahrbuch der kunsthistorischen Sammlungen in Wien), auf die Museums- und Ausstellungskataloge (Renaissance in

Österreich, Welt des Barock, Maria Theresia und Joseph II., Franz Joseph etc.) der letzten Jahrzehnte für den österreichischen Zweig der Familie und die Werke von Fernando Checa Cremades für den spanischen Zweig verwiesen.

Schon die mittelalterlichen Habsburger beschäftigten Kunsthandwerker bei Hofe, deren Werke sich wenig von denen der frei arbeitenden Künstler der Städte unterschieden. Künstlerische Arbeiten im Umkreis der frühen Habsburger lassen sich natürlich aus manchen schriftlichen Quellen nachweisen, aber ein mit späteren Zeiten vergleichbares, spezifisches Mäzenatentum gab es noch nicht. Rudolf IV. († 1365) demonstrierte als erster Habsburger ein besonders fachmännisches Verständnis für Juwelen, dahinter standen allerdings noch keine künstlerischen Ambitionen. Eine besondere Vorliebe für Reliquien, die religiöse und künstlerische Gesichtspunkte ansprach, wurde ihm nachgerühmt, jedoch eine Kunstförderung und einen Einsatz der Kunst in diesem Sinne finden wir bei ihm noch nicht. Andererseits ist er derjenige Habsburger, bei dem ein Repräsentationswille deutlich faßbar ist: *Privilegium maius*, Erzherzogshut, Ausbau des Stephansdomes und sein Grabmal, über dem sein gemaltes Bildnis aufgehängt wurde, sprechen eine deutliche Sprache. Ebenso signifikant ist aber die Tatsache, daß dieses erste moderne Porträt unseres Raumes nicht von einem Wiener Hofkünstler, sondern entweder vom Wiener Bürger Heinrich der Vaschang oder einem böhmischen Hofkünstler gemalt wurde. Friedrich III. betätigte sich vielfach als Förderer der Künste, doch wirken seine Stiftungen noch recht zufällig. Erst mit Maximilian I., der allerdings ebenfalls noch keinen nach festen Grundsätzen gebildeten Hofstaat an Künstlern um sich gesammelt hatte, kam es zu einer Wende in der habsburgischen Kunstförderung. Zwar spielten Elemente wie Stiftungen von Altären, Reliquien oder ganzen Kirchen im Frömmigkeitsverhalten der Familie weiterhin eine bedeutende Rolle, doch traten seit der Wende zur Neuzeit die propagandistischen Elemente der Kunst, die Repräsentation in den Vordergrund und gaben dem Mäzenatentum der Habsburger eine neue Richtung. Diese ist mit den Gedanken der Renaissance und dem neuen Bild des Fürsten und seines Hofes, wie es diese Epoche zunächst in Italien entwickelte, verbunden. Die Macht und der Reichtum, aber auch die Bildung und Auserwähltheit einer Dynastie oder eines Einzelmenschen zeigten sich in der symbolischen Form der Kunstpflege, der Musenhof wurde zum Ideal der Herrschaftsgestaltung. Die Forderungen der Theoretiker der Renaissance – allen voran das Ideal des Höflings, wie es Baldassare Castiglione in seinem „Cortegiano" entwarf – legten Gewicht auf die Pflege der Künste und Wissenschaften. Schon in seiner Bildung sollte der Herrscher die Voraussetzungen für die Errichtung eines solchen Musenhofes vermittelt bekommen, er sollte in fast allen Künsten dilettieren – im positiven Wortsinn –, sollte malen und zeichnen, musizieren und dichten können und durch seine eigene Ausbildung auch die Urteilsfähigkeit über die Künstler erwerben. Diesem Idealbild waren die Habsburger der Frühen Neuzeit stark verbunden, auch wenn sich ihr Mäzenatentum auf unterschiedlichen Gebieten unterschiedlich stark entfaltete.

Ein weiterer Grund für die Förderung der Künste war die Pflege des eigenen „Image" und die Propaganda für die eigene Familie. Maximilian I. erkannte das als erster Habsburger deutlich: „Wer ime in seinem leben kain gedachtnus macht, der hat nach seinem tod kain gedächtnus und desselben menschen wird mit dem glockendon vergessen, und darumb so wird das gelt, so ich auf gedechtnus ausgib, nit verloren, aber das gelt, das erspart wird in meinem gedachtnus, das ist ein undertruckung meine kunftigen gedächtnus, und was ich in meinem leben in meiner gedächtnus nit volbring, das wird nach meinem tod weder durch dich oder ander nit erstat." Verschiedene Formen dieses Gedächtnisses – wenn er auch die monumentalste, die Architektur, für die ihm der Sinn fehlte, weitgehend ausließ – wurden unter Maximilian ausgeführt und setzten Normen für die weitere Kunstpflege; die Porträts des Kaisers von Bernardin Strigel geben davon Zeugnis. Das graphische Blatt Dürers mit der Inschrift „Das ist keiser Maximilian, den hab ich, albrecht dürer, zw awgspurg hoch oben awff der pfalcz, in seinem kleinen stüble kunterfett do man czalt 1518 am mandag nach Johannis tawffer" war die Vorlage für das bekannte Gemälde (heute im Kunsthistorischen Museum), das nach dem Tod des Kaisers entstand. Aber sein Grabdenkmal in der Innsbrucker Hofkirche, das einen ganzen Stab an Künstlern und Humanisten beschäftigte, das großgeplante, allerdings in den Anfängen steckengebliebene Kaisermonument in Speyer durch Hans Valkenauer oder seine graphischen Werke wie der „Triumphzug", die „Ehrenpforte" und seine autobiographischen Schriften „Weißkunig" und „Theuerdank" gaben dem Mäzenatentum des Hauses einen neuen, modernen, medialen Sinn. Maximilians Mäzenatentum war monumental und egozentrisch zugleich, was besonders in den Holzschnittwerken deutlich wird. Drei davon haben explizit autobiographischen Charakter, der unvollendete „Freydal" schildert die Feste und Turniere seiner Junggesellenzeit, der „Theuerdank" berichtet in verschlüsselter, allegorischer Form die Abenteuer seiner Brautfahrt nach Burgund, und der „Weißkunig" ist eine Art Lebensbeschreibung seines Vaters (der alte Weißkunig) und seiner selbst. Alle diese Bücher sind – oder sollten zumindest ursprüng-

Diese Graphik von Theolot nach Sperling zeigt Karl VI. als Förderer der Künste, umgeben von Allegorien der unterschiedlichen Kunstgattungen und mythologischen Gestalten. Museen der Stadt Wien

lich – mit Holzschnitten von Burgkmair, Schäuffelein, Beck und Springinklee geschmückt sein. Zwei weitere monumentale Holzschnittwerke verherrlichen den Ruhm Maximilians, der „Triumphzug" und die „Ehrenpforte". Schon die Titel nehmen auf die antike, von der Renaissance wiederbelebte Tradition Bezug, die in den Festen der Zeit ins Zentrum zu rücken begann. Der „Triumphzug" ist ein pompöser Aufzug der Vertreter der von Maximilian beherrschten Länder, der Reichsfürsten und Krieger, die Spruchbänder und Bilder, auf denen Maximilians Taten dargestellt sind, mit sich tragen. Er selbst fährt auf einem phantastisch geschmückten Wagen in diesem Triumphzug mit. Die aus 92 Holzschnitten bestehende „Ehrenpforte" enthält zahlreiche Darstellungen aus dem Leben Maximilians, aber auch Hinweise auf seine Ahnen und eine reiche Emblematik. Vom graphischen „Bauwerk" versprach er sich mehr Wirkung als von einem real gebauten Triumphbogen.

Die großen Förderer der Kunst im 16. Jahrhundert – Herrscher wie Karl V. und Philipp II., Ferdinand I. und Maximilian II. – ahmten in manchem dieses Vorbild nach, wobei vor allem Kaiser Karl V. auf diesem Gebiet Maßstäbe setzte. Seiner europaweiten Politik entsprach eine ebensolche Förderung der Künste und deren Einsatz im Sinne seiner Selbstverherrlichung. Künstler aus Burgund und Spanien, aus dem Reich und Italien waren für ihn tätig. Seine gemalten Porträts von Jakob Seisenegger und Tizian, seine plastischen Bildnisse von Leone Leoni und die große Zahl der Tapisserien, die seine Siege in Tunis und Pavia verherrlichten, waren noch über einige Generationen hinweg als Vorbilder wirksam. Ähnlich wie Maximilian I. setzte Karl die Kunst politisch ein und umgab sich mit schönen Gegenständen aller Art, so daß sein Mäzenatentum vom Sammelwesen und der Anlage eines Schatzes nicht zu trennen ist. Diese Überschneidung von Sammeln und Mäzenatentum in der Vergangenheit bedingt, daß dieses Kapitel und das folgende über das Sammelwesen der Dynastie nicht klar voneinander zu trennen sind.

Besonders deutlich wird das beim Mäzenatentum der großen Sammler des späten 16. und 17. Jahrhunderts, bei Kaiser Rudolf II., Erzherzog Ferdinand von Tirol († 1595) und Erzherzog Leopold Wilhelm († 1662). Sie alle, und besonders Rudolf, setzten die Kunst als Repräsentations- und Propagandainstrument ein, daneben entwickelten sie aber eine eigene Ästhetik und Mentalität des Sammlers und Liebhabers, die unser kulturelles Erbe noch heute prägen. Vor allem Rudolf II. hatte als Kaiser die Mittel, seinen Interessen zu frönen, in seinen Diensten standen Künstler aus ganz Europa, die am Prager Hof lebten oder zu ihm in kurzfristigen Beziehungen standen. An seinem Hof waren Maler wie Giuseppe Arcimboldo, Hans von Aachen und Bartholomäus Spranger, Plastiker wie Adriaen de Vries, Graphiker wie Ägidius Sadeler, Medailleure wie Antonio Abondio oder Steinschneider wie Ottavio Miseroni tätig, um nur einige der bekannteren Namen zu nennen. Rudolfs Mäzenatentum richtete sich vor allem auf die bildende Kunst, Musik und Literatur spielten hingegen eine vergleichsweise untergeordnete Rolle. Dies sollte sich, was die Literatur betrifft, auch im 17. Jahrhundert kaum ändern, die Beziehungen der österreichischen Linie zur Literatur blieben relativ gering, wenn man von jenem historiographischen, zum Teil in Apologien die Dynastie verherrlichenden Tagesschrifttum absieht, das kein bleibender Bestandteil der Literatur wurde. Im Gegensatz dazu gab es in Spanien einen steigenden Anteil an Literaten, die von den Königen gefördert wurden; während die Namen von 66 Schriftstellern, die Kontakte mit dem Hofe Philipps II. hatten, überliefert sind, waren es bei Philipp III. schon 76, und unter Philipp IV. standen 223 Schriftsteller in königlichen Diensten, deren Bücher und Theaterstücke das Lob des „Planetenkönigs" singen, darunter der große Calderón. In gleicher Weise wurde die bildende Kunst von den spanischen Habsburgern gefördert und eingesetzt. Philipp II. machte sich die Künstler und ihre Werke systematisch zunutze, um seine weltliche Macht und seine religiösen Anliegen zu vermitteln. Sein Mäzenatentum für Tizian, Lucas Cambiaso, Federico Zuccari und Pellegrino Tibaldi beeinflußte die Statthalter der Niederlande, Albrecht und Isabella, sowie Kaiser Rudolf II. Von diesen wiederum gingen Wirkungen auf ihre Nachfolger – im Falle Isabellas auf Kardinal-Infant Ferdinand, den jüngeren Bruder Philipps IV., und im Falle Rudolfs auf die Kaiser des Reichs – aus. Philipp III. war im Vergleich dazu zwar weniger kulturell engagiert als die anderen spanischen Habsburger, aber auch er förderte in gewissem Ausmaß die Künste, allen voran seine Hofmaler Bartolomé und Vicente Carducho. Philipp IV. hingegen zeigte nicht nur die schon erwähnte Begeisterung für Literatur, sondern auch eine Leidenschaft für bildende Kunst. Für die Ausstattung seines Schlosses Buen Retiro gewann er nicht nur Rubens, sondern weitere flämische Maler wie Frans Snyders oder den jüngeren Breughel, obwohl sein führender Hofkünstler Diego Velázquez blieb. Die künstlerische Ausstattung des Buen Retiro bedeutet einen Triumph der Modernität, bei der Maler wie Nicolas Poussin und Domenichino (Domenico Zampieri) neben Francisco de Zurbarán und Velázquez arbeiteten. Philipps Nachfolger Karl II. beschäftigte Maler wie Juan Carreño de Miranda, Francesco Rizzi und Francisco de Herrera. 1692 kam Luca Giordano an den Hof, wo er das künstlerische Klima prägte. Vor allem in dieser Phase des Hochbarock gab es ein erneutes Interesse an großformatigen Dekorationsprogrammen.

Die Statthalter in den Niederlanden förderten besonders die Kunst und die Sammlungen. Hervorzuheben ist das Statthalterpaar Erzherzogin Isabella und Erzherzog Albrecht, die 1609 Rubens, der von Philipp IV. geadelt worden war, zu ihrem Hofmaler machten und große Sammlungen anlegten – manches davon kam in die Sammlungen der anderen Linien des Hauses. Erzherzog Leopold Wilhelm, eine der großen Sammlerpersönlichkeiten des Hauses, war ebenfalls Statthalter der Niederlande, was sein Mäzenatentum und seine Sammlungstätigkeit stark beeinflußte.

Der vielseitigste Mäzen war sicherlich Erzherzog Ferdinand von Tirol, der selbst künstlerisch tätig war – sein Entwurf für das Schloß Stern, das er während seiner Statthalterschaft in Prag baute, zeugt ebenso davon wie die von ihm selbst angefertigten Pokale und kunsthandwerkliche Arbeiten und das von ihm verfaßte Drama „Speculum humanae vitae". Er setzte also, ähnlich seinem Bruder Maximilian II., der den Bau des Neugebäudes begann, die bei den früheren Habsburgern kaum geförderte Architektur als Mittel der Repräsentation ein. Außer dem Bau des Schlosses Stern nahm er noch Umbauten in seinen Schlössern Ambras, Ruhelust und Günzburg vor, weiters errichtete er die silberne Kapelle in der Innsbrucker Hofkirche für sich und seine Frau und setzte dort die Arbeiten am Grabmal seines Urgroßvaters Maximilian I. fort.

Zwar mochte sich bei den österreichischen Habsburgern der Barockzeit das Hauptgewicht des Mäzenatentums auf Musik und darstellende Kunst verlagert haben, die bildende Kunst wurde deshalb aber nicht vernachlässigt. Die Baumeister, Maler und Kunsthandwerker nahmen einen festen Platz im Hofstaat ein und wurden ständig mit Aufträgen versehen. Die Habsburger unterhielten weiters Beziehungen zu den Reichsstädten Süddeutschlands, wo sich ein Zentrum der Herstellung von kunsthandwerklichen Produkten aus Gold und Silber, von Automaten, Uhren und Graphiken entwickelt hatte. Dort kaufte man regelmäßig ein, die Künstler dieser Städte wurden ebenfalls mit zahlreichen Aufträgen versorgt.

Die Arbeiten der barocken Künstler waren teils dekorativer, teils propagandistischer Art. Neben dem Porträt spielten Allegorien und komplizierte Freskenprogramme, die Herrschaftsanspruch und Selbststilisierung des Hauses dokumentierten, die Hauptrolle. Alle in den Herrschaftslegenden der Habsburger aufscheinenden Themen wurden u. a. künstlerisch verarbeitet, der Umkreis der Vliesordensmythologie, die Herkulessage, Allegorien der Herrschertugenden und mythologische Programme sind ohne diesen Hintergrund niemals verständlich. In einem Brief Hans Fuggers an Erzherzog Ferdinand von Tirol aus dem Jahr 1587 wird die Funktion solcher dekorativer Ausschmückungen klar umrissen: „und solches ist nit alleine mit pildern und tugenten selbs abcontrafeit, sondern auch mit biblischen und haidnischen römischen historien und exempeln dermassen ad oculum [vor Augen] demonstrirt, das solches weit lustiger und herrlicher zu sehen ist, als hiervon geschrieben werden mag."

Diese Tradition des Mäzenatentums erhielt sich bis zur Zeit der Aufklärung ungebrochen. Der gesellschaftliche Wandel und die neue Definition des Herrschers, der sich ab nun rational und nicht mehr allegorisch definieren mußte, machte manches funktionslos, was noch in der Barockzeit unabdingbar war. Selbstverständlich kannte der Hof bis zum Ende der Monarchie den Typus des Hofkünstlers, der für die prachtvolle Ausgestaltung des Lebens der Dynastie zuständig war, doch ähnlich wie in den meisten anderen Bereichen hatte sich sein Stellenwert gewandelt. Das Mäzenatentum der letzten Habsburger, insbesondere des an Kunst und Kultur wenig interessierten Franz Joseph, war vergleichsweise gering, die Blüte der Kultur in seiner Regierungszeit war keineswegs die Frucht gezielter Bemühungen des Herrschers um die Kunst. Andere gesellschaftliche Kräfte, vor allem das erstarkende Bürgertum, waren in die Position des Mäzens geschlüpft, nur noch das Vorbild der Dynastie war wirksam.

Die bildende Kunst im Dienste der Herrschaftsrepräsentation

Jede höfische Verwendung von Kunst – im weitesten Sinn des Wortes – hat den Charakter eines Anspruches auf Demonstration von elitärem Bewußtsein. Der mittelalterliche Habsburger, der seine Gewänder reich besticken ließ, tat dies nicht nur aus ästhetischen Gründen, sondern auch um sich abzuheben, seine Führungsrolle herauszustreichen – er repräsentierte Herrschaft. Diese repräsentative Funktion der Kunst wird ab dem späten Mittelalter deutlicher faßbar und immer häufiger mit inhaltlichen Vorgaben verbunden, die es uns ermöglichen, wenn auch sehr vorsichtig, von einer propagandistischen Kunst zu sprechen. Dabei muß man sich der Tatsache stets bewußt bleiben, daß Propaganda weder so allgegenwärtig noch so weitgestreut wie heute war. Die große Masse der Untertanen hatte kaum mit der Propaganda des Herrschers Kontakt, nur die herrschaftsstützenden Elemente, der Adel, die Kirche und – später – Teile des Bürgertums wurden mit der Propaganda des Hauses Habsburg konfrontiert.

Zu diesem Bereich der Repräsentation gehört vieles, was an anderer Stelle besprochen wurde und wird. Sicherlich am eindrucksvollsten in bezug auf Größe und Wirksamkeit war dabei die Architektur. Der Bau von Schlössern und die damit verbundene Anlage von Gär-

Die Plastik von Leone Leoni zeigt Karl V., der eine allegorische Figur der Furor besiegt. Kunsthistorisches Museum, Wien

ten waren seit der Renaissance ein Gradmesser der Macht eines Fürsten, man konkurrierte auf diesem Gebiet miteinander und wenn man die Schloßbauten der Konkurrenten nicht mit eigenen Augen sah, so kannte man sie aus Gesandtschaftsberichten und Stichen. Die graphischen Blätter spielen in der Frühen Neuzeit überhaupt eine nicht wegzudenkende Rolle für die Verbreitung von künstlerischen Ideen. Nicht nur wurden sie häufig nachgeahmt, solche Kunstwerke hatten vor allem eine große Breitenwirkung. Nur wenige sahen die Bauten oder Gemälde der Herrscher direkt, aber ihre Abbildungen waren der Bildungselite Europas durch Kupferstiche und Radierungen bekannt. Die Habsburger spielten auf dem Gebiet der Architektur eher eine bewahrende als eine Vorreiterrolle, sie verließen sich auf die Tradition und standen keineswegs an der Spitze der Architekturentwicklung Europas. Sogar ein großer Propagandist der Familie wie Maximilian I. war kein Bauherr, doch verstand er es etwa, die Graphik für seine Zwecke einzusetzen. Anstatt Triumphbögen zu bauen, ließ er sie in Kupfer stechen und verbreitete so die Idee seines Herrschaftsanspruches in breiten Kreisen und dennoch billig. Das frühneuzeitliche Fest, das diese Ideen in die Wirklichkeit umsetzte und mit Zeitarchitektur, also Triumphbögen aus vergänglichem Material, Einzügen, Turnieren,

Der ungarische Bildhauer Alajos Strobl modelliert eine Statue des Erzherzogs Albrecht 1905. Familienalbum

Theater und Feuerwerk Größe demonstrierte, wurde durch die Graphik und die Beschreibung festgehalten und bekannt gemacht.

Beinahe ebenso bedeutend für die Selbstdarstellung der Habsburger wie die Bauten und die Feste waren die Bilder, deren Themen mit der Dynastie zu tun hatten: Porträts, aber auch Allegorien und Apologien der Familiengeschichte, der Herrschertugenden und der großen Siege und Errungenschaften. Das Mäzenatentum Karls V. konzentrierte sich besonders in Granada, wo er die Kathedrale mit der Capilla Real und den Palast bei der Alhambra durch italienische und spanische Künstler, vor allem Pedro Machuca, ausgestalten ließ. Die Kathedrale von Granada plante er als Pantheon der Dynastie, die den Triumph des Christentums über den Islam verherrlichen sollte. Diese Ideen wurden von Philipp II. übernommen. In seiner Hofkunst findet man häufig Darstellungen der Eroberung von Tunis durch Karl V. 1535, des Sieges bei Mühlberg im Schmalkaldischen Krieg 1547 und Allegorien der Schlacht von Lepanto 1571. Zusammengelesen betonen diese drei immer wieder aufgenommenen Themen den Sieg über die Feinde des Glaubens. Die Plastiken des Italieners Leone Leoni knüpfen an antike Statuen an und stellen Karl V. und seine Familie in Porträtbüsten und ganzfigurigen Gestalten dar. Durch ihr Programm, wie in der Figurengruppe „Karl V. und Furor", oder durch ihre Details, wie auf dem Sockel der bekannten Büste Karls V. im Wiener Kunsthistorischen Museum, betonen sie den repräsentativen und propagandistischen Charakter. Leonis Statue „Karl V. und Furor" – die so zusammengesetzt ist, daß der Kaiser auch nackt gezeigt werden kann – steht im Zusammenhang mit den Siegen Karls bei Tunis 1535 und Mühlberg 1547.

Eine andere, sehr spezielle Bildkategorie bringt die Darstellung der Habsburger in Zusammenhang mit der Frömmigkeit. Es gibt, wie Friedrich Polleroß in seiner großangelegten Studie darlegte, etwa 70 Bilder der Habsburger als „sakrale Identifikationsporträts", das heißt Bilder, bei denen Heilige die Züge eines bestimmten, identifizierbaren Habsburgers tragen. Die Spannweite der Sujets reicht von der Darstellung Friedrichs III., Maximilians I. und Karls V. als jeweils einer der Heiligen Drei Könige über biblische Vorbild-Figuren wie Josua (Leopold I.), Salomon (Philipp II., Philipp IV. und Ferdinand IV.) und David (Philipp II. und Joseph II.), weiters über Konstantin und Helena (Franz Stephan und Maria Theresia) bis zu bekannten Heiligen wie Sigismund, Oswald, Sebastian, Florian und Leopold (Albrecht II., Friedrich III., Maximilian I., Ferdinand III. und Ferdinand IV.). Selbst als Christus stellte man Habsburger dar, Ferdinand II. und – nach seiner Abdankung – Karl I. Habsburgerinnen wurden als Madonna – auch mit Kind – (Katharina, Anna von Frankreich und Dauphin, Maria Theresa und Dauphin, Maria Theresia und Joseph II.), als Maria Magdalena (Margaretha, Isabella, Maria Magdalena) oder als Heilige wie Ursula (Margarete), Elisabeth (Margarete) und Katharina (Katharina) porträtiert. Vielleicht das außergewöhnlichste Bild dieses Genres ist eine Darstellung Maria Theresias als Prager Jesulein – man muß dabei unwillkürlich an ihre männlichen Titel im weltlichen Bereich denken. Diese sakralen Identifikationsporträts sind aber keine Besonderheit des Hauses Habsburg, sondern auch in allen anderen Dynastien Europas nachweisbar.

Eine wesentliche Rolle im Mäzenatentum des Hofes – aber auch in der Propaganda – spielten natürlich die Porträts, die jedes Mitglied der Familie von der Geburt bis zum Tod begleiteten. Vielfältig ist auch der Gebrauch der Porträts, die als Abbild des Menschen und gerade des Herrschers eine besondere, oft ins Magische gehende Bedeutung haben. Der Kunstwerkcharakter darf nicht über die repräsentative Funktion der *effigie*, des rituell und rechtlich wirksamen Abbilds des Herrschers, hinwegtäuschen. Bilder vertreten Menschen – nicht nur bei den sprichwörtlichen Hinrichtungen *in effigie* –, sondern auch bei vielen anderen Gelegenheiten. Am Totenbett segnete Leopold I. seinen Sohn Joseph und das Bild des abwesenden Karls, des späteren Kaisers Karl VI. In den Votivgaben der Habsburger bei den Wallfahrten spielten Bildnisse eine große Rolle. Anna von Österreich, Königin von Frankreich, stiftete für Loreto einen silbernen Engel in Lebensgröße, der den Dauphin in den Armen hält, mit der Inschrift: „Von dir habe ich ihn empfangen, dir gebe ich ihn zurück." Auch Karl VI. brachte 1717 die Figur seines Sohnes in Gold in Mariazell dar. Eine zeremonielle Bedeutung trägt der Bildnisgebrauch bei Huldigungen in Reichsstädten, die als „stellvertretendes Bildnis" dienten. Häufig wurde dabei das Bildnis des Kaisers unter einem Baldachin aufgestellt, so wie dieser selbst unter einem Baldachin saß. Ein besonders schönes Beispiel bietet ein Gemälde von Fray Juan Battista Maino, das die Wiedereroberung von Bahia in Brasilien zeigt. Der Einsatz des Porträts als Stellvertreter des Herrschers Philipp III. in einem Land, das er persönlich nie bereisen konnte, wird dabei ganz deutlich. Ein Bild konnte auch beleidigt werden und war damit Gegenstand des Tatbestandes der Majestätsbeleidigung.

Eine zwar fiktive, aber bezeichnende Begebenheit schildert Jaroslav Hašek in seinen Abenteuern des braven Soldaten Schwejk, wo der sonst in seinen politischen Stellungnahmen so übervorsichtige Wirt Palivec verhaftet wird, weil er das von Fliegen beschissene Bild des Kaisers weggehängt hat. Im Gefängnis erzählt er, daß er nicht wegen irgendeines vertrottelten Erzherzogs hier sei, sondern wegen Seiner Majestät des Kaisers. Und weil dies die andern zu interessieren begann, erzählte er ihnen, wie die Fliegen ihm Seine Majestät den Kaiser verunreinigt hatten. „Sie ham mir ihn verschweinert, die Biester", schloß er die Schilderung seines Abenteuers, „und zum Schluß ham sie mich ins Kriminal gebracht."

Die herrscherliche Porträtbüste ist ein häufiges Sujet der Plastik. G. Schweigger stellt Ferdinand III. mit einem Lorbeerkranz wie einen römischen Imperator dar.
Kunsthistorisches Museum, Wien

Eine gewichtige Rolle in der Herrschaftsrepräsentation der Habsburger spielten Bilder der Verwandten und Vorgänger, wir finden solche *kings-lines* bei den österreichischen Herrschern von Maximilian I. an und auch in Spanien. Als 1548 in Prag der königliche Saal des Schlosses renoviert wurde, schlug Ferdinand von Tirol seinem Vater vor: „Euer maj. liessen von desto merer zier wegen derselben zw ainer gedechtnus an wenden und zwischen den fenstern herumb euer maj. vorfordern, herzogen, kaisern und khönigen in Behaim bildnussen den der orten, aber da es am maisten placz und stat het als oben bei der landstuben im grossen venster euer kgl. maj. aigne person sambt meiner lieben frauen und muetter hochlieblichster gedechtnus, baid in derselben herligchait siczend, und zw euer maj. rechten seiten uns drei euer maj. söne" zur Linken aber die Töchter und darunter alle Landeswappen „oder sonst etwas derselben genedigsten gefallen nach mallen und abconterfehen." Eine heute im Linzer Stadtmuseum vorhandene Serie von Herrscherporträts von Rudolf I. bis Rudolf II. verbindet die Darstellung der Menschen mit allegorischen Motiven und kann als Text der Herrschaftslegitimation gelesen werden.

Neben der Verbreitung des herrscherlichen Porträts auf Münzen und Medaillen diente es in anderer Form als Geschenk. Auf seiner Krönungsreise verschenkte Kaiser Karl VI. sein Porträt mit Diamanten an Ausgewähl-

te, auch bei Huldigungen wurden die vornehmsten Repräsentanten der Stände mit Porträts bedacht. Noch im 16. Jahrhundert bestanden die üblichen Geschenke für Diplomaten aus Gnadenketten oder Gnadenpfennigen oder – unter Rudolf II. – Prager Uhren. Diese wurden dann aber immer mehr durch das *Contrafet Pixl*, einen wertvollen büchsenförmigen Anhänger mit Porträt, und schließlich im 18. Jahrhundert durch ein diamantbesetztes Porträt als Standardgeschenk abgelöst. In der spanischen Hofmalerei eines Antonis Mor und Alonso Sánchez Coëllo waren die Porträts ein ebenso bestimmendes Thema wie in der österreichischen Hofmalerei eines Giuseppe Arcimboldo, Martino Rota oder Jakob Seisenegger, der einen neuen Bildtypus, das ganzfigurige Repräsentationsbild, schuf – alle drei waren von antiken, deutschen, italienischen und niederländischen Elementen bestimmt.
Nicht nur die Kaiser, sondern auch die Herrscher der Nebenresidenzen hielten ihre eigenen Porträtmaler, z. B. beschäftige Karl von Innerösterreich Giulio Licino und Cornelis Vermeyen, und der spätere Kaiser Erzherzog Matthias brachte 1579 Lucas van Valckenborch in die Erblande mit. Die Beziehungen zu Italien durch Hochzeiten brachten die Habsburger immer wieder in Kontakt mit Künstlern anderer Höfe wie Justus Sustermans, einem Schüler von Pourbus, der jahrelang am Mediceerhof in Florenz sowie an anderen italienischen Höfen wirkte und 1653 an den Innsbrucker Hof berufen wurde.
Die künstlerische Leistung der Hofmaler des späten 16. und vor allem des 17. Jahrhunderts war nicht immer die kreativste, sie malten vor allem Gewänder, Maschen, Handschuhe, Fächer und gezierte Haltungen der Hände, die Porträts als solche traten fast in den Hintergrund. Obwohl Maler wie Franz Luycx oder Jan van den Hoecke eine späte Blüte des barocken höfischen Bildnisses in Wien mit sich brachten, gehörten sie dennoch nicht zur ersten Garnitur der großen Antwerpener Malerschule. Immer mehr wurde das Bild zur Ikone, das ganzfigurige Standporträt legte mehr Wert auf naturgetreue Darstellung der Kleidung, Standesattribute und Herrschaftsinsignien als auf die psychologische Erfassung der Person. Die Porträtmalerei der Zeit Karls VI. fand in Johann Kupetzky noch einmal einen namhaften Vertreter, und mit dem Porträt des Jacob van Schuppen 1726, der Karl VI. als Sitzfigur nach dem Vorbild von Raffaels Papstporträts darstellte, einen neuen Typus. Im Kleinformat als Siegelbild gab es diesen Typus bei den Kaisern schon seit dem Mittelalter.
Die Aufklärung brachte auch auf diesem Gebiet große Veränderungen mit sich, die Kritik an der genealogischen Legitimierung des Herrschers führte auch zu einem Wandel der Legitimationsfunktion des Bildes, die Ahnengalerie wurde zur Familiengalerie, wie es etwa die Ausschmückung der Innsbrucker Hofburg zeigt. Die Verstaatlichung und Verselbständigung einer abstrakten Herrschaftsidee beeinflußten zutiefst die Bildinhalte der Herrscherporträts. Diese betonen nun die Fruchtbarkeit – nach dem „genealogischen Engpaß" der Zeit um 1700 sehr verständlich – und das private Leben der Herrscherfamilie, wobei diese neue Privatheit nicht vom Bürgertum übernommen, sondern vor der bürgerlichen Form des Privatlebens sich entwickelt zu haben scheint. Selbst Maler wie Martin van Meytens, der die repräsentativen Porträts für den Hof Maria Theresias schuf, oder seine Nachfolger Friedrich Heinrich Füger oder Johann Baptist Lampi d. Ä. konnten nicht mehr darüber hinwegtäuschen, daß die Zeit der großen künstlerischen Blüte der Repräsentationsporträts vorbei war.
Herrschaft repräsentierte sich in der Zeit ab der Aufklärung nicht mehr durch ererbte Rechte und Gottesgnadentum – obwohl dieser Anspruch bis zum Ende der Monarchie erhalten blieb –, sondern wurde als Folge von persönlichem Verdienst angesehen. Dem entsprachen neue Bildkategorien. Einerseits zog das Ideal der Häuslichkeit in die höfische Bildniskunst ein, es gibt Familienporträts von Franz I. und von seinen Nachfolgern, die keinen repräsentativen Charakter im alten Sinne mehr aufweisen. Andererseits werden die Bilder schlichter, die Insignien verschwinden und machen anderen Versatzstücken – z. B. Büchern wie Montesquieus „Esprit des lois" im Doppelporträt Josephs II. und Leopolds II. von Pompeo Batoni – Platz. Erst nach 1815 erscheinen wieder barocke Züge in den Bildern, das Thronbild Kaiser Franz' I./II. 1832 von Friedrich von Amerling wäre ein gutes Beispiel solcher an englischen Vorbildern geschulter neuer Repräsentativität. Der Herrscher wurde im 19. Jahrhundert – in dem besonders die Habsburger den Mythos des für die Untertanen leidenden Monarchen kultivierten – in vielfältiger Weise präsentiert. Vorbilder waren das altdeutsche Herrscherbildnis ebenso wie das religiöse Bild. Typen wie das ganz neue Schreibtischbild, das Reiterbild oder Ausrittbild – so stehen Peter Krafft Wandgemälde in der Hofburg in der Tradition der Einzugsbilder, des *Adventus* des Herrschers – und die Historienmalerei des Schlachtenbildes, die sich in Österreich vor allem der Gestalt des Siegers von Aspern, Erzherzog Karl, bemächtigte, prägten die verbreiteten Bildtypen. Bis zum Ende der Monarchie blieb also, wenn auch in leicht veränderter Form, die Funktion des allgegenwärtigen Porträts des Monarchen erhalten.
In der Zeit des Hochbarock ist die Verherrlichung des Herrschers in Form allegorischer Darstellungen bedeutungsvoller geworden als das Porträt. Solche Allegorien

haben sich 1731 in den Herkuleszyklen Paul Trogers in Melk und in seiner Darstellung des Kaisers als Phöbus Apollo in Göttweig 1739 auf ideale Weise verwirklicht, denen an die Seite kann man die Apotheose Karls VI. als Türkensieger von Bartolomeo Altomonte in St. Florian stellen. Religiöses und profanes ikonographisches Programm gehen Hand in Hand und vermischen sich.

Zeit des Absolutismus, kunstgeschichtlich ist es sicherlich aus den Reiterstatuen der römischen Imperatoren, vor allem der Marc Aurels auf dem Kapitol, abzuleiten. Die Darstellung des Herrschers in antiker Manier sollte diesem Ansporn sein, dem damit verbundenen Tugendideal zu folgen, den Untertanen sollte durch die Denkmäler Ehrfurcht und Gehorsam nahegebracht werden.

Münzen trugen viel zur Verbreitung des Herrscherporträts bei. Eine Auswahl an Talern aus der Haller Münzstätte von 1662 aus Böhmen, Mähren, Ungarn, Tirol und Kärnten demonstriert die Vielfalt der verwendeten Symbole.
Kunsthistorisches Museum, Wien

So wurde mit Recht darauf hingewiesen, daß die Figur Kaiser Leopolds in der Pestsäule am Wiener Graben nicht nur Demut, sondern auch die Rolle des Fürbitters im Sinne des Gottesgnadentums verkörpert. Die imperiale Ikonographie zog unter dem Deckmantel der Frömmigkeit in den österreichischen Stiften ein und trug zur Verherrlichung der Dynastie bei.

Waren das Porträt in all seinen Spielarten von der Malerei bis zu den Bronze- und Marmorbüsten eines Leone Leoni und die Allegorie des Herrschers die Ausdrucksformen der Frühen Neuzeit, so ist das 19. Jahrhundert die große Zeit der Denkmäler. Man kann zwar einige frühe Beispiele für habsburgische Denkmäler im Zusammenhang mit militärischen Erfolgen finden – z. B. der Steinpfeiler am Markt zu Neuß für Friedrich III. anläßlich der Befreiung der Stadt von Karl dem Kühnen oder das Denkmal in Messina des Don Juan de Austria († 1578) als Herkules anläßlich der Schlacht von Lepanto 1571 –, doch sind die einzigen „öffentlichen" Denkmäler der Habsburger der Frühen Neuzeit die Grabdenkmäler gewesen.

Das Reiterdenkmal gilt als Charakteristikum für die

Schon in der Renaissance fanden sich erste Reiterdenkmäler, vor allem italienischer Condottieri, also militärischer Befehlshaber, bei den Habsburgern blieben Reiterbildnisse als Instrumente der Propaganda allerdings meistens in der Planung stecken. Eine frühe Ausnahme bildet die Brunnenbekrönung des Leopoldbrunnens in Innsbruck. Die Reiterstatue – die erste in der Courbette, also mit einem nur auf den Hinterbeinen stehenden Pferd – von Kaspar Gras nach einem Entwurf von Christoph Gumpp dem Jüngeren stammt aus dem Jahr 1622. Burgkmair entwarf ein Reiterdenkmal für Maximilian I., das Gregor Erhardt in Lebensgröße für den Chor von St. Ulrich in Augsburg herstellen sollte, doch wurde es nie verwirklicht. Eine Reiterstatue Karls V. für seinen Einzug in Siena 1536 war nur aus Papiermaché. Die Vorbilder der Mediceer-Reiterstatuen für Cosimo I. 1594 und Ferdinand I. 1605 in Florenz und des französischen Königs Heinrich IV. in Paris fanden nur in Spanien Nachahmung. Philipp III. ließ in Madrid von einem Schüler Giovanni da Bolognas namens Pietro Tacca ein solches Standbild aufrichten, das heute auf der Plaza Mayor steht. Modelle von Pietro Tacca – heute in

Die Lebenswelt der Habsburger

Kassel – existieren nicht nur für ein Reiterbild Philipps III., sondern auch für eines von Erzherzog Albrecht VII. († 1621), den Statthalter der Niederlande. Die Frage eines Reiterbildnisses für Rudolf II. beschäftigte die Forschung lange, da ein Stich von Ägidius Sadeler angibt, daß die Vorlage von dem Plastiker Adriaen de Vries, der ein Reiterbildnis Heinrich Julius' von Braunschweig geschaffen hatte, stammte. Man kann aber mit an Sicherheit grenzender Wahrscheinlichkeit sagen, daß es kein solches großes Reiterbild Rudolfs II. gab, allerdings ist eine kleine Figur erhalten geblieben.

Etliche solche kleine „Denkmäler" – fast wie Modelle – von Herrscherbildern zu Pferd gab es in der Barockzeit. Die Bronzefiguren von Francesco Susini, die Erzherzog Leopold Wilhelm, Kaiser Ferdinand III. und die Tiroler Landesfürsten Leopold V. († 1632) und Ferdinand Karl († 1662) darstellen ebenso wie die Bronzefigur Leopolds I. von Gabriel de Grupello nach dem Vorbild der Standbilder Ludwigs XIV. und die Elfenbeinstatuen Leopolds I., Josephs I. und Karls VI. von Matthias Steinle waren Kunstkammerstücke und keineswegs Entwürfe für öffentliche Denkmäler.

In der Barockzeit wird der Denkmalcharakter von Plastiken häufiger. Der Bildhauer Gabriel de Grupello

Rechts: Das Bild des Herrschers als Stellvertreter der Person wurde in vieler Hinsicht eingesetzt. Gemälde von Maino, das die Eroberung von Bahia in Brasilien zeigt, wobei statt der Person Philipps III. seinem Porträt als neuen Herrscher gehuldigt wird. Prado, Madrid

Unten: Aus Knochen des ersten Elefanten in Österreich wurde 1554 ein Stuhl verfertigt, Stift Kremsmünster. Foto: Stift Kremsmünster

Kunst und Natur

arbeitete zunächst für Karl II. von Spanien und Johann Wilhelm von der Pfalz, der mit den Habsburgern verschwägert war, und fertigte Büsten und Marmorreliefs Karls II., Leopolds I., Josephs I. und Karls VI. an, die fast schon als Denkmäler bezeichnet werden können. Aber erst Paul Strudel schuf mit der ganzfigurigen Plastik Leopolds I. in Laxenburg und den Statuen Josephs I. und Karls VI. in der Hofbibliothek so etwas wie öffentliche Standbilder. Die Pestsäule in Wien sowie das Denkmal Karls VI. in Prag von 1720 stammen ebenfalls aus dieser hochbarocken Periode. Ein besonders aufschlußreiches Beispiel für die Verknüpfung unterschiedlicher Bereiche bietet die Frage des Reiterdenkmals für Leopold I. in Klagenfurt. Als der Kaiser 1660 zur Erbhuldigung in die Kärntner Landeshauptstadt kam, wurde auf dem Neuen Platz ein Reiterstandbild aus Holz aufgerichtet, wobei die Kärntner Landstände versprachen, es durch eines aus dauerhaftem Material zu ersetzen. Die innige Verbindung des Denkmalkultes mit den Herrschaftseinsetzungen und den Festen liegt also ganz klar auf der Hand. Offensichtlich wurde aber nur ein Steinsockel errichtet, die Stände erinnerten sich erst 1728 anläßlich der Erbhuldigung für Karl VI. wieder an ihr Versprechen. Ein steinernes oder aus Bronze gegossenes Bild war in der Kürze und mit den zur Verfügung stehenden Mitteln nicht möglich, so entschloß man sich, wiederum ein lebensgroßes hölzernes Monument aufzustellen. Das Vorbild dieser Statue ist in Verocchios berühmtem Reiterdenkmal des Condottiere Bartolomeo Colleoni in Venedig zu sehen. Der mit Säulen umgebene Sockel selbst wurde dann 1754 seines Schmuckes, der auf Leopold I. hinwies, entkleidet und als Aufstellungsort für das Denkmal Maria Theresias von Balthasar Moll verwendet. Ähnlich wie in Klagenfurt wurde bei der Erbhuldigung Leopolds I. in Triest „Ihrer Kayserlichen Mayestät bildnuß auff einer Säul zu Pferd" aufgestellt, doch wurde das von dem Venezianer Antonio Salvador geschaffene Holzstandbild 1762 von C. Trabucco in Bronze gegossen und steht heute noch auf der Piazza della Borsa. Auch in Triest errichtete man zur Erbhuldigung Karls VI. 1728 eine steinerne Säule mit dem Standbild des Kaisers auf der heutigen Piazza dell'Unita d'Italia.

Verglichen mit anderen Dynastien ist die Zahl der barocken Denkmäler jedoch bescheiden. Die Habsburger hätten damit ihre Demut gegenüber dem Hochmut Ludwigs XIV. betont, behaupten die Lobschriften auf das Erzhaus immer wieder.

Die Errichtung echter kaiserlicher Denkmäler begann erst am Ende des 18. Jahrhunderts. Franz Stephan von Lothringens Denkmal zu Pferd im Burggarten wurde noch zu Lebzeiten des Kaisers von Balthasar Ferdinand Moll ausgeführt, allerdings nicht im Auftrag des Monarchen; erst 1800 hatte Franz II./I. das Denkmal erworben und aufgestellt. Dagegen waren die Denkmäler von Kaiser Joseph II. und von Kaiser Franz II./I. „Anlaß und Mittelpunkt öffentlichen Interesses und patriotischer Kundgebungen". Die Statue Josephs II. von Franz Anton Zauner wurde 1807 auf dem Josefsplatz enthüllt, das eigentliche Reiterdenkmal ist umrahmt von Säulen mit Nachbildungen zeitgenössischer Gedenkmünzen zu den Themen Geburt, Heirat, Krönung, Tugend, Aufenthalt in Rom, Italienreise, Siebenbürgenreise, Tapferkeit, Verwaltungsorganisation in Galizien, Hochschule in Lemberg, Gründung des Armeninstituts, Gründung des Taubstummeninstituts, Religionstoleranz, Errichtung der chirurgischen Akademie und Vergrößerung der Akademie. Im Gegensatz dazu wurde das von Pompeo Marchesi entworfene Denkmal für Franz II./I., dessen Enthüllung 1846 erfolgte, ganz im Sinne des Klassizismus errichtet und stellt den Kaiser als römischen Imperator dar, die Inschrift nimmt auf einen Satz in Franzens Testament von 1835 Bezug: „Meine Liebe vermache ich meinen Untertanen", der latinisiert als AMOREM MEVM POPVLIS MEIS auf dem Denkmal aufscheint.

Mit seiner Vorliebe für Heroisches und Heldenverehrung war das 19. Jahrhundert die große Zeit der Denkmalerrichtung und Verherrlichung der Dynastie. Am besten ist dies im sogenannten Heldenberg bei Klein-Wetzdorf dokumentiert, wo der vielschichtige Armeelieferant Joseph Gottfried Pargfrieder der Armee und dem Kaiserhaus ein beachtenswertes Denkmal setzte. Eine Blüte erlebten im 19. Jahrhundert die Denkmäler für Joseph II., der als Bauernbefreier und Verkünder des Toleranzpatents gefeiert wurde; in vielen Städten stellte man einfache – nach einem Musterkatalog des Eisengießwerkes in Blansko auszusuchende – Denkmäler des aufgeklärten Monarchen auf. Einer gewissen Popularität – vor allem in der Steiermark – erfreute sich der volkstümliche Erzherzog Johann, dessen größtes Denkmal am Hauptplatz in Graz zu finden ist. Die Denkmäler für Maria Theresia – bezeichnenderweise umgeben von männlichen Ratgebern und Befehlshabern – und Erzherzog Karl, den Sieger von Aspern, sind im Zuge der imperialen Gestaltung der Ringstraße zu verstehen, Maria-Theresien-Denkmäler wurden aber auch in anderen Städten aufgestellt, z. B. in Klagenfurt und Wiener Neustadt. Zwei Außenseiter der Familie des 19. Jahrhunderts erhielten ebenfalls Denkmäler gesetzt, Kaiserin Elisabeth z. B. in Budapest, Meran und im Wiener Volksgarten 1907 und Kaiser Maximilian von Mexiko († 1867) in Hietzing vor der Pfarrkirche.

Doch neben den großen Gemälden und Plastiken der Paläste und Sammlungen, neben den Porträtserien und Freskenzyklen in Klöstern, in denen vor allem in der

Barockzeit in Kaiserstiegen und Kaisersälen die Habsburger und ihre Tugenden verherrlicht wurden, neben den Denkmälern und Gedenktafeln stehen die kleinen propagandistischen Denkmäler, die weite Verbreitung hatten. Jede Münze trug das Porträt des jeweiligen Landesfürsten und war damit ein Propagandamittel. Bei der Gestaltung dieser Porträts auf Münzen durch

Druckgraphiken stellen ihren repräsentativen Charakter offen dar, während viele andere Gegenstände ebensolche Prestigeobjekte waren, die der Stilisierung der Herrscher dienten, ohne daß man es heute gleich merken würde. Das ganze Leben der Eliten trug diesen repräsentativen Charakter, die Kleidung, die Pferde und Kutschen, die Ausstattung der Wohnungen und die

Die Medaille auf Franz I. aus dem Jahr 1754 verherrlicht den Kaiser als Förderer der Wissenschaften.
Kunsthistorisches Museum, Wien

die Stempelschneider nahmen die Habsburger Einfluß auf ihr Aussehen. So schrieb etwa schon Maximilian I. vor, daß sein Bildnis auf den Münzen „mitaltern" sollte, ein Brauch, der bis zum Ende der Monarchie erhalten blieb. Gerade die Münzen aus der Zeit Franz Josephs, der 68 Jahre regierte, liefern ein gutes Beispiel dafür. Diese Funktion der Kontrolle über das eigene Bild durch den Herrscher wurde ganz extrem in Spanien ausgeübt, wo die Hofmaler die Aufgabe hatten, die Herrscherbildnisse außerhalb des Hofes zu überprüfen; bei einer solchen Kontrolle 1635 wurden 46 von 84 Bildern eingezogen.

Eine etwas geringere Verbreitung dürften Porträtgraphiken und Stiche von allegorischen Gemälden gehabt haben, doch seit Maximilian I. sind der Buchdruck und die Graphik aus dem Mäzenatentum der Habsburger nicht mehr wegzudenken. Graphiken erschienen mit kaiserlichem Privileg, das einen Nachdruck gefährlicher machte – Urheberrechte waren noch keineswegs klar festgelegt und kaum real durchsetzbar. Der Kaiser gab immer wieder Zuschüsse an Literaten und Prediger, die Werke druckten, die dem Prestige der Familie nützten. Sigmund von Birken, der das Geschichtswerk des sogenannten „Fuggerschen Ehrenspiegel" herausgab, wäre ein solches Beispiel, es wurden aber auch andere, wie etwa der gelehrte Jesuit Athanasius Kircher, dessen Werke auf den ersten Blick kaum mit der habsburgischen Propaganda zu tun hatten, gefördert.

Die Phänomene des Bauens, der Feste, der Bilder und Genüsse der Tafel sind von der künstlerischen Aufgabe der Verherrlichung des Hauses nicht zu trennen. Ein gutes Beispiel eines solchen elitären Mittels der Stilisierung liefern die Waffen der Habsburger. Waffen gehörten zum adeligen Lebensstil selbst in Zeiten, als die Adeligen lange nicht mehr die alte Kriegerkaste bildeten – oder vielleicht sogar gerade dann. Nach der großen Krise des Feudalismus im Spätmittelalter stürzte sich der Adel in eine romantische Ritterbegeisterung, die zusammen mit der Hinwendung zur Antike im Sinne des Humanismus und der Renaissance den Lebensstil der Führungsschicht bestimmte. Maximilian I., der von seiner Kenntnis des burgundischen Hofes sowohl die romanischen wie die antikischen Vorstellungen mitbekommen hatte, stellte sich in seinen genealogischen Bemühungen, die auch künstlerischen Ausdruck fanden, in beide Traditionen. Seine Person bildete gewissermaßen den zehnten Helden jenes verbreiteten Typus der neun Helden (Nine Worthies), in dem das alte Testament durch Josua, David und Judas Makkabäus, die Antike durch Hektor, Alexander den Großen und Julius Caesar und das Mittelalter durch Artus, Karl den Großen und Gottfried von Bouillon vertreten waren. Fast alle diese Personen finden sich auch in den fiktiven Ahnenreihen Maximilians I. Daß diese Zusammenstellung der Helden erstmals in einem 1312/13 entstandenem Gedicht „Les Voeux du Paon" von Jacques de Longuyon aufscheint, in dem auch das Motiv des Schwurs auf einen Vogel eine zentrale Rolle spielt, verbindet das Motiv mit einem anderen, das bereits in der habsburgischen Tradition vorhanden war: 1454 verband der Burgunderherzog Philipp der Gute den Vliesorden mit einem solchen *Voeux de phaisant*, dem Fasanenschwur der Adeligen, die sich zu einem Kreuzzug verpflichteten.

Die meisten Habsburger des 16. Jahrhunderts begeisterten sich für den Turniersport und trieben großen Aufwand mit Harnischen, deren Prestigewert heute etwa einem besonders exklusiven Auto entsprechen würde. Die Harnische hatten weniger Waffencharakter als den eines modischen Statussymbols und in gewisser Weise auch eines Ausrüstungsgegenstandes für eine besonders elitäre Sportart, bei der Nicht-Adeligen der Zugang verwehrt war. Maximilian I. und seine Nachfolger bis zum Ende des 16. Jahrhunderts – und in manchen ganz „unklassischen" Stücken auch danach – haben sich prachtvolle Einzelstücke und ganze Garnituren bei den besten deutschen Plattnern in Landshut, Augsburg und Innsbruck wie Wolfgang Großschedel, Jörg, Kolman, Lorenz und Desiderius Helmschmied, Matthäus Frauenpreiß, Anton Pfeffenhauser, Hans, Konrad und Jörg Seusenhofer und Michael Witz herstellen lassen. Auch die Werkstätten in Oberitalien und den Niederlanden produzierten manche der prachtvollen Stücke, die von den Habsburgern verwendet wurden und heute in den für den Kenner unbeschreiblich reichhaltigen habsburgischen Sammlungen aufbewahrt werden: im Kunsthistorischen Museum in Wien und in Ambras, in Brüssel und in Paris (wohin Napoleon einen guten Teil der Wiener Bestände verschleppte) und in der Armería Real in Madrid. Diese Harnische, die uns auch Auskunft über die Gestalt des jeweiligen Trägers geben, da sie ja genauestens passen mußten, sind reich verziert und stellen plastische Kunstwerke dar, deren Bedeutung oft unterschätzt wird. Dem oberflächlichen Besucher ist nur der Aspekt „Waffe", der viele auch abschreckt, präsent, doch müßte man sie mehr als eine Art von aufwendigem und nostalgischem Repräsentationskostüm sehen.

Ähnlich wie die Waffen, die von den besten Künstlern der Zeit ausgestaltet wurden, tragen auch viele andere

Das oft kopierte Bild von Pompeo Batoni zeigt die Brüder Joseph II. und Leopold II.
Kunsthistorisches Museum, Wien

Gegenstände, die bei Hof Verwendung fanden, einen solchen prunkvollen, repräsentativen Charakter. Die Ausschmückung der Räume mit Gemälden und Tapisserien ebenso wie die Gebrauchsgegenstände des täglichen Bedarfes gehören dazu. Dabei ist nicht nur an die „dauerhaften" Kunstwerke zu denken; erstklassige Hofkünstler beteiligten sich vielmehr auch an der Ausstattung für das Theater und das Ballett und wirkten gemeinsam mit Spezialisten an der Gestaltung der Feuerwerke oder der Triumphbögen und Trauergerüste, der *Castra doloris*, mit. Die Hauptaufgabe des Hofmalers bildeten sicherlich die Porträts, doch manche dieser im 16. Jahrhundert tätigen Künstler waren „Unternehmer von großen künstlerischen Aufgaben" wie Giulio Licino, Pietro de Pomis und Giuseppe Arcimboldo, die auch auf die Gestaltung des gesamten Programmes von Festen und Ausstattungen Einfluß nehmen konnten. Außer diesen bei Hof beschäftigten Künstlern gab es auch viele Maler, die Aufträge erteilt bekamen, ohne sich dabei fest an den Hof zu binden, wie z. B. Lucas van Valckenborch und viele andere, die nur einmal in den Abrechnungen des Hofes auftauchen, wie etwa Frans Pourbus oder Carlo Dolci. Der noch im 16. Jahrhundert wichtige Begriff des festbesoldeten Hofkammermalers wurde immer bedeutungsloser, der Hof trat zunehmend mit Künstlern in Kontakt, deren Beziehung zum Herrscher nur aufgrund der seit der Renaissance im ganzen 16. Jahrhundert in Mode befindlichen Künstlerbiographien zu erfassen ist. Am Ende des 17. Jahrhunderts wurden die Maler der Höfe in Europa untereinander ausgetauscht, was zu einer völligen Nivellierung des höfischen Bildnisstiles führte, es gab wandernde Hofporträtisten wie z. B. Jan Frans van Douwen. Der Dichter Friedrich von Logau charakterisiert diese Situation treffend:

„Bei Hofe gibt es Maler in Menge. Diese malen
Gemeiniglich mit Kohlen; man darf sie nicht bezahlen
Man darf sie nicht erst bitten, sie thun's von freien Stücken
Auch darf man nicht erst sitzen, sie könnens hinterm Rücken."

Einen neuen Bildtypus des beginnenden 19. Jahrhunderts bildet das Thronbild im Sitzen. Das Gemälde von Friedrich von Amerling zeigt Franz II./I. Schatzkammer, Wien, Foto: Nemeth

Die Verbindung der bildenden Künstler zu den anderen Sparten der Kunst erfolgte besonders über die Feste, die ja in sich Gesamtkunstwerke waren. Die Texte und Konzepte wurden von den Humanisten, später in der Barockzeit von italienischen Hofpoeten wie Aurelio Amaltheo, Francesco Sbarra, Graf Nicolo Minato oder dem berühmten Pietro Metastasio verfaßt, die Hofkomponisten lieferten die Musik zu den Aufführungen, während das Bühnenbild und die Kostüme Aufgabe der Hofkünstler waren. Selbst ein so großartiger Maler wie Giuseppe Arcimboldo scheute sich nicht, für die Wiener Hochzeit von 1571 ein Kostümbild für jede einzelne Figur zu zeichnen.

Man muß zu diesem Aspekt des Einsatzes von Mäzenatentum für die Verbreitung der Glorie des Hauses natürlich auch die Geschichtsschreibung hinzurechnen. Diese Hofhistoriographie fand sicherlich unter Leopold I. ihren Höhepunkt, weil dessen Hofhistoriograph Conte Galleazzo Gualdo Priorato die hervorstechendste Gestalt unter den Apologeten des Hauses Habsburg ist.

Kunst als Sammelobjekt und Geschenk

Das Mäzenatentum der Habsburger ist, wie schon betont, vom Sammelwesen der Familie nicht zu trennen, denn ein großer Teil der Sammelobjekte wurde nicht fertig gekauft, sondern – zum Teil unter Einwirkung des jeweiligen Sammlers auf die Gestaltung – am Hof selbst hergestellt. Die Zahl der Handwerker bei Hof war groß und deren Tätigkeit überaus vielfältig. Der Übergang zwischen Handwerkern und Künstlern blieb noch lange ein sehr fließender, da viele Sammlungsobjekte im Zusammenwirken unterschiedlicher Spezialisten entstanden. Es gab am habsburgischen Hof jede Art von Künstlern und künstlerisch tätigen Handwerkern, wenn auch nach dem Tod Rudolfs II. keine Hofwerkstatt im Sinne der Prager Hofwerkstatt Rudolfs, in der es eine Zusammenarbeit und eine Art gemeinsames Konzept des Kunstschaffens gab, bestand. Dennoch gab es weiterhin Hof- und Kammermaler, Tapezierer, die sich um die reichlich vorhandenen Tapisserien zu kümmern hatten, aber auch Hofuhrmacher und Hofuhrrichter, Harnischmacher, Klingenschmiede und Instrumentenbauer, daneben Hofschneider, Kammerperlhefter und Kammerseidensticker, Federnschmücker, Hoftaschner, Hofedelsteinbohrer, Hofgoldschlager und Kammergoldschmiede, Hofjuweliere und Hofsilberhändler. Alles, was der Hof benötigte, konnte bei Hof hergestellt werden, es gab Spezialisten für den Bau von Gondeln, Wagen und Schlitten, sogar einen eigenen Galeerenmacher, um nur einen der vielen weiteren denkbaren Bereiche anzusprechen. Die Produktion der Hofwerkstätten ist nur mehr zu einem sehr geringen Teil erhalten geblieben, obwohl wir in den Museen, die habsburgische Sammlungen bewahren, viele solcher Objekte besitzen. Viele Dinge sind verlorengegangen, verbrannt oder vermodert, weggeworfen oder eingeschmolzen worden.

Gebrauchsgegenstände für die kaiserliche Tafel, die Hofkapelle und den persönlichen Gebrauch wurden angefertigt oder angekauft. Ein besonderer Stellenwert im Prestigeverhalten kam dabei dem Schmuck zu: Ketten, Ohrgehänge, Armbänder, Haarnadeln, goldene Buchstaben oder Maschen, mit Diamanten verzierte Federbuschen, Kreuze und Konterfettenkästchen zum Unterbringen von Miniaturporträts, aber auch Becher und Krüge, Balsambüchsen und Reliquienkästchen finden sich in den Zahlamtsbüchern. Die Summen für diese Ausgaben bewegten sich in beträchtlicher Höhe. Unter Leopold I. wurden im Laufe einiger weniger Jahre 350.000 Gulden allein an einen einzigen Juwelier in Antwerpen bezahlt.

Viele Gegenstände waren für den persönlichen Gebrauch bestimmt und bildeten einen Teil der Sammlung, des Schatzes, wobei man gerade Objekte aus edlem Metall und kostbaren Steinen keinen eigenen „Kunstwert" zumaß und nicht zögerte, sie als Rohmaterial für Neugestaltungen zu verwenden, zu brechen und einzuschmelzen. Eine große Zahl an Objekten, die der Hof kaufte, wurden weitergegeben. Votivgaben für die Staatswallfahrten nach Mariazell gehörten ebenso dazu wie die unzähligen Geschenke, die man zu verschiedenen Gelegenheiten bei Hof verteilte. Manche dieser Gaben waren sehr kostbar und teuer. Wenn etwa der päpstliche Nuntius von Leopold I. ein Diamantkreuz, eine ebenfalls mit Diamanten besetzte Masche und einen Ring im Werte von 16.000 Gulden erhielt, so war das eine große Ausgabe, doch auch die kleinen summierten sich. Jeder, der zum Hof im Nahverhältnis stand, ob Kammerdiener, Hofmusiker, Hofzwerg oder Hofzwergin, Fürst oder Prinzessin bekam vom Kaiser ein Hochzeitsgeschenk, für Adelige meist im Wert zwischen 120 und 500 Gulden, für die anderen entsprechend weniger. Daneben gab es natürlich Geburtstagsgeschenke oder Nikolausgeschenke, die dann in der ersten Hälfte des 19. Jahrhunderts den Weihnachtsgeschenken Platz machten.

Besonders Maximilian II. zeichnete sich durch Großzügigkeit aus, er beschäftigte die Wiener Goldschmiede intensiv für Geschenkzwecke, auch die Ausstattung seiner Töchter Elisabeth und Anna ging mit großem Aufwand vor sich. Geschenke, vor allem silberne und goldene Gefäße, verschenkte der Fürst auch für tapferes Verhalten vor dem Feind, man kann darin eine Vorwegnahme der späteren Tapferkeitsauszeichnung sehen.

Der Stich von Ägidius Sadeler nach Adriaen de Vries, der Rudolf II. zeigt, stiftete lange Zeit Verwirrung unter Kunsthistorikern. Es existiert keine Großplastik, sondern nur eine kleine Bronzefigur. ÖNB, Wien

Die gemalten Porträts spielten als Geschenke ebenfalls eine große Rolle, ab dem 16. Jahrhundert war die Bildnisübersendung bei der Eheanbahnung obligatorisch, wobei der „Text" dazu häufig das Bild korrigierte. Der kaiserliche Gesandte Dietrichstein etwa berichtete über ein Bild des Don Carlos († 1568), daß dessen Mund offener sei und dessen linker Fuß länger als der rechte. Auf diese Art kamen nicht nur Bilder der Habsburger in fremde Sammlungen, sondern auch Bilder von Brautwerbern nach Wien, z. B. das ganzfigurige Porträt des französischen Königs Karl IX. († 1574), der die Erzherzogin Elisabeth umwarb und auch heiratete, von François Clouet im Wiener Kunsthistorischen Museum.

Besonders viele Geschenke – die man auch als Bestechungsgelder werten könnte – gingen an die türkischen Mächtigen, vom Sultan über die Wesire bis zu den Paschas gab es eine streng hierarchische Liste an Geschenken, die außer aus Geld auch häufig aus Uhren, Automaten, wissenschaftlichen Instrumenten und Galanteriewaren bestanden. Gerade zu mechanischen Kunstwerken hatte die Frühe Neuzeit eine besondere Beziehung. Das Wunderbare der neuen Technologie der Zahnradwerke, die Uhren und Automaten betrieben, faszinierte auch die Herrscher – sicherlich war den Menschen auch die metaphorische Bedeutung solcher Uhrwerke, in der ein Rädchen ins andere griff, bewußt. Die Leidenschaft für diese geordneten Abläufe und die absolutistische Staatsidee haben den gleichen geistigen Hintergrund. Besonders im 16. Jahrhundert erfreute man sich auf seiten der Habsburger an solchen Apparaturen, Karl V. konstruierte in Yuste selbst solche Automaten, die beliebte Kunstkammerstücke und Geschenke waren. Einen Höhepunkt erreichte diese Kunst am Hof Rudolfs II., an dem mit dem Uhrmacher Jost Burgi ein bedeutender Vertreter der Mechanik beschäftigt war. Auch eine technische Neuerung, die bis ins 19. Jahrhundert nachgeahmt wurde, steht mit dem rudolfinischen Hof im Zusammenhang – die Erfindung der Kugellaufuhr durch Christoph Margraf. „Ausgehend von Galileis Feststellung, daß Körper auf derselben schiefen Ebene die gleiche Strecke in gleichen Zeiten durchrollen, ist Margrafs Prinzip leicht verständlich: er läßt auf eine schiefe Ebene Kugeln nacheinander so abrollen, daß das Eintreten einer Kugel in die Bahn zeitlich mit dem Verlassen der Bahn durch die vorangegangene Kugel zusammenfällt, und zeigt durch ein Zählwerk die Anzahl der Kugelläufe an, wobei das Zählwerk als Uhrzifferblatt ausgebildet ist."

Manche dieser Geschenke blieben auch innerhalb der habsburgischen Familie, einige davon erlebten recht abenteuerliche Geschicke zwischen Brüssel, Wien und Madrid. Drei Beispiele mögen das illustrieren: Das bekannte Bild Breughels „Der Turmbau zu Babel" befand sich zunächst im Besitz des Antwerpener Kunstliebhabers Nicolas Jonghelinck, wurde dann von Rudolf II. erworben und schließlich – nachdem es offensichtlich im Dreißigjährigen Krieg der Rudolfinischen Sammlung abhanden gekommen war – nochmals von Leopold Wilhelm angekauft und so abermals in den Besitz des Hauses Habsburg gebracht. Interessant ist aber auch, daß nach dem Zeugnis des zeitgenössischen Kunstschriftstellers Karl von Mander eine kleinere Ausführung desselben Bildes ebenfalls im Besitz Rudolfs II. war und dann als Geschenk der österreichischen Habsburger an die spanische Linie kam. Es befand sich in der Sammlung Philipps IV. und trug als Besitzzeichen das Wappen seiner Frau Isabella von Bourbon. Ähnlich gelangte auch die silbervergoldete Prunkkassette mit den Reliquien des heiligen Viktor *(Arca de San Victor)* von Wenzel Jamnitzer nach Spanien. Lange Zeit glaubte man, daß es sich um einen Teil der Aussteuer Erzherzogin Annas handelte, heute tendiert man eher zur Überzeugung, daß diese Prunkkassette Maria, der Frau Maximilians II., gehörte und von der Stadt Nürnberg als Geschenk an Maximilian kam, Anna brachte sie nur für ihre Mutter nach Spanien.

Den umgekehrten Weg nahm ein Objekt, das sich heute im Wiener Kunsthistorischen Museum befindet, ein aus Stein geschnittener Elefant. Er wurde von Erzherzogin Katharina († 1578), einer Schwester Karls V., als Königin von Portugal erworben. Sie besaß zu ihrer Zeit die größte Sammlung nicht-europäischer Kunst, zu der nur spätere große Sammler wie Philipp II., Rudolf II.

oder Ferdinand von Tirol Vergleichbares bieten konnten. Der Wiener Elefant in der Form eines Salzgefäßes – so schließt eine Kunsthistorikerin vor allem aufgrund einer Identifikation durch das in einem Inventar genau angegebene Gewicht – stammte aus Katharinas Sammlung und kam 1554 an das Kloster der Descalzas Reales in Madrid. Von diesem Kloster wurde der Elefant zwischen 1564 und 1571 entweder an Rudolf II. geschenkt oder von Rudolfs Kunstagenten und Gesandten Hans Christoph Khevenhüller erworben.

Ein guter Teil des habsburgischen Mäzenatentums galt der Stiftung von Kunstgegenständen an Kirchen und Klöster – auch im Sinne der habsburgischen Frömmigkeit. Wieder sollen einige Beispiele für die zahlreichen aus dem Mittelalter bekannten Stiftungen als Illustration und Konkretisierung dienen. Einige Habsburger stifteten ganze Klöster, wie Herzog Otto († 1339), der 1327 aus Anlaß der Geburt Friedrichs II. († 1344) und zur Versöhnung des Papstes, der nur unter der Bedingung einer Klostergründung eine Dispens mit einer zu nahen Verwandten zu geben bereit war, Neuberg an der Mürz gründete, oder Rudolf IV. († 1365), der 1362–1368 das Augustiner-Eremitenkloster in Fürstenfeld stiftete. Andere steuerten nur Ausstattungsteile bei, wie z. B. Albrecht II. († 1358) und seine Gemahlin Johanna von Pfirt († 1351) die Glasgemälde von Maria Straßengel, wo auch der Fisch am Turmhelmansatz auf die Wappenfigur des Pfirter Wappens anspielt, oder Albrecht III. († 1395) die Chorverglasung von St. Erhard in der Breitenau, auf der er als Träger des Zopfordens zu sehen ist. Eine der großartigsten Gobelinserien nach Entwürfen von Peter Paul Rubens verdankt ihr Entstehen der Stiftung dieser Kunstwerke an das Kloster der Descalzas Reales in Madrid durch die Erzherzogin Isabella († 1633), Statthalterin der Niederlande. Sie und ihr Mann Albrecht (+ 1621), ein Sohn Maximilians II., waren nicht nur besonders kunstsinnig, sondern auch sehr fromm, vor seiner Ehe mit der langjährigen Verlobten seines älteren Bruders Rudolf II. sollte Albrecht schließlich Geistlicher werden. So bestellten sie jene umfassende Serie von Gobelins „Triumph der Eucharistie" für das Hauskloster in Madrid, die jedes Jahr nur in der Karwoche gezeigt wird. Zu dieser 1627/28 in verschiedenen Brüsseler Werkstätten gewebten Tapisserienserie gibt es auch entsprechende Bilder in verschiedenen Formaten, welche die Entwürfe von Rubens vorstellen. Das Kloster der Descalzas hatte eine besondere Eucharistiefrömmigkeit entwickelt, dort gab es jährlich zwei Eucharistieprozessionen, eine wie üblich zu Fronleichnam und eine zweite am Karfreitag, die nur mit päpstlicher Dispens möglich war. In diesem Geschenk verbindet sich das Mäzenatentum mit dem Frömmigkeitsverhalten der Familie, insbesondere der von den Habsburgern so eifrig gepflegten Eucharistieverehrung.

Einer der vielen von Habsburgern gestifteten Altäre kann zwar nur mehr rekonstruiert werden, ist aber besonders interessant, weil er verschiedene Themenstellungen der habsburgischen Mentalitätsgeschichte miteinander verbindet. Erzherzog Maximilian III. der Deutschmeister († 1618) stiftete einen Flügelalter für Wiener Neustadt, sicherlich in Anknüpfung an seinen gleichnamigen Ahnherrn Maximilian I., der ebenfalls für Wiener Neustadt einiges stiftete und dort auch ursprünglich sein Grabmal aufstellen lassen wollte. Der Altar Maximilians III. wurde später nach Krasnahora in Oberungarn (heute Slowakei), dem Schloß der Familie Andrássy, gebracht. Zwei Altarflügel gelangten in ein Budapester Museum; der Schrein, der ein Allerheiligenbild ähnlich dem Dürers trug, ist nur mehr durch Abbildungen bekannt. Auf den Flügeln sieht man den knienden Erzherzog Maximilian III. mit Georg vor Maria. In diesem Bild sind Ähnlichkeiten zu Maximilians III. Grabmal in Innsbruck zu sehen, aber auch in mentalitätsgeschichtlicher Hinsicht laufen darin viele Fäden zusammen. Die Frage der Heiligenverehrung und des ritterlichen Schutzpatrones Georg stehen ebensosehr in der Tradition des von den Habsburgern so lange beherrschten Deutschen Ritterordens wie in der Kaiser Maximilians I. Die Marienverehrung ist charakteristisch für die gegenreformatorische Haltung, die Maximilian auch als Gubernator von Tirol einnahm, und das Allerheiligenbild erinnert an die Dürerrenaissance am Hof seines Bruders Rudolf II. in Prag.

An diesem Hof in Prag hatte das Mäzenatentum der Habsburger sicherlich einen Höhepunkt gefunden, der danach nie mehr erreicht wurde. Rudolf, der ein fanatischer Sammler war, interessierte sich besonders

Oben: Eines der frühen Beispiele einer Reiterstatue in der Levade ist die des Erzherzogs Leopold in Innsbruck am Leopoldsbrunnen. Foto: Frischauf Bild, Innsbruck
Linke Seite: Der Turm von Maria Straßengel zeigt einen Fisch, der auf das Pfirter Wappen anspielt. Die Ausstattung der Kirche wurde von Albrecht II. und seiner Gemahlin Johanna von Pfirt gestiftet. Foto: Kurt Roth

für Kammerkunststücke wie Prunkgefäße und andere Schaustücke, die er seiner Sammlung einverleiben konnte – weniger verschenken wollte –, und baute dazu eine eigene Werkstatt in Prag auf. Manche der Werke waren wirklich nur für ihn bestimmt, vor allem die lasziven Bilder, von den Zeitgenossen *disoneste cose* genannt, die er besonders liebte. Manche seiner Vorgänger wie sein Großvater Ferdinand I., der 1548 befahl, auf Bildern Sterne an bestimmten Stellen anzubringen, oder Maria Theresia, die z. B. alle Schamkapseln der Harnische, die phallischen Charakter hatten, wegwerfen ließ, waren da weitaus prüder. Rudolf war aber auch ein Liebhaber von Steinen – er machte selbst Juwelierarbeiten und wurde sogar als „lithoman" bezeichnet –, während seiner Regierungszeit wurde die Steinschneidekunst besonders gefördert. Zunächst deckte der Hof den Bedarf an geschnittenem Bergkristall in Mailand in der Werkstatt von Girolamo und Gasparo Sarachi, doch bald berief Rudolf die Edelsteinschneiderfamilie Miseroni nach Prag. Damit begründete er eine Familientradition, die noch weit ins 17. Jahrhundert hineinreichte und eine der wenigen Kontinuitäten seines Mäzenatentums darstellt. Die verschiedenen großartigen Gefäße aus Bergkristall, Jaspis, Achat, Amethyst, Chalzedon und Karneol bilden den Grundstock der Sammlung für Plastik und Kunstgewerbe im Wiener Kunsthistorischen Museum. Ottavio Miseroni diente den Kaisern Rudolf II., Matthias und Ferdinand II., ihm folgte sein Sohn Dionysius, dessen Stelle dann wieder seine Söhne Ferdinand und Eusebio einnahmen. Für eine stattliche Geldsumme schnitt Dionysius Miseroni 1641 eines der berühmtesten heute in der Wiener Schatzkammer verwahrten Objekte, das 2680 Karat schwere Smaragdgefäß. Auf einem von Karel Škréta gemalten Familienbildnis Miseronis hält er diesen Smaragd in der Hand, was seine Autorschaft wohl beweist. Dieser Smaragd ist nicht – wie man lange meinte – mit dem in Quellen erwähnten burgundischen Smaragd identisch, er stammt vielmehr aus der Grube von Muzo in Kolumbien und kann folglich nicht auf einen mittelalterlichen Stein zurückgehen. Als Miseronis Hauptwerk

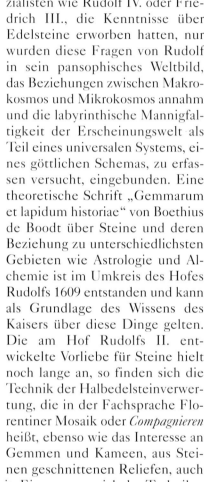

Die Porträtbüste Karls V. von Leone Leoni wurde von Adriaen de Vries für Rudolf II. nachgeahmt, wobei der Aufbau fast ident ist. Kunsthistorisches Museum, Wien

gilt allerdings die dreistöckige Kristallpyramide von 1653, ein zweckfernes, aber vielbewundertes Gebilde. Die rudolfinische Tradition der Steinschneidekunst in der Hofwerkstatt blieb also in der Barockzeit erhalten und führte sogar zu einem Handel mit Steinschneidearbeiten von Seiten des Hofes.

Rudolf II. stand mit seinem Interesse für Steine – besonders für Edelsteine – nicht allein da. Schon vor ihm gab es Spezialisten wie Rudolf IV. oder Friedrich III., die Kenntnisse über Edelsteine erworben hatten, nur wurden diese Fragen von Rudolf in sein pansophisches Weltbild, das Beziehungen zwischen Makrokosmos und Mikrokosmos annahm und die labyrinthische Mannigfaltigkeit der Erscheinungswelt als Teil eines universalen Systems, eines göttlichen Schemas, zu erfassen versuchte, eingebunden. Eine theoretische Schrift „Gemmarum et lapidum historiae" von Boethius de Boodt über Steine und deren Beziehung zu unterschiedlichsten Gebieten wie Astrologie und Alchemie ist im Umkreis des Hofes Rudolfs 1609 entstanden und kann als Grundlage des Wissens des Kaisers über diese Dinge gelten. Die am Hof Rudolfs II. entwickelte Vorliebe für Steine hielt noch lange an, so finden sich die Technik der Halbedelsteinverwertung, die in der Fachsprache Florentiner Mosaik oder *Compagnieren* heißt, ebenso wie das Interesse an Gemmen und Kameen, aus Steinen geschnittenen Reliefen, auch noch in späterer Zeit. Eine neuentwickelte Technik – das sogenannte *Scagliola* –, eine Arbeit mit Kunstmarmor, aus dem man verschiedene Objekte der Natur wiedergeben konnte, findet sich in Böhmen und Österreich sogar früher als in Italien, sie wurde noch bis ins 18. Jahrhundert in Österreich und Spanien angewendet. Die Kunstmarmorverarbeitung war eine sehr geeignete Technik für Porträts, aber auch für dekorative Werke wie z. B. die prächtigen Tischplatten, auf denen verschiedene Objekte wie Bücher, Karten oder sonstige Gegenstände zu liegen scheinen.

An der Grenze zwischen dieser Steinvorliebe und abergläubisch-magischen Vorstellungen liegt die Bedeutung der Bezoarsteine für die Sammlungen der Frühen Neuzeit. Ein Bezoar ist ein Magenstein, der sich bei manchen Tieren, vorwiegend bei Wiederkäuern, bildet, das Wort kommt von dem persischen *pad-zahr*, was soviel wie „Schutz gegen Gift" bedeutet. Karl V. besaß so einen Bezoar, der vermutlich von einem Lama oder einem Vikunja der Neuen Welt stammt, er wurde – wie man das mit Gegenständen der Natur so gerne machte – kunstvoll gefaßt. Drei fischschwänzige Katzentiere mit Smaragden auf Brust und Schwanz bilden einen Dreifuß, auf dem Karls Bezoar in einem edelsteinbesetzten Reifen aus Gold ruht. Mit Smaragden besetzte Goldbügel gipfeln in einer Krone mit Erdkugel und Kreuz. Auch die rudolfinische Schatzkammer besaß zwei kunstvoll gefaßte Bezoare, die der Kaiser, wie die Briefe an seine Agenten zeigen, eifrig suchte. Die kleineren Exemplare wurden nämlich auch zerrieben und als Medikament eingenommen, nur die großen wurden in der Kunstkammer als Besonderheit aufbewahrt.

Die Förderung der Wissenschaften

Das Mäzenatentum für die Kunst spielte am Hof naturgemäß eine größere Rolle als das für die wenig repräsentativen Wissenschaften – daran hat sich im übrigen bis heute wenig geändert. Wenn von Wissenschaften die Rede ist, so darf man für einen sehr langen Zeitraum ausschließlich die „Naturwissenschaften" darunter verstehen, denn die Geisteswissenschaften prägten sich wohl in der Form, wie wir sie heute kennen, erst im 19. Jahrhundert aus. Man könnte natürlich einwenden, daß an den Höfen sehr wohl Historiographen angestellt waren, doch kann man deren Tätigkeit mit einem modernen Wissenschaftsbegriff sicher nicht fassen.

Vielleicht ein erster Beginn einer Wissenschaftsförderung ist mit den spätmittelalterlichen Universitätsgründungen durch die Habsburger – Wien durch Rudolf IV. 1365 und Freiburg im Breisgau durch Albrecht VI. 1457 – zu orten, die dann am Ende des Mittelalters mit der Förderung der Humanisten – vor allem durch Maximilian I. – eine besondere Intensität gewann. Maximilian unterhielt aber auch einen eigenen Stab an Humanisten und Historikern, insbesondere Genealogen,

Porträtbüste Rudolfs II.
Kunsthistorisches Museum, Wien

die er in den Dienst seiner Selbstverherrlichung stellte. Im 16. Jahrhundert wurden in erster Linie solche Gelehrte gefördert, die am Hof beschäftigt waren und durch ihre Tätigkeit den Ruhm des Hauses verbreiten halfen. Vieles davon hatte mit der Ausbildung der Legenden, mit der Verherrlichung des Hauses und mit der dynastischen Geschichtsschreibung zu tun.

Einen ganz anderen Stellenwert hingegen nimmt die Förderung der Naturwissenschaften durch das Haus Habsburg ein. Wie in anderen Bereichen auch hatte dieses Mäzenatentum für die Naturwissenschaften praktische Hintergründe. Das Interesse für die Alchemie, wie es vom 16. noch bis ins 18. Jahrhundert bei vielen Vertretern der Familie bestand, war mit dem Wunsch des Goldmachens ebenso verbunden wie mit der Hoffnung auf magische Einsichten in die Welt, „der geheimnisvollen Hieroglyphenschrift Gottes", die wieder im Sinne der Pansophie standen. Ebenso ist auch die Astronomie, die ebenfalls am Hof Rudolfs II., an dem Johannes Kepler und Tycho Brahe tätig waren, besonders gefördert wurde, nicht von der Astrologie zu trennen. Selbst Kepler erstellte Horoskope.

Von den vielen denkbaren Bereichen, die man detaillierter ausführen könnte, sei hier die Beschäftigung mit der Natur besonders hervorgehoben, die unter anderem in Gärten, Menagerien und Sammlungen Zeugnisse des habsburgischen Mäzenatentums hinterlassen hat. Habsburger vieler Generationen beschäftigten sich mit Gärten und Gartenarbeit. Wir haben hier wieder eine der angeblich „vererblichen" Familieneigenschaften vor uns, die sogar dazu führte, daß man die Habsburger – völlig ahistorisch – als Vorläufer der „Grünen" stilisierte. Das für die Neuzeit typische Interesse an Pflanzen und Tieren hatte jedoch durchaus praktische Hintergründe.

Schon manche der mittelalterlichen Habsburger kultivierten botanische Interessen. Albrecht III. († 1395) richtete sich 1377 auf dem schon von seinem Vater erworbenen Gut Laxenburg Tiergärten und Fischbehälter ein. Angeleitet durch das antike Lehrgedicht von Rutilius Taurus Aemilianus Palladius „De re rustica" beschäftigte sich Albrecht mit Gartenarbeiten, er zeigte aber auch ausgedehnte „wissenschaftliche" Interessen an Pflanzen und Tieren. 1410 ließ Herzog Friedrich mit der leeren Tasche († 1439) aus der Tiroler Seitenlinie den Innsbrucker Hofgarten anlegen, und für den jungen Ladislaus Postumus († 1457) wurde im Wiener Stadtgraben ein Tiergarten eingerichtet. Noch deutlichere Akzente auf diesem Gebiet setzte die Renaissance, die den Menschen als bewußten Gestalter der Natur sah. Von nun an gewannen Gärten – auch im Zusammenhang mit dem Palastbau – eine neue Funktion, sie bestanden aus geometrischen oder abgewandelt-geometrischen Formen, aus gestutzten Bäumen und Stäuchern, die Labyrinthe bilden. Statuen und Brunnen, Wasserspiele und steinerne Möbel gehörten zur Ausstattung dieser Renaissancegärten, die sowohl von den spanischen als auch den österreichischen Habsburger angelegt wurden: Karl V. in Sevilla, Philipp II. in Aranjuez, Ferdinand rund um das Belvedere in Prag, Maximilian II. im Neugebäude, Karl von Innerösterreich im Burggarten in Graz und Ferdinand von Tirol in Ambras und Ruhelust. Zu den Gärten gehörten auch Menagerien. Schon von Erzherzogin Anna, der Frau Ferdinands I., wissen wir, daß sie eine große Tierfreundin war und in ihrer Menagerie einen Strauß, Pfauen, Affen und Nachtigallen sowie eine Löwin, die 1542 an Herzog Wilhelm von Bayern verschenkt wurde, aber auch zwei weitere Löwen, einen Bären und einen Luchs hielt. Auch Maximilian II., bei dessen Einzug in Wien 1552 der erste Elefant mitgeführt wurde, legte eine Menagerie im Neugebäude an, in der unter anderem auch „khämelthiern", also Kamele, gehalten wurden, aber auch eine in Prag. Der erste Elefant erregte großes Aufsehen, auf dem Weg, den er nahm, gibt es viele „Elefantenhäuser", die Abbildungen des Tieres zeigen; die bekanntesten befinden sich in Brixen und am Linzer Hauptplatz.

Die Entdeckung Amerikas brachte die Habsburger mit neuen Pflanzen und Tieren in Kontakt, die man nach Spanien und von dort auch in die Niederlande und nach Österreich weitergab. Eine weitere Quelle botanischer Neuerungen bildete der Kontakt der österreichischen Habsburger mit den Osmanen; besonders der Gesandte und vielseitig interessierte Gelehrte Augier Ghiselain de Busbecq trug viel zur Vermittlung solcher Zierpflanzen nach Wien bei. Roßkastanien, Narzissen, Tulpen, Flieder und Hyazinthen beschaffte er während einer Gesandtschaftsreise in das Osmanische Reich und erfreute damit den hortologisch interessierten Maximilian II. Botaniker wirkten an allen Höfen der Habsburger; der Mediziner und Botaniker Pier Andrea Mattioli bei Ferdinand von Tirol, der Praktiker Hans Richter aus Lothringen in Graz und schließlich der bedeutende Carolus Clusius (Charles de l'Ecluse) als Hofbotaniker am Hof Maximilians II. Neben der Botanik bestand immer ein starkes Interesse an der Zoologie; davon zeugen nicht nur die Menagerien, sondern auch „wissenschaftliche" Werke, vor allem die Tierzeichnungen verschiedener Codices, die von Künstlern wie Hans Hoffmann oder Joris Hoefnagel illustriert wurden. Diese Neigungen finden wir bei der gesamten Generation der Habsburger der zweiten Hälfte des 16. Jahrhunderts, bei Maximilian II. und seinen Brüdern wie auch bei seinen Söhnen, allen voran natürlich Rudolf II. Ferdinand von Tirol († 1595) entwickelte eine damals keineswegs selbstverständliche Neigung zur Alpenwelt. Er führte eine Bergbesteigung mit dem bekannten Bildhauer Pietro Francavilla durch und ließ durch seinen Leibarzt Mattioli Tier- und Pflanzenbücher dieses alpinen Gebietes anlegen, förderte aber auch Projekte wie die Abbildung aller in der Adria vorkommenden Fischarten.

Noch stärker als in der Zeit der Renaissance und des Manierismus widmete sich die Barockepoche den Gärten, die allerdings in einer Wechselbeziehung zu den Bauten standen. Der Übergang war fließend, die Gärten mit ihren Laubengängen und mit in geometrischen Formen geschnittenen Alleen waren eine Art Verlängerung des Innenraumes, die Pflanzen wucherten andererseits sozusagen symbolisch in das Innere der Gebäude, die mit Fresken von Pflanzen, Gartenszenen und Landschaftsdarstellungen geschmückt wurden. Der Garten war auf das Schloß, das Belvedere oder ein anderes Gebäude hin ausgerichtet und mit baulichen Elementen wie Türmchen, Grotten, chinesischen Pavillons und Irrgärten ausgestaltet. In diesen Gärten zog man u. a. seltene Pflanzen – zum Teil schon in Gewächshäusern. Die Orangerien kamen in Mode, in denen Südfrüchte geerntet werden konnten, und die Menagerien beherbergten immer mehr exotische Tierarten.

Die Menagerie im Neugebäude, von Maximilian II. angelegt, wies unter Leopold I. schon eine große Vielfalt auf: fünf Tiger, zwei Löwen, ein „japanischer Vogel", sechs Bären, vier Luchse, zwei Panther, zwei Kasuare und zahlreiche Steinböcke bevölkerten die Gehege. Dort ereignete sich 1669 jener schreckliche Unfall, bei dem ein Mädchen von einem Löwen getötet wurde, dem Albert von Chamisso 1827 in seiner Ballade „Löwenbraut" ein literarisches Denkmal setzte. Selbst Prinz Eugen hatte im Belvedere eine beachtliche Menagerie aufgebaut, die nach seinem Tod ebenfalls in den Besitz des Kaiserhauses kam.

Der Schönbrunner Schloßgarten wurde 1705/06 von Jean Trehet angelegt, 1750 von Jean Nicolas Jadot und nochmals 1765 von Ferdinand von Hohenberg verändert. Im Zusammenhang mit der sehr ausgeklügelten Gartenanlage in Schönbrunn, die neben seltenen Pflanzen und mechanisch komplizierten Brunnen- und

Das berühmte Gemälde „Las Meninas" von Diego Velázquez zeigt die Infantin Margarita Teresa umgeben von ihrem Hofstaat im Jahr 1556. Prado, Madrid

Pumpwerkanlagen bereits menagerieähnliche Elemente wie Schildkröten- und Ententeiche enthielt, wurde auch die Menagerie, der bis heute bestehende Schönbrunner Tiergarten, geplant. 1752 hatte man zunächst die friedlichen Tiere nach Schönbrunn übersiedelt, 1781 dann die Raubtiere. Die zwölf Ölgemälde im Rokokopavillon in Schönbrunn bilden die 33 bei der Gründung von Schönbrunn vorhandenen Tiere ab und geben ein gutes Bildzeugnis dieser frühen Phase des Tiergartens. Ursprünglich war die Anlage, an deren Plänen der Hofarchitekt Jadot mitarbeitete, halbrund und bot in kleinen, barocken Käfigen Platz für relativ wenige Arten. Im Zentrum standen neben den Großsäugetieren, wie Löwen und Affen, die bunten, schönen Papageien – „indianische Vögel" genannt –, die man gerade in der Frühen Neuzeit besonders schätzte.

Wie so oft hat die Forschung diese Blüte des 18. Jahrhunderts dem „Erbeinfluß" der Lothringer zugeschrieben, doch spiegeln sich darin einfach Tendenzen der Zeit. Die Botanik wurde zu einer Modewissenschaft, Linnés System der Klassifikation der Pflanzen entsprach dem rationalen, aufgeklärten Geist, der – mit Verspätung zwar, aber doch – am Wiener Hof Einzug hielt. Das wirkte sich auf die Naturwissenschaftsförderung des Hofes sehr positiv aus – im Sammelwesen, wie wir noch sehen werden, aber auch in der Anlage von Gärten.

Selbstverständlich spiegelt sich darin das neue naturwissenschaftliche Interesse des 18. Jahrhunderts, das vor allem Franz Stephan von Lothringen zur Förderung dieser Wissensgebiete bewog, obwohl das Halten wilder Tiere schon seit dem 16. Jahrhundert zum Herrscherbild gehört und bei den Habsburgern belegt ist. Weitere Gärten wurden in dieser Zeit angelegt: 1753 das Pflanzengartel in Schönbrunn, 1755 die Orangerie bei diesem Schloß und 1754 der botanische Garten am Rennweg. Der große Botaniker Nikolaus von Jacquin wirkte dort, er unternahm 1755–1759 eine überseeische Expedition, die auf die Antillen, nach Martinique, Guadaloupe, Jamaika, Curaçao, Venezuela und Cuba führte, von der Pflanzen, Samen, tote und lebendige Tiere mitgebracht wurden, die teilweise in den Sammlungen, aber auch in Gärten und Menagerien landeten. Joseph II. bestellte exotische Pflanzen aus Belgien, es kam zur Errichtung von Glashäusern in der Burg; Expeditionen nach Pennsylvania und an das Kap der Guten Hoffnung vermehren die Sammlungen. Neben den Gärten zeigte sich das naturwissenschaftliche Interesse speziell in der Anlage von botanischen Tafelwerken, für die ebenfalls Jacquin verantwortlich war. Waren die Gärten der Barockzeit gezähmte, vergewaltigte Natur, so entsprach dem Geist der Aufklärung der sogenannte englische Garten, der historisierend, meditativ, asiatisch oder klassizistisch geprägt sein konnte. Künstliche Ruinen, Burgreste, Einsiedeleien und Rittergräber wurden in diese Landschaft eingebaut. Kaiser Franz II./I. entwickelte eine wahre Leidenschaft für die Gartenarbeit und legte in Laxenburg einen solchen englischen Garten an. Er schuf auch den Burggarten in Wien, stellte Herbarien zusammen und sammelte Wachsnachbildungen von Pflanzen. Die Brautfahrt seiner Tochter Leopoldine († 1826) nach Brasilien im Jahr 1817 verband er mit einer Expedition, die neben ethnologischen vor allem botanische und zoologische Objekte nach Wien brachte. Noch einige andere ähnliche Reisen wurden durchgeführt, besonders erfolgreich war die des Hofbotanikers Karl Alexander Freiherr von Hügel, der auch die *Gartenbaugesellschaft* gründete und im Auftrag des Kaisers eine große Reise unternahm, die ihn nach Griechenland, in die Nilländer, nach Palästina, Indien, Ceylon, Indonesien, Australien, auf die Philippinen, nach Kaschmir, in den Himalaya und nach Afghanistan führte und von der er eine große historische, ethnographische, zoologische und botanische Sammlung nach Wien mitbrachte. Die Weltumsegelungen der *Novara* und anderer Schiffe und die Arktisexpedition von Payer und Weyprecht brachten neue Materialien nach Wien. Der Erzherzog und Thronfolger Franz Ferdinand legte nicht nur Gärten in Konopischt, Chlumetz und Artstetten an, auf seiner Weltreise 1892/93, die ihn über Vorderasien und Indien nach Australien, Neuguinea, China und Japan und von dort in die USA führte, wo er den Yellowstone Nationalpark, Salt Lake City, die Niagarafälle und New York besuchte, sammelte er ebenfalls Pflanzen

Die Arktisexpedition von Payer und Weyprecht führte zur Entdeckung des Franz-Josephs-Landes. ÖNB, Wien

und legte Herbarien an. Außer diesen im Zuge der Zeit liegenden großen Reisen und Expeditionen wandten sich viele Habsburger des 19. Jahrhunderts vor allem der Botanik und den Gärten mit einheimischen Pflanzen als Interessensgebiet zu. Franz II./I. legte 1803 den ältesten Alpengarten an, Erzherzog Karl († 1847) bewies nicht zuletzt durch die Besteigung des Dachsteins Interesse für alpine Landschaft, Erzherzog Johann († 1859) liebte ebenfalls die Alpenvegetation und baute landwirtschaftliche Mustergüter auf. Erzherzog Anton Viktor († 1835) züchtete Kamelien, Erzherzog Karl Ludwig (†1896) war ein Förderer der *Gartenbaugesellschaft* und schuf den Neorenaissancegarten in Ambras und die Gartenanlagen in Artstetten, Erzherzog Sigismund († 1891) baute sich in seiner Residenz in Gmünd ein Palmenhaus, Erzherzog Ferdinand Maximilian, der spätere Kaiser von Mexiko, bepflanzte im Maxingschlössel beim Schönbrunner Schloß 1850 den ältesten noch bestehenden Alpengarten und setzte seine gärtnerische Tätigkeit auch in Italien, in Miramar und Lacroma und sogar in Mexiko, wo er den Corso Massimiliano (heute Paseo de la Reforma) bepflanzen ließ, fort. Selbst der schwierige Kaiser Ferdinand I. († 1875) war ein begeisterter Gärtner, er liebte Moose und Algen, beschäftigte sich mit Mikroskopie und verbrachte nach der Abdankung 1848 seine Zeit hauptsächlich in den Gärten seiner böhmischen Besitzungen. Kaiser Franz Joseph war zwar selbst nicht gärtnerisch aktiv tätig, er ließ aber den Volks- und Burggarten, den Park der Kaiservilla in Ischl, das Palmenhaus in Schönbrunn und den Garten der Hermesvilla anlegen.

Das Mäzenatentum der Habsburger auf den Gebieten der Kunst und Wissenschaft hat zusammen mit dem eng damit verbundenen Sammelwesen eine Fülle an größeren und kleineren Objekten hinterlassen, von denen die Menschen des Staates – auf deren Kosten diese Dinge schließlich gemacht wurden – mit dem Ende der Monarchie und dem Übergang des Eigentums der regierenden Dynastie an die Republik Besitz ergriffen haben.

SCHÄTZE AUS ALLER WELT –
DIE HABSBURGER ALS SAMMLER

Das Sammeln von an sich nutzlosen Gegenständen, also etwas ganz anderes als das Anlegen von Vorräten, ist den Menschen eigen. Kaum jemand, der nicht zu irgendeinem Zeitpunkt seines Lebens gesammelt hätte: Briefmarken, Zündholzschachteln, Bierdeckel, Puppen, Spielzeugeisenbahnen und was es sonst noch an beliebten Objekten der Sammelwut der Gegenwart gibt. Meist spiegeln solche Sammlungen vorübergehende Interessen, bleiben dann liegen oder werden gar weggeworfen, manchmal gibt es Traditionen, die sich über mehrere Generationen fortsetzen. Solche Sammlungen können aber zu einer wahren Leidenschaft werden, die die Menschen voll erfaßt und der sie alles unterordnen.

Nur wenige Menschen der Vergangenheit konnten solche Sammlungen anlegen – ein großer Teil von ihnen lebte am Existenzminimum, war froh, überhaupt satt zu werden und konnte nicht an „Nutzloses" denken. Der Überfluß der herrschenden Familien schuf hingegen Rahmenbedingungen, die ganz andere waren. Nicht nur die Habsburger, sondern fast alle großen Adelshäuser und Dynastien erwarben im Laufe der Zeit Sammlungen. In der häufig engen Perspektive der Familienhistoriker wurden die Mitglieder des Erzhauses zu großen Sammlern stilisiert, die Sammelleidenschaft wurde zu einer – wieder einmal – vererblichen Familieneigenschaft gemacht. Die Tradition der Funktion wurde dabei ebenso ausgeblendet wie der Vergleich mit anderen Familien. Die Wittelsbacher, die Bourbonen, die Medici, die Savoyer und viele andere Geschlechter legten vergleichbare Sammlungen an. Was die habsburgischen Sammlungen von denen der anderen Dynastien abhebt, ist ihre Vielfalt, die durch die weiten politischen Beziehungen der Familie gefördert wurde, ihre Kontinuität, die den langen Zeitraum der Herrschaft des Geschlechtes spiegelt, und die hohe Qualität der Objekte, die durch die besondere Stellung der Kaiser und durch das Verständnis einiger großer Sammlerpersönlichkeiten des 16. und 17. Jahrhunderts den Schätzen der Habsburger ein besonderes Gepräge gab.

Der mittelalterliche Schatz

Das Sammeln gehört zum Herrschen dazu, ist Aufgabe des Herrschers, Teil seiner Funktion. Seit der Antike hatte der Herrscher einen Schatz, dessen Bezeichnung mit *Thesaurus, tesoro, trésor, Kleinodien, clenodia, iocalia, gioielli, joyaux* vielfältig war. Welche Bedeutung Schätzen zukam, darüber geben mittelalterliche Epen und Sagen Auskunft, doch die Faszination des Schatzsuchens ist bis heute erhalten geblieben. Der mittelalterliche Schatz der Habsburger umfaßte vor allem Objekte aus edlem Material, Silbergeschirr, goldene oder vergoldete silberne „Köpfe" – also Becher – und kostbare Gewänder sowie alte Erbstücke, Devotionalien und Reliquien. Daneben kam auch den *Curiosa* immer große Bedeutung zu, aber man sammelte auch schon Antikes – etwa Münzen und geschnittene Steine. Solche Kostbarkeiten, die im Schatzgewölbe aufbewahrt wurden, gab es wohl schon unter den Babenbergern, doch verschwand dieser Schatz spurlos aus dem Bereich der quellenmäßigen Erfaßbarkeit.

Wir wissen wenig über die Sammeltätigkeit der frühen Habsburger. Rudolf I. scheint kein besonderes Interesse an Kleinodien und Kunstwerken gezeigt zu haben, erst unter Rudolf III. († 1307) und im Testament Friedrichs I. († 1330) finden wir sichere Hinweise auf Kleinodienbestände. Von dem gelähmten Albrecht II. († 1358) und von Rudolf IV. ist eine besondere Vorliebe für Reliquien bekannt, der in vieler Hinsicht für die Geschichte des Hauses wichtige Rudolf IV. begründete auch den ersten gemeinsamen habsburgischen Hausschatz. Dieser Schatz wurde durch Ankäufe, Geschenke, Beschlagnahmungen (wie etwa die jüdischen Bücher anläßlich der Wiener Geserah 1421) und das Anrecht auf Schatzfunde und Erbschaften – vor allem die Beerbung angeheirateter Frauen – erweitert. Herzog Albrecht V. († 1439) beerbte die Luxemburger und brachte den Handschriftenschatz der Zeit Wenzels († 1419) an sich, ähnlich zog Herzog Friedrich IV. († 1439) 1410 die Privatbibliothek des Bischofs von Trient, Georg von Liechtenstein, ein, beerbte Friedrich III. die Grafen von Cilli und fügte Maximilian das burgundische Erbe und manches aus dem mailändischen Besitz seiner zweiten Frau hinzu. Einem einheitlichen Schatz stand aber die Aufspaltung der Familie in mehrere Linien im späten Mittelalter, die auch zu einer Teilung der Schätze führte, entgegen. Den habsburgischen Schatz, den Friedrich III., der alle Mitglieder seiner Familie – Ernst († 1424), Friedrich IV. († 1439) und damit Leopold IV. († 1411), Ladislaus († 1457) und damit Albrecht V. († 1439) – beerbte und damit die

Das Bild zeigt einen Teil des Schatzes Maximilians I., der zum Gebrauch bei der Tafel auch auf Reisen mitgenommen wurde. Biblioteca Nacional, Madrid

Schätze wieder vereinigte, müssen wir uns als ein Kunterbunt von Gold- und Silberobjekten, Juwelen, Handschriften, Urkunden, Insignien und Ordensabzeichen, mathematisch-naturwissenschaftlichen Geräten, Siegeltypen, Bildern und Gegenständen der Natur vorstellen, die alle noch ohne jede Systematik gesammelt wurden. Unter Friedrich III. ist sogar eine Art prähumanistischer Archäologie mit bodenständigen Forschungzielen nachweisbar, er ließ einen Mammutknochen, den man bei der Grundlegung des Nordturmes der Stephanskirche gefunden hatte und für das Schenkelbein eines Giganten hielt, mit AEIOV versehen und in der Stephanskirche aufhängen.

Der Kleinodienbesitz Maximilians I., der die Schätze Friedrichs III. und Sigmunds erbte und durch seine Heiraten um einiges erweiterte, war beachtlich; neben Insignien wie dem Vlies, dem Hosenbandorden, den Zimelien der St.-Georgs-Ritterschaft und dem von Papst Alexander VI. verliehenen geweihten Schwert und Hut hatte er auch Sinn für Kuriosa, etwa für besonders gestaltete Hirschgeweihe, aber auch für Bilder, Bildteppiche und Kunstgegenstände, wie der Ankauf eines goldenen Wagens von Erzherzog Sigmunds Witwe Katharina von Sachsen zeigt. Die Kleinodien stellten aber immer noch die Hauptsache dar. Der Schatz wurde niemals ausgestellt, war auch nicht wirklich verfügbar, sondern wurde immer in Truhen und Gewölben aufbewahrt und war verteilt auf Wiener Neustadt, Graz, Innsbruck, Schloß Thaur, Linz und Wien. Am spätmittelalterlichen Prinzip der Dezentralisation hatte sich also nichts geändert.

Die Kunst- und Wunderkammern der Frühen Neuzeit bei den österreichischen Habsburgern

Ein neuer Zugang zum Sammeln machte sich als mentalitätsgeschichtliche Veränderung um 1400 bemerkbar. In Frankreich horteten die Könige Schätze, die ein Bild des humanistischen Wissens der Zeit sein sollten. Diese Form des Sammelns strahlte auf ganz Europa aus, besonders die Medici in Florenz legten früh solche enzyklopädischen Sammlungen an, die eine Mischung und gleichzeitige Verbindung von Naturalien und Artefakten darstellen. Kostbare und seltene Objekte der Natur wurden also künstlerisch „gefaßt" und präsentiert, die Seychellennuß- und Nautiluspokale, die geschnittenen Halbedelsteine und kostbar verzierten Bezoare in den habsburgischen Sammlungen geben davon Zeugnis. Manche Züge dieses neuen Zuganges zum Sammeln finden wir schon bei Rudolf IV. und Albrecht III. († 1395), besonders aber bei Sigmund dem Münzreichen († 1496) in Tirol, dessen weitgespannte Interessen einen Vorläufer der Kunst- und Wunderkammer der Renaissance hervorbrachten.

Kaiser Maximilians Sammlung stand noch voll in der mittelalterlichen Tradition des Schatzes, in seinen Aktivitäten gab er aber manches vor, das für seine Nachfolger entscheidend war. Zwar erhielten die Enkel Maximilians eine neue Bildung im Sinne des Humanismus und der Renaissance, doch erst seit den 1540er Jahren verstärkte sich das Interesse Ferdinands I. für das Sammeln. Die genealogische Familientradition Maximilians beeinflußte seine Sammlung, er ließ eine Kaiserreihe in Münzen anfertigen, das „Reich" als zentrales Thema beherrschte seine Sammelinteressen, hingegen ist die typische Renaissancebegeisterung für das Altertum gering, sie findet sich erst bei Maximilian II. und Rudolf II. ausgeprägt. Im 16. Jahrhundert wan-

delte sich der Charakter des Sammelns und der Sammlung; die Kunst- und Wunderkammer der Renaissance, für die der mittelalterliche Schatz einen Vorrat an Dingen angehäuft hatte, bildete sich in ihrer spezifischen Form aus. Von den Gegenständen der Sammlung her ist der Unterschied zum Mittelalter gering, die Aufstellung der Sammlung, die einen didaktischen Zweck enthüllt, und die Art des Sammelns und Bewahrens, vor allem die Einschaltung eines *Antiquarius* zwischen Fürst und Künstler, sind Spezifika dieser neuen Geisteshaltung, die hinter den Kunst- und Wunderkammern, die von den Eliten Europas allenthalben angelegt werden, steht.

Bei Karl V., der kein Sammler, sondern ein Besitzer war und Goldsachen, Musikinstrumente, Exotica und Uhren besaß, und Ferdinand I., der Kleinodien, Kirchenparamente, Devotionalien, silberne und vergoldete Figuren habsburgischer Hausheiliger, ungarische Schätze und islamische und türkische Trophäen sein eigen nannte, ist diese Haltung noch wenig ausgeprägt. Ferdinand erhielt allerdings durch Erbschaft von seiner Tante Margarete, die in Mecheln sammelte und bei deren Tod die Sammlung aufgelöst wurde, 379 Gemälde, darunter Familienbildnisse wie die Bilder Philipps, Margaretes, Eleonores, Karls V. und Isabellas – heute im Kunsthistorischen Museum – und erweiterte dadurch die Bestände seines Schatzes. Die stärkere Betonung der Gemälde, die keinen materiellen Wert hatten, war ein Merkmal der geänderten Auffassung. Doch war die Sammlung Ferdinands noch nicht so durchorganisiert wie die seines Schwiegersohnes Albrecht V. von Bayern, der mit Samuel Quicchlberg einen Theoretiker des Sammelwesens mit der Sammlung beauftragt hatte. Quicchlbergs „Theatrum sapientiae" (Theater der Weisheit) war eine Art Museumskonzept der Frühen Neuzeit und beeinflußte nicht nur die österreichischen, sondern auch die spanischen Habsburger.

Ferdinand teilte nicht nur seine Länder, sondern auch seine Sammlungen unter seinen Söhnen auf: Ferdinand von Tirol und Karl von Innerösterreich erhielten vor allem Kleinodien, Maximilian II. erbte die Münzen und Antiquitäten. Unter Ferdinands Nachlaß finden sich auch die Achatschüssel und das *Ainkürn*, die später zum „unteilbaren Schatz des Hauses Österreich" werden sollten. Sie sind vermutlich 1204 aus Konstantinopel nach Burgund gekommen und gelangten von da überraschenderweise nicht nach Spanien, sondern an die österreichische Linie des Hauses. Am 11. August 1564 wurde eine besondere Vereinbarung der Brüder getroffen, daß diese beiden Objekte nicht getrennt werden dürften und immer der Familienälteste beide Stücke verwahren sollte. Die Bedeutung dieser Objekte liegt im religiösen Bereich: das *Ainkürn*, in Wirklichkeit ein Narwalzahn, wurde mit dem mythischen Einhorn, einem Symbol Christi, in Zusammenhang gebracht, und die Achatschale galt als jene, in der das Blut Christi aufgefangen worden war, sie konnte also mit dem Heiligen Gral in Verbindung gebracht werden.

Als erster Habsburger brachte Maximilian II. eine offensichtliche Leidenschaft für Antiken mit, er sammelte aber auch Plastiken, z. B. Werke Giovanni da Bolognas, und Gemälde, er führte etwa Verhandlungen um Tiziangemälde, wobei sich dort sein Interesse auf die zeitgenössische Renaissancekunst beschränkte. Maximilian II. setzte mit Jacopo da Strada einen *Antiquarius* ein, der für die Kunstsammlung der Habsburger von ebensolcher Bedeutung war wie sein Bibliothekar Hugo Blotius für die Hofbibliothek.

Einer seiner Brüder, Ferdinand von Tirol, übertraf ihn bei weitem in seiner Sammelleidenschaft und in der Systematik seiner Sammlungen. In vieler Hinsicht stellt die Sammlung Erzherzog Ferdinands – gemeinsam mit der zeitgleichen Rudolfs II. – einen Höhepunkt des Sammelwesens der Dynastie dar. Der von Humanisten wie Caspar Ursinus Velius und Georgius Collimitius erzogene Erzherzog zeigte ein intensives Interesse an Geschichte, das sich in der Ausstattung seiner Residenzen – man denke etwa an den spanischen Saal in Ambras – bildlich niederschlug, aber auch seine sonstigen Vorlieben waren weitgespannt. Seine Begeisterung für das Turnier, der er schon während seiner Zeit als Statthalter in Böhmen ausgiebig frönte, führte ihn zum Sammeln von Rüstungen und legte da-

Oben: Die Kunstkammer des Erzherzogs Leopold Wilhelm war ursprünglich in der Wiener Stallburg aufgestellt. Kupferstich von Nicolaus van Hoy. Albertina, Wien
Rechte Seite: Erzherzog Ferdinand von Tirol sammelte Harnische und Porträts, legte aber auch Kunst- und Wunderkammern an. Francesco Terzio bildete ihn in einem prunkvollen Harnisch ab. Kunsthistorisches Museum, Wien

mit den Grundstock für eine der bedeutendsten Waffensammlungen der Welt.

Die Schutzwaffen des Mittelalters erfüllten einen alten Menscheitstraum von der Unverwundbarkeit. Ursprünglich Gegenstände des praktischen Gebrauchs, wurden sie im 16. Jahrhundert zu einem künstlerischen Gegenstand, in den der Adel Europas verliebt war, sie waren ein exklusives Standeskleid des Aristokraten – wie später die Uniform – und gleichzeitig eine Art Sportausrüstung für die ritterlichen Turnierarten.

Die klassischen Werke der deutschen Plattner und der getriebene Harnisch als Domäne der Italiener nahmen aber immer mehr den Charakter von Kunstwerken ohne Praxisbezug an. Kaiser Ferdinand I., Kaiser Maximilian II. und sein Kreis pflegten das Turnier und waren damit gute Kunden der Plattner Deutschlands. Allein für Maximilian selbst gibt es Harnischgarnituren für alle wichtigen Ereignisse seines Lebens: 1548 zur spanischen Heirat, 1562 zur böhmischen Krönung, 1562 zur römischen, 1563 zur ungarischen und 1564 zur Kaiserkrönung. Die späten Kostümharnische *alla romana*, die mit Reliefs verziert waren, oder die exotischen türkisch-orientalischen Rüstungen sind schon ein Ausdruck der Spätzeit. Die letzten wirklich getragenen Harnische stammen von Leopold I., danach tauchen getragene Harnische nur noch im Porträt als eine Art von Versatzstück auf. Neben Harnischen kaufte man Fechtwaffen, Jagdwaffen und Stangenwaffen, also Kusen und Helmbarten für Hartschiere und Trabanten, wie sie von Maximilian I. bis zu Ferdinand dem Gütigen im 19. Jahrhundert erhalten sind. Die Harnische, Blank- und Stangenwaffen wurden im 18. und 19. Jahrhundert nicht mehr als Gebrauchsgegenstände benützt oder als „Gedächtnis" gesammelt, sondern zu Waffentableaus, die dynastische und vaterländische Glorie vermitteln sollten, zusammengestellt. Zwar erwachte seit der Romantik ein neues Interesse an diesen alten Waffen, doch erst 1889 wurden die verschiedenen Bestände, vor allem die des kaiserlichen Zeughauses und der Ambraser Sammlung Erzherzog Ferdinands von Tirol, die seit 1806 in Wien war, zur Wiener Waffensammlung zusammengelegt.

Ferdinand von Tirol hatte schon in Böhmen Rüstungen gesammelt. Als er 1564 Landesfürst in Tirol wurde, trafen bald darauf aus Böhmen die ersten Sendungen mit Rüstungen ein – nicht weniger als 347 Zentner Harnische! Für seine nicht standesgemäße Frau, die Augsburger Patriziertochter Philippine Welser, baute Ferdinand Ambras aus, das auch zum Zentrum seiner Sammeltätigkeit wurde, doch erst nach dem Tod Philippine Welsers 1580 kamen die Rüstungen von Innsbruck nach Ambras. Diese Sammlung an Rüstungen kann nur im Zusammenhang mit dem zweiten Interessensschwerpunkt des Erzherzogs verstanden werden, der Porträtgalerie. Das Gemeinsame der beiden Sammlungen ist der Mensch, dessen Andenken im Bildnis und in dem seine Körpermaße spiegelnden Harnisch erhalten bleibt. Ferdinand sammelte Harnische und Bildnisse von Zelebritäten, und zwar nicht nur seiner eigenen Vorfahren. Als Vorbild diente vielleicht eine ähnliche Sammlung von Paolo Giovio in Como, die Ambraser Sammlung war also ein „Theatrum virtutis et memoriae" (Theater der Tugend und des Erinnerns). Die Porträtsammlung, die er systematisch durch Beauftragung von Künstlern und Vermittlern, die an verschiedenen Höfen Bilder kopieren sollten, zustande brachte, umfaßte etwa 1000 Bildchen im kleinen Format, die niemals wirklich aufgestellt, sondern in Truhen und Schubladen aufbewahrt wurden – und noch heute weitgehend von der Öffentlichkeit unbemerkt in der Sammlung für Münz- und Geldgeschichte im Kunsthistorischen Museum ihr Dasein fristen. Die „Ehrenwerte Gesellschaft" der Harnischsammlung hingegen war sehr wohl „öffentlich" in dem eingeschränkten Sinn, den dieser Begriff in der Frühen Neuzeit trug, auch publizierte der „wissenschaftliche Kustos" der Sammlung Jacob Schrenck von Notzing in seinem „Armaturenbuch" eine Art Bildkatalog, der für die Zuschreibung der Harnische an ihre Besitzer heute noch grundlegend ist. Außer diesen beiden „Spezialsammlungen" baute Ferdinand des weiteren eine, im Gegensatz zu der rein ästhetischen Rudolfs II., systematisch geordnete Kunst- und Wunderkammer auf, die durch eine 3430 Bände umfassende Bibliothek ergänzt wurde. In diese Sammlung wurden auch die kostbaren Geschenke eingereiht, die Ferdinand vom französischen König Karl IX. († 1574) erhielt, als er diesen bei der Hochzeit mit Erzherzogin Elisabeth vertrat. Die Fuggerzeitungen, eine Sammlung handschriftlich verbreiteter Nachrichten, zählen die vier Objekte auf:

„1. Ein Trühlein in Form eines Schiffes, das ist von lauterem Gold, gar kunstreich gemacht, mit Neptun, der seine Gabel mit drei Spitzen in Händen hat und seine Göttin, Thetis genannt, ansieht.
2. Einen Krug oder Kanne zum Handwasser aus Achat mit Perlen besetzt und einen Ring mit einem Smaragd, um den Deckel damit aufzuheben.
3. Ein Trinkgeschirr aus Kristall mit Perlen, Rubinen und Diamanten köstlich geziert.
4. Ein goldenes Trinkgeschirr mit allerlei Edelsteinen verziert. Diese vier Stücke sind alles in allem 16.000 Scudi wert."

Diese Objekte, die heute im Kunsthistorischen Museum und in der Schatzkammer in Wien stehen, sind Prunkstücke der Sammlung, es handelt sich um Benvenuto Cellinis *Saliera*, die *Achatkanne*, den *burgundischen Hofbecher* und den *Michaelsbecher*.

Diese Ambraser Sammlung erbte Karl von Burgau, Ferdinands Sohn aus der Ehe mit Philippine Welser, der sie an Rudolf II. verkaufte; sie wurde allerdings nicht von Ambras nach Prag geschafft, sondern blieb in Tirol. Lange führte die Sammlung in Ambras ein Schattendasein, erst als man im 18. Jahrhundert daranging, die Bestände der habsburgischen Sammlungen zu zentralisieren und neu zu ordnen, wurden Teile der Sammlung nach Wien überführt. Die Flucht vor der Besetzung Tirols durch Bayern im Zuge der Napoleonischen Kriege tat ein übriges, so daß sich am Ende der Monarchie ein guter Teil der Sammlung Erzherzog Ferdinands in Wien befand. Erst in den letzten Jahrzehnten wurde der umgekehrte Weg beschritten: Ein Teil der Sammlung kehrte nach Ambras zurück, wobei statt der ursprünglichen Porträtgalerie der kleinen Bilder großformatige Porträts, die teilweise aus den reichhaltigen Sammlungen Ferdinands von Tirol stammen, ausgestellt wurden.

Weniger systematisch, und auch nicht so bedeutend, war die Kunstkammer in Graz, die Erzherzog Karl von Innerösterreich aus alten Beständen und neuen Käufen zusammenstellte. Ihn zeichnete weder das weitreichende Konzept noch die intensive Leidenschaft seines Bruders Ferdinand aus. Andererseits war Karl einer der splendidesten Habsburger, er verschenkte vieles, vor allem Trinkgeschirre für Hochzeiten, und hatte eine Vorliebe für kostbare Tapisserien, von denen er immerhin 127 Stück hinterließ. Seine Witwe Maria von Bayern setzte nach seinem Tod die Erweiterung der Kunstkammer fort und wehrte sich erfolgreich gegen die Besitzwünsche Rudolfs II.

Auch alle anderen Kinder Maximilians sammelten in der einen oder anderen Form. Erzherzog Ernst († 1595)

In der Zeit der Aufklärung verstärkte sich das Interesse an Naturwissenschaften.
Das Gemälde von Franz Messmer und Ludwig Kohl zeigt Franz Stephan im Kreis der Direktoren seiner Sammlungen.
Naturhistorisches Museum, Wien. Foto: Nemeth

kaufte neben Graphiken, Uhren und Automaten auch Gemälde von Lucas van Valckenborch und Hieronymus Bosch, die Jahreszeitenbilder Breughels sowie die „Bauernhochzeit" und die „Kinderspiele", die später aus seinem Nachlaß nach Prag kamen. Maximilian III. († 1618) betreute die Ambraser Sammlung denkmalpflegerisch und ließ erste Grabungen in Carnuntum durchführen, war aber vorwiegend ein Förderer der Historiographen wie Franz Guilliman, Matthias Burglehner und Jakob Andrä Brandis. Besonders interessiert an Sammlungen waren die Statthalter der Niederlande Albrecht († 1621) und Isabella († 1633). Albrechts Einstellung zur Sammlung kann mit dem Vorbild seines Vaters Maximilian II. und seiner Brüder erklärt werden, Isabellas mit dem Vorbild ihres Vaters Philipp II. Diese zwei Sammlerpersönlichkeiten fanden in Brüssel, Mariemont und Tervueren einiges aus der Sammlung Kaiser Karls V. und Erzherzog Ernsts vor und erweiterten diese Bestände durch ein großzügiges Mäzenatentum. Ihr Hausmaler war Peter Paul Rubens, Erzherzogin Isabella war sogar die Patin eines seiner Kinder. Als beide kinderlos starben, wurde die Verlassenschaft öffentlich verkauft, dennoch gelangte manches Stück wiederum in die habsburgischen Sammlungen. Sicherlich einen Höhepunkt der Sammeltätigkeit der Familie Habsburg stellte die Regierungszeit Kaiser Rudolfs II. dar, dessen gemeinsame Schatz- und Wunderkammer durch seine Erziehung in Spanien angeregt worden war, wo er mit den spanischen Sammlungen vertraut war. Rudolf sammelte ziemlich alles, was man sich vorstellen kann: Antiken, Werke der Steinschneidekunst, Goldschmiedearbeiten, Uhren und Instrumente, Kammerkunststücke, Plastiken, Medaillen, Malerei und Miniaturen und Graphik. Das besondere seiner Sammlung bildete aber deren systematische Erwerbung durch Agenten in Spanien und Italien, zu denen die Geschenke Adeliger, Familienmitglieder, Kardinäle, Reichsstädte und Gesandtschaften hinzutraten. Er erwarb ganze Hinterlassenschaften, wie die des Kardinals Antoine Perrenot de Granvelle, die ihm sein Hofmaler Hans von Aachen und Matthias Krätsch in Besançon vermittelten. Darunter befanden sich Werke wie Dürers „Marter der Zehntausend" oder Leone Leonis „Büste Karls V.", zu der sich Rudolf durch Adriaen de Vries ein Gegenstück schaffen ließ. Die Begeisterung für die Malerei Dürers war ungewöhnlich, sammelten doch die meisten Fürsten nur zeitgenössische Bilder, wenn auch Philipp II. von Spanien und Maximilian I. von Bayern die Leidenschaft für Dürer, aber auch für die Dürerkopien eines Hans Hoffmann teilten. Nach dem Tod Ferdinands von Tirol erhielt Rudolf dann den schon erwähnten „unteilbaren Schatz des Hauses" und erwarb Ferdinands Sammlung; die Sicherung der Ambraser Sammlung für den Gesamtbesitz der Dynastie ist eine der bleibenden Leistungen Rudolfs II.

Rudolfs Sammlung war eine zeittypische, als echt manieristische Kunstkammer sollte sie eine Spiegelung des Makrokosmos sein. Diese Idee wurde auch in einzelnen Objekten sichtbar, so steht etwa hinter der Ausstattung der sogenannten „Weltallschale", die der Nürnberger Johann Silber 1589 für Rudolf herstellte, ein umfassendes Wissen. Darstellungen aus dem religiösen Bereich – Christus siegt über den Teufel – sind mit politischen Symbolen – Kurfürsten, Wappen, vier damals bekannten Erdteile, vier Winde, zwölf Könige und einer Allegorie der Europa – zu einem allegorischen Programm verbunden, das Weltherrschaftsansprüche einschließt.

Die rudolfinische Sammlung selbst, deren gesamten Reichtum man aus den Inventaren kennt, ist leider nicht vollständig erhalten geblieben. Wenige Tage vor dem Westfälischen Friedensschluß 1648 bemächtigte sich der schwedische General Hans Christoph Graf Königsmarck der Prager Kleinseite mit der Burg, wobei die rudolfinische Kunstkammer, die königliche Bibliothek und die Rosenbergsche Bibliothek erbeutet wurden. Die Beute aus der Prager Burg umfaßte 470 Gemälde, 69 Bronzefiguren, mehrere tausend Münzen und Medaillen, 179 Elfenbeinarbeiten, 50 Gegenstände aus Bernstein und Korallen, 600 Gefäße aus Achat und Kristall, 174 Fayencen, 403 indische Kuriosa, 185 Arbeiten aus Edelsteinen, mehrere Schubladen mit ungeschliffenen Diamanten, mehr als 300 mathematische Instrumente und vieles andere. Allein für den Feldmarschall Gustaf Wrangel wurden 764 Gegenstände (nunmehr auf Schloß Skokloster) sichergestellt. Auch wertvolle Handschriften wie der „Codex argenteus" (heute in Uppsala) aus der ersten Hälfte des 6. Jahrhunderts, der die berühmte gotische „Wulfilabibel" enthält und den Rudolf vom Kloster Werden gekauft hatte, kamen 1648 nach Schweden und manches von dort in späterer Zeit in verschiedene Museen Europas und der Welt.

Mit einer Ausnahme waren hingegen die barocken Habsburger keine wirklichen Sammler, obwohl sie immer wieder Gegenstände ankauften und durch ihr Mäzenatentum die Sammlungen erweiterten, aber im Prinzip wurden die Sammlungen in Wien, Prag und Ambras in dieser Zeit nur verwaltet. Wie reichhaltig die Bestände bereits waren, zeigt aber nicht nur das Kunsthistorische Museum mit seinen Abteilungen, auch die zeitgenössischen Quellen und Inventare lassen die Dimensionen der Schätze erahnen. 1652 wurden sieben Wagenladungen mit Tapisserien nach Regensburg gebracht, die man zur Ausschmückung von Räumen während des Reichstages, auf dem die Wahl Ferdinands IV. erfolgen sollte, verwendete. Auch die heutigen Bestände in Wien sind noch immer viel reicher als die Aufstellung etwa im Kunsthistorischen Museum erahnen läßt, obwohl viele Objekte nach 1918 auch in andere Nachfolgestaaten der Monarchie gingen.

Ferdinand II. hingegen sah die Künste in erster Linie als Instrumente des Glaubens, der *Propaganda fidei catholicae*, die man zu Zwecken der Gegenreformation einsetzen sollte; er förderte eher Kirchen und Orden, als daß er Sammlungen anlegte. Sowohl er als auch sein Sohn Ferdinand III. verfügten zwar über eine Hofwerkstatt in Prag, diese war jedoch in ihren gesamtkunstwerkhaften Intentionen mit der Rudolfs II. in Prag nicht vergleichbar. In der Barockzeit wurden allerdings besonders viele Schmuckstücke und Kleinplastiken aus Elfenbein eingekauft. Leopold I. zeigte mehr Interesse für die Sammlungen, doch Architektur und Theater, Bibliothek und Geschichtsschreibung waren ihm sicher noch wichtiger. Karl VI. begeisterte sich für Numismatik und beschäftigte den bedeutenden Carl Gustav Heraeus als Medaillen- und Antiquitäteninspektor; doch insgesamt waren die barocken Herrscher an anderen Formen des Mäzenatentums mehr interessiert. Gegenüber monumentaler Architektur und Festen, die ihren Ruhm künden sollten, trat das Sammeln geistesgeschichtlich eher in den Hintergrund. Die Sammlungen wurden repräsentativ aufgestellt, aber nur geringfügig erweitert.

Die oben erwähnte Ausnahme bildete eines der nicht regierenden Mitglieder der Familie, Erzherzog Leopold Wilhelm († 1662), der Bischof von Passau, Straßburg, Olmütz und Breslau und zudem Hoch- und Deutschmeister des Deutschen Ritterordens, Statthalter der Niederlande und Feldherr im Dreißigjährigen Krieg war. Beraten von seinem Hofkaplan und Kunstberater Anton van der Baren und dem Maler David Tenier dem Jüngeren, von dem auch mehrere Abbildungen der Galerie erhalten sind, sammelte er besonders während seiner Zeit in den Niederlanden 1647–1650 eifrig Bilder und Bildteppiche. Darunter befanden sich auch viele Gemälde aus dem Besitz des im Zuge des englischen Bürgerkrieges hingerichteten Herzogs von Hamilton, der seinerseits wieder die Sammlung des Venezianers Bartholomeo della Nave aufgekauft hatte. Auf dem bekannten Bild David Teniers, das die Sammlung Leopold Wilhelms zeigt, stammen 30 der 51 dargestellten Bilder aus der Sammlung Hamilton. Auch einige Bilder

Eines der frühesten Sammelstücke der Familie ist dieser Olifant, ein orientalisches Beutestück, das ein Vorfahre Rudolfs I. von einem Kreuzzug mitgebracht haben soll. Kunsthistorisches Museum, Wien

aus der Sammlung des ebenfalls hingerichteten Königs Charles I. von England, der wiederum die Bestände der Gonzaga in Mantua aufgekauft hatte, kamen in die Sammlung des Erzherzogs, allerdings gelangte viel mehr von dieser englischen Königssammlung in den Besitz der spanischen Habsburger. Wegen finanzieller Schwierigkeiten mußte der Erzherzog 1656 aus den spanischen Niederlanden nach Österreich übersiedeln und er brachte seine Sammlung mit, die 1657 in der Stallburg untergebracht wurde. Nach dem Tod Leopold Wilhelms im Jahr 1662 ging diese Sammlung in den Besitz Leopolds I. über und wurde damit zu einem Bestandteil der kaiserlichen Sammlungen, aus denen sich das heutige Kunsthistorische Museum entwickelte. Die Bilder der Stallburg kamen 1776/77 in das Obere Belvedere und von dort ins Haus am Ring, wo die Sammlung Leopold Wilhelms eine der Stärken des Museums – den großen Bestand an „Niederländern" – bildet.

Ein Inventar der Sammlung Erzherzog Leopold Wilhelms, angelegt von Anton van der Baren, weist 517 italienische, 888 deutsche und niederländische Bilder, 542 Skulpturen und 343 Zeichnungen auf. Unter den italienischen Meistern finden sich Bilder von Tintoretto, Tizian (z. B. „Zigeunermadonna"), Ribera, Giorgione, Palma Giovane, Veronese, Bassano, Pordenone und Michelangelo, unter den Deutschen und Niederländern sind Cranach, Pourbus, Sandrart, van Eyck, de Vries, van Dyck, van den Hoecke, Teniers, Seghers, Snayers, Hoefnagel, Ryckaert, Savery, Rubens, Valckenborch, Rembrandt, Dürer, Bosch, Holbein und Hans von Aachen vertreten.

Trotz der vielfach genauen Abbildungen auf den Gemälden Teniers und trotz des Inventars ist die Identifizierung der Bilder und ihre heutige Lokalisierung nicht immer einfach. Was nicht in Wien verblieb, wie der Hauptteil der identifizierten Bilder, befindet sich – soweit nachweisbar – in den Uffizien in Florenz, in der Prager Burg, in Mailand, Budapest, Krakau oder Lyon. Die Eingliederung der Sammlung des Erzherzogs Leopold Wilhelm bedeutete den letzten wirklich großen Zugewinn für die kaiserliche Sammlung. Der lothringische Schatz hingegen ist relativ gering zu veranschlagen, doch gelangten manche interessante Einzelstücke und viele Tapisserien – z. B. die Mosesfolge – durch Franz Stephan nach Wien. Manche kleineren Bestände wurden noch später hinzugefügt, so bereiste der Galeriedirektor Rosa im späten 18. Jahrhundert die Niederlande, um Gemälde aus dem ehemaligen Besitz des Jesuitenordens für die Galerie auszuwählen. Er brachte dabei die berühmten Altarbilder von Rubens – das „Wunder des hl. Ignatius von Loyola" und das „Wunder des hl. Franz Xaver" –, aber auch Gemälde von van Dyck nach Wien.

In der Zeit Josephs II. war der Begriff des „Galeriestückes" bereits gefestigt, so wurden solche Bilder etwa aus Prag oder Graz in der Wiener Sammlung zentralisiert. Damals wurde die Gemäldegalerie von der Stallburg ins Belvedere übersiedelt, 1782 legte Christian Mechel den ersten Katalog an. Diese Gemäldegalerie, die zu einem *trésor* historischer Erinnerungsgegenstände geworden war, wurde unter Joseph II. auch für die Öffentlichkeit zugänglich gemacht; damit hatte sich der Charakter der Sammlung dramatisch verändert. Die einstige Privatsammlung einer Person oder einer Dynastie war nun zu einer „öffentlichen" Sammlung des Staates geworden, deren Pflege und Erweiterung im Sinne der öffentlichen Interessen und nicht mehr im Sinne eines einzelnen Menschen lagen. Es wurden in der Folgezeit zwar immer wieder Stücke angekauft oder nach Wien gebracht, Franz II./I. erwarb z. B. Bilder alter Meister und zeitgenössische Gemälde. Während Ferdinand I. überhaupt keine Initiativen setzte, führte unter Franz Joseph der Oberstkämmerer die Geschäfte der Sammlung einfach weiter. Die Förderung der Künste und der Ankauf war eine Sache der Beamten geworden; das bis ins 18. Jahrhundert hinein vorhandene Privatinteresse der Dynastie war kaum mehr vorhanden. Letztlich war der Grundstock der Sammlung vorhanden und mußte nicht erweitert werden, da er – als man sich für Kunstgeschichte als Disziplin zu interessieren begann – durchaus ausreichte, um die Hauptströmungen der europäischen Malerei zu dokumentieren. Noch dazu war das eigene Interesse der Herrscher relativ gering, so daß es schon im 19. Jahrhundert zu keinen großen Zukäufen kam. Was man damals noch erwerben konnte, wenn man wollte, zeigt z. B. eine Sammlung wie das Victoria and Albert Museum in London. Im Jahr 1875 wurde eine Generalinventur des gesamten kaiserlichen Kunstbesitzes durch Quirin von Leitner durchgeführt, einige Jahre später wurde das Kunsthistorische Museum am 17. Oktober 1891 eröffnet. Die wichtigste Aufgabe bestand nun im Erhalten und Zusammenhalten der museal gewordenen Kunstsammlung. Seit Kaiser Franz Joseph wurden aus der Galerie keine Bilder zur Andacht oder zum Schmuck der Amtsräume mehr entnommen, die Sammlung des Hauses war zum Museum des Staates geworden.

Die Sammlungen der spanischen Habsburger

Auch die spanische Linie des Hauses Österreich mußte nicht bei Null beginnen, sie konnte auf den mittelalterlichen Schatz der burgundischen Herzöge und der kastilischen Könige zurückgreifen. Doch der eigentliche Beginn der Sammlungstätigkeit der *Casa de Austria* ist im Schatz Kaiser Karls V. im Kloster Yuste zu sehen, der nicht mehr ein „mittelalterlicher Schatz", aber auch noch keine richtige „Wunderkammer" war. Zwar gab es eine Bibliothek, eine Galerie mit Bildern berühmter Menschen und von Familienmitgliedern sowie jene charakteristische Mischung von Objekten der Natur und der Kunst, aber es fehlte die systematische Aufstellung der Sammlung als organischer Mikrokosmos. Schon bei Karl V. zeigt sich die Vorliebe der spanischen Habsburger für Gemälde, der bevorzugte Maler Karls war Tizian. Unter Karl V. bildete sich die Vorstufe jener Bildergalerie des spanischen Hofes heraus, die eine Kombination zwischen flämischer, italienischer und spanischer Malerei darstellt und ihren Höhepunkt unter Philipp IV. erlebte. Von seiner Schwester Maria von Ungarn († 1558) erbte Karl 42 Bilder, die in Brüssel, Binche, Mariemont und Turhout hingen, daneben eine bedeutende Bibliothek, Medaillen und Antikes sowie eine Sammlung von Tapisserien. Er ließ alles nach Spanien schaffen.

Erst die Sammlung seines Sohnes Philipp II. ist eine Kunst- und Wunderkammer im eigentlichen Wortsinn, sie hat den Charakter der Spiegelung des Makrokosmos im Mikrokosmos der Sammlungsobjekte und ist Abbild des wissenschaftlichen Wissens der Zeit, ein *Studiolo* wie in den italienischen Vorbildern, besonders in Florenz bei Lorenzo il Magnifico. Das Schwergewicht der Sammlung Philipps lag in der Natur; deren Gegenstände wie rote und weiße Korallen, Muscheln, Walfischknochen, Stücke vom „Einhorn" und Malereien mit Themen der Natur – Dürers Tierbilder oder Serien von Bildern von exotischen Tieren aus „Indien" – stellten einen Großteil der Objekte dar. Gegensatz und Ergänzung von Natur und Kunst machten die Spannung einer solchen Sammlung aus. Die Bücher und wissenschaftlichen Instrumente bewahrte Philipp in kleinen Schränken auf. Seine Kunstkammer hatte eine unmittelbare Verbindung auch mit dem Garten, dem er große Aufmerksamkeit zuwandte. Im Escorial hatte er eine Menagerie, in der es einen Elefanten, ein Nashorn und 1587 sogar ein Gürteltier aus Peru gab. Die Sammlung von Gegenständen der Natur erfolgte also nicht nur mit toten, sondern auch mit lebenden Exemplaren der verschiedenen Gattungen – Tiergarten und Museum sind nur zwei Seiten derselben Medaille.

Gemäß seiner religiösen Einstellung sammelte Philipp II. im Escorial auch religiöse Malerei, z. B. Tizians Bild „Martyrium des hl. Laurentius", des weiteren befanden sich dort Gemälde von Hieronymus Bosch, deren Betrachtung moralische Einsichten nach sich ziehen sollte. Im Unterschied zu den Vertretern der österreichischen Linie sah Philipp seine Einstellung als humanistisch orientierter Friedensfürst konsequenter, er begeisterte sich weniger für Waffen und Turnier und wandelte das „Zeughaus", die Armería Real, in ein Museum um, das allerdings den militärischen Ruhm der Dynastie verherrlichen sollte. Später wurde es von Philipp IV. um Prunkstücke aus der Zeit seines Vaters und seiner eigenen Lebenszeit erweitert. In seiner Schatzkammer im Alcázar, in der er unter anderem ein großes Stück vom „Wahren Kreuz Christi" aufbewahrte, das der französische König Franz I. († 1547) nach seiner Gefangennahme 1525 in Pavia als Preis für seine Freiheit überlassen mußte, fanden sich die üblichen Objekte der Zeit: Kuriositäten und Exotisches, darunter sechs „Ainkürne", Goldschmiedekunst, Bergkristalle, chinesisches Porzellan, Uhren und wissenschaftliche Instrumente wie Astrolabien, Quadranten und Automaten, die für die wissenschaftliche und esoterische Mentalität der Fürsten dieser Epoche charakteristisch sind. Leider ist durch den Verkauf der privaten Besitztümer Philipps II. vieles davon verlorengegangen. Philipp II. war ein leidenschaftlicher Sammler von Gemälden, besonders liebte er die Werke von Bosch, van Eyck, Correggio und Pantoja de la Cruz, aber auch die Tizianbilder „Danae", „Venus und Adonis", „Diana und Aktäon" und „Raub der Europa" zählten zu seinem Besitz. Erstaunlicherweise war – trotz der intensiven Beziehung der beiden Linien – die deutsche Malerei nur spärlich vertreten, es gab kaum wechselseitige künstlerische Kontakte. Durch ein Legat der Königin Maria von Ungarn kamen lediglich zwei Gemälde von Lucas Cranach mit Hetzjagden zu Ehren Karls V. vor Schloß Torgau und zwei Bilder von Baldung Grien nach Madrid. Im Alcázar legte Philipp II. eine Bildergalerie mit Porträts berühmter Männer und Angehöriger der Dynastie an, daneben sammelte er Porträts von Sofonisba Anguissola, Alonso Sánchez Coëllo, Antonis Mor und Tizian. Im Besitz Philips II. befanden sich 1150 Gemälde im Escorial, 117 Werke im Pardo und 300 im Alcázar, also insgesamt 1567. Im Jahr 1604 wurden 50 Porträts im Pardo durch ein Feuer zerstört.

Verglichen mit den anderen spanischen Habsburgern war Philipp III. kein passionierter Sammler, er verschenkte sogar Gemälde, wie etwa dem Herzog von Urbino zwei Gemälde von Barocci. Andererseits erwarb er 1608 die Sammlung des Herzogs von Mansfield mit Gemälden, Bronzen und Marmorstatuen. 1603 verbrachte Peter Paul Rubens einige Zeit an seinem Hof, dieser Besuch brachte die Maler und Sammler Spaniens mit dem internationalen Barockstil in Kontakt. Sein Sohn Philipp IV. hingegen war einer der bedeutendsten Förderer der schönen Künste, an seinem Hof wirkten Velázquez, Zurbarán und Ribera. Durch seine Agenten erwarb er viele Gemälde aus Sammlungen, so bei der Atelierversteigerung von Rubens, und nach der Hinrichtung des englischen Königs Charles I. 1649 kaufte er auf Vermittlung Don Luis de Haros Werke von Raffael, Veronese, Andrea del Sarto, Tintoretto und Dürer, die er zwischen Alcázar und Escorial aufteilte. Aus Anlaß des Baues des Buen Retiro 1630 erwarb er in Italien viele Gemälde, später beauftragte er Velázquez, auf seiner Reise nach Italien 1649 bis 1651 Ankäufe für ihn durchzuführen, und manches erhielt er auch als Geschenk, so sandte ihm die zum Katholizismus konvertierte Königin Christine von Schweden Dürers „Adam und Eva". Philipp IV. fügte dem Kunstschatz der spanischen Könige 2000 Gemälde hinzu, seine Sammlung ist mehr als andere ein persönliches Werk, seine Sensibilität und sein Geschmack werden von Zeitgenossen wie Carducho oder Calderón gefeiert.

Die Sammlungstätigkeit in Spanien hatte sich also vor allem im Hinblick auf Gemälde entwickelt. Vier große Pinakotheken waren entstanden, eine im Escorial mit Bildern zu religiösen Themen, eine weitere im Torre de la Parada mit Familienporträts und mythologischen Zyklen von Rubens, und schließlich im Alcázar und im Buen Retiro mit einer Mischung aus profanen und religiösen Bildern. Besonders beliebt schienen bei den spanischen Habsburgern Bilderserien der spanischen Könige zu sein, im *Salón Dorado* oder in der *Sala de las Comedias* des Buen Retiro ließ Philipp IV. seine Vorgänger porträtieren, vier Jahre später gab er eine Serie von mittelalterlichen und modernen Königen für die *Sala de Comedias* im Alcázar in Auftrag, und auch die genealogischen Galerien in den Klöstern der Descalzas und Encarnación sind beachtlich.

Unter dem letzten spanischen Habsburger Karl II. blieb die Tradition des Sammelns zwar aufrecht, es kam aber zu keinen spektakulären Veränderungen. Die Sammlungen vermehrten sich nicht wesentlich, es wurden lediglich einige Bilder von einem Palast in den anderen transportiert. Bei seinem Tod verzeichnen die Inventare 5529 Gemälde. Der barocke Geschmack brach sich in dieser Zeit endgültig Bahn, sowohl für die königliche Sammlung als auch für die dekorative Ausgestaltung der Räume, an der Luca Giordano einen Hauptanteil hatte.

Die königlichen Sammlungen in Spanien wurden relativ früh im heutigen Sinn museal genützt, zeitgenössische Künstler bekamen die Möglichkeit, die Werke zu studieren – die spanische Malerei des Goldenen Zeitalters wäre ohne diese Einflüsse nicht verständlich. In seinem Testament vom 14. September 1665 bestimmte Philipp IV., daß nach seinem Tod sämtliche Gemälde zusammenzubleiben hätten, dies bildete gewissermaßen die juridische Basis, die bis heute im *Patrimonio nacional* gewahrt ist. Vier Feuersbrünste fügten den königlichen Sammlungen großen Schaden zu: 1604 im Pardo, 1671 und 1763 im Escorial und 1734 im Alcázar. Weitere Schäden erlitt der Bestand 1710 im Spanischen Erbfolgekrieg und während der Napoleonischen Kriege 1805–1813. Das heutige Museum im Prado wurde als Gebäude erst 1785 von dem Bourbonen Karl III. in Auftrag gegeben und erst 1819 durch Ferdinand VII. eröffnet, zusammen mit dem Escorial enthält es den Großteil der eindrucksvollen Gemäldesammlungen der spanischen Habsburger.

Die Differenzierung der Sammlungen im Zeitalter der Aufklärung und das Interesse für die Naturwissenschaften

Die Zeit der Kunst- und Wunderkammern war schon im 17. Jahrhundert vorbei. Trotz aller Ankäufe und Erwerbungen kann man an der Tatsache nicht vorbeisehen, daß seit Rudolf II. nicht mehr im großen Stil gesammelt wurde. Der Schatz der Vorväter wurde lediglich bewahrt und entwickelte sich immer mehr zu einer Art Museum. Doch die eigentliche Musealisierung vollzog sich erst im 18. Jahrhundert. Diese hat mehrere Aspekte; einerseits kam es zu einer Zentralisierung der Sammlungen der Habsburger in Wien – man holte Gemälde aus Graz und Prag und zeigte Interesse für die Ambraser Sammlung –, andererseits kam es unter Franz Stephan zunächst durch die Anlage von Inventaren zur wissenschaftlichen Erfassung der Bestände. Diese Objektivierung nach wissenschaftlichen Gesichtspunkten resultierte schließlich in einer Trennung der verschiedenen Teile des Schatzes in ein Naturalienkabinett mit mineralogischen und zoologischen Abteilungen, in ein physikalisches Kabinett, ein Münz- und Antikenkabinett und die Gemäldegalerie. Was an Unentwirrbarem blieb, endete in der Schatzkammer, die seit dieser Zeit aus einem geistlichen und einem weltlichen Teil besteht.

Bei dieser Ausdifferenzierung der Sammlung in ihre Einzelteile kam dem naturwissenschaftlichen Bereich, der bisher in die Kunst- und Wunderkammer integriert war, besondere Bedeutung zu. Das Interesse an naturwissenschaftlichen Fragen war immer vorhanden gewesen. Rudolf II. beschäftigte sich mit Alchemie und Astronomie und liebte Steine, Philipp II. sammelte Naturalien, er und viele andere Habsburger legten Gärten und Menagerien an. Die Einstellung zu diesen Gegenständen der Natur änderte sich allerdings im Lauf der Zeit. Hatte man in der Zeit der Renaissance und des Manierismus versucht, die Sammlung von Naturobjekten mit den ästhetischen Normen in Einklang zu bringen, indem man etwa die Steine bearbeitete, oder interessierte man sich für Kuriositäten, so stieg im Zeitalter der Aufklärung das Verlangen nach einer systematischen Sammlung und Klassifizierung. Darin spiegelt sich einerseits eine allgemeine Tendenz der Zeit, andererseits etwas spezifisch Aufklärerisches und Freimaurerisches. Im Gedankengut des freimaurerischen Deismus, der zwar alle ausgebildeten Religionsgemeinschaften ablehnt, aber einen Gottesglauben voraussetzt, war das Studium der Natur, der Schöpfung Gottes, eine Art von Gottesdienst. Franz Stephan und seine Tochter Erzherzogin Maria Anna, die sich ebenfalls mit Naturwissenschaften beschäftigte, standen dieser Idee nahe.

Franz Stephan von Lothringen wurde dabei in der Katalogisierung und Erweiterung der naturwissenschaftlichen Sammlungen besonders initiativ, vor allem durch den Ankauf der berühmten Sammlung des Chevalier Jean de Baillou, deren 30.000 Objekte die damals größte Naturalienzusammenstellung der Welt darstellten. Diese 1749 aus Florenz überführte Sammlung legte zusammen mit den vorhandenen Objekten und der Ausbeute von Forschungsreisen den Grundstock zum Wiener Naturalienkabinett. Das bekannteste Denkmal der Sammlerleidenschaft und der naturwissenschaftlichen Interessen des Kaisers ist das große Bild von Franz Messmer und Ludwig Kohl, das Franz Stephan inmitten seiner Schätze und umgeben von den Direktoren der Sammlungen Gerhard van Swieten, dem Präfekten der Hofbibliothek, Valentin Jameray Duval, dem Vorsteher des Münzkabinettes, Jean de Baillou, der die Leitung des Naturalienkabinettes und Abbé Johann Marcy, der die des physikalisch-mathematischen Kabinetts innehatte, zeigt. Auch später wirkten in diesen Sammlungen viele bedeutende Gelehrte, so z. B. Friedrich Mohs im Mineralienkabinett, der Erfinder der heute noch verwendeten Härteskala der Mineralien.

Auch Erzherzogin Maria Anna († 1789) legte eine Mineraliensammlung mit 7923 verschiedenen Arten von Edelmetallen, Halbedelmetallen, Salzen, vulkanischen Gesteinen und Achaten und eine Insektensammlung mit 195 Käferarten und 371 Exemplaren von Schmetterlingen an. Nicht zufällig war ihr Berater der bekannte Freimaurer Ignaz von Born, das Vorbild des Zarastro in Mozarts „Zauberflöte". Joseph II. und Leopold II. teilten diese naturwissenschaftlichen Interessen, sie kauften Einzelobjekte und ganze Sammlungen an, sandten Expeditionen nach Übersee und tauschten exotische Pflanzen und Tiere. Leopold begeisterte sich auch für physikalische und chemische Experimente, sein Experimentiertisch, der *banco chimico*, ist in Florenz noch erhalten. Wie für die Aufklärung typisch, haben diese neuen Betätigungsfelder der Habsburger auch utilitaristische Aspekte. Die beginnende Industrialisierung beruhte auf den Erkenntnissen der Naturwissenschaften, Reisen nach Westeuropa, vor allem nach England, brachten z. B. die Erzherzöge Johann († 1859) und Ludwig († 1864) in Kontakt mit dieser neuen Sphäre des Lebens. Im 19. Jahrhundert trat der naturwissenschaftliche Zugang wieder mehr in den Hintergrund, blieb – vor allem auf Reisen – aber stets erhalten, die ornithologischen Liebhabereien des Kronprinzen Rudolf († 1889) und die geographischen Arbeiten des Erzherzogs Ludwig Salvator († 1915) seien als Beispiele genannt.

Ein neuer „Modetrend" des 19. Jahrhunderts waren die ethnologischen Interessen, die an die naturwissenschaftlichen anschlossen und diese erweiterten. Allgemein bekannt ist die Geschichte des „Mohren" Angelo Soliman, den Franz II./I. für sein Museum ausstopfen ließ, allerdings hatte man schon im Jahr 1801 durch einen venezianischen Präparator einen Tierwärter in Schönbrunn, den Mulatten Pietro Michele Angiola, ausstopfen lassen und in einem Diorama, das eine afrikanische Landschaft zeigte, als Kamelführer eines ebenfalls ausgestopften Kameles aufgestellt. Für sein brasilianisches Museum – man muß bedenken, daß seine Tochter Erzherzogin Leopoldine († 1826) nach Brasilien verheiratet wurde – ließ Franz II./I. aus verschiedenen Sammlungen in London – z. B. der des berühmten Entdeckers James Cook – Objekte durch Leopold von Fichtel ankaufen. Zusammen mit den von der Expedition nach Brasilien 1817 und vielen anderen Reisen des 19. Jahrhunderts mitgebrachten Gegenständen bildete diese Erwerbung den Grundstock des Museums für Völkerkunde in Wien. Zu diesem neuen Bereich des Sammelwesens konnten auch ältere Bestände beitragen, so wurden die von Ferdinand von Tirol in Ambras gesammelten mexikanischen Federarbeiten diesem Bereich eingegliedert. Diese stammen nicht – wie man lange vermutete – aus den durch die Liste des Hernán Cortés bekannten sogenannten Gastgeschenke Moctezumas an Karl V. und haben mit den habsburgi-

Oben: Der Federschmuck, der als Krone Montezumas bezeichnet wird, ist ein Glanzstück der Sammlungen der Habsburger. Museum für Völkerkunde, Wien
Folgende Doppelseite: Im Prunksaal der alten Hofbibliothek lagern die Bücherschätze der Habsburger: Die Statue im Zentrum zeigt Karl VI., in dessen Regierungszeit dieser Saal erbaut wurde.
Archiv Verlag Styria, Foto: Nemeth

Die Lebenswelt der Habsburger

schen Familienbeziehungen zur Neuen Welt wenig zu tun, nur der „Codex Vindobonensis" und vielleicht das Türkisschild stammen aus diesem Bestand. Im sogenannten Federkasten der Ambraser Sammlung gab es einen „Mörischen Huet", ein „Rundell", das Federschild mit blauem Koyoten, und einen Federmantel, der 1788 noch existierte. Alle diese Objekte, die sich heute im Wiener Völkerkundemuseum befinden, sind der letzte Rest eines einst großen Schatzes an Federarbeiten aus Mittelamerika. Der Kopfschmuck wird immer wieder als „Federkrone Moctezumas" bezeichnet, allerdings trug der aztekische Herrscher Motecuhzoma II. Xocoyotzin (Moctezuma) niemals eine Federkrone als Zeichen seiner Würde, sondern ein türkises Diadem; der Kopfschmuck war vielmehr Teil einer von Priestern getragenen Göttertracht. Er kam aus dem Besitz des Grafen Ulrich von Montfort in die Kunstkammer Erzherzog Ferdinands und wurde dann im 19. Jahrhundert an jene Abteilung des Naturhistorischen Museums abgegeben, die heute das Museum für Völkerkunde bildet – bis zum 18. Jahrhundert war auch ein goldener Schnabel vorhanden, der nach 1730 verschwand. Auch das Schild mit dem blauen Koyoten kam indirekt an die Habsburger, 1522 gelangte es als Geschenk an den Bischof von Palencia (Spanien), von dort 1554 an Ferdinand I. und aus seinem Erbe in die Ambraser Sammlung. Manche dieser Objekte der Ambraser Kunstsammlung, wie die „indianischen" Federbuschen, wurden 1582 beim Hochzeitsturnier Ferdinands von Tirol verwendet, zu dem man auch Tartschen, in Federmosaiktechnik verzierte Schilder, herstellte. Auch andere Kunstkammern enthielten solche Objekte aus der Neuen Welt, die heute zu den Zimelien des Wiener Völkerkundemuseums zählen. Der rechteckige Obsidianspiegel stammt aus der Kunstkammer Rudolfs II. – er wurde auch für alchemistische Experimente verwendet; der bekannte Alchemist John Dee besaß einen ähnlichen runden Obsidianspiegel – und die hölzerne mixtekische Götterfigur aus der Grazer Kunstkammer.

Auch ein anderer Sammlungsbereich, die Ägyptologie, begann mit der Entwicklung der Wissenschaft Interesse zu wecken. Vorher waren ägyptische Objekte vorhanden, die der Antikensammlung zugeordnet wurden, aber erst 1821 kann als die eigentliche Geburtsstunde der habsburgischen Sammlung ägyptischer Altertümer bezeichnet werden. Die Ankäufe in Ägypten in diesem Jahr durch Ernst August Burghart schufen ein Bewußtsein für die Notwendigkeit einer eigenen ägyptischen Sammlung, die 1823 im Harrachschen Haus in der Johannesgasse untergebracht und 1824 durch das Inventar von Anton Steinbüchel, das 3724 Nummern aufwies, erfaßt wurde.

Auch die bedeutendste Graphiksammlung der Welt, die Albertina in Wien, geht zwar auf ein angeheiratetes Mitglied der Familie, Herzog Albert von Sachsen-Teschen († 1822), den Mann der Erzherzogin Maria Christine († 1798), zurück, vereinigte aber auch alte habsburgische Graphik- und Zeichnungsbestände, die bis in die Zeit Rudolfs II., des großen Dürersammlers, zurückgehen. Auf dem Erbweg gelangte die Sammlung schließlich in die Hände einer habsburgischen Nebenlinie, die Linie des Erzherzogs Karl († 1847), des Siegers von Aspern. Erzherzog Albrecht († 1895), dem jede künstlerische Neigung fremd war, verwaltete die Sammlung. Erst unter seinem Adoptivsohn und Erben, dem in Karl Kraus' „Die Letzten Tagen der Menschheit" als „Bumsti" verewigten Erzherzog Friedrich († 1936), erlebte die Sammlung einen neuen Aufschwung. Er kaufte nicht nur Werke von Dürer, Holbein, Rembrandt und Waldmüller, sondern überraschenderweise auch von umstrittenen Impressionisten wie Monet. Die Albertina ging, wie die meisten habsburgischen Sammlungen, 1918 in den Besitz der Republik über.

Bibliotheken

In der Zeit bis zur Aufklärung besaßen die Kunstsammlungen der Habsburger sicherlich einen höheren Stellenwert als die Büchersammlungen, doch sind beide nicht voneinander zu trennen. Im mittelalterlichen Schatz befanden sich auch kostbare Handschriften, und in den Kunst- und Wunderkammern der Frühen Neuzeit war der Erwerb von Gegenständen der Natur und der Kunst mit dem von Büchern eng verschränkt. Ähnlich wie in der Kunstsammlung gab es – gemäß den vielen Höfen der Habsburger – auch verschiedenste Bibliotheken, die letztlich in den „Zentralen" der beiden Linien zusammenliefen.

Für die Bibliothek der österreichischen Linie gibt es keine Gründungsurkunde. Barocke Bibliothekare wie Peter Lambeck führten die Bibliothek der Habsburger natürlich auf Rudolf von Habsburg zurück, dieser wird allerdings von seinem Bildungsstand her nur geringes Interesse an Büchern gehabt haben. Albrecht III. kann am ehesten als der Begründer des habsburgischen Bücherschatzes gelten, häufig wird in der Forschung aber erst der Bücherbesitz Friedrichs III. in Wiener Neustadt als Beginn genannt. Friedrich III. vermehrte zielbewußt seinen Bücherbestand durch Erbverträge. Aus seiner Bibliothek sind 69 Bücher bekannt – in vielen, aber keineswegs in allen, findet sich das Besitzzeichen AEIOV. Unter diesen Büchern stammten 35 aus dem Bereich der Theologie, zehn der Geschichte, acht der Mathematik, Astronomie und Medizin, der Rest teilte sich auf verschiedene Gebiete auf. Sein Sohn Maximilian I. – selbst als Schriftsteller tätig – hatte eine sehr persönliche Beziehung zum Buch, er vermehrte die Bibliothek systematisch. Vor allem seine Heiraten mit Maria von Burgund und Bianca Maria Sforza und die Erbschaft nach dem humanistisch gebildeten Erzherzog Sigmund († 1496) brachten dem Bücherschatz hervorragende Handschriften ein. Das Hauptinteresse Maximilians lag auf den Gebieten Geschichte und Genealogie, aber auch Ritterromane, Abschriften der alten Epen – in dem berühmten „Ambraser Heldenbuch" – und die Drucke von Humanisten wie Cuspinian, Celtis und Lazius fanden sich in seiner Bibliothek. Seine Nachfolger Ferdinand I. und Maximilian II. erwarben ebenfalls systematisch Bücher, sie sandten Wolfgang Lazius auf Bibliotheksreisen, von denen dieser Handschriften nach Wien brachte. Andere wesentliche Erweiterungen kamen durch Kaspar von Niedbruck zustande, der einiges aus Kloster- und anderen Bibliotheken entnahm, sowie durch Augier Ghiselain de Busbecq, der Handschriften aus Konstantinopel mitbrachte, die er Kaiser Ferdinand I. zunächst verkaufen wollte und dann 1576 dessen Sohn und Nachfolger Maximilian II. doch schenkte. Sogar die bedeutende Bibliothek des Botanikers und Türkeireisenden Hans Dernschwamm wurde angekauft.

Maximilian II. kann als der eigentliche Gründer der Hofbibliothek gelten, die zunächst im Minoritenkloster in einem nur 14 mal 6 Meter großen Raum mit 28 Kästen untergebracht war. Der kaiserliche Hofhistoriograph Johannes Sambucus bekleidete dort etwas ähnliches wie eine Bibliothekarsstellung. Mit der Teilung der Herrschaft entstanden zwei andere Bibliotheken. In Graz legte Karl von Innerösterreich eine Bibliothek an, deren Umfang wir aus dem Katalog Simon Zeillers, der 2600 Bände verzeichnete, kennen. Sie blieb bis 1758 in Graz, dann wurden 800 Bände nach Wien gebracht. Ferdinand von Tirol schuf gemeinsam mit der Ambraser Sammlung eine reichhaltige Bibliothek, die im späten 17. Jahrhundert ebenfalls in die Wiener Hofbibliothek eingegliedert wurde.

Für die Wiener Bibliothek wurden schon im 16. Jahrhundert Kataloge angelegt. Ein erster Gesamtkatalog umfaßte 7379 Nummern, während ein spezieller Turcica-Katalog, der die Handschriften und Drucke mit einem Bezug zu diesem nahen und doch so exotischen Gegner der Habsburgermonarchie umfaßte, gesondert geführt wurde. Zwar gab es Zuwächse – etwa die Bibliothek des Johannes Sambucus mit 2618 Büchern oder die Bibliothek des Diplomaten, Gelehrten und Türkeireisenden Busbecq –, aber auch Verluste durch Geschenke und Entlehnungen, obwohl mit dem Humanisten Hugo Blotius ein überaus tüchtiger Bibliothekar zur Verfügung stand. Als der Hof nach Prag übersiedelte und Rudolf dort neben seinen Kunstschätzen auch Bücher anschaffte, blieb die Bibliothek in Wien bestehen. Ähnlich wie seine Sammlung wurde auch die Bibliothek Rudolfs – wie viele Adelsbibliotheken Böhmens und Mährens – Opfer der schwedischen Plünderung. 1623 übersiedelte die Wiener Bibliothek in die Hofburg, 1630 wurde sie ins Harrachsche Haus überstellt, wo sie bis zur Übertragung in den Neubau am Josefsplatz verblieb.

In der Barockzeit wurde wieder eine Reihe von Bibliotheken – wie die Fugger-Bibliothek in Augsburg mit mehr als 15.000 Büchern oder Teile der legendären Bibliothek des Matthias Corvinus († 1490) – aufgekauft oder, wie die Büchersammlung des Erzherzogs Leopold Wilhelm, erebt. Von dessen Bibliothek besitzen wir ein Inventar in der Handschriftensammlung des Wiener Hofkammerarchivs, angelegt zweifellos aus An-

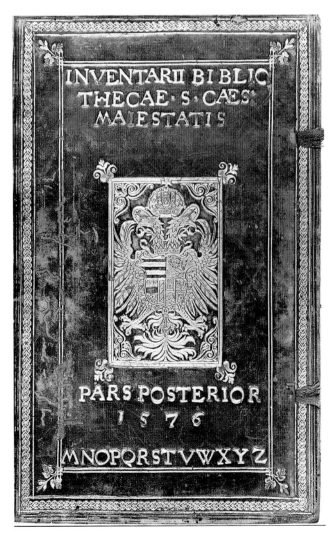

Links: Prunkeinband des Inventars der Hofbibliothek aus dem Jahr 1576. ÖNB, Wien
Folgende Doppelseite: Teniers d. J.: Erzherzog Leopold Wilhelm in seiner Galerie. Kunsthistorisches Museum, Wien

Die Lebenswelt der Habsburger

Die Habsburger als Sammler

laß der Übersiedlung des Erzherzogs als Gubernator der spanischen Niederlande nach Brüssel. Der mehrfache Bischof sammelte interessanterweise relativ wenig theologische Literatur, die wichtigsten Werke der damals tonangebenden Kontroverstheologen – vor allem Robert Bellarmin – fehlen ebenso wie der „Katechismus" des Petrus Canisius. Die wenigen theologischen Werke gehören der asketischen und mystischen Theologie und der Erbauungsliteratur an, Heiligenviten, mariologische Schriften und Wallfahrtsliteratur stehen für die spezifisch habsburgische Frömmigkeit. Juridische Werke wie das „Corpus juris civilis", der „Codex Justinianus", das „Corpus iuris canonici", das „Decretum Gratiani", die „Dekretalen" Gregors IX. und der „Liber sextus", lateinische Schriftsteller und Werke der habsburgischen Geschichte bilden den säkularen Teil der Sammlung. Den Höhepunkt der barocken Bibliotheksentwicklung markiert die Tätigkeit des Peter Lambeck als Bibliothekar von 1663 bis 1680, eine Zeit, in der die Bibliothek zum Anziehungspunkt der wissenschaftlichen Forschung wurde, die Erschließung und Benützung der Bibliothek nahm zu. Obwohl Leopold I. Interesse für die jetzt rund 80.000 Stück umfassende Bibliothek zeigte, wurde sie immer mehr von einer Privatbibliothek der Habsburger zu einer „Staatsbibliothek" – ganz ähnlich wie das auch bei den Kunstsammlungen der Fall war.

Die Barockzeit erkannte aber mehr als je zuvor die Bedeutung der Bibliothek als Ort des Wissens, so wurde 1722 auf Vorschlag der Hofkammer der Neubau einer Bibliothek am Josefsplatz nach einem Konzept von Fischer von Erlach in Angriff genommen. Glanzstück dieses Baues ist der 77,7 mal 14,2 Meter große und 19,6 Meter hohe, mit Fresken von Daniel Gran ausgestaltete Prunksaal, der andere Bibliotheksbauten in Klöstern wie Melk, Göttweig, Seitenstetten, Altenburg oder Admont beeinflußte. 1738 gelang eine der wichtigsten Neuerwerbungen mit der Bibliothek des Prinzen Eugen mit 15.000 Druckschriften und 240 Handschriften, weitere große Zuwächse erhielt die Hofbibliothek in der josephinischen Zeit durch die Aufhebung der Klosterbibliotheken.

Den Wandel der Sammlung von einer kaiserlichen in eine staatliche, der sich ja auch bei den Museen zeigte, drückt im Vormärz deutlich Paul Strattmanns Stellungnahme zur Frage „Welches sind die Bedürfnisse der kaiserlichen Hofbibliothek und welche jährliche Summe wird erfordert, um dieses berühmte Institut mit Würde zu erhalten?" aus. Er sagt:

„Die Hofbibliothek stellt sich in einem dreyfachen Gesichtspunkte dar.

Sie ist die Bibliothek für die gebildetere Classe der Hauptstadt. Diese fordert von ihr die merkwürdigsten Werke des Unterrichts.

Sie ist die Nazionalbibliothek des österreichischen Kaiserthums. Der Einheimische wie der Fremde erwartet bey ihr die gesuchtesten literarischen Seltenheiten anzutreffen.

Sie ist endlich die Bibliothek des Kaiserhofes, von denen sie ihre Benennung her hat. Damit ist typographische Pracht wesentlich verbunden."

Auffallend ist dabei, daß die Dynastie an die letzte Stelle der Argumentationskette getreten ist.

Eine Teilsammlung der Hofbibliothek verdankt ihre Entstehung einem Erzherzog, der Privatmittel in diese Sammlung investierte. Das neuerwachte Interesse des 19. Jahrhunderts für Ägypten führte auch zu einer Blüte der Papyrologie, für die sich auch der Wiener Universitätsprofessor Joseph Ritter von Karabacek interessierte. Als der Teppichhändler Theodor Graf eine große Sammlung an Papyri nach Berlin verkaufen wollte, schaltete sich auf Vermittlung Karabaceks 1883 der Protektor der kaiserlichen Akademie Erzherzog Rainer persönlich ein und erwarb aus seinen eigenen Mitteln die sogenannte Sammlung von Faijûm mit 10.000 Papyri. 1899 schenkte er diese Sammlung Kaiser Franz Joseph als Geburtstagsgeschenk, die Objekte in elf verschiedenen Schriften wurden ein Teil der Hofbibliothek.

Ähnlich wie bei der österreichischen Linie des Hauses sind die Anfänge der Bibliothek bei den spanischen Verwandten nicht vom Sammeln im allgemeinen zu trennen. Karl V. besaß Bücher von Philosophen wie Boethius, Augustin, Luis de Granada und Pedro de Soto, von Historikern und Literaten, ohne aber daß man von einer richtigen Bibliothek sprechen könnte. Erst Philipp II. begründete im Escorial eine wirkliche Bibliothek, im übrigen die erste Bibliothek, in der die Bücher nach einer Idee von Colon, einem natürlichen Sohn von Christoph Columbus, nicht liegend, sondern – wie wir es gewohnt sind – aufrecht aufgestellt wurden. Die Ausschmückung der Bibliothek des Escorials von Peregrino Tibaldi 1590–1593 mit Allegorien der sieben freien Künste, historischen und mythologischen Figuren und Personifikationen der Astronomie, Literatur, Theologie und Philosophie ist programmatisch für die umfangreiche Sammeltätigkeit. Die Bibliothek ist in vielem mit Ambras vergleichbar. Sie war nicht nur Büchersammlung, sondern auch Museum und wissenschaftliches Kabinett, es befanden sich darin auch wissenschaftliche Instrumente und Raritäten, kleine Bronzefiguren mit mythologischen Themen und eine Bildergalerie der berühmten Männer. Die meisten Bücher im Escorial waren rare und kostbare Werke, die der

Feierliche Eröffnung des Kunsthistorischen Museums durch Kaiser Franz Joseph im Jahr 1891. ÖNB, Wien

Die Habsburger als Sammler

Legitimation und dem Prestige der Dynastie dienten, immerhin wurde die Bibliothek Philipps mit der des Papstes verglichen. Die Teilung in drei Säle entsprach einer Klassifizierung nach dem Inhalt. Der erste Saal umfaßte die Bücher über Religion, Recht, Medizin und Philosophie und war auch entsprechend ausgeschmückt: Heilige, Theologen und antike Figuren dominierten das malerische Programm. Der zweite Saal enthielt neben Naturalien, Globen, wissenschaftlichen Instrumenten und wunderbaren Tieren auch einschlägige Bücher. In der Ausmalung fanden sich Figuren wie Archimedes, Ptolemäus, Aristoteles, Hernán Cortés, Christoph Columbus und Ferdinand Magellan. Der dritte Saal war eine Art Staatsarchiv, geschmückt mit den Porträts von Caesar, Augustus und Vespasian. Das ikonographische Programm gipfelte in der Darstellung des Thronverzichtes Karls V., eine Botschaft religiös-politischer Art, daß der Rückzug in die Welt der Kontemplation – und damit der Bücher – der politischen Aktivität vorzuziehen sei.

Diese Bibliothek im Escorial wurde durch eine zweite im Palast in Madrid ergänzt, die unter den Nachfolgern Philipps II. erweitert wurde. Dennoch entsteht der Eindruck, daß die spanischen Habsburger nach Philipp II. weniger Wert auf die Erwerbung von Büchern legten als der österreichischen Zweig der Familie.

Philipp IV. schuf mit einer Bibliothek von 2234 Bänden eine Art praktischer Bibliothek, ein Arbeitsinstrument für den täglichen Gebrauch, die im Torre Dorada untergebracht war. Damit entstand – ähnlich wie in der Barockzeit in Österreich – die Keimzelle einer Nationalbibliothek; doch im eigentlichen Wortsinn ist diese in Spanien ebenfalls erst ins 18. Jahrhundert und damit schon unter die Herrschaft der Bourbonen zu datieren.

VERERBUNG ODER ERZIEHUNG? DIE HABSBURGER ALS RESULTAT EINES SOZIALISIERUNGSPROZESSES

„Der ganze Vater", „Genau wie ihre Mutter" – wer hätte solche Sätze nicht schon über sich selbst gehört? Zweifellos sind die Menschen auch von Genen und Erbfaktoren geprägt, deren Vielfalt allerdings groß ist, so groß, daß sich ganz unterschiedliche Merkmale entwickeln können. Es ist wohl so, daß die vielen angelegten Eigenschaften eines Menschen durch die Erziehung oder – allgemeiner gesprochen – die Sozialisierung in einer bestimmten Weise geprägt werden, die das Individuum zu dem machen, als das es uns im Licht der Quellen erscheint.
Weitaus genauer als in den meisten Familien ist diese Sozialisierung bei den Habsburgern mitzuverfolgen. Die Mitglieder des Hauses wuchsen in einem Familienverband auf, der einerseits auf Tradition Wert legte, andererseits aber auch zur kulturellen, den Veränderungen der Zeit ausgesetzten Elite gehörte. Die Sozialisierung der Erzherzoginnen und Erzherzöge bewegte sich daher zwischen Elementen, die seit dem Mittelalter tradiert sind, und Modernisierungsschüben, die mit den großen Zeitwenden der allgemeinen Geschichte zusammenhängen. Mit dem Einbruch des Humanismus, mit der Rezeption der Aufklärung und mit dem Wandel des Weltbildes durch die industrielle Revolution des 19. Jahrhunderts verändern sich auch Erziehungsziele, Normen und Verhaltensweisen der Familie Habsburg.
Betrachtet man die sogenannten „Familieneigenschaften" unter dem Gesichtspunkt des „Zeitgeistes", so zeigt sich deutlich, daß die Habsburger von den Ideen ihrer Epoche geprägt sind, sie sind gewissermaßen „trendy". So folgten z. B. die Frömmigkeitsvorstellungen der Habsburger diesem Rhythmus der Epochen, sie waren unspezifisch im späten Mittelalter, humanistisch – ja sogar im Falle Maximilians II. mit protestantischen Neigungen – im frühen 16. Jahrhundert, gegenreformatorisch nach dem Konzil von Trient (1545 bis 1563) und entwickelten erst nach 1620 jene konkrete barocke Form, die als typische *pietas Austriaca* gelten kann. Ein vergleichender Blick in andere katholische Länder – nicht nur das ebenfalls habsburgische Spanien – wie Frankreich oder die verschiedenen italienischen Staaten zeigt, daß die habsburgische Frömmigkeit vieles mit der allgemein verbreiteten Barockfrömmigkeit dieser Länder gemeinsam hat, also keineswegs nur von den Habsburgern gepflegt wurde. Sicherlich verlieh aber die politische Situation der Monarchie, der Kampf gegen die protestantischen Stände, die auch politische Widersacher waren, diesen Frömmigkeitsvorstellungen besonderes Gewicht. Ganz zeitgemäß vollzog sich ein weiterer Wandel, geradezu ein Bruch, in der Zeit der Aufklärung, wo vieles der barocken Frömmigkeit zurückgenommen und im Sinne eines neuen Geistes – der sowohl Verinnerlichung als auch rationale Nüchternheit in sich trug – reformiert wurde. Zwar gab es ein traditionelles Festhalten am Katholizismus, aber dessen Ausdrucksformen waren den Einflüssen der Zeit sehr wohl unterworfen. Transportiert wurden diese Veränderungen durch Erziehungsnormen und das sich wandelnde Umfeld. Ein Beispiel für die sich ändernden Rahmenbedingungen war der in ganz Europa steigende Einfluß der Jansenisten und das gleichzeitige Zurückdrängen der Jesuiten durch ihre Auflösung 1773 in der Zeit des aufgeklärten Absolutismus.
In ähnlicher Weise verschwimmen die Konturen der anderen habsburgischen Familieneigenschaften bei näherem Hinsehen. So war z. B. die Jagd die Beschäftigung des Adels par excellence in Europa und keineswegs nur die der Habsburger. Auch andere Dynastien jagten leidenschaftlich, noch dazu in einer sehr ähnlichen Form, da die verschiedenen Spielarten des Jagens seit dem Mittelalter ziemlich ähnlich waren; Falknerei, Treibjagd und Pirschjagd stellten die wesentlichen Formen dieser adeligen Beschäftigung dar. Die Habsburger fügten diesem Kanon wenig hinzu, wenn man von landschaftlichen Besonderheiten, wie z. B. der Gemsenjagd, absieht, die man freilich etwa in den Niederlanden weniger leicht hätte betreiben können.
Selbst der große zusammengehörige Komplex des Mäzenatentums und Sammelwesens der Habsburger ist in einem europäischen Kontext zu sehen. An allen Höfen Europas lebten Künstler, Maler und Musiker, Dichter und Wissenschaftler, die von den jeweiligen Herrschenden bezahlt wurden, und an allen Höfen Europas wurde gesammelt. Die großen Museen von St. Petersburg bis Paris und London, von Neapel bis Stockholm geben davon Zeugnis. Nicht nur am Habsburgerhof gehörte die Kunst zur Repräsentation, sie sollte die Größe des eigenen Hauses untermauern und die Ansprüche in der Politik bestärken. Dabei spielten – auch das wieder nicht unabhängig von zeittypischen Verhaltensweisen – manchmal die bildende Künste (wie am Hof Rudolfs II.), manchmal die Musik (wie am Hof der

barocken Habsburger von Ferdinand III. bis Karl VI.) und manchmal die Literatur (wie am Hof Philipps IV. in Spanien) die wichtigste Rolle.

Bei den Ähnlichkeiten, die sich im Vergleich habsburgischer Tätigkeiten mit denen anderer vergleichbarer Familien ergeben, könnte man ebenso wie beim Erzhaus selbst mit der Vererbung argumentieren. Man könnte die Tatsache, daß ähnliches Mäzenatentum und ähnliche Sammelwut auch an anderen Höfen Europas in der Frühen Neuzeit vorherrschen, „blutsmäßig" erklären, waren doch alle Dynastien aufs engste miteinander verwandt und verschwägert. Könnte man den bourbonischen oder habsburgischen, wittelsbachischen oder gonzagischen „Blutsanteil" aller Fürsten berechnen, so ergäbe sich vermutlich ein ziemlich einheitliches Bild für die meisten Dynastien, doch führt ein solcher biologistischer Ansatz in die Irre. Adelige Erziehungsmuster und Idealvorstellungen von Fürsten, Nachahmung und Konkurrenz zwischen den Höfen sowie die Mobilität der Prinzessinnen und ihres jeweiligen Hofstaates unter Einschluß der Künstler in Europa prägten diese Uniformität höfischer Kultur, nicht die Gene der Herrscher.

Ein einziger Punkt bleibt, bei dem man die Vererbung vielleicht nicht ganz vernachlässigen kann: die Habsburger als schaffende Musiker. Sicherlich gibt es auch hier Beispiele aus anderen Dynastien, wie etwa den Prinzen Louis Ferdinand von Preußen, ein heute noch – wenn auch selten – aufgeführter Komponist, doch brachten die Habsburger durch drei Generationen hindurch komponierende Kaiser hervor, was eine gewisse vererbte Begabung nahelegen könnte. Diese Feststellung kann man noch in zwei Richtungen modifizieren: Einerseits ist in der gesamten Literatur niemals die Frage gestellt worden, wieviel Hilfestellung von Hofkomponisten die habsburgischen Kaiser erhielten, und andererseits war Komponieren in der Barockzeit ein erlernbares Handwerk, das keine „geniale" Begabung voraussetzte – zumal „Genie" ein historisches Produkt der Romantik ist –, sondern bloß das intensive Studium der strengen Regeln des Satzes.

Auch in diesem Falle ist der Einfluß der Sozialisierung also ein wesentlicher Faktor. Aufzuwachsen an einem Hof, der musikalischen Darbietungen große Bedeutung zumißt, kann – muß aber nicht zwangsläufig – zu Interesse für und Beschäftigung mit Musik führen.

Wie andere Familien waren auch die Habsburger ein Produkt ihrer Umwelt und ihrer Erziehung. Durch ihre spezifische Stellung innerhalb der Elitenkultur Europas erfuhren sie eine Sozialisierung, die kulturelle Auswirkungen großen Ausmaßes nach sich zog. Die beachtlichen Einnahmen, welche die Familie aus den Steuerleistungen der Bevölkerung bezog und in den Bereich der Sammlungen und des Mäzenatentums investierte, haben bleibende Leistungen ermöglicht. Diese können heute touristisch vermarktet werden und bilden als „kulturelles Erbe" in den Sonntagsreden der Politiker eine nicht wegzudenkende Leerformel. Der soziale Hintergrund, die Frage nach den Kosten und denen, die sie bezahlten, verkneift man sich dabei nur allzu gerne.

II
DIE SCHWIERIGE ANNÄHERUNG AN DEN HABSBURGISCHEN MENSCHEN

Das Bild, das die Habsburger von sich selbst hatten und das sie auch der Öffentlichkeit vermittelten, war im Laufe der Jahrhunderte einem großen Wandel unterworfen. Sicherlich gab es neben mehreren kleineren auch einen großen Einschnitt in der Herrschaftsauffassung der Dynastie, nämlich die Säkularisierung des Herrscherbildes durch die Aufklärung, allerdings wurden durch die starke, immer wieder betonte Familientradition auch Kontinuitäten geschaffen.

Nähert man sich einem habsburgischen Regenten – oder einem nicht regierenden Mitglied der Familie – an, so stellt man fest, daß man zunächst nicht an das eigentliche Individuum herankommt, sondern daß dieses von einigen Lagen an tradierten Klischeebildern umgeben ist, von denen man es vorsichtig befreien muß. Diese von der panegyrischen Literatur der Zeitgenossen, also des Herrscherlobs, in der die Habsburger verherrlicht wurden, geprägten Formeln verhüllten das Bild des Herrschers noch stärker als das der nicht-herrschenden Familienmitglieder, obwohl auch deren Charakterisierung von einem „Panzer erstarrter Konventionen und ihres Inhalts längst entleerter Begriffe" umgeben war.

Für die Zeit vor der Aufklärung war die Autorität des Vorbildes, der literarische Topos bestimmender für die Beschreibungen und Charakterisierungen der Herrscher als die Realität. Auf dem Gebiet der Panegyrik, das von der „Modernität" niemals erfaßt wurde, blieb vieles auch nach dem 18. Jahrhundert in dieser Tradition stecken. Die Konstruktion des Herrscherbildes ist noch keineswegs eine Frage der Schaffung von Realität durch Text, wie sie in der modernen Forschung diskutiert wird, sondern – viel simpler – ein Problem der traditionellen Geschichtsschreibung. Streicht man alles formelhafte Beiwerk alter Biographien weg, bleibt wenig, das über eine Frau oder einen Mann aus der Dynastie wirklich ausgesagt werden kann. Die Herkunft dieser verhüllenden Schichten ist mannigfaltig, sie werden aus vorhabsburgischen Vorstellungen und spezifischen habsburgischen Familienlegenden gespeist, die allerdings aufs engste miteinander verbunden scheinen.

AHNEN UND TUGENDEN – LEGENDEN UND KLISCHEES UM DIE HERRSCHAFT DER HABSBURGER

Wie schon oben angedeutet, ist der Panzer, den es zu durchdringen gilt, um den habsburgischen Menschen zu erreichen, bei Herrschenden noch härter und besser verstärkt als bei den anderen Mitgliedern der Familie, wenn der herrscherliche Mythos auch im Laufe der Zeit auf die gesamte Dynastie abfärbte. Jeder habsburgische Herrscher wurde zwar sowohl von seinen Zeitgenossen als auch von späteren Historikern als Einzelpersönlichkeit wahrgenommen, doch stand er gleichzeitig auch in überindividuellen Traditionen; in einer genealogischen und in einer funktionellen. Beide prägten sein Selbstverständnis, aber auch seine Wahrnehmung durch die anderen – modern würde man sagen sein „Image". Genealogisch gesehen war jeder Herrscher ein Mitglied der Dynastie und schon dadurch von der Masse der Menschen – selbst von der privilegierten Schicht des Adels – abgehoben. Das zeigt sich deutlich im Heiratsverhalten der Habsburger: Sogar Ehen mit Hochadeligen galten als nicht standesgemäß. Die genealogische Herkunft und die große Ahnenreihe der Familie stellten auch Stilisierungsmittel dar, die man zum Prestigegewinn einsetzen konnte und die lange Zeit hindurch wirksam blieben. Ähnlich ging man von Seiten der Habsburger mit den Vorgängern im Kaiseramte – den Funktionsverwandten – um; auch sie bildeten eine fiktive Ahnenreihe, in die man sich stellte, um damit den Wert der eigenen Person zu erhöhen und die hervorragende Stellung der eigenen Familie zu betonen. Besonders wichtig waren diese Verhaltensweisen im Heiligen Römischen Reich, das ja bis zu seinem Ende ein Wahlreich blieb: Im Reich war der Legitimationszwang der Dynastie besonders hoch und wurde schon sehr früh auch als Mittel der habsburgischen Propaganda eingesetzt.

Herrschaftsfundierung und deren propagandistische Umsetzung

Um die regierenden Habsburger, die seit 1273 gelegentlich und ab 1438 regelmäßig zu Kaisern gewählt wurden, verstehen zu können, muß man im alten Rom beginnen, denn das römische Weltreich ist ein Ausgangspunkt mittelalterlichen und neuzeitlichen Herrschaftsverständnisses. Der zweite Ausgangspunkt, der in großartiger Weise damit vereint wurde, ist die Vorstellung, daß alle weltliche Macht im Namen Gottes ausgeübt wird, daß jeder Regent einer von Gottes Gnaden ist. Beiden Ideen wurde die im Mittelalter geübte Praxis der Übertragung der Herrschaft durch den Papst, der *translatio imperii*, von dem mit Romulus Augustulus 476 zu Ende gegangenen Weströmischen Reich auf Karl den Großen im Jahr 800 gerecht. Mit dieser *renovatio imperii*, der Wiederherstellung des alten römischen Reiches, sollte ein neues goldenes Zeitalter voll Frieden und Gerechtigkeit beginnen, in dem Christus regieren kann.

Doch diese Sicht des Problems ist noch immer zu einfach; um die Herrschaftsideologie besser zu verstehen, muß man eine weitere Ebene der Interpretation hinzufügen, die in der habsburgischen Selbststilisierung – und nicht nur in dieser – einen zentralen Platz einnahm, nämlich die Anbindung dieser Vorstellungen an die antike Mythologie. Diese spielte vor allem ab dem 16. Jahrhundert die Rolle des Vermittlers des Herrschaftsbildes; selten wurden die Herrschaftsideen und -ideologien anders ausgedrückt als in mythologischen Bildern, die von den Eliten – und nur diese galt es zu beeindrucken und beeinflussen – verstanden wurden. Doch schon im Mittelalter, dem man geneigt ist, in Anlehnung an die Verteufelung durch die Humanisten antike Bildung abzusprechen, wurden diese Zusammenhänge gesehen. Die Sage der Argonauten und die Zerstörung Trojas bilden den Beginn der großen legitimierenden Erzählung, die mit der Gründungsgeschichte Roms durch Äneas ihre Fortsetzung findet. Der Dichter Vergil verschmolz verschiedene Sagenkreise und bildete damit eine imperiale Ideologie vor, die man nur mehr aufzunehmen und weiterzuführen brauchte, ihre Elemente schienen dem Wunschdenken mittelalterlicher und frühneuzeitlicher Herrscher entsprungen zu sein. Die Vorstellung der Gründung eines neuen Troja wurde mit dem mittelalterlichen und frühneuzeitlichen Wunsch nach der Beherrschung des Ostens, den Kreuzzugs- und Welteroberungsplänen in Verbindung gebracht. Die Übertragung der Herrschaft Jupiters auf Rom durch Äneas wurde mit dem Beginn eines neuen goldenen Zeitalters durch den antiken Kaiser Augustus verbunden. Er stiftete angeblich nach einer siegreichen Schlacht einen Apollotempel und erfüllte damit ein Gelöbnis, das Äneas in Cumae abgelegt hatte; dadurch konnte ein neues Jahrtausend des Friedens anbrechen. Diese eigentümliche Kompilation nicht zusammen-

Die Lebenswelt der Habsburger

Für die wirklichen und fiktiven Genealogien der Habsburger wurden von Historikern viele Stammbäume aufgestellt. Der abgebildete stammt aus dem Jahr 1568. Kunsthistorisches Museum, Wien

gehöriger Elemente konnte später relativ leicht eine christliche Umdeutung erfahren, die sich vor allem darauf stützte, daß Christus unter Augustus geboren wurde, woraus man den Schluß zog, dessen Römisches Reich sei Gottes Wille. Bei dieser Interpretation der Geschichte konnte man auf die Ausdeutung des Trau-

mes Daniels aus dem Alten Testament zurückgreifen, denn die letzte der vier Monarchien (Babylon, Persien, Griechenland, Rom), als die man die vier Tiere des Traumes deutete (Löwe, Bär, Panther, Untier mit Hörnern), war dann eben das Reich Gottes. Eine Vermischung der Ideen des Alten Testamentes mit Vergil – und damit mit der antiken Sagenwelt – führte zu eigenartigen Deutungen. So wurde die Eroberung Jerusalems durch Kaiser Titus mit der Wiedererlangung des Goldenen Vlieses gleichgesetzt, Christus als neuer Äneas, Rom als neues Jerusalem, der Kaiser als Nachfolger der Regentschaft einerseits des Priamos und andererseits des biblischen Königs David gesehen. Eine durch prophetische Bücher weit verbreitete Weissagung verkündete, daß diese Nachfolger des Äneas auf ewig im Heiligen Römischen Reich herrschen würden. Damit war eine ausreichende Legitimierung des römischen Weltreiches, das sich noch dazu nach dem Sieg Konstantins über Maxentius an der Milvischen Brücke 312 ohnehin selbst christianisierte, gegeben. Durch die *translatio imperii* ging die Legitimität der Herrschaft vom Römischen Reich nun an die Franken, an Karl den Großen, über. Aber auch die fränkische Herrschaft davor war schon mit den gleichen Elementen legitimiert worden. Chlodwigs Alemannenschlacht war mit der Schlacht an der Milvischen Brücke verglichen, der Sieger als ein neuer Konstantin gepriesen worden. Laut den Geschichtsschreibern der Zeit erschien sogar bei Chlodwigs Taufe – ähnlich wie bei der Taufe Christi im Jordan – eine Taube. Besonders Karl der Große bot sich als ideale Identifikationsfigur für die Herrscher an. Seine Feldzüge im Westen gegen die Mauren und im Osten, wo er der Legende nach das Grab Christi befreite und bei dieser Gelegenheit aus Byzanz wertvollste Reliquien, wie den Kelch des Letzten Abendmahls, Holz vom wahren Kreuz Christi, die Nägel der Kreuzigung und die Dornenkrone mitbrachte, machten ihn zum Ideal imperialen Denkens.

Diese Ausrichtung des mittelalterlichen Herrschertums auf die Kirche und auch auf den Papst, der die Kaiserkrönung durchführen mußte, zeigt sich in vielen Dingen. Nicht nur das Gottesgnadentum, das sich in Titel und Verhalten ausdrückte, ist dafür symptomatisch, auch die Krönung, die der Bischofsweihe immer mehr angeglichen wurde, und die Tatsache, daß der Kaiser den Rang eines Diakons in der Kirche – also den niedrigsten Rang eines Geistlichen – einnahm, sagen viel über die religiösen Wurzeln der Herrschaftsideologie aus. Als höchstem weltlichen christlichen Herrscher stand dem Kaiser – und ebenfalls schon dem nicht durch den Papst gekrönten römischen König – die Weltbeherrschung zu. Seine Aufgabe war es, die Christianisierung der Welt voranzutreiben, die insbesondere im Kampf gegen den Islam thematisiert werden konnte.

Aber das seit dem Hochmittelalter immer wichtiger werdende römische Recht, das dem Herrscher den Titel *Dominus mundi* (Herr der Welt) gab, verstärkte den Anspruch des Kaisers auf eine universale Herrschaft. Blieb in der Blütezeit des Reichs unter den Staufern dieser Anspruch noch auf das Gebiet zwischen Sizilien und Dänemark begrenzt, so vergrößerten sich die Gebiete und Herrschaftsansprüche am Beginn der Neuzeit, also gerade zu dem Zeitpunkt, als die Habsburger sich als Herrscher im Reich etablieren konnten.

Der vieldiskutierte Reichsgedanke bei Karl V. ist aber mehr als die Wiedergeburt der imperialen Ideen des Mittelalters. Der zeitweilige und unrealistische Charakter dieses Imperiums zeigt sich nach der Abdankung Karls und der Teilung der Herrschaft – Spanien an Philipp, die Kaiserkrone an die jüngere (österreichische) Linie des Hauses. Als regierender Kaiser stilisierte sich Karl V. auch als lebender Erbe des Äneas, wobei ihm der Hausorden des Goldenen Vlieses, der ja ebenfalls auf die Sage der Argonauten zurückgreift, sehr zustatten kam. Die Entdeckung der Neuen Welt und eine neue, nun gegen die Osmanen gerichtete Phase im Kampf gegen den Islam, in den auch spanische Vorstellungen der *Reconquista*, des Kampfes gegen die Araber auf der Iberischen Halbinsel, eindringen konnten, weiteten die Dimensionen einer Universalmonarchie in einer bisher nicht gekannten Weise aus. Die Zeitgenossen feierten diese Reichsidee. Um die beiden bekanntesten Beispiele zu nennen, sei ein von Antonio Guevara, einem spanischen Hofprediger und Historiographen, verfaßtes, oft übersetztes und weit verbreitetes Buch über die kaiserlichen Tugenden angeführt, worin dieser die Universalmonarchie verherrlichte. Als zweites sei Tizians Reiterporträt Karls V. erwähnt, der auf ein antikes Vorbild, die Marc-Aurel-Statue in Rom, zurückgriff. Ein weniger bekanntes, aber lange wirksames Symbol der Vorherrschaft Karls V. in Europa schuf Johann Putsch 1537 in einem Holzschnitt einer Allegorie Europas, der Spanien als Kopf, Neapel und Sizilien als linke Hand, den doppelköpfigen Reichsadler als Zentrum und Burgund als rechte Schulter der Figur zeigt. Neben späteren Kupferstichnachahmungen übernahm ein Nürnberger Goldschmied diese Allegorie für die Innenseite der „Weltallschale" Rudolfs II. Man könnte die Idee der Universalmonarchie Karls V. aber auch mit den Ansprüchen der heraldischen Programme seiner Vorgänger – der Wiener Neustädter Wappenwand Friedrichs III., dem Innsbrucker Wappenturm und den graphischen Werken Maximilians I., der „Ehrenpforte" (108 Wappen) und der „Triumphpforte" (101 Wappen) – verbinden.

Mit der endgültigen Trennung der habsburgischen Linien nach der Abdankung Karls V. – eine war kaiserlich, die andere mächtig, wie man etwas überspitzt sagen könnte – war dieser eine Traum ausgeträumt. Er zerfiel in zwei kleinere, weniger leicht verwirklichbare habsburgische Träume; einen spanischen, der schon im 17. Jahrhundert nach dem *Siglo de Oro*, dem goldenen Zeitalter Spaniens, zerrann, und einen kaiserlichen, der noch bis ins 19. Jahrhundert anhielt, wenn auch etwas flügellahm. Obwohl die Reformation und die Türkengefahr diesen Traum der österreichischen Habsburger erheblich beeinträchtigten, blieben die Ideologie, der Anspruch und die Propaganda für eine Herrscheridee bestehen, die sich bis zum Ende der Monarchie am

Leben halten konnte und sie – was das Selbstbewußtsein der Dynastie anlangt – auch noch überlebte.

Im Zeitalter des Absolutismus schöpfte die Herrschaftsideologie sogar neue Kraft. Das große Vorbild blieb natürlich die französische Monarchie unter Ludwig XIV., man darf dabei aber andere Entwicklungen in Europa nicht übersehen. Die Restauration der Monarchie in England, die eine Entscheidung gegen das Widerstandsrecht und für die Autorität des legitimen Herrschers bedeutete, spielte sicherlich im Hintergrund eine Rolle. Die Erblegitimität, eine geregelte Erbfolge und das Prinzip der Primogenitur wurden zum höchsten Ausdruck der Rechtsordnung. Erbfolgekriege waren an der Tagesordnung, und die Regelung der Erbfolge, wie sie die Pragmatische Sanktion darstellte, paßte bestens ins Konzept des absolutistischen Herrschaftsverständnisses.

Doch mit der fortschreitenden Verbreitung der Ideen der Aufklärung – lange vor den Forderungen nach Volkssouveränität – verblaßten die religiösen Masken der Herrschaft. Das Gottesgnadentum wurde, wenn auch nicht wirklich ernsthaft, aber doch in Frage gestellt. Phänomene wie die Selbstkrönung und Salbung im protestantischen Bereich seit dem späten 17. Jahrhundert – hier seien Karl XII. von Schweden 1697 und Friedrich von Preußen 1701 angeführt – waren Symptome dieses Umbruchs des Herrscherbildes.

Die Herrschaftskonzeption der Philosophen der Aufklärung basierte nicht mehr auf katholischen und nicht mehr auf antik-mythologischen Vorstellungen. Dieses aufklärerische Gedankengut drang jedoch in der Habsburgermonarchie nie voll durch. So wurde in diesem Staat – sieht man vom Revolutionsjahr 1848/49 ab – das Gottesgnadentum bis zum Ende der Monarchie nie ernsthaft in Frage gestellt.

Das habsburgische Sendungsbewußtsein

Stand die habsburgische Herrschaft im Reich des Mittelalters – also im Prinzip nur die Rudolfs I. und seines Sohnes Albrecht I. – weitgehend unter dem Zeichen religiöser Herrschaftsfundierung, so machte sich ab der Mitte des 15. Jahrhunderts eine ganz neue Einstellung der Habsburger bemerkbar. Die Dynastie entwickelte ein spezifisches Sendungsbewußtsein, in dem zwar die alten religiösen und mythologischen Momente noch eine Rolle spielten, aber mit der Überzeugung von der Auserwähltheit der Familie verbunden wurden. Schon bei Friedrich III. finden sich Ansätze zu diesem Sendungsbewußtsein der Dynastie. Seine Devise, über die noch zu reden sein wird, das Festhalten an Titeln und Ehren und die vielen von ihm geführten Anspruchswappen von Ländern, die er zwar nie besaß, aber für seine Familie beanspruchte, geben Zeugnis von diesem Bewußtsein des Besonderen, das der Familie zukam. Erst unter Maximilian I. fand dieses Sendungsbewußtsein beredt Ausdruck, es durchzog die Propaganda dieses Kaisers und aller seiner Nachfolger. Die geradezu an Vergöttlichung grenzende Auserwähltheit des Erzhauses, das zur Herrschaft prädestiniert ist, spricht aus allen kulturellen Äußerungen Maximilians; aus seinen autobiographischen Werken wie dem „Weißkunig" und dem „Theuerdank" ebenso wie aus dem propagandistischen Holzschnittwerk der „Triumphpforte" und aus seinem Grabmal in Innsbruck.

Diese propagandistischen Werke sind im Zusammenhang mit dem „ersten großen wissenschaftlichen Unternehmen" – den genealogischen Bemühungen Maximilians – zu sehen. Der Herrschaftsanspruch der Familie wurde damit nicht mehr in erster Linie aus dem religiösen Bereich abgeleitet, sondern durch die besondere Herkunft und „Auslese" der Habsburger legitimiert. Laut den genealogischen Konstruktionen des Gelehrtenteams Maximilians waren alle bedeutenden Herrscher und Helden der Weltgeschichte mit ihm verwandt, aber auch Heilige – darunter vor allem Karl der Große – befanden sich unter den angeblichen Vorfahren.

Zu diesem Familienbewußtsein, das in etwas weniger aufdringlicher Form durchaus auch im Mittelalter üblich gewesen war, kamen zeitspezifische Ausdrucksformen hinzu. Die Idee, über sich selbst in Form einer Autobiographie Rechnung zu legen, wie auch die Verwendung des Triumphmotives wurzeln beide in der Welt des Humanismus und der Renaissance, die seit der Zeit Friedrichs III. auch im habsburgischen Bereich eingedrungen waren. Ein anderer neuer Zug der Ideologie Maximilians I. ist ebenso zeitgebunden. Konnten seine Vorgänger die Vorstellungen über sich und ihre Herrschaft nur mündlich oder handschriftlich verbreiten, so stand Maximilian erstmals ein Medium zur Verfügung, das aus der Propaganda des Hauses Habsburg in der Neuzeit nicht wegzudenken ist: Buchdruck und Druckgraphik. Zwar sind diese Propagandamittel noch nicht mit späteren Maßstäben zu messen, da die Auflagenhöhen sehr niedrig waren – so wurden zunächst 700 Exemplare der „Ehrenpforte" gedruckt –, doch konnten diese geringen Auflagen den Bedarf der zu beeinflussenden herrschenden Schicht befriedigen. Zu dieser Zeit hatten nur wenige Menschen in den habsburgischen Ländern Einfluß auf die Politik: Adelige und hohe Geistliche, vielleicht noch einige wenige Bürgerliche und „Intellektuelle". Die große Masse der vorwiegend bäuerlichen Bevölkerung hätte diese Propaganda gar nicht verstanden, doch war es überhaupt nicht notwendig, sie zu beeinflussen; ihre Teilnahme an der Politik war weder vorgesehen noch denkbar. So hielten sich die zahlreichen Pläne bezüglich Illustrationen und Drucklegung des „Weißkunigs" in verschiedenen Sprachen stets in Dimensionen, die einer kleinen Elite angemessen waren.

Von den gedruckten Werken Maximilians I. macht die Graphikfolge des „Triumphzuges" das Sendungsbewußtsein des Hauses am deutlichsten. Sein Programm entstand im Zusammenwirken mit den Humanisten des Hofkreises, vor allem der Einfluß des bedeutenden Humanisten Stabius ist faßbar. Als Vorbild diente ein klassisches Gemälde der Renaissance, der „Triumphzug" des Andrea Mantegna in Mantua, von dem das 1512 erstellte Programm des maximilianeischen „Triumphzuges" abgeleitet werden kann. Wir können die Entwicklung des Konzepts dieses Werkes in schriftlichen Quellen, vor allem in dem Bericht des bedeutenden Humanisten Peutinger 1516 verfolgen. Prominente Gelehrte und Künstler wie Pirkheimer und Dürer arbeiteten an den Konzepten und Ausführungen mit.

Durch diese Holzschnittserie kam es zur Übernahme und Verbreitung neuer Bildvorstellungen der Renaissance, wie etwa die einer auf Zahnrädern laufenden Kriegsmaschine aus Roberto Valturios Werk „De re militari" (Verona 1483), von der die mechanisch bewegten Wagen im „Triumphzug" Maximilians abzuleiten sind. Die Vorstellung eines Wagens, der sich ohne Räder und ohne von Tieren gezogen zu werden fortbewegte, blieb noch lange Zeit eine Idealvorstellung für festliche Einzüge. Andererseits nahm der „Triumphzug" Maximilians auch traditionelle Elemente auf; die dargestellten allegorischen Figuren, von Dürerschen Holzschnitten abgeleitet, verkörperten die seit dem Mittelalter eingebürgerten Herrschertugenden: *iustitia, clementia, victoria, bonitas, aequitas, fortitudo, prudentia, constantia, securitas, fidentia, ratio* (Gerechtigkeit, Milde, Sieg, Güte, Gleichmut, Stärke, Weisheit, Beständigkeit, Sicherheit, Zuversicht, Vernunft), von denen noch die Rede sein wird. Aus dieser Zeit gibt es außer der graphischen Ausführung auch einige noch aufwendigere Varianten, z. B. ein Triumphrelief, ebenfalls nach Dürer, entstanden 1515/16, das sich heute im Louvre in Paris befindet, oder die Wandgemälde des Triumphwagens im Rathaussaal zu Nürnberg. In den Kontext einer „denkmalartigen" Propaganda wäre auch das Grabmal des Kaisers in Innsbruck einzuordnen, das vor allem seinen genealogischen Interessen huldigte und von dem in einem anderen Zusammenhang noch die Rede sein wird. Die maximilianeische Propaganda setzte vielfach die Maßstäbe für das 16. Jahrhundert. Die Verherrlichung Karls V. in der Kunst ist nicht zu trennen vom Mutterboden maximilianeischer Vorstellungen. An Karl V. wiederum schlossen die nachfolgenden Habsburger der österreichischen wie der spanischen Linie deutlich an. Auch wenn im 16. Jahrhundert die Mitglieder der österreichischen Linie mit inneren und äußeren Problemen ihres Herrschaftsbereichs – der Reformation und der Türkengefahr – beschäftigt waren, so besannen sie sich noch immer auf ihren Herrschaftsanspruch. Zwar nicht in der realen Politik, aber in der Propaganda, die mit Flugschriften, Porträtgraphik und der allgegenwärtigen Emblematik, mit den Sinnbildern und Symbolen der Macht neue Ausdrucksformen gefunden hatte, finden sich diese Ansprüche. Die großen Festlichkeiten, die Hochzeiten, Einzüge und Leichenbegängnisse und die Repräsentationsbauten der Habsburger zeugen von dem Sendungsbewußtsein der Dynastie. Lediglich die Türkengefahr, bei der die Habsburger sich in der Defensive befanden, verhinderte eine volle Ausprägung der „Weltherrschaftspropaganda" der österreichischen Linie des Hauses, wenn auch Anspielungen dieser Art immer wieder erkennbar sind. Die Gleichsetzung von Christus mit der Sonne bzw. dem Sonnenwagen ist eine alte Tradition. Schon für Karl den Großen oder den Staufer Friedrich II. diente die Sonne als Metapher. Maximilian I. zeigt sich im „Triumphzug" unter einem Sonnensymbol, dieses verwendeten auch Karl V. und Philipp II., aber auch Philipp IV. von Spanien, der „El Planeta", der Planetenkönig, genannt wurde. Manchmal, etwa bei dem in seinen propagandistischen Äußerungen übersteigerten Rudolf II., fanden sie sogar einen für eine katholische Dynastie fast blasphemischen Ausdruck. Rudolf II., der sich in seinen Emblemen nicht nur mit der Sonne, sondern sogar mit Christus gleichsetzte, ließ, um nur ein besonders schlagendes Beispiel zu nennen, 1598 eine Medaille auf die Wiedereroberung der Schlüsselfestung Raab aus der Hand der Türken prägen, die die Aufschrift trägt: „Wie Christus durch die geschlossen Tür, so gingen nach Raab wir." Auch sonst sind Anspielungen dieser Art in seiner Propaganda zu finden. Diese Bildsprache gemahnt aber auch an andere, zum Teil spätere, absolutistische Vorstellungen; etwa Ludwig XIV. als Sonnenkönig, des weiteren die Darstellung der Habsburger als Halbgötter in der antiken Mythologie, etwa als Herkulier. Hier griff man auf eine uralte Vorstellung von der Gottähnlichkeit des Herrschers zurück, die zwei Aspekte hat. Einerseits wurde dadurch seine von den übrigen Menschen seines Herrschaftsbereiches völlig abgehobene Stellung betont, andererseits übernahm der Herrscher, wenn er sich als Heros oder Gott darstellen ließ, damit die Verpflichtung, diesem in seinen Taten zu gleichen. Herkules eignete sich besonders als Identifikationsobjekt, weil er die Menschen von Ungeheuern und Feinden befreite. Er wurde daher schon als Ahnherr der griechischen Könige betrachtet, auch in Rom gab es eine Herkulesverehrung, wenn auch zunächst noch keine Gleichset-

Die Habsburger fühlten sich mit Herkules verwandt, der hier den Kaiseradler mit der römischen Kaiserkrone krönt. Das Deckenfresko von Michael Wenzel Halbax von der Antecamera in St. Florian drückt den Anspruch der Dynastie auf die Kaiserwürde aus. Stift St. Florian, Foto: Mai

zung des Kaisers mit Herkules. Dies geschah erst im 2. Jahrhundert durch die Adoptivkaiser, seit dem 3. Jahrhundert war die Kaiserbüste mit Löwenfell, dem Symbol des Herkules, ein verbreitetes Bildthema. Dieses Motiv war dem christlichen Mittelalter wiederum fremd, es bedurfte der Rückbesinnung der Renaissan-

ce auf die Antike, um am Beginn der Neuzeit die Idee der Identifikation mit Herkules wiederaufleben zu lassen. Erst seit der Zeit Ferdinands von Tirol in der zweiten Hälfte des 16. Jahrhunderts sind z. B. Vorbilder wie antike Münzen mit Kaiser-Herkulesdarstellungen nachweisbar, doch vermutet man, daß sie schon von seinen Vorgängen gesammelt wurden. Wie wir aus verschiedenen Zeugnissen wissen, zeigte Maximilian I. Interesse am Herkulesthema. In seinem Briefwechsel mit Peutinger schreibt er etwa, daß er sich durch sein melancholisches Temperament, das als das Beste für Herrscher galt, Herkules geistesverwandt fühle, auch wird er von anderen in Flugschriften als *Hercules Germanicus* bezeichnet. Anspielungen in seinen autobiographischen Werken, wie etwa ein Abenteuer des Kaisers mit einem Löwen im „Theuerdank", können mit Herkules, aber auch mit dem biblischen Helden Samson als alttestamentarischem Herkules in Zusammenhang gebracht werden. Bei Kaiser Karl V., dessen Emblem ja die Säulen des Herkules aufnahm, wird die enge Beziehung zu diesem Halbgott deutlicher faßbar. Von Karl V. existiert auch eine von Leone Leoni geschaffene Bronzebüste (heute im Kunsthistorischen Museum in Wien), deren Vorbild in antiken Kaiser-Herkulesbüsten zu sehen ist. Der Löwenkopf auf der Schulter erinnert an das Fell des nemäischen Löwen der Herkulessage und charakterisiert Karl V. als den neuen Herkules. Solche Herrscherbüsten mit Löwenkopf existieren in der spanischen Linie von Karl V. bis zu Karl II. und in der österreichischen Linie von den Kaisern Rudolf II. bis Leopold I.

Unter Rudolf II. wurde mehrfach auf die Propaganda Karls V. zurückgegriffen, so auch bei der von Adriaen de Vries für Rudolf II. geschaffenen Porträtbüste, die direkt von der Leone Leonis für Karl V. abgeleitet ist. Auch sonst finden wir in der Hofkunst Rudolfs II. immer wieder Anspielungen auf Herkules, z. B. wurden Erfolge gegen die Türken in Ungarn – von Rudolf übertrieben und zu einer Bezwingung des Gegners umgestaltet – durch eine der Taten des Herkules dargestellt. In einer Graphik des Hans von Aachen, die in Gemälden, Reliefs und Medaillen verarbeitet wurde, stellt sich der Kaiser als Herkules dar, der die Hydra besiegt und ihre Köpfe mit der Fackel verbrennt. Diese Hydra der antiken Sage ist durch Fahnen und Symbole als das Osmanische Reich gekennzeichnet. Eine weitverbreitete Verwendung der Herkulessage, die Darstellung des neugeborenen Herkules, der eine Schlange erwürgt, fand sich bis ins 18. Jahrhundert auf Münzen und Medaillen. Schon Philipp II. hatte solche Herkulesdarstellungen auf der Reversseite seiner Medaillen verwendet, sie blieben für die spanische Linie während des ganzen 17. Jahrhunderts charakteristisch. Zum Regierungsantritt Philipps IV. 1621 wurde in Spanien noch eine Medaille geprägt, deren Revers das Bild des schlangenwürgenden Herkules zeigt. Dieses Motiv war in der österreichischen Linie des Hauses noch langlebiger, es wurde vielfach auf Geburtsmedaillen dargestellt, bei Karl VI., bei Erzherzog Leopold († 1701), dem jung verstorbenen Sohn Josephs I., aber auch noch bei Kaiser Joseph II. Auf dem Josephsdenkmal am Wiener Josefsplatz, dessen Umzäunung verschiedene große Bronzerepliken von Medaillen zeigt, fand dieses Bildmotiv noch einmal Verwendung. Die Herkulesverehrung bleibt allerdings nicht auf die Habsburger beschränkt, auch bei Ludwig XIV. findet sie Verwendung. Einer der letzten Belege der Darstellung des schlangenwürgenden Herkules auf einer Geburtsmedaille finden wir beim Sohn Napoleons, dem *Roi de Rome* oder, wie er später hieß, Herzog von Reichstadt († 1832) – mütterlicherseits ebenfalls ein Habsburger. Die antike Stilisierung war typisch für die Zeit des Absolutismus, wobei die Diskrepanz zwischen der katholischen und der heidnischen Bilderwelt kaum ins Gewicht fiel. Bis in die Zeit der Aufklärung war die Bildsprache des Adels eine stark antikisierende. In den barocken Fresken und Gemälden, die der Verherrlichung des Hauses Habsburg dienten, tummelten sich alle erdenklichen antiken Götter. Erst die neue Herrschaftsideologie des aufgeklärten Absolutismus brachte diese Bilder zum Verblassen.

Auch die Habsburger in Spanien waren von einem ähnlichen Sendungsbewußtsein geprägt; der große spanische Dichter Calderón schrieb in einem schwer übersetzbaren Wortspiel: „*solo el rey de España reina*", nur der König von Spanien herrscht wirklich. Das spanische Königtum besaß allerdings neben antiken Heroen und mittelalterlichen Musterkönigen auch ein neuzeitliches Vorbild. Nicht Karl der Große, wie er in Frankreich, vor allem aber im Heiligen Römischen Reich, als Vorbild allen Herrschertums galt, sondern Ferdinand der Katholische († 1516), der die spanische Herrschaft in Italien begründete, den „Eckstein der spanischen Großmachtstellung", fungierte als Idolfigur. Sein Beispiel betonte noch stärker als das des „Heiligen" Karl des Großen eine religiöse Dimension. Sein großes Reich war nach Auffassung der spanischen Habsburger der Lohn für seine tiefe Gläubigkeit, außerdem spielte er als Stifter der dynastischen Verbindung mit der *Casa de Austria* auch eine Rolle als Bindeglied der alten spanischen Vorstellungen zur neuen Dynastie der Habsburger.

Manche der spezifischen Ideen der spanischen Habsburger, die aus deren dynastischem Sendungsbewußtsein entsprungen sind, konnten mit anderen in der Familie tradierten Vorstellungen, vor allem mit der Argonautensage, die auch bei der Gründung des Ordens vom Goldenen Vlies Pate stand, verbunden werden. So entwickelte Philipp II. in Anlehnung an die spanischen Ideen der *Reconquista* und gesamtabendländischen Kreuzzugsideologien den Plan, das Heilige Land zu erobern und seinen Halbbruder Don Juan († 1578) dort zum Herrscher auszurufen. Die Galeere, mit der Philipp an der Spitze des Heeres dorthin reisen wollte,

Bei der von Ferdinand von Tirol ausgerichteten Hochzeit zwischen einem Kolowrat und einer von Payrsberg trat im dritten Aufzug zum Ringelrennen Karl von Burgau als Herkules auf. Kunsthistorisches Museum, Wien

sollte in Anknüpfung an die Vliessage „Argo" heißen und mit Bildern der Argonautensage ausgestaltet sein. Der Zug der Argonauten wurde zur Metapher für den geistigen Kreuzzug ins Heilige Land. Selbst das Schiff des Columbus identifizierte man mit Argo, und die Fahrten von Columbus und Magellan gelten als Argonautenfahrten, weil man die neuentdeckten Länder auch – oder sogar vor allem – unter dem Aspekt der Christianisierung betrachtete.

Diese von der Ideenwelt des Goldenen Vlieses und der Antike gespeiste Vorstellung wurde astrologisch-astronomisch untermauert. Das schon in der antiken Sage als Führer des Argonautenzuges auftauchende Sternbild Aries – so sagten die Astrologen – beeinflußte das Goldene Zeitalter positiv. Dieses Sternbild galt aber auch als Symbol Christi, denn es erscheint zu Ostern und verkündet im Sinne des Christentums die Botschaft von Tod und Auferstehung Christi. Damit konnte an eine spezifische Form der habsburgischen Frömmigkeit, die schon erwähnte Eucharistiefrömmigkeit, angeknüpft werden.

Schon aus diesen wenigen Andeutungen kann man erahnen, daß habsburgische Politik immer unter dem Aspekt ihres Sendungsbewußtseins, das in einer antik-christlichen Tradition stand, zu interpretieren ist.

Philipp II. bildete eine Heilige Liga, die 1571 bei Lepanto einen großen Seesieg gegen das Osmanische Reich errang. Damit schien sich die Tür für eine Eroberung Konstantinopels, Trojas und Jerusalems zu öffnen. Militärisch konnte dieser Erfolg niemals ausgenützt werden, aber propagandistisch vereinigte er alle Fernziele der habsburgischen Weltherrschaftsgedanken. Konstantinopel-Byzanz-Istanbul stand dabei für die Übernahme der Tradition der oströmischen Herrschaft ebenso wie für den Untergang des Osmanischen Reiches. Ein habsburgischer Herrscher in Konstantinopel, dem Zentrum des Oströmischen Reiches, und einer im Heiligen Römischen Reich, dem Nachfolger des Weströmischen Reiches – in dieser Vorstellung drückte sich der Wunsch nach der Beherrschung ganz Europas klarer als je zuvor aus. Dazu kamen die irrealen und fiktiven Aspirationen auf Troja, dessen genaue Lage allerdings erst Schliemann im späten 19. Jahrhundert entdeckte, sowie der Rückgriff auf die antiken und auf das Mittelmeer bezogenen Herrschaftsvorstellungen und der Anspruch auf Jerusalem, das als Zentrum der Pilgerschaft der Christenheit und als Hauptziel der Kreuzzüge auch eine symbolische Bedeutung hatte, die für uns nicht mehr gänzlich nachvollziehbar ist.

Die Verherrlichung der Schlacht von Lepanto erfolgte nicht nur in Hunderten von Flugschriften – angesichts der damaligen Informationspolitik eine unvorstellbare Zahl –, sondern auch in der Kunst; von Tizians Allegorie im Prado bis zu Lepanto-Monstranzen und Lepanto-Kanzeln in Bayern lassen sich hier die Linien ziehen. In seinem Bild „Der Traum Philipps II." hat El Greco auf die Schlacht bei Lepanto angespielt, zum Christusmonogramm IHS, das Philipp erschien, kamen noch die drei Nägel der Kreuzigung, die ein V bildeten, hinzu – zusammen ergab das die Buchstabenkombination IHSV *(= In hoc signo vinces)*, also jene Prophezeiung, die Konstantin an der Milvischen Brücke veranlaßt haben soll, das Christentum anzunehmen. Verschiedene Legenden treffen in dieser Konstruktion zusammen: die Idee vom Eingreifen Gottes in die Geschicke der Welt, die spezielle Christusverehrung der Habsburger und die Herrschaftsfundierung, die auf antike Vorbilder – hier eben Konstantin – zurückging. Zwar blieb die Eroberung des Orients ein Traum, doch konnte Philipp II. damit seine Stilisierung als unnahbarer gottähnlicher Herrscher festigen und seine Ansprüche auf die Herrschaft auch im Reich und die Einigung der Welt im Christentum dokumentieren. Im Jahr 1563 auftauchende Gerüchte, Philipp würde den Titel eines Kaisers von „Indien" (gemeint ist damit natürlich Amerika) annehmen, passen gut in dieses Herrschaftskonzept. Zwar wurde Philipp II. nie Kaiser des Heiligen Römischen Reiches – wie ursprünglich von Karl V. vorgesehen, sollte der Titel ja zwischen der spanischen und der österreichischen Linie wechseln –, aber sowohl in seiner geopolitischen Stärke als auch in seiner Herrschaftsideologie blieb er mächtiger als seine österreichischen Verwandten, er betrachtete sich weiterhin als Erbe Roms. Die Souveränität über Flandern machte ihn auch zum Herrn des Goldenen Vlieses, das in der Stilisierung des habsburgischen Sendungsbewußtseins, wie wir noch sehen werden, eine wesentliche Rolle spielte.

In der Propaganda des 16. Jahrhunderts findet man alle wesentlichen Elemente habsburgischer Selbststilisierung vorgeformt, die dann in der Zeit des Absolutismus wohl eine quantitative, aber kaum mehr eine qualitative Ausgestaltung erfuhren. Der Herrschaftsanspruch des Erzhauses drückt sich in den Lobgedichten ebenso aus wie in der stummen Sprache der Architektur, der Devisen und Embleme oder der zeremoniellen Ausgestaltung des Lebens.

Den wesentlichen Maßstab barocken Herrscherkultes setzten aber nicht mehr die Habsburger, sie liefen vielmehr häufig dem französischen Vorbild Ludwigs XIV. hinterher, dessen Glanz, Repräsentation und auch Sendungsbewußtsein auf ganz Europa ausstrahlten. So fehlt es auch in der neueren Literatur nicht an Versuchen, den Sonnenkönig – etwas biologistisch gedacht – in die habsburgische Familie geradezu einzugliedern. „Man hat den verborgenen Kern seines Wesens in dem spanischen Bluterbe gesucht und die bestimmenden Merkmale seines Herrschertums davon hergeleitet: das feierlich Gemessene in Haltung und Gebärde – die Isolierung der eigenen Majestät durch die hierarchische Ordnung höfischer Etikette – den ‚pharaonenhaften Stolz' der Selbsterhöhung über alle Fürsten, Völker und Staaten – den strengen ‚bürokratischen' Zug seiner Regierungsweise in einem dem spanischen ähnlichen institutionellen Rahmen."

Mit dem langsamen Durchdringen der Ideen der Aufklärung änderte sich nicht nur das Herrscherbild, auch die Manifestationen des habsburgischen Sendungsbewußtseins wurden bescheidener. Zwar blieb die Idee der gottgewollten Herrschaft der Dynastie noch bis zum Ende der Monarchie lebendig, aber man mußte Konzessionen an die Zeit machen. Das 19. Jahrhundert setzte die Traditionen der Vergangenheit fort, es wurden Allegorien der Herrschaft gemalt und gestochen, Symbole, die Ausdruck eines weiterbestehenden Sendungsbewußtseins waren, wurden weiterbenützt, aber die Herrschaft der Familie war entzaubert. Der Rationalisierungsschub der Aufklärung, die Revolutionen in Frankreich – und dann später auch in der Habsburgermonarchie selbst – ließen es nicht mehr so opportun erscheinen, die antiken und christlichen Theorien allzusehr in den Mittelpunkt zu stellen. Die „neuen" Legenden der Herrschaft kamen aus dem „angestammten" Herrscherhaus selbst, man betonte einzelne hervorragende Mitglieder des Hauses in der Geschichtsschreibung und in Schulbüchern und stilisierte auch den lebenden Monarchen zu einer Legende. Auf alle

Allegorie auf Kaiser Maximilian II. mit einem sehr komplizierten Programm, das mit einer Vielzahl von allegorischen Figuren Herrschertugenden, Funktionsverwandte und Machtsymbole zeigt. Albertina, Wien

Die Lebenswelt der Habsburger

Schwinds Gemälde „Kaiser Maximilian in der Martinswand" greift eine Erzählung auf, die mit der habsburgischen Jagdleidenschaft ebenso verbunden ist wie mit der Eucharistiefrömmigkeit. ÖNB, Wien

diese Dinge müssen wir in einem anderen Zusammenhang nochmals zurückgreifen.

Eine Frage, die vermutlich nur ein „Insider" beantworten könnte, ist die nach dem Umgang mit Herrschaftsansprüchen und Sendungsbewußtsein innerhalb der Familie nach 1918. An manchen Manifestationen – z. B. dem Begräbnis der letzten Kaiserin Zita in der Kapuzinergruft am 1. April 1989 – lassen sich noch ungebrochene Kontinuitäten erahnen. In der politischen Realität spielen die Herrschaftsansprüche der Familie keine Rolle, die ein besonderes Sendungsbewußtsein rechtfertigen würde.

Herrschafts- und Familieneigenschaften

Die Herrschaft im Mittelalter wurde nicht bloß durch Gottes Willen – also der Vorstellung des Gottesgnadentums – legitimiert, sondern auch philosophisch durch die Begriffe *necessitas* (Notwendigkeit), *iustitia* (Gerechtigkeit) und *providentia* (Vorsehung). Man argumentierte also sachlich, daß es notwendig sei, daß jemand den Staat leite, dieser Herrscher müsse gerecht sein, durch göttliche Vorsehung sei der römische Kaiser ein gerechter und notwendiger Herrscher. Solche Ideen finden sich bei den Kaisern selbst, wie etwa beim Staufer Friedrich II., aber auch bei den Schriftstellern, die über das Kaisertum schreiben, z. B. bei Dante. Der Herrscher wird durch einen tradierten Kanon an Herrschertugenden: *iustitia* (Gerechtigkeit), *clementia* (Milde), *temperantia* (Mäßigkeit), *fortitudo* (Stärke), *fides* (Glaube), *victoria* (Sieg), *bonitas* (Güte), *aequitas* (Gleichmut), *prudentia* (Weisheit), *constantia* (Beständigkeit), *securitas* (Sicherheit), *fidentia* (Zuversicht) und *ratio* (Vernunft) charakterisiert, diese müssen in jeder Beschreibung eines solchen Herrschers automatisch vorkommen.

Die Kunst des Mittelalters und der Frühen Neuzeit war voll von Allegorien solcher Herrschertugenden, vor allem der vier wichtigsten. Die Gerechtigkeit mit den verbundenen Augen und der Waage ist wohl allen geläufig, aber auch die Stärke symbolisiert durch eine Säule (man könnte wieder Anspielungen auf Herkules als zweite Sinnebene dahinter vermuten!), die Mäßigkeit mit dem Wasserkrug und der Glaube mit dem Kreuz wurden immer wieder dargestellt. Diese allegorischen Figuren der Herrschertugenden gehören zu den Ausgestaltungen von allen Sälen und Gegenständen, die mit Herrschaftsideologie zu tun haben.

Wählen wir als beliebigen Ausgangspunkt der Betrachtung ein langes – wenn auch gegenüber dem Volltext immer noch wesentlich gekürztes – Zitat aus einer panegyrischen Schrift, einer Verherrlichung des Erzherzogs Sigmund Franz († 1665), einem Mitglied der Tiroler Linie der Habsburger im 17. Jahrhundert. Dort heißt es:

„in diese woluerwahrte Balsam-Gefäß in die Gedächtnuß will ich legen souil Zierliche Bluemkräntz vnd Ehren-Cronen / als Ertzfürstl. Tugenten / in dem Helden-Gemüt vnseres Landsfürsten höchst-verdienstlich gegrünet haben. Erstens Die allen / vnd jeden hohen Häuptern sehr notwendige / vnd besonders wol anständige Tugent-Crone die Klugheit Jetzt ziehet mich zu vnsterblichen Preiß / vnd Lob einer seits die Mildreiche Gerechtigkeit / ander seits die gerechteste Mildigkeit / welche beyde ins gesambt vnser höchstwerthes Haupt / SIGISMUNDUM FRANCISCUM / mit einer Crone von Rosen / nit ohne besonders Gehaimbnuß / gezieret haben denen anjetzo auff den fueß hinach folgt munificentia / die Ertzfürstliche Gutthätigkeit / ein gleich so eigenthumbliche Tugent der Grossen als die erstvorgestellte. Nun stimmet deme bey mit gleichlautenden Schall die Messigkeit / ein Närmutter

viler anderer Tugenten / ein beherrscherin der innerlichen Gemütsregungen / vnd äußerlichen Sinnen: ohne welche in der Hertzenstatt alles in der rebellion / vnd auffstandt wider die Vernunfft zu sein pflegt: hingegen wo sie den Scepter führet / da ist innerlicher Friede / vnnd ruhe: da seynd alle andere Tugenten in jhrer Blüte: da seynd die anmutungen vnderworffen dem Verstand. Vnder dessen vermercke ich wol / daß fort / vnd fort ein Ertzfürstliche Tugent der anderen die hand biete / zu krönen vnser Preißwürdigestes Haupt. Da stellte sich jetzt ein die Starckmütigkeit zu sambt der Dultmütigkeit. Nit weniger auch / ja absonderlich / vnd vornemblich von wegen dero Gott wohlgefälliger Andacht / ohne welche sonsten aller zeitliche Weltruhm nur von ein lären vnd eytlen Schall zu halten ist."
Ähnlich wie diese Lobpreisung klingen viele andere, in denen der jeweilige „Mildreichiste / unser Guttähtigste / unser Starkmütigste / unser Gottliebende / und darumen Glückseeligste Ertzhertzog" gepriesen wird. Insbesondere die Herrscher unter den Habsburgern waren in ihren Handlungen von einer Tradition bestimmt, die sie nicht selbst begründeten, sondern lediglich weitergaben und in wenigen Fällen erweiterten. Dieses von der panegyrischen Literatur geprägte Herrscherbild, das vor allem in Lobschriften und Leichenpredigten artikuliert wird, umfaßt einen ganzen Kanon an Tugenden. Die sechs wichtigsten des Hauses Österreich sind *pietas* (Frömmigkeit), *clementia* (Milde), *humanitas* (Menschlichkeit), *politica vera et genuina* (aufrichtige und ehrliche Politik), *liberalitas* (Freigebigkeit) und *studium divinae gloriae promovendae* (das Bestreben, den göttlichen Ruhm zu steigern), auf dieses Tugendsystem wird die *gloria* (Ehre) des Hauses aufgebaut.
Diese Tugenden, zu denen in den panegyrischen Schriften und Predigten unter Karl VI. noch die *gravitas* (Gemessenheit) und die Kombination von *liberalitas* und *affabilitas* (Volksverbundenheit und Leutseligkeit) dazukamen, waren streng hierarchisiert. Von allen diesen Eigenschaften, die man den Mitgliedern der Dynastie zuschrieb, war die *clementia* „die Tugend, die gottähnlich macht, die Königin der Tugenden, die alle anderen einschließt". Die Tatsache, daß die Habsburger diese Tugend ausübten, gab ihnen die wahre väterliche Gewalt über ihre Untertanen. Das Bild des Herrschers ist hier das des „Landesvaters", der seine Untertanen in ähnlich strenger, aber gerechter und letztlich doch milder Weise beherrscht, wie ein Vater seine Familie – zumindest solange deren patriarchalische Struktur nicht in Zweifel gezogen wurde.
Die Religiosität des Herrschers bildete ebenfalls das selbstverständliche Fundament jeglicher guten Regierung. Es vertraten die katholisch-habsburgischen Staatstheoretiker und Publizisten der Gegenreformation

Die Kontuinität zu betonen war vor allem im Heiligen Römischen Reich als Wahlreich besonders wichtig. Der Titelkupferstich der Dissertatio polemica von Schönleben (1680) zeigt daher eine Habsburger Kaiserreihe. Stift St. Florian

tion und des Barock mit Entschiedenheit den Standpunkt, Religiosität und christliche Tugenden seien die Grundfesten der Herrschaft. Die Worte der Heiligen Schrift „*per me reges regnant et legum conditores iusta decernunt*" (Durch mich regieren Könige und erkennen die Gesetzgeber das Gerechte) wurden hier der habsburgischen Herrschaft zugrunde gelegt und die Förderung der Ehre Gottes als eigentliches Fürstenamt angesehen. Schon seit der babenbergischen Herrschaft hatte sich – sehr realpolitisch – die Stellung der österreichischen Landesfürsten als Vögte der Kirche, als *advocatus ecclesiae*, herausgebildet, diese Funktion wurde von den Habsburgern übernommen und verstärkt. Dabei war weniger das weltliche Eingreifen in die Belange der Kirche oder die Schutzfunktion der Landesfürsten so wichtig, sondern vielmehr die grundsätzliche Förderung des Gottesdienstes durch die Dynastie, was vor allem nach der Glaubensspaltung eine enorme politisch-staatsrechtliche Dimension gewann.

Mit dieser Frömmigkeit, der *pietas Austriaca*, von der in einem eigenen Kapitel dieses Buches die Rede war, wird die *clementia Austriaca* als zentrale Eigenschaft der Habsburger verbunden. Das lateinische Wort *clementia* bedeutet in diesem spezifischen Zusammenhang den Verzicht auf Strafe trotz des formalen Rechtes. Die Wurzeln dieser nicht nur habsburgischen Herrschern zukommenden Eigenschaft der Panegyrik liegen in der stoischen Philosophie der Antike ebenso wie in der christlichen Ethik, wobei der heidnische und der christliche Begriff der *clementia* verschmolzen. Diese *clementia*, die in den Fürstenspiegeln verlangt und von den Historiographen der Dynastie gepriesen wird, wurde als eine *imitatio Dei*, eine Nachahmung Christi, und als Pflicht des christlichen Herrschers angesehen.

Frömmigkeit, Milde und Freigebigkeit als ideale, angestrebte Eigenschaften des Fürsten sind nicht erst bei den Habsburgern entwickelt worden, sie gehören seit dem Mittelalter zu dem vorwiegend von Geistlichen geprägten Herrscherideal. Aus der Tradition der mittelalterlichen römisch-deutschen Herrscher, insbesondere der Staufer, denen er sich eng verbunden fühlte, übernahm Rudolf von Habsburg diese Vorstellung, wie sich in den allgemeinen Einleitungen, den sogenannten *Arengen*, der von ihm ausgestellten Urkunden deutlich zeigt. Aber auch bei den Geschichtsschreibern seiner Zeit, z. B. bei Konrad von Mure, wird Rudolf schon *magnanimus, largus, clementis* (großmütig, freigebig, milde) genannt. Ähnliches findet man in der Historiographie auch für andere spätmittelalterliche Habsburger, z. B. bei Ottokar aus der Geul oder Engelbert von Admont.

Als höchster Ausdruck der *clementia* eines Herrschers galt vor allem die Fähigkeit, ihm zugefügtes Unrecht und Ungehorsam zu verzeihen. Der Habsburger Albrecht I. zitierte in diesem Zusammenhang Lukas 7,36–43 (die Geschichte der reuigen Sünderin, die dem Heiland die Füße salbt) und betonte damit die religiöse Fundierung seiner *clementia*, sie ist *imitatio Dei*, die Nachahmung des Herrn.

Einen weiteren Entwicklungsschritt in dieser Vorstellung machte Rudolf IV., der für die ideologische Verankerung seiner Dynastie einen besonders wichtigen Beitrag leistete. Die dem Amte des Herrschenden geziemende Milde wurde bei ihm zu einer den Habsburgern angeborenen Milde, die hohe Würde seines Geschlechtes wird in den Arengen seiner Urkunden als Ursache für die „angeborene militicheit" und „guticheit" genannt. Unter Albrecht III. wurde die weiße Farbe im Bindenschild – ganz entgegen aller sonstiger Farbsymbolik – in Zusammenhang mit der *clementia* gedeutet und damit zu einer Eigenschaft, die dem Hause Österreich vor anderen zukommt, stilisiert. In einer Lobrede auf Albrecht III. heißt es: „So hast du

Immer wieder setzten sich die Habsburger mit bedeutenden Amtsvorgängern in Beziehung. In dieser Graphik stellt Georg Lackner Ferdinand IV. als neuen Konstantin dar. ÖNB, Wien

einen roten schilt, der ist nider mit weiz und bedewt den sig furstleicher macht, der do allzeit loeblich flampt in der rot der lieb inprunstichait und ist gemenget mit der weizz der guet, der senft und der miltichait."

In der Zeit des Humanismus wurde diese Vorstellung von der *innata clementia* (angeborenen „Mildigkeit") des Hauses Habsburg weiter ausgebaut und stärker mit antiken Elementen verbunden. Unter Friedrich III. und besonders unter Maximilian wurde betont, daß die *clementia Caesaris* (die Milde des Kaisers) den Herren von Österreich angeboren sei.

In der Barockzeit war diese Vorstellung schließlich voll ausgebildet, sie fand bei den Schriftstellern und Panegyrikern des Hauses weite Verbreitung; kein Habsburgerlob, keine Leichenpredigt ohne Hinweis auf diese besondere Eigenschaft der Familie. Alle wichtigen Historiographen und Humanisten des Erzhauses im 16. Jahrhundert, der Hofhistoriker Ferdinands von Tirol, Gerhard van Roo, der Humanist und Erzieher Caspar Ursinus Velius oder der Apologet der Habsbur-

Karl der Große, dem die Erneuerung des römischen Reichs gelang, war die Identifikationsfigur schlechthin für alle Kaiser. Bei Karl V. erleichterte der gleiche Name diese Gegenüberstellung mit dem Vorgänger. Biblioteca Nacional, Madrid

ger Nicolaus Vernulaeus benützten die stehende Formel der Habsburger als *iustissimi et clementissimi principes*, als gerechte und dabei milde Fürsten. Erstaunlich ist, daß der „Niederländer" Vernulaeus diese Eigenschaft auch den spanischen Habsburgern zuwies und sogar den gegen sein Land so grausam handelnden Philipp II. verteidigte.

Diese angebliche Milde der habsburgischen Regierung, das rechte Maßhalten im Strafen und im Besteuern, war nach Aussage des Barockschriftstellers Johann Adam Weber der Hauptgrund, warum das Haus Österreich magnetisch die Liebe der Menschen an sich ziehe. Der Beichtvater Ferdinands II. belegte dies durch eine schöne, klischeehafte Geschichte. Er schildert die Teilnahme des Kaisers an den Bußgottesdiensten der Bauern in Steyr, Wels, Lorch und Linz nach der Niederschlagung des Bauernaufstandes. „Wie sie dann den Kaiser sehen, der in Gang, Miene und Blick Freundlichkeit und Güte ausstrahlt, rufen sie aus, niemals hätten sie unternommen, was sie zu erreichen versuchten, wenn sie vorher einmal den Kaiser gesehen hätten: denn er sei die Güte selbst."

Eine große Schwierigkeit für die habsburgtreue Geschichtsschreibung und deren an den Lobesreden geschultes Bild der Dynastie bildeten folglich eben jene Situationen, in denen die Habsburger politisch hart durchgriffen. Die Spur der Habsburger in der Geschichte ist auch mit dem Blut ihrer Gegner geschrieben, diese Tatsache mußte von der habsburgischen Geschichtsschreibung erklärt und gerechtfertigt werden. Schon in der Herrschaftsübernahme des späten Mittelalters war man gegen politische Gegner wie etwa die ständische Opposition und deren Anführer, die Kuenringer, die man mit großem Erfolg als „Raubritter" diffamierte, gewaltsam vorgegangen; in der Neuzeit mehrten sich die Fälle politischer Justiz. Ferdinand I. etwa leitete seine Regierung mit dem Wiener Neustädter Blutgericht ein, in dem die Köpfe der ständischen Opposition rollten, auch die religiösen Auseinandersetzungen der Folgezeit forderten zahlreiche Opfer. Lutheraner, Kalviner und Täufer wurden Märtyrer ihres Glaubens. Ferdinand II. ging ebenfalls hart gegen die böhmischen Aufständischen vor, 1621 wurden 21 von ihnen hingerichtet. Leopold bestrafte die ungarischen Insurgenten der Magnatenverschwörung unbarmherzig, und noch das erste Kapitel der Regierung Franz Josephs ist mit dem Blut der hingerichteten Revolutionäre in Wien und Ungarn geschrieben. Und gar erst die spanischen Habsburger – ihre Machtpolitik in der Neuen Welt, das Blutbad in den Niederlanden und die Vertreibung der Moriskos und Juden aus Spanien forderten unzählige Opfer. Dagegen nahmen sich die Judenvertreibungen durch die Habsburger in Wien 1421 und 1670 geradezu harmlos aus – waren es aber in ihrer gesamten Härte und den dahinterstehenden antisemitischen Vorurteilen keineswegs.

In der Barockzeit bedurfte diese offensichtliche Verletzung der „angeborenen clementia" einer besonderen Erklärung. In seiner Leichenrede für Kaiser Ferdinand II. schrieb Vernulaeus 1637: „Ferdinand II. konnte seine Autorität nicht durch allzu große Sanftmut schwächen und mußte wenige Treulose streng mit dem Schwert bestrafen. Aber auch dies sei *summa humanitas*, nämlich durch den Tod weniger, viele zu bewahren."

Ferdinands Beichtvater Lamormaini, der Ferdinand als idealen christlichen Fürsten der Barockzeit schilderte, ging sogar weiter. Er schrieb, Ferdinands *clementia* sei so groß, daß sie ihm zum Vorwurf gemacht worden sei, daß er die *iustitia* stets mit *clementia* gehandhabt habe, er sei also zuwenig gerecht – was er mit streng gleichsetzt – vorgegangen. Einige Anhänger der Habsburger hatten tatsächlich eine strengere Haltung in konfessionellen Fragen gefordert, z. B. der Konvertit Caspar Schoppe, der eine gnadenlose Ausrottung der Ketzer, vor allem der Kalviner, verlangte und gegen den Kaiser polemisierte, der durch Schonung die Gebote Gottes verletze. Eigenartig muten uns heute manche dieser Versuche an, die Güte der habsburgischen Herrscher zu stilisieren. So wird etwa Karl V. dafür gerühmt, daß er nach seinem Sieg über die Protestanten so „gütig" war, daß er ihre Kirchen und Wohnungen zu schonen befahl, ja sogar das Grab Luthers wurde in Ruhe gelassen und nicht geschändet!

Die *clementia* wurde gelegentlich auch als Falle für die gegen das Haus Habsburg Agierenden eingesetzt, wenn diese Milde erwarteten, aber aus Gründen der Staatsräson Strenge geübt wurde. Kaiser Leopold etwa schrieb während der sogenannten „Magnatenverschwörung" an den Führer dieser Bewegung, Peter Zrinyi, und versicherte ihn seiner Gnade. Der gute Ruf der *clementia Austriaca* wird hier gleichsam als Mittel der Staatsräson verwendet, um den adeligen Insurgenten dazu zu bringen, sich dem Kaiser zu ergeben. In seinen Privatbriefen an den Vertrauten und Botschafter in Spanien, Franz Eusebius Pötting, wurde aber von Leopold klar ausgedrückt, daß er keineswegs milde mit den ungarischen Magnaten umzugehen beabsichtigte. Er schrieb: „Also gehet es zu, ich hoffe aber, Gott werde mir beistehn, und will sie schon ad mores bringen und auf die Finger klopfen, dass die Köpf wegspringen sollen." Vier Todesurteile standen am Ende dieses Kampfes um die ungarische Freiheit. Trotz der harten Haltung des frommen Kaisers wurde die Legende der *clementia* weitergepflegt; der Geschichtsschreiber Valvasor etwa berichtete: „Wobei dann dieses absonderlich merkwürdig, daß I. K. M. bei Unterschreibung der so rechtmäßigen Sentenz aus angeborener Sanftmut und Mitleiden die Tinte mit herzzerbrechenden Tränen zu vermischen sich nicht entbrechen können."

Noch weit ins 18. Jahrhundert hinein wirkte diese Idee der *clementia* nach. Selbst der durchaus andere Ideen vertretende Lehrer Josephs I., Hanns Jacob Wagner von Wagenfels, der das „deutsche" Nationalgefühl stärken und damit die verbreitete Bewunderung für die Franzosen schwächen wollte, kam bei der Begründung des Ruhmes der Habsburger wieder auf dieses alte Klischee zurück; das Lob der *clementia* und die Abwehr des Vorwurfes allzugroßer Milde des Kaiserhauses bildeten die wesentlichen Elemente seiner Argumentation.

Mit der zunehmend rationaler werdenden Politik, also mit dem Gedankengut der Aufklärung, kam der *clementia*, die in der *imitatio Dei* ihre Grundlage hatte, immer weniger Bedeutung zu. Schon Maria Theresia äußerte die Meinung, daß die Milde, Gnade und österreichische Munifizenz ihrer Vorfahren sogar den schlechten Stand der Finanzen verursacht hätten, sie sah also bereits eher die praktischen als die ideologischen Implikationen dieses Modells.

Man könnte beinahe meinen, es sei ganz charakteristisch, daß genau in dieser Zeit, als die Idee selbst brüchig geworden war, deren Verherrlichung durch die Kunst umso intensiver einsetzte. Mitten in diesem Rückzugsgefecht antikisch-christlichen Clementia-Denkens schrieb der Hofpoet der Habsburger Pietro Metastasio einen Bestseller, der dieses Thema zum Inhalt hat. Kaum ein anderer Stoff wurde im 18. Jahrhundert so häufig vertont wie sein Drama „La Clemenza di Tito", das – nach einer Vorlage von Sueton – darstellt, wie der römische Kaiser Titus zwei jungen Verschwörern Verzeihung gewährt. Dieses Drama, das zunächst im Auftrag der Kaiserin Elisabeth Christine († 1750) zum Namenstag Kaiser Karls VI. am 4. November 1734 verfaßt und von dem Hofkomponisten Antonio Caldara vertont wurde, ist danach nicht weniger als vierzigmal als Opernlibretto verwendet worden. Fast alle europäischen Hofkomponisten – nicht nur die der Habsburger – bearbeiteten den Stoff, darunter kein geringerer als Christoph Willibald Gluck, doch das einzige heute noch gespielte Werk entstand am Hof der Habsburger. Zur Krönung Leopolds II. in Böhmen im September 1791 hatte Wolfgang Amadeus Mozart als Krönungsoper „La Clemenza di Tito" komponiert und damit die letzte und ästhetisch wohl überzeugendste Huldigung an diese „habsburgische Familieneigenschaft" geschaffen.

Wenn auch die Habsburger selbst noch sehr lang von der Idee der göttlichen Sendung und des Gottesgnadentums überzeugt blieben, hatten diese Vorstellungen ihre Glaubwürdigkeit bereits im Zeitalter der Französischen Revolution eingebüßt.

Herkunftslegenden

Seit dem Mittelalter war im adeligen Bereich die Herkunft für die Position eines Menschen entscheidend. Ohne den Nachweis der adeligen Abstammung, der im Verlauf der Zeit auf alle 16 Ahnen ausgedehnt wurde (d. h. alle Ururgroßeltern mußten adelig sein), waren viele Chancen versperrt, sowohl im weltlichen wie im geistlichen Bereich. Ohne Ahnenprobe konnte man weder in ein Domkapitel noch in einen geistlichen oder weltlichen Ritterorden eintreten, auch sämtliche höheren Funktionen bei Hof waren für Nichtadelige unzugänglich. Nicht zuletzt aus diesem Grund wurde die Genealogie, die sich mit der Abstammung der Menschen beschäftigt, zu einer bedeutsamen Wissenschaft für die Adeligen. Das sich ab der Neuzeit verstärkende Interesse der Habsburger an ihrer Abstammung ist allerdings nur teilweise mit solchen rein praktischen In-

Die Orientierung der Habsburger erfolgte nicht nur an den großen Figuren der Vergangenheit, sondern auch an den großen Gestalten der Familie. Dieser Stich (1622) stellt Carlos de Austria dar, der zu einem Bild Karls V. aufblickt. Biblioteca Nacional, Madrid

teressen abzudecken, da die Herkunft auch einen die Herrschaft legitimierenden Charakter besaß und daher spätestens zur Zeit Rudolfs I. in einer ganz neuen Weise ins Spiel gebracht wurde.

Als der früheste nachweisbare Ahnherr der Habsburger gilt heute Lanzelin Graf von Altenburg, der in der zweiten Hälfte des 10. Jahrhunderts lebte. Die genealogische Positionierung seines Vaters, Guntram des Reichen, stellt ein Problem dar, da dieser Name nicht eindeutig einer Person zugeordnet werden kann. Wenn dieser Guntram mit dem gleichnamigen Grafen des elsässischen Nordgau ident ist, dann sind die Habsburger Nachkommen eines gewissen Eticho. Das ist deshalb bedeutend, weil auch die Lothringer sich auf diesen Eticho zurückführen und darauf die These aufgebaut werden kann, daß bei der Hochzeit Maria Theresias und Franz Stephans keine neue Dynastie begründet wurde, sondern sich nur zwei alte, getrennte Zweige der gleichen Familie wieder vereinten.

Doch in unserem Kontext stellt sich in erster Linie nicht die Frage der wirklichen Abstammung der Habsburger, viel aufschlußreicher ist die fiktive Genealogie der Dynastie. Die erste uns überlieferte Sage behauptet eine italienische Abkunft des Hauses, doch scheint es sich nicht um eine Familientradition zu handeln, da Konrad von Mure, ein Parteigänger der Habsburger, davon keine Erwähnung machte, diese Abstammung wurde nur von Familienfernen erwähnt.

Im gesamten Mittelalter war eine Ansippung an vornehme Vorfahren durchaus an der Tagesordnung, das heißt man konstruierte Stammbäume, die mit der Realität wenig zu tun hatten, in denen bekannte Herrscher, Heilige etc. vorkamen. Die Dynastie der Luxemburger in Böhmen hatte – um nur ein markantes Beispiel zu nennen – die Räume ihrer Burg Karlstein mit Bildern solcher fiktiver Vorfahren und Amtsvorgänger ausschmücken lassen, die ihre eigene Legitimität erhöhten. Sicherlich erfüllte bei solchen Ansippungen die Sage von der trojanischen Herkunft der Franken eine besondere Funktion für die Herrschaftslegitimierung. An die fränkischen Herrscher konnte man verhältnismäßig leicht anknüpfen, da Merowinger- und Karolingergenealogien bei mehreren mittelalterlichen Autoren überliefert sind.

Die frühen Habsburger suchten im Gegensatz dazu offenbar wenig Verbindungen mit ihren Vorgängern, bis zum Beginn des 16. Jahrhunderts schienen sie kaum Wert auf die Herkunft ihres Geschlechts gelegt zu haben, das dynastische Gedächtnis der Familie ging nur bis zu Rudolf von Habsburg zurück. Auch künstlerische Darstellungen der Ahnen wie bei den Luxemburgern finden sich kaum, die Darstellungen von Habsburgern im Hauskloster in Königsfelden in der Schweiz wurden in frommer Absicht angefertigt, nur die Herzogsstatuen an der Fassade von St. Stephan in Wien dienten explizit der Verherrlichung der Dynastie. Eine erste Notwendigkeit, die familiären Verflechtungen, den Reichtum der Familie und die der Volksmeinung nach wichtige uralte hochedle Herkunft zu betonen, ergab sich allerdings schon aus der Wahl Rudolfs I. zum römischen König 1273. Zwar gab es konstruierte Voraussagen des Königtums Rudolfs, die sich von antiken Quellen ableiten ließen und sich auf Tacitus, die Sibyllen und Sterndeuter beriefen, doch auch die soziale Eignung der Familie Rudolfs zum Herrscheramt wurde in Frage gestellt, da zum ersten Mal ein Mitglied dieser Grafenfamilie zum Herrscher im Reich gewählt wurde und damit einen großen Aufstieg machte. Sicherlich stand das neue Interesse für die Familienherkunft in Zusammenhang mit Ottokars Polemik gegen Rudolf. Als die Kurfürsten 1273 zur Wahl schritten, war ja der böhmische König, dessen Macht die größte im damaligen Reich war, sicherlich ein nicht zu unterschätzender Anwärter auf den Thron. Papst Gregor X. argumentierte allerdings zugunsten eines anderen Personenkreises: *"Cum in Alamannia plures principes et comites habeamus, quare vellemus Sclavum ad imperium sublimare?"* (frei: Da wir doch im alemannischen Raum so viele Fürsten und Grafen haben, warum wollen wir das Reich einem Slawen überlassen?) Nicht zuletzt dieser Gedanke, aber auch die Angst vor einem zu mächtigen Herrscher führte zum Aufstieg der Habsburger. Ottokar reagierte darauf mit einer Diffamierungspolitik, im Zuge derer er Rudolf als *comes minus ydoneus*, als „wenig geeigneten Grafen" bezeichnete und ihm eine dunkle Herkunft *(obscuritas)* und Armut *(pauperitas)* nachsagte. Wiederum als Reaktion auf diese Anschuldigungen ist manches an Propaganda der frühen Habsburger zu verstehen. Das Naheliegendste wäre eine Betonung der Verwandtschaft mit den Hohenstaufern gewesen, doch war das wegen der Haltung des Papsttums gegen diese Familie ebenso bedenklich wie eine Ableitung von Karl dem Großen, da man damit die französischen Könige, die Anjous, die sich ebenfalls auf diesen zurückführten, verärgert hätte. Daher griffen die frühen Herkunftsgeschichten, die hauptsächlich durch Schweizer Herolde verbreitet wurden, auf den römischen Adel zurück.

Im 14. Jahrhundert erzählte der habsburgtreue Geschichtsschreiber Matthias von Neuenburg die Geschichte von zwei Brüdern, die aus Rom flüchten mußten und erklärte sie zu den Stammvätern der Habsburger. Diese einfache Legende mit zwei Brüdern – ein weitverbreitetes volkstümliches Sagenmotiv – erklärt auch die zwei damals bestehenden Linien des Hauses. Mit ihrer Herleitung aus dem antiken Rom standen die Habsburger nicht alleine da, Beispiele für andere deutsche Familiensagen mit italienischer Herkunft finden sich etwa bei den Hohenzollern, aber auch bei anderen Adelsgeschlechtern.

Die Sippe, auf die sich alle diese Familien zurückführten, war die der Colonna. Daß man an eine Herleitung von den Colonna, einem stadtrömischen Patriziergeschlecht, ernsthaft glaubte oder sie zumindestens bei entsprechender Gelegenheit richtig einsetzte, zeigen unter anderem die Lösung der Verlobung der Agnes, einer Tochter Albrechts I., mit einem Colonna 1292/93 unter Hinweis auf die nahe Verwandtschaft sowie ein Brief Friedrichs I. 1306 an Kardinal Colonna mit einem diesmal positiv gefaßten Hinweis auf Verwandtschaft. Aber auch mehrere andere Spuren deuten darauf hin, daß die Habsburger des 14. Jahrhunderts selbst an die Verwandtschaft mit den Colonna glaubten. Die Colonna ihrerseits behaupten seit dem 11. Jahrhundert, Nachkommen des julischen Kaiserhauses zu sein, ihre Geschichte rankt sich ebenfalls um zwei Brüder, wobei in diesem Zusammenhang auch eine Anspielung an das Romulus-und-Remus-Motiv herauszulesen ist.

Ab dem 15. Jahrhundert nannten sich zwei Tiroler Familien – die Vögte von Matsch und die Herren von Völs – auch Colonna, sie nahmen das Wappen der Colonna in ihres auf, um den Habsburgern die Abstammung von diesen zu verleiden. Die Habsburgergenealogie wich daraufhin auf eine andere Familie, diesmal die Pierleoni, aus. Der Geschichtsschreiber Heinrich Gundelfingen, der die alte Sage aufnahm, setzte um 1476 den Namen Pierleoni, den Grafen vom Aventin, statt der Colonna in die Habsburgergenealogie ein. Diese Auffassung wurde bald Gemeingut der Geschichtswissenschaften. Diese Familie bot sich als ansehnliche Verwandtschaft an, die Pierleoni leiteten sich von dem aus der Antike bekannten Quintus Anicius aedilis curulis her, der Familie entstammten die Päpste Felix III. und Gregor I., aber auch der heilige Benedikt, was die Suche nach Heiligen in der Familie erleichterte.

Später wurde die Herleitung der Habsburger aus Rom wieder aufgegeben, ja sogar bekämpft; der Adelige und Historiker Reichart Streun vom Schwarzenau schrieb sogar eine explizite Widerlegung der Herkunft von den Pierleoni für Erzherzog Matthias im späten 16. Jahrhundert, und der Historiograph Franz Guillimann widmete sein Werk, das gegen die römische Habsburgersage polemisierte, Erzherzog Maximilian III. dem Deutschmeister († 1618).

Erst der Konflikt mit Frankreich und der genealogische Nachholbedarf anläßlich der burgundischen Heirat regten offenbar eine intensivere Beschäftigung Maximilians I. mit seiner Herkunft an. Der Humanistenkreis um Maximilian I. verband die Habsburger mit den Merowingern und konnte damit an deren Herkunftssage anschließen, in welcher diese von Priamus von Troja abgeleitet wurden. Für die Spätphase Maximilians ersetzte diese neue Genealogie der Habsburger die Sage von deren römischer Abkunft, sie spiegelt sich in den Figuren des Maximiliansgrabes ebenso wie in den „Heiligen der Sipp-, Mag- und Schwägerschaft Kaiser Maximilians I.", also der männlichen und weiblichen Verwandtschaft Kaiser Maximilians. Eine erste Thematisierung der Trojaner-Merowingersage bei den Habsburgern erfolgte – wie kürzlich nachgewiesen wurde – erst durch Jakob Mennel 1507, wobei seine Ansippung der Habsburger an die Merowinger etwas grundsätzlich Neues darstellte, auch wenn sie bekannte Elemente enthielt. Mennel verband vier Themenkreise miteinander: die trojanische Herkunftssage der Franken, die Geschichte des Merowingers Othbert – laut Mennel der Stammvater der Habsburger – und seines gleichnamigen Sohnes, die Herkunft der

Zähringer und ihre Verwandtschaft mit den Habsburgern und eine genealogische Reihe der Habsburger, die aus anderen Quellen ebenfalls bekannt ist. Der entscheidende Name Othbert ist in der merowingischen Genealogie nicht bezeugt, kommt allerdings in der Gründungslegende von St. Trudbert im Schwarzwald vor. Aus der naheliegenden Ähnlichkeit der Namen Theudebert und Othbert – die Leitnamen adeliger Sippen enthielten meist gleiche Namensbestandteile – konstruierte Mennel als originelle Leistung eine genealogische Brücke. Bei aller Betonung der Konstruktion Mennels darf man das Beispiel der Herzöge von Brabant, bei denen bereits etwas Ähnliches existierte, nicht übersehen. Diese hatten eine genealogische Rückführung ihres Geschlechtes auf die Karolinger und die Merowinger mit einer Geschichte der Heiligen *ex stirpe ducum* (aus der Sippe des Herzogs), verbunden, ähnlich hat ja auch Mennel die Zusammenstellung der Heiligen aus der habsburgischen Familie mit seiner genealogischen Forschung verknüpft. Der brabantische Familienmythos war Mennel – vermutlich durch burgundische Vermittlung – bekannt, er exzerpierte auch Teile der Genealogie von dort. Ihren krönenden Höhepunkt fand die genealogische Konstruktion in Jakob Mennels „Ain hüpsche Chronik von heidnischen und christlichen küinigen der Teutschen und Wälschen", in der sich die lange nachwirkende Behauptung findet, die Habsburger hätten alles edle Blut Europas in sich vereinigt.

Protonationale Züge, die bei einer so international verflochtenen Familie grundsätzlich lächerlich sind, werden in diesen genealogischen Bemühungen greifbar, die italienische Abstammung wurde unter dem Einfluß etwa des Trithemius, Abtes von Sponheim, zugunsten einer „national" gerichteten Habsburgerforschung aufgegeben, deren Ziel es sein sollte, nachzuweisen, daß die Habsburger *ex antiquissima regum Francorum stirpe procreatus*, also von den Franken abstammen. In diesem Sinne war Mennels Konstruktion sehr brauchbar, sein Stammbaum enthielt vor allem „deutsche Ahnen", die noch dazu als besonders fromm galten, wie etwa den heiligen Morandus oder Othbert, Vater der heiligen Ottilie und Gründer von St. Trudbert im Schwarzwald. Mit solchen vermeintlichen Verwandtschaften konnte man auch die Westgoten und Burgunder in die eigenen Vorfahren eingliedern. Im 18. Jahrhundert entwickelte sich der Versuch, die Habsburger und Lothringer, die ohnehin engst verwandt waren, auf ein gemeinsames Haus Elsaß zurückzuführen. Dieser Gedanke gewann im Zusammenhang mit der Heirat Maria Theresias mit Franz Stephan von Lothringen und der Durchsetzung der Pragmatischen Sanktion unter Karl VI. an Bedeutung. Die „Forschung" machte es sich zum Ziel, eine lückenlose Verbindung zwischen

Eines der Bücher, in denen die „Schwarze Legende" über Spanien und die Habsburger verbreitet wurde. Titelkupfer aus dem Jahr 1620. Biblioteca Nacional, Madrid

den Habsburgern und den Merowingern festzustellen und dabei die Habsburger als Abkommen Karls des Großen wenigstens in weiblicher Linie festzulegen. Dennoch bestanden beide Herkunftstheorien – die römische und die fränkische – noch längere Zeit nebeneinander und beanspruchten die Aufmerksamkeit der Hofhistoriker und Genealogen.

Doch gab es auch andere noch phantasievollere Ableitungsversuche, in denen verschiedene alte Kulturen vermischt wurden, die man durch vermeintliche genealogische Verhältnisse in Beziehung setzte. Verwegene Konstruktionen erlaubten den Genealogen, das Alte Testament mit Ägypten, dann mit Rom und von dort mit den Franken zu verbinden. So bestärkte Stabius Maximilian I., sich als Nachfahre Noahs auszugeben. Dies hätte den Vorteil gehabt, daß damit Cham und dessen in der mittelalterlichen Mythologie als sein Sohn angesehener ägyptische Gott Osiris, der seinerseits wieder mit dem Apisstier gleichgesetzt wurde, in der Ahnenreihe erscheinen. Osiris findet sich auch im Stammbaum der Colonna, womit man wiederum an eine alte Herkunftstheorie anschließen konnte. Solche Ansippungen an die großen Gestalten des Alten Testamentes und des Orientes gehen so weit, daß es sogar Spekulationen über eine Präfiguration habsburgischer Herrschaft im Alten Testament gab. Michael von Eytzing z. B. leitete in einer Maximilian gewidmeten Schrift einen solchen Bezug aus den Erzvaternamen Methusalem Adam, Cainan, Seth, Anoch, Enos, Malaleel, Jared, Lamech und Noah ab, deren Anfangsbuchstaben MACSAEMILN ergeben.

Geistesgeschichtlich und propagandistisch am wichtigsten blieb aber sicher die schon bei römischen, mittelalterlichen und Renaissanceherrschern verbreitete Anknüpfung an Äneas, aber auch an das Alte Testament, so daß sich heidnische und hebräische Elemente verbanden. Die großen Vorbildgestalten Konstantin und Karl der Große betonten das trojanische Erbe, die Hohenstaufer betrachteten David als ihren Vorfahren, ebenso die Burgunder und Luxemburger. In Anbetracht dieser Ansprüche auf Herrschaft aufgrund der Familienzugehörigkeit überrascht Maximilians I. zunächst eigenartig klingende Idee, den byzantinischen Kaisertitel und die päpstliche Tiara anzustreben, kaum. Hier verbinden sich die Herkunftslegenden, die alles andere als rein genealogisch sind, mit den Herrschaftsansprüchen, die implizit in dieser Vorfahrenreihe stecken. Ob man die Verwandtschaft mit der Antike und den biblischen Königen über die fränkische oder die römische Verwandtschaft konstruierte, mochte variieren, wichtig war letztlich für die Frühe Neuzeit, daß man sich auf diese herrschaftskonstituierenden Legenden berufen konnte.

Aber noch eine besondere Ansippung der Habsburger ist aufschlußreich für ihr Selbstverständnis, und zwar die denkbare Verwandtschaft mit den Babenbergern, die in der Historiographie konstruiert wurde. Diese waren nicht nur ihre „Amtsvorgänger" in den österreichischen Ländern, sondern auch durch ihre Versippung mit den kaiserlichen Dynastien des Hochmittelalters Träger des Königsheils.

In der „Chronik der 95 Herrschaften" von Leopold Stainreuter, auch Leopold von Wien genannt, wurden die Babenberger im 14. Jahrhundert im nachhinein aufgewertet und zu Herrschern im Reich gemacht. Es heißt dort an einer Stelle: „Marggraf Chunrat ward römischer künig und machet die marggrafschaft ze Österreich zu ainem Herzogtumb. Er schraib sich Chunrat von gotes gnaden römischer künig, allzeit ein merer des reichs, und herzog zu Österreich." Da dieses Werk der Geschichtsschreibung vermutlich aus der Umgebung Rudolfs IV. stammt, sind Beziehungen zu den im *Privilegium maius* geäußerten Ansprüchen der Habsburger wahrscheinlich. Die Wappen der sagenhaften Fürsten dieser „Chronik der 95 Herrschaften" wurden noch von Friedrich III. in der Wappenwand der Georgskapelle in Wiener Neustadt abgebildet, und im berühmten „Klosterneuburger Stammbaum" des Sunthaym aus dem Jahre 1505 werden die Babenberger auf die Familie der Colonna zurückgeführt, ähnlich wie es auch eine Theorie für die Habsburger behauptete.

Erst spät, gegen Ende des 17. Jahrhunderts, kam eine Art „wissenschaftlicher" Auseinandersetzung mit der Herkunft der habsburgischen Dynastie auf, die die bisherigen Konstruktionen verwarf und damit die Herkunft des Herrschers entmythologisierte, entzauberte. Aber in einem neuen Zeitkontext spielten die geistesgeschichtlich so bedeutsamen Wurzeln nicht mehr eine so wichtige Rolle, die Herrschaft war gefestigt und berief sich inzwischen auf eine andere Legitimation. Die reale Machtdemonstration des Staates wurde von subtileren Prozessen der Verinnerlichung von Macht unterstützt, vor allem durch jenen Prozeß der Disziplinierung, dem man in der Frühen Neuzeit die Untertanen unterworfen hatte.

Grundsätzlich besteht seit dem späten Mittelalter in der österreichischen Landesgeschichtsschreibung eine Spannung zwischen der Weigerung, die Geschichte der Habsburger mit der Geschichte Österreichs zu identifizieren, und der Idee, die Habsburger seien von der Vorsehung bestimmt, Österreich zu beherrschen. Letztlich findet sich diese Frage – wenn auch häufig nicht wirklich offen diskutiert – auch in der jetzigen Geschichtsschreibung Österreichs bzw. der Habsburgermonarchie. Am Beginn der Frühen Neuzeit – aber wenn man will auch noch bis heute – war die „nachweisbare" Verwandtschaft mit Heiligen wichtig für jede katholische Dynastie. Die „Heiligen der Sipp-, Mag- und Schwägerschaft Maximilians I." wurden ebenfalls von Jakob Mennel erforscht. Der größte Teil dieser vermeintlichen – aber auch wirklichen – Verwandten entstammte den Geschlechtern der Merowinger und Karolinger, aber auch Verwandte der englischen und schottischen Königsfamilien findet man in dieser Aufzählung von 123 Heiligen und 47 Seligen, darunter befinden sich aber auch Heilige ohne „Rang", in erster Linie solche aus den habsburgischen Stammländern, die dort besonders verehrt wurden und aus diesem Grund in die Sammlung aufgenommen wurden. In späterer Zeit konzentrierte man sich vor allem auf einen Heiligen, dem man sich auch verwandtschaftlich verbunden fühlte, den heiligen Leopold, der als österreichischer Markgraf ein Vorgänger der Habsburger und im Sinne der Ansippung auch ein Verwandter war. Dieser spielte in den identitätsstiftenden Staatsmythen der Barockzeit, aber auch schon davor eine bedeutende Rolle, selbst der große Mythenzerstörer Joseph II. beließ den Leopoldsfeiertag.

Schon Maximilian I. pflegte eine intensive Beziehung zu Leopold; er bestimmte, daß Leopoldskirchen nach

Einer der monumentalsten Habsburgerstammbäume befindet sich im Habsburgersaal auf Schloß Tratzberg in Tirol. ÖNB, Wien

seinem Tod in Wels und Innsbruck gebaut werden sollten, und bestellte auch eine Statue Leopolds für sein Innsbrucker Grabmal. Ebenso wie Leopold zu einem habsburgischen Namen des Spätmittelalters wurde, der an die Babenberger erinnern sollte, nannte auch Maximilian I. einen seiner natürlichen Söhne Leopold von Österreich, dieser war 1541 Bischof von Córdoba geworden und starb 1557.

Eine besonders starke Beziehung zum heiligen Leopold, und damit auch zu seiner Verehrungsstätte Klosterneuburg, hatte Erzherzog Maximilian III. der Deutschmeister, der 1613 einen sakralen österreichischen Erzherzogshut stiftete, der Ausdruck des Bedarfes nach Symbolen in einer Krise der Herrschaft war. Zwar war der heilige Leopold zu dieser Zeit noch nicht offizieller Landesheiliger, seine Erhebung war aber gewissermaßen schon in Vorbereitung. Als der Erzherzogshut am 15. November 1616 übergeben wurde, plazierte man ihn auf einer Reliquienbüste, die den Schädel Leopolds enthielt und seine vermeintlichen Züge trug. Diese Schädelreliquie wurde gemeinsam mit Dornen und Rohrstab Christi wie bei mittelalterlichen Königskrönungen präsentiert. Auch 1608 beim Einzug von Erzherzog Matthias in Wien gab es eine zukunftsweisende Triumphpforte am Kohlmarkt:

„auf deren hoch S. Leopold stund
Gegen vber in gleichem Bund
S. Stephan der erst König Christlich."

Gerade in der Gegenüberstellung mit dem ungarischen Landespatron zeigt sich deutlich seine Position im Denken der Habsburger. Zwar wurde der heilige Leopold erst 1663 Landespatron, doch seine Verehrung ist auch in dem frühen genealogischen Zusammenhang der Herrschaftslegenden der Habsburger nicht zu vernachlässigen.

Legenden und Klischees der Historiographie, der Schulbücher und des Films

Die bisherige Darstellung hat sich um einige ebenso schwierige wie schwerwiegende Fragen gedrückt. Wer erfand diese Klischeebilder über die Habsburger, von wem gingen sie aus? Von ihnen selbst, in dem Sinne, daß sie alles propagandistisch durchplanten? Oder von einem Hofkreis, der im Dienste und Sold des Herrschers, aber nicht direkt von ihm beeinflußt, arbeitete? Wer waren also die Verbreiter solcher Legenden, und wen konnten sie damit erreichen?

Die Lebenswelt der Habsburger

Je weiter wir in der Zeit zurückgehen, desto weniger sind diese Fragen seriös zu beantworten, wir können nur Vermutungen äußern, Rückschlüsse aus späteren Zeiten ziehen. Für die Stilisierung der mittelalterlichen Habsburger ist vor allem die Geschichtsschreibung eine wichtige Quelle, daneben scheint es aber auch eine Art von „volkstümlicher" Propaganda gegeben zu haben, die sich in Legenden, die von Angehörigen von Bettelorden, Herolden und anderen verbreitet wurden, äußerte. So erzählte man über Rudolf I. zahlreiche Anekdoten, wie die von der Wolke in Kreuzform, die bei seiner Krönung auftauchte, oder die bekannte Geschichte mit dem Priester, dem er für den Versehgang sein Pferd zur Verfügung stellte. Es war eine recht einfache Schablone, nach der das Bild des mittelalterlichen Herrschers gestaltet wurde: er war fromm, edel und gut. Obwohl der Adel und die Kirche politisch dominierten, finden sich in dem Bild des leutseligen, klugen und gerechten Königs schon durchaus bürgerliche Züge, was auf einen ebensolchen Rezipientenkreis schließen läßt. Zu den volkstümlichen Legenden und der Geschichtsschreibung, die nur sehr wenige, die lesen konnten und Zugang zu den handschriftlich überlieferten Büchern hatten, beeinflußten, kamen am Beginn der Neuzeit andere Medien hinzu. Buchdruck und Flugblatt wurden ebenso wichtig wie Predigten in der Zeit der Gegenreformation, sie erreichten das Volk und stellten eine Art von Meinungsmultiplikator dar. Auch andere Medien wie Münzen, Medaillen, Denkmäler und Porträts in Malerei und Graphik sowie Repräsentationsbauten wirkten auf die Imagebildung der Habsburger ein. Diesen Fragen sind wir schon in einem anderen Kapitel dieses Buches nachgegangen.

Ein wesentlicher Aspekt der Habsburgerklischees, die heute noch bestehen, ist deren Bild in der Geschichtsschreibung. Dieses spiegelt bis ins 19. Jahrhundert hinein – und in manchen Ausläufern der populärwissenschaftlichen Literatur bis heute – die Bilder der Vergangenheit. Die Tradierung alter Klischeebilder ist auffällig und zeigt sich noch stärker als anderswo in den Biographien von Frauen. So sind die Bücher über habsburgische Ehefrauen oder Erzherzoginnen häufig voll von alten, religiös geprägten Formeln; nach den Biographien des 19. Jahrhunderts waren fast alle diese Frauen nur fromm und wohltätig. Man vermißt irgendwelche Widerstände oder Schwierigkeiten, mit dem erzwungenen Rollenverhalten zurechtzukommen. Alle diese Probleme, die wir hervorragend am Beispiel der gut erforschten Kaiserin Elisabeth sehen, können aber nicht völlig ausgeblendet worden sein. Sicherlich lebten frühere Habsburgerinnen in einem Korsett starker Klischees, aber hinter diesen Fassaden waren sie immer noch Menschen, mit Schwierigkeiten, Ängsten und Freuden. Geschichtsschreibung bleibt noch immer von den Quellen geprägt, die einer Zensur bzw. Autozensur unterlagen, aber wenn man die Quellen gegen den Strich liest, kann man solche Widersprüche entdecken und aufzeigen. Die ältere Historiographie hat sich im wesentlichen in der ständigen Wiederholung von Klischees erschöpft, insbesondere was die Darstellung der Frauen anlangte. Bei den Männern, selbst bei den regierenden, ist die Auswahl bezeichnend – es sind nur wenige Habsburger, die das Bild der Familie prägen. Der historisch Interessierte, aber nicht Fachhistoriker, kennt vermutlich nur eine Handvoll Habsburger: den armen Grafen Rudolf am Beginn der Familienstory, Maximilian, den Letzten Ritter, vielleicht noch Rudolf II., den Wahnsinnigen auf dem Kaiserthron, oder den frommen Barockkaiser Leopold I., dann sicherlich Maria Theresia, die gute Landesmutter, den großen Reformer Joseph II., den „guten Kaiser Franz" und schließlich den armen, alten Kaiser Franz Joseph. Gegen jedes dieser weitverbreiteten Klischees lassen sich von einem kritischen Standpunkt jede Menge Einwände erheben.

Bei allen diesen von der habsburgtreuen Geschichtsschreibung ausschließlich positiv beurteilten Herrschern ließen sich Korrekturen am Bild anbringen, auch peinliche Fragen stellen. So war Rudolf I. weder arm noch unbedeutend, noch auch nur annähernd so fromm wie die Legende es will, war Maximilian keineswegs ein rückwärtsgewandter mittelalterlicher Ritter, sondern einer der großen Modernisierer am Beginn der Neuzeit, und das Bild Rudolfs II. hat in letzter Zeit erhebliche Korrekturen erfahren, viele kulturelle Aspekte seiner Tätigkeit werden keineswegs mehr als Verrücktheiten gesehen. Wenn man den katholischen Standpunkt der habsburgtreuen Geschichtsschreibung verläßt, sieht man bei den Kaisern der Gegenreformation die Brutalität der religiösen Unterdrückung, die Intoleranz gegen alle Andersgläubigen und die ungeheuerliche Überheblichkeit. Maria Theresia war unter diesem kritischen Blick keineswegs die große, aufgeklärte Monarchin, man könnte ebenso ihre stark katholisch-absolutistischen Züge betonen, etwa auch nach ihrem Verhältnis zu den Juden fragen und dabei in Abgründe blicken, für die uns spätere Entwicklungen sensibilisiert haben. Ähnlich kann man sich in dem Streit um den uneinheitlich beurteilten Joseph II. auf die Seite der Kritiker schlagen und seine offenkundigen despotischen Züge betonen. Der gute alte Kaiser Franz war ein sehr mittelmäßiger Geist und keineswegs ein so guter Herrscher wie das Klischee es will, ebenso wie bei Franz Joseph schuf die lange Regierungszeit offensichtlich einen Gewöhnungseffekt, dessen Resultat ein positives Bild war. Franz und noch viel mehr Franz Joseph waren Herrscher gegen den Geist ihrer Zeit, widersetzten sich der Modernisierung auf vielen Gebieten, stellten für die nationale Frage und die politische Gestaltung der Monarchie Weichen, die den Staatszug in eine falsche Richtung führten und schließlich zum Entgleisen brachten. Trotz all dieser hier nur angedeuteten kritischen Ansatzpunkte erfreuen sich diese Herrscher großer Beliebtheit bei Historikern und interessierten Laien. Doch noch bezeichnender für das Image der Familie sind die ausgeblendeten Herrscher, von denen man weder spricht noch schreibt, wenn man dem Hause Habsburg huldigt.

Schon Karl VI. kommt häufig nur als Vater Maria Theresias vor, Ferdinand der Gütige wird kaum erwähnt. Dies zeigt sich nicht nur in der Geschichtsschreibung, sondern auch im modernen Medium der Ausstellung – Maximilian I., Rudolf II., die barocken Herrscher verdeckt durch den Prinzen Eugen, Maria Theresia und Joseph II., aber auch Franz Joseph und seine Zeit waren Landesausstellungsthemen in Österreich –, diskret übergangen wurden dabei die anderen, schwachen oder gar völlig unfähigen Regenten.

Das Medaillon an einer der Säulen des Josephsdenkmals in Wien ist einer zur Geburt Josephs II. geprägten Medaille nachgebildet und zeigt Herkules als Schlangenwürger. Foto: Vocelka

Neben den Regenten gibt es aber noch eine Reihe von nicht regierenden Mitgliedern der Familie, die von der Geschichtsschreibung besonders hervorgehoben werden, allen voran Erzherzog Johann († 1859), aber auch Kaiserin Elisabeth und Kronprinz Rudolf. Hier war es lange Zeit weniger der „seriöse" Historiker, der sich dieser Themen annahm, sondern die romantisierende Romanliteratur und Regenbogenpresse, aber auch der Film, der Klischees schuf und/oder tradierte. „Erzherzog Johanns letzte Liebe" und die „Sisi-Trilogie", um nur die bekanntesten Beispiele zu nennen, haben mehr als alle historisch fundierten Darstellungen das Bild der Habsburger des 19. Jahrhunderts geprägt. Der junge, schöne Franz Joseph (alias Karlheinz Böhm), der in Ischl auf die Jagd geht, und die noch schönere Sisi (alias Romy Schneider) sind tief ins Bewußtsein der Menschen eingedrungen und prägen die Vorstellungen vom Leben bei Hof, von den Menschen der habsburgischen Familie zutiefst. Filmische Illusion und historisches Wissen verschmelzen.

Eine ähnliche Breitenwirkung erzielten zweifellos in früherer Zeit die Schulbücher, die bis 1918 – und auch hier muß man wieder hinzufügen: und weit darüber hinaus – voll von patriotischen Geschichten und Habsburg-Anekdoten waren. Gerade dieses Anekdotenhafte des Habsburgerbildes wirft aber ähnliche Fragen auf, wie sie schon in der Auswahl der herauszustellenden Personen angedeutet wurden. Die eigentliche Kunst lag in der Auswahl, im Weglassen. Nur ein Beispiel, um dieses zu erläutern. Über Kaiser Joseph II. findet sich in fast jedem Geschichtsbuch, daß er einem Bauern in Mähren den Pflug aus der Hand nahm und selbst eine Furche im Acker pflügte. Diese Episode, die Volksnähe vermittelt, ist also auch heute weit verbreitet. Hingegen sind Anekdoten, die negative Seiten des Herrschers beleuchten und die selbstverständlich vor 1918 ausgeblendet waren, bis heute nicht in die Schulbücher oder populäre Literatur aufgenommen worden; unkritisch werden immer noch die positiven Züge der Herrscher betont. Als Beispiele sollen ein Unfall, der Joseph selbst große Probleme bereitete – das versehentliche Erschießen eines Treibers bei einer kaiserlichen Jagd –, oder die schöne Geschichte, wie er aus einem verrufenen Wirtshaus am Spittelberg hinausgeworfen wurde, angeführt werden.

Allerdings gibt es auch ein negatives Klischeebild der Habsburger, das man nicht vernachlässigen darf. Schon in frühen Zeiten setzte sich bei den Gegnern der Dynastie, vor allem bei den Protestanten, die *Leyenda negra*, die schwarze Legende der Habsburger durch. Diese bezog sich allerdings mehr auf die spanischen denn auf die österreichischen Habsburger und betraf eher das Image des Landes als das der Familie. Die vor allem von den Niederländern und Engländern verbreitete *Leyenda negra* war antispanisch und antikatholisch, die weit verbreiteten Werke von Schriftstellern wie Theodore de Bry, Richard Hakluyt, Hans Stadler, aber auch des Italieners Girolamo Benzoni trugen zu dem negativen Bild wesentlich bei. In dieser politischen Polemik spielte einerseits die Kritik an der Ausbeutung Lateinamerikas und der Vernichtung der dortigen Kulturen eine Rolle, andererseits die Unterdrückungsversuche der Spanier im niederländischen Freiheitskampf. Ein solcher typischer Titel einer Schrift aus dem Jahre 1620, in der die *Leyenda negra* verbreitet wurde, spricht für sich: „Le Miroir de la Cruelle & horrible Tyrannie Espagnole perpetrée au Pays Bas" (Spiegel der grausamen und schrecklichen spanischen Tyrannei, verübt in den Niederlanden). Ein Teil dieses Negativbildes betraf auch Philipp II. als Person, vor allem der Mythos Philipps als despotischer Mörder seines Sohnes Don Carlos († 1568) und seines Halbbruders Don Juan de Austria († 1578), ein Klischee, das von William von Oranien, Friedrich von Schiller, André Chenier, Victor Alfieri und Nuñez de Arce in ganz Europa verbreitet wurde.

Auch politische Vorwürfe gegen Österreich in der ersten Hälfte des 19. Jahrhunderts wurden unter dem Schlagwort der schwarzen Legende zusammengefaßt, die sowohl von den außenpolitischen Gegnern der Monarchie als auch von Magyaren, Tschechen, Italienern, aber auch den Deutschen der Monarchie verwendet wurde. Sie zeichnete ein negatives Bild der vormärzlichen Staatsführung und betonte deren politische Justiz und Unterdrückung. Von unserem Standpunkt aus kommt das der Wahrheit nahe, aber in der offiziellen Propaganda des Hauses und der Gesamtmonarchie wurde dieses Fremdbild als „Schwarze Legende" angesehen.

Nach 1918 gab es selbstverständlich mehr Raum für negative Bilder der Familie oder einzelner ihrer Mitglieder. Solche negativen Bilder wurden aus politischen Gründen vor allem in den demokratischen Nachfolgestaaten, die ihre habsburgische Vergangenheit verteufelten, und so auch in Österreich gepflegt. Überraschenderweise finden sie sich nicht nur bei Kommunisten, Sozialdemokraten und Deutschnationalen, die schon vor 1918 mit den Hohenzollern sympathisierten, sondern auch bei vielen Christlich-Konservativen. Manche der neuen Legenden über die Habsburger kämpfen gegen alte Legenden an, versuchen diese zu zerstören oder zu verdrängen. Ein besonders gutes Beispiel dafür bietet das Werk Alexander Lernet-Holenias, der nicht nur einige Habsburger der älteren Zeit „demontiert", wie etwa Philipp II., den er der Ermordung Don Juans de Austria in Namur beschuldigt, oder Erzherzog Karl († 1847), dessen Sieg bei Aspern er schmälert und dessen persönliches Verdienst an diesem Sieg er mit der Begründung, dieser habe während der Schlacht nur drei bis vier Stunden keine epileptischen Anfälle gehabt, ebenfalls in Frage stellt, sondern für das 19. Jahrhundert einige verblüffende Behauptungen aufstellt. Vor allem die illegitimen Söhne haben es ihm angetan, er beschreibt das Schicksal Maxime Weygands, eines angeblich weggelegten Kindes von Maximilian von Mexiko und seiner Frau Charlotte – oder vielleicht doch von seiner Geliebten Therese Denimal? –, und Robert Pachmanns, eines vermeintlichen Sohnes des Kronprinzen Rudolf aus seiner geheimen ersten Ehe mit Erzherzogin Maria Antonia aus der Salvatorlinie, der ja der eigentliche Thronfolger der Monarchie sei. Seine Schilderung der Tragödie von Mayerling als Mordkomplott des Erzherzogs Albrecht († 1895) gegen den Thronfolger Rudolf, seine Version der Abenteuer des Johann Orth (1890 auf der Überfahrt nach Südamerika verschollen, 1911 für tot erklärt) oder seine Geschichten über die aus der Schatzkammer 1918 widerrechtlich entwendeten Kronjuwelen und deren Verkauf sind moderne Legenden, die sicherlich Dichtung und Wahrheit vermischen, dennoch aber in manchen Punkten einer näheren Überprüfung wert wären. Lernet-Holenia geht manchmal auch ins Okkulte, wenn er vom Fluch der Indios über den Untergang der Habsburgermonarchie berichtet oder die Vorhersagen des Nostradamus interpretiert.

Den Höhepunkt solcher neuer esoterischer und parapsychologischer Legenden stellt aber sicherlich Hans Holzers Buch über den habsburgischen Fluch dar, das historische Quellen und Erfahrungen von Medien zu einer neuen Habsburgerlegende verknüpft. Ausgehend von einer mittelalterlichen Geschichte, die sich rund um die Habichtsburg rankt und die von einem Grafen und einem Mädchen, das ein Kind von ihm bekam, handelt, baut er die Geschichte des Familienfluches auf, indem er alle Tragödien des Hauses – beginnend mit der Schlacht von Sempach über die Hinrichtung der Marie Antoinette bis zur Tragödie von Mayerling und dem Tod Franz Josephs – in einen Wirkzusammenhang stellt, der in der köstlichen Schlußfolgerung gipfelt, daß nach dem Tod Franz Josephs – warum gerade dann? – der Fluch erfüllt war und seither keine Amseln (statt der Habichte!) mehr in Schönbrunn zu sehen sind. Nicht nur solche literarischen Werke oder gar parapychologischen Machwerke, sondern auch viele Produkte der „wissenschaftlichen Literatur" – gerade was das Lieblingsthema Mayerling anlangt – können eher als moderne Legende denn als historische Forschung gelten. Das Thema ist also noch nicht ausgereizt und der weiteren Arbeit an den Legenden der Familie steht nichts im Wege. Wir sind uns bewußt, daß Geschichtsschreibung immer ein Umgang mit und neue Formulierung von Legenden ist, daß die Geschichte der Habsburger niemals eine Geschichte objektiver Realitäten sein kann, sondern eine Folge ständig neu gelesener Legendenkonstellationen, in die sich auch diese Arbeit – die bewußt entmythologisierend gedacht ist – einreihen muß.

... ETC., ETC. – DER HABSBURGISCHE TITEL IM WANDEL DER ZEIT

Die herausragende Stellung der habsburgischen Familie im Europa des späten Mittelalters und der Neuzeit fand selbstverständlich auch Niederschlag in den verschiedenen Titeln der Familienmitglieder und – wie im nächsten Kapitel zu zeigen sein wird – in den prunkvollen Wappen der Dynastie. Zunächst muß man sehr genau zwischen jenem Titel, der einem Menschen nach dem adeligen Recht von Geburt an zusteht, und den „erworbenen" Titeln, die mit Herrschaftsausübung zusammenhängen, unterscheiden. Aus vielen Bestandteilen zusammengesetzte Herrschertitel waren bei allen europäischen Dynastien üblich und spiegelten das Herrschaftsverständnis des Mittelalters und der Frühen Neuzeit. Der Staat dieser Zeit war kein Nationalstaat, man war daher nicht König von Spanien oder von Frankreich, sondern von einem durch Erbschaft, Heirat und Krieg zustandegekommenen Konglomerat verschiedener Territorien, das durch die Person des Herrschers zusammengehalten wurde. Dieser stand jeweils in einem rechtlichen Verhältnis zu den Großen, die in den Ständen der Territorien vertreten waren, so daß man den damit entstehenden Staat als „Personenverbandsstaat" bezeichnet. In keinem anderen Herrschaftssymbol wird die zentrale Rolle des Regenten im Zusammenhalten der verschiedenen Gebiete so deutlich wie in den langen, komplizierten Titeln, die sich am Beginn jedes offiziellen Dokumentes finden.

Bevor die habsburgische Dynastie unter Rudolf I. ins helle Licht der Öffentlichkeit trat, war sie lediglich eine der vielen gräflichen Familien des Reichs. Der Besitz dieser Familie in der Schweiz und im südlichen deutschen Raum spielte allerdings in den Herrschaftssymbolen der Familie, dem Titel und dem Wappen, noch bis in unser Jahrhundert hinein eine Rolle.

Selbstverständlich war der wichtigste Besitz, über den die Familie Herrschaft ausübte, die namensgebende Habsburg. Die Habsburg im Kanton Aargau wurde von Ratbot, Graf in Klettgau, 1020 erbaut. Zwar ging der Dynastie diese Stammburg schon 1450 an Bern verloren, doch bis zum Jahre 1918 wurde sie im Wappen und im Titel der Dynastie geführt. Auch die anderen habsburgischen Stammländer wie Breisgau, Burgau, Elsaß, Kyburg, Nellenburg, Pfirt oder Schwaben waren in Titeln und Wappen vorhanden, oft noch lange nachdem die Habsburger diese Gebiete beherrscht hatten; die genannten Territorien gingen teilweise schon 1452, weitere 1648 und die restlichen schließlich 1805 verloren. Interessant ist die Tatsache, daß man noch im 19. Jahrhundert an diese alte Familientradition anknüpfte, so findet man etwa Namen und Wappen der Grafen von Hohenberg, die schon 1486 ausstarben, nicht nur zwischen 1381 und 1806 immer wieder im Titel bzw. Wappen der Habsburger, auch die Rangerhöhung der Frau des Erzherzogs Franz Ferdinand, Gräfin Sophie Chotek († 1914), erfolgte mit diesem Prädikat und Wappen.

Der Grafentitel der Familie wurde durch ihre Position im Reich seit der Königswahl Rudolfs I. 1273 relativ bedeutungslos, auch wenn er im habsburgischen Titel – mit dem Zusatz „gefürsteter Graf" – erhalten blieb. Rudolf I. selbst führte den Titel eines Königs im Heiligen Römischen Reich; er wurde ja nie, wie das im Mittelalter noch Voraussetzung war, vom Papst zum Kaiser gekrönt, doch dieser Titel ist natürlich ein nicht vererblicher „Amtstitel", er galt nur einer Person und nicht seinem ganzen Geschlecht.

Erzherzog

Durch die Belehnung der Söhne Rudolfs mit Österreich 1282 erfuhr die Familie eine wesentliche Rangerhöhung, die mit der Geschichte der babenbergischen Mark zusammenhing. Die Babenberger, ursprünglich Markgrafen, hatten schon 1156 eine wesentliche Titelbesserung erhalten. Nicht zuletzt durch ihre engen verwandtschaftlichen Beziehungen im Reich fiel – nach der Ächtung des bayrischen Herzogs, des Welfen Heinrich des Stolzen – Bayern 1139 an die Babenberger. Nach der Aussöhnung zwischen Staufern und Welfen mußte der Babenberger Heinrich Jasomirgott († 1177) Bayern an den Kaiser zurückgeben, dafür wurde Österreich in ein Herzogtum umgewandelt. Das *Privilegium minus* vom 17. September 1156 bestätigte diesem neuen Herzogtum eine Reihe weitreichender Privilegien, darunter das langfristig wichtige weibliche Erbfolgerecht.

Mit der Erwerbung der österreichischen Länder waren die Habsburger also Herzöge geworden. Schon in der späten babenbergischen Zeit und dann auch mehrmals unter den Habsburgern waren Pläne, Österreich zum Königtum zu erheben, gescheitert. Der Gedanke, Österreich mit der Steiermark zu einem Königreich zu erheben, war zuerst im Jahr 1245 unter dem letzten Babenbergerherzog Friedrich II. aufgetaucht. Friedrich III., Maximilian I. und zuletzt Karl V. entwickelten ähnliche Ideen, die sich allerdings niemals verwirklichten. Zunächst blieb es das wichtigste Ziel der Habsburger des späten Mittelalters, im Reich zu herrschen und damit die mit Rudolf I. begonnene Tradition fortzusetzen. Rudolfs Sohn Albrecht I. gelang das zwar, aber in den darauffolgenden Generationen zeigten sich die Habsburger wenig erfolgreich. Die Herrschaft im Reich war ja – anders als im Erbland Österreich – von der Wahl durch die Kurfürsten abhängig. Den Ausgangspunkt für die Entstehung des Kurfürstenkollegiums bildete die Doppelwahl 1198 nach dem Tod Heinrichs VI., in der sowohl Philipp von Schwaben wie auch Otto von Braunschweig zum König gewählt wurden. Papst Innozenz III., der als Schiedsrichter angerufen wurde, erklärte, daß die vier rheinischen Fürsten unentbehrlich für eine Königswahl seien. Der „Sachsenspiegel", eine einflußreiche Rechtssammlung, verband diesen Gedanken mit der sogenannten „Erbämtertheorie". Der Verfasser des „Sachsenspiegels", Eike von Repgow, behauptete, daß die Inhaber der ursprünglichen Hofämter des Truchseß, Kämmerers, Marschalls und Schenks – also die Herrscher von Pfalz, Brandenburg, Sachsen und Böhmen – die Kurfürsten sein sollten, er wollte allerdings den König von Böhmen ausschließen, da dieser kein „deutscher Mann" sei. Auch die drei geistlichen Kurfürsten von Mainz, Köln und Trier übten solche Funktionen bei Hof aus, sie waren Kanzler für Deutschland, Italien und Burgund.

Schon bald bildete sich in der Praxis das Kollegium der sieben Kurfürsten – inklusive Böhmen – mit alleinigem Wahlrecht heraus, doch erst die Goldene Bulle Karls IV. von 1356 regelte endgültig die Königswahl. Es kam zur Festlegung des Mehrheitsgrundsatzes und des Grundsatzes der Unteilbarkeit der Kurfürstentümer, der König von Böhmen wurde an die Spitze der weltlichen Kurfürsten gestellt, „cum sit princeps coronatus et unctus" (weil er ein gekrönter und gesalbter Fürst ist). Später ergaben sich Veränderungen der Zuteilung und Zahl der Kurfürsten: 1623 kam in Folge der Ereignisse des Dreißigjährigen Krieges die pfälzische Kurwürde an Bayern, 1648 wurde im Westfälischen Frieden eine achte Kurwürde für die Pfalz geschaffen, 1777 wurden nach dem Erlöschen der bayrischen Wittelsbacher die beiden Kurwürden wieder vereint, und 1692 wurde mit Braunschweig der neunte Kurfürst bestellt. Am Ende des Reichs ging es überhaupt turbulent zu: 1803 erloschen die geistlichen Kurfürstentümer, es wurden mit Hessen-Kassel, Baden, Württemberg und Salzburg noch vier weltliche Kurfürsten ernannt, doch erlosch Salzburg schon 1805 wieder. Mit dem Ende des Reichs ein Jahr später traf dieses Schicksal auch alle anderen Kurfürstentümer.

In der Goldenen Bulle, die das Gewohnheitsrecht des Mittelalters den Vorstellungen der Zeit entsprechend kodifizierte, wurden die österreichischen Länder – wie viele andere auch – nicht berücksichtigt. Wie der große Wiener Historiker Alphons Lhotsky so trefflich feststellte, hat die Goldene Bulle Karls IV. († 1378) „nicht bloß Österreich, was gern überbetont wird, sondern ganz Süddeutschland vom Einfluß auf das Reichsregiment ausgeschaltet".

Der habsburgische Herzog Rudolf IV., Schwiegersohn des luxemburgischen Kaisers Karl IV., reagierte auf dieses Dokument durch ein Wiederaufgreifen des *Privilegium minus* und die Festlegung der Ansprüche der Dynastie des Hauses Österreich. Alles das geschah durch die Fälschung einer Reihe von Urkunden, in denen die Vorstellungen Rudolfs zum Tragen kamen – eine Art Wunschzettel oder Forderungskatalog an den Kaiser. Alphons Lhotsky versuchte in seinen Studien diese uns problematische „Fälschung" aus dem Kontext der Zeit zu erklären, eine Zeit, in der „Fälschungen" eine andere Bedeutung hatten als heute und üblicherweise zur Legitimierung gerechtfertigter Anliegen eingesetzt wurden. Lhotsky fragt bezüglich des Urhebers dieses sogenannten *Privilegium maius*: „Wer war eigentlich dieser Herzog Rudolf IV., dem man nach dem heute geltenden Strafrechte wegen Fälschung öffentlicher Urkunden eine Freiheitsstrafe bis zu fünf Jahren zudiktieren müßte? War er ein eingebildeter Narr, der sich ein Ansehen verschaffen wollte, das ihm nicht zukam, oder ein politischer Lausbube, der seinen kaiserlichen Schwiegervater Karl IV. verblüffen und ärgern wollte? Handelte es sich um eine voll zu verantwortende kriminelle Tat oder um die bedenkliche Äußerung einer psychopathischen Veranlagung? Oder war dieser Rudolf IV. wirklich ein Mann von fanatischer Heimatliebe, voll tiefen Glauben an seines Landes und seines Geschlechtes providentieller Bestimmung, etwa auf Grund astrologischer Gutachten, was in jener Zeit durchaus möglich sein würde? Gilt von ihm eher das nachdenkliche Wort eines Chronisten des 15. Jahrhunderts, der schrieb, daß dieser Rudolf, hätte er länger gelebt, Österreich bis an die Sterne erhoben oder – in den Abgrund gestürzt haben würde?"

Die Wünsche des ehrgeizigen Rudolfs IV. waren nicht in einer einzigen Urkunde unterzubringen, daher kam es zu einem ganzen Komplex an Fälschungen: insgesamt sieben Urkunden, deren Inhalt kurz summiert werden soll:

1. Julius Caesar gibt seinem Oheim, dem Senator, Land und Leute in Österreich zu Lehen, verspricht

Die Inschrift am Portal des Schweizertors der Wiener Hofburg zeigt den Titel Ferdinands I., wobei der Infant von Spanien noch vor dem Erzherzog von Österreich gereiht ist. Foto: Archiv Verlag Styria

ihm niemand überzuordnen und nimmt ihn zum geheimsten Rat des Reichs.
2. Kaiser Nero erklärt, daß Österreich vor allen Ländern des Reichs hervorrage und befreit das Land für alle Zeiten von Abgaben ans Reich.
3. Heinrich IV. 1058 bestätigt diese Privilegien und verleiht dem Markgrafen die Vogtei über Salzburg und Passau (in Berufung auf die sogenannte Lorcher Tradition).
4. Ein Falsifikat auf die Urkunde Friedrich Barbarossas vom 17. September 1156 nimmt anfangs das *Privilegium minus* auf, sagt aber dann:
- Reichslehen an Österreich sind in Österreich zu übertragen, bemüht sich der Kaiser nach dreimaliger Einladung nicht selbst dahin, gilt die Belehnung als vollzogen.
– Das Reich darf in Österreich keine Lehen vergeben.
– Mit Ausnahme kirchlichen Besitzes hängen alle Lehen vom Herzog ab.
– Anordnungen des Herzogs können vom Kaiser nicht verändert werden.
– Der Kaiser hat keine Gerichtsbarkeit über den Herzog.
– Die Erbfolge gilt auch im weiblichen Stamm der Familie.
– Das Herzogtum Österreich ist unteilbar (wie die Kurfürstentümer).
– Der Herzog empfängt seine Lehen zu Pferde im fürstlichen Gewande, trägt Zinkenkrone und Szepter.
– Erscheint der Herzog auf Reichstagen, ist er den Kurfürsten gleichzuhalten wie ein Pfalzerzherzog und hat den Platz zur Rechten des Kaisers, gleich nach den Kurfürsten.
– *Ius affectandi*, das heißt beim Aussterben der Dynastie das Recht, den Nachfolger selbst zu bestimmen.
– Österreich hat alle Rechte, die andere Reichsfürstentümer besitzen.
– Diese Rechte gelten auch für alle Neuerwerbungen. Diese Urkunde ist also eine „Paraphrase des *minus*".
5. Heinrich VII. 1228 bestätigt diese Privilegien, insbesondere den Lehensempfang zu Pferd und die Königskrone auf Fürstenhut.
6. Friedrich II. 1245 bestätigt diese Privilegien und fügt ein neues Vorrecht hinzu, nämlich die Führung des Kreuzes auf dem mit Königskrone versehenen Hut (Angleichung an die Reichkrone!).
7. Mit Zustimmung der Kurfürsten bestätigt Rudolf I. seinen Söhnen Albrecht I. und Rudolf (II.) alle Urkunden von heidnischen oder christlichen Kaisern und Königen so, als seien die Privilegien von ihm verliehen worden.

Die uns kurios erscheinende Urkunde Julius Caesars etwa steht jedenfalls in einer langen Tradition, wir finden Ähnliches auch in einer Klosterneuburger Hand-

Die österreichisch-ungarische Wappenrolle mit allen Titeln Kaiser Franz Josephs. ÖNB, Wien

schrift. Ein Aufenthalt Caesars gehört auch zur Tradition in Melk, wo selbst der Name in gelehrten Spekulationen auf Caesar, der den Ort *Mea dilecta* genannt haben soll, zurückgeführt wird. Eine ähnliche gelehrte Etymologie gibt es auch für Wien, das aus *Biennium*, weil Caesar es zwei Jahre belagerte oder sich zwei Jahre hier aufhielt, gebildet worden sein soll. Trotz dieser lokalen Anknüpfungen an antike Traditionen erregten gerade die Kaiserurkunden Caesars und Neros am Hof Karls IV. Befremden. Der italienische Humanist Petrarca nannte die Urkunden eine lahme Lüge, den Verfertiger einen Erzschelm, dann einen brüllenden Ochsen und schließlich einen schreienden Esel.
Karl IV. stieß sich aber in seiner Zurückweisung des *Privilegium maius* eher an „Äußerlichkeiten", er ließ Rudolf IV. schwören, keine kaiserlichen oder königlichen Insignien zu verwenden. Die Benützung eines von Rudolf IV. neu geschaffenen und verwendeten prunkvollen Reitersiegels und der Gebrauch der Pfalzwürde reizten Kaiser Karl IV. besonders, viel weniger die Tatsache, daß sich Rudolf „*archidux Austrie Stire Karinthie, Suevie et Alsatie*" nannte. Doch gerade dieser neu

erfundene Titel eines „Erzherzogs" sollte sich als besonders zukunftsträchtig erweisen.

Durch das *Privilegium maius*, das sich schließlich stillschweigend durchsetzte und mit der kaiserlichen Bestätigung sogar Reichsrecht wurde, ist ein völlig einzigartiger Titel geschaffen worden, der des „Erzherzogs" (auch „Pfalzherzog"), der sich zum bisherigen Herzogstitel verhielt wie der des Bischofs zum Erzbischof. Im übrigen haben die oldenburgischen Grafen unabhängig davon den Titel Erzgraf erfunden, es ist also kein so einmaliger Titel, wie es die österreichische Forschung gerne vermutet.

Rudolf IV. mußte zwar 1360 in Esslingen auf den Titel „phallentz [Pfalz] hertzogen und auch hertzogen in Swaben und Elsaze, daz wir doch zu der phallenz dhain recht haben und auch nicht herzogen sein ze Swaben und zw Elsazze" verzichten, doch führte etwa Herzog Ernst gegen Ende des 14. Jahrhunderts den Titel Erzherzog in Urkunden und auf seiner Grabplatte. Dessen Sohn Friedrich III. führte den Titel zwar selbst nicht, unter seiner Regierung erfolgte aber die reichsrechtliche Bestätigung des *Privilegium maius* 1442 durch ihn allein und 1453 erneut, diesmal mit Zustimmung der Kurfürsten, allerdings zunächst nur für die innerösterreichische Linie. Seit Maximilian I. ist der Titel Erzherzog allgemein üblich, eine erneute Privilegienbestätigung erfolgte dann nochmals 1530 durch Karl V. Viele regierende Habsburger führten eindrucksvollere Titel, sie waren mehrfache Könige, Kaiser sogar – doch der Titel des „Erzherzogs zu Österreich" wurde im Selbstverständnis der Habsburger zu einem Kennzeichen der Familie, er war etwas, das nur den Habsburgern zukam und von keiner anderen Dynastie jemals kopiert werden sollte. Aber dem stand die eigene Familiengeschichte im Wege. Seit der „Concordia von Salamanca" am 24. November 1505, die den Habsburger Philipp den Schönen als König von Kastilien bestätigte, gelangten die Titel „Erzherzog von Österreich, Graf von Habsburg und Graf von Tirol" in die spanische Titulatur. Seit Maximilian I. kam der Titel Erzherzog ja nicht nur dem Inhaber der Herrschaft zu, sondern allen männlichen und weiblichen Habsburgern, sogar angeheiratete Mitglieder des Hauses führten ihn. Das hängt mit der spätmittelalterlichen „Territorialisierung und Patrimonialisierung" von Herrschaft zusammen.

Zum Verständnis dieser Problematik ist ein kleiner Exkurs in die allgemeine Verfassungsgeschichte des Mittelalters nötig. Das Wort *domus* oder Haus, das in diesem Zusammenhang eine zentrale Rolle spielt, wurde schon in der Antike für Familie, Geschlecht, Sippe gebraucht und so auch im Mittelalter übernommen, häufig wurde der Begriff *hûs* oder *domus* für die Stammburg einer Familie gebraucht. Der Verfassungshistoriker Otto Brunner bezeichnete das Haus als Kern aller Herrschaft. „Einen eigenen Namen, so wie das Land ihn haben kann, hat die Herrschaft nie. Sie heißt immer nach dem Herrn und seinem Sitze, seinem Haus, seiner Burg. Organisatorischer Mittelpunkt und rechtliches Bezugszentrum der Herrschaft ist das Haus des Herrn." Hier machte sich aber bei den Habsburgern ein interessanter Wandel bemerkbar. Zwar heißt die Dynastie nach wie vor nach der Stammburg „Haus Habsburg", doch bürgerte sich daneben seit dem Spätmittelalter auch der Begriff „Haus Österreich" ein; der Name des Landes übertrug sich also – im Gegensatz zu sonst üblichen Vorgängen – auf die Familie. Der Verfasser des Lobspruches der Stadt Wien, Wolfgang Schmelzel, stellte die Relation dann bezeichnenderweise auch auf den Kopf, wenn er sagte: „Das Haus Österreich ist Wien."

Der erste Beleg für die Identifikation der Familie als eines gemeinsamen Hauses stammt aus dem Jahre 1306, als erstmals von der *domus nostra* die Rede ist – die Wendung *domus Austriae* wurde erstmals 1360 von Bolko II. von Schweidnitz, der mit Agnes, einer Tochter Leopolds I., verheiratet war, gebraucht. Im Laufe des 15. Jahrhunderts mehrten sich dann die Erwähnungen, die wieder Alphons Lhotsky zusammenstellte, der Begriff *domus Austriae* wurde also im Sinne der landesfürstlichen Familie verwendet, gleichzeitig gibt es auch viele Belege für „Haus von Osterreich", vor allem in Urkunden und verwandten Materialien. Es ist eigenartig, daß weder in der Annalistik noch bei Chronisten des Spätmittelalters wie Jan Enikel oder Leopold Stainreuter, jemals dieser Begriff „Haus Österreich" gebraucht wurde, erst bei Thomas Ebendorfer tauchte er auf Wunsch Friedrichs III. in solchen Texten auf. Die Betonung der Zusammengehörigkeit des Hauses war natürlich vor allem in der Zeit der Herrschaftsteilungen des späten Mittelalters notwendig.

Am Beginn des 16. Jahrhunderts waren zwar die Herrschaftsteilungen der österreichischen Länder wieder beseitigt, dafür bestand das Haus Habsburg aber aus zwei Linien, der spanischen und der österreichischen. Beide führten, gewissermaßen als Familiennamen, den Erzherzogstitel, den des Grafens von Habsburg und auch den des Grafens von Tirol. Dies war ein *nudus titulus*, der jeder herrschaftsrechtlichen Bedeutung entblößt war – beim österreichischen und habsburgischen Namen ist die Namensfunktion vielleicht klarer als bei Tirol, das allerdings erst knapp davor von der Hauptlinie des Hauses unter Maximilian I. wieder mit den restlichen habsburgischen Besitzungen vereint worden war. Natürlich wurde mit der Führung dieser Titel auch ein eventueller Sukzessionsanspruch für die jeweiligen Gebiete der anderen Linie bekräftigt.

Bei den österreichischen Habsburgern wurden die Titel dem Range nach, bei den spanischen Habsburgern hingegen nach Ländern – zuerst die spanischen, dann die österreichischen und schließlich die burgundischen Gebiete – gereiht. Bei Karl V. folgte der Erzherzog *(Archiduque de Austria)* in der Titulatur also erst nach dem gesamten spanischen Herrschertitel. Dieser bestand seinerseits aus den verschiedenen Herrschaftsgebieten, welche die Katholischen Könige vereint hatten. Auf den Erzherzogstitel folgten erst die anderen österreichischen und burgundischen Titel. Im Gegensatz dazu waren im Reich die Titel in der Reihenfolge des Ranges geordnet, so daß der Erzherzog gleich nach den Königstiteln kam, während in Spanien zunächst etwa rangniedrigere Titel wie „Conde de Barcelona, Señor de Vizcaya e de Molina, duque de Atenas e de Neopatria, marqués de Oristán e de Gociano" noch vor dem Erzherzog standen. Unterschiedlich ist auch, daß in Spanien allein der Herrscher den Titel Erzherzog führte, während er in der österreichischen Linie des Hauses allen Mitgliedern zustand.

1580 trat unter Philipp II. eine Veränderung des spanischen Titels ein. Anlaß war die Erwerbung Portugals, durch die ein neues Herrschaftsgebiet in das Titelformular eingefügt werden mußte. In diesem nun festgelegten neuen spanischen Titel wurde die bei der österreichischen Linie übliche Reihung der Namen nach dem Rang eingeführt. Der spanische Königstitel lautete daher ab nun mit kleinen Veränderungen:

„Don N. por la gracia de Dios, Rey de Castilla, de Léon, de Aragón, de las dos Sicilias, de Jerusalem (de Portugal 1581–1668), de Navarra, de Granada, de Toledo, de Valencia, de Galicia, de Mallorca, de Sevilla, de Cerdeña, de Córdova, de Córcega, de Murcia, de Jaén, de los Algarves, de Algecira, de Gibraltar, de las Islas de Canaria, de las Indias, Islas y Tierre firme del Mar Océano, Archiduque de Austria, Duque de Borgoña, de Bravante y Milán, Conde de Absburg, de Flandes, de Tirol y de Barcelona, Señor de Vizcaya y de Molina etc."

Dieser Titel, in dem Elemente der spanischen, der sizilianischen, der österreichischen und der burgundischen Titulatur vereinigt waren, blieb zunächst bis 1700 – dem Aussterben der spanischen Linie des Hauses Habsburg – erhalten.

Die Anrede für den spanischen König bzw. die Königin lautete bis zum Ausgang des Mittelalters *Señor* und *Vuestra Señoría*, unter den Katholischen Königen Ferdinand und Isabella kam die Bezeichnung *Alteza* (Hoheit) in Gebrauch, während mit der Kaiserwürde Karls V. sich der Titel *Magestad* durchsetzte. Dieser wurde von Philipp II. und seinen Nachfolgern beibehalten, obwohl keiner von ihnen mehr Kaiser des Reichs war.

Zum Problem wurde die Frage der Titelbestandteile des spanischen Königstitels erst, als nach dem spanischen Erbfolgekrieg der französische „Bourbone" Philipp duc d'Anjou – als spanischer König Philipp V. – ebenfalls diesen Titel unverändert übernahm, was Karl VI. nicht dulden wollte. In seiner Instruktion an den Gesandten Leopold Victorin Windischgrätz für den Kongreß von Cambrai 1720 bestimmte er z. B., „Daß Wir den titul eines königs in Spannien, den wir einstmahlen angenommen, der uns auch sowohl jure sanguinis als ex legibus et tractatibus publicis, nicht weniger krafft testaments königs Philipp II. et IV., endlich vigore der vätter- und brüderlichen cession gebühret, nimmermehr entlassen oder von uns ablegen könnten noch würden. Wogegen wir den jetzigen könig von Spanien, den von ihm usurpierenden titul eines erzherzogen von Österreich und graffens von Tyroll, als unserem Erzhaus allein, nicht aber dem hauß Bourbon zuständig, nicht eingestehen können."

Deutlich zeigt sich hier das typisch habsburgische Festhalten an Titeln, auch wenn die Länder verlorengegangen waren, und andererseits die Exklusivität des Erzherzogtitels, der als ein traditioneller Bestandteil des spanischen Königstitels in der Zeit der Habsburger nun dem Bourbonen Philipp V. zu führen verboten werden sollte. Aber nicht nur die Bourbonen führten – trotz der Proteste der Österreicher – den Erzherzogstitel, sondern groteskerweise auch Joseph Bonaparte, 1808 von Napoleons Gnaden König von Spanien, der sich in seiner Titulatur Erzherzog nannte.

Natürlich war es einerseits eine leere Formel, die hier mit der Krone Spaniens vererbt wurde, andererseits fürchtete man von österreichischer Seite auch damit verbundene oder zu verbindende Erbansprüche – was besonders in Anbetracht der nur durch die Pragmatische Sanktion gesicherte Erbfolge Maria Theresias von einschneidender Bedeutung werden konnte. Diese Frage spielte auch in den Verhandlungen nach 1740 eine entscheidende Rolle. Obwohl man sich der Tatsache bewußt war, daß es kein praktisches Mittel gab, diesen – in den Augen der Habsburger – „Mißbrauch" zu unterbinden, protestierte man noch 1759 bei der Thronbesteigung Karls III. in Spanien von Seiten des österreichischen Hofes formell. Die Tatsache, daß im spanischen Titel österreichische Bestandteile – vor allem der Erzherzog – enthalten waren, führte schließlich dazu, daß bei allen diplomatischen Schriftstücken zwar der spanische Titel toleriert werden mußte, allerdings mit der Klausel *non praejudicandur* den daraus ableitbaren Ansprüchen begegnet wurde, so daß der spanische Erzherzogstitel – ebenso wie viele von den Habsburgern selbst geführte Titelbestandteile – ein „leerer Titel" blieb. Als Kuriosum am Rande sei erwähnt, daß der letzte regierende Monarch, der den Erzherzogstitel führte, nicht Kaiser Karl (1916–1918) in der Donaumonarchie war, sondern der spanische König

Alfons XIII., der 1931 abdankte. Seit der Wiedererrichtung der Monarchie in Spanien führt der regierende König Juan Carlos diesen Titel nicht mehr, auch die alte historische Titelkumulierung wurde aufgegeben, er nennt sich einfach König von Spanien.

Erzherzog bzw. Erzherzogin war also der Titel, der jedem habsburgischen Kind von Geburt an zustand, gleich ob er (oder sie) zur Herrschaft in einem Territorium und damit zu einem anderen Titel gelangte. Diesem Titel entsprach als Anrede und Prädikat die „Durchlaucht", und die Quellen sprechen von den Habsburgern als „durchlauchten fürsten und das loblich haus Österreich", vereinzelt tauchte allerdings auch schon die Form „durchlauchtigst" auf. Erst Franz I. verlieh den Erzherzögen und Erzherzoginnen den Titel „königliche Hoheit" mit dem Prädikat „durchlauchtigst" statt des bisherigen „durchlauchtighochgeboren" und nahm damit die Angleichung an das Haus Lothringen, das schon vorher diese Titel verliehen erhalten hatte, vor. Diese Titel hatten ihre praktische Bedeutung im Zeremoniell der Zeit, das von feinen Rangabstufungen geprägt war und in dem die Habsburger, wie auch alle anderen Fürsten, nach der Wahrung ihres Ranges streng trachteten.

Ein weiteres Problem stellte sich erstmals in aller Deutlichkeit unter Maria Theresia: Wie sollten die nachgeborenen Erzherzöge und Erzherzoginnen tituliert werden? Davor hatte es seit langer Zeit keine Gelegenheit zu solchen Fragestellungen mehr gegeben, da die meisten Habsburger nur einen Sohn hatten. Ausgelöst wurde die Diskussion durch die Frage des Titels des Erzherzogs Peter Leopold (später von der Toskana, dann als Kaiser Leopold II.). „Die mit der Abfassung der Instruktion an den Erzherzog Leopold befaßte Konferenz beschäftigte sich mit den Gründen, die dafür maßgebend waren, daß die Titel königlicher Erbprinz oder geborener königlicher Erbprinz von Ungarn und Böhmen nicht zum festen Bestand der Titulaturen der Erzherzöge zählten. Sie fanden sie vor allem in der Hochschätzung des Erzherzogtitels, die verhinderte, daß die Führung der königlichen Titel von Ungarn und Böhmen, bevor die Erzherzöge zur Regierung gelangten und gekrönt wurden, zur Gewohnheit wurde." Im Gegensatz zur Zeit davor gab es nun die Unterscheidung zwischen regierenden und apanagierten Prinzen. Zwar führten alle den ganzen väterlichen Titel und das Wappen, das auch Böhmen und Ungarn enthielt, doch nannten sie sich nicht königliche Prinzen. Joseph II. nannte sich dann als Besonderheit noch „Mitregent und Erb Thronfolger der Königreiche Ungarn und Böhmen".

Bemerkenswert und wenig bekannt ist im Zusammen-

Titel
Seiner kaiserlichen und königlichen Apostolischen Majestät.

Großer Titel.

Karl der Erste, von Gottes Gnaden Kaiser von Oesterreich;

König von Ungarn, dieses Namens der Vierte. König von Böhmen, von Dalmatien, Kroatien, Slawonien, Galizien, Lodomerien und Illyrien; König von Jerusalem etc.; Erzherzog von Oesterreich; Großherzog von Toskana und Krakau; Herzog von Lothringen, von Salzburg, Steier, Kärnten, Krain und der Bukowina; Großfürst von Siebenbürgen, Markgraf von Mähren; Herzog von Ober- und Nieder-Schlesien, von Modena, Parma, Piacenza und Guastalla, von Auschwitz und Zator, von Teschen, Friaul, Ragusa und Zara; gefürsteter Graf von Habsburg und Tirol, von Kyburg, Görz und Gradiska; Fürst von Trient und Brixen; Markgraf von Ober- und Nieder-Lausitz und in Istrien; Graf von Hohenembs, Feldkirch, Bregenz, Sonnenberg etc.; Herr von Triest, von Cattaro und auf der windischen Mark; Großwoiwode der Wojwodschaft Serbien etc. etc.

Mittlerer Titel.

Karl der Erste, von Gottes Gnaden Kaiser von Oesterreich;

Apostolischer König von Ungarn, dieses Namens der Vierte. König von Böhmen, von Dalmatien, Kroatien, Slawonien, Galizien, Lodomerien und Illyrien; Erzherzog von Oesterreich; Großherzog von Krakau, Herzog von Lothringen, Salzburg, Steier, Kärnten, Krain, Bukowina, Ober- und Nieder-Schlesien; Großfürst von Siebenbürgen, Markgraf von Mähren; gefürsteter Graf von Habsburg und Tirol u. s. w.

Kleiner Titel.

Karl der Erste, von Gottes Gnaden Kaiser von Oesterreich, König von Böhmen, u. s. w. und Apostolischer König von Ungarn, dieses Namens der Vierte.

Titel
Seiner Kaiserlichen und Königlich Apostolischen Majestät.

Großer Titel.

Franz Joseph I., von Gottes Gnaden Kaiser von Österreich;

Apostolischer König von Ungarn, König von Böhmen, von Dalmatien, Kroatien, Slavonien, Galizien, Lodomerien und Illyrien; König von Jerusalem etc.; Erzherzog von Österreich; Großherzog von Toscana und Krakau; Herzog von Lothringen, von Salzburg, Steyer, Kärnten, Krain und der Bukowina; Großfürst von Siebenbürgen, Markgraf von Mähren; Herzog von Ober- und Nieder-Schlesien, von Modena, Parma, Piacenza und Guastalla, von Auschwitz und Zator, von Teschen, Friaul, Ragusa und Zara; gefürsteter Graf von Habsburg und Tirol, von Kyburg, Görz und Gradisca; Fürst von Trient und Brixen; Markgraf von Ober- und Nieder-Lausitz und in Istrien; Graf von Hohenembs, Feldkirch, Bregenz, Sonnenberg etc.; Herr von Triest, von Cattaro und auf der windischen Mark; Großwojwod der Wojwodschaft Serbien, etc. etc.

Mittlerer Titel.

Franz Joseph I., von Gottes Gnaden Kaiser von Österreich;

Apostolischer König von Ungarn, König von Böhmen, von Dalmatien, Kroatien, Slavonien, Galizien, Lodomerien und Illyrien; Erzherzog von Österreich; Großherzog von Krakau; Herzog von Lothringen, Salzburg, Steyer, Kärnten, Krain, Bukowina, Ober- und Nieder-Schlesien; Großfürst von Siebenbürgen, Markgraf von Mähren; gefürsteter Graf von Habsburg und Tirol, etc. etc.

Kleiner Titel.

Franz Joseph I., von Gottes Gnaden Kaiser von Österreich, König von Böhmen, etc. etc. und Apostolischer König von Ungarn.

Die Titel Kaiser Karls I. und Kaiser Franz Josephs.

hang mit dem Gebrauch von Titeln die Tatsache, daß bis ins 19. Jahrhundert hinein Habsburgerinnen in der lateinischen Form ebenfalls den Titel *archidux* in der männlichen Form führten, auch die regierende Maria Theresia führte den Titel *archidux Austriae*. Bei dieser einzigen zur Herrschaft gelangten Habsburgerin finden wir aber auch in der lateinischen Titelform eine Reihe anderer Titel im männlichen Geschlecht. Der höchste ihrer Titel, den sie als „kaiserin wittib" auch im Deutschen führte, ist in einer weiblichen lateinischen Variante etwa auf Münzen gebräuchlich, auf denen sie sich *imperatrix* nannte. Hingegen wurden beim Königstitel sowohl die weibliche Form *regina* als auch die männliche Variante *rex* gebraucht. Der Titel *dux*, aber auch *archidux* und *magna dux* wurden nur in der männlichen Form geführt, obwohl es die weibliche Form *ducissa* gibt, die allerdings meist, wenn auch nicht ausschließlich, für die „angeheirateten Erzherzoginnen" verwendet wurde.

Die männliche Titelform *dux* wurde dann mit weiblichen Adjektiven verbunden, ähnliches gilt auch für die lateinischen Formen *princeps* (Fürst), *comes* (Graf) oder *magnus magister* (Großmeister). Wie aber die Übersetzungen ins Deutsche lehren, sind die lateinischen Formen nicht wirklich auf ein Geschlecht festgelegt, sie konnten auch weiblich interpretiert werden. Das Selbstbewußtsein Maria Theresias zeigte sich in dem Titel „selbstherrscherin und erbfrau und das haupt und die regierein des hauses", den sie bis an ihr Lebensende führte.

Großer, mittlerer und kleiner Titel

Im Laufe der Jahrhunderte der Neuzeit gewannen die Habsburger eine Fülle von erblichen Titeln dazu, von denen einige gleichsam auch als Familiencharakterisierung verwendet wurden. Unter Ferdinand I. erfolgte – ähnliches werden wir auch beim Wappen sehen – auch bei der Verwendung des Titels eine Systematisierung und die Einführung eines großen, mittleren und kleinen Titels, wobei dies allerdings mehr in der Praxis der Kanzlei als in der offiziellen Rechtssituation zum Tragen kam. Unter Karl VI. kam es zur ersten offiziellen Festlegung des Kaisertitels am 27. Januar 1712 in folgender Form:

„Wir Karl der Sechste von Gottes gnaden erwöhlter Römischer Keyser, zu allen Zeiten Mehrer des Reichs, in Germanien, zu Castilien, Legion, Aragon, Beyder Sicilien, zu Hierusalem, Hungarn, Böheimb, Dalmatien, Croatien, Navarra, Granata, Toleto, Valenz, Gallicien, Majoricarum, Sevila, Sardinia, Corduba, Corsica, Murcia, Giennis, Algarbien, Algezirae, Gibraltaris, der Insulen Canariae und Indiarum, der Insulen und Terrae Firmae des Meers Eceani König etc. Erzherzog zu Österreich, Herzog zu Burgund, zu Braband, zu Meyland, zu Steyer, zu Kärnthen, zu Crain, zu Lützelburg, Würtemberg, Ober- und Niederschlesien, Athenarum und Neopatriae, Fürst zu Schwaben, Markgraf der heyl. Röm. Reich, zu Burggau, zu Mähren, Ober- und Nider Lausnitz, gefürsteter Graf zu Habsburg, zu Flandern, zu Tyroll, zu Barchinon, zu Pfierd, zu Kyburg, zu Görtz, Rossilion und Ceritania, Landgraf in Elsaß, Markgraf zu Oristani und Graf zu Gocceani, Herr auf der Windischen Marck, zu Portenau, Biscajae, Molini, zu Salins, zu Tripoli und zu Mecheln."

Die genannte Fülle an Herrschaften, insgesamt 66 Titel, waren zu einem großen Teil mit dem spanischen Erbe, das Karl zwar nicht erhielt, aber beanspruchte, verbunden. Daß die spanischen Würden seit dem beginnenden 16. Jahrhundert eine gewaltige Rolle spielten, zeigt schon die Tatsache, daß Ferdinand I. am Schweizertor seinen Titel als *infans Hispaniae* noch vor dem *archidux Austriae* nannte!

In einem solchen Titel kann man geradezu wie ein Archäologe verschiedene Schichten freilegen, die durch die Reihung nach dem Rang (zuerst König, dann Erzherzog, Herzog, gefürsteter Graf und Herr) durcheinandergemischt wurden. Nach den althabsburgischen Besitzungen und den Erblanden (Österreich, Steiermark, Kärnten, Krain, Tirol etc.) bildeten die burgundischen Länder die nächste Schicht der Erwerbung. Heraldisch und im Titel gestaltete sich diese Schicht sehr vielfältig, sie bestand aus Antwerpen, Artois, Brabant, Burgund, Charolais, Flandern, Friesland, Geldern, Hennegau, Holland, Limburg, Luxemburg, Mecheln, Namur, Salins, Zeeland und Zutphen. Diese verschiedenen Bestandteile des Titels spiegeln aber ihrerseits die komplizierte Entstehungsgeschichte eines Territoriums wider, das durch Akkumulation kleinerer Gebiete entstand. Ähnliches bemerkt man auch bei den spanischen Ländern, die aus Algeciras, Aragón, Biskaya, Granada, Indien (den Ländern der Neuen Welt), Jerusalem, Kalabrien, Kastilien, Katalonien, León, Mallorca, Navarra, Neapel, Sardinien, Sizilien und Valencia bestanden. Auch die 1526 erworbenen Länder waren vielfältig: Böhmen, Görlitz, Kroatien, Lausitzen, Mähren, Oppeln, Schlesien, Teschen und Ungarn.

Im Zuge einer immer subtileren Bürokratisierung des Staates wurde die Verwendung der Titelformen, je nach der Feierlichkeit und Wichtigkeit des Schriftstükkes, immer genauer befolgt, obwohl es einen ähnlichen Titelgebrauch schon vorher – wenn auch weniger konsequent – gegeben hatte. Als Beispiel für einen großen Titel nach der Zusammenführung der habsburgischen und der lothringischen Dynastie soll der für Joseph II. 1780 festgelegte zitiert werden:

„Wir Joseph der Zweyte von Gottes Gnaden erwöhlter

Römischer Keyser, zu allen Zeiten Mehrer des Reichs, König in Germanien, zu Jerusalem, Ungarn, Böheim, Dalmatien, Croatien, Slavonien, Galizien und Lodomerien, Erzherzog zu Österreich, Herzog zu Burgund, zu Lothringen, zu Steyer, zu Kärnten und zu Krain, Großherzog zu Toscana, Großfürst zu Siebenbürgen, Markgraf zu Mähren, Herzog zu Brabant, zu Limburg, zu Lutzenburg und zu Geldern, zu Würtemberg, zu Ober- und Nieder Schlesien, zu Mailand, zu Mantua, zu Parma, Placen, Quastalla, Auschwitz und Zator, Calabrien, zu Baar, zu Monserat und zu Teschen; Fürst zu Schwaben und zu Charleville, Gefürsteter Graf zu Habsburg, zu Flandern, zu Tyroll, zu Hennegau, zu Kyburg, zu Görz und Gradiska, Markgraf des heiligen Römischen Reichs zu Burgau, zu Ober- und Niederlausitz, zu Pont à Moußon und zu Nomeny, Graf zu Namur, zu Provinz, zu Vaudemont, zu Blankenberg, zu Zütphen, zu Saarwerden, zu Salm und zu Falkenstein, Herr auf der Windischen Mark und zu Mecheln."

Gegenüber dem Titel Karls VI. war es also zu Veränderungen gekommen, zu den bisherigen Bestandteilen des Titels waren die Besitzungen in Italien (Guastalla, Lombardei, Mantua, Modena, Parma und Piacenza), in Lothringen (Anjou, Bar, Falkenstein, Jülich, Lothringen und die von Franz Stephan eingetauschte Toskana) und die aus der polnischen Teilung (Auschwitz, Galizien und Lodomerien, Krakau, Lublin, Massowien, Podlachien, Sandomir, Sator) dazugekommen.

Der weitaus kürzere mittlere Titel ist immer noch recht eindrucksvoll:

„Wir Joseph der Zweyte von Gottes Gnaden erwählter Römischer Keyser, zu allen Zeiten Mehrer des Reichs, König in Germanien, zu Jerusalem, Ungarn, Böheim, Dalmatien, Croatien, Slavonien, Galizien und Lodomerien, Erzherzog zu Österreich, Herzog zu Burgund und zu Lothringen, Großherzog von Toscana, Großfürst zu Siebenbürgen, Herzog zu Mailand, Mantua, Parma etc. Gefürsteter Graf zu Habsburg, zu Flandern, zu Tyroll etc. etc."

Der kleine Titel schließlich lautete:

„Wir Joseph der Zweyte von Gottes Gnaden erwählter Römischer Keyser, zu allen Zeiten Mehrer des Reichs, König in Germanien, Ungarn und Böheim, Erzherzog zu Österreich, Herzog zu Burgund und zu Lothringen etc. etc."

Zu einer wesentlichen Veränderung des habsburgischen Titels – und damit verbunden auch des Wappens – führte schließlich die Napoleonische Zeit. Im Zuge der Napoleonischen Kriege und des sie abschließenden Wiener Kongresses kam es zu erheblichen Gebietsveränderungen, die sich im Titel spiegelten. Weitaus einschneidender allerdings ist die Tatsache, daß 1806 das Heilige Römische Reich aufgelöst wurde. Die Habsburger hätten damit den ohnehin an die Wahl der Kurfürsten gebundenen und damit letztlich unsicheren Kaisertitel verloren, hätte nicht Franz II. am 11. August 1804 einen neuen Kaisertitel geschaffen, der nun nicht mehr an die Zustimmung irgendwelcher Reichsfürsten gebunden war, sondern einen erblichen Titel im Erzhause darstellte. Die Gefahr war eine doppelte: Einerseits mußte man sich gegenüber dem alten Rivalen Rußland, dem „Kaiser des Ostens", verteidigen, und andererseits gegen den neuen Rivalen Napoleon. Rußland hatte als „Drittes Rom" nach der Eroberung Konstantinopels durch die Osmanen 1453 die Tradition des oströmischen Kaisertums und damit den Zarentitel übernommen. Auch gegen den „Usurpator" Napoleon, der sich zum Kaiser der Franzosen gekrönt hatte, konnte man nicht zurückstehen.

Franz bestimmte im Jahr 1804: „Obschon wir durch göttliche Fügung und durch die Wahl der Kurfürsten des Römisch-Deutschen Reiches zu einer Würde gediehen sind, welche uns für unsere Person keinen Zuwachs an Titel und Ansehen zu wünschen übrig läßt, so muß doch unsere Sorgfalt als Regenten des Hauses und der Monarchie von Österreich dahin gerichtet seyn, daß jene vollkommene Gleichheit des Titels und der erblichen Würde mit dem vorzüglichsten Europäischen Regenten und Mächten aufrecht erhalten und behauptet werde, welche den Souveränen Österreichs sowohl in Hinsicht des uralten Glanzes ihres Erzhauses, als vermöge der Größe und Bevölkerung ihrer so beträchtlichen Königreiche und unabhängige Fürstentümer in sich fassenden Staaten gebührtet, und durch völkerrechtliche Ausübungen und Tractaten versichert ist. In Gemäßheit dessen haben wir beschlossen, für Uns und Unsere Nachfolger in dem unzertrennlichen Besitze Unserer Unabhängigen Königreiche und Staaten, den Titel und die Würde eines erblichen Kaisers von Österreich (als den Nahmen Unsers Erzhauses) dergestallt feyerlichst anzunehmen."

Mit der Entstehung des Kaisertums Österreich, dessen staatsrechtliche Bedeutung und Problematik in diesem Zusammenhang nicht behandelt werden kann, waren die Habsburger nun erbliche Kaiser und hatten damit gegenüber der Zeit davor einen wesentlichen Rangzuwachs erfahren.

Die Sorge der Habsburger um die Exklusivität des Kaisertitels, der auch den Anspruch, der höchste regierende Fürst zu sein in sich barg, ist alt. Seit 1519 gab es in Frankreich und England theoretische Begründungen für eigene Rechte auf einen solchen Titel, so daß man von Seiten der Habsburger durch verstärkte Propaganda reagieren mußte. Immer wieder gab es Kontroversen um den Titel, so war Rudolf II. pikiert, als Jakob I. († 1625) aus dem Hause Stuart den Titel „Kaiser" führte, auch der russische Zarentitel wurde erst Mitte des 18. Jahrhunderts von Wien anerkannt.

Jedes vom Herrscher ausgestellte Dokument begann – je nach Wichtigkeit – mit einem längeren, mittleren oder kürzeren Titel (hier Maria Theresia).

Allerdings stellte sich mit der Annahme des erblichen österreichischen Kaisertitels wiederum das Problem der Titel und Anreden der Mitglieder des Hauses. Die Basis für den Titel „Königliche Hoheit", der seit der Mitte des 18. Jahrhunderts üblich war, bildeten die Königreiche Ungarn und Böhmen, mit der Annahme des erblichen Kaisertitels ergab sich somit eine neue Änderung. Franz bestimmte, daß er und seine Nachkommen die Titel kaiserliche und königliche Prinzen und Prinzessinnen neben jenen von Erzherzögen und Erzherzoginnen führen sollten. Dieser Personenkreis schloß ursprünglich seine zahlreichen Brüder und Schwestern und deren Nachkommen aus, doch wurde bald nach der Auflösung des Heiligen Römischen Reiches auch diese Personengruppe einbezogen.

„Nach dem 1839 von Kaiser Ferdinand I. erlassenen Familienstatut umfaßte das Kaiserhaus einen Personenkreis, der den Kaiser, seine Gemahlin, die noch lebenden Witwen seiner Regierungsvorgänger, die Erzherzöge und Erzherzoginnen – letztere solange sie nicht außer dem Haus standesgemäß vermählt waren –, welche von dem regierenden Kaiser oder von einem der Söhne der gemeinsamen Stammeltern, der Kaiserin Königin Maria Theresia und des römischen Kaisers Franz I. aus standesgemäßer, von dem jeweiligen Familienoberhaupt genehmigter Ehe abstammten, sowie die anerkannten Gemahlinnen der Erzherzöge einschloß."

Den Abschluß fand die Entwicklung des Titels erst im langen 19. Jahrhundert (bis 1918). Der große Titel Franz Josephs erfuhr nur geringe Veränderungen während seiner Regierungszeit, diese betrafen einerseits die verlorengegangenen italienischen Besitzungen und waren andererseits ein Resultat des Ausgleichs durch die Aufnahme des Titels „Apostolischer König von Ungarn". Der mit der Schaffung der erblichen Kaiserwürde festgelegte oben zitierte Titel, den mehr oder minder wortgleich (unter Berücksichtigung der oben angeführten Änderungen) auch noch der letzte Kaiser, Karl I., führte, lautete am Beginn der Regierungszeit Franz Josephs:

„Franz Joseph I von Gottes Gnaden Kaiser von Österreich, König von Ungarn und Böhmen, (König der Lombardei und Venedigs), von Dalmatien, Croatien, Slawonien, Galicien, Lodomerien und Illyrien; König von Jerusalem etc.; Erzherzog von Österreich; Großherzog von Toscana und Krakau; Herzog von Lothringen, von Salzburg, Steyer, Kärnthen, Krain und der Bukowina; Großfürst von Siebenbürgen, Markgraf von Mähren; Herzog von Ober- und Nieder-Schlesien, von Modena, Parma, Piacenza und Guastalla, von Auschwitz und Zator, von Teschen, Friaul, Ragusa und Zara; gefürsteter Graf von Habsburg und Tirol, von Kyburg, Görz und Gradisca; Fürst von Trient und Brixen; Markgraf von Ober- und Nieder-Lausitz und in Istrien; Graf von Hohenembs, Feldkirch, Bregenz, Sonnenberg etc.; Herr von Triest, von Cattaro und auf der Windischen Mark; Großwojwod der Wojwodschaft Serbien etc. etc."

Anspruchstitel – Der König von Jerusalem

Einige Bestandteile dieses Titels waren keineswegs direkt auf Herrschaftsgebiete der Habsburger bezogen, sondern stellten Anspruchstitel dar, die mitunter auch eine ideologisch-religiöse Dimension hatten. Der interessanteste dieser Titel ist der eines Königs von Jerusalem, der natürlich keiner wie auch immer gearteten Realität entsprach. Er wurde schon 1520 von Karl V. geführt und tauchte dann wieder bei Karl VI. auf. Dieser Titel und das dazugehörige Wappen des Jerusalemkreuzes (Kruckenkreuz mit eingeschriebenen Kreuzen) gehen auf die Zeit der Kreuzzüge zurück, als Gottfried von Bouillon dieses Gebiet 1099 eroberte, das dann un-

Familienbild: Maria Theresia, Franz I. Stephan und der junge Erzherzog Joseph. Herresgeschichtliches Museum, Foto: Nemeth

ter seinem Bruder Balduin I. zum Königreich erhoben wurde. Gottfried hatte sich selbst nur „Beschützer des heiligen Grabes" genannt und wollte dort, wo Christus die Dornenkrone getragen hatte, keine weltliche Krone annehmen. Der christliche Traum eines Königreichs Jerusalem war allerdings bald wieder vorbei – spätestens beim Fall von Akkon 1291.

Die weitere Geschichte der Ansprüche auf Jerusalem – und damit auf den Königstitel – ist nicht nur verwirrend, sondern beinahe unentwirrbar. Mehrere Stränge sind aufzuzeigen, die alle irgendwann bei den Habsburgern münden. Eine der Erbinnen des Königreichs Jerusalem, Isabella von Brienne, heiratete den staufischen Kaiser Friedrich II., der auch König von Sizilien war. Nachdem dieser ihren Vater, Johann von Brienne, mit Landbesitz in Italien abgefunden hatte, übernahm er die Regierung im Heiligen Land. Auf seinem Kreuzzug 1229 ließ er sich in Jerusalem, das er durch einen Vertrag mit dem ägyptischen Sultan Al Malik al Kamil († 1238) gewonnen hatte, zum König von Jerusalem krönen und führte nun diesen Titel, der damit erstmals in Verbindung mit dem kaiserlichen und dem sizilianischen Titel auftauchte.

Das Königreich Jerusalem erlosch dann wenig später endgültig mit König Heinrich II. von Zypern, dessen Erben das Haus Savoyen war, aber bald darauf trat eine andere Erbin dieses verwirrenden Spiels, Maria, die Witwe Friedrichs von Antiochien, ihr Erbrecht an Karl von Anjou, König von Neapel, ab, dessen Erben die jüngere Linie der Anjous, dann Lothringen und schließlich die Habsburger waren. Der Anjou René I. verheiratete sich nämlich mit der Erbtochter Isabella von Lothringen, und deren Erbtochter Jolanthe heiratete ihrerseits wieder Graf Friedrich I. von Lothringen-Vaudemont, so daß Lothringen an diese Linie fiel, die auch die anjouischen Anspruchswappen und -titel (darunter den König von Jerusalem) übernahm. Von dieser Linie stammte Franz Stephan von Lothringen, der Gemahl Maria Theresias ab, der daher auch Titel und Wappen von Jerusalem führte.

Der am Beginn dieser Reihe der Träger des Anspruchs auf Jerusalem stehende Karl von Anjou hatte aber auch durch die „sizilianische Vesper" – einen Volksaufstand, der in der Ermordung aller Franzosen gipfelte – 1282 sein Herrschaftsgebiet auf der Insel an das spanische Haus Aragón verloren, das nun ebenfalls den Titel des

Königs von Jerusalem führte. Von hier aus ging mit der Vereinigung der spanischen Königreiche der Titel in den spanischen Herrschertitel über. Nun war der Weg in den österreichisch-habsburgischen Herrschertitel nicht mehr weit, denn Karl VI. übernahm ja die spanische Titulatur, aus der auch späterhin dieser Anspruchstitel erhalten blieb, und von da in den österreichischen Herrschertitel kam. Außerdem hatte Karl ja auch wirklich – wenn auch nur kurzfristig – Sizilien beherrscht.

Auf Münzen wurde der Titel „König von Jerusalem" interessanterweise nur von den Herrschern des römisch-deutschen Reiches geführt, selbstverständlich daher nicht von Maria Theresia und nur bis Franz II. Kaiser Franz Joseph, der im November 1869 Palästina besuchte, bekam wegen des noch immer geführten Titels vom Patriarchen das Recht übertragen, den Orden vom Heiligen Grab zu verleihen. Franz Joseph und auch noch der letzte Kaiser Karl führten den „König von Jerusalem" im großen Titel. Selbstverständlich spielten bei der Führung dieses Titels religiöse Motive und Elemente der habsburgischen Frömmigkeit eine größere Rolle als realistisch zu nennende Ansprüche auf die Beherrschung der heiligen Stätten.

Schwierig zu klären ist die Frage, weshalb manche Wappen- und Titelteile mit dem Verlust der jeweiligen Territorien verschwanden und andere trotzdem sehr lange weiter verwendet wurden. Als Beispiel soll hier nur Württemberg angeführt werden, das 1519 vom vertriebenen Herzog Ulrich erworben und 1534 zu einem österreichischen Lehen gemacht wurde. Zwar stellte man 1599 die Reichshoheit wieder her, doch blieb das württembergische Wappen bis 1804 im habsburgischen Länderwappen erhalten. Ein ähnlicher Titel ohne dazugehöriges Territorium ist auch „Habsburg-Este". Die dem Herzog von Modena zustehende Titulatur war als Anspruchstitel nach der italienischen Einigung und dem Verlust Modenas vom letzten Herzog Franz V. († 1875) weitergeführt worden, der diesen Titel dann den Erzherzog und Thronfolger Franz Ferdinand vererbte.

Die Vielfalt dieser Titelformen, die dem Historiker in handschriftlichen und gedruckten Dokumenten auf Schritt und Tritt begegnen, spiegelt gleichsam die versteinerte Geschichte des Wachsens und Schwindens der habsburgischen Länder. Die formelhafte Aufzählung der Herrschaftsgebiete war aber auch ein Symbol der Verhüllung des Herrschers, der sich hinter diesem langen und prunkvollen Titel verbarg; die Person des Herrschers verschwand angesichts der so ausgedrückten Machtfülle, der Titel verlieh ihm in seiner Schwäche einen formalen Halt.

„EIN GEKRÖNTER ROTER LÖWE AUF GOLDENEM GRUND"
DIE WAPPENSYMBOLIK DER HABSBURGER

Für das alte Europa spielte das Wappenwesen eine zentrale Rolle. Wappen waren Zeichen der Herrschaftsausübung, konnten aber auch – oft sehr unrealistische – Ansprüche auf Herrschaft zum Ausdruck bringen. Aus den ursprünglichen frei gewählten Familienzeichen, die seit dem hohen Mittelalter von den Rittern verwendet wurden, entwickelten sich manche dieser Wappen zu „Landeswappen", die nun ihrerseits wieder als Familienwappen der Herrscher der jeweiligen Gebiete benutzt wurden. Dieser interessante Prozeß der Wappenverwendung ist nicht zu trennen von der Festlegung von Namen und Titeln der Dynasten, bei denen ähnliche Erscheinungen zu beobachten sind.

Das Familienwappen und das genealogische Wappen

Das ursprüngliche Wappen der Habsburger, das mit dem Besitz der Habsburg als Stammsitz der Familie verbunden war, zeigt einen roten blaugekrönten Löwen mit blauen Krallen („blaubewehrt" in der Sprache der Heraldik) auf goldenem Grund. Dieses Habsburg-Wappen trägt als Wappenzier – die oberhalb des eigentlichen Wappens angebrachten Symbole – ebenfalls einen blaugekrönten, roten Löwen, der aus einer goldenen Laubkrone wächst; die Decken des Wappens, also seine äußeren Verzierungen, sind gold und rot. Durch die Teilungen in verschiedene Linien wurde dieses Familienwappen schon vor Rudolf I. mit unterschiedlichen Helmzieren – etwa für die Grafen von Kyburg und die von Rapperswil – dargestellt. Bemerkenswert ist die Tatsache, daß eine dieser Linien, die Habsburg-Lauffenburger, in ihrer Helm- oder Wappenzier vier Pfauenspiegel tragen, was vielleicht mit dem Pfauenstoß des späteren Habsburger-Wappens, von dem noch die Rede sein wird, zusammenhängen könnte. Im Zuge des späten Mittelalters wurde das österreichische Länderwappen – der Bindenschild – zum Familienwappen der Habsburger, die sich ja auch seit dieser Zeit als „Haus Österreich" bezeichnen.
Seit der Zeit Maximilians I. vereinte das genealogische Wappen die beiden Länderwappen von Österreich und Burgund. Damit wurde natürlich bei Maximilian auf seine Heiratsverbindung Bezug genommen, doch war Burgund mehr als nur ein Besitz der Familie. Andere Wappen von Ländern, die für die Habsburger wichtig waren, erreichten diese Position nie, weder Böhmen, wo die Habsburger seit 1526 herrschten und seit der „Vernewerten Landesordnung" von 1627 Erbkönige waren, noch Ungarn, das ebenfalls seit 1526 von den Habsburgern beansprucht wurde und seit 1687 ebenfalls Erbkönigtum im Mannesstamm war. Hingegen haben die Wappen von Burgund, Kastilien (bzw. unter Karl VI. Katalonien) und später Lothringen genealogische Bedeutung angenommen. Besonders schön zeigt sich diese Entwicklung unter Kaiser Karl VI., dessen Wappen geviert ist und in jedem Hauptfeld ein (genealogisches) Herzschild, also ein zentrales, dem großen Wappen aufgelegtes kleines Schild in der Mitte des Wappens, besitzt. Das erste Herzschild ist Österreich (mit Ungarn, Böhmen, Dalmatien, Kroatien, Bosnien im Feld), das zweite Herzschild der habsburgische Löwe (mit Kastilien, Leon, Aragón und Sizilien im Feld), das dritte Herzschild Burgund (mit Brabant, Schwaben, Antwerpen und Flandern im Feld) und schließlich das vierte Herzschild Katalonien (mit Neapel, Jerusalem, Navarra und Indien im Feld).
Nach dem Aussterben der Althabsburger und der Gründung einer neuen Dynastie mit dem Namen „Habsburg-Lothringen" (interessanterweise nicht „Österreich-Lothringen"!) durch die Ehe Maria Theresias mit Franz Stephan von Lothringen wurde das lothringische Wappen wesentlicher Bestandteil des genealogischen Wappens. Von da an zeigte das Herzschild des Wappens immer das dreigeteilte habsburgische Hauswappen: „In der Mitte einen silbernen Querbalken im roten Felde, zur Rechten den gekrönten rothen Löwen von Habsburg im goldenen Felde, und zur Linken das herzoglich-lothringische Stammwappen, bestehend aus einem rothen rechten Schrägebalken im goldenen Felde, worauf drey gestümelte silberne Adler über einander gesetzt sind."
Der Wappenschild, der dem Titel „Haus Österreich" entsprach, war der Bindenschild, den die Habsburger von den Babenbergern übernommen hatten und den ihrerseits die Republik Österreich seit 1918 als Staatswappen einführte und bis heute führt. Über den Ursprung dieses Bindenschildes ist viel diskutiert worden. Die auf die fabulöse mittelalterliche „Chronik der 95 Herrschaften" von Leopold Stainreuter zurückgehende Legende, daß der Babenbergerherzog Leopold V. († 1194) vor Akkon 1190/91 so tapfer gekämpft

Oben: Das mittlere gemeinsame Reichswappen von 1915. Foto: Vocelka
Rechte Seite: Der Wappenadler, der die Wappen von mit den Habsburgern verwandten Familien trägt, verwandelt sich in dieser Darstellung in einen Pfau. ÖNB, Wien

habe, daß sein weißer Waffenrock völlig mit Blut getränkt war und, als er seinen breiten Gürtel abnahm, der Bindenschild entstand, ist bis in unsere Zeit verbreitet. Diese klassische Schulbuchgeschichte kommt, um nur ein Beispiel zu nennen, in dem schon in anderem Zusammenhang erwähnten österreichischen Staatsfilm „1. April 2000" von 1952 noch völlig unkritisch vor und geistert wohl auch heute noch durch die Köpfe vieler. Wissenschaftlich ist sie nicht haltbar, doch woher der rot-weiß-rote Schild kam, darüber herrscht auch unter den Fachleuten noch immer Uneinigkeit. Am überzeugendsten wirkt die These des bedeutendsten Babenbergerforschers Karl Lechner, wonach die Babenberger dieses Wappen von den von ihnen beerbten Grafen von Poigen-Hohenburg-Wildberg übernommen hätten, also eine Art heraldischer Ansippung vollzogen. Der Historiker und Wappenkundler Franz Gall wiederum leitete es – etwas vage – vom Herzogsbanner der Babenberger ab. Dieses habe – seiner unbewiesenen Behauptung zu Folge – einen rot-weiß-roten Hintergrund gehabt, der dann, als man die zunächst darauf befindlichen Adler wegließ, den Bindenschild bildete. Woher auch immer dieses Wappen stammen mag, der Bindenschild bildet ein Kontinuum für Österreich von der Zeit der Babenberger bis heute.

Die Wappen der habsburgischen Länder

Ähnlich wie den Bindenschild übernahm das Haus Habsburg im Zuge seines Aufstieges noch andere Wappensymbole, die schon von Amtsvorgängern vorgeprägt waren. Das Wappen, das man sicherlich viel mehr als die eigentlichen genealogischen Wappen mit der Familie verbindet, ist der Doppeladler, der aber selbstverständlich – zumindestens bis 1804 – kein Familiensymbol war. Die Tatsache allerdings, daß die Habsburger seit 1438 bis zum Ende des Reiches 1806 mit nur einer kurzen Unterbrechung immer die Herrscher stellten, verbindet die Familie unauflöslich mit dem Symbol des Heiligen Römischen Reiches.
Der Adler ist ein uraltes Symbol der Macht. Schon im 4. Jahrtausend v. Chr. ist er als Herrschaftszeichen im Iran überliefert, im 3. Jahrtausend v. Chr. tauchte in Mesopotamien auch schon der zweiköpfige Adler auf. In der Antike war er das Symbol des Zeus, der Ptole-

mäer und des Jupiter Capitolinus und wurde als Bekrönung römischer Feldzeichen verwendet. Aus dieser antiken Tradition gelangte er in die Symbolik des Heiligen Römischen Reiches, vermutlich schon unter Karl dem Großen († 814), belegt allerdings erst bei Otto III. († 1002) um 1000. Erst unter Rudolf von Habsburg tauchte er 1277 im Königssiegel, und zwar zunächst nur im kleinen sogenannten Sekretsiegel, auf, unter Ludwig dem Bayern († 1347) dann im großen Majestätssiegel.

Eine schwer zu entscheidende Frage ist, was dieser Adler symbolisiert – das Reich oder den Kaiser. Das Abstraktum „Reich" wurde ja im Zeitalter des ständischen Dualismus personalisiert und als die gemeinsame Regierung der Vertreter der Stände mit dem Reichsoberhaupt gesehen. Für den Herrscher des Reiches bürgerte sich bald ein, daß er als König durch einen einfachen Adler, hingegen als vom Papst gekrönter Kaiser durch einen Doppeladler symbolisiert wurde. Erst spät, seit dem 14. Jahrhundert, wurde diese Symbolik wirklich auf das Kaisertum festgelegt. Unter Maximilian I. kam es nicht nur zur Annahme des Titels „Erwählter Römischer Kaiser" 1508 in Trient, der die Krönung durch den Papst für die Zukunft bedeutungslos machte, sondern auch zur Schmückung seines Wappens mit einer Mitrenkrone und zur Beifügung des Vliesordens zum Reichswappen, wie es etwa auf dem bekannten Porträt Maximilians I. von Albrecht Dürer aus dem Jahr 1519 zu sehen ist.

Die Erfolge der Heiratspolitik der Habsburger in der Zeit um 1500 brachten nicht nur einen Zuwachs an Ländern, sondern auch die erneute Erwerbung erblicher Titel und Wappen. Mit dem Herrschaftsantritt der Habsburger in Spanien und – durch die österreichische Linie – in Böhmen und Ungarn hatten die Habsburger Königstitel erlangt, die in Spanien definierterweise erblich, in Böhmen und Ungarn hingegen zumindest an die Zustimmung der Stände – Wahlrecht und Erbrecht waren hier im Konflikt – gebunden waren. Dieser Ausdehnung der Herrschaft trug auch die Heraldik Rechnung. Seit der Zeit Karls V. ging man von der einfachen Symbolik des Reichsadlers mit aufgelegtem Bindenschild ab und versuchte, alle Wappen der beherrschten Gebiete in einem Schild zu vereinigen. Auf diese Weise entstand das habsburgische Wappen, wie es uns in verschiedenen Formen geläufig ist und das ebenso wie der Titel Wandlungen durch Gebietsgewinne und -verluste unterlag. Unter Ferdinand I. erfolgte eine gewisse Systematisierung der Herrschaftszeichen, es wurden z. B. ein großer, ein mittlerer und ein kleiner Siegelstempel unterschieden, die verschiedenen Wappen entsprachen.

Im Lauf der Jahrhunderte kam es zu zahlreichen Veränderungen des Wappenbildes, die genealogische Verbindungen, Gebietsveränderungen und Ansprüche der Familie spiegeln. Alle diese Veränderungen sind ebenso im Titel wie im Wappen zu finden, am bemerkenswertesten natürlich bei schwerwiegenden Eingriffen in die Titulatur, wie bei der Annahme des Titels „Kaiser von Österreich". Am 15. Dezember 1804 ging Franz auch daran, ein „neues Wappen für das neue Kaiserhaus einzuführen. Hierzu konnte am Schicklichsten das alte durch seinen Ursprung ehrwürdige Attribut des Österreichischen Regentenhauses, der silberne Querbalken im rothen Felde, gewählet werden, der in neuern Zeit meist als das Landwappen des Erzherzogthumes gebraucht wurde. An die Stelle dieses Schildes erhält nun das Land unter der Enns wieder sein altes Insigne: im blauen Feld fünf güldene Adler, die man ehedem fälschlich für Lerchen hielt. Die so genannte Hauskrone, welche bisher die Reichskrone repräsentiert hat, ist nun die Österreichische Erbkaiserkrone und wird auch bei zukünftigen Krönungen als solche zu gebrauchen sein."

Zwei Bestimmungen sind dabei bemerkenswert. Erstens wird eine funktionale Unterscheidung zwischen den Wappen von Altösterreich (Fünfadlerwappen) und Neuösterreich (Bindenschild) getroffen, wobei die alte, seit dem Ende des 15. Jahrhunderts bestehende Deutung der Adler als Lerchen, um an die römische Lerchenlegion (diese *Legio decima Alaudarum* war in Wien stationiert) anzuknüpfen, verworfen wird. Zweitens wird mit dieser Bestimmung ein Objekt, dem bis dahin rein kulturhistorisch-sammlungsgeschichtliche Bedeutung zukam, zu einem Staatssymbol erhoben. Die als Privatkrone und Kunstkammerstück entstandene „Hauskrone" Kaiser Rudolfs II., mit Szepter und Reichsapfel seines Bruders Matthias, wurde damit nicht nur zu einem „transpersonalen Herrschaftssymbol", sondern auch zu einem heraldischen Staatssymbol des neuen Kaisertums Österreich. Der schwarze doppelköpfige Adler auf goldenem Grund wurde aus der Symbolik des alten Reiches in die des neuen Kaisertums übernommen, schwarz-gelb blieben die Farben der Habsburger und wurden zur Symbolfarbe ihrer Anhänger.

Ähnlich wie schon vorher wurde zwischen den drei Formen des Titels bzw. des Wappens unterschieden und am 5. November 1804 auch die jeweilige Verwendung der Wappen festgelegt: Der große Wappenschild sollte bei Huldigungsakten, Hausverträgen, außerordentlichen und feierlichen Anlässen im Innern und bei Verträgen mit auswärtigen Mächten, Friedensschlüssen und Lehensverleihungen Anwendung finden, das mittlere Wappen diente für Verordnungen, Privilegien etc., die aus der ordentlichen Administration hervorgingen sowie für weniger wichtige Angelegenheiten im Ausland, das kleine Wappen für vom Kaiser selbst gefertigte „Requisitions-Notifications- oder confidentielle Schreiben" an auswärtige Fürsten, es wurde auch auf sämtliche Münzen geprägt. Im Wappen spiegeln sich aber auch die territorialen Veränderungen der Napoleonischen Zeit. Venezianisches (mit Albanien, Candien [= Kreta] und Zypern als Anspruchswappen sowie Cattaro, Dalmatien, Padua, Venezien, Verona, Vicenza und Zara) findet sich ebenso wie Berchtesgaden, Blumenegg, der Deutsche Orden, Eichstätt, Franken, Hofen, Illyrien, Lindau, Ortenau, Passau, Rothenfels, Wolhynien und Würzburg, wobei Wappen der Hauptlinie des Hauses und solche der Sekundogenituren vermischt wurden. Das große Wappen wurde dann am 13. Mai 1836 entsprechend den neuen Besitzverhältnissen nach dem Wiener Kongreß erneut festgelegt, die Felder im Brustschild wurden dabei auf 61 vermehrt.

Unter Franz Joseph – erstaunlicherweise schon während des Ersten Weltkrieges, als hätte man keine anderen Sorgen gehabt – wurde zum letztenmal ein Wappen der Monarchie mit Handschreiben vom 11. Oktober 1915 festgelegt.

Das sogenannte „mittlere Wappen" des gemeinsamen Wappens der Donaumonarchie symbolisiert die gesamten von den Habsburgern beherrschten Länder. Es besteht aus zwei großen und einem dazwischen angebrachten kleinen Wappenschild, das das Wappen der Familie (das Habsburgwappen kombiniert mit dem österreichischen Bindenschild und dem Wappen von

Lothringen) zeigt. In dem – vom Betrachter aus gesehen – linken Schild mit dem Doppeladler und der Rudolfskrone finden sich die Wappen der alten Erbländer (Österreich unter der Enns, Österreich ob der Enns, Steiermark, Kärnten, Krain) sowie von Böhmen, Galizien und Lodomerien, Dalmatien, Schlesien, Salzburg, Mähren, Tirol, Vorarlberg, Bukowina, Bosnien und Herzegowina, Görz und Gradisca und Triest. Das rechte Wappen steht für die ungarischen Länder und ist mit der Stephanskrone bekrönt. Sein Herzschild enthält das kleine Wappen des ungarischen Staates, darum gruppieren sich die Wappen von Dalmatien, Kroatien, Slawonien, Siebenbürgen, Bosnien und Herzegowina und Fiume (Rijeka). Schildhalter sind links ein Greif und rechts ein weiß gekleideter Engel. Außerdem enthält das Wappen den Orden vom Goldenen Vlies, den Militär-Maria-Theresien-Orden, den königlich ungarischen St. Stephans- und den österreichisch kaiserlichen Leopolds-Orden. Das Spruchband mit der Devise *indivisibiliter ac inseparabiliter* (unteilbar und untrennbar) verweist auf die Pragmatische Sanktion von 1713 als Staatsgrundgesetz. Dalmatien und Bosnien-Herzegowina kommen in beiden Wappen vor, da sie unter gemeinsamer Verwaltung der beiden Reichshälften standen.

Oben: Durch die Ausdehnung der spanischen Besitzungen wurde das Symbol des Reichsadlers in ferne Länder getragen. Hier ein Detail eines bestickten Meßgewandes von den Philippinen aus dem 18. Jahrhundert. Foto: Vocelka
Linke Seite: Wappen aus der Zeit Maria Theresias. Archiv Verlag Styria

Die meisten dieser Wappen- bzw. Titelbestandteile beziehen sich auf real von den Habsburgern beherrschte Gebiete, einige Bestandteile, die gelegentlich oder auch längerfristig auftauchen, sind hingegen sogenannte Anspruchswappen, das heißt Wappen von Territorien, die von den Habsburgern nicht oder nicht mehr beherrscht werden, auf die man aber Rechte geltend macht. Dazu würden etwa auch die schon erwähnten „spanischen" Titel und Wappen Karls VI. gehören, die sich nach den Friedensschlüssen am Ende des Spanischen Erbfolgekrieges auf bereits verlorene Gebiete bezogen.

Besonders beliebt waren diese Anspruchswappen bei Friedrich III. und Maximilian I., wo sie häufig auch noch durch Fabelwappen ergänzt und erweitert wurden. Ein gutes Beispiel dafür liefert die Wappenwand an der St. Georgskirche in Wiener Neustadt, auf der 14 Wappen der österreichischen Herrschaft und 93 Anspruchs- und Fabelwappen, die meist der Chronik von Leopold Stainreuter folgen, zu sehen sind. Solche Anspruchswappen dieser Zeit wären etwa Portugal, zurückgehend auf Eleonore, die Frau Friedrichs III., oder die Bretagne, zurückgehend auf Maximilians I. geplante Heirat mit der Erbin dieses Landes, Anna. Aber Maximilian führte z. B. auch das Wappen von England – diesen Anspruch leitete er von seiner Urgroßmutter Philippine von Lancester ab – oder das von Kumanien, das auf den von Maximilian – ebenfalls als Anspruch – angenommenen Titel eines ungarischen Königs, in dem auch Dalmatien, Kroatien, Slavonien, Bulgarien, Bosnien, Serbien, Raszien und Kumanien enthalten waren, zurückgeht.

Solche Anspruchswappen oder -titel hatten meist mit der ideologischen Motivierung der habsburgischen Politik auf dem Balkan zu tun, eine Tradition, die sich auch im 19. Jahrhundert noch fortsetzte. So trat etwa ein Phantasiewappen von Bulgarien 1806 und 1836 auf, mit dem sich der österreichische Kaiser als Schirmherr der Balkanchristen legimierte.

Besonders reizvoll ist die Beschäftigung mit den Fabelwappen, die seit dem Beginn des Wappenwesens auftauchen und auch in der habsburgischen Propaganda eine gewisse Rolle spielen. Manche dieser Wappen können mit realen Herrschaftswappen in Zusammen-

Die Lebenswelt der Habsburger

hang gebracht werden, so etwa das Fabelwappen des heiligen Leopold, das in Zusammenhang mit dem schon erwähnten niederösterreichischen Landeswappen – dem Adler- oder Lerchenwappen – steht und das mit dem Hinweis auf die römische Tradition seine eigene Wappenlegende besitzt. Eine gewisse Rolle beim Zustandekommen dieses Wappens mit den goldenen Adlern auf blauem Grund spielte vermutlich das Gewand des Herrscher-Heiligen Leopold in Klosterneuburg, das ebenfalls auf blauem Grund goldene Vögel zeigt.

Die Blüte dieser fabulösen Wappen hängt mit der politischen Propaganda Maximilians I. und den phantasievollen Genealogien seiner Hofhistoriker zusammen. So finden wir etwa in den nach einem inhaltlichen Entwurf Jakob Mennels von Leonhard Beck geschnittenen Graphiken „Die Heiligen der Sipp-, Mag- und Schwägerschaft Kaiser Maximilians I." ähnliche phantastische Wappen wie bei den Figuren seines Grabmals.

Manche Wappen der Habsburger enthielten auch den sogenannten Allerhöchsten Namenszug, wie er seit Kaiser Sigismund († 1437) am Beginn des 15. Jahrhunderts belegt ist, der aber eigentlich lediglich aus den Initialen bestand (z. B. FIJ für Franz Joseph I.). Neben den Veränderungen durch Herrschaftswechsel und Repräsentationsansprüche dokumentieren die Wappen auch eine stilistische Entwicklung, die kunsthistorische Tendenzen und Zeitgeschmack spiegelt.

Eine Geschichte für sich stellt die Helmzier des habsburgischen Wappens dar: ein Bündel Pfauenfedern, die unten von einer kleinen Laubkrone zusammengefaßt werden. Im Gegensatz zu sonstigen Symbolen, die die junge Republik übernahm, fiel dieser Bestandteil 1919 aus dem österreichischen Wappen weg. Dieser sogenannte Pfauenstoß galt als Symbol der Zugehörigkeit zum Haus Österreich und wurde später auch als Sympathieabzeichen gebraucht. Er ist erstmals 1254 bildlich im Wappen des Grafen Otto von Plain-Hardegg nachweisbar.

Aus Ulrich von Liechtensteins „Frauendienst" weiß man, daß der Domvogt von Regensburg, Otto V. von Lengenbach,

1227 einen „rûsch von pfânsvedern guot" als Helmzier gebrauchte. Dieser Lengenbacher fand in einer Fehde mit dem Babenberger Friedrich II. den Tod, seine Güter wurden von den Babenbergern eingezogen. Vielleicht „erbten" sie, wie Karl Lechner vermutet, bei dieser Gelegenheit auch die Helmzier der Lengenbacher, dieser Vorgang wäre parallel zur heraldischen Ansippung an die Grafen von Poigen, die den Bindenschild führten, zu verstehen. Als gänzlich andere Erklärung könnte man aber die des Wiener Arabisten Hans Gottschalk anführen, der in einem geographischem Werk des Yaqut ar-Rumi († 1229!) auf Leopold VI. bezogen 1218 den Namen *Dastarrih* fand – wie man zunächst vermuten könnte, eine Verballhornung des französischen *d'Autriche*. Der gelehrte Arabist leitet es aber vielmehr von *ar-ris* (= Feder) ab und schließt daraus, daß Leopolds Wappen ein Federnbusch war. Den noch konkreteren Versuch, das Wort mit *plumes d'autruche* (Straußenfedern) in Verbindung zu bringen, wurde von Lhotsky, der sich auch mit dieser Frage beschäftigte, abgelehnt. Während der Pfauenstoß die habsburgische Herrschaft in Österreich nicht überlebte, sind im Wappenwesen der Republik einige Elemente dieser alten Tradition durchaus erhalten. Neben dem Adler – der allerdings nur mehr einen Kopf hat – und dem Bindenschild muß vor allem auf das Kärntner Landeswappen, das die Helmzier der Kärntner Herzöge zeigt, die Landeswappen von Oberösterreich mit dem Erzherzogshut und von Salzburg mit dem erst nach der Erwerbung durch die Habsburger üblich gewordenen Fürstenhut verwiesen werden.

Wappen bilden einen wesentlichen Bestandteil dessen, was man heute modern als „corporate identity" des Hauses Habsburg bezeichnen könnte. In seinen verschiedenen, jeweils gerade zeitgemäßen Formen zierte das Wappen der Familie Gebäude und Gegenstände aus dem Familienbesitz und charakterisierte Münzen

Das Wappen der beiden Reichshälften der Monarchie, umgeben von einzelnen Länderwappen. Archiv Verlag Styria

Die Lebenswelt der Habsburger

*Links: Philipp I. umgeben von den Wappen des Hauses Österreich.
Rechts: Erzherzogin Margarethe umgeben von den Wappen des Hauses Burgund. ÖNB, Wien*

und Schriftstücke als „kaiserlich" oder „landesfürstlich". Nicht nur die regierenden Herrscher führten dabei diese – auch Ländersymbole zeigenden – Wappen, sondern auch die nicht regierenden Mitglieder der Dynastie. Während für die Habsburger selbst – und auch die sie umgebenden Eliten – jedes Symbol erklärbar und in seine einzelnen Bestandteile auflösbar war, da ja die Heraldik in den Bildungskanon des Adels gehörte, war es für die einfachen Menschen der frühen Zeit nur eine Art von „Logo", das klar machte, wann man es mit hochgestellten Persönlichkeiten, womöglich gar mit einem Mitglied des Herrscherhauses zu tun hatte. So kam den Wappen, die allgegenwärtig waren, sicherlich eine ganz besondere Funktion in der Stilisierung der Dynastie, ihrer Abhebung von den Beherrschten zu.

ZEICHEN DER MACHT – HERRSCHAFTSSYMBOLE DER HABSBURGER

Macht ist allgegenwärtig. Sie findet sich in den Strukturen der Familie, den Hierarchien der Verwaltung, der Herrschaft auf unterschiedlichsten Ebenen. Macht ist abstrakt, aber sie verlangt nach vielfältigem Ausdruck in Mythen und Legenden, in Strafritualen und Disziplinierungsprozessen. Sie wird sichtbar in Symbolen, Handlungen und Ritualen. Von vielen solchen Ausdrucksformen der Macht ist in diesem Buch die Rede, denn die Geschichte der habsburgischen Dynastie ist auch eine Geschichte ihrer Macht und des Sichtbarmachens dieser Macht. Am klarsten sind vielleicht die Insignien der Herrschaft als solche Symbole der Macht zu verstehen. Zwar stellen Titel und Wappen, die bei allen – also auch bei den nicht regierenden – Mitgliedern der Familie Verwendung fanden, ebenfalls Herrschaftssymbole dar, doch gab es im Laufe der langen Geschichte des Hauses eine Reihe von Insignien, denen besondere Bedeutung für das Selbstverständnis der Habsburger zukam. Zunächst ist zu klären, was ein solches greifbares Symbol, wie wir es heute etwa in der Wiener Schatzkammer oder im Nationalmuseum in Budapest ausgestellt sehen, bedeutete bzw. bedeutet. Die Reichskrone oder auch die Stephanskrone z. B. sind trotz ihrer kunsthistorischen Bedeutung und künstlerischen Ausschmückung mehr als ästhetische Objekte; ihre Funktion weist über die Materialität hinaus, sie haben eben jenen symbolischen Charakter, der Herrschaft sichtbar macht. Um dem Menschen der Gegenwart ihre eigentliche Bedeutung verständlich zu machen, ist am ehesten ein Vergleich mit einer Fahne angebracht. Diese ist eben mehr als ein Stück Stoff, sie wird in Kriegen besonders „heldenhaft" verteidigt, als Beutestück zur Schau gestellt, bei Staatsbesuchen geehrt und bei Protestdemonstrationen verbrannt. Sie versinnbildlicht also mehr, als ihr materieller Wert vermuten läßt, sie steht symbolhaft für den ganzen Staat, und wer sie beleidigt, verletzt den „Staat" in seiner Gesamtheit.

Die Insignien der Herrschaft der Vergangenheit haben einen ähnlichen Charakter, sie sind transpersonelle Herrschaftssymbole, deren Besitz – augenfällig bei der „heiligen Stephanskrone" – über die Beherrschung eines Gebietes real entscheiden kann. Gerade in früher Zeit, als der abstrakte Staatsbegriff, den wir heute voraussetzen und der mit Nationalismus, gemeinsamem historischen Bewußtsein und „corporate identity" zu tun hat, noch nicht bestand, wurde die Krone zum Inbegriff des Staates. Ganz besonders deutlich wird dieser Prozeß in dem heterogenen, durch die historische Auseinandersetzung mit den Osmanen jahrhundertelang dreigeteilten besonders schwierigen Fall „Alt-Ungarns". Dieses Gebiet, das neben dem heutigen Ungarn auch Teile Rumäniens, Österreichs und des ehemaligen Jugoslawiens sowie die Slowakei umfaßte, wurde über seine Krone definiert, man sprach von den Ländern der heiligen Stephanskrone, der damit eine besondere Bedeutung zukam.

Die Erforschung der Insignien der einzelnen Länder und des Reiches trägt zwei widersprüchliche Züge. Einerseits hat in manchen Fällen die Mystik der Objekte, die „Heiligkeit" der Gegenstände eine intensive, objektive und analytische Beschäftigung mit ihnen behindert, andererseits existieren gerade zu diesen Insignien umfangreiche, sich oftmals widersprechende Studien, die es schwierig machen, in allen Details endgültige Aussagen zu treffen. Auch das hohe Alter der Objekte, die aus einer quellenarmen Zeit stammen, begünstigen Spekulationen über ihre Entstehung und Verwendung sehr.

Der Erzherzogshut

Jene Insignie, welche die Beherrschung Österreichs repräsentierte, war – im Gegensatz zu anderen von Habsburgern geführten Herrschaftszeichen – nicht schon vorhanden, als die Dynastie die Herrschaft antrat, sondern wurde von den Habsburgern selbst geschaffen. Als Albrecht und Rudolf 1282 mit dem Herzogtum Österreich belehnt wurden, gab es nach heutigem Wissensstand kein Herrschaftszeichen, das sie aus dem babenbergischen Besitz übernommen hätten, was nicht heißt, daß kein solches existierte, man maß ihm nur keine besondere Bedeutung zu. Erst mit der Auseinandersetzung Rudolfs IV. mit seinem Schwiegervater Karl IV., die zur Fälschung des *Privilegium maius* führte, trat die Frage des Herrschaftszeichens ins Scheinwerferlicht der Aufmerksamkeit.

Drei der gefälschten Urkunden des *Privilegium maius* sprechen von einem Herrschaftszeichen, für das sich später der Name Erzherzogshut einbürgerte. Es heißt dort in einer der Urkunden, daß der Herzog die Lehen zu Pferde im fürstlichen Gewande, mit Zinkenkrone und Szepter empfangen, in der nächsten, daß er dabei die Königskrone auf Fürstenhut tragen darf, und in der dritten Urkunde wird schließlich sogar die Führung des Kreuzes auf dem mit einer Königskrone versehenen Hut gewährt. Mit diesem letzten Privileg ist die Angleichung an die Reichskrone deutlich spürbar. Karl IV. reagierte auch weit stärker auf diese Insignienfragen als auf alle anderen Vorrechte, die Rudolf IV. in seine Fälschung verpackt hatte, und zwang Rudolf IV. zum Verzicht auf dieses Symbol.

Ob ein solcher Erzherzogshut als Realie unter Rudolf selbst schon vorhanden war, können wir nur ahnen, obwohl er sich mit einer, den Beschreibungen des *Privilegium maius* entsprechenden Insignie darstellen ließ. Jenes bekannte Bild (vermutlich von Heinrich Vaschang), das ursprünglich über Rudolfs IV. Grab im Stephansdom hing, zeigt uns jedenfalls erstmals einen Erzherzogshut, zumindest als Bild. Quellenmäßig belegt ist erst das Auftreten Albrechts VI. 1452 im erzherzoglichen Ornat bei der Hochzeit Friedrichs III. Der bei den meisten Erbhuldigungen in Niederösterreich verwendete Erzherzogshut ist allerdings nicht so alt, er wurde 1616 von Erzherzog Maximilian III. († 1618) für Klosterneuburg gestiftet und hat acht Zinken und nicht zwölf, wie das *Privilegium maius* es vorschreibt.

Das Weihegeschenk, welches Maximilian III. dem Chorherrenstift Klosterneuburg 1616 übergab, bestand aus einem silbernen, zum Teil vergoldeten Brustbild des Markgrafen Leopold des Heiligen und einem kostbar verzierten, rotsamtenen Hut, eigentlich einer hutförmigen Krone (Erzherzogshut), mit welchem die Büste bekrönt war. Die Tatsache, daß die böhmische Krone auf dem Kopfreliquiar des heiligen Wenzel und die ungarische ursprünglich auf dem des heiligen Stephan aufbewahrt wurden, stellt keineswegs einen Zufall dar. Ähnlich wie in Böhmen und Ungarn sollte von jetzt an der durch das Haupt des heiligen Leopold und unter feierlichen kirchlichen Zeremonien geweihte Erzherzogshut bei den Erbhuldigungen „vorgetragen" werden. Die Stiftungsurkunde bestimmte, daß der Erzherzogshut vom Haupt des heiligen Leopold nur dann herabgenommen werden dürfe, wenn der älteste Erzherzog von Österreich seiner entweder bei der Feier der Erbhuldigung oder beim Empfang der Reichslehen bedürfte. Nach der Erbhuldigung sollte derselbe längstens binnen 30 Tagen wieder in das Stift Klosterneuburg zurückgebracht werden. Dieser niederösterreichische Erzherzogshut wurde zum ersten Mal bei der Erbhuldigung Kaiser Ferdinands II. am 13. Juli 1620 verwendet, zum letzten Mal unter Kaiser Ferdinand I. 1835.

Ein älteres Werk über diesen Erzherzogshut beschreibt ihn folgendermaßen: „Es ist ein runder, rotsamtener Hut, der mit Hermelin umgeben ist. Dieser umschließt wieder eine goldene Krone mit acht Zinken, deren Spitzen über den Hermelin hinausragen. Über den Hut sind zwei oben kreuzweise in der Mitte zusammenlaufende vergoldete Bogen gespannt, welche fest auf dem Samte aufliegen und eher als Zierde anzusehen sind, denn einen besonderen Vorzug bedeuten. Auf dem Hute, im Kreuzungspunkte der beiden Bogen, befindet sich eine Kugel aus Saphir und auf derselben ein kleines Kreuz, das mit Rubinen, Smaragden, Diamanten und Perlen kostbar geschmückt ist, wie denn auch die acht Kronenzinken und die zwei Bogen, den nämlichen Schmuck von Edelsteinen und Perlen tragen." Ähnlich wie die Stephanskrone mußte dieser Erzherzogshut mehrfach vor Feindesgefahr in Sicherheit gebracht werden: 1645 vor den Schweden nach Seckau, 1683 nach Passau, 1741 nach Preßburg, 1797 nach Prag, 1800 nach Ungarn, 1805 nach Schlesien und Galizien und schließlich 1809 abermals nach Ungarn. Joseph II. ließ den Erzherzogshut nebst den Kronen von Ungarn und Böhmen und anderen Insignien und Kleinodien kurzfristig in die Schatzkammer in der Wiener Hofburg überführen.

Neben dem Klosterneuburger gibt es noch zwei andere erhaltene Erzherzogshüte und eine Reihe von Quellenhinweisen auf andere, ehemals vorhandene Stücke. Eines der erhaltenen Objekte befindet sich in Tirol, in der Kaplanei von Marienstein, es wurde dort als Weihegabe an die Gottesmutter deponiert. Seine Herkunft ist unklar, er könnte eine Insignie Ferdinands von Tirol, ein einfacher Gebrauchshut gewesen sein, den sich vielleicht Freiherr Carl Schurff, der Testamentsvollstrecker des Erzherzogs, erbeten hatte. Schurff hatte von Ferdinand eine Wappenbesserung erhalten, die es ihm erlaubte, den Erzherzogshut in seinem Familienwappen zu führen, was sein Interesse an der Insignie erklären könnte. Ein steirischer Erzherzogshut ist ebenfalls auf uns gekommen, er befindet sich im Joanneum in Graz. Friedrich III. ließ sich damit porträtieren, das Bild hängt in Stift Vorau.

Von den nicht erhaltenen Stücken kennen wir aus dem Nachlaß Maximilians I. ein „rots samteins erzherzoghuetlein mit vergulter dyadem", weiters wurde für Ferdinand ein Erzherzogshut eigens für die Belehnung in Burgau 1530 gearbeitet, während Karl II. von Innerösterreich sogar zwei steirische Erzherzogshüte pietätvoll bewahrte. Einer wurde ihm beim Begräbnis vorangetragen, der andere dürfte mit dem heute im Grazer Joanneum gezeigten identisch sein.

Unter Maria Theresia entwickelte sich ein neues Interesse an diesem Symbol. Der Archivar Taulow von Rosenthal entdeckte den genannten Grazer Erzherzogshut, glaubte in ihm den „echten" steirischen Erzherzogshut gefunden zu haben und machte auch auf

*Das Herrscherporträt versucht die Bedeutung des Abgebildeten zu betonen.
Hier Karl VI. im Vliesornat, daneben liegen die Reichskrone, die ungarische und böhmische Krone und der Erzherzogshut.
Kunsthistorisches Museum, Wien*

die Unterschiede zum niederösterreichischen aufmerksam. Auf diesem neuen Interesse aufbauend wurde der jüngste Erzherzogshut, eine „echte Insignie" im Sinne der damaligen Zeit, für Joseph II. anläßlich seiner Krönung in Frankfurt 1764 angefertigt. Dieser ist zwar in der Schatzkammer erhalten, aber offensichtlich zu unattraktiv, um hergezeigt zu werden, da die Edelsteine nur für den Gebrauch eingesetzt wurden, die Insignie also nur eine Art nacktes Skelett ist. Dieser Erzherzogshut ist keine Kopie des Klosterneuburger Stückes, sondern stellt vielmehr mit seinen zwölf Zinken eine genaue Befolgung des *Privilegium maius* dar und ist von der Entdeckung des steirischen Erzherzogshutes beeinflußt.

Die übrigen Insignien, die in der Schatzkammer aufbewahrt werden – Szepter, Reichsapfel und Schwert –, stammen aus Böhmen und waren bis ins 17. Jahrhundert hinein mit der Wenzelskrone in der böhmischen Krönungszeremonie verwendet worden. Daneben gab es als Herrschaftssymbol noch das Landpanier, also die Fahne des Landes, von dem uns in der Schatzkammer ein Exemplar von 1705 mit dem Wappen Abensberg-Traun überliefert ist.

Die Insignien des Reiches

Im Gegensatz zum Erzherzogshut, bei dem die Habsburger als Schöpfer der Insignie gelten müssen, nahmen diese, als sie in anderen Ländern zur Herrschaft gelangten – so auch im Heiligen Römischen Reich –, vorhandene Insignien auf, die mit einer langen Tradition verbunden waren. Die Herrschaftslegitimation der frühen Zeit zielte auf Kontinuität, wollte die Reiche, aber auch deren Zeichen – Krone, Reichsapfel, Szepter und Schwert – in eine möglichst frühe Zeit, auf einen möglichst bedeutenden, gar heiligen Ahnherrn zurückführen. Kein Wunder, daß man die Krone des Reiches auf Karl den Großen projizierte, man denke nur an das bekannte Bild Albrecht Dürers, das Karl den Großen in den Insignien des Reiches zeigt, die – wie spätere Forschungen zeigten – alle zu seiner Zeit noch nicht vorhanden waren. Wichtig ist wiederum nicht die historische Wahrheit, um die sich Generationen von Historikern und Kunsthistorikern bemühten und ganze Regale mit ihren Abhandlungen zu den Reichsinsignien füllten, sondern die Meinung der Menschen der Zeit. Man hielt die Insignien in Dürers Bild für die Karls des Großen, man glaubte an diese Tradition und spürte gleichsam die Kraft des heiligen Ahnherrn bei der Krönung auf den neuen Herrscher übergehen.

Über die Entstehung der in der Wiener Schatzkammer aufbewahrten Reichskrone gibt es viele unterschiedliche Thesen. Die heute geläufigste lautet, daß sie aus der zweiten Hälfte des 10. Jahrhunderts stammt und vielleicht für die Kaiserkrönung Ottos I. 962 oder aber für die Krönung seines Sohnes Otto II. zum Mitkaiser 967 angefertigt wurde. Sie besteht aus acht durch Scharniere verbundene Bogenplatten, die mit Perlen und Edelsteinen geschmückt sind. Vier von ihnen tragen in Email gearbeitete figurale Darstellungen, welche die biblischen Könige Salomon und David, die Vorbildgestalten aller christlichen Herrscher, ferner die Propheten Jesaja und Ezechiel und einen thronenden, von zwei Seraphim flankierten Christus zeigen. Dieses Bild, in dem Christus in der Pose des Weltenherrschers thront, symbolisiert gleichzeitig auch die Dreifaltigkeit. Die Inschrift PER ME REGES REGNANT (durch mich regieren Könige) verweist auf das Gottesgnadentum der Herrschaft.

Der Edelsteinschmuck der acht Platten ist mit der Zwölfzahl verbunden, es gibt z. B. zwei mal zwölf Scharnierperlen, sechs mal zwölf kleine Perlen und zwölf mal zwölf große Perlen, drei mal zwölf kleine Steine und sieben mal zwölf große Steine. Das Verhältnis der 144 großen zu den 96 kleinen Perlen ist 3:2, das der 84 großen zu den 36 kleinen Steinen 7:3, das Verhältnis der 120 Steine zu den 240 Perlen 1:2. Diese Zahlensymbolik hängt mit der Apokalypse des Johannes zusammen, in der die Zahl Zwölf und ihr viel- bzw. zwölffaches 144 eine große Rolle spielen, man denke nur an die 144.000 Erlösten in Zion, an die zwölf Tore des himmlischen Jerusalem, auf denen die Namen der zwölf Engel und der zwölf Stämme Israels stehen, etc. Auch die zwölf Perlen und zwölf Edelsteine kommen schon in der Johannesapokalypse vor wie auch der edelste Stein, der Jaspis, der bei der Reichskrone in der Mitte der Stirnplatte am höchsten Punkt angebracht war. Auch bei der Verteilung der Steinarten wurde auf die Farbskala der zwölf genannten Steinsorten der Apokalypse Rücksicht genommen und der Farbklang Blau-Grün-Weiß betont. Ursprünglich gab es wohl fünf mal zwölf Saphire und je zwölf Amethyste und Smaragde. Zahlensystem, Steinsetzung und Farbskala weisen die Reichskrone also als ein Abbild des himmlischen Jerusalem aus. Diese Plattenkrone, die vermutlich seitliche Pendilen hatte – wie bekanntlich noch heute die Stephanskrone – wurde durch einen Bügel unter Konrad II. († 1039) erweitert, das Kronenkreuz stammt aus der Zeit Heinrichs II. († 1024), die rote Samthaube aus dem 18. Jahrhundert.

Die meisten Forscher sind der Meinung, daß diese Reichskrone vor ihrer nachweislichen Verwendung bei den Krönungen in Frankfurt zwischen 1558 und 1792 schon bei den Königskrönungen in Aachen und bei den Kaiserkrönungen in Rom seit dem Ende des 10. Jahrhunderts verwendet wurde. Neben dieser gibt es in Abbildungen von Herrschern aber zwei ganz andere Typen von Kronen: die Mitrenkrone und die Doppelbügelkrone. Die ältere Forschung nahm an, daß diese beiden Typen im frühen 12. Jahrhundert als Privatkronen eingeführt wurden. Man hatte sich daran gewöhnt, die Wiener Krone als die des Herrschers im Reich zu sehen und alle anderen in bildlichen Darstellungen auftauchenden Formen als bloße Privatkronen abzustempeln. Earl E. Rosenthal wies hingegen aufgrund der bildlichen Zeugnisse glaubhaft nach, daß Doppelbügel- und Mitrenkrone mehr als Privatkronen waren, daß sie vielmehr offizielle Reichskronen darstellten, denn die Wiener Krone kommt auf keiner Darstellung der Krönungen in Aachen und auf keinem „Staatsbild" mit den Kurfürsten vor, auch die Bilder der Krönungszeremonie in Rom stellten die Doppelbügelkrone und die Mitrenkrone dar, die Wiener Krone wurde hingegen in früher Zeit nie abgebildet.

Bei der Krönung Kaiser Friedrichs III. 1452 etwa wurde die Krone von Enea Silvio Piccolomini als eine *corona aurea infulata pretiosisque cooperta gemmis*, also eindeutig als eine Mitrenkrone beschrieben, und Karl V. wurde 1530 in Bologna mit einer Doppelbügelkrone dargestellt. Damit brachte Rosenthal ein Axiom der Insignienforscher, daß die „Krone Karls des Großen" mit der „Wiener Krone", die als Reichskrone bezeichnet wird, spätestens seit dem frühen 14. Jahrhundert gleichzusetzen ist, ins Wanken. Er konnte aufgrund seiner Quellen klar zeigen, daß bis ins 15. Jahrhundert die Doppelbügelkrone für die meisten Zeitgenossen mit der karolingischen Reliquie identifiziert wurde. Erst 1487 und 1493 wurde in den gedruckten Ausgaben der „Nürnberger Heiltumsbüchlein" die Doppelbügelkrone der früheren Blätter durch die achteckige, ottonische Wiener Krone ersetzt und diese nun als Krone Karls des Großen ausgegeben. Albrecht Dürer stellte in seinen Bildern Kaiser Karls des Großen und Kaiser Sigismunds auf den ersten Skizzen nicht die Wiener Krone, sondern jene Doppelbügelkrone, die noch auf dem Gemälde Sigismunds zu sehen ist, dar. Im letzten Drittel des 15. Jahrhunderts wetteiferten also noch zwei Kronen, die vielleicht beide im Heiltumsschatz in Nürnberg waren, darum, Karl dem Großen zugeschrieben zu werden.

Die Nürnberger Doppelbügelkrone wurde seit der Krönung Kaiser Sigismunds im Jahre 1433 nicht mehr in Rom verwendet. Sie wurde jedoch 1440 und 1486 für Friedrich III. und Maximilian I. sowie 1520 für Karl V. nach Aachen geschickt. Aus diesem Grund wurde die Doppelbügelkrone zur Aachener Königskrone gestempelt, während die Mitrenkrone, die letzte, die 1452 in Rom bei einer Kaiserkrönung verwendet wurde, vorübergehend offiziell die Würde der Kaiserkrone erlangte. Eine weitere Legende, die Rosenthal zerstörte, ist die, daß der „Waise", ein besonders vielgepriesener weißer Edelstein – ein Milchopal –, sich seit jeher auf der Stirnplatte der Wiener Krone befand, an jener Stelle, an der heute der herzförmige Saphir sitzt. Er zeigte klar, daß dieser nur auf der Rückseite der Krone plaziert gewesen sein kann.

Zur Reichskrone gehören eine Reihe von anderen Insignien, deren Geschichte mindestens ebenso reizvoll ist wie die der Krone. Die meisten der Kleinodien wurden als sehr alt angesehen und stiegen unter dem Einfluß des blühenden Kultes um Karl den Großen in Wert und Ansehen. Karl IV. förderte diese Strömung noch, indem er die karolingischen Reliquien als Symbole der Kontinuität des Heiligen Römischen Reiches benützte.

Drei eigenartige, in ihrer Funktion schwer abgrenzbare Objekte stellen die drei Schwerter des Reiches dar. Da ist zunächst der sogenannte „Säbel Karls des Großen", der in der Legende mit Attilas Schwert identifiziert wurde, aber auch als Geschenk des legendären Kalifen Harun ar Raschids galt. Seine Datierung schwankt zwischen dem 9. und 10. Jahrhundert. Der Säbel stammt aus Ungarn oder der Kiewer Gegend, kann also keineswegs auf Karl den Großen und die Awarenbeute zurückgehen. Das sogenannte „Mauritiusschwert" hat ebenfalls mit dem heiligen Mauritius nichts zu tun, es entstand zwischen 1198 und 1218 und trägt das Wappen Ottos IV., während schließlich das Zeremonialschwert vielleicht für die Krönung Friedrichs II. in Palermo vor 1220 hergestellt wurde.

Der Reichsapfel, eine Kugel oder *sphaira*, als Symbol der Weltherrschaft vom Kreuz bekrönt, datiert um 1200, das Szepter, als jüngste der Reichskleinodien, stammt aus der ersten Hälfte des 14. Jahrhunderts und ist bescheiden.

Ebenso wie die Krönungsinsignien bilden die Krönungsgewänder keine Einheit, sondern sind zeitlich und räumlich sehr unterschiedlich einzuordnen, wobei der Schatz der normannischen Könige, der unter den Staufern einverleibt wurde, eine wesentliche Rolle spielt. Diese Gewänder wurden schon Mitte des 13. Jahrhunderts als „keyserliche zeichen" und ein Jahrhundert später als „heiligtum vnd cleynat des heiligen reichs" bezeichnet. Das spektakulärste Stück ist sicher der Krönungsmantel, der zwischen 1133 und 1139 in Palermo entstand und orientalischen Einfluß in seinen Bildern und der kufischen Inschrift zeigt, aber auch die ein halbes Jahrhundert jüngere „Alba" oder kaiserliche Tunika trägt eine arabische Inschrift. Während diese Stücke zusammen mit der „blauen Dalmatika", den Strümpfen und den Handschuhen alle aus dem Sizilien des hohen Mittelalters stammen, sind einige Objekte jünger – die Stola und die aus chinesischem Stoff gefertigte „Adlerdalmatika" stammen aus dem 14. Jahrhundert und die Schuhe gar erst aus dem 17. Jahrhundert. Eine Kopie der Gewänder, die ebenfalls in der Wiener Schatzkammer gezeigt wird, wurde für Franz I. im 18. Jahrhundert angefertigt.

Doch andere Objekte der Reichskleinodien sind geistesgeschichtlich vielleicht noch interessanter. Zunächst ist das 78 cm hohe und 71 cm breite, 5 cm dicke Reichskreuz zu nennen, das nicht, wie man es erwarten könnte, als Vortrags-, sondern als Standkreuz ausgeführt ist; es stammt aus der Zeit um 1025, sein Fuß wurde in Prag 1352 ergänzt oder erneuert. Der Kern aus Eichenholz dient zur Aufnahme einer anderen Insignie des Reiches, des Blattes der Heiligen Lanze, und im unteren Teil zur Aufnahme eines Stückes vom „wahren Kreuz Christi". Vermutlich befanden sich ursprünglich auch noch andere Reliquien darin, darunter der Zahn Johannes des Täufers, niemals aber – wie behauptet wurde – das Armbein der heiligen Anna.

Die Anordnung der Reliquien in einem Kreuz verweist auf Byzanz, wo in der Vorhalle der Konstantinsbasilika ein Kreuz hing, in dem die „Longinuslanze", also jene Lanze, mit der man Christus nach der Kreuzigung in die Seite gestochen hatte, aufbewahrt wurde. Wenn man weiß, daß auch die Lanze der Wiener Schatzkammer mit der „Longinuslanze" – einer besonders kostbaren Reliquie, die mit dem Blut Christi in Berührung gekommen war – identifiziert wurde, bekommt das eine Signifikanz.

Die Reliquie des Kreuzpartikels, die bereits 887 in den „Fuldaer Annalen" von Meginhard erstmals erwähnt wurde, war sicherlich eines der geschätztesten Heiltümer für einen christlichen Herrscher, vermutlich gehörte es bereits den Karolingern, nachweislich war es unter Otto III. († 1002) bereits vorhanden. Das Holzstück enthält ein Nagelloch, so daß man glaubte, es sei sicherlich mit dem Blut Christi in Berührung gekommen. Aber seine Einordnung in den Schatz der Reichskleinodien hat auch noch eine andere Bedeutung. Die Auffindung des Kreuzes durch die heilige Helene ver-

bindet diese Reliquie mit Konstantin, auf dessen Herrschaft als Vorgänger man sich immer gerne berief.

Die „Heilige Lanze", die seit der Zeit Heinrichs I. († 936) dem Reichshort angehörte, ist vielleicht das schillerndste und am schwersten zu interpretierende Stück dieser Reichskleinodien, weil die Lanze so viele Legenden umgeben, die mit religiösen und weltlichen Ansprüchen verbunden sind, wie wenige andere Objekte. Zunächst ist der religiöse Aspekt zu betonen, denn in der Lanze eingearbeitet befindet sich angeblich ein Nagel vom Kreuz Christi, doch auch der Aspekt der Lanze als Herrschaftszeichen ist nicht zu vernachlässigen. Die Lanze oder der Speer ist ein altes Herrschaftszeichen der Germanen, das mit mythologischen Vorstellungen – Wotan mit dem Speer – verbunden werden kann. In der frühen Zeit wurde die Übergabe der Herrschaft mit der Lanze – an der später eine Fahne angebracht war – vollzogen, die Lanze nahm neben dem Schwert eine gleichrangige Stellung ein. Doch schien dieser Brauch schon bei den Karolingern abgekommen zu sein, die Lanze besaß zu ihrer Zeit nur noch eine Bedeutung als Waffe, nicht mehr als Königszeichen. Eine Ausnahme bildete aber offensichtlich die „Heilige Lanze", von der erzählt wird, daß Otto I. sie vor der Schlacht bei Birten 939 kniend verehrte und dadurch den Sieg errang, auch in der Lechfeldschlacht 955 gegen die Ungarn wurde ihr der Sieg zugeschrieben. Seit dem 11. Jahrhundert ist diese Lanze eine der Insignien des Reiches. Die karolingische Flügellanze, in die der heilige Nagel eingearbeitet wurde, trägt eine silberne Manschette mit einer Inschrift auf vergoldeten Streifen, die durch Heinrich IV. († 1106) angebracht wurde und die Lanze bereits als die des heiligen Mauritius, des Führers der thebaischen Legion und beliebten Ritterheiligen, identifiziert. Ursprünglich war sie auf Konstantin zurückgeführt worden, später erinnerte man sich daran, daß die Lanze aus Burgund stammte und brachte sie daher mit Mauritius in Zusammenhang. Die

Lanze wurde nun als Doppelreliquie interpretiert, als Christus- und Mauritiusreliquie. Später wurden den Reichsreliquien auch ein Mauritiusschwert und sogar Mauritiussporen zugefügt.
Eine Replik dieser Lanze gibt es im Krakauer Domschatz, sie wurde vermutlich von Otto III. gespendet, als dieser im Jahre 999/1000 das Grab des heiligen Adalbert in Gnesen besuchte. Vermutlich gab es auch eine ungarische Königslanze, die auf Otto III. zurückging, und eine böhmische Lanze.
Weiters gehört zu den Reichskleinodien die Stephansbursa, die aus dem frühen 9. Jahrhunderts stammt. Stilistisch sind die über Matrizen und Blei in das Goldblech geschlagenen Relieftondi an der Schmalseite der Bursa mit dem Stil der Federzeichnungen einer bekannten mittelalterlichen Handschrift, des Utrechtpsalters, verwandt. Die Vertiefungen der Rückseite enthielten anfänglich Reliquien, in der größten befand sich vermutlich mit Blut des Protomärtyrers Stephan getränkte Erde. Weitere Reliquienschätze umfassen so kuriose Dinge wie ein Gewandstück des Evangelisten Johannes, einen Span von der Krippe Christi, Kettenglieder, mit denen die Apostelfürsten gefesselt waren, einen Zahn Johannes des Täufers, ein Armbein der heiligen Anna und Stücke vom Tischtuch des Letzten Abendmahles und vom Schürztuch Christi.
Ursprünglich befand sich der Großteil dieses Reichsschatzes in der Krönungsstadt Aachen, doch 1424 bestimmte Kaiser Sigismund die Reichsstadt Nürnberg zur Bewahrerin der Reichsinsignien. Die Päpste Martin V., Nikolaus V. und Pius II. bestätigten diese Anordnungen. Eine Klausel der Bestätigung, die einschränkte, „solange diese Stadt beim wahren Glauben bleibt" gab im 17. Jahrhundert Grund zur Anfechtung durch Aachen, die allerdings erfolglos blieb. So blieben fast bis zum Ende des Reiches die Kleinodien vorwiegend in Nürnberg, nur ein kleiner Teil befand sich in Aachen. Im Zuge der Napoleonischen Kriege wurden die Reichskleinodien in Nürnberg 1796 dem kaiserlichen Prinzipal-Commissär am Regensburger Reichstag Freiherrn von Hügel übergeben, um sie einstweilig nach Wien zu schaffen. Auch Aachen brachte seine Kleinodien 1794 nach Paderborn und später dann auch nach Wien, so daß sie beim Ende des Reiches in Wien waren und – mit einer kurzen Ausnahme im Dritten Reich – auch in Wien in der Schatzkammer blieben.

Rechts: Maria Theresia wurde 1741 zur Königin von Ungarn gekrönt. F. X. Messerschmidts Plastik zeigt sie mit den Insignien des Königreichs Ungarn. Österreichische Galerie, Wien
Linke Seite: Kaiser Matthias im böhmischen Krönungsornat mit der Wenzelskrone. Kunsthistorisches Museum, Wien

Die böhmischen Insignien

Ähnlich wie im Reich übernahmen die Habsburger auch in Böhmen, wo sie ja erst im späten Mittelalter und endgültig überhaupt erst 1526 zur Herrschaft gelangten, bestehende Traditionen – hier fanden sie Insignien vor, mit denen der böhmische König gekrönt wurde. Seit Kaiser Heinrich IV. am Reichstag zu Mainz 1085 den böhmischen Herzog Wratislaw zum König gemacht hatte, wurde dieser Titel – und damit auch das Privileg, eine Krone zu tragen und gekrönt zu werden – von verschiedenen Herrschern des Reiches und auch vom Papst mehrfach bestätigt. Die Form der Krone, die seit dem 13. Jahrhundert vier Lilien und zwei Bogen darüber enthält, geht vermutlich auf Wenzel I. zurück, ihre Gestalt verweist nach Frankreich auf die sogenannte Krone Karls des Großen zu St. Denis. Ähnlich wie die Insignien anderer Reiche wurde die Krone traditionell auf den heiligen Staatsgründer Wenzel zurückgeführt.
Die jetzige Krone geht im wesentlichen auf die Zeit Karls IV. zurück, obwohl es auch bei der böhmischen Krone – allerdings weniger vehement als in Ungarn – Versuche gibt, diese Krone nur als eine Umgestaltung

der Krone Wenzels I. zu sehen. Die von Karl IV. geschaffene Insignie hatte halbsakralen Charakter, sie sollte das Kopfreliquiar des heiligen Wenzel bekrönen. Am 6. Mai 1346 bestätigte der Papst unter Androhung des Bannes, daß die Krone auf dem Kopfreliquiar des heiligen Wenzel zu bleiben habe und nur gegen eine Gebühr von 200 Mark Silber an das Domkapitel zur Krönung oder Festkrönung des Königs verliehen werden dürfe. Die heutige Wenzelskrone besteht aus vier Lilien, auf deren Spitzen sich Perlen befinden, und aus einem Kreuz am Schnittpunkt der zwei Bogen. Die verschiedenen Edelsteine der Krone, wie etwa der Saphir oben, stammen vermutlich aus Thailand und Ceylon. In der Mitte des Kreuzes befindet sich ein Kruzifix aus einem Saphir, eine byzantinische Arbeit des 12. Jahrhunderts mit der Inschrift *Hic est spina de corona Domini* (Hier ist ein Dorn von der Krone des Herrn). In der Krone sind ungefähr 1,6 kg Gold und 700 g Edelsteine und Perlen verarbeitet. Die Krone wurde in der Kreuzkapelle der Burg Karlstein aufbewahrt, wo man auch die Kroninsignien und das Kronarchiv unter der Obhut des Burggrafen verwahrte. Albrecht von Österreich wurde als erster Habsburger mit dieser Krone gekrönt, allerdings – angesichts der hussitischen Wirren – nicht durch den Prager Erzbischof wie sonst üblich. Der Habsburger Rudolf III. (Rudolf I. als böhmischer König) († 1307) war noch mit der Vorgängerkrone gekrönt worden.

Zu den böhmischen Insignien gehören noch, wie auch in den anderen Ländern üblich, Szepter, Reichsapfel und Staatsschwert. Die unter Karl IV. hergestellten, zur Wenzelskrone passenden Abzeichen – Szepter und Reichsapfel – wurden später bei der niederösterreichischen Erbhuldigung verwendet, sie befinden sich in der Schatzkammer in Wien. Der Gebrauch des Reichsapfels ist in Böhmen erst bei Wenzel I. belegt, auch der Brauch, dem Herrscher vergoldete Nachbildungen der Krone, des Szepters und des Reichsapfels ins Grab mitzugeben, besteht seit dem Mittelalter. Solche Funeral- oder Grabinsignien sind für Rudolf I., den ersten habsburgischen böhmischen König, erhalten geblieben.

Der gegenwärtige böhmische Reichsapfel stammt dem Stil nach aus den letzten Jahren der Regierung Maximilians II. oder aus den ersten Jahren der Regierung Rudolfs II. Seit 1333 gibt es das gegenwärtige Staatsschwert, Karl IV. versah die Klinge mit einem kreuzförmigen Reliquiar des heiligen Wenzel und ließ auch eine kostbare Scheide anfertigen. Die heutige Scheide aus rotem Samt wurde für Leopold II. unter Verwendung älterer Teile hergestellt. Daneben gab es auch Krönungsgewänder: eine Tunicella, eine Dalmatika und eine Stola sowie Handschuhe des Krönungsornates. Alle diese Kleidungsstücke kommen aus der antiken Tradition über die Vermittlung der priesterlichen Gewänder der Kirche. Ab Matthias (II. als böhmischer König) ist der lange Rock aus Goldstoff üblich. Im Jahre 1836 wurde für die Krönung Ferdinands (V. als böhmischer König) ein neuer Ornat angeschafft.

Seit der Zeit Kaiser Karls VI. kommt den Landesfahnen, eigentlich Standarten, ein wichtiger Platz bei den Krönungsfeierlichkeiten zu. Beide Landespaniere von 1723 und 1836 sind rot und zeigen auf der einen Seite im Lorbeerkranz das Bild des heiligen Wenzel, auf der anderen das Staatswappen.

Die Krone und die dazugehörigen Insignien erfuhren ein weitaus weniger abenteuerliches Schicksal als die Stephanskrone in dem durch die politischen und militärischen Auseinandersetzungen viel gefährdeteren Ungarn. Ferdinand III. ließ zur Zeit des Dreißigjährigen Krieges die Krone kurzfristig nach Wien bringen, und auch Maria Theresia verwahrte die Kroninsignien nach ihrer Krönung einige Zeit in der Wiener Schatzkammer. 1866 wurde die Krone vor den Preußen abermals nach Wien in Sicherheit gebracht, die Rückkehr im folgenden Jahr vollzog sich mit allen kirchlichen, staatlichen und militärischen Ehren. In der Folge wurde die Krone in der 1868 erneuerten Kronkammer der Kathedrale zu St. Veit aufbewahrt und nur selten hergezeigt, so etwa bekam Kronprinz Rudolf sie 1871 bei einer Reise nach Prag zu sehen. Diese Kronkammer war und ist mit sieben Schlössern versperrt, die sieben Schlüssel hatten im Jahr 1867 folgende Würdenträger zur Verwahrung bekommen: der Fürst-Erzbischof, der Statthalter, der Landmarschall, ein Vertreter des Präsidiums der Statthalterei, ein Vertreter des Landesausschusses, der Dekan des Domkapitels und der Bürgermeister von Prag. Nach 1918 wurde diese Verteilung der Schlüssel leicht verändert. Als die Krone 1993 das letzte Mal gezeigt wurde, passierte ein kurioser Zwischenfall. Der Schlüssel des Parlamentspräsidenten Alexander Dubček war nach dessen Tod nicht mehr auffindbar, die Ratlosigkeit löste ein einfacher Polizist, der alle sieben Schlüssel, den Ersatzschlüsselbund, holte und aufschloß.

Die ungarischen Insignien

Die ursprüngliche Stephanskrone, ein vermutlich mit Juwelen verzierter Goldreif, wurde Stephan vom Papst Sylvester für seine Krönung im Jahre 1000 übersandt. Das Schicksal dieser konkreten Insignie ist nicht völlig geklärt, vermutlich wurde sie 1044, als sie in die Hände Heinrichs III. gefallen war, nach Rom zurückgesandt. Es gibt eine Nachricht, daß sie noch im 17. Jahrhundert unter dem später abgerissenen Veronika-Tor gehangen hatte.

Die heutige Krone, die als Krone des heiligen Stephan

Nach dem Tod Josephs II. wurde die Stephanskrone, die er nach Wien bringen ließ, wieder nach Ungarn überstellt. Ein kolorierter Kupferstich von Löschenkohl zeigt die triumphale Rückkehr. Museen der Stadt Wien

bezeichnet wird, ist mit dieser alten Krone wohl nicht ident, wenn auch immer wieder Theorien der Kontinuität von Teilen der Krone aufgestellt wurden. Eine genaue Erforschung wurde lange wegen der „Heiligkeit" des Objektes verhindert, auch heute gibt es unterschiedliche Auffassungen in der Literatur, was die Datierung und Einordnung der Kronenteile in die kunsthistorische Entwicklung anlangt. Die Krone besteht aus zwei Teilen, der unteren sogenannten griechischen Krone und der oberen lateinischen Krone. Die griechische Krone ist ein einfacher Reifen mit Edelsteinen und Emailschmelzbildern mit den Erzengeln Gabriel und Michael und den Heiligen Georg, Demetrius, Cosmas und Damian verziert, darauf sind zwei halbkreisförmig endende Bilder aufgesetzt. Das vordere stellt Christus, das hintere den griechischen Kaiser Michael (VII.) Dukas († 1078) und seinen Sohn und Mitregenten Konstantin sowie den ungarischen König Geza I. († 1077) dar. Die Bilder dieser Krone wurden um 1074 in Byzanz angefertigt, sie stammen keinesfalls von einer Krone für Geza, weil kein Herrscher sein eigenes Bild trug. Ob sie von einer Frauenkrone stammen oder von einem anderen Objekt, bleibt offen. Gemäß der Untersuchung von Josef Déer ist es sehr wahrscheinlich, daß es sich bei dieser sogenannten *corona graeca* um eine in Ungarn gearbeitete Frauenkrone aus dem letzten Viertel des 12. Jahrhunderts, der Regierungszeit Belas III. († 1196), handelt, die älteres Email verwendete. Belas politische Beziehungen zu Byzanz und seine große Machtposition legen nahe, daß die Krone den symbolischen Anspruch auf ein kaisergleiches Auftreten symbolisiert. Auf die griechische Krone wurde an der Wende vom 12. zum 13. Jahrhundert die sogenannte lateinische Krone, die mit Juwelen geschmückte dreieckige und halbkreisförmige Aufsätze *(pinnacula)* zeigt, aufgesetzt, an der Krone wurden Pendilien – vier an beiden Seiten und eine hinten – befestigt. Durch zwei Bänder wurden diese Elemente zu einer geschlossenen Krone ergänzt. Die Bänder zeigen in der Mitte Christus als Pantokrator und die Bilder von Aposteln (Andreas, Petrus, Thomas, Jakobus, Paulus, Philippus, Johannes und Bartholomäus). Interessant ist, daß es nur Bilder von acht Aposteln gibt, was darauf schließen läßt, daß man diese Bänder nicht für die Krone anfertigte, sondern einen Teil eines schon bestehenden Stückes sekundär verwendete. Oben ist ein kleines goldenes Kreuz aufgesetzt, das in einem Kügelchen endet. Die Formierung dieses heute als Stephanskrone bezeichneten Gebildes sieht Josef Déer im Zusammenhang mit der Plünderung des Arpadenschatzes während der Auseinandersetzung mit Přemysl Ottokar. Er vermutet, daß die ungarischen Insignien um 1270 in Prag waren – das Schwert Stephans befindet sich noch im dortigen Domschatz – und man als Ersatz für die alte Stephanskrone dieses neue Gebilde zusammengestellt habe.

Diese Krone wurde jedenfalls schon 1292 in einer Urkunde Andreas' III. († 1301) – der aufgrund seiner eigenen unsicheren arpadischen Abkunft diese Tradition besonders betonen mußte – erstmals als „heilige Stephanskrone" bezeichnet. Im Spätmittelalter entwickelte sich die Idee, daß die Krone dem Staat gehöre und der König erst nach der Krönung damit den Staat repräsentieren könne. Weit mehr als in den meisten anderen Ländern kam also der heiligen Stephanskrone eine besondere symbolische Bedeutung zu – man sprach in Dokumenten immer wieder von der Krone und meinte damit den Staat. Die Bezeichnung der „Länder der heiligen Stephanskrone", die außer dem magyarisch besiedelten Kernland auch große Teile anderer Länder umfaßte, hielt sich bis zum Ende der Monarchie.

Als weiterer Bestandteil des Krönungsornates wäre der Krönungsmantel – ein von Stephan dem Heiligen und seiner Frau als Votivgeschenk gestifteter Meßornat, der umgearbeitet wurde – zu nennen; er zeigt das ikonographische Programm eines triumphalen *Tedeums*. Auch eine Kopie des Krönungsmantels in Pannonhalma gibt viele Rätsel für die Datierung auf, entweder ist sie mit der schriftlich belegten Kopie, die unter Kaiser Matthias angefertigt wurde, identisch, oder sie stammt aus der Zeit Maria Theresias. Das ungarische Szepter entspricht dem Typus des östlichen Keulenszepters. Es besteht aus einem Knauf aus Bergkristall, in den drei Löwen geschnitten sind, und dessen goldener Fassung sowie einem Stiel und zehn Goldkettchen, an denen Goldkügelchen hängen. Die Bergkristallkugel datiert vermutlich aus dem 10. Jahrhundert aus dem Reich der fatimidischen Kalifen, die Deckplatte mit dem Motiv des magischen Knotens und die Edelmetallfassung vielleicht aus der Zeit des heiligen Stephan. Der Typus des Szepters ist allerdings älter und verweist auf die Zeit vor der ungarischen Landnahme. Das Krönungsschwert befindet sich – wie schon erwähnt – in der Prager Schatzkammer, sein Griff mit neu-normannischen Schnitzereien im sogenannten „Wikingerstil" legt nahe, daß es zum ursprünglichen Insignienbestand des heiligen Stephan gehörte. Der Reichsapfel mit dem Doppelkreuz, dem ungarischen Wappensymbol, ist hingegen vergleichsweise jung, er wurde erst im 14. Jahrhundert von den Anjous, deren Wappen er trägt, angefertigt.

Ursprünglich wurde die Krone mit ihren zugehörigen Insignien in Stuhlweißenburg, wo auch die Krönungszeremonie stattfand, aufbewahrt. Schon früh kam die Krone erstmals nach Österreich, und zwar als Konstanze, die Witwe König Emmerichs, unter Mitnahme der Krone am Beginn des 13. Jahrhunderts zu Herzog Leopold VI. floh. Mit dem ersten Auftauchen der Habsburger als ungarische Könige wurde das Schicksal der Stephanskrone abenteuerlich. Albrecht V., der erste Habsburger, der mit der Stephanskrone gekrönt wurde, ließ die Krone nach Visegrád bringen, wo er die Grafen von Bösing und St. Georgen als Kronwächter einsetzte. Nach seinem frühen Tod wollte sich seine Witwe Königin Elisabeth persönlich davon überzeugen, ob die Krone noch da war. Diese befand sich in einer Kiste und einem Futteral, die nicht nur die Siegel des Königs, sondern auch die der Bischöfe und Magnaten trugen. Die Krone galt also schon damals nicht als Eigentum des Königs, vielmehr hatte sich das Land, repräsentiert durch die Stände, seinen Zugriff gesichert. Der König trug die Krone nur einmal bei der Krönung, zum Begräbnis wurden eigene Kronen, Grabkronen, angefertigt. Angesichts ihrer Lage, hochschwanger und ohne gesicherten Beistand für die Krönung ihres noch nicht geborenen Kindes, bat Elisabeth ihre Kammerfrau, Helene Kotannerin, aus deren Memoiren wir die Geschichte kennen, die Krone für sie zu stehlen. Es gelang der Kotannerin auch wirklich mit Hilfe eines Komplizen, die Krone aus Visegrád zu entführen, sie brachte sie nach Komorn, wo sie am 22. Februar 1440 eintraf, genau an dem Tag als Elisabeths Sohn Ladislaus Postumus zur Welt kam. Am 15. Mai 1440 wurde der Neugeborene in Stuhlweißenburg vom Erzbischof von Gran zwar mit der richtigen Stephanskrone gekrönt, doch hielt die Mehrzahl der ungarischen Magnaten an der inzwischen erfolgten Wahl des polnischen Königs Wladislaw fest, da man in Anbetracht der Türkengefahr meinte, eine Witwe und ein Neugeborener seien keine Garantie für die Macht des Staates. Wladislaw wurde – da die echte Stephanskrone nicht zur Verfügung stand – mit der Goldkrone vom Reliquiar des heiligen Stephan gekrönt, der ebenfalls große Bedeutung zukam und die daher als Ersatz verwendet werden konnte. Immer deutlicher wurde in diesen Auseinandersetzungen, daß die Krone zu einem Mittel der Machtübertragung von den Ständen, die das Land waren, auf den König wurde. Die Krone wurde zum wahren Regenten Ungarns – dort wo die Krone war, war auch Ungarn, wie es die Schriftsteller Werböczy, der die rechtlichen Grundlagen fixierte, und

Révay, der die erste Geschichte der Krone schrieb, später deutlich ausdrücken sollten.

Elisabeth übergab die Krone und auch den kleinen Ladislaus an Friedrich III., zum ersten Mal befand sich damit die Stephanskrone in der Schatzkammer der Habsburger. Unter dem Druck der Stände mußte Friedrich Ladislaus – nicht aber die Krone – herausgeben. Ladislaus traf 1453 in Preßburg ein, hier konnte er natürlich nicht noch einmal gekrönt werden, so leistete er nur den Krönungseid, allerdings starb er schon 1457. Zwar bot eine kleine Minorität der Magnaten Friedrich nach 1457 die ungarische Königswürde an – dieser nannte sich daraufhin auch König von Ungarn –, aber die Mehrheit der Ungarn entschied sich für Matthias Hunyadi, bekannt als Matthias Corvinus, darum wurde die Krone erneut gebraucht. Erst 1463 im Frieden von Wiener Neustadt verzichtete Friedrich gegen entsprechende Zahlungen auf den ungarischen Königstitel und gab die Krone zurück, sie wurde zunächst feierlich nach Ödenburg und von dort auf die Burg zu Ofen gebracht.

Matthias Corvinus († 1490) traf zunächst Vorkehrungen zur sicheren Aufbewahrung der Krone in Visegrád, dann in Ofen. Mit dem Tod des Corvinus und der Wahl Wladislaw Jagiellos kam die Krone endgültig unter die Aufsicht der Kleriker und Magnaten auf Visegrád. 1500 gelang es den Magnaten, auch den Klerus auszuschalten und das alleinige Recht der Aufbewahrung der Krone und der anderen Insignien zu behaupten. Es wurden zwei Kronhüter bestimmt, die beide einen Burgvogt in Visegrád ernannten.

Mit den politischen Verhältnissen in Ungarn nach 1526 gestaltete sich das Schicksal der heiligen Stephanskrone weiterhin recht abenteuerlich. Nach den Wirren um die Doppelwahl 1527 gelangte die Stephanskrone, mit der beide Kandidaten gekrönt worden waren, in Verwahrung des Kronhüters Perényi, doch wurde dieser mit den Kroninsignien vom Gegenkönig Johann Zápolya gefangen genommen. Zápolya, der mit Hilfe der Türken seine Ansprüche auf die Krone durchsetzte, lieferte die Krone, als er am Jahrestag der Schlacht von Mohács Sultan Süleyman huldigte, gewissermaßen dem Sultan aus, so daß sie sich für einige Zeit in dessen Händen befand. Einer Quelle nach sollen der Sultan, der Großvezir und einige andere Paschas sie sich auf den Kopf gesetzt haben. Ob die Krone bei der Belagerung Wiens mit dabei war oder in Ofen verblieb, wissen wir nicht. Nach der mißglückten Türkenbelagerung Wiens 1529 gab der Sultan sie jedenfalls an Zápolya zurück, der sie vermutlich nach Siebenbürgen brachte. Als die Witwe Zápolyas 1551 einen Vertrag mit Ferdinand I. schloß, in dem sie auch für ihren Sohn auf die Herrschaft in Ungarn verzichtete, gab sie ihm ebenfalls die Krone. Das wertvolle Stück wurde in Kaschau an die Kaiserlichen übergeben, die es über die Bergstädte und Preßburg nach Wien brachten. Wieder war die Krone für einige Zeit in Wien gelandet, doch dann nahm sie Rudolf II. bei der Verlegung seiner Residenz mit nach Prag. Eine der Bestimmungen des Wiener Friedens von 1606, der den sogenannten Bocskay-Aufstand beendete, sah vor, daß die Krone wieder nach Ungarn zurückkommen sollte, dies geschah allerdings erst im Rahmen des Bruderzwistes, als der spätere Kaiser Matthias 1608 die Auslieferung der Krone durch seinen kaiserlichen Bruder durchsetzen konnte. Die Krone wurde zunächst wieder nach Wien gebracht, dort repariert und in einer Eisentruhe, in der sie bis in unser Jahrhundert verwahrt wurde, untergebracht. 1608 wurde Matthias mit ihr gekrönt, daraufhin wurden zwei Kronhüter, István Pálffy und Peter Révay, bestellt, die die Truhe, die vom Palatin, drei Prälaten und drei Magnaten gesiegelt war, in der Preßburger Burg bewachen sollten.

Nachdem 1613 Anna, die Frau von Kaiser Matthias, und 1618 Ferdinand II. in Preßburg mit der Krone gekrönt worden waren, fiel diese 1619 in die Hände des gegen die habsburgische Herrschaft kämpfenden Gabriel Bethlen, der sich zwar nicht krönen ließ, die Krone aber zunächst nach Altsohl, dann nach Kaschau und schließlich nach Ecsed brachte. Erst 1622 nach dem Friedensschluß gelangte sie wieder in die Hände der Habsburger, in Ödenburg wurde Ferdinand III. mit ihr gekrönt. 1644 mußte sie im Dreißigjährigen Krieg vor Georg Rákóczi nach Raab gebracht werden und 1683, als die Osmanen erneut gegen Wien zogen, nach Wien, Linz und schließlich nach Passau. Noch einmal war die Krone in Wien, und zwar als Joseph II. sie von 1784 bis zu seinem Tod 1790 in der Schatzkammer aufbewahren ließ. 1805 mußte sie kurzfristig vor den napoleonischen Truppen nach Munkacs in Sicherheit gebracht werden, 1809 rettete man sie nach Erlau.

Besonders abenteuerlich war das Schicksal der Krone im Revolutionsjahr 1848/49. Sie wurde von der revolutionären Regierung nach Debrecen überführt, wo man auch beschloß, daß der öffentliche Gebrauch der königlichen Insignien verboten sei. Zwar kehrte die Krone kurzfristig wieder nach Ofen zurück, mußte aber erneut nach Szeged in Sicherheit gebracht werden, nach dem Zusammenbruch der Revolution wurde sie nach Arad und schließlich nach Orsowa gerettet und dort vergraben. Erst 1853 wurde sie aufgrund von vertraulichen Informationen eines Spions wieder gefunden und zurück nach Ofen gebracht, wobei sie auf dieser Reise auch einen kleinen – letzten – Umweg über Wien machen mußte.

Nach dem Ende des Habsburgerreiches blieb Ungarn – nach einem kurzen Zwischenspiel – Monarchie, allerdings ohne Monarchen. Die Krone, in deren Namen

Die Lebenswelt der Habsburger

Oben: Für die Krönung Ferdinands mit der Eisernen Krone 1838 in Italien wurde ein eigener Krönungsornat entworfen. HHSTA, Wien
Unten: Franz II./I. proklamierte sich 1804 zum Kaiser von Österreich. Eine Krönung mit der Rudolfskrone fand allerdings nie statt. ÖNB, Wien

Recht gesprochen wurde, vertrat den König. In der Endphase des Zweiten Weltkrieges wurde die Krone durch den deutschfreundlichen Ministerpräsidenten Franz Szálasi in Hitlers Machtbereich „in Sicherheit" gebracht, zunächst nach Güns, dann in das ehemalige kaiserliche Jagdschloß in Mürzsteg. Auf der Flucht gelangte sie schließlich nach Mattsee, wo sie vergraben wurde. Als Szálasi in Augsburg in amerikanische Gefangenschaft geriet, hatte er nur die leere Truhe bei sich, doch wurde auch die Krone von den Amerikanern sichergestellt. Sie blieb zunächst in amerikanischem Gewahrsam, erst am 6. Januar 1978 wurde sie nach Budapest zurückgebracht und ist derzeit im Nationalmuseum in Budapest ausgestellt.

Die Eiserne Krone

Die Legende führt den Kronenschmuck auf Theoderich den Großen († 526) zurück, der den Titel eines römischen Patriziers führte. Als die Ostgoten 553 besiegt wurden, sollen sich 1000 tapfere Krieger mit der Krone nach Pavia gerettet haben. Dort wurde die Insignie angeblich von den Langobarden übernommen. Ein anderer Überlieferungsstrang führt die Insignie auf die heilige Helena († um 329) zurück, die angeblich zwei Nägel vom Kreuze Christi besaß. Aus einem Nagel ließ sie der Legende nach einen Zaum herstellen, während sie den anderen in das Innere des Diadems ihres Sohnes, eines schmalen Eisenringes, der wahrscheinlich ursprünglich eine Art Helmdiadem war, einarbeiten ließ und dann beide Gegenstände ihrem Sohn Konstantin schenkte. Das Diadem kam dann vermutlich über Byzanz an Papst Gregor den Großen, der es Theodelinde († um 626), einer bajuwarischen Prinzessin und Königin der Langobarden, zusammen mit mehreren anderen Reliquien schenkte, diese gab sie ihrerseits an die San-Giovanni-Battista-Kathedrale weiter. Der zweite Teil der Geschichte könnte den Meinungen eines Teiles der Historiker und Kunsthistoriker nach sogar wahr sein, vermutlich schickte Papst Gregor der Große der langobardischen Königin Theodelinde 593 oder 594 die Eiserne Krone. Andere Fachmeinungen setzen hingegen die Entstehung der Krone erst in die zweite Hälfte des 9. Jahrhunderts. Demnach könnte Berengar I. von Friaul († 924) die Eiserne Krone seiner Mutter Gisela als Frauenkrone gestiftet haben. Er selbst wurde 888 gekrönt (ob mit dieser Krone, ist sehr fraglich), an die vermeintliche Krönung Berengars mit der Eisernen Krone schloß Kaiser Heinrich II. im Jahre 1004 an und ließ sich ebenfalls damit krönen. Im 13. Jahrhundert war die Legende von einem lombardischen eisernen Diadem voll ausgebildet und wurde in Zusammenhang mit einer dreifachen

Herrschaftssymbole der Habsburger

Oben: Die Rudolfskrone war ursprünglich eine Privatkrone, wurde aber 1804 zum Symbol des Kaisertums Österreich. Kunsthistorisches Museum, Wien

Unten: Detail aus der Rudolfskrone: Szene aus der ungarischen Königskrönung, Ritt auf den Krönungshügel. Kunsthistorisches Museum, Wien

Krönung des Kaisers gebracht, wonach jener mit einer goldenen Krone zum römischen Kaiser, mit einer silbernen zum deutschen König und mit einer eisernen zum italischen König gekrönt werde. Die Krönung mit der goldenen Krone fand in Rom, die mit der silbernen in Aachen und die mit der eisernen in Monza statt. Die Analogie dieser Legende zu der päpstlichen dreifachen Krone, der Tiara, drängt sich auf.

Im Inventar der Schatzkammer von Monza aus dem Jahre 1353 wird die heutige Eiserne Krone erstmals identifizierbar beschrieben. Während mehrere mittelalterliche Herrscher mit dieser Krone gekrönt wurden, fand sie in der Neuzeit nur zweimal Verwendung, es waren zwei Habsburger, Karl V. (1530) und Ferdinand der Gütige (1838), die damit gekrönt wurden. Die italienischen Könige aus dem Hause Savoyen hingegen ließen sich niemals mit der Eisernen Krone von Monza krönen, sie wurde allerdings später im Funeralbrauchtum verwendet, so lag sie 1878 auf dem Sarg des Königs Viktor Emanuel II. und 1900 auf dem Sarg des in Monza ermordeten Umberto I.

Bis 1797 befand sich die Eiserne Krone zusammen mit anderen bedeutenden Objekten aus der Zeit der Königin Theodelinde – der aus Silber gefertigten „Henne mit den sieben Küken", dem „Berengariuskreuz", dem sogenannten „Saphirbecher" und der Krone der Königin Theodelinde – im Schatz von Monza. 1797 brachte Napoleon den Großteil des Schatzes, nicht aber die Eiserne Krone, nach Paris. 1804 wurden dort Teile des Schatzes, die „Agilulfkrone" (eine Kronenfälschung aus der Zeit um 1159) und das Kreuz der Theodelinde, gestohlen und wahrscheinlich eingeschmolzen. Nach den Napoleonischen Kriegen kehrte der Rest des Schatzes wieder nach Monza zurück. 1859 wurde die Eiserne Krone von den abziehenden Österreichern in die Wiener Schatzkammer gebracht, sie kam aber 1866 endgültig nach Monza zurück.

Von Privatkronen und anderen Insignien

Da die echten Insignien des Reichs unter Verwahrung der Stadt Nürnberg – also der Stände des Reichs – waren, mußte der Kaiser, wie wir das ja auch in Böhmen und Ungarn gesehen haben, für den privaten Gebrauch eine Krone anfertigen lassen. Wie schwierig sich die Abgrenzung solcher Privatkronen von den echten Insignien darstellt, ist spätestens seit der Arbeit von Rosenthal, auf die wir oben verwiesen haben, deutlich. Solche Hauskronen, wie sie auch genannt werden, gab es vermutlich seit dem späten Mittelalter, sie finden sich in allen möglichen Symbolen des Reichs, aber auch in den Herrscherporträts. Eine Privatkrone Maximilians I. sehen wir etwa auf dem berühmten Porträt Dürers, aber auch auf Hans Burgkmairs Entwurf zu einem unausgeführten Reiterdenkmal des Kaisers.

Wenigstens eine solche Privatkrone ist uns erhalten geblieben, diejenige Rudolfs II. aus dem Jahr 1602, die sich an die Mitrenkrone seiner Ahnen durchaus anlehnt. Rudolf kannte die Krone Maximilians nicht mehr im Original, da diese 1562, also zwei Jahre bevor Rudolf zur Erziehung nach Madrid kam, samt anderen Insignien Maximilians I. und Karls V. durch Philipp II. wegen drängenden Geldmangels öffentlich versteigert und eingeschmolzen worden war. Die Krone Maximilians I., die sich 1525 noch in Graz befunden hatte, wurde also ebenso zerstört wie zwei Kronen Karls V. und vielleicht eine Krone Friedrichs III. Auch der Mantel Kaiser Maximilians, dessen Rücken ein mächtiger Doppeladler aus schwarzem Samt auf Goldbrokat zierte, wurde bei dieser Gelegenheit verkauft. Merkwürdigerweise läßt sich dieser Mantel auf den zahlreichen Porträts Maximilians nicht nachweisen, wohl aber auf der knienden Grabfigur Karls V. von Pompeo Leoni in der Capilla Mayor des Escorials.

Viele Herrscher ließen sich solche Privatkronen nach ihrem eigenen Geschmack anfertigen. Aus einer Urkunde aus dem Jahr 1533 erfahren wir von dem kostbaren Material, das der Augsburger Goldschmied Hans Haller bekam, um daraus eine Krone für Ferdinand anzufertigen. Auch im Testament Maximilians II. wird eine Krone für 240 Gulden angeführt, wobei unklar bleibt, ob es noch die Königskrone Ferdinands I. oder bereits die Kaiserkrone Maximilians II. war.

Auf alle diese Vorgängerkronen stützte sich wohl die Konstruktion der Krone Rudolfs II., außerdem sind auch Anklänge an die Lilienform der Wenzelskrone in der Rudolfskrone verarbeitet. Auch die Krone, welche die silberne Büste Karls des Großen in der Schatzkammer des Aachener Münsters trägt – wie einzelne Forscher meinen, vielleicht die Königskrone –, zeigt ähnliche Lilien. Vielleicht wollte Rudolf II. tatsächlich in seiner neuen Krone die Formen der Maximilianskrone und der Wenzelskrone verschmolzen sehen.

Neben dem Juwelen- und Perlenschmuck und der Emailarbeit hat die Krone vier plastisch gestaltete Felder, die auf unterschiedliche Ereignisse Bezug nehmen. Dargestellt sind die Krönung im Frankfurter Dom, der Ritt auf den Preßburger Krönungshügel, der Krönungszug in Prag und eine Allegorie, die dem Kaiser als Sieger über die Türken huldigt. Gerade diese letztgenannte Darstellung erinnert an das Bronzerelief des Adriaen de Vries im Kunsthistorischen Museum,

das seinerseits wieder Bildinhalte des Hans von Aachen aufnimmt. Als Künstler der Krone wird Jan Vermeyen vermutet, da er von den drei Goldschmieden der Zeit um 1602 am Hof Kaiser Rudolfs zu Prag am ehesten in Frage kommt und sein Gehalt am 1. Oktober 1602 von 10 auf 20 Gulden erhöht wurde.

Die Ikonographie dieser Krone verweist auch auf die verschiedenen Herrschaftsbereiche im Reich, in Böhmen und in Ungarn, vernachlässigt die Erbländer, stellt aber die Rolle des habsburgischen Herrschers als Kämpfer gegen die Osmanen, die „Erbfeinde der Christenheit", als zentrale Aufgabe der Herrschaft in den Mittelpunkt. Auch die verwendeten Edelsteine weisen in ihrer Bedeutung auf eine andere Sinnebene hin. Rudolf galt als großer Steinkenner und beschäftigte sich auch mit pansophischen Ideen, so daß sich in der Zusammensetzung der Steine – ähnlich wie bei der Reichskrone – makrokosmische Bezüge spiegeln.

Zu dieser Hauskrone wurden später, schon unter Rudolfs Nachfolger Matthias, die restlichen Insignien angefertigt. Wie die Krone hat der Reichsapfel des Matthias einen Saphir an seiner Spitze. Die üppige Wirrnis des Ornamentes und die Tatsache, daß im Gegensatz zur Krone die großen Flächen nicht mit Reliefs bedeckt, sondern spiegelblank poliert sind, zeigen, daß die beiden Objekte nicht vom gleichen Künstler stammen. Das dazugehörige Szepter hingegen ist signiert und datiert: Es findet sich das Monogramm des Kaisers Matthias und die Jahreszahl 1612 unter der darauf gravierten Krone, über Szepter und Schwert, die einander kreuzen. Auch das Szepter ist, wie die Krone und der Reichsapfel, von einem Saphir bekrönt, sein Schaft ist allerdings aus Narwalhorn, das als das Horn des Einhornes galt. Dieses mythische Wesen, von dem die Fabel erzählt, daß es sich nur im Schoß der Jungfrau fangen läßt, galt als Symbol Christi. Die Verwendung dieses kostbaren Materials steht daher in Zusammenhang mit der Idee, daß alle Herrschaft von Gott stammt. Später fand man in dem Szepter eine zweite, abnehmbare Kapsel, welche die Datierung und Signierung des Künstlers „Andreas Osenbruck, fecit Anno 1615" enthielt. Osenbruck war schon unter Rudolf II. Kammer- oder Hofgoldschmied, später auch unter Matthias.

gister gedächtnus machen und volenden lassen", als Hauskleinodien zu betrachten seien. Als Hauskrone wird die Rudolfskrone erstmals im Schatzkammer-Inventar von 1677 bezeichnet.

Die rudolfinische Krone, Szepter und Reichapfel, die ohne Zustimmung irgendwelcher Stände frei verfügbar waren, wurden 1804 als Insignien des neuen Kaiser-

Oben: Von den vielen Privatkronen blieben vier silbervergoldete Platten mit Evangelistendarstellungen von einer Hauskrone in der Wiener Schatzkammer erhalten. Kunsthistorisches Museum, Wien
Linke Seite: Die Krone des Heiligen Römischen Reiches. Kunsthistorisches Museum, Wien

Im Schatz der böhmischen Könige gibt es einen Reichsapfel und ein Szepter, die entweder am Ende der Regierungszeit Maximilians II. oder am Beginn der Rudolfs II. entstanden. Es ist nun höchst wahrscheinlich, daß Rudolf ursprünglich zu diesem Reichsapfel und diesem Szepter die Krone hinzu machen ließ. Nach der etwas später unter Matthias erfolgten Herstellung eines neuen Reichsapfels und eines Szepters wurden jene beiden seinerzeit für Maximilian II. oder Rudolf II. angefertigten Insignien für Böhmen verwendet, während die alten gotischen böhmischen Insignien nach Wien kamen und bei der niederösterreichischen Erbhuldigung eingesetzt wurden.

Das vierte kaiserliche Hoheitszeichen, das offensichtlich ebenfalls zu der Rudolfskrone und den unter Matthias gefertigten Insignien – Reichsapfel und Szepter – gehörte, war ein Schwert. In einem zeitgenössischen Inventar ist dieses Schwert beschrieben, es wurde aber nicht mit den anderen Insignien aufbewahrt. 1871 wurde ein Schwert der Hof-, Jagd- und Sattelkammer als die aus dem Inventar bekannte Insignie – fälschlich – identifiziert und in die Schatzkammer gebracht. Dieses Prunkschwert stammt zwar wahrscheinlich aus der Zeit Rudolfs II., mit dem Reichsschwert aus dem Inventar des Kaisers Matthias ist es aber nicht identisch. Im Testament Kaiser Ferdinands II. aus dem Jahre 1621 wird verfügt, daß „die kayserliche Cron, scepter und Reichsapfl, so weiland Kayser Matthias hochsäli-

tums Österreich angenommen, allerdings gab es bis 1871 kein Staatsschwert, statt dessen wurde das Reichs- oder Mauritiusschwert verwendet. Eine Krönung wurde niemals durchgeführt, obwohl Kaiser Franz in der sogenannten „Pragmaticalverordnung" sich entsprechende Verfügungen, eine etwaige Krönung betreffend, vorbehielt. Aber das Kaisertum Österreich war ja ein Erbreich, dessen Herrscher keiner Legitimierung durch eine Krönung bedurfte, wenn auch Erzherzog Thronfolger Franz Ferdinand plante, sich zum Kaiser von Österreich krönen zu lassen.

Durch die Verwendung der Rudolfskrone, die die Idee der verschiedenen Reiche, in denen Habsburger herrschten, in sich trägt, wurde nach 1804 die Kontinuität zum Reich betont, die sich auch in der Übernahme der Reichsfarben, in der Übernahme der Privilegien der Kirche für den Kaiser des Reiches und im weiterhin behaupteten Vetorecht bei der Papstwahl ausdrückte.

Obwohl die Rudolfskrone vorhanden war, wurden im Lauf der Jahrhunderte noch andere Privatkronen angefertigt. Dies hängt nicht zuletzt ganz trivial mit dem hohen Gewicht der Rudolfskrone (3,9 kg) zusammen, das ein Tragen unbequem machte. Über die anderen Hauskronen wissen wir fast ausschließlich durch schriftliche Quellen Bescheid, sie haben sich nicht als Sammlungsobjekte erhalten.

Im Inventar der Schatzkammer vom Jahre 1677 wird eine Krone folgendermaßen beschrieben: „Item ein

Modell von der Kayserlich Römischen Haus-Cron, wie sie zu Nürnberg verwahrlich aufgehoben wird, mit einem Kreuz von vornen und mit grossen Diamanten, Saphirn und Perlein ebenmäszig wie die Kayserliche Haus-Cron gezieret, mit welcher Ferdinandus II. das erstemal gekrönet worden." Heute neigt man dazu, die Herstellung dieser Krone mit der Krönung Ferdi-

sie bekrönenden Kreuz hing frei der „Florentiner", ein kostbarer toskanischer Diamant. Dieser Florentiner wurde später in einen Hutaufsatz und schließlich in eine Agraffe eingebaut, er ist aber – wie manches andere Stück des habsburgischen Schatzes – 1918 verschwunden. Die Krone ist nur bis 1797 nachweisbar, vermutlich wurde sie bereits damals eingeschmolzen.

Links: Das Bildnis Karls des Großen (von Dürer) zeigt jenen mit der Mitrenkrone.
Archiv Verlag Styria
Rechts: Kaiser Sigismund mit der Doppelbügelkrone, Kopie nach Dürer. Kunsthistorisches Museum, Wien

nands IV. 1653 zu verbinden. Diese Hauskrone des 17. Jahrhunderts orientierte sich in ihrer Form weit mehr an der Reichskrone als die Rudolfs II., sie enthielt auf den vier Seiten zwar keine Nachahmungen der Emails der Reichskrone, aber Reliefs der vier Evangelisten in ähnlicher Form. 1872 wurde diese mit 3,1 kg „leichte" Krone zufolge eines Dekretes des Oberstkämmereramtes gebrochen, die vier kleinen Reliefs aus vergoldetem Silber kamen in die Kunstsammlung und sind heute in der Schatzkammer in Wien erhalten.
1745 berichten die Quellen wieder von einer Krone, die Franz Stephan von Lothringen auf dem Haupt trug, als er am 4. Oktober 1745 in Frankfurt zur Krönung in den Dom ritt. Sie hatte acht goldene Spangen und in dem

1830 ließ Franz I. für die bevorstehende ungarische Krönung Ferdinands wieder eine neue Krone vom Silberwarenfabrikanten Mayerhofer anfertigen, die allerdings schon zwei Jahre später wieder zerlegt wurde. Auch Gewänder wurden zu diesem Anlaß entworfen – bezeichnenderweise wurde etwa der Schleppmantel nach dem Entwurf des Kostümdirektors des k. k. Hoftheaters Philipp von Stubenrauch gestaltet.
Für die Krönung Ferdinands des Gütigen 1836 zum König von Böhmen wurde erneut eine substitutorische kaiserliche österreichische Krone angefertigt, diesmal aus vergoldetem Silber, ein Werk des Hof- und Kammerjuweliers Franz Edler von Mach und des Silberfabrikanten Mayerhofer. Reichsapfel, Szepter und

Schwert wurden vom bekannten Biedermeiermaler und -graphiker Peter Fendi entworfen, diese Garnitur war bis zum Ende der Monarchie in Verwendung. Auch zur Krönung Kaiser Ferdinands 1838 zum König der Lombardei und Venetiens wurde ein „Modell zur Krone" von Peter Fendi hergestellt, eine kronenartige Vorrichtung, in die man die Eiserne Krone, die ja nur

uns ebenfalls bekannt. Die wichtigste Frauenkrone allerdings ist die 1867 für die Krönung der Kaiserin Elisabeth angefertigte, in der auch ältere Teile vermutet werden können. 1916 wurde sie zum letzten Mal bei der ungarischen Krönung Zitas verwendet, 1918 wurde sie von den Habsburgern ins Exil mitgenommen und vermutlich verkauft und zerstört. Der in einem Buch

Links: Der Reichsapfel aus dem späten 12. Jahrhundert ist einer der wichtigsten Bestandteile der Krönungsinsignien im Reich.
Rechts: Das Reichskreuz enthielt ein großes Stück des „wahren Kreuzes Christi". Kunsthistorisches Museum, Wien

einen Durchmesser von 15 cm hat, einsetzen konnte. Auch ein Mantel des Königs von Lombardo-Venetien – als Gegenstück zum Kaisermantel – wurde zu dieser Gelegenheit geschaffen. 1870/71 wurden Szepter, Reichsapfel und Kronenaufsatz des lombardo-venetianischen Königreiches gebrochen und verkauft.

Neben den Kronen der Herrscher gab es auch Frauenkronen, mehrere ältere Stücke sind aus Quellen bekannt. 1830 wurde für die Preßburger Krönung Maria Annas zur Königin von Ungarn eine Krone angefertigt, von der es Abbildungen – vier Aquarelle aus den Jahren 1830 und 1831 – gibt. Eine Brillantenkrone Maria Ludovicas, vielleicht eine Umarbeitung einer älteren Krone Maria Theresias, die 1836 renoviert wurde, ist

des „Hofhistoriographen ohne Hof" Erich Feigl abgedruckte Bericht, der die Schuld in der dubiosen Affäre einem jüdischen (!) Vermittler zuschiebt, kann als ernsthafte Rechtfertigung einer kritischen Lektüre nicht standhalten.

Auf der Iberischen Halbinsel spielten Kronen als Herrschaftsinsignien hingegen nur eine untergeordnete Rolle. Sie wurden von den einzelnen Herrschern für ihren Privatgebrauch angefertigt, waren ihr persönlicher Besitz und niemals Teil eines Kronschatzes. Daher gibt es *die* spanische Krone nicht, vielmehr sind mehrere Beispiele mittelalterlicher Kronen erhalten bzw. bekannt. Daß Isabella die Katholische 1496 ihre goldene Krone verpfändete, ist kein Einzelfall und zeigt, daß es sich nicht – wie im krassesten Fall bei der Stephanskrone – um unbedingt zur Herrschaft gehörende oder notwendige Symbole handelte. Karl V. wurde zwar in Spanien nie gekrönt, eine Krone wurde allerdings heraldisch über dem Wappen oder über seinen Initialen verwendet. Vermutlich ließ Karl außerdem in eine der in seinem Besitz befindlichen mittelalterlichen spanischen Kronen – die Krone der Königin Beatrix († 1235), Frau Fernandos III. und Tochter des deutschen Königs Philipp – den Doppeladler mit der Kaiserkrone einsetzen. Das Original dieser Krone ging erst in neuerer Zeit verloren.

Dafür spielten andere Symbole der Herrschaft in Spanien eine wichtigere Rolle, vor allem die königliche Standarte *(Pendón real)*, Szepter, Schwerter – besonders das angebliche Schwert des Cid –, Dolche und der Thron. Häufig wurden solche Objekte der Kirche gestiftet, so finden wir etwa in der Capilla Real in Granada, in der die Katholischen Könige Isabella und Fernando begraben sind, auch eine aus vergoldetem Silber in schlechter Gußtechnik gearbeitete Krone, die von der Königin nicht getragen, sondern als Huldigungsgabe hinterlegt wurde. Ähnlich ist auch das Szepter der Königin Isabella und das Schwert Fernandos des Katholischen, das er bei der Eroberung von Granada 1492 trug, in der Capilla Real gelandet.

Im Gegensatz zu dieser Insignienarmut der Iberischen Halbinsel steht der Fall eines lateinamerikanischen Landes, zu dem die Habsburger Beziehungen unterhielten. Auch neue Staaten verwenden alte Symbole. Der Kaiser von Brasilien, Dom Pedro I., der mit der Habsburgerin Leopoldine verheiratet war, ließ sich nach der Erreichung der Unabhängigkeit Brasiliens von Portugal 1822 eine Krone machen. Eine zeitgenössische Beschreibung gibt ein lächerliches Bild dieser Insignien: „Der Kaiser erschien in Courierstiefeln, eine ungeheure Krone auf dem Kopf, den Kragen von den gelben Federn eines Tucan über dem grünsammetnen, goldgestickten Mantel." Krone, Szepter und Apfel Brasiliens sind heute noch im Museum von Rio de Janeiro zu sehen.

RITUALE DER MACHT –
KRÖNUNGEN UND HERRSCHAFTSEINSETZUNGEN

Herrschaftseinsetzungen gehören wie die Geburt, die Hochzeit oder der Tod zu den *rites de passage* oder Übergangsriten, doch sind es solche, die nur einem verschwindend kleinen Kreis vorbehalten sind. Selbst unter den Mitgliedern der habsburgischen Familie unterzogen sich nur einige wenige diesem Ritus – oder konnten unterziehen –, so wurden nur 16 Habsburger, ein Lothringer und drei Habsburg-Lothringer (oder insgesamt 20 Familienmitglieder) im Reich, 16 in Böhmen und 18 in Ungarn gekrönt.

Erbhuldigung und Kärntner Herzogseinsetzung

In den Erbländern der Habsburger, die diese teils von den Babenbergern übernommen, teils im Laufe des späten Mittelalters erworben hatten, gab es Einsetzungszeremonien, die keine Krönungen sein konnten, da frühe Pläne, Österreich zum Königtum zu erheben, gescheitert waren. Der neue Erzherzog, Herzog oder gefürstete Graf – die unterschiedlichen Länder hatten ja unterschiedliche Titel – wurde aber dennoch in einem feierlichen Akt in die Herrschaft eingeführt. Dieser Akt der Erbhuldigung bestand verfassungsrechtlich aus zwei sich ergänzenden Elementen. Zuerst legten die Stände der jeweiligen Länder ihre alten Privilegien vor und baten um deren Bestätigung. Erst als diese erfolgt war, wurde dem neuen Herrscher gehuldigt und ihm die Loyalität und Unterstützung der Stände des Landes zugesagt. Solche Erbhuldigungen fanden in Österreich ob und unter der Enns, in der Steiermark und in einer modifizierten Form in Kärnten, in Krain und Görz, in Triest und auch in Tirol statt.

Die Erbhuldigungen in Österreich unter der Enns fanden in der Hofburg in Wien statt, die Insignien wurden von den Vertretern der Oberst-Erblandämter aus dem Herrenstand getragen. Der Erzherzogshut wurde mit einer eigenen – heute noch in der Wiener Wagenburg vorhandenen – Sänfte mit Hilfe von zwei Maultieren aus Klosterneuburg nach Wien gebracht und dem Landesfürsten durch den Oberst-Erblandmundschenk vorangetragen, während der Oberst-Erblandkämmerer das Szepter, der Oberst-Erblandtruchseß den Reichsapfel und der Oberst-Erblandmarschall das Schwert trugen. Die letzte niederösterreichische Erbhuldigung wurde unter Ferdinand I. 1835 vollzogen, unter diesem wurde 1838 auch die allerletzte Erbhuldigung vorgenommen, die in Tirol stattfand.

Das Zeremoniell der verschiedenen Erbhuldigungen ist relativ ähnlich, so daß hier nur einige Beispiele herausgehoben werden sollen. In der Hauptstadt Linz fanden seit 1565 Erbhuldigungen der oberösterreichischen Stände statt. In der Zeit des Bruderzwistes versuchte der aufstrebende Erzherzog Matthias, die Zeremonie zu verändern. Er wollte sich zuerst huldigen lassen und erst danach die Privilegien der Stände bestätigen. Doch dieser Versuch der Durchsetzung absolutistischer Ideen, der große Risiken für die Stände mit sich gebracht hätte, scheiterte. So wurde auch in der Zeit des Absolutismus der alte Zweierschritt, zuerst Privilegienbestätigung und erst dann Huldigung, beibehalten, wenn auch der Ton der Beziehungen sich geändert hatte. Leopold I. teilte etwa 1658 den Ständen nicht nur seine Wahl durch die Kurfürsten mit, sondern auch, daß er in Linz das *Homagium* der Stände, also die Erbhuldigung, als gekrönter römischer Kaiser entgegennehmen wolle – das war eher ein Befehl zur Huldigung als eine gegenseitige Übereinkunft von Herrscher und Beherrschten. Als prägnantes Beispiel soll auf diese eine Erbhuldigung näher eingegangen werden.

Leopold wurden sechs Kompanien zu Pferd bis an die Landesgrenze entgegengeschickt, gemeinsam mit dem Ausschuß aus den vier Ständen empfingen ihn 600 Reiter und 1000 Mann Fußvolk. Der 18jährige Leopold kam in Begleitung seines Onkels Leopold Wilhelm († 1662) aus Frankfurt und verband seine Reise mit einer Art „Umritt". Dieser war gemäß der mittelalterlichen Verfassung des Reiches notwendig. Der Herrscher, der keine feste Residenz hatte, ritt in einer großen Runde durch das Reich, besuchte wichtige Pfalzen, Städte und Klöster und sprach dort Recht. Dies war gleichsam auch eine Geste gegenüber jenen Trägern der Macht, die an der Wahl selbst nicht teilnehmen konnten. Zwar spielte der Umritt seit dem Spätmittelalter keine Rolle mehr, doch die Reise zu wichtigen Stätten des Herrschaftsbereiches im Zuge der Herrschaftseinsetzungszeremonien kann als letzter Rest eines solchen Umrittes gewertet werden. Leopold zog also über Lambach nach Wels, wo ihn ein „Fähnlein" (kleine militärische Gruppe) Bürger mit Salutschüssen empfing. Er nahm Quartier im Schloß Polheim und vergnügte sich mit Fischfang und einer Hirschjagd. Einige Tage später näherte sich der kaiserliche Zug Linz – der Kaiser unter einem neuen goldgestickten Baldachin, dessen sechs mit Adlern gekrönte Stangen von Ratsbürgern der Städte Linz, Steyr, Wels und Freistadt getragen wurden – und begab sich zur Pfarrkirche. Der Zug wurde durch das Mitführen von acht mit Schabracken bedeckten „Handpferden" (Reservepferden) Leopold Wilhelms und 15

schwerden, die traditionellen *Gravamina*. Am 6. September fand dann die eigentliche Erbhuldigung statt. Schon um 7 Uhr versammelten sich die Stände: die Prälaten in der Kirche, die übrigen im Schloß. Nach einer kirchlichen Zeremonie, dem Absingen der Messe *Veni Sancte Spiritus*, die vom Abt von Kremsmünster zelebriert wurde, bestätigte Leopold die Privilegien

Oben: 1282 wurden die Habsburger mit Österreich belehnt. Franz Joseph ließ 1882 eine Medaille auf das 600jährige Jubiläum der Belehnung prägen. Kunsthistorisches Museum, Wien
Rechte Seite: Dieses Flugblatt zeigt wichtige Szenen aus der Krönung Ferdinands III. im Reich 1637 und Abbildungen der Auswurfmünzen. ÖNB, Wien

kaiserlichen Handpferden, durch Pauker und Trompeter sowie 80 Mitglieder des Herren- und Ritterstandes zu Pferd, den Leib- und Hofwagen des Kaisers und die Karossen der Stände sowie fünf kaiserliche und österreichische Herolde feierlich umrahmt. Interessant ist auch die Anwesenheit Erzherzog Ferdinand Karls († 1662), des Regenten von Tirol, und Erzherzog Sigmund Franz' († 1665), die als mögliche Erben der Herrschaft in den Hauptländern der Habsburger in Frage kamen. Vor dem Kaiser ritt der Hofmarschall mit blankem Schwert. Nach dem *Tedeum* begab sich der feierliche Zug zum Schloß. 500 Mann der Bürgerschaft in roten und weißen Röcken unter dem Kommando des Stadthauptmannes Michael Zorn hatten auf dem Hauptplatz Aufstellung genommen, der Kaiser schritt die Parade ab. Auch eine Ehrenpforte war errichtet worden, bei der vier schön gekleidete adelige Knaben, von Jesuiten instruiert, Lobsprüche und lateinische Verse aufsagten. Die Stände überreichten dem Kaiser nicht nur ein Geschenk von 20.000 Gulden, sondern auch eine ausführliche Denkschrift mit ihren Be-

nicht nur schriftlich, sondern auch mündlich. Dann kam es zur Eidleistung der Stände, folgendes Gelöbnis wurde laut nachgesprochen:
„Wir die von Praelathen-, Herren- und Ritterstand des Erzherzogthums Österreich ob der Ennß geloben und versprechen bey unserer Treue Euch dem allerdurchleuchtigsten großmächtigsten und unüberwindlichsten Fürsten und Herrn, Herrn Leopold erwählten Römischen Kayser, zu Hungern und Böheim Königen etc. Erz-Herzogen zu Österreich unseren allergnädigsten Herrn, daß wir Euer Kayerlichen Mayestät und deroselben Erben für unsern natürlichen Erbherrn und Landsfürsten erkennen, auch Euer Kayserlichen Mayestät und dero Erben getreu, gehorsam, und gewärttig sein und alles thuen wollen so getreuen Landleuthen und unterthanen gegen ihren angebohrnen natürlichen Erbherrn und Landesfürsten von Gott der Natur und denen Rechten gebühret und zuestehet getreulich und gehorsambst."
Salven hallten durch die Stadt, als die Stände das *Tedeum* zelebrierten. Nachher speiste der Kaiser öf-

fentlich, wobei die Adeligen, die Erbämter ausübten, ihn bedienten. Nach dieser Erbhuldigung reiste Leopold über Strengberg, Amstetten, Melk, St. Pölten, Königstetten und Mauerbach nach Wien, wo er am 1. Oktober 1658 eintraf.
Ähnliche Zeremonien fanden auch in der Steiermark 1564 für Karl von Innerösterreich, 1596 für Ferdinand (den späteren Kaiser Ferdinand II.), 1631 für Ferdinand III. und 1651 für Ferdinand IV. statt.
Die letzte Erbhuldigung in der Steiermark erfolgte im Jahr 1728 für Karl VI.
Von der historischen Tradition her unterschied sich die „Erbhuldigung" in Kärnten stark von der in den anderen habsburgischen Ländern. Die in der Forschung vieldiskutierte und auch im nationalen Kampf der Slowenen und Deutschen umstrittene Kärntner Herzogseinsetzung zeigte in ihrer ursprünglichen Form besonders altertümliche Züge, die auf das alte slawische karantanische Herzogtum zurückwiesen. Die gesamte Zeremonie bestand aus drei Teilen, von denen der zweite – eine kirchliche Zeremonie in Maria Saal – und der dritte – die Lehensvergabe auf dem Herzogsstuhl am Zollfeld – nicht ungewöhnlich waren. Hingegen war der erste Teil der Herzogseinsetzung auf dem Fürstenstein bei der Karnburg sehr spezifisch. Ein in slawischer Tracht gekleideter Bauer, der einen gefleckten Ochsen und einen Pferd mit sich führte, stellte dem ebenfalls in bäuerlicher slawischer Tracht gekleideten zukünftigen Herzog, der zu ihm geführt wurde, fünf Fragen: „Wer ist der Herangeführte?", „Ist er wert

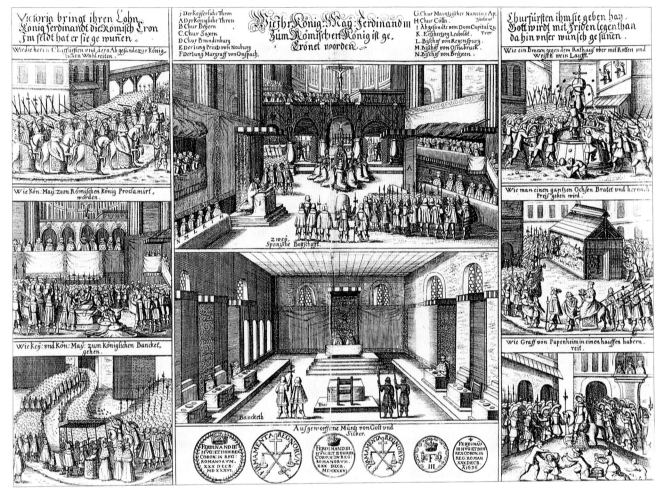

auf dem Herzogsstuhl zu sitzen?", „Hat er den rechten christlichen Glauben?", „Ist er ein guter Richter?" und „Wird er das Land vor Gefahr schützen, für Witwen, Waisen, Ordensleute und Priester Frieden schaffen?" Diese Fragen waren in unterschiedlicher Form immer wieder Bestandteil von Herrschaftseinsetzungen, ungewöhnlich war hingegen, daß ein Bauer sie stellte und daß er *sclavice*, also auf slowenisch, fragte. Die bäuerliche Tracht des ersten Teiles der Einsetzungszeremonie wurde als erniedrigend empfunden und daher als die des Herzogs von Kärnten in seiner Funktion als „Reichsjägermeister" gedeutet. Dieser Titel spielte auch in der Konstruktion des *Privilegium maius* eine wesentliche Rolle, 1359 bezeichnete sich Rudolf IV. bereits so, obwohl der eigentliche Titel des Reichsjägermeisters beim Markgraf von Meißen lag.

Die Lebenswelt der Habsburger

Links und rechte Seite: Bei einem Feuerwerk in Rom anläßlich der Krönung Ferdinands III. wurde diese Konstruktion benützt, bei der sich der Turm mit dem Reichsadler öffnete und eine darin verborgene Statue des Kaisers zu Pferde sichtbar wurde. Albertina, Wien

Trotz der Heirat der Erbin des görzischen Gebietes Margarethe Maultasch († 1369) mit Johann Heinrich von Böhmen († 1375) und der damit drohenden Festsetzung der Luxemburger in den für die Überschreitung der Alpen so wichtigen Ländern Tirol und Kärnten, konnten sich die Habsburger letztlich in Kärnten durchsetzen, 1335 wurden sie mit Kärnten und dem südlichen Teil Tirols belehnt. Zunächst vollzog am 2. Juni 1335 nur einer der beiden gemeinsam regierenden Habsburger, Herzog Otto († 1339), die Belehnungszeremonie, da sein Bruder Albrecht II. († 1358) gelähmt war, doch konnte sich 1338 dieser schließlich selbst der Herzogseinsetzung unterziehen. Der Geschichtsschreiber Johann von Viktring schilderte diese Vorgänge detailliert. In bäuerlicher Kleidung wurde der zukünftige Herzog zum Fürstenstein auf der Karnburg geführt, auf dem ein Bauer saß, der ihm in slowenischer Sprache jene obengenannten Fragen stellte, die bei fast allen Herrschaftseinsetzungen ähnlich lauteten und die formale Eignung des Kandidaten prüfen sollten. Dann machte der Bauer dem Herzog Platz und gab ihm dabei einen leichten Backenstreich. Ein solcher Backenstreich ist heute noch bei der Firmung im katholischen Bereich gebräuchlich und geht auf alte Vorbilder zurück. Ursprünglich war er in der Antike als Zeichen der Beendigung einer Unterordnung unter den Herrn üblich

und wurde z. B. bei der Freilassung von Sklaven angewandt, ähnliches hat sich auch bei der Umgürtung des Knappen mit dem Schwert erhalten, wo es ebenfalls ein Reifwerden symbolisiert. Dann bestieg der neue Herr den Stein und schlug mit dem Schwert in alle vier Himmelsrichtungen. Otto vermied es allerdings dabei, sich auf den Stein zu setzen, auf dem vorher der Bauer saß; er stieg hinauf und schwang auf dem Stein stehend sein Schwert. Der Richterstuhl auf dem Zollfeld, wo nach der Messe in Maria Saal der letzte Teil der dreiteiligen Zeremonie stattfand, war hingegen nur dem Fürsten vorbehalten und nicht durch einen Bauern „entwürdigt", der neue Herzog saß dort in fürstlichen Gewändern. Auch Herzog Ernst († 1424) ließ 1414 die Zeremonie vollziehen, allerdings ohne den Teil am Fürstenstein, er hatte jedoch eine Schadloserklärung dafür ausgestellt; dies war das letzte Mal, bei dem die Zeremonie in der alten Form wenigstens schriftlich belegt ist. Die Veränderungen der Zeremonie sind charakteristisch für den Wandel der politischen Situation. Das immer autoritärer werdende Fürstentum änderte altüberlieferte Rechtsverhältnisse, um seine eigene Machtsteigerung zu demonstrieren. Ferdinand (der spätere Kaiser Ferdinand II.) vollzog die letzte Lehensvergabe am Herzogsstuhl persönlich.

In der Barockzeit blieb das Hochamt in Maria Saal bestehen, die letzte Erbhuldigung am Herzogsstuhl auf dem Zollfeld, auf dessen Rückenlehne die Inschrift RVDOLPHVS DVX (Rudolf IV.) zu lesen ist, wurde im Jahre 1651 vollzogen, als Ferdinand IV., der sich durch Maximilian von Dietrichstein vertreten ließ, zum Herzog eingesetzt wurde. Die Erinnerung an die alte Herzogseinsetzungszeremonie war lebendig, ein Bauer präsentierte noch den gefleckten Ochsen und das Pferd. Die persönliche Anwesenheit war aber nicht mehr erforderlich, man konnte den Vollzug der Zeremonie an einen Adeligen delegieren, schon Ferdinand III. hatte sich 1631 durch Johann Ulrich von Eggenberg vertreten lassen. Die Erbhuldigung für Leopold I. 1660 wurde nicht mehr am Herzogsstuhl, sondern im Landhaus in Klagenfurt vollzogen, die letzte Erbhuldigung in Kärnten überhaupt war die Karls VI. 1728.

Königs- und Kaiserkrönung im Reich

Die höchste weltliche Würde, die das Abendland zu vergeben hatte, war die der Herrschaft des Reiches. In

dieser Herrscherwürde waren viele Elemente der spätantiken und mittelalterlichen Tradition und Ideenwelt erhalten, die im Laufe der Jahrhunderte immer mehr ihren ursprünglichen Sinn verloren, um schließlich am Ende des Reiches in manchem fast lächerlich zu wirken. Historisch gesehen war die Erneuerung des Römischen Reiches bei der Kaiserkrönung Karls des Großen 800 in Rom die Geburtsstunde dieses Reiches, das dann nach Verfallsperioden erst wieder unter den Ottonen – Kaiserkrönung Ottos I. 962 – eine neue *renovatio imperii* erfuhr, die den Akzent mehr auf das deutschsprachige Gebiet legte. Die Herrschaft in diesem im späten Mittelalter dann als „Heiliges Römisches Reich Deutscher Nation" bezeichneten Gebilde – das allerdings ein Vielvölkerstaat war – wurde zunächst nach dem Geblütsrecht innerhalb einer Herrschersippe durch Designation des neuen Herrschers und Akklamation durch die Großen des Reiches weitergegeben.

Dieser Zustand einer Beinahe-Erblichkeit hielt sich mehr oder minder bis zum Ende der Stauferdynastie. Schon unter diesen war es durch die Wirren in der Auseinandersetzung mit dem Papst, dem es allein zustand, durch Krönung in Rom aus dem römischen König einen Kaiser zu machen, zu einem wachsenden Einfluß der Großen des Reiches, der Reichsstände, auf die Auswahl des Herrschers gekommen. Mit dem späten Mittelalter setzte sich dann endgültig das Wahlrecht durch, das zunächst in der Praxis, dann aber auch reichsrechtlich abgesichert durch die Goldene Bulle Karls IV. 1356 auf die sieben Kurfürsten beschränkt wurde.

Im späten Mittelalter waren die Habsburger sowohl Nutznießer als auch Opfer dieses Wahlrechtes. Ohne Wahlrecht wäre die Familie niemals zur Würde des Kaisertums aufgestiegen, der erste Habsburger Rudolf I. war aus einer ganz spezifischen politischen Situation heraus gewählt worden. In der Folgezeit waren die habsburgischen Bewerber im Reich aber einer scharfen Konkurrenz ausgesetzt und konnten sich entweder mit militärischer Gewalt durchsetzen, wie Albrecht I., der seinen Gegenkönig Adolf von Nassau († 1298) besiegte, oder wurden mit Gewalt vom Königtum ferngehalten, wie es Friedrich I. durch Ludwig von Bayern († 1347) widerfuhr. Durch die inneren Schwierigkeiten und Herrschaftsteilungen in den habsburgischen Ländern im späten Mittelalter kamen die Habsburger erst wieder ungefähr hundert Jahre später ins Rennen um die Herrscherwürde des Reiches. Mit der Wahl Albrechts V. zum König 1438 (als Albrecht II.) begann dann eine Serie an habsburgischen Königen bzw. Kaisern des Reiches, die bis zu dessen Ende 1806 nur für wenige Jahre – durch den Wittelsbacher Karl VII. (1742–1745) – unterbrochen wurde. Doch die ansonsten ununterbrochene Reihe der Habsburger als Herrscher täuscht, sollte man daraus ableiten wollen, es handle sich um ein Erbrecht der Familie, denn das Wahlrecht wurde bis zum Ende des Reiches beibehalten.

Es gab auch wiederholte Diskussionen um Gegenkandidaten, in der Zeit der konfessionellen Spannungen sogar um einen protestantischen Kaiser, aber dennoch wurden immer wieder Habsburger gewählt. Die einzige oben erwähnte Ausnahme gab es denn auch während einer Krise, als die Habsburger im Mannesstamm ausgestorben waren und die Lothringer oder Habsburg-Lothringer noch nicht fest im Sattel saßen.

Durch die besondere rechtliche Situation im Reich war neben der Krönung als zeremoniellem Akt auch die Wahl des Königs zu berücksichtigen. Gerade zur Entwicklung dieses Wahlrechtes, die ein zentrales Problem der deutschen Reichsgeschichte des Mittelalters darstellte, gibt es eine reiche und ausgebreitete Forschung. Im Zentrum des Interesses steht dabei vor allem die Ausbildung des Kollegiums der Kurfürsten

Oben: Auf dem Kärntner Herzogsstuhl fanden die Belehnungen nach der Herzogseinsetzungszeremonie statt. Bundesdenkmalamt, Wien
Rechte Seite: 1282 erfolgte die Belehnung der Söhne Rudolfs I. mit Österreich und Steiermark. Die spätere Darstellung setzt im Zeremoniell das Privilegium maius voraus. ÖNB, Wien

und die Festlegung des durch die gesamte Neuzeit gültigen Rechtszustandes in der Goldenen Bulle Kaiser Karls IV., auf die wir schon in einem anderen Zusammenhang eingegangen sind. Die Wahl stellte immer mehr den rechtskonstituierenden Akt dar und beraubte die Krönung ihrer ursprünglichen Bedeutung. Die Krönung des Herrschers im Reich war eine zweides Reiches war nur Friedrich III. ein vom Papst in Rom gekrönter Kaiser. Sein Sohn Maximilian versuchte, zur Krönung nach Rom zu ziehen, konnte aber wegen eines Krieges, den er mit Venedig führte, nicht durch das venezianische Gebiet reisen und nahm daher 1508 in Trient den Titel „Erwählter römischer Kaiser" an, der die Realität des späten Mittelalters –

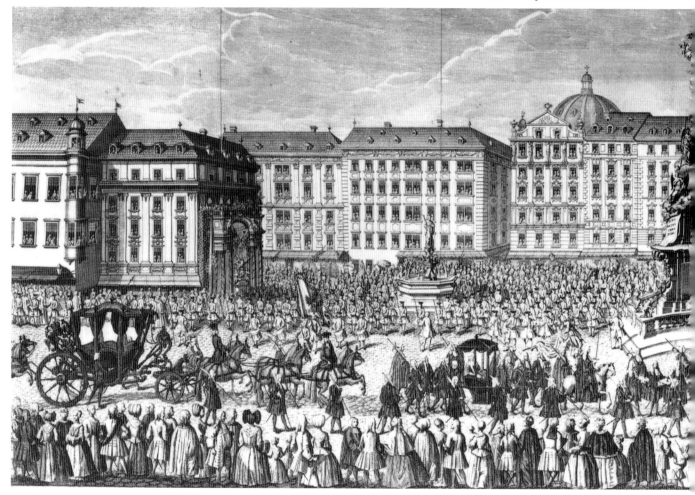

Die Darstellung der Erbhuldigung Maria Theresias in Niederösterreich zeigt den Zug über den Graben zur Stephanskirche. ÖNB, Wien

fache. Zunächst wurde der neue Machthaber im Reich selbst zum König gekrönt, danach bemühte er sich, nach Italien zu ziehen, um dort vom Papst in Rom zum Kaiser gekrönt zu werden. Rechtlich machte das wenig Unterschied, da – wie auch die Kurfürsten bestätigten – der König dieselben Rechte hatte wie der Kaiser. Eine einzige Ausnahme war aber wichtig. Nur dem gekrönten Kaiser stand es zu, sich zu seinen Lebzeiten, *vivente imperatore*, einen Nachfolger, einen römischen König, wählen zu lassen, der dann automatisch die Nachfolge übernahm. Diese Möglichkeit, das Wahlrecht zugunsten der eigenen Familie zu manipulieren, konnte im Mittelalter nur in wenig Fällen genützt werden. Von den habsburgischen Herrschern die rechtliche Gleichstellung von Kaiser und König – legalisierte. Zwar wurde noch ein Habsburger, Karl V., vom Papst in Bologna gekrönt, doch von 1508 an war der Rangunterschied zwischen Kaiser und König praktisch aufgehoben, wenn auch immer noch die Möglichkeit bestand, zu Lebzeiten des erwählten Kaisers einen König zu wählen. Die meisten Habsburger nach dem Mittelalter ergriffen diese Chance zur Etablierung von Kontinuität, doch auch in den Fällen, wo sie nicht genutzt wurde – unter Rudolf II., Matthias, Ferdinand III. und Joseph I. – erfolgte der Herrschaftsübergang innerhalb der Familie.
Für die Königskrönungen der Frühen Neuzeit ist der auf eine lange Tradition zurückblickende „Königskrö-

nungsordo", also die Festlegung des Zeremoniells der Krönung, von 1309 maßgeblich geblieben. Der Ablauf aller Krönungen der Neuzeit blieb durch die Betonung des „alten Herkommens" relativ konstant. Die jüngste Aachener Krönungsordnung legte 1309 den Ablauf des Krönungsvorgangs ein für allemal fest: 1. Einholung des gewählten Königs durch den Klerus in die Kirche,

schien unaufwendig gewesen zu sein. Friedrich empfing kniend die Krone von Papst Nikolaus V. in St. Peter, links von ihm kniete Eleonore, die er drei Tage davor geheiratet hatte, rechts sein Mündel Ladislaus Postumus, hinter dem wiederum Friedrichs Bruder Albrecht VI. stand. Nach der Krönung begleitete der Papst Friedrich bis vor die Kirche Santa Maria Tras-

2. Beginn des Hochamtes zu den Heiligen Drei Königen mit der Allerheiligenlitanei, 3. Befragung des Königs in Anlehnung an das Bischofsscrutinium, 4. Salbung, 5. Übergabe der Insignien und Krönung, 6. Eidesleistung des gekrönten Königs, 7. Thronsetzung auf den Stuhl Karls des Großen und Beendigung der Messe, 8. Krönungsmahl im Rathaus.
Wie schon erwähnt, sind nur zwei Habsburger im traditionellen alten Sinn vom Papst zum Kaiser gekrönt worden, nämlich Friedrich III. am 19. März 1452 in Rom und Karl V. am 24. Februar 1530, seinem Geburtstag, in San Petronio in Bologna. Friedrich III. zog über Venedig, Ferrara und Bologna nach Florenz und schließlich nach Siena, wo er seine zukünftige Frau Eleonore traf. Gemeinsam machten sie sich auf den Weg nach Rom. Die eigentliche Krönungszeremonie

pontina, wo sie Abschied nahmen. Friedrich ritt weiter zur Engelsburg, wo er unter anderen seinem Bruder Albrecht den Ritterschlag erteilte.
Auch die Krönung Karls V. in Bologna verlief weniger feierlich, als man erwarten sollte, sie stellte jedenfalls keine zeremonielle Steigerung gegenüber der Krönung in Aachen zehn Jahre davor dar. Es waren nur wenige Reichsfürsten anwesend, so etwa Pfalzgraf Friedrich, der bei den Feierlichkeiten den Reichsapfel trug, und dessen Neffe Philipp. Am 22. Februar 1530 wurde Karl von Papst Clemens VII. zunächst mit der Eisernen Krone und zwei Tage später mit der Reichskrone gekrönt. Diese Krönung führt noch einmal sinnlich den Glanz des alten Systems vor Augen. Noch einmal trafen sich Papst und Kaiser in prunkvollen Gewändern, noch einmal wurde die mittelalterliche Zeremonie des

Empfangs der Krone des Reiches aus der Hand des Papstes – mittlerweile schon nicht mehr Oberhaupt der gesamten Christenheit, sondern nur mehr einer der sich ausbildenden Konfessionen – durchgeführt. Es ist nicht verwunderlich, daß in Anbetracht der konfessionellen Situation im Reich und dem verblassenden Glanz der alten Symbole keiner der späteren Kaiser mehr ernsthaft versuchte, sich in Rom vom Papst krönen zu lassen. Beim Besuch von Papst Pius VI. in Wien bei Joseph II. erschienen solche Vorstellungen schon so unzeitgemäß, daß man offensichtlich nicht einmal mit dem Gedanken einer solchen Krönung in Wien spielte. Alle übrigen Krönungen waren im streng mittelalterlichen Sinn gesehen Königskrönungen.

Die mittelalterlichen Krönungen Rudolfs I., Albrechts I., Albrechts II., Friedrichs III. und Maximilians I. standen noch stark in der Krönungstradition, die auf Karl den Großen bzw. Otto I. zurückging, bei denen die Krönung in Aachen ein Recht schaffender Akt war. Mit der Wahl des Krönungsortes Aachen knüpfte man ebenso an die Karlstradition – und damit an den dort vorhandenen Steinernen Thron des ersten abendländischen Kaisers – an wie an die ottonische. 936 hatte Otto I. sich selbst und 962 seinen Sohn, den späteren Otto II., zum Mitkönig in Aachen krönen lassen. Für die mittelalterliche Zeit, in der es noch kein genau festgelegtes Mehrheitswahlrecht bei der Königswahl gab, war die Krönung am richtigen Ort, also in Aachen, durch den Erzbischof von Mainz oder von Köln, die sich um dieses Recht stritten, ein zentrales Kriterium, um den „richtigen König" zu erkennen. Der eigentliche Streit entbrannte um den Konsekrator, also jenen Bischof, der die Krönungsmesse zelebrierte, und nicht um den Koronator, da die Krone dem König von allen drei geistlichen Kurfürsten gemeinsam aufgesetzt wurde. Durch die Tatsache, daß fast ein Jahrhundert lang die jeweiligen Kölner Erzbischöfe bloß adelige Pfründeninhaber – und daher nicht geweiht – waren, löste sich diese Frage in der Frühen Neuzeit stillschweigend zugunsten von Mainz. 1653, als die Krönung Ferdinands IV. bevorstand, stellte sich das Problem erstmals wieder, da der Kölner Kurfürst durch seine Weihen berechtigt war, die Funktion auszuüben. Auch 1658 bei der Krönung Leopolds I. kam es wieder zu Auseinandersetzungen, doch konnte sich Mainz behaupten, das bis zum Ende des Reiches als Konsekrator fungierte, mit einer bezeichnenden Ausnahme: Als der Wittelsbacher Karl VII. 1742 gekrönt wurde, zelebrierte sein Bruder Clemens August Kurfürst von Köln die Messe. Seit dem späten Mittelalter war ein Bedeutungswandel spürbar, da seit der Ausbildung des Kurfürstenkollegiums und der Durchsetzung des Wahlrechtes die Königswahl den eigentlich wichtigen Rechtsakt darstellte, doch wurde der Legitimität des gewählten Herrschers durch die Krönung weiterhin sichtbar Ausdruck verliehen. Auch die Königskrönungen Karls V. 1520 und Ferdinands I. 1531 folgten der mittelalterlichen Aachener Tradition, während mit der Krönung Maximilians II. in vieler Hinsicht Änderungen eintraten, die in der weiteren Folge zu einem Bedeutungsverlust der Krönung, die etwa von Zeitgenossen des 18. Jahrhunderts nur mehr als leere, bombastische Schau angesehen wurde, führten.

Die Goldene Bulle von 1356 regelte nicht nur die Königswahl, sondern auch die Krönung und den Herrschaftsbeginn. Sie bestimmte, daß die Wahl in Frankfurt, die Krönung in Aachen und der erste Reichstag in Nürnberg stattfinden sollten. Bereits zwischen 1356 und 1562 war es – nicht zuletzt durch Seuchen und andere Umstände, die die Goldene Bulle als Ausnahmen gelten ließ – zu Abweichungen gekommen, aber mit dem Jahr 1562 kam es zu einem langfristigen Wandel. Schon die Kaiserproklamation und Einkleidung – nicht Krönung – Ferdinands I. nach der Abdankung Karls V. 1556 hatte in Frankfurt stattgefunden. Im Falle Maximilians II. wurde Frankfurt nicht nur zum Ort der Wahl, sondern auch zum Krönungsort bestimmt. Dies stellte einen Verstoß gegen die 600 Jahre alte Krönungstradition dar. Der Stadt Aachen wurden Reverse ausgestellt, die ihr Privileg bestätigten und die Einmaligkeit der Ausnahme versicherten. Stadt und Kapitel des kaiserlichen Kollegiatsstiftes zu Unserer Lieben Frau in Aachen, in das der Römische König dem alten Brauch gemäß als Mitkanoniker aufgenommen wurde, bekamen materielle Entschädigungen, aber langfristig gesehen war die Aachener Tradition damit zu Ende. 1562 machte man sich aber noch große Mühe, die Formen der Aachener Tradition zu befolgen und linear nach Frankfurt zu übertragen, da diese erste Krönung in Frankfurt einen Präzedenzfall setzte, auf den man zurückgreifen konnte – so wurden in der Folge Krönungen in Frankfurt (1619, 1658), Regensburg (1575) und Augsburg (1690) durchgeführt.

In der Frankfurter Bartholomäuskirche, in der sich auch die Wahlkapelle, die Liberey, befand, in der die Kurfürsten zusammentraten, wurde die geistliche Zeremonie am Kreuzaltar vor dem Chor, also in der „Öffentlichkeit" vollzogen. Rechts vom Altar wurde eine Nachbildung des marmornen Aachener Kaiserthrones aufgestellt. Das Festmahl sollte im Frankfurter Rathaus, dem Römer, stattfinden.

Bei der ersten Frankfurter Krönung, der Königskrönung Maximilians II. im Jahr 1562, zogen Kaiser Ferdinand und sein Sohn Maximilian zu Fuß unter einem Baldachin in die Krönungskirche. Maximilian trug als böhmischer König – um dem alten Rechtsspruch „die römische Krone gehört auf die böhmische" Genüge zu tun, war er schon zuvor in Prag gekrönt worden – den

*Das Deckenfresko der Stiftskirche in Ossiach zeigt eine Darstellung der Erbhuldigung für Karl VI.
Kärntner Landesmuseum, Klagenfurt*

Kurhut und ein langes Gewand aus rotem Atlas sowie einen golddurchwirkten, mit Hermelin gefütterten Mantel. Ihnen wurden die Reichskleinodien, die aus Nürnberg und Aachen herbeigeschafft wurden, vorangetragen. Der Pfalzgraf bei Rhein zur Rechten trug den Reichsapfel, der Herzog von Sachsen in der Mitte das Reichsschwert und der Kurfürst von Brandenburg zur Linken das Szepter. Diese Krönung war die letzte, bei der alle Kurfürsten persönlich anwesend waren und ihre angestammten Funktionen selbst ausübten.

Die nun folgende kirchliche Zeremonie war in den Zeiten der Glaubensspaltung besonders delikat, vor allem da drei der Kurfürsten dem protestantischen Glauben anhingen. Die Zeremonie wurde vom Erzbischof von Mainz zelebriert, da die beiden anderen geistlichen Kurfürsten von Köln und Trier zwar persönlich anwesend waren, aber keine Weihen hatten und daher nur passiv teilnehmen konnten. Als die Messe begann, verließ der Calviner Friedrich von der Pfalz eilig die Kirche, ihm folgten die Lutheraner August von Sachsen und Joachim II. von Brandenburg. Sie kehrten erst bei der Insignienübergabe wieder zurück – auch das ein Symptom der geänderten Verhältnisse in dem nun konfessionell gespaltenen Reich. Später wurde diese demonstrative Haltung weniger streng genommen, zwar entfernten sich die Kurfürsten von Sachsen und Brandenburg bei der Krönung Rudolfs 1575 in Regensburg, doch sie kamen irrtümlicherweise zu früh zurück, blieben aber in der Kirche und erlebten so die Kommunion des Konsekrators und des Königs mit. Bei der Krönung von Matthias 1612 und der Ferdinands 1619 verzichteten sie auf ihr demonstratives Verhalten, erst bei der Krönung Ferdinands III. protestierte Kursachsen wieder gegen die religiösen Zeremonien.

Die Rechtszeremonie der Krönung begann mit dem *Scrutinium*, sechs Fragen, die formal die Eignung des zu Krönenden prüften, wobei die Betonung des katholischen Glaubens für den von Ideen des Protestantismus beeinflußten Maximilian II. nicht ganz so unproblematisch gewesen sein mochte. Dieser beantwortete die Fragen mit einem *volo* (ich will) und beeidete sie. Dann fragte der Konsekrator die Anwesenden, ob sie sich einem solchen König unterwerfen wollten, die mit *fiat* (es geschehe) antworteten. Ähnlich wie bei anderen Krönungen, etwa der böhmischen und der ungarischen, können wir darin einen letzten Rest der *acclamatio* des Königs erkennen. Dann folgte die Salbung an Haupt, Brust, zwischen den Schultern, am rechten Arm zwischen Hand und Ellbogen und in der flachen Hand, durch die der König über die Laien erhoben und zum Gesalbten Gottes wurde – nicht zufällig ist die Ähnlichkeit zwischen der Königs- und der Bischofsweihe von der Forschung besonders hervorgehoben worden. Daraufhin geschah die Einkleidung mit dem Krönungsornat, die Übergabe der Reichsinsignien und schließlich die eigentliche Krönung, bei der über eine Chorkappe die Krone von allen Erzbischöfen zugleich aufgesetzt wurde. Daraufhin schwor der Gekrönte einen Eid und wurde inthronisiert. Mit dem Schwert Karls des Großen schlug er einige Anwesende zu Rittern, dann wurde die Messe fortgesetzt.

Eine besondere Rolle spielte dabei der Kommunionsempfang. Der Krönungsordo sah vor, daß der gesalbte König das Sakrament unter beiderlei Gestalt, also Brot und Wein, empfangen konnte. Lange Zeit blieb das wohl auch unproblematisch, wurde als königliches Privileg und als Ausdruck seiner fast religiösen Funktion gesehen. Erst im 15. Jahrhundert, als Jan Hus die Kommunion *sub utraque specie* für alle Laien verlangte, und dann natürlich in der Zeit der Reformation, die dieselbe Forderung stellte, wurde die Sache komplizierter. Schon Friedrich III. hatte auf den Kelch verzichtet, um sich von der hussitischen „Irrlehre" abzugrenzen. Bei Maximilian II., dem protestantische Neigungen nachgesagt wurden, wurde die Frage wieder höchst aktuell, wobei der völlige Verzicht Maximilians II. auf die Kommunion während der Krönung die Problematik verdeutlicht. Der neugekrönte Herrscher wollte sie einerseits nicht unter einer Gestalt nehmen, andererseits auch nicht von dem Privileg, sie unter beiderlei Gestalt zu nehmen, öffentlich Gebrauch machen, daher entfiel sie ganz. Eine kleine, aber symptomatische Handlung! Im Zeichen der Abgrenzung vom Protestantismus kommunizierten Maximilians Nachfolger Rudolf II., Matthias, Ferdinand II. und auch Ferdinand III. nur unter einer Gestalt. Später, nach dem klaren Sieg der Gegenreformation, gestaltete sich die Entscheidung nicht mehr so problematisch; wir wissen, daß nach dem Dreißigjährigen Krieg das alte Vorrecht wieder aufgegriffen wurde, noch Leopold II. und Franz II. wurde der Kelch gereicht.

Nach dem kirchlichen folgte der weltliche Teil des Zeremoniells, der Zug begab sich zum Krönungsmahl im Rathaussaal. Auf dem Weg warfen drei kaiserliche Wachen, die sogenannten Hartschiere, silberne und goldene Münzen unter die Menge. Johann Wolfgang von Goethe, der die Frankfurter Königskrönung Josephs II. als interessierter Zuschauer beobachtete, beschrieb diese Szene in „Dichtung und Wahrheit" folgendermaßen: „Aller Augen warteten auf den Erbschatzmeister, der das Geld auswerfen sollte. Auch er bestieg ein schönes Roß, dem zu beiden Seiten des Sattels ein paar prächtige Beutel befestigt hingen. Kaum hat er sich in Bewegung gesetzt, als er in diese Taschen griff und rechts und links Gold- und Silbermünzen freigebig ausstreute, welche jedesmal in der Luft als metallener Regen gar lustig glänzten. Tausend Hände zappelten augenblicklich in der Luft, um die Gaben aufzufangen; kaum aber waren die Münzen niedergefallen, so wühlte die Masse in sich selbst gegen den Boden und rang gewaltig um die Stücke, welche zur Erde mochten gekommen sein. Da nun diese Bewegung von beiden Seiten sich immer wiederholte, wie der Geber vorwärtsritt, so war es für die Zuschauer ein sehr belustigender Anblick. Zum Schlusse ging es am allerlebhaftesten her, als er die Beutel selbst auswarf, und ein jeder noch diesen höchsten Preis zu erhaschen trachtete."

Während der Kreis der Privilegierten, der Eliten des Reiches, materiell wie immateriell – was das symbolische Kapital der Ehre anlangt – bei solchen Krönungen auf seine Rechnung kam, bestand der Anteil des Volkes an solchen Festlichkeiten in erster Linie aus leiblich-sinnlichen Genüssen, den *panes et circenses*, Speisungen und Lustbarkeiten verschiedener Art. Waren die ausgeworfenen Gold- und Silberstücke zunächst Geldstücke des täglichen Verkehrs, so wurden seit der Renaissance Krönungsjetons geprägt, die als spezielle Gattung mit Ferdinand I. einsetzten und in geschlossener Reihe bis ins 19. Jahrhundert reichten. Es entstand ein einheitlicher Typus der vom Wiener Hof geprägten Auswurfpfennige, der auch jeweils ähnliche Inhalte aufwies. Auf der Vorderseite zeigen diese Jetons gewöhnlich den Wahlspruch des Gekrönten und eine ergänzende bildliche Darstellung – später auch sein Porträt –, auf der Rückseite fast ausnahmslos Ort und Datum der in der Erinnerung festzuhaltenden Handlung.

Für die barocken Herrscher Joseph I., Karl VI. und auch für Maria Theresia und ihren Mann prägte man für alle in Frage kommenden Anlässe, wie die ungarische, böhmische und römische Krönung, aber auch für die Erbhuldigungen oder die Krönungen der Frauen eigene Jetons. Ein Jeton Josephs II., für den sonst nur eine Auswurfmünze für seine Krönung in Frankfurt, deren In-die-Menge-Schleudern Goethe schilderte, geprägt wurde, entstand bei einer nur einmal in der Geschichte stattfindenden Gelegenheit, anläßlich der Huldigung des neu erworbenen Kronlandes Galizien 1773. Trotz der Kürze seiner dreijährigen Regierungszeit ist hingegen die erhaltene Serie der Jetons für Leopold II. umfangreich. Es existieren Stücke anläßlich der Huldigung der niederösterreichischen Stände 1790, der Tiroler Stände 1790, der römischen Krönung 1790, der ungarischen Königskrönung 1790, der siebenbürgischen Huldigung 1790, der böhmischen Königskrönung 1791 und der böhmischen Königskrönung der Kaiserin Maria Ludovica 1791. Ähnlich vielfältig sind die Jetons aus der Zeit Franz' I. (II.) und Ferdinands, hingegen sind für Franz Joseph nur Stücke zur ungarischen Krönung erhalten, da er ja in keinem anderen Land gekrönt wurde.

Es wurden nicht unwesentliche Mengen solcher Auswurfmünzen hergestellt: Für die Wiener Erbhuldigung Karls VI. im Jahre 1712 waren es über 13.000 silberne Jetons, für die Prager Krönung 1723 aber fast 24.000 Stück, die Frankfurter Kaiserkrönung Franz' I. 1745 wurde sogar in nicht weniger als 40.000 silbernen Gedenkpfennigen festgehalten. Diese in zwei Größen und in Gold und Silber hergestellten Münzen wurden nicht nur unters Volk geworfen, sondern auch an sämtliche Hof- und Staatswürdenträger, an Behörden und Ämter, Körperschaften und Institutionen verteilt und sogar verkauft. Neben diesen numismatisch interessanten Objekten wurden auch eigene Opferpfennige geprägt, die der Gekrönte anläßlich der Krönungsmesse der Kirche spendete, sie waren aus Gold und natürlich weit mehr als einen Pfennig wert. Über die letzte Kaiserkrönung durch den Papst 1530 berichten die Quellen, daß Karl V. dem päpstlichen Zeremonienmeister 30 normale Goldstücke in die Hand gelegt habe, erst bei späteren Krönungen wurden eigene Münzen geprägt. Die Auflagenzahl dieser Opferpfennige, an deren Entwürfen oft namhafte Künstler beteiligt waren, blieb klein und ging selten über zehn Stück hinaus.

Zurück zum üblichen Ablauf der weltlichen Krönungsfestlichkeiten. Auf dem Platz vor dem Rathaus errichtete man eine Bretterküche, in der ein mit verschiedenen Tieren gefüllter Ochse gebraten wurde, von dem laut Zeremoniell zunächst ein Stück für den Kaiser abgeschnitten wurde. Dieser Braten diente dann ebenso wie die Weinbrunnen der Volksbelustigung, wobei es bei der Verteilung von Speis und Trank jedesmal zu großen Tumulten und Raufereien kam. Die Brunnen wurden mit einem zweiköpfigen schwarzen Adler mit einer vergoldeten Krone auf einer vergoldeten Kugel und dem österreichischen Wappen verziert. Im großen Saal des Frankfurter Römers, in dem nach 1562 die meisten Krönungsmähler stattfanden, wurden die Tafeln für den Kaiser und römischen König auf ein Podium gestellt, sieben Stufen tiefer standen die Tische der Kurfürsten, am Ende des Saales befanden sich zwei Tafeln für die Fürsten des Reiches. Die Abgesandten der Städte mußten in den Nebenräumen speisen.

Beim Krönungsmahl verrichteten die weltlichen Kurfürsten ihre Erzämter. Der Erzmarschall, der Kurfürst von Sachsen, ritt zu Pferd zu einem Haufen Hafer, den man aufgeschüttet hatte, und entnahm mit einem silbernen Maß und einem silbernen Streicher ein Gefäß davon. Die silbernen Geräte und das Pferd gebührten altem Herkommen nach seinem Ministerialen und Vertreter in diesen Funktionen, dem Reichserbmarschall von Pappenheim. Der Erzkämmerer, der Kurfürst von Brandenburg, ritt zu einem Tisch am Rathausplatz und brachte dem Herrscher von dort ein Handbecken, eine Kanne und Tücher. Diese Geräte und das Pferd standen wieder dem Reichserbkämmerer, einem Grafen Hohenzollern, zu. Der Erbtruchseß, der Kurfürst von der Pfalz, ritt zu der Bretterküche am Platz und holte einige Speisen in silbernen Schüsseln. Schüsseln und Pferd standen dem Erbküchenmeister von Seldeneck zu. Das Amt des Schenks, des Kurfürsten von Böhmen, wurde, da der Gekrönte ja immer selbst diese Funktion innehatte, nicht in Person ausgeübt, der Erbschenk von Limburg schenkte dem Kaiser aus einem kostbaren Gefäß ein, das der Erbschenk behalten durfte. Bei der Tafel übergab der König dem Erzkanzler, dem Kurfürsten von Mainz, die Siegel, die dieser den ganzen Tag offen sichtbar bei sich behielt. Beim Krönungsmahl wurden in fünf Gängen jeweils zehn Speisen serviert. Weitere Festlichkeiten wie Turniere, Feuerwerke, Bankette und Jagden umrahmten das feierliche Geschehen einer Wahl und Krönung.

Im Rahmen solcher Krönungfeierlichkeiten fanden auch Belehnungen statt, die besonders feierlich gestaltet wurden. Gerade im 16. Jahrhundert wurde die Lehensgewalt durch ausnehmend prunkvolle Zeremonien betont, z. B. bei der Belehnung Augusts von Sachsen am Reichstag in Augsburg 1566, zu der der Kurfürst mit 375 in sächsischen Farben – schwarz-gelb – gekleideten Reitern erschienen war. Zwar gingen die öffentlichen Belehnungen im Laufe der Zeit zurück, da der Handgang – das Knien mit gefalteten Händen vor dem Kaiser – vielen selbstbewußten Territorialfürsten des Reiches nicht mehr angemessen erschien, doch blieben die feudalen Strukturen natürlich bis zum Ende des Reichs erhalten.

Eine Reihe solcher Belehnungen betraf auch die Habsburger selbst. Von langfristig entscheidender Bedeutung war die Belehnung der Söhne Rudolfs I. mit Österreich. Am 27. Dezember 1282 wurde eine Urkunde ausgestellt, in der ein Belehnungsakt, dessen genaues Datum wir nicht kennen, bestätigt wurde. Die Belehnung fand vermutlich knapp davor – vielleicht an einem hohen kirchlichen Festtag wie Weihnachten – statt.

Die Gesamtbelehnung beider Söhne nach altem Hausrecht fand zwar Rechtfertigung und Vorbild in der Heiligen Schrift, die auf die Bedeutungslosigkeit der Erstgeburt hindeutet, doch in der Praxis erwies sie sich als schwierig. Die „Rheinfelder Hausordnung" vom 1. Juni 1283 enthält die Anordnung Rudolfs I., daß der erstgeborene Albrecht die „zur gesamten Hand" übertragenen Länder Österreich, Steiermark, Krain und die Windische Mark, die ihm und seinem Bruder Rudolf im Jahre 1282 gemeinsam übertragen worden waren, fortan allein beherrschen und sein jüngerer Bruder dafür entschädigt werden sollte. Diese Bestimmung galt aber nur für den aktuellen Fall und bot keine allgemeine Regelung des Problems. Nach den tragischen Ereignissen von 1308, als Johann Parricida seinen Onkel Albrecht aufgrund der Tatsache ermordete, daß weder sein Vater noch er je eine Entschädigung erhalten hatten, entwickelte sich die Rechtssituation wieder in Richtung auf eine Gesamtherrschaft in den habsburgischen Ländern. Im *Privilegium maius* von 1359 führte Rudolf IV. allerdings die Erbfolge nach dem Grundsatz der Primogenitur – eigentlich hausordnungswidrig und das Recht seiner jüngeren Brüder vernachlässigend – ein, ein Rechtsbruch, der sich bei der Bestätigung durch Friedrich III. wiederholte. In der Praxis wurde allerdings nach dem Neuberger Vertrag 1379 eine Realteilung durchgeführt, die sich mit weiteren Verträgen und Unterteilungen bis 1411 noch ausdifferenzierte.

Das *Privilegium maius* stellte aber auch Forderungen bezüglich der Belehnungszeremonie auf, die zu Pferde mit den erzherzoglichen Insignien und auf eigenem Grund und Boden erfolgen sollte. Doch als Rudolf IV. 1360 vom Kaiser mit den österreichischen Ländern belehnt wurde, geschah dies entgegen den Bestimmungen des *Privilegium maius* in der üblichen Form kniend auf reichsunmittelbarem Territorium, wiewohl im Bereich des heutigen Österreich. Auch die weiteren Belehnungen des späten Mittelalters geschahen kniend. Die einzige Belehnung nach den Vorschriften des *Privilegium maius* fand 1530 während des Reichstags zu Augsburg in einem nahegelegenen habsburgischen Territorium statt, als Kaiser Karl V. seinen Bruder Ferdinand I. öffentlich belehnte. Dieser empfing „nach inhalt seiner privilegia auf seinem aigen grund und boden bei Wellenburg in der marggraffschaft Burgaw seine lehen; kinig Ferdinandus auff schönem pferdt het sein ertzhertzogisch klaid an und fürt in seiner rechten handt ain guldins zepter und het auff seinem haupt das ertzhertzoghütlein. Aber der kinig ist nit abgestanden (=vom Pferd abgestiegen wie alle anderen), kain mal nie da kinig Ferdinandus sitzend auff seinem pferdt für den kaiser ist komen, hat er still gehalten und zu reverentz gegen den kaiser seinen hut abzogen."

Schriftliche Belehnungen des ältesten Erzherzogs als Lehensträger des Hauses Österreich fanden seit 1578 gleichzeitig mit den Privilegienbestätigungen statt; 1578 und 1597 durch Rudolf II. für Erzherzog Matthias, 1620 durch Ferdinand II. für Erzherzog Albrecht, 1623 durch Ferdinand II. für Erzherzog Leopold, Bischof von Passau, und 1662 durch Leopold I. für Erzherzog Sigmund Franz († 1665). Zur letzten Reichsbelehnung und Bestätigung der Privilegien kam es am 29. April 1728, als Karl VI. sich selbst als letzten Erzherzog zu Österreich und Lehensträger belehnte.

Mit der Abdankung Kaiser Karls V. fand sozusagen das Gegenteil eines Herrschaftsantrittes im Heiligen Römischen Reich statt. Dieser einmalige Akt wies ein sehr eigenartiges Gepräge auf. Schon am 22. Oktober 1555 hatte Karl auf die Souveränität im Orden vom Goldenen Vlies verzichtet, zwei Tage später dankte er feierlich als Herrscher der Niederlande zugunsten seines Sohnes Philipp II. ab. Im großen Saal der Residenz in Brüssel waren die Großen versammelt, als Karl, gestützt auf die Schulter des Prinzen Wilhelm von Oranien, einzog. Neben den Vliesrittern waren die Repräsentanten der Niederlande, Philipbert von Savoyen († 1580), Erzherzog Ferdinand (der spätere Landesfürst von Tirol) († 1595), König Philipp II. und Karls Schwestern, die Königinnen Eleonore († 1558) und Maria († 1558), anwesend. Karl gab – relativ frei sprechend – einen kurzen Abriß seines Lebens, wobei er besonders die Tatsache betonte, daß er im selben Raum 40 Jahre davor für großjährig erklärt worden war. Er verwies auf die religiösen Schwierigkeiten im Reich und zählte seine Reisen auf. Neunmal war er im Reich, sechsmal in Spanien, viermal in Frankreich, zweimal in Afrika und ebensooft in England gewesen. Nun wollte er seine letzte Reise nach Spanien antreten. Er schilderte seinen guten Willen und seine geringen Erfolge, seine Müdigkeit und Krankheit und sein Verlangen, die spanischen Länder an seinen Sohn Philipp und das Reich an seinen Bruder Ferdinand zu übergeben und forderte seinen Sohn auf, in seinem Glauben fest zu bleiben und nicht zu irren, wie er selbst es oft getan hätte. Weiß und erschöpft sank er in seinen Stuhl zurück, die meisten Anwesenden weinten – so schilderten die Zeitgenossen dieses Ereignis. Philipp fiel in die Knie und leistete den verlangten Eid, Königin Maria ergriff ebenfalls das Wort und kündigte an, mit Karl und Eleonore nach Spanien zu gehen und ebenfalls auf ihre Regierung zu verzichten.

Am 16. Januar 1556 verzichtete Karl in seinen privaten Gemächern in einem kleineren Kreis dann formell auf die Herrschaft in Kastilien, Aragón, Sizilien und Indien (= Amerika), gleichzeitig legte er auch die Großmeisterwürde der großen spanischen Orden von Santiago, Calatrava und Alcántara zugunsten Philipps ab. Relativ formlos hingegen erfolgte durch einen Brief vom 12. September 1556 die eigentliche Abdankung als Kaiser, allerdings akzeptierten die Kurfürsten diese erst 1558, als sie Ferdinand zum Kaiser proklamierten. Die eigentliche rituelle Handlung stellte also die Zeremonie am 24. Oktober 1555 dar, die streng juridisch genommen nur die Niederlande betraf, aber als allgemeine Absichtserklärung Karls, auf alle seine Würden zu verzichten, gelesen werden kann.

Verfassungsrechtlich weitaus wichtiger war sicherlich das Ende des Heiligen Römischen Reiches 1806, doch war die feierliche Ausgestaltung dieses Ereignisses vergleichsweise bescheiden. Fast ohne Zeremoniell, im kühlen Ton eines Staatsaktes verlief die Auflösung des Heiligen Römischen Reiches unter Franz II. (I.), der auf die Bestimmungen des Preßburger Friedens mit Napoleon, dessen Druck auf das Reich sich verstärkt und zur Bildung des Rheinbundes der deutschen Fürsten im Westen des Reiches geführt hatte, mit diesem Akt reagierte. Zwar blieb der Akt selbst umstritten – rechtlich wären die Reichsstände, also der Reichstag, zumindest aber die Kurfürsten in den Entscheidungsprozeß einzubeziehen gewesen –, er stellte verfassungsmäßig aber unwiderlegbar die Auflösung der Institution des Heiligen Römischen Reiches dar. In der Pragmatikalverordnung vom 6. August 1806 erklärte Franz: „Bei der hierdurch vollendeten Ueberzeugung von der gänzlichen Unmöglichkeit, die Pflichten Unseres kaiserlichen Amtes länger zu erfüllen, sind Wir es Unsern Grundsätzen und Unserer Würde schuldig auf eine Krone zu verzichten, welche nur so lang Werth in Unsern Augen haben konnte, als Wir dem von Churfürsten, Ständen und übrigen Angehörigen des deutschen Reichs Uns bezeigten Zutrauen zu entsprechen und den übernommenen Obliegenheiten ein Genüge zu leisten im Stande waren. Wir erklären demnach durch Gegenwärtiges, daß Wir das Band, welches Uns bis jetzt an den Staatskörper des deutschen Reiches gebunden hat, als gelöst ansehen, daß Wir das reichsoberhauptliche Amt und Würde durch die Vereinigung des confördirten rheinischen Stände als erloschen ... betrachten und die von wegen desselben bis jetzt getragene Kaiserkrone und geführte kaiserliche Regierung, wie hiemit geschieht, niederlegen." Dieses Dokument wurde öffentlich von der Kirche zu den Neun Engelschören am Platz am Hof proklamiert, eine bescheidene Zeremonie im Vergleich zu den großen politischen Konsequenzen dieses Aktes.

Eine weitere Abdankung mit ebenfalls weitreichenden politischen Folgen fand im Jahr 1848 statt, obwohl von einer eigentlichen Abdankung nur formal die Rede sein kann, da Ferdinand seit seiner Thronbesteigung nicht selbst regiert hatte. Die Regierungsgeschäfte waren von anderen Familienangehörigen und von den Mitgliedern des Staatsrates Metternich und Kolowrat ausgeübt worden. Mit der Revolution des Jahres 1848 kam der Kaiser, der Wien zweimal fluchtartig verlassen mußte, unter Druck, da er (zumindestens formell war sein Name auf den Dokumenten zu finden) Versprechungen zugunsten einer Konstitutionalisierung der Monarchie gemacht hatte. Als nun die starken Personen der Konterrevolution, allen voran Windisch-Graetz, aber auch die Erzherzogin Sophie, auf einen neuen Herrscher drängten, hatte das politische Gründe, da nur ein unbelasteter Monarch die Verspre-

chen seines Vorgängers widerrufen konnte. Diese Überlegung schloß auch den Nächsten in der Thronfolge, Erzherzog Franz Karl, der gewissermaßen mit seinem Bruder mithaftete, von der Thronfolge aus, gemäß der Erbfolge sollte daher sein Sohn Franz Joseph den Thron besteigen. Formalrechtlich – darauf wird im zweiten Band aus einem anderen Blickwinkel eingegangen werden – war dieser Akt bedenklich. Besonders in Ungarn hätte man jedenfalls die Stände befragen müssen, da österreichische Politiker über die Person des ungarischen Königs keine Bestimmungen treffen konnten, ohne die „politische Nation" zu befragen. Doch die Familie und ihre Ratgeber sahen die einzige Schwierigkeit in der Tatsache, daß der junge Franz Joseph noch nicht volljährig war. Ferdinand erklärte ihn noch knapp vor dem Thronverzicht für volljährig.

Da die weit zurückliegende Abdankung Karls V. als Vorbild nicht brauchbar war, entschloß man sich zu einem Familienakt, der am 2. Dezember 1848 im Schloß von Kremsier stattfand. Kurz nach acht Uhr betraten Kaiser Ferdinand mit seiner Frau, Erzherzog Franz Karl, Erzherzogin Sophie und Erzherzog Franz Joseph den Thronsaal. Ferdinand verlas eine kurze Erklärung in dem Sinne, daß er sich entschlossen habe, auf den Thron zugunsten seines ältesten Neffen zu verzichten, dessen Vater der Thronfolge entsagt habe. Nach der Verlesung und Unterzeichnung der Papiere kam Franz Joseph auf Ferdinand zu, kniete nieder und erbat seinen Segen. Ferdinand segnete ihn und soll gesagt haben: „Gott segne dich, sei nur brav, Gott wird dich schützen, es ist gern geschehen." Daraufhin empfing der neue Monarch seine Minister und begab sich auf den Exerzierplatz, um die Parade der Truppen, deren Oberbefehlshaber er nun war, abzunehmen. Auf ihre Bajonette war schließlich seine Herrschaft gestützt. Das erste Patent des Kaisers, das mit „WJR, Franz Joseph ..." begann, forderte allerdings den Spott der Bevölkerung heraus, die das WJR als eine Abkürzung für Windisch-Graetz, Jellačič und Radetzky, die Generäle der gegen die Revolution siegreichen Armee, interpretierten. Rußland und Preußen teilte man den Thronwechsel, der auf diplomatischem Weg allen Regierungen übermittelt wurde, besonders feierlich mit, da die Überbringer der Briefe Ferdinands, Franz Josephs und der Erzherzogin Sophie Mitglieder des Erzhauses waren.

Demgegenüber ist bemerkenswert, daß beim Ende der Monarchie im Jahr 1918 weder eine formell noch eine zeremoniell ausgestaltete Abdankung stattfand, dadurch entstand eine offene Frage, die die Lebensumstände der Habsburger nach 1918 wesentlich beeinflußte. Von dieser Situation wird ausführlich im zweiten Band die Rede sein.

Die böhmische Krönung

Während die Herrschaft der Habsburger in den sogenannten Erblanden, wie der Name schon ausdrückt, automatisch von einem Mitglied der Familie auf ein anderes – meist den Sohn – überging, war die Lage in den 1526 neu erworbenen Territorien Böhmen und Ungarn zunächst keineswegs so klar. Anläßlich der Herrschaftsübernahme durch Ferdinand I. kam es in beiden Ländern zu einer Auseinandersetzung wegen des von den Ständen verlangten Wahlrechts und des Beharrens der Habsburger auf dem Erbrecht. Zunächst fand man in den Nebenländern der böhmischen Krone, also in Mähren, Schlesien und den Lausitzen, einen Kompromiß in der Formel des „Annehmens", tschechisch *přijeti*, wodurch das Wort „wählen" ebenso vermieden wurde wie das Wort „erben". Die starke Stellung der Großen des Reiches kann man darin erkennen, daß die Herrschaftseinsetzung nicht nur an einen Beschluß des Landtages gebunden war, sondern auch daß die Kroninsignien der böhmischen Länder sich in Verwahrung der Stände befanden, wie das auch im Reich und in Ungarn der Fall war.

Mit der Herrschaftseinsetzungszeremonie in Böhmen fanden die Habsburger, als sie in diesem Land zuerst nur kurzfristig unter Albrecht V./II. († 1439) und seit Ferdinand I. dauerhaft zur Herrschaft gelangten, schon lange Tradiertes vor. Eine Szene der Krönung – im übrigen auf der Rudolfskrone dargestellt – nahm diese Tradition besonders intensiv auf. Am Vorabend der eigentlichen Krönung begab sich der zu Krönende in die Kollegiats-Stiftskirche auf dem Vyšehrad, um dort die Bastschuhe und die Bauerntasche des legendären Ahnherrn Přemysl zu betrachten und anzulegen. Diese Objekte – die eigentlichen „Reliquien" wurden vermutlich in den Hussitenkriegen vernichtet, obwohl Rudolf II. sie angeblich noch in seiner Schatzkammer besaß – wurden dann beim feierlichen Krönungszug dem König vorangetragen. Die Betonung gerade dieses mythischen Elementes war im Mittelalter sicherlich besonders wichtig, da eine kontinuierliche Herrschaft unter Rückführung auf den mythischen Ahnherrn des Hauses, von dem die Libussa-Sage erzählt, zu den Legitimierungselementen gehörte. Interessant ist auch – ähnlich wie bei der Kärntner Herzogseinsetzung – die im slawischen Mythos beheimatete starke Bindung an das bäuerliche Element.

Der Krönungszug, bei dem der zu Krönende unter einem von Prager Ratsherren getragenen Baldachin ging, führte zum Veitsdom, wo ihn der Prager Erzbischof mit dem Kreuz Karls IV. – das in Böhmen dem Reichskreuz entsprach – empfing. Dieses Reliquienkreuz, das gemeinsam mit anderen Reliquien den göttlichen Segen auf den neuen König lenken sollte, wurde ebenso wie die böhmischen Kroninsignien für den Anlaß der Krönung von Vertretern der Stände aus Karlstein geholt, erst ab 1645 wurde es im Dom aufbewahrt.

Im Dom fand dann zunächst das *Scrutinium* statt, bei dem der Erzbischof als Konsekrator dem zu Krönenden einige Fragen stellte, die sich auf seine Pflichten – Gerechtigkeit und Frieden zu garantieren, bei der angestammten Religion zu verharren und die Schwachen zu schützen – bezogen. Diese Fragen lauteten bei den verschiedenen Krönungen annähernd gleich, nicht nur weil die Funktionen und Aufgaben ähnlich waren, sondern weil sich die Krönungsordnungen auch gegenseitig beeinflußten. So war unter Karl IV. die böhmische Krönungsordnung in deutlicher Anlehnungen an den *Ordo* des Reiches festgelegt worden.

Nach den Fragen an den zu Krönenden stellte der Bischof an das „Volk", die Umstehenden, den „Umstand", die Frage, ob sie diesen Fürsten zum Herrscher annehmen wollten, wobei die Akklamation durch ein dreifaches *rádi, rádi, rádi* (gerne, gerne, gerne) erfolgte. Diese Phase der Krönung stellte einen letzten Rest der einstmaligen Akklamation durch die „Öffentlichkeit" – in Wirklichkeit nur die Großen des Reiches – dar. Durch die Entscheidung des Landtages verlor sie später an eigentlicher Bedeutung und wurde zu einem bloß formalen Akt, einem Ritual, wobei vor 1627 ein Krönungseid in tschechischer Sprache abzulegen war. Nach 1627, als Böhmen in der „Vernewerten Landesordnung" als Folge der Schlacht auf dem Weißen Berg zum Erbkönigtum erklärt wurde, entfiel dieser Teil der Krönung, die rituellen Hochrufe waren nun als der allerletzte Abklatsch des ehemals rechtskonstituierenden Aktes anzusehen.

Nach diesem eher weltlichen Akt kam es im Zuge einer Messe zur Salbung und Krönung des Erwählten. Die Salbung erfolgte ursprünglich an Haupt, Brust, Schultern und Armen, später nur noch am rechten Arm und zwischen den Schultern. Nach der Salbung kam die *Investitur*, die Einkleidung in den Krönungsornat, nach 1627 erfolgte sie vor der eigentlichen Zeremonie, der zu Krönende kam also schon im Krönungsornat in die Kirche. Den Abschluß dieser Einkleidung bildete dann die eigentliche Krönung, womit das letzte königliche Attribut, die Krone, dem Ornat hinzugefügt wurde. Die Krone, die auch eine staatsrechtliche Bedeutung hatte, gab aber der ganzen Zeremonie den Namen.

Die Aufsetzung der Krone, also der eigentliche rechtskonstituierende Krönungsakt, wurde vom Konsekrator, dem Prager Erzbischof, und dem Oberst-Burggraf als Vertreter der Stände gemeinsam vorgenommen. Dies hatte sich seit der Stärkung der Stände in den Hussitenkriegen in Böhmen eingebürgert und wurde, entgegen dem, was man vermuten würde, auch nach 1627 beibehalten.

Nach dem Krönungsakt bestieg der neue König den Thron, und der Oberst-Burggraf forderte die Stände auf: „Lasset zu unserem gekrönten Erbkönig und Herrn uns bekennen!" Der Huldigungsakt geschah in der Form, daß die Stände die Krone – später nur das Szepter – berührten. Nach diesem staatspolitischen Akt ging die feierliche Messe weiter, die ebenfalls Besonderheiten aufwies. Während des Glaubensbekenntnisses wurden einige Auserwählte zum Ritter geschlagen, und beim *Offertorium* opferte der neue König Brot, Wein und Gold, wobei in der Neuzeit die Opfergaben aus zwei symbolischen Laiben Brot und zwei Fäßchen Wein, je einmal in Gold und einmal in Silber, bestanden. Die Erbämter waren an dieser Zeremonie beteiligt, der Oberst-Landtruchseß und der Oberst-Küchenmeister trugen die Brotlaibe, der Oberst-Landmundschenk die Weinfäßchen. Obwohl der König das Abendmahl unter beiderlei Gestalt nehmen konnte, verzichteten die meisten Habsburger, ähnlich wie im Reich, darauf, um nicht in den Geruch protestantischer Neigungen zu kommen.

Nach der kirchlichen Zeremonie zog der König in seinem festlichen Ornat zum Krönungsmahl. Bei dieser Gelegenheit wurden Münzen vom Oberst-Schatzmeister zu Pferde in die Menge geworfen – in früherer Zeit einfach Münzen, später, seit Maximilian II., eigens für diesen Anlaß geprägte Krönungsjetons. Das Krönungsmahl vollzog sich „öffentlich". Als Besonderheit und Betonung des alten Herkommens soll der Brauch angeführt werden, daß die Bauern von Staditz Haselnüsse von jener Staude brachten, die der Überlieferung nach aus dem Ochsenjoch Přemysls gesprossen war. Karl VI. pflegte als letzter dieses Brauchtum. Ähnlich der Krönung des Königs wurde auch – an einem anderen Tag – die Krönung der Königin vollzogen, wobei alle politischen Rituale wie Vorstellung, Akklamation, Eid, Bekenntnis und Ritterschlag unterblieben. Die Krone wurde der Königin vom Erzbischof und vom Oberst-Burggrafen unter Mithilfe der Äbtissin von St. Georg am Hradschin aufgesetzt. Nach der Aufhebung des Georgsstiftes unter Joseph II. nahm die Äbtissin des Theresianischen Damenstiftes am Hradschin ihre Stelle ein.

Trotz des traditionellen und festgelegten Rituals der Krönung konnte es zu kleinen Abweichungen und individuellen Ausgestaltungen kommen, von denen wir

Einzug Karls V. und des Papstes Clemens VIII. zur Kaiserkrönung in Bologna 1530. AKG, Berlin

– wie auch über Nebenumstände der Zeremonie – etwa durch detaillierte Beschreibungen von Zeitgenossen erfahren. Abgesehen von dem rechtskonstituierenden Akt selbst boten die Reise und die Krönung auch Gelegenheit zum persönlichen Kontakt mit den Eliten des Reiches und der Länder und wurden entsprechend festlich ausgestaltet. So reiste etwa, um als Beispiel die Beschreibung der Krönung Maximilians II. von Hans Habersack zu zitieren, der Erzherzog von Linz über Krumau, wo er mit dem Oberst-Landkämmerer Wilhelm von Rosenberg und anderen Herren und Rittern Böhmens zusammentraf, nach Prag. Dort wurde Maximilian von seinen Brüdern Ferdinand und Karl, seiner Schwester Anna und deren Mann, Herzog Albrecht von Bayern, empfangen.

Bei der feierlichen Einholung Maximilians in die Stadt Prag 1562 wurde er im Namen der Stände Mährens vom Bischof von Olmütz in lateinischer Sprache, im Namen Schlesiens vom Bischof von Breslau auf Deutsch und schließlich im Namen der Stände Böhmens vom Oberst-Burggraf Jan dem Jüngeren von Lobkowitz mit einer tschechischen Ansprache begrüßt. Neben den Ratsbürgern der drei Prager Städte empfing auch „die priesterschafft aus den Prager stetten under beiderlay gestallt", also die in Böhmen gesetzlich tolerierten Utraquisten Maximilian. Knaben, verkleidet als die neun Musen, begrüßten den König beim Vorbeireiten mit Gesängen. Auch die Juden Prags waren zu diesem Einzug erschienen, die zeitgenössischen Beschreibungen kommentieren ihren Gesang – antisemitisch – als seltsames Geschrei und beschreiben deren eher rüde Abdrängung durch die Trabanten Maximilians.

Auf den feierlichen Einzug folgte der Landtag, der den offiziellen Beschluß faßte, Maximilian zu krönen. Aus dem Palast der Familie Rosenberg, in dem Maximilian wohnte, wurde er am Morgen des Krönungstages von allen Vornehmen abgeholt und feierlich zur Wenzelskapelle des Doms begleitet, wo er die königlichen Gewänder anlegte und wo sich auch die aus Karlstein geholten Herrschaftszeichen befanden. Dann begann die Krönungszeremonie gemäß dem auf Karl IV. zurückgehenden *Ordo* der böhmischen Königskrönung, der allerdings schon im 15. Jahrhundert und dann auch wieder 1527 bei der Krönung Ferdinands I. leicht verändert wurde. Eine der Änderungen gegenüber dem durch Karl IV. festgelegten Zeremoniell bedeutete, daß der Oberst-Burggraf gemeinsam mit dem Erzbischof von Prag und den Bischöfen von Olmütz und Breslau die Krone auf das Haupt des Königs setzte, während ursprünglich nur die kirchlichen Würdenträger vorgesehen waren. Schon 1438 bei der Krönung Albrechts II. übte ein Vertreter des Herrenstandes diese Funktion als Ausdruck der gestärkten Macht des Adels im Königreich Böhmen aus. Der Eid, der vor der Krönung geleistet wurde, war in „böhmischer" Sprache abgefaßt, erst nach vollzogener Krönung wurde Maximilian dem „Volk" vorgestellt und akklamiert.

Auf diese Zeremonie folgte noch die Krönung der Königin, danach wurde in strenger Rangordnung Tafel gehalten. Drei Turniere – ein Freiturnier, ein Rennen über die Palia und ein Fußturnier – dienten der Zerstreuung der adeligen Gesellschaft, die der Krönung beiwohnte. Zum freudigen Anlaß wurde auch eine Amnestie erteilt, Gefangene freigelassen, Landesverweisungen verschoben oder aufgehoben und entzogene Gewerbeberechtigungen wiederum erteilt.

Insgesamt 17 Habsburger wurden in Böhmen gekrönt: Rudolf III., Albrecht V., Ladislaus Postumus, Ferdinand I., Maximilian II., Rudolf II., Matthias, Ferdinand II. (zu dem Friedrich von der Pfalz als Gegenkönig im protestantischen Ritus gekrönt wurde) und dann als Erbkönige Ferdinand III., Ferdinand IV., Leopold I., Joseph I., Karl VI., Maria Theresia, Leopold II., Franz II. und schließlich Ferdinand I. als böhmischer König (Ferdinand V. als letzter in Böhmen gekrönter Habsburger). Joseph II. war zwar böhmischer König, ließ sich aber nicht krönen, und weder Franz Joseph noch sein Nachfolger Karl wurden in Prag gekrönt, hingegen sehr wohl in Ungarn, was mit der spezifischen Situation des Nationalitätenproblems zusammenhängt. Während der Ausgleich 1867 den Weg zur ungarischen Krönung Franz Josephs geöffnet hatte, war der Kampf um das böhmische Staatsrecht, die Unterdrückung Böhmens und das ständige Scheitern eines Kompromisses, wie es der Ausgleich mit Ungarn darstellte, ein Hindernis für eine Krönung, bei der der Herrscher ja auch die Privilegien des Landes hätte bestätigen müssen. Diese Tatsache erklärt auch die große Verehrung der Tschechen des 19. Jahrhunderts für den sonst nicht gerade hervorragenden Kaiser Ferdinand, der nach seiner Abdankung 1848 in Böhmen lebte und dessen Begräbnis 1875 von den Tschechen besonders feierlich begangen wurde, war er doch der damals – und wie sich herausstellen sollte für immer – letzte, der die heilige Wenzelskrone trug.

Die ungarische Krönung

Ähnlich wie in vielen anderen Ländern konnte die Krönungszeremonie in Ungarn auf ein historisches Vorbild zurückgeführt werden. Zu Weihnachten des Jahres 1000 – genau 200 Jahre nach der Krönung Karls des

Die Krönungsfeierlichkeiten für Maria Theresia in Prag 1743. Die Graphik zeigt die zentrale Zeremonie im Dom. ÖNB, Wien

Großen in Rom – wurde Stephan I. (der Heilige) in Gran gekrönt. Er hatte davor einen Gesandten nach Rom geschickt, um die Unterstützung und Anerkennung des Papstes beim Aufbau einer eigenen Kirchenorganisation zu erbitten. Papst Sylvester II. übermittelte ihm daraufhin eine Krone, mit der die Krönung vollzogen wurde. An diese Handlung – und an die Identifizierung dieser Krone als die heilige Stephanskrone – schlossen alle weiteren ungarischen Herrscher an, wobei allerdings große Teile der Krönungsordnung von der im Reiche ausgebildeten Tradition beeinflußt wurden. Zum traditionellen Krönungsort der ungarischen Könige bildete sich allerdings nicht Gran, sondern Stuhlweißenburg aus, wo die meisten der mittelalterlichen ungarischen Könige begraben wurden. Die Krone und die Kroninsignien wurden dort im Mittelalter aufbewahrt.

Das Zeremoniell der Krönung selbst unterschied sich wenig von den westlichen Vorbildern. Die weltlichen Großen trugen die Insignien, die Kleriker vollzogen die Krönung im Rahmen einer Messe, die mehrfach unterbrochen wurde. Zunächst fragte der Erzbischof von Gran und seit der Krönung Ludwigs II. 1508, als der Einfluß der Magnaten auf dem Höhepunkt war, der Palatin – der Statthalter und Vertreter des Königs bei Thronvakanzen – die Anwesenden, ob sie den erschienenen Herrscher zum König haben wollten, worauf alle riefen: „Wir wollen ihn." Der König leistete sodann einen Eid auf die Bibel, in dem er versprach, das Land gerecht zu regieren, den Frieden zu wahren und die Rechte des Adels und der Geistlichkeit zu respektieren. Er wurde am Boden vor dem Altar liegend zwischen den Schultern und am rechten Unterarm gesalbt, in der Sakristei folgte dann die Einkleidung mit der *Dalmatika*, den Handschuhen, den purpurnen Bischofsschuhen und dem Krönungsmantel des heiligen Stephan, schließlich übergab man ihm der Reihe nach die Krönungsinsignien – den Reichsapfel, das Schwert, mit dem er, wie das entsprechende Gebet sagte, die Kirche beschützen sollte, das Szepter als Rute der Gerechtigkeit und das apostolische Kreuz, welches das höchste Patronatsrecht des Königs symbolisierte.

Erst dann erfolgte – zunächst nur durch die Bischöfe – die Aufsetzung der Krone. Dabei wurde folgende Formel gesprochen: „Nimm die Krone des Landes, welche der Bischöfe unwürdige Hand dir auf das Haupt setzt, im Namen Gottes, des Vaters, des Sohnes und des Heiligen Geistes, und verstehe, daß sie der Heiligkeit Ruhm und Ehre, die Tugend der Tapferkeit bedeutet, und wisse, daß du dadurch unseres Dienstes teilhaftig wirst, darum sei der Kirche Christi eine Hilfe in jeder Anfechtung und sei ein vorausschauender und nützlicher Regent des Landes, welches dir von Gott gegeben und dir im Namen der Apostel und aller Heiligen samt ihrem Segen überantwortet wurde, daß du dich unter den Helden, die mit Tugenden wie Juwelen geschmückt sind, durch den Preis der ewigen Seligkeit gekrönt, mit unendlichem Ruhm auszeichnest, durch unseren Heiland und Erlöser Jesus Christus, dessen Namen du trägst und dessen Vertrauter du bist, welcher da lebt und regiert und Herr ist samt dem Vater von Ewigkeit zu Ewigkeit. Amen." Nach 1508 setzte der Palatin gemeinsam mit dem Erzbischof von Gran die Krone auf das Haupt des Königs.

Dieser kirchliche Akt unterschied sich nur unwesentlich von den vergleichbaren Zeremonien des Reiches oder Böhmens. Zu einer typischen Erweiterung kam es erst im Spätmittelalter, auch wenn die neuen Zeremonien sehr altertümlich wirkten. Im Krönungszeremoniell gab es um 1490 bei der Krönung Wladislaws II. mehrere Änderungen. Die kirchliche Zeremonie wurde beibehalten, aber durch verschiedene weltliche Elemente ergänzt, die vielleicht schon davor üblich waren, deren Aufzeichnung aber erst anläßlich dieser Krönung nachweisbar ist. Der König mußte im vollen Ornat zu Pferd vom Dom in eine andere Kirche in Stuhlweißenburg ziehen, in die Peterskirche, die noch älter war als die durch Stephan gegründete Basilika. In der Peterskirche, in der man Stephans Vater Geza, den ersten christlichen Fürsten Ungarns, bestattet hatte, nahm der König auf dem Thron seinen Platz ein, schlug einige Auserwählte zu Rittern vom Goldenen Sporn und richtete – gleichsam beispielhaft seine höchste Rechtsprechungsfunktion ausübend – in zwei Prozessen. Dann zog der Gekrönte zu Pferd zu einem Hügel außerhalb der Stadt, wo er den Eid auf die Verfassung des Landes – die Goldene Bulle Andreas' II. von 1222, die das Widerstandsrecht des Adels garantierte, und das Gesetz Ludwigs des Großen von 1352, in dem die Privilegien der Stände zusammengefaßt waren – ablegte. Den Krönungseid nahm der Palatin ab, die Prälaten des Landes, die die kirchliche Zeremonie dominierten, waren nur Zeugen. Daraufhin galoppierte der König auf den Hügel und vollführte mit gezogenem Schwert Streiche in alle vier Himmelsrichtungen, um damit symbolisch auszudrücken, daß er gewillt sei, das Land gegen alle Feinde, woher immer sie kommen mögen, zu verteidigen. 1440 hatte Wladislaw I. die symbolischen Schwertstreiche noch aus den Fenstern des Kirchturmes gebeugt vollführt.

Nachdem Ludwig II., der letzte nicht habsburgische ungarische König, 1526 in der Schlacht bei Mohács umgekommen war, traten im November die ungarischen Stände in Stuhlweißenburg zusammen. Einer der beiden Kronhüter, Péter Perényi, hatte die Krone und die Kroninsignien bei sich, der andere Kronhüter Johann Zápolya wurde zum König gewählt, nachdem die Stände unter Berufung auf einen 1505 gefaßten

Beschluß keinen Landfremden zum König machen wollten. Zápolya wurde vom Bischof von Neutra gekrönt, da sowohl der Erzbischof von Gran als auch der ihn vertretende Erzbischof von Kalocsa in Mohács gefallen waren. Damit war Zápolya der rechtmäßige König Ungarns, wobei Gerüchte über seine Unwürdigkeit vor allem in Bezug auf sein Verhalten 1514 im Kreuzzug bzw. im Bauernkrieg dadurch zusätzliche Nahrung fanden, daß die Krone bei der Krönungszeremonie nicht hielt und er sie fast verlor. Allerdings beanspruchte auch Ferdinand – gestützt auf die Erbverträge mit den Jagiellonen – den Königstitel. Am 16./17. Dezember 1526 wurde er von einem durch den Palatin István Báthory in Preßburg einberufenen Reichstag gewählt, die Wahl Zápolyas wurde für unrechtmäßig erklärt, da der Reichstag nicht durch den Palatin einberufen worden war. Am 3. November 1527 ritt Ferdinand mit seiner jagiellonischen Frau Anna und seiner Schwester Maria, der Witwe Ludwigs II., in Stuhlweißenburg in die Krönungskirche und wurde vom selben Bischof von Neutra mit den echten Insignien – die der ebenfalls zur Partei Ferdinands übergetretene Perényi mitgebracht hatte – gekrönt. Diese dem Zeremoniell von 1508 folgende Krönung war die letzte in Stuhlweißenburg. Die Wirren der Auseinandersetzung und die Dreiteilung Ungarns brachten die alte Krönungsstadt unter osmanische Herrschaft, die Krönungsbasilika wurde zerstört. Die späteren Habsburger mußten nach einer Alternative zur Krönung in Stuhlweißenburg suchen.

Ähnlich wie seine Krönung im Heiligen Römischen Reich setzte die ungarische Krönung Maximilians II. 1563 in Preßburg Maßstäbe für die neuzeitlichen ungarischen Königskrönungen. Die Krönung fand, nach feierlichem Einzug von Wien über Kittsee und nach der Abhaltung des Reichstages, der die Wahl vollzog, in der festlich geschmückten Sankt-Martins-Kirche statt. Maximilian schritt in einer purpurnen Toga zum Altar, wo ihn der Primas von Ungarn, der Erzbischof von Gran, empfing. In der Kapelle der Heiligen Dreifaltigkeit wurde ihm dann der Krönungsmantel des heiligen Stephan umgehängt. Vor ihm gingen der Stellvertreter des Palatins Franz Batthyány mit der Krone, der Landrichter Andreas Báthory mit dem Szepter, der Schatzmeister Nikolaus Zrinyi mit dem Reichsapfel, der Banus von Kroatien Peter Erdödy mit dem Doppelkreuz, der Oberstallmeister Franz Tahy mit dem gezogenen Schwert und Gábor Perény mit dem Schwert König Stephans in der Scheide. Danach folgten Nikolaus Báthory mit der Fahne Ungarns und sechs weitere Herren mit den Fahnen jener Länder, die Ungarn untertänig waren: Dalmatien, Kroatien, Slawonien, Serbien, Bosnien und Bulgarien. Dann folgten Eid und Salbung hinter dem Altar, ein Schwertstreich nach

Maria Theresia beim Ritt auf den Krönungshügel. Im Hintergrund Preßburg, für lange Zeit die Krönungsstadt Ungarns. Albertina, Wien

links und rechts mit dem Schwert des heiligen Stephan, darauf die Frage des Palatins an die Versammelten, ob sie Maximilian zum König annehmen wollten und schließlich die Krönung durch Palatin und Bischöfe und die Überreichung der Insignien sowie die Inthronisation. Der (stellvertretende) Palatin rief dabei dreimal: *Vivat Rex!* Während des Kommunionsempfanges – in beiderlei Gestalt – nahm der Erzbischof von Kalocsa dem König die Krone kurzfristig vom Haupt. Mit Krone, Krönungsmantel und Schwert verließ der König die Kirche, die anderen Insignien und Fahnen wurden ihm vorangetragen. Während zwei Herolde Münzen auswarfen, zog er nun auf einem purpurroten Teppich – ab 1608 war der Teppich in den Farben rot-weiß-grün gehalten – in die Franziskanerkirche. Die Franziskanerkirche ersetzte damit also gleichsam die Peterskirche in Stuhlweißenburg. Dort weihte der neue König eine Reihe von Mitgliedern vornehmer Familien zu Rittern vom Goldenen Sporn und leistete den Herrschereid. Zu Pferd begab er sich nun auf einem künstlich errichteten Hügel bei der Donaufähre zum Krönungsritt und vollzog die vorgesehenen symbolischen Schwertstreiche, anschließend schritt die herrscherliche Familie mit den Erzbischöfen von Gran und Kalocsa zur feierlichen Tafel. 1608 nahm erstmals auch der Palatin an diesem Mahl teil. Ähnlich wie in Böhmen gewährte der neugekrönte König Amnestie. Besonderer politischer Stellenwert kam dieser Amnestie bei der Krönung Franz Josephs zu, bei der die im Ausland lebenden Verbannten der Revolution 1848/49 die Möglichkeit erhielten, in ihre Heimat zurückzukehren, wenn sie bereit waren, einen Treueeid auf den gekrönten Monarchen abzulegen. Auch eine Honvéd-Stiftung für die Witwen und Waisen der Revolutionäre von 1848/49 und zur Versorgung der Invaliden der damaligen ungarischen Armee wurde von Franz Joseph anläßlich seiner Krönung in Ungarn ins Leben gerufen.

Normalerweise fanden am Tag nach der Krönung des jeweiligen ungarischen Königs die Krönungen der Frauen statt, die ebenfalls gesalbt wurden. Ihnen wurde die heilige Stephanskrone auf die rechte Schulter gesetzt, dann aber gleich wieder auf den Altar gestellt, der Bischof setzte der Königin die ihm durch den Palatin übergebene Hauskrone auf das Haupt. Auch diese prunkvolle Festlichkeit war von Tafeln, Tanz und Spiel umrahmt. Die erste Krönung einer Königin, die in den Quellen belegt ist, war die der Frau Ferdinands I. Anna Jagiello († 1547), die Quellen verraten uns nicht, ob es mittelalterliche Vorbilder gab.

Diese Krönungen der Frauen der Habsburger sind aber nicht mit der Krönung der einzigen Habsburgerin zur Herrscherin zu verwechseln. Ermöglicht durch die Annahme der Pragmatischen Sanktion durch die ungarischen Stände wurde Maria Theresia als wirkliche Herrscherin (mit einem männlichen Titel!) 1741 gekrönt, das heißt, sie hat die Krone auf das Haupt bekommen wie ihre männlichen Vorgänger und Nachfolger. Hingegen legte ihr Mann Franz Stephan, der als Mitregent anerkannt wurde, nur einen Eid vor dem Landtag ab. Während Maria Theresia also unter großem Jubel gekrönt wurde und auch den traditionellen Krönungsritt vollzog – weswegen sie extra reiten lernte –, ließ ihr Sohn Joseph II. sich nicht krönen, weswegen er von den Ungarn als *kalapos király*, als König mit dem Hut, bezeichnet wurde. Joseph ordnete vielmehr 1784 an, daß die Krone aus Preßburg nach Wien geschafft werden sollte, erst auf dem Totenbett befahl er die Rückgabe der Krone, die in einem feierlichen Triumphzug nach Ofen gebracht wurde. Leopold II. hingegen ließ sich sehr wohl krönen, es war die letzte der kontinuierlich in Preßburg stattfindenden ungarischen Krönungen. Sein Sohn und Nachfolger Franz II. wurde in Budapest, das man zum neuen Krönungsort machen wollte, gekrönt. Die erste Krönung in Budapest fand in der Franziskanerkirche statt, der Ritterschlag vermutlich in der Matthiaskirche und der Eid auf der

Die letzte ungarische Königskrönung fand während des Ersten Weltkrieges statt. Das offizielle Krönungsbild zeigt Karl, Zita und ihren Sohn Otto in vollem Ornat. ÖNB, Wien

Fischerbastei, der Krönungshügel wurde nördlich des Burghügels künstlich aufgeschüttet. Die Krönung seines Sohnes Ferdinand hingegen fand – sozusagen ausnahmsweise – wieder in Preßburg statt.

Durch die Ereignisse der Jahre 1848/49 verzögerte sich die Krönung Franz Josephs bis zum Jahr 1867, in dem der Ausgleich, der erst den Weg zur Krönung ebnete, beschlossen wurde. Am 8. Juni 1867 ging dieses besonders prunkvolle Ereignis vor sich, wobei die Krönungen – auch Elisabeth wurde bei diesem Anlaß gekrönt – in der Budapester Matthiaskirche stattfanden. Daraufhin zog man in die ehemalige Franziskaner-, damalige Garnisonskirche, zur Weihe der Ritter vom Goldenen Sporn. Auf einer Tribüne vor der Pester Pfarrkirche überreichte der „Palatin" den Text des Eides in ungarischer Sprache an Franz Joseph, den dieser dem Primas nachsprach. Als Palatin, dessen Amt während der Phase des Neoabsolutismus nicht besetzt war, fungierte während der Krönung Ministerpräsident Julius Andrássy. Nach der Eidesleistung erfolgte der Krönungsritt in der Nähe der Kettenbrücke, wie ihn der „Pester Lloyd" pathetisch beschrieb: „Und von den Gruppen ab detachierte sich urplötzlich ein Reiter auf schneeweißem Roß. Ungeheurer Jubel des Volkes erschütterte die Luft; der Reiter wandte das Pferd gegen den Hügel hin, Mähne und Schweif des edlen Tieres wallten reich zurück in der raschen Bewegung, goldig flutete die lang hinabreichende Decke des Rosses nach. Und hinan sprengte der Reiter die steile Höhe. Hoch über dem ganzen Platze, über dem ganzen Gewühl von Gold und Sammet, von Seide und Atlas, von Reiherbüschen und stolzen Ritterhelmen überall die irdische Größe unter ihm, hoch erhaben stand er da. Das Gold seines Mantels schimmerte mild am blaugrauen Himmel, die Krone Ungarns funkelte auf seinem Haupte und aus der Scheide ließ er schwirren das breite Schwert des heiligen Stephan. Hoch blitzte es auf in seiner erhobenen Faust und der gesalbte Arm führte mit männlicher Kraft die vier Hiebe in die vier Gegenden der Welt. Und nun kannte die Begeisterung des Volkes keine Grenzen mehr. Ununterbrochen dröhnten die stürmischen Eljenrufe dem geliebten Monarchen zu."

Nicht nur der Krönungsritt, sondern auch die ganze Feierlichkeit, die in zeitgenössischen Medien minutiös beschrieben wurde, war mit ungeheuerlicher Pracht verbunden. Die Komitatsbanderien in phantasievollen Kleidern, der Adel und der Hofstaat im Festschmuck gaben ein überaus farbenprächtiges Bild ab – noch einmal erstrahlte die Monarchie in ihrem Glanz. Ganz anders die letzte ungarische Krönung während des Weltkrieges, als sich das Ende dieses Staates schon vorbereitete. Karl, als ungarischer König Karl IV., wurde am 30. Dezember 1916 in der Ofener Burg zwar mit viel Prunk, auf den man trotz des Krieges Wert gelegt hatte, gekrönt, doch der Ritterschlag von hochdekorierten Invaliden des Krieges machte das Elend der Stunde nur allzu deutlich.

Sonstige Herrschaftseinsetzungen

Waren die Krönungen der Habsburger in Böhmen, Ungarn und im Reich unverzichtbare Akte – man denke an die aufstandsähnlichen Proteste, als Joseph II. sich in Ungarn nicht krönen ließ –, so waren andere Mitglieder der Familie mit unterschiedlichen Herrschaftseinsetzungen konfrontiert, die ohne ein so geregeltes Traditionsgefüge abliefen. Daher werden die nun folgenden Anmerkungen ein wenig skizzenhaft wirken, was aber mit der Materie selbst zusammenhängt.

Herrschaft wurde im allgemeinen von Männern ausgeübt, doch auch Frauen hatten in unterschiedlicher Form Anteil an den Einsetzungszeremonien. Viele weibliche Mitglieder der Familie Habsburg trugen Kronen, allerdings in der Regel nur in der Form, daß sie als Gemahlin eines Regierenden entweder wirklich gekrönt wurden – ähnlich wie bei den Krönungen der Königinnen in Ungarn und Böhmen – oder im übertragenen Sinne als „gekrönte Häupter" gelten konnten. In vielen europäischen Ländern wie Portugal, Spanien und Frankreich, in vielen italienischen Fürstentümern, in Polen, Schweden und Siebenbürgen waren habsburgische Prinzessinnen verheiratet, später sogar in Übersee, z. B. Leopoldine in Brasilien († 1826). Meist waren in diesen Staaten keine speziellen Zeremonien für die Frauen der Herrscher vorgesehen, oft übernahm der feierliche Einzug in die Hauptstadt die Rolle einer solchen Herrschaftseinsetzung.

Aber auch männliche Habsburger trugen außer der römischen, der böhmischen und der ungarischen Krone andere Insignien. Eine dieser Krönungen, die nur drei Habsburger vollzogen, stand in einem losen Zusammenhang mit der Kaiserkrönung, nämlich die Krönung mit der Eiserne Krone zum König von Italien. Für die mittelalterliche Geschichte des Reiches spielte die Krönung mit der Eisernen Krone auf dem Zug zur Kaiserkrönung eine wesentliche Rolle, daher erlebten von den habsburgischen Herrschern des Heiligen Römischen Reiches nur jene beiden diese Krönung, die auch vom Papst zu Kaisern gekrönt wurden. Friedrich III. war vor seiner Kaiserkrönung 1452 offensichtlich auch mit der Eisernen Krone – die dazu aus Mailand bzw. Monza gebracht wurde – gekrönt worden. Karl V. wurde ebenfalls 1530 vor seiner Kaiserkrönung in Bologna vom Papst mit der Eisernen Krone gekrönt – diese italienischen Krönungen stellten also eine Fortsetzung der hochmittelalterlichen Tradition etwa der Staufer dar, die auf ihrem Romzug in der Lombardei Station machten und zum *rex italiae* gekrönt wurden.

Ganz anders ist die lombardo-venetianische Krönung Ferdinands I. 1838 zu verstehen, die der Wiener Hof erstmals plante, in der Hoffnung, daß „dieser erste feyerliche Akt als Beispiel für alle künftigen dienen wird". In vieler Hinsicht war diese Krönung auch eine Reaktion auf die Selbstkrönung Napoleons mit der Eisernen Krone 1805 und hing mit der Legitimierung in einer schwierigen Lage in Oberitalien zusammen. Nach der Einigung Italiens unter Napoleon hatte der Wiener Kongreß 1815 das Land wieder auseinandergerissen und die Provinzen Lombardei und Venetien unter die Herrschaft Wiens gestellt. Die Krönung Ferdinands mit der Eisernen Krone hatte also einen legitimierenden Charakter, sie sollte nicht allzu lombardisch werden, denn man wollte auch Venetien einbinden, also

setzten der Erzbischof von Mailand und der Patriarch von Venedig gemeinsam am 6. September 1838 Ferdinand im Dom von Mailand die Eiserne Krone auf. Das Szepter nahm der Kaiser von Mailand, den Apfel von Venedig entgegen.
Diese Krönung fand keine Wiederholung, weil die politische Situation sich erheblich veränderte. Nach 1848

Nach den weitreichenden Auswirkungen der politischen Doppelhochzeit zwischen Philipp dem Schönen und Johanna von Spanien sowie der Habsburgerin Margarete mit dem spanischen Prinzen Johann und dessen frühem Tod 1497, kam 1504 nach dem Tod Isabellas Spanien an Philipp I.
In der mittelalterlichen spanischen Geschichte gab es

Die Ausübung von Herrschaftsrechten durch Habsburger geschah auch in geistlichen Orden. Hier der Ritterschlag Erzherzog Karls durch Erzherzog Maximilian Franz als Hoch- und Deutschmeister 1801. ÖNB, Wien

wagte man eine solche Krönung nicht sofort, und bald darauf gingen die beiden Provinzen im Abstand weniger Jahre verloren. 1858 wurden alle Insignien für das Königreich Lombardo-Venetien nach Wien gebracht. Man hatte nicht nur die 1838 konstruierte Hilfskrone, in die man den kleinen eigentlichen Kronreif der Eiserne Krone einsetzte, sondern auch die Eiserne Krone selbst und den sogenannten Theodelindenbecher aus dem langobardischen Königsschatz mitgenommen. Die alten Stücke mußten bald wieder an Italien zurückgegeben werden, und 1871/72 wurden Szepter, Apfel und Kronenaufsatz zerstört, weil Franz Joseph nicht mehr an das verlorene Territorium erinnert werden wollte. Nur mehr Ornat und Schwert blieben in der Schatzkammer erhalten.
Waren die Krönungen der österreichischen Habsburger genau festgelegt, so wurden demgegenüber die spanischen Könige aus dem Haus Habsburg nicht gekrönt.

eine Reihe von Kronen und Krönungen, sogar solche durch den Papst in Rom, wie die Pedros II. 1204 durch Innozenz III., die Herrschaftsübergabe wurde aber auch durch andere Zeremonien, wie etwa die Übergabe des Schwertes, das einst dem Cid gehört haben soll, symbolisiert. In Spanien bildete sich jedoch niemals eine kontinuierliche Tradition heraus. Zwar gab es im Mittelalter vereinzelt Krönungen und Königssalbungen in Kastilien und Aragón, während in Navarra die altertümliche Schilderhebung als Herrschaftseinsetzung erhalten blieb, doch spielte die Krönung keineswegs eine solche legitimierende Rolle wie etwa im Reich oder in Ungarn. Mit dem Herrschaftsbeginn der Habsburger verschwanden die Krönungen in Spanien völlig und wurden durch die Beschwörung der Rechte und Gewohnheiten der jeweiligen Länder *(juramento)* und den feierlichen Einzug in die Residenzstadt ersetzt.

Der Anerkennungs- und Treueschwur der Landstände von Aragón lautete noch zu Zeiten Karls V. folgendermaßen: „Wir, von denen jeder ebensoviel ist wie du, und die wir alle zusammen mehr sind als du, wir machen dich zum König. Wenn du unsere Gesetze und Privilegien achtest, werden wir dir gehorchen; wenn nicht, nicht." Dieses politische Selbstbewußtsein der spanischen Großen wurde bald durch eine immer absolutistischere Züge annehmende Herrschaft der Habsburger gebrochen.

Bei den *rites de passage* der spanischen Habsburger spielten Krönungen keine Rolle, der neue König hielt nach dem Hinscheiden des Vorgängers seinen feierlichen Einzug in den Palast, der gleichzeitig auch den Herrschaftsantritt, die Initiation des neuen Königs, symbolisierte. Ähnliches geschah auch bei den Königinnen. Da diese als Braut und als Prinzessin nicht den nötigen Rang besessen hätten, wurden die königlichen Vermählungen immer in der Provinz vollzogen. Nur eine legitime und vollwertige Königin hatte Anspruch auf die symbolische Besitzergreifung des Thrones, die durch den feierlichen Einzug in die Residenzstadt erfolgte.

Als 1516 ganz Spanien nach dem Tod Ferdinands von Aragón an Karl V. fiel, kam es zu einer Herrschaftsübergabe, die deutliche Züge eines *rite de passage* trägt. Am 23. Januar 1516 fand in der Kathedrale Sankt Gundula in Brüssel ein Requiem für Ferdinand von Aragón statt, an dessen Ende der Herold des Ordens vom Goldenen Vlies dreimal „Don Fernando" rief, dreimal erschallte darauf die Antwort „Er ist tot". Daraufhin wurde die Fahne Aragóns gesenkt, dann rief der Herold „Lang leben ihre katholischen Majestäten Königin Johanna und König Karl!" Karl trat vor, der Bischof von Badajoz gab ihm einen geweihten Dolch, den er zum Himmel erhob. Die Anwesenden riefen „Lang lebe der König!". Damit war die Herrschaftsübernahme vollzogen. Karl V. ließ sich weder in Kastilien noch in Aragón zum König krönen, beschwor aber gemäß der Tradition beider Länder deren Rechte.

Seine Herrschaft, seine *Caesarea maiestas*, beruhte auf dem Abstand zu den Untertanen, den das spanisch-burgundische Hofzeremoniell schuf, das Anlegen von Edelsteinen, Purpur und Hermelin war nicht mehr notwendig. Unter Philipp II. wurden konsequenterweise sogar die Kaiserornate Maximilians I. und Karls V. – darunter drei Kronen – 1561 verkauft. Im 17. Jahrhundert galt nur noch eines als Symbol des Königs: das königliche Siegel.

Eine Krönung, die nie stattgefunden hat, nämlich die Philipps des Schönen zum König von Kastilien; aus Weißkunig. ÖNB, Wien

Die Herrschaftsübergabe durch das Schwert oder einen Dolch, wie sie schon in der mittelalterlichen spanischen Geschichte belegt ist, fand eine Weiterführung. Als dem kleinen Balthasar Carlos († 1646) in der Kirche von San Geronimo direkt vor dem Hochaltar von den kastilischen Ständen gehuldigt wurde, spielten in dieser Zeremonie ein Miniaturschwert und ein Dolch mit Email und Diamanten die Hauptrollen.

Neben einem schwarzen Hut mit Glasperlen und Diamanten und einer scharlachroten Feder bildeten sie die Symbole der Herrschaft.

Eine andere Form eines Herrschaftsantrittes durch Mitglieder der habsburgischen Dynastie ist noch im geistlichen Bereich zu lokalisieren, im Deutschen Ritterorden. Der jüngste Sohn Maria Theresias, Erzherzog Max Franz († 1801) – um nur ein Beispiel zu nennen –, wurde 1769, knapp 13jährig, zum Koadjutor im Deutschen Ritterorden bestimmt, eine Entscheidung, die schon durch die Verpflichtung zum Zölibat sein Leben nachhaltig beeinflußte. Das Jahr 1770 war für die Zeremonie der Einkleidung und des Ritterschlages vorgesehen, obwohl Maria Theresia am liebsten ihrem Sohn den Ritterschlag ganz erspart hätte, da er „toisoniert und Stephani Ritter" sei, also ohnehin schon in einen Ritterorden aufgenommen worden war. Bei der Planung bemängelte Maria Theresia zunächst, daß Maximilian als Erzherzog dem Hoch- und Deutschmeister im Protokoll nicht gleichgestellt sei, während der Deutsche Orden sich auf den Standpunkt stellte, Maximilian sei lediglich als aufzunehmendes Ordensmitglied, nicht aber als Erzherzog anzusehen.

Zuletzt mußte der Orden allerdings „aus besonderer Devotion gegen das durchleuchtigste Erzhaus von Österreich" im wesentlichen den Wünschen der Kaiserin nachgeben. Maximilian mußte allerdings vom Tag seines Ritterschlages an die beiden bisher von ihm getragenen Orden, das Vlies und den Stephansorden, ablegen.

Am 9. Juli 1770 fanden die Einkleidung und der Ritterschlag in Wien statt, an welchen der Hofstaat in „großer Hauptgala" teilnahm. Der prachtvolle Aufmarsch der Deutschherren begab sich in feierlichem Zug in die aufwendig geschmückte Augustiner-Hofkirche. Als Aufschwörer und damit Bürgen für die Würdigkeit des Kandidaten fungierten die regierenden Reichsfürsten Schwarzenberg und Liechtenstein. Maximilian wurde mit einem vergoldeten Schwert, dem Ordensmantel, goldenen Sporen und dem Kreuz ausgestattet, den Ritterschlag empfing der Erzherzog von seinem Onkel. Gefeiert wurde am folgenden Tag im Belvedere, danach gab der Landkomtur Colloredo zu Ehren des neuen Ritters ein Essen im Wiener Ordenshaus.

Eine späte Herrschaftseinsetzungszeremonie betraf die Regierung des Habsburgers Maximilian von Mexiko († 1867). Eine Delegation mexikanischer Würdenträger kam 1863 zu ihm nach Miramare, um ihm den Thron des mexikanischen Kaiserreiches anzubieten. Sie überbrachten Erklärungen verschiedener Gemeinden für die Monarchie, die – laut Aussage des englischen Diplomaten Sir Charles Wyke – aus Orten stammten, die „lediglich von zwei Indianern und einem Affen bewohnt" seien. Als Insignie überreichte die Delegation ihm ein Szepter mit der mexikanischen Schlange, in dessen hohlem Schaft sich die Wahlurkunde, mit der er berufen wurde, befand. Eine Krönung im eigentlichen Sinn fand niemals statt.

1804 hatten die Habsburger mit dem Kaisertum Österreich einen neuen Titel und ein „neues Reich" geschaffen. Interessant bleibt sicherlich die Tatsache, daß es niemals zur Krönung eines Kaisers von Österreich kam, obwohl einschlägige Pläne vorlagen und – wie wir gesehen haben – die Insignien vorhanden waren. Natürlich kann man zwei gute Gründe dafür anführen. Erstens war das Kaisertum Österreich ein erbliches Reich, dessen Titel nicht wie im alten Reich durch Wahl erworben wurde. Eine Krönung war damit weder notwendig, noch konnte oder mußte sie an eine alte Tradition anschließen. Zweitens war im 19. Jahrhundert die Krönung selber schon entmythologisiert. Wir haben schon gesehen, daß die Kritik der Aufklärung die römischen Kaiserkrönungen des 18. Jahrhunderts lächerlich, altmodisch und einfach nicht mehr zeitgemäß fand, selbst Maria Theresia nannte die Krone ein „narrenhäubl". Dennoch kam es gerade in der Regierungszeit Ferdinands I. zu besonders vielen solchen Zeremonien. Die letzten niederösterreichischen, siebenbürgischen und tirolischen Huldigungen von 1835, 1837 und 1838 fanden zu Anfang seiner Regierungszeit statt. Er ließ sich in Böhmen, Ungarn und sogar, wie schon erwähnt, in Italien krönen, nicht aber als Erbkaiser von Österreich. Der Grund seiner besonders repräsentativen Machteinführung mochte mit der schwachen, kranken und letztlich regierungsunfähigen Person Ferdinands zusammenhängen; wenn schon eine Monarchie ohne richtigen Monarchen, dann wenigstens mit dem ganzen dazugehörigen Pomp. Die Krönungsgewänder verhüllten seinen schwachen Träger also auch im übertragenen Sinn, sollten darüber hinwegtäuschen, daß die Monarchie auch ohne Ferdinand funktionierte, er kaum mehr war als eine Kleiderpuppe für die Krönungsgewänder und Krönungsinsignien.

DIE BUNTE WELT DER ORDEN – HABSBURGER ALS GRÜNDER, SOUVERÄNE UND MITGLIEDER VON ORDEN

Die Beziehung der habsburgischen Familie zu „Orden" ist eine überaus vielfältige, da dieser Begriff sehr unterschiedliche Bedeutungen annehmen kann. Geistliche Orden, Ritterorden und Verdienstorden können damit gemeint sein; die jeweiligen Habsburger können als Ordensgründer, Ordenschefs und auch als ganz gewöhnliche Ordensträger auftreten. Das Wort „Orden" hatte schon in der Geschichte des Mittelalters unterschiedliche Bedeutungsinhalte, es konnte die soziale Ordnung, das Ordo-Denken der Vergangenheit meinen – etwa wenn Maximilian I. vom „Orden der Landsknechte" sprach –, es konnte aber ursprünglich auch eine religiöse Organisation, eben einen mönchischen Orden bedeuten, dessen Mitglieder in einem Kloster zusammenlebten. Eine spezielle Form dieser mönchischen Orden waren die geistlichen Ritterorden, deren Mitglieder ebenfalls ein klösterliches Leben führten. Von den geistlichen Ritterorden (z. B. der Deutsche Ritterorden, die Templer, Malteser etc.), deren Vollmitglieder wirklich Mönche waren, sind die weltlichen Ritterorden wieder abzugrenzen. Die weltlichen Ritterorden des späten Mittelalters waren Zusammenschlüsse von in der Welt lebenden Adeligen, die eine Art Adelsgesellschaft, eine Elite innerhalb der Elite bildeten, deren Ordenssymbole Vorläufer von unserem Wort „Orden" im Sinne einer Auszeichnung waren. Ursprünglich waren diese Ordenssymbole also Zeichen von kleinen, elitären Zusammenschlüssen fast religiösen Charakters, deren Vorbild unverkennbar die klösterlichen Gemeinschaften bildeten. Die Gründer – häufig die Herrscher des Territoriums – solcher Orden statteten diese mit großen Besitzungen aus, zu denen dann weitere Stiftungen, nicht zuletzt durch verstorbene Ordensmitglieder, kamen, so daß manche dieser Orden große Reichtümer anhäuften. Ihre spezifische Bedeutung lag aber in der elitären Abschließung und dem sozialen Netzwerk, das solche Orden vermittelten. Wer einem solchen Ritterorden angehörte, hatte den Aufstieg in die Elite innerhalb der Führungsschicht geschafft. Die Abgrenzung zu anderen Phänomenen wie der territorialen Ritterschaft, Schützenbruderschaften, Bündnissen etc. ist schwierig. Die Blütezeit solcher Vereinigungen, von denen über hundert allein im deutschsprachigen Gebiet entstanden, kann man in der Zeit vom zweiten Viertel des 14. Jahrhunderts bis ca. 1517 ansetzen; fast alle gingen wieder unter.

Die weltlichen Ritterorden der Habsburger

Die oben erwähnte Blütezeit der Ordensgründungen spiegelt sich auch in den habsburgischen Ländern, die Dynastie gründete einige solcher Orden bzw. war an deren Gründung beteiligt, z. B. die Tempelaise (1337), Salamander (1386), Zopf (vor 1395), Stern (1406), Adler (1433) und der böhmische Orden von Tusin (vor 1438). Von der frühesten Ordensgründung, der „gesellschaft der tempelaise", deren Namen weniger an den kurz davor verbotenen Templerorden als vielmehr an die Gralsritter anknüpft, ist wenig bekannt, es gibt als Belege für die Existenz dieser Gemeinschaft nur eine Kapelle in der Augustiner-Hofkirche in Wien, ein Stück einer Mitgliederliste und einige Urkunden. An der Gründung dieses Ordens war der Habsburgerherzog Otto († 1339) zumindest beteiligt, in einer Urkunde findet sich die Erwähnung „der stiftungen auf sand Georgen chapellen hintz den Augustinern ze Wienne, die unser herre herzog Otto und die gesellschaft der Tempellaist gestyft haben", auch wird sein Name in der Mitgliederliste an erster Stelle genannt. Ziel dieser Vereinigung dürfte der Kampf gegen die „Heiden", vor allem in Preußen, gewesen sein, doch nach den siebziger Jahren des 14. Jahrhunderts fehlen uns alle Nachrichten über diese Organisation.

Noch weniger ist über die „gesellschaft des Salamanders" bekannt, die vielleicht schon vor 1386 von Herzog Leopold III. († 1386) gegründet wurde, ihr Symbol kommt in mehreren Wappenbüchern – vor allem bei Habsburgern – und auch auf habsburgischen Siegelbildern vor, über Organisationsform oder Mitglieder wissen wir aber nichts. Erschwert wird die Beurteilung dieses Ordens dadurch, daß er immer wieder mit dem ungarischen Drachenorden verwechselt wird, dessen Insignie – ein sich im Kreise ringelnder Drache – häufig auf Grabsteinen abgebildet ist. Dieser erst 1408 von Kaiser Sigismund gegründete Orden war weitaus erfolgreicher. Zunächst auf Ungarn beschränkt, gewann er bald europäische Dimensionen, da er die damals sehr populäre Idee des Türkenzuges ins Zentrum rückte. Auch der Habsburger Ernst der Eiserne († 1424) nahm diesen Orden 1409 für sich und seine Adeligen an, nach dem Tode Sigismunds ging das Recht der Ordensverleihung dieses einem Hoforden schon angenäherten Bündnisses an Albrecht II. und Friedrich III. über, allerdings verlieh auch Matthias

Corvinus den Drachenorden. Etwas besser dokumentiert ist der vor 1395 entstandene Zopforden, „ain ritterliche geselschafft, daz war ain zopff", den Herzog Albrecht III., genannt „mit den Zopfe" († 1395) gründete und der mit seinem Tode auch wieder erloschen sein dürfte. Der Legende nach soll eine schöne Frau Albrecht eine Locke, die den Ursprung dieses Ordens bildete, geschenkt haben, eine andere, allerdings erst viel später überlieferte Variante sagt aus, daß Albrecht Laxenburg und die Burg Mödling baute, „da noch der zopf verhanden ist seiner hausfraun, wie er von dem heilligen grab khamb", daß es sich bei dem Zopf also um die während seiner Abwesenheit durch die Pilgerfahrt gewachsene Haarpracht seiner Ehefrau gehandelt habe. Vermutungen der späteren Zeit sprachen auch den Verdacht aus, daß Albrecht Transvestit gewesen sein könnte, da er nicht nur mit einem „weiblichen" Zopf, sondern auch in Damenkleidern dargestellt wurde. Ein Ordensemblem aus dem Besitz der Grafen von Stubenberg, ein solcher ringförmig gebogener und um den Hals zu tragender Zopf aus vergoldetem Silber, ist im Joanneum in Graz vorhanden, doch gibt es auch viele Abbildungen, die diesen Zopf gerade und am Haupt befestigt zeigen.

Solche Darstellungen finden wir etwa in einem Porträt Albrechts III. auf einem Glasfenster in St. Erhard in der Breitenau oder auf den Fresken der 27 gemeinsam mit Herzog Leopold III. in der Schlacht von Sempach gefallenen Rittern in Königsfelden in der Schweiz.

Inwieweit ein Einfluß der Habsburger auf eine Gesellschaft, die als Zeichen „das heftel mit dem stern" trug und von ihren Zielen her als Ritterbündnis zu verstehen war, bestand, ist schwer abzuschätzen. Diese Gesellschaft ist fast ausschließlich durch eine Urkunde des habsburgischen Herzogs Wilhelm († 1406) aus dem Jahr 1406 bekannt, der sie in diesem Dokument anerkennt, der Ritterbund könnte sich aber ursprünglich gegen den Landesherrn gerichtet haben.

Ein weiterer von einem Habsburger – dem Herzog Albrecht V. († 1439), dem späteren römisch-deutschen König Albrecht II. – gegründeter Orden, der ihn allerdings nicht überlebte, wählte den Adler als Symbol. Die Gründung des Adlerordens erfolgte 1433 zum Kampf gegen die Hussiten, die Mitglieder trugen „ain klainat von silber und gold gemachet in ains adlers figur mit ausgeprayten flügen gancz weyse mit gold gekrönt, in seinen klaen (Klauen) ain gestal ains briefleins haltund, an das geschrieben ist: Tu recht, darob als aus ainem gewülkhen (Wolke) ain hannd mit ainer langen ruten swebet, daran der adler hanget."

Möglicherweise gründete Albrecht auch 1438 den Orden von Tusin, mit einem geknoteten Tuch als Zeichen, als böhmisches Gegenstück zu dem österreichischen Adlerorden und dem ungarischen Drachenorden, vielleicht aber verlieh er auch nur einen schon bestehenden Orden. Der spanische Reisende Piero Tafur beschrieb die Ordensverleihung in einer Weise, die den Verdacht nahelegt, es gäbe je einen Orden für jedes beherrschte Gebiet – er ist allerdings auch fast die einzige Quelle für unser Wissen um diesen Orden. Die Idee ist natürlich faszinierend, daß bereits am Beginn der habsburgischen Herrschaft über Österreich, Böhmen und Ungarn, in jener kurzen Präfiguration späterer habsburgischer Machtpositionen unter Albrecht II. auch schon eine entsprechend differenzierte Ordenswelt etabliert war, doch stehen alle Vermutungen auf einer allzu schwachen Quellenbasis.

Aus der Vielzahl der im 14. Jahrhundert entstandenen Orden soll noch einer herausgehoben werden, dem Friedrich III. und sein Sohn Maximilian I. angehörten und der die internationale Verflechtung der adeligen und dynastischen Welt des Mittelalters greifbar macht. Der von Ferdinand von Kastilien und Aragonien († 1416) 1403 für 80 Ritter und Knappen gestiftete Kannenorden oder Mäßigkeitsorden, von den Zeitgenossen „Orden von der Stola und den Kanndeln und dem Greifen" genannt, hatte eine ähnliche Funktion wie heutige staatliche Auszeichnungen, die sich Staatsoberhäupter gegenseitig bei Staatsbesuchen verleihen. Friedrich III. trug ihn, als er Karl dem Kühnen († 1477) begegnete, und Maximilian bis zu dem Zeitpunkt, als er in Brügge Großmeister des Ordens vom Goldenen Vlies wurde, aber auch viele Pilger erwarben ihn im Gründungsort Medina del Campo auf der Wallfahrt nach Santiago de Compostela. Auch Karl der Kühne selbst erhielt diesen aragonesischen Orden, die *devisa della stola e jarra*, von Alfons V. († 1458) als Gegengabe für die Verleihung des Goldenen Vlieses. Die Bezeichnung „Mäßigkeitsorden" findet sich in spanischen Quellen nicht und geht vermutlich auf Maximilian I. zurück, der die Ordensdevise „Halt maß" – anklingend an die Devise des Adlerordens „Tue recht" – annahm. Der Zweck des Ordens war für Spanien charakteristisch, Marienverehrung, Verteidigung der katholischen Religion und Aufforderung zum ritterlich-heldenhaften Kampf gegen die Mauren standen im Vordergrund. Der Greif kam mit diesem Orden erstmals nach Österreich, wo er bald in der habsburgischen Heraldik eine große Rolle als Schildhalter übernahm. Bemerkenswert ist allerdings die Tatsache, daß Friedrich III. diesen Orden auch selbst verlieh, und zwar nicht nur an Nikolaus Lobkowitz, sondern – überraschend in dieser „Männerwelt" der Orden – auch an dessen Frau. Eine Urkunde von 1451 bestimmte, daß die Mitgliedschaft an Menschen *utriusque sexus* (beiderlei Geschlechtes), die Tapferkeit mit Frömmigkeit verbinden, verliehen werden konnte. Ähnliches war auch in Einzelfällen beim Georgsorden Friedrichs III.

oder beim Drachenorden möglich. Mit der Erwerbung Spaniens durch die Habsburger gewannen diese natürlich auch den Zugang zu den spanischen Orden. Seit dem 12. Jahrhundert gab es drei große Ritterorden in Spanien, den 1175 vom Papst bestätigten Orden von Santiago und die beiden Ordensgemeinschaften von Calatrava und Alcántara, die alle mit der *Reconquista* zusammenhängen. Der kastilische Orden von Calatrava stand seit 1158 in enger Beziehung zu den Zisterziensern, deren Ordensregel die Calatravaritter annahmen, sie unterstellten sich auch rechtlich der Zisterzienserabtei Morimond. Die Ritter und Kleriker lebten nach den Bestimmungen der *carta caritatis* in Armut, Keuschheit und Gehorsam. Der Meister, vertreten vom Großkomtur, leitete den Orden; der ausgedehnte Besitz war in verschiedenen Komtureien organisiert, die Komturen unterstanden.

Eine der Hauptaufgaben bildete der Kampf gegen die Araber, die Mauren. Der ganz ähnlich strukturierte Orden von Alcántara erhielt seine päpstliche Bestätigung 1176 und wurde etwa ein Jahrzehnt später vom Orden von Calatrava abhängig. Im späten Mittelalter versuchten die spanischen Könige die Kontrolle über die Ritterorden in ihre Hand zu bekommen, ab 1489 erfolgte die Verwaltung des Ordens von Calatrava durch Ferdinand, und ab 1501 unterstanden alle spanischen Ritterorden dem König, ihre Ressourcen wurden direkt für die Bedürfnisse des gesamtspanischen Zentralstaates verwendet. Die Habsburger übernahmen diesen Zustand und führten ihn weiter. Diese Orden boten auch Versorgungsmöglichkeiten für Parteigänger, z. B. auch für Adelige aus den österreichischen Ländern wie Gerhard Weltzer oder Adam von Dietrichstein.

Die Verleihung des Ordens vom Goldenen Vlies an Kaiser Rudolf II. und einige andere erfolgte in einem großen Vliesordensfest in Prag 1585. Die Szene zeigt das Gebet der neuen Vliesritter. ÖNB, Wien

Der Hausorden des Hauses Habsburg – Das burgundische Toison d'or

Der einzige langlebige der weltlichen Ritterorden des späten Mittelalters, der sich zum Hausorden der Habsburger entwickelte und heute noch besteht, wurde weder von ihnen selbst gegründet noch entstand er auf dem Boden des Reiches. Doch von all den Ritterorden, mit denen die habsburgische Familie verbunden werden kann, hat einzig der Orden vom Goldenen Vlies, das *Toison d'or*, eine Tradition und Bedeutung, die ihm ähnlichen Glanz verliehen wie etwa dem englischen Hosenbandorden und dem dänischen Elefantenorden. Dieser Orden wurde in der Zeit der konstitutionellen Regierung Franz Josephs und seines Nachfolgers ausschließlich vom jeweiligen Chef des Hauses Österreich ohne Gegenzeichnung eines Ministers verliehen und blieb daher auch nach 1918 erhalten, weil er nicht als staatlicher, sondern als dynastischer Orden bewertet werden mußte. Daß er für die Familie bis heute eine Rolle spielt, veranschaulicht die Tatsache, daß jeder männliche Habsburger auch heute noch mit seinem 24. Lebensjahr – dem früheren Datum der Großjährigkeit – in den Vliesorden aufgenommen wird.

Die Fakten der Gründungsgeschichte des Ordens vom Goldenen Vlies sind schnell erzählt. Am 10. Januar 1430 wurde der Orden von Herzog Philipp dem Guten von Burgund († 1467) in Brügge gestiftet, das heißt als Idee ins Leben gerufen, aber auch mit entsprechenden Mitteln ausgestattet. Die Vorgeschichte geht allerdings schon auf die früheren Herzöge von Burgund zurück; schon Philipp der Kühne († 1404) (Philippe le Hardi) wollte 1404 einen eigenen Familienorden schaffen, er dachte als Symbol an einen goldenen Baum mit Adler und Löwen, sein Sohn und Nachfolger Johann Ohnefurcht († 1419) (Jean sans Peur) hingegen wählte statt dessen einen Hobel, der Späne fliegen ließ, als Anspielung auf die Minderung der Macht der Rivalen. Philipp der Gute (Philipp le Bon) schließlich ersetzte den Hobel durch Feuereisen mit dem Wahlspruch *Ante ferit quam flamma micet* (Bevor die Flamme erglänzt, schlägt man, oder: Er schlägt, um die Flammen auflodern zu lassen).

Die Ordensgründung von 1430 steht im Zusammenhang mit der Idee eines geplanten Kreuzzuges, der niemals zustande kam, und wurde anläßlich der Hochzeit mit Isabella von Portugal durchgeführt. Angeblich spielte die Tatsache, daß die burgundischen Herzöge damit die Annahme anderer Orden verhindern wollten – laut Statuten durfte der Ordenssouverän keinem anderen Orden angehören – eine Rolle, da man damit die Annahme des Hosenbandordens, ohne beleidigend zu wirken, abschlagen konnte. Angesichts der gespannten politischen Situation und der Realität einer französischen Lehensabhängigkeit Burgunds könnte dies sehr wohl ein nicht unwesentliches Argument für die Gründung des Ordens bedeuten. Selbstverständlich wurde die Schaffung des Ordens auch religiös motiviert:

„*Pour maintenir l'Eglise qui est de Dieu maison,*
J'ai mis sus le noble Ordre, qu'on nomme la Toison."

(Um die Kirche, die das Haus Gottes ist,
aufrechtzuerhalten, habe ich diesen edlen Orden,
der Vliesorden genannt wird, aufgerichtet.)

Am 22. November 1431 wurden in Lille die Statuten des Ordens vom Goldenen Vlies – 66 Artikel – verkündet und die ersten 24 Ritter ernannt. Ursprünglich hatte der Vliesorden nur 31 Ritter, erst unter Karl V. im 16. Jahrhundert wurde die Zahl auf 51 Ritter und unter Philipp II. auf 61 erweitert, die Zahl wurde allerdings auch unter ihm überschritten, und es gab Pläne, sie auf 70 Ritter zu erhöhen. Die Ordensritter durften keinem anderen Ritterorden angehören, doch Ausnahmen wurden gemacht, etwa für den französischen oder englischen König, die Ordenssouveräne des Michaels- bzw. Hosenbandordens waren. Die Wahl neuer Mitglieder erfolgte ursprünglich durch das Kapitel, also die Versammlung der Ordensritter, seit 1577, gemäß einer Breve Papst Gregors XIII., nur mehr durch den Ordenssouverän allein. Die Zeremonie der Eidesleistung der neu aufgenommenen Ordensritter erinnert an eine Lehenskommendation – man schwor dem Ordenssouverän unbedingte Treue. Sie hatte aber auch eine religiöse Dimension: Das Schwurkreuz (heute in der Wiener Schatzkammer) enthält einen Partikel vom (angeblichen) Kreuz Christi, und man schwor auf das Evangelium. Der Orden kannte nur eine lebenslange Mitgliedschaft, Ausschlußgründe waren Häresie, Verrat und Treubruch sowie Flucht und sogar ehrenvoller Rückzug auf dem Schlachtfeld.

Die Ordensritter erfreuten sich erheblicher Rechte, vor allem allgemeiner Steuer-, Maut- und Zollfreiheit, aber auch das Recht des Vortrittes vor anderen Adeligen wurde ihnen zugebilligt, so daß sie unmittelbar hinter den Mitgliedern der Dynastie gehen konnten, auch bei Hofe mußten sie stets vorgelassen werden.

Vier Funktionäre wurden gewählt: der Kanzler, der Prälat sein sollte, der Siegelbewahrer, der Schatzmeister und der Schreiber *(greffier)*. Eine zentrale Repräsentationsrolle hatte der Herold, dieser *roi d'armes dit Toison d'or* trug bei feierlichen Gelegenheiten und Ordenssitzungen die Potence, die Wappenkette des Ordens, die ein Prunkstück des Ordensschatzes der Wiener Schatzkammer bildet. Dieser Herold hatte, ganz im Sinne seiner ursprünglichen mittelalterlichen Funktion, die Aufgabe, die Ahnen- und Wappentafel der Neuaufzunehmenden zu überprüfen.

Die eigentlichen Toison-Ketten für die Mitglieder, deren erste Garnitur vom Goldschmied Jean Peutin angefertigt wurde, waren numeriert und mußten nach dem Tod des Trägers zurückgestellt werden. Die Collane, die Halskette der Ordensritter, zeigt eine Verbindung von an den Griffen verschlungenen Feuereisen und flammensprühenden Feuersteinen, am Ende der Kette hängt das Kleinod, eben das Goldene Vlies, ein stilisiertes, hängendes Lammfell. Diese Kette darf nur bei sehr speziellen Gelegenheiten getragen werden, etwa bei einer Sakramentsprozession oder einer päpstlichen Audienz, für Frack und Uniform gibt es ein *bijou* am roten Band, eine kleine *reproduction d'or* kann hingegen immer getragen werden.

Ein großer Teil der Ordensaktivität spielt sich im kirchlichen Bereich ab, die Formen des Zusammenseins erinnern nicht zufällig an die Sitzungen von Domkapiteln, und die große Fülle der erhaltenen

Das Motiv des Goldenen Vlieses bildet ein wichtiges Thema der Hofkunst bei den Habsburgern. Luca Giordano stellte in Madrid eine Allegorie auf das Goldene Vlies dar. Prado, Madrid

kirchlichen Textilien (Ornate und Paramente) im Schatz des Ordens vom Goldenen Vlies in der Wiener Schatzkammer spricht eine deutliche Sprache. Vor allem für die frühe Zeit, das späte Mittelalter und auch noch die beginnende Neuzeit stachen die Feste des Ordens durch ihren unvorstellbaren Glanz und ihre verschwenderische Pracht hervor. Die Repräsentation des Souveräns hatte damit einen wesentlichen Stellenwert bei der Bewahrung dieser Institution, die eigentlich bei ihrer Gründung schon überholt war. Die Zeit des Rittertums, der Kreuzzüge, der Minne und der Rosenromane, die Welt der Turniere und des aristokratischen Kriegsmonopols waren vorbei. Doch in Burgund, das selbst eine Art frühkapitalistischer Entwicklung durchmachte – man wollte in der Wahl des Schaffelles als Ordenssymbol eine Anspielung an die Schafzucht und die damit verbundene Wollindustrie, die die Herzöge von Burgund reich machte, sehen –, erlebten diese romantisierenden Ritterwelten im „Herbst des Mittelalters" eine letzte Nachblüte. Daß sich dieser rückwärtsgewandte, aristokratische Orden auch noch bis in das letzte Jahrzehnt des 20. Jahrhunderts erhalten hat, ist ein Kuriosum der besonderen Sorte.

Wichtig für die Habsburger ist die Tatsache, daß dieser Orden nach der Herrschaftsübernahme in Burgund in die Hände der Familie überging. Seit Maximilian I. sind alle Souveräne des Ordens Habsburger, bzw. Lothringer (Franz Stephan) oder Habsburg-Lothringer (seit Joseph II. bis zu Dr. Otto Habsburg-Lothringen). Die Funktion des Souveräns war nach den Statuten bei den burgundischen Herzögen erblich, was allerdings nur an die Führung des Titels, nicht aber an den Besitz des Landes gebunden war. So konnte der spanische König Philipp II. seine Stellung als Ordenssouverän beibehalten, als er 1598 die Herrschaft über die 17 niederländischen Provinzen – also das, was vom einstigen Burgund geblieben war – an Albrecht und Isabella abtrat. Auch nach dem Verlust Burgunds im Zuge der Expansion Frankreichs nach der Französischen Revolution behielten die österreichischen Habsburger den Titel und waren damit Souveräne des Ordens, der schon lange keine territoriale Bindung mehr hatte, sondern zum Hausorden einer Dynastie geworden war. Frauen konnten bzw. können diese Funktion nicht innehaben, diese wurde – auch wenn die Frauen selbst herrschten – vom jeweiligen Ehemann wahrgenommen. So bekleidete etwa statt Maria von Burgund Maximilian I. – der allerdings nicht von allen Ordensrittern anerkannt wurde, das Problem wurde erst mit dem Empfang des Titels des Großmeisters durch seinen dreijährigen Sohn Philipp den Schönen 1481 bereinigt – und dann statt Maria Theresia ihr Mann Franz Stephan die Würde des Ordenssouveräns. Manche der Habsburger bekamen das Vlies schon in die Wiege gelegt – wie z. B. Kronprinz Rudolf –, wurden aber erst im Erwachsenenalter investiert, das heißt feierlich eingekleidet. Eine Ausnahme bilden die beiden Kinderornate, die 1755 für den zehnjährigen Erzherzog Karl und den achtjährigen Erzherzog Leopold gemacht wurden, die schon als Kinder in den Orden eingeführt wurden.

Zum Ordenspatron wählte man den heiligen Andreas, der Titulartag war der 30. November. Die Tagung des Kapitels wurde mit einer Messe zu seinen Ehren eröffnet, an der die Ordensritter in der großen Ordenstracht, einem roten Samtmantel mit reichbesticktem Saum und scharlachrotem Talar mit der roten burgundischen Mütze mit langer Binde, dem *Chaperon*, teilnahmen. Dem folgte eine Totenmesse, zu der die Ritter eine schwarze Ordenstracht trugen, dann folgte die eigentliche Kapitelsitzung, die vor allem aus dem Ordensgericht bestand. Der Versammlung des Kapitels diente gewöhnlich der Chor von Kathedralen, zunächst Notre-Dame zu Brügge oder St. Rombaud in Mecheln, in der österreichischen Ära der Chor der kaiserlichen Hofkirche zu den Augustinern. Außer diesen feierlichsten Zusammenkünften, bei denen auch die in der Ordensgarderobe – einem Amt in der Fülle der Wiener „kleinen Hofdienste" – wohlverwahrten Ornate getragen wurden, gab es im Hof- und Ehrenkalender des Wiener Hofes nicht weniger als 54 kirchliche Festlichkeiten, bei denen die Collane des Vlieses getragen wurde.

Seit dem Ende der spanischen Habsburger, also seit 1701 bzw. 1713 nach dem Ende des Erbfolgekrieges, kam es zu einer Trennung in ein österreichisches und ein spanisches *Toison*, die völlig unterschiedliche Entwicklungen nahmen, wobei sich die Ordenszeichen durch das Hinzufügen des kaiserlichen Adlers bzw. des kastilischen Turms unterscheiden sollten.

Der spanische Orden war mit Dekret vom 26. Juli 1847 zum zivilen Orden geworden, seit 1851 mußte der spanische Ministerrat den Ordensverleihungen, die damit nicht mehr allein dem König und Ordenssouverän zustanden, zustimmen. Außerdem wurden Nichtkatholiken wie z. B. der osmanische Sultan Abdul Hamid oder der japanische Kaiser Hirohito, oder Nichtadelige wie etwa die französischen Präsidenten Thiers, Faure, Poincaré, Doumergue und andere aufgenommen. In der Regierungszeit Isabellas II. (1843–1868) wurde der Orden von einer Frau vergeben, was beim österreichischen Orden undenkbar war und ist. Dieser Orden existiert ebenfalls noch – Infant Juan war seit 1962 Chef des spanischen Ordens und ist es jetzt natürlich weiterhin als König Juan Carlos – und wird noch immer verliehen, z. B. 1960 an König Baudouin von Belgien.

Der österreichisch-habsburgische Orden behielt auch nach der Trennung der beiden Ordenszweige seinen religiös-aristokratischen Charakter. Seine Mitglieder müssen nicht nur 16 adelige Ahnen nachweisen können, sondern auch katholisch sein. Im 19. Jahrhundert – anläßlich des 400jährigen Bestehens – erfolgte sogar ein gewisser Ausbau der Ordensaktivitäten, da man sich bei dieser Gelegenheit einer ursprünglich in den Statuten vorgesehenen Bestimmung erinnerte und 1830 eine Toison-Ordens-Präbende stiftete, durch die zwölf Individuen des alten Herren- und Ritterstandes, die durch Unfälle des Krieges oder anderer Art unverschuldet in Not geraten waren, mit einem Geldbetrag unterstützt wurden. Der habsburgische Orden, dessen Privilegien am 10. Februar 1913 von Papst Pius X. bestätigt wurden, überlebte auch das Ende der Habsburgermonarchie, nicht als staatlicher, sondern als dynastischer Orden blieb er bestehen. Dazu mußte 1921 in Zusammenhang mit den Reparationsforderungen der Alliierten eine Ausnahme vom Gesetz vom 3. April 1919, das alle Orden der Monarchie auflöste, konstruiert werden. Der Orden lebte im Stillen weiter, besonders in der Zeit des Nationalsozialismus unter schwierigen Bedingungen, nach 1945 wurde Dr. Otto Habsburg-Lothringen aktiv und versuchte, den Orden wiederzubeleben.

Ein österreichisches Dekret vom 8. September 1953 erkannte das *Toison* als Rechtspersönlichkeit ausländischen Rechtes an und garantierte damit auch den Besitz des Archives und Schatzes des Ordens. Die ausgestellten Objekte in der Schatzkammer in Wien sind also nicht, wie die anderen Insignien und Kunstgegenstände, Eigentum der Republik Österreich, sondern gewissermaßen eine Dauerleihgabe des Ordens vom Goldenen Vlies. Von 1949 bis zum Beginn der 1970er Jahre wurden immerhin fast 50 neue Ordensritter aufgenommen, vor allem aus dem Kreis der spanischen, französischen, deutschen und belgischen Hocharistokratie und der Angehörigen souveräner Fürstenhäuser. Die männlichen Angehörigen des „Erzhauses", die, wie schon erwähnt, alle Vliesritter werden, werden in die feststehende Mitgliederzahl nicht eingerechnet. Alljährlich am 29. und 30. November finden Toisonämter in der Deutschordenskirche in Wien statt. Seit der burgundischen Heirat und dem damit verbundenen Erbe bildet der Orden vom Goldenen Vlies bis heute den wichtigsten Orden des Hauses Habsburg-Lothringen, auch wenn die Ereignisse dieses Jahrhunderts den Orden seines alten Glanzes beraubten und ihn zu einer kuriosen Bedeutungslosigkeit der Gegenwart herabsinken ließen.

Vielleicht noch ein Kuriosum am Rande: Im Jahre 1809 plante Napoleon einen *Ordre des Trois Toisons d'or* – er wollte damit dokumentieren, daß er der Rechtsnachfolger der burgundischen, spanischen und österreichischen Fürsten geworden sei –, doch blieb dieses Projekt, nicht zuletzt durch den Protest der *Légion d'Honneur*, die ihre Erstrangigkeit aufs Spiel gesetzt sah, unverwirklicht. Die Französische Revolution und die durch sie ausgelösten Wirren bewirkten aber letztlich die endgültige Verlagerung des Ordens nach Wien. Ursprünglich war alles Gut des Ordens in Brüssel, es mußte vor den Kriegsereignissen geflüchtet werden und gelangte schließlich nach 1794 nach Wien.

So einfach diese Geschichte des Ordens in den Grundzügen zu erzählen ist, so schwierig sind andere mit dieser Auszeichnung verbundene Fragen zu beantworten. Die Wahl des Symbols etwa bedarf einer ausführlichen Erläuterung, dabei kann an die Legenden der Herrschaftskontinuität des Reiches angeschlossen werden, von denen schon die Rede war.

Das Motiv des goldenen Lammfelles, des Vlieses, ist ein doppeltes. Einerseits spielt es auf die Sage von Jason und den Argonauten der griechisch-römischen antiken Tradition an, andererseits ist es auch biblisch mit der Geschichte des Gideon, von dem die Bibel berichtet, ein wunderbares Vlies habe ihm den Sieg über die Madianiten verheißen, zu interpretieren. Die Gestalt Jasons, die sicherlich ursprünglich im Mittelpunkt stand, war allerdings verdächtig (wir würden heute sagen, nicht „politically correct"), da sie mit einem Treuebruch zusammenhing, was man allzuleicht auf die Politik Burgunds gegenüber Frankreich hätte uminterpretieren können. So fand der Kanzler Jean Germain glücklicherweise eine Bibelstelle (eben die mit Gideon), die als Ersatz für die antike Anspielung dienen konnte. Andere Apologeten des Vlieses, wie etwa Guillaume Fillastre, haben diese Ideen noch verfeinert, sie fanden noch andere Erwähnungen von Vliesen in der Bibel, und schließlich konnte sogar die Theorie der sechs *Toisons* entwickelt werden, die mit Persönlichkeiten (Jason – Gideon – Jakob – Mesa von Moab – Job oder Hiob – David) und diese wieder mit

Die Potence für den Herold des Ordens vom Goldenen Vlies zeigt im Zentrum neben ihrem Wappen auch die Devise Karls V. mit den beiden Säulen und dem Wahlspruch Plus oultre in der französischen Form. Kunsthistorisches Museum, Wien

Eigenschaften (Großmütigkeit – Gerechtigkeit – Weisheit – Treue – Geduld – Milde), also den Herrschertugenden, verbunden werden konnten.

Ein eindeutiger Grund, warum gerade dieser Orden überlebte und bis heute besteht, während viele andere untergingen, ist schwer anzugeben, sicherlich war der Orden materiell besonders reich ausgestattet, doch spielte auch seine klug gewählte Symbolik bestimmt eine entscheidende Rolle. Lange Zeit kam ihm eine bedeutende politische Funktion zu. In den burgundischen Ländern, die ein buntes Konglomerat an Herrschaftsgebieten darstellten, war er als integrierende Kraft der adeligen Elite ebenso bedeutend wie in der ähnlich strukturierten Habsburgermonarchie. Auch in der Zeit der Gegenreformation stellte er ein Hilfsmittel der Konfessionalisierung dar, so konnten etwa protestantische, aber konversionsbereite Adelige – indem man ihnen die Verleihung des Vlieses in Aussicht stellte – leichter in die katholischen Eliten integriert werden.

Die geistlichen Ritterorden

Während mit Ausnahme vielleicht der frühen Geschichte des Hauses wenige Habsburger Mitglieder von klösterlichen Gemeinschaften der alten geistlichen Orden (etwa der Benediktiner, Zisterzienser etc.) waren, gestaltete sich die Beziehung zu einem der alten Ritterorden, die im Heiligen Land zur Zeit der Kreuzzüge entstanden, besonders eng. Der seit 1198 bestehende Deutsche Ritterorden erwarb in Deutschland rasch Güter und damit fand er große Verbreitung; seit dem Beginn des 13. Jahrhunderts war er vor allem in Masowien in der Preußenmissionierung tätig. Seit der Schenkung des Kulmer Landes und deren Bestätigung in der Goldenen Bulle von Rimini 1226 durch Friedrich II. wurde eine erfolgreiche Kombination von Heidenmission und Staatsgründung in Preußen zur Hauptaufgabe des Ordens. Geleitet wurde der Orden durch den Hochmeister, der auch Landesfürst in Preußen war. Der ausgedehnte Besitz im Reich, der in zwölf Balleien organisiert war, wurde vom Deutschmeister, der in Mergentheim residierte, verwaltet. 1309 wurde der Ordenssitz von Akkon bzw. später Venedig auf die Marienburg verlegt, dort residierte der Hochmeister bis zu der krisenhaften Entwicklung des Ordens im Spätmittelalter, als der Orden seine eigentliche Missionsaufgabe verloren hatte und im Kampf gegen die innere Opposition der preußischen Stände und äußere Bedrängung durch die polnischen Könige zunehmend in Schwierigkeiten geriet. 1525 nahm der Hochmeister Albrecht von Brandenburg die Reformation an, säkularisierte den Ordensstaat und stellte das nunmehr weltliche, protestantische Land unter polnische Lehenshoheit. Die Würde des Hochmeisters ging damit auf den Deutschmeister über, der sich nun Hoch- und Deutschmeister nannte. Viele Habsburger waren nach 1525 Hoch- und Deutschmeister des Deutschen Ritterordens, wie etwa Maximilian III. († 1618), Karl († 1624), Leopold Wilhelm († 1662) und Karl Joseph († 1664). Seit 1780 war mit Max Franz († 1801), Karl († 1847), Anton Viktor († 1835), Max Joseph Este († 1863), Wilhelm († 1894) und Eugen († 1923) eine Kontinuität der habsburgischen Herrschaft über den von Napoleon aufgelösten und 1834 in Österreich erneuerten Orden gegeben. Im Frieden von Preßburg 1805 wurde im 12. Artikel festgelegt, daß der österreichische Herrscher das Recht hat, einem Prinzen seines Hauses die Würde des Hoch- und Deutschmeisters zu übertragen, dieses Privileg schuf eine wichtige Versorgungsstelle für nachgeborene Söhne.

Die Habsburger begründeten aber auch – historisch gesehen spät – selbst einen geistlichen Ritterorden, den St. Georgs-Ritterorden *(ordo militaris sancti Georgii, Sannd Jorgen orden)*. Die geistlichen Ritterorden waren vorwiegend in Zusammenhang mit den Kreuzzügen entstanden und hatten bestimmte militärische Aufgaben im Heiligen Land zu erfüllen.

Friedrich III. versuchte nun 1469 die Idee des geistlichen Ritterordens aufzugreifen und für den Kampf gegen die Türken zu mobilisieren. 1469 genehmigte Papst Paul II. die Statuten des Ordens, gleichzeitig legte der erste Hochmeister des Ordens Johann Siebenbürger die Profeß ab.

Der Orden bestand gemäß seinen Statuten aus Ritter- und Priesterbrüdern, denen ein Hochmeister bzw. ein Propst vorstehen sollte. Die Wahl des Hochmeisters mußte jeweils im Einverständnis mit dem Ältesten des Hauses Habsburg erfolgen. Der Orden, dessen Sitz zunächst in Millstatt und dann in Wiener Neustadt war, bestand immerhin theoretisch bis 1598, als sein Besitz an die Grazer Jesuiten überging, allerdings gab es schon seit 1541 keinen Hochmeister mehr. Insgesamt waren es nur drei gewesen – letztlich war dieser Orden um einige Jahrhunderte zu spät gegründet worden und konnte sich daher nicht wirklich durchsetzen.

Zwei weltliche Ordensgründungen standen mit diesem späten geistlichen Ritterorden in Verbindung: die 1493 von Maximilian I. gegründete St. Georgs-Bruderschaft, deren Abgrenzung zum St. Georgs-Orden bewußt offen gehalten wurde, und die ebenfalls auf diesen Kaiser zurückgehende „treulich löblich Sanct Georgen Gesellschaft" von 1503, deren Mitgliedschaft nicht auf den Adel beschränkt sein sollte.

Die Mitglieder dieser Gesellschaft verpflichteten sich zu einem einjährigen Zug gegen die Türken, prinzipiell sollte diese Gesellschaft auf die ganze Christenheit ausgedehnt werden.

Die habsburgischen Verdienstorden

Waren der St. Georgs- und der Vliesorden noch mittelalterliche Ordensgemeinschaften, die ihre Mitglieder neben kriegerischen und politischen Aufgaben zu tugendhaftem Leben verpflichteten – also zukünftige Leistungen von ihnen verlangten –, entwickelte sich später ein anderer Typus von Orden, der unserem gängigen Begriff immer näherkommt. Verlieh der Herrscher zunächst für geleistete Verdienste Ehrenketten oder Ehrenpfennige, so entwickelte sich bald das, was man als Verdienstorden bezeichnet. Die Habsburger wurden ab dem 18. Jahrhundert auf diesem Gebiet aktiv.

Den ersten Verdienstorden stellte der Maria-Theresien-Orden dar, seit Friedrich III. der erste ausschließlich für Männer bestimmte Orden, der bereits Geleistetes belohnte und statutenmäßig zu keiner weiteren Leistung verpflichtete, also nur mehr als Dekoration zu bezeichnen war. Er wurde Soldaten verliehen für eine tapfere Tat, die sie ohne irgendwelche Befürchtungen, zur Verantwortung gezogen zu werden, unter den üblichen Umständen nicht hätten vornehmen müssen und die eine außerordentlich wichtige Entscheidung herbeiführte.

Der von Friedrich III. gegründete geistliche Ritterorden erwies sich zwar als wenig beständig, allerdings erfolgte die Weihe des ersten Hochmeisters des St. Georgsritterordens durch den Papst in feierlicher Form. Landesmuseum Kärnten, Klagenfurt

Die Mitgliedschaft beim Maria-Theresien-Orden war nicht wie beim Vliesorden auf Adelige, *gentils hommes de nom et d'armes* katholischer Religion beschränkt, sondern allen „Ober-Officiers vom dem höchsten bis zum niedrigsten ohne auf ihre Religion, Rang und andere Umstände im mindesten zurückzusehen" offen, er war allerdings dabei selbst adelsbildend, da mit der Ordensverleihung auch die Erhebung in den Adelsstand verbunden war, er war auch mit seiner Ausrichtung auf die Armee der erste Berufsorden der Erblande.

Die erste Idee eines solchen Ordens tauchte 1748 anläßlich der durch Leopold Graf Daun durchgeführten Reorganisation des Heeres auf, doch verhielt sich Franz Stephan zunächst sehr zurückhaltend. Er war schließlich der Ordenssouverän des Vliesordens und fürchtete um sein Ansehen in den Erblanden – in denen er ohnehin nur Mitregent war –, wenn seine Frau Maria Theresia die Groß-Meisterschaft übernehmen sollte, außerdem gab es das offene Problem der Inkompatibilität mit dem *Toison*. Doch eine Stellungnahme von Wilhelm Graf Neipperg 1757 klärte diese heikle Frage, denn dieser argumentierte folgendermaßen: „Und dörffte meines wenigen Ermessens dießer Militar-Orden nebst dem toison tragen zulassen kein sonderbahres Bedenken seyn, zumahlen jetzt-Besagter toison alß eine vorzügliche allerhöchste Gnad, dießer Orden aber alß eine Belohnung und Kennzeichen distinquirter Militar-Diensten anzusehen ist, und hierunter zu dispensiren von Ihro Mayestät dem Kayser abhanget."

Viele Züge dieses Ordens erinnern aber immer noch an die früheren Ritterorden, so sah Daun auch einen „Ordens-Habit oder Ordens-Kleyd" vor, das Ritter anläßlich besonderer Feste – vor allem dem Maria-Theresien-Ordensfest am 15. Oktober, dem Fest der heiligen Theresia und Namenstag der Kaiserin – tragen sollten.

Die eigentliche Gründung erfolgte 1757 nach der Schlacht bei Kolin – die erste Verleihung des Ordens an Leopold Graf Daun fand bei dieser Gelegenheit statt. 1765 wurde auch ein Kommandeurkreuz des Ordens geschaffen und damit das Prinzip der Klasseneinteilung eingeführt, das für alle später begründeten Hausorden der Monarchie beibehalten wurde. Das Großkreuz war für Armee- oder Flottenkommandanten bestimmt, das Kommandeurkreuz für Korpskommandanten und schließlich das Ritterkreuz für Offiziere ohne Rangunterschied. Im Jahre 1815 erreichte der Marien-Theresien-Orden mit 340 inländischen und 127 ausländischen Mitgliedern seinen höchsten Stand. Parallel dazu wurde dann wenig später der ungarische Stephans-Orden (1764) – ebenfalls in drei Klassen – für Zivilbeamte gegründet. Das Großkreuz brachte dabei neben dem Adelsstand auch den Geheimratstitel, das Kommandeurkreuz den Dekretal-Geheim-Rat und das Kleinkreuz die Erhebung zum Baron oder in den Grafenstand. 1804 wurde erneut ein Vorschlag zur Gründung eines neuen Ordens eingebracht – als Verfasser der einschlägigen Denkschrift nimmt man jemand aus dem Kreis des galizischen Landadels an –, der einen Orden für alle „ohne Unterschied der Provinz, des Nazionals und des Standes" forderte, als Name schlug er Rudolfs-Orden vor. Sicherlich stand dieser Plan mit den patriotischen Ideen bei der Schaffung des Kaisertums Österreich in Zusammenhang.

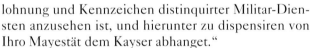
Komturkreuz des Maria Theresien-Ordens.
Kunsthistorisches Museum, Wien

Die weitere Diskussion um diese, 1806 inzwischen Franzens-Orden titulierte, neue Auszeichnung legte fest, dieser solle „sich nicht bloß auf Solche, die in unmittelbaren landesfürstlichen Civil- oder Militair-Anstellungen sich befinden, beschränken, sondern, ohne die unmittelbaren Diener des Staates davon auszuschließen, auch anderen, die sich durch entschiedene Beweise von Anhänglichkeit an ihr Vaterland und ihren Monarchen oder durch angestrengte Bemühungen das Wohl des Staates zu befördern, oder durch besonders wichtige Erfindungen oder durch anderer große und gemeinnützige Unternehmungen vorzüglich auszeichnen, theilnehmen".

Am 2. Januar 1808 erfolgte schließlich die Billigung des Kaisers, der den „Rudolfs"- bzw. „Franz-Orden" aber im Andenken an seinen Vater nun endgültig „Leopolds-Orden" nannte. Die Statuten legten fest, daß zur „Aufnahme in den Orden jedermann ohne Unterschied des Standes, er mag in Civil- oder Militär-Staatsdiensten stehen oder nicht, geeignet" sei. Auch der Leopolds-Orden hatte drei Klassen, das Großkreuz war mit dem Titel Geheimrat, das Kommandeurkreuz bis 1884 mit dem Freiherrnstand und das Ritterkreuz mit der Erhebung in den Ritterstand verbunden.

Als weiterer Orden der Habsburgermonarchie wurde 1816 anläßlich der Wiedervereinigung der italienischen Länder mit der Habsburgermonarchie der Orden der Eisernen Krone gestiftet, dessen Klassen mit dem des Leopolds-Ordens korrespondierten. Die Eiserne Krone von Monza inspirierte sogar die Gründung dreier Ritterorden in drei verschiedenen Ländern: in Frankreich, der Habsburgermonarchie und in Italien. Napoleon I. gründete 1805 einen Orden der Eisernen Krone, dessen Großmeister der jeweilige italienische König sein sollte. Der Orden hatte 20 Würdenträger *(dignitaires)*, 100 Kommandeure *(commandeurs)* und 500

Ritter *(chevaliers)* als Mitglieder. Das Hauptmotiv der Ordensdekoration bildete die Eiserne Krone von Monza mit dem Wahlspruch *Dieu me l'a donné, gare a qui y touchera* (Gott hat sie mir gegeben, weh dem, der sie berührt). Dieser napoleonische Orden bestand bis 1814. Nach der neuerlichen Herrschaftsergreifung der Habsburger in Oberitalien nach dem Wiener Kongreß wollte Kaiser Franz den französischen Orden der Eisernen Krone in die Reihe der österreichischen Orden aufnehmen, dabei aber sichern, daß die alten napoleonischen Ordensmitglieder ihre Vorrechte zumindest teilweise behalten konnten, so durften sie ab 1815 eine neue, modifizierte Ordensdekoration tragen, den *Ordre de remplacement*. Diese neu geschaffene Ersatzdekoration zeigte bereits die Merkmale des späteren österreichischen Ordens der Eisernen Krone; über der Eisernen Krone war der Doppeladler mit der Kaiserkrone zu sehen, auf seiner Brust war auf einem Schild der Buchstabe „F" in goldenem Feld angebracht.

Für die neugeschaffene österreichische Dekoration des Ordens der Eisernen Krone, deren von Metternich ausgearbeitete Statuten am 1. Januar 1816 genehmigt wurden, wählte man kurioserweise als Motiv nicht die Eiserne Krone selbst, sondern die Theodelindenkrone, eine andere Krone aus dem Schatz in Monza. Es gab einen prunkvollen Ordensornat, dessen Farben orangegelb, lila und weiß waren. Großmeister des Ordens, der die üblichen drei Ordensstufen hatte, war der österreichische Kaiser. Die Anzahl der ersten Mitglieder betrug insgesamt hundert: 20 Ritter der I. Klasse, 30 Ritter der II. Klasse und 50 Ritter der III. Klasse, vor allem die Ritter der beiden unteren Klassen waren überwiegend italienischer Herkunft. 1860 wurde dieser Orden durch Franz Joseph erweitert, er schuf die „Kriegsdekoration des Ordens der Österreichischen Kaiserlichen Eisernen Krone". 1907 zählte der Orden 3155 Ritter österreichischer und 3500 Ritter fremder Nationalität. Als dritten Ritterorden, der dieses Symbol aufnahm, gründete König Viktor Emanuel II. im Namen des vereinigten italienischen Königreiches 1868 den „Italienischen Kronenorden". Der Italienische Kronenorden hatte fünf Klassen: *grande cordone* mit 60 Mitgliedern, *grande ufficiale* mit 150 Mitgliedern, *commendatore* mit 500 Mitgliedern, *ufficiale* mit 2000 Mitgliedern und *cavaliere* mit einer unbegrenzter Anzahl von Mitgliedern. Der Orden wurde freigebig verteilt und blieb eine Dekoration zweiten Grades, hinter den italienischen nationalen Sankt-Moritz- und Lazarusorden.

Seit Franz I. werden Goldenes Vlies, militärischer Maria-Theresien-Orden, ungarischer Stephans-Orden, Leopolds-Orden und Orden der Eisernen Krone als österreichische Hausorden bezeichnet, sie fanden auch Aufnahme in das Wappen des Staates. Als letzter Hausorden wurde schließlich 1849 der – in seiner Art ähnliche – Franz-Josephs-Orden gestiftet, dessen Anbringung an Geschlechterwappen erlaubt war.

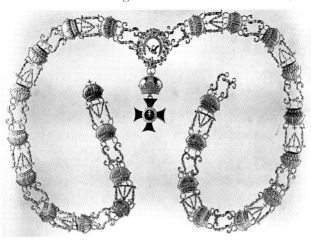

Kollane des Stephansordens.
Kunsthistorisches Museum, Wien

Wie schwierig die Abgrenzung verschiedener Phänomene wie Stiftung, Orden im religiösen und weltlichen Sinn und Orden als Zeichen der Zugehörigkeit zu einer bestimmten Personengruppe bzw. als Auszeichnung ist, zeigt der Fall des „Elisabethinischen Stiftungs-Creutzes", den Erwin Maria Auer, ein besonders fleißiger Erforscher der österreichischen Ordenslandschaft, aufgerollt hat. Die Mutter Maria Theresias, Elisabeth Christine († 1750), hatte in ihrem Testament 8000 fl. für mittellose Generäle bestimmt – also eine weltliche, karitative Stiftung –, die im Gebet ihrer gedenken sollten – also doch auch eine geistliche Stiftung. Maria Theresia setzte 1771 diesen Plan in die Wirklichkeit um. Die 20 verdienten Generäle und Obersten sollten „das Denk-Zeichen Unserer beeden Nahmen, welches den Nahmen Elisabethinisches und Theresianisches Stiftungs-Creutz hat, in einem schwarzen Band öffentlich tragen", doch war das eher eine Kennzeichnung der Mitglieder als eine Auszeichnung – Maria Theresia selbst sagte, daß „es kein orden" sei. Wichtig war die Pension, der Stiftungsgenuß, nicht die Ehre der Auszeichnung. In der späteren Literatur über die Orden der Monarchie wurde dieses Stiftungs-Creutz fälschlicherweise zum zweiten Militärorden der Monarchie gemacht.

Alle diese Orden, auch wenn sie am Beginn des 19. Jahrhunderts geschaffen wurden, standen in vielfacher Hinsicht in einer mittelalterlichen Tradition, die gerade in dieser Epoche der Romantik stärker betont wurde als je zuvor. Nicht nur der Vliesorden, sondern auch der Maria-Theresien-, Stephans- und Leopolds-Orden sowie der Orden der Eisernen Krone hatten ihre eigenen Ornate, für den Stephans-Orden etwa ließ im Jahr 1764 Maria Theresia 100 Ornate sticken. Erst der 1849 errichtete Franz-Josephs-Orden brach mit dieser Tradition, doch sahen die ursprünglichen Vorschläge vor, daß Träger des Ordens zum Tragen einer Ordensuniform bei Hofe verpflichtet und bei sonstigen Gelegenheiten berechtigt seien. Doch die Zahl der Gelegenheiten, bei denen diese Ordensornate getragen wurden, nahm immer mehr ab, auch gab es weit weniger Ornate als Ordensmitglieder, so hatte 1852 etwa der Orden der Eisernen Krone 1640 lebende Ritter, während es nur 100 Ordensornate gab.

In der zweiten Hälfte des 19. Jahrhunderts wurde der Bestand der Ordensornate zwar immer mehr museal, aber ganz vorbei war die Zeit der Ornate doch nicht, noch 1894 wurde ein Hofkleid für alle Ordensritter (auch Ordensuniform genannt) eingeführt, dieses sollte bei Dankaudienzen, Fronleichnamsprozessionen und gemeinsamen jährlichen Festen aller inländischen Orden und bei angesagten Hoffestlichkeiten getragen werden. Dieses Hofkleid bestand aus Frack aus schwarzem Tuch mit vergoldeten Knöpfen mit Doppeladler, Pantalon aus schwarzem Tuch, Weste aus weißem Pikee, Degenkuppel aus schwarzem Tuch mit Goldstickerei, Zweispitz aus schwarzem Plüsch mit Seidenband und schwarzer Straußenfeder und Degen mit Perlmuttergriff.

Mit dem Ende der Monarchie wurden alle weltlichen Ritter- und Damenorden des Hauses Habsburg mit Ausnahme des Vliesordens mit Gesetz vom 3. April 1919 aufgelöst, das Weitertragen bereits verliehener Ordenszeichen selbst wurde aber gestattet.

Als Kuriosum am Rande sei noch erwähnt, daß ein Habsburger, der nur wenige glücklose Jahre herrschte, ebenfalls Orden stiftete. Maximilian von Mexiko schuf 1865 den mexikanischen Adlerorden, dessen Emblem – neben dem mexikanischen Adler – die Krone des Landes war. Auch einen schon vor seiner Regierungszeit bestehenden Orden Unserer Lieben Frau von Guadalupe modifizierte und übernahm er im selben Jahr und mit dem San-Carlos-Orden schuf er eine Auszeichnung für Frauen.

Der Sternkreuzorden und der Elisabethorden

Waren die bisher besprochenen Ritterorden eine weitgehend männliche Domäne – sieht man von den oben genannten Ausnahmen etwa beim Kannenorden ab –, so gab es parallel dazu natürlich eine ähnliche, wenn auch weitaus weniger vielfältige Entwicklung weiblicher Orden.

Im Gegensatz zu den männlichen Habsburgern, die, wie schon erwähnt, nur selten in klösterlichen Orden zu finden waren, verhielt sich das bei den Frauen etwas anders. Neben dem Eintritt ins Kloster bot auch das Damenstift eine Alternative, die eine weniger asketische Variante der Versorgung darstellte. Ebenso wie im männlichen Bereich war die Funktion der Orden als Versorgungsmöglichkeit keineswegs zu vernachlässigen. Über die Gründung solcher Damenstifte wurde an anderer Stelle schon gesprochen.

Ein einziger Orden, der mit den männlichen Gegenstücken wirklich vergleichbar ist, wurde von einer Habsburgerin gegründet, nämlich die „Hochadeliche und gottselige Versammlung vom Sternkreuz genannt", kurz der Sternkreuzorden. Die Stifterin dieses Ordens war Kaiserin Eleonora († 1686), geborene Prinzessin von Mantua und Monferrat, die Ehefrau Kaiser Ferdinands III. Am 6. Februar 1668 kam es zu einem Brand in der Hofburg – durch „Verrätherey" wie eine apologetische Schrift des Ordens vermutet –, bei dem sich die Kaiserin mit ihren Töchtern unter Mitnahme einiger Kostbarkeiten in die Favorita retten konnte. „Allein die fromme Kaiserin vermißte darunter gerade dasjenige Kleinod, auf welches ihre Andacht stäts den größten Werth gesetzet hatte. Es fand sich nämlich eine krystallene, in Gold gefaßte Kapsel nicht, in der zwey Stücke von den wahren Kreuze, an welchem der Heiland der Welt den Tod und die Sünde besiegt hatte, eingeschlossen waren." Man begann fieberhaft danach zu suchen und fand es schließlich nach langem Suchen, wobei man, wie die Gründungslegende erzählt, „in der wunderbaren Erhaltung dieser kostbaren Reliquie den Finger Gottes erkannte". Das Gold war zwar geschmolzen, das Kristall zersprengt, aber das Holz trotz des Feuers in wundertätiger Weise erhalten geblieben.

Auf dieses vermeintliche Wunder hin erfolgte die Gründung des Ordens und seine Bestätigung durch den Papst. Das Ordenszeichen war ein mit vier Sternen umfaßtes Kreuz, mit der Umschrift: Salus & Gloria (Heil und Ehre). Diese Inschrift bezog sich auf den Ordenszweck, der für die Damen „das Heil ihrer Seelen, und die Ehre des Kreuzes sey, mit dem sie gezieret sind". Mitglieder des Ordens waren adelige, katholische Damen, die auch verheiratet sein konnten, da der Orden nur eine geistige, aber keine klösterliche Gemeinschaft darstellte. Laut den Statuten verehrten die Mitglieder – die *Cruciere* oder Frauen vom Sternkreuz genannt wurden – nicht nur das Kreuz, sondern auch Maria und Joseph, was ein für den Sternkreuzorden charakteristisches Gebet, das dem „Gegrüßet seist du Maria" nachempfunden ist, deutlich macht:

Oben: Der Orden für adelige Damen war der 1668 gegründete Sternkreuzorden. Abbildung der Ordensinsignie aus dem Jahr 1805. Archiv Verlag Styria
Linke Seite: Zusammenstellung der Verdienstorden des Hauses Habsburg: Leopoldsorden, Stephansorden, Elisabethorden, Maria Theresien-Orden und Franz Josephs-Orden. Kunsthistorisches Museum, Wien

„Gegrüsset seyst du gebenedeytes Kreuz, du bist voll des Blutes, der Herr ist an dir, du bist gebenedeyt unter den Bäumen, und gebenedeyt ist die Frucht, so an dir gehangen, mein Herr und Heiland Jesus Christus, Heiliges Kreuz, sey meine Zuflucht jetzt und in der Stunde meines Absterbens, Amen."

Die Schutzfrau des Ordens sollte immer eine Frau aus dem Erzhaus sein, daneben gab es zwei hochadelige Frauen als Verordnete und vier Ratsfrauen, die am Tag des Festes der Erhöhung des heiligen Kreuzes aus der Versammlung bestimmt wurden.

Die Pflichten der Mitglieder des Ordens waren hauptsächlich religiöser Natur, sie sollten oftmals die Sakramente empfangen, eine Ehrbarkeit der Kleider und des Lebenswandels an den Tag legen, täglich in einem „geistreichen Buch" oder einem Heiligenleben lesen, zweimal im Jahr – am Tag der „Erfindung" (3. Mai) und der „Erhöhung des heiligen Kreuzes" (14. September) – die Regeln des Ordens lesen und an diesen Tagen auch die Sakramente empfangen, weiters Spitäler besuchen, Kranken dienen, ihnen Speisen reichen, „die in Gefahr ihrer jungfräulichen Reinigkeit stehenden in Sicherheit bringen" und Almosen geben. In den Statuten wurde ihnen auch vorgeschlagen: „Die in diese hochadelige Versammlung einverleibt sind, können öfters das Officium oder Tagzeiten vom heiligen Kreuze, und die Krone oder Rosenkranz von den allerheiligsten fünf Wunden unseres Erlösers sprechen, auch täglich das Amt der heiligen Messe hören, wochentlich aber einmal einen Nocturnum, oder den dritten Theil der Metten aus den Tagzeiten der Verstorbenen bethen, und Maria, die allerseligste Jungfrau, wie auch den heiligen Joseph, durch sonderbare Andachtsübungen zu verehren sich befleissigen, öfters des Tages besonders beym Anfange eines jeglichen, sowohl zeitlich als geistlichen Geschäfts, sich mit dem Zeichen des heiligen Kreuzes bezeichnen."

Die Stellung der Habsburgerinnen im Sternkreuzorden war die der Schutzfrauen, diese waren jeweils die Frauen der regierenden Habsburger, so etwa Kaiserin Eleonora († 1686), Eleonora Magdalena Theresia Pfalzgräfin bei Rhein († 1720), Wilhelmine Amalie von Braunschweig-Wolfenbüttel († 1742), Maria Elisabeth Christina Wolfenbüttel († 1750), Maria Theresia, Maria Ludovica Infantin von Spanien († 1792), Maria Theresia von Sizilien († 1807), Maria Ludovika Österreich-Este von Modena († 1816) oder Karolina Augusta von Bayern († 1872).

Als letzten Orden der Monarchie gründete Franz Joseph 1898 kurz nach dem Tod seiner Frau den Elisabethorden zu Ehren der heiligen Elisabeth, einen Verdienstorden für Frauen ohne Rücksicht auf soziale Herkunft oder religiöses Bekenntnis.

Diese Orden für vielfältige Gruppen – Männer, (adelige) Frauen, Hocharistokraten und Offiziere, Beamte und männliche Staatsbürger ohne Ansehen der Person – wurden von Habsburgern und zum Teil auch an Habsburger verliehen. Sie stifteten ebenso wie andere Symbole des Staates Identität und schufen Loyalität. Man hat den Habsburgern immer den Vorwurf gemacht, zu großzügig mit solchen Verleihungen umgegangen zu sein. Im Jahre 1911 lebten insgesamt 42.500 Träger von Orden und Ehrenzeichen der Monarchie, davon 18.400 Ausländer und 24.100 Staatsbürger der Monarchie. Diese Zahlen sind hoch, relativieren sich andererseits sehr stark angesichts eines Staates mit 52 Millionen Einwohnern.

Habsburger als Ordensträger

Als letztes Phänomen der Beziehung der Habsburger zu den Orden müssen wir noch das Thema Habsburger als Ordensträger anschneiden. Waren die Habsburger der frühen Zeit Mitglieder von Ritterorden, sowohl selbst gegründeter als auch fremder, kam mit dem Aufkommen der „Orden" als Ehrenzeichen, die man sich gegenseitig verleihen konnte, ein reger Austausch der Orden der europäischen Monarchien zustande. Selbstverständlich konnte man einem Habsburger, und schon gar einem regierenden, nur allerhöchste Auszeichnungen verleihen, so daß sich in den Listen der Auszeichnungen der Habsburger des 19. Jahrhunderts alles mögliche an wichtigen Dekorationen findet.

Um ein Beispiel für die Fülle der Orden eines Erzherzogs zu zeigen, seien hier die Dekorationen des Erzherzogs Ludwig Victor († 1919) („Luzivuzi") angeführt, deren Dimension recht stattlich ist; dabei war dieser Erzherzog, der nach einer eigenartigen Affäre mit homosexuellem Hintergrund Wien nicht mehr betreten durfte, ein Außenseiter der Familie. Dennoch war Ludwig Victor „Ritter des Ordens vom Goldenen Vlies, Großkreuz des königlichen ungarischen St.-Stephans-Ordens, Besitzer der bronzenen Jubiläums-Erinnerungs-Medaille für die bewaffnete Macht, Großkreuz des großherzoglichen toskanischen Ordens vom heiligen Joseph, Großkreuz und Ehren-Bailli des souveränen Malteser-Ritter-Ordens (mit der Distinktion für Jerusalem), Ritter des russisch-kaiserlichen St.-Andreas-, des St. Alexander-Newsky-, des Weißen Adler- und des St.-Annen-Ordens erster Klasse, Großkreuz des königlichen großbritannischen Viktoria-Ordens, Ritter des königlichen preußischen Schwarzen Adler-Ordens und des königlichen preußischen Roten Adler-Ordens erster Klasse, Großkreuz des französischen Ordens der Ehrenlegion, Ritter des königlichen italienischen Ordens der Annunziata, des königlichen bayerischen St.-Hubertus-Ordens und des königlichen sächsischen Ordens der Rautenkrone, Großkreuz des königlichen spanischen Ordens Karl III. und des Ordens der königlichen württembergischen Krone, Ritter des königlichen schwedischen Seraphinen-Ordens, Großkreuz des königlichen sizilianischen St.-Ferdinand- und Verdienst-Ordens, des königlichen belgischen Leopold-Ordens, des königlichen griechischen Ordens vom heiligen Erlöser, des königlichen Ordens Stern von Rumänien, des königlichen serbischen Weißen Adler-Ordens und des königlichen serbischen Takowo-Ordens, Besitzer des königlichen siamesischen Chak-kri-Ordens, Großkreuz des großherzoglichen hessischen Ludwig-Ordens, des großherzoglichen sachsen-weimarschen Haus-Ordens der Wachsamkeit oder vom Weißen Falken und des großherzoglichen mecklenburgischen Haus-Ordens der wendischen Krone, Ritter des herzoglichen nassauischen Haus-Ordens vom Goldenen Löwen, Großkreuz des herzoglichen braunschweigischen Ordens Heinrich des Löwen und des herzoglichen sächsischen-ernestinischen Haus-Ordens."

DIE WELTERKLÄRUNG IN EINEM SATZ – DEVISEN UND MOTTI DER HABSBURGER

Die meisten Herrscher, aber auch viele Adelige wählten sich am Beginn ihrer Herrschaft einen Spruch, der ihnen ihr Leben lang erhalten blieb und mit dem sie häufig auch verschiedene Gegenstände schmückten bzw. als ihren Besitz kennzeichneten. Als Devisen, Embleme oder Wahlsprüche wurden meist lateinische Sinnsprüche, oft Abwandlungen klassischer Zitate, gewählt, mit denen derjenige, der sie führte, sich verbunden fühlte.

Sicherlich waren andere Elemente der individuellen Stilisierung wie Porträts, Titel oder Wappen der Habsburger wichtiger als jene kleinen sprachlichen Gebilde, die herrschende und nicht herrschende Habsburger führten und die schon durch ihre lateinische Formulierung sicherlich nur für einen kleinen Kreis an Gebildeten bestimmt waren. Zumindest jeder männliche Habsburger der Neuzeit wählte einen Sinnspruch als Devise aus, der im Sinne der damals modernen Emblematik oft auch mit einem Bild verbunden war. Die Humanisten wendeten viel Energie auf diese Motti und Devisen, und viele panegyrische Publikationen sind voll mit ihren Auslegungen. Ähnlich wie man Fabelwappen für Menschen erfand, die lange vor der Entwicklung der Heraldik gelebt hatten, wurden auch den frühen Habsburgern fabulöse Symbole zugeschrieben, z. B. Rudolf I. ein römisches Feldzeichen, das gegen feindliche Spieße gewandt war, mit dem Motto *fugam nescit* (Die Flucht kennt er nicht).

Seit dem späten 15. Jahrhundert waren Abkürzungen beliebt, so wählte etwa Ladislaus Postumus († 1457) 1454 die Buchstabenkombination ADCIP, die mit *ama deum, clerum, iusticiam, pacem* (Liebe Gott, den Klerus, die Gerechtigkeit und den Frieden) aufgelöst wird.

Das Vokalspiel Friedrichs III. – AEIOU

Die langfristig sicherlich wirksamste Buchstabenkombination hatte 1438 Friedrich III. mit seinem berühmten AEIOU gewählt (in der Schreibung der frühen Zeit wechselt U und V ohne Bedeutungsunterschied, so daß dieser Spruch auch oft als AEIOV wiedergegeben wird), wobei noch im selben Jahr diese Buchstabenkombination mit einer ersten Ausdeutung im Zusammenhang mit der Wahl Albrechts V./II. im Reich als *„Albertus Electus Imperator Optimus Vivat"* (Es lebe der gewählte Albrecht, der beste Kaiser) auftauchte. Diese Vokalmystik ist vielfach gedeutet worden, mehr als 300 verschiedene Auflösungen sind bekannt. Friedrich III. selbst legte die Verwendung seiner Devise fest. In seinem Notizbuch, das in einem Band der Handschriftensammlung der Österreichischen Nationalbibliothek erhalten ist, vermerkte er auf dem ersten Blatt: „Pei belhem pau oder auff welhem silbergeschir oder kirengebant oder andern klainaten, der strich und die funff puestaben stend, das ist mein, herczog Fridreis des Jungern, gebessen oder hab das selbig paun oder machen lassen" oder sinngemäß übersetzt: Wenn auf einem Bauwerk, einem Silbergefäß, einem kirchlichen Ornat oder einem Schmuckstück ein Strich und diese fünf Buchstaben stehen, so ist es aus meinem, Friedrichs des Jüngeren, Besitz oder habe ich es bauen oder machen lassen. Friedrich III. gab auch selbst Deutungen seines Vokalspieles: „Als (alles) erdreich ist Österreich underthan" oder *„Austrie est imperare orbi universo"*.

Einige Hinweise zum richtigen Verständnis dieser Auslegungen sind notwendig. Einerseits muß auf den mittelalterlichen Sprachgebrauch des Wortes *imperare* hingewiesen werden, das mehr heißt als etwa *regnare*, also herrschen, es bedeutet, daß die Weltherrschaft von der Idee her angestrebt ist. Mit Austria ist dabei nicht das Land, sondern die Dynastie, das Haus Österreich, gemeint. Letztlich ist eine so weitreichende Interpretation des AEIOU durch Friedrich III. erst nach seiner Kaiserkrönung 1452 denkbar.

Um Bedeutung und Herkunft dieses AEIOU ist viel gerätselt worden, manche Vorläufer und andere Spielereien mit der Fünfzahl wurden angeführt, unter anderem solche in Schriftproben Friedrichs anläßlich seiner Orientreise. Es handelt sich dabei offensichtlich um abergläubische Formeln ohne bestimmten Wortsinn, die nicht politisch zu deuten sind. Man hat auch auf die Gepflogenheiten der Edelsteinfreunde des Mittelalters – und Friedrich III. galt als großer Kenner auf diesem Gebiet – hingewiesen, ihre Steine mit magischen Zeichen zu versehen und damit in Beziehung zur eigenen Person zu setzen und vor Zerstörung zu schützen. Alphons Lhotsky, wohl der beste Kenner der Materie, urteilte: „Kaiser Friedrichs III. AEIOU ist also bestenfalls eine buchstabenmagische oder zahlenmystische Spielerei; für ihre politische Überschätzung ist Petrus Lambeck (der barocke Bibliothekar der Wiener Hofbibliothek und humanistische Gelehrte) ver-

antwortlich." Leider wissen wir nicht, von wem die wohl häufigst zitierte Auflösung dieses Vokalspieles „*Austria erit in orbe ultima*", deren Sinn sich eng an Friedrichs eigene Deutung anlehnt, stammt.
Diese Idee, daß Österreich bestehen bleibt, wenn alles andere untergeht, ist ebenfalls ein sehr langlebiger Topos; noch in der Kaiserhymne des 19. Jahrhunderts

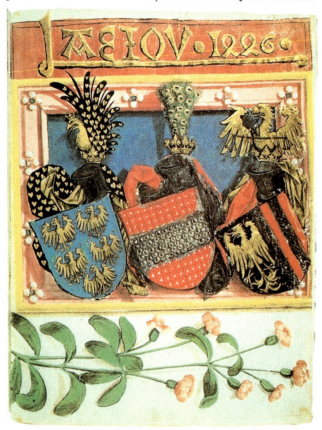

Das berühmte AEIOU Kaiser Friedrichs III. erfuhr zahlreiche Deutungen. ÖNB, Wien

heißt es „Österreich wird ewig stehen". Eine weitere, oft zitierte alte Deutung wird ebenfalls leicht mißverstanden. Wenn es heißt „Aller Ehren ist Österreich voll", so ist das Wort Ehren im Zusammenhang mit dem lateinischen *honores* als Reichsrechte zu lesen und hat nicht ausschließlich mit Ruhm und Ehre zu tun.
Eine Reihe von bekannten Persönlichkeiten hat sich mit Deutungsversuchen beschäftigt, darunter auch ein Habsburger selbst, nämlich Erzherzog Leopold Wilhelm († 1662). In einer Handschrift der Österreichischen Nationalbibliothek sind einige seiner Deutungen überliefert, z. B. „*Amantur expolitissima imperatoris optimi virtute*" (Gerade die Besten werden vom Kaiser mit der vollkommensten Neigung geliebt), „*Austriae exspirante imperio opprimentur universi*" (Wenn Österreichs Kaisertum untergeht, werden alle unterdrückt werden), „*Austriacorum excelsam indolem orbis veneratur*" (Die Welt verehrt das hervorragende Talent der Österreicher) oder „*Austriacorum exercitus inimicos opprimet universos*" (Das Heer der Österreicher wird alle Feinde niederwerfen).
Ein anderer bekannter Ausdeuter war der humanistische Wiener Historiograph Cuspinianus, von dem angeblich die Deutung „*Auspicatissimam esse in orbe Viennam*" (Wien sei die am meisten begünstigte Stadt der Welt) stammt, aber auch der Prediger Abraham a Sancta Clara lieferte eine der Deutungen, die mit der aktuellen politischen Situation zu tun hatten und in denen das O mit den Osmanen in Verbindung gebracht wurde: „*Austria electe imperatorem Ottomanicum vincet*" (Österreich ist auserwählt, den osmanischen Kaiser zu besiegen). Eine ähnliche, auf diese politische Konstellation bezogene Deutung fand sich angeblich 1684 auf einer Medaille auf die Heilige Liga, die nach der zweiten Wiener Türkenbelagerung ins Leben gerufen wurde, dort hieß es: „*Austriaci, Emanuel, Iohannes, Odescalca, Venetae*". Leider ist das Original dieser Medaille nicht mehr auffindbar. Die Anspielung auf Österreich, Kurfürst Maximilian II. Emanuel von Bayern, Jan Sobieski von Polen, den Papst Innozenz XI. (Benedetto Odescalchi) und die Venetianer, die in diesem Bündnis vereinigt waren, garantierte laut der vollständigen Inschrift den endgültigen Sieg gegen die Osmanen.
Eine weitere Deutung Abrahams a Sancta Clara bediente sich der deutschen Sprache, anläßlich einer Predigt erfand dieser die Auslegung „Alles Eifers ist Österreich voll". Vor allem der von Lhotsky erwähnte gelehrte Präfekt der Wiener Hofbibliothek im 17. Jahrhundert, Petrus Lambeck, beschäftigte sich mit möglichen Auslegungen der Buchstabenfolge, aber auch noch im 18. Jahrhundert wurden einige Abhandlungen über dieses Programm Friedrichs III. geschrieben und publiziert.
Auch in der Gedankenwelt der einfachen Menschen war diese Vokalkombination verankert. Bei der Beleuchtung Wiens anläßlich der Geburt des – bald wieder verstorbenen – Sohnes Karls VI. stand an der Haustür eines Wiener Schusters:

„AEIOU
Was sagt Sankt Lucas dazu?
VOIEA [für voilà?]
Ein kaiserlicher Prinz ist da!"

Bis in die Gegenwart wurde die Phantasie der Menschen von möglichen Ausdeutungen der fünf Vokale angeregt. Alphons Lhotsky, dem die zusammenfassende Arbeit zu diesem Thema zu danken ist, führt auch Beispiele aus einer kabarettistischen Kavalkade von Rudolf Weys aus dem Jahr 1963 an wie „Auch Eselei ist offenkundig unsterblich" oder die schöne Ausdeutung von Albert Mitterer „Alte Esel jubilieren ohne Unterlaß".

Die Säulen des Herkules – Die Imprese Karls V.

Das wichtige, auch später immer wieder aufgenommene Symbol Kaiser Karls V. ist von allen Kaiserdevisen vermutlich am besten erforscht und zeigt am eindringlichsten, wie viele geistesgeschichtliche Wurzeln und Bezüge in einem so einfachen sprachlich-bildlichen Symbol stecken können. Das Motto Karls V. besteht aus zwei Säulen, die aus dem Meer herausragen, und einer Banderole mit den Worten PLUS ULTRA, hat also die im Humanismus und seiner Nachfolge charakteristische Kombination von Text und Bild, wie sie in der Kunst der Emblematik der Frühen Neuzeit viele Gelehrte beschäftigte.

Gemäß den meisten Historikern und Emblematikern des 16. und 17. Jahrhunderts, die dieses Motto auszudeuten versuchten, wie etwa Jacobus Typotius, Jacques Le Vasseur, Sebastian de Covarrubias Orozco oder Rodrigo Mendez Silva, wurde diese Devise gewählt, um die Herrschaftsausdehnung Karls V. jenseits der Säulen des Herkules in die Neue Welt zu betonen. Dadurch kam man auf eine Ableitung von spanischen Vorbildern, doch zeigen die Studien der Quellen, daß diese Devise Karls V. unter italienischem Einfluß 1516 am Hof in Burgund, mehr als ein Jahr vor Karls erster Reise nach Spanien, entstand. Als Autor wird in allen frühen Quellen Luigi Marliano genannt, der als Arzt und Gelehrter am Hof Karls nachweisbar war, er konnte auf eine starke Herkulestradition in Burgund zurückgreifen. Die Taten des Herkules wurden immer wieder z. B. auf Gobelins des späten Mittelalters dargestellt und verherrlicht, und etwa auch 1454 bei dem bekannten Bankett des *voeux des phaisants* – einem Kreuzzugsgelöbnis – in Lille, das in der Geschichte des Vliesordens eine zentrale Rolle spielte, ebenfalls dieses antiken Helden gedacht. Auch in Spanien kursierten einschlägige Legenden, die erzählten, daß ein Enkel des Herkules namens Hispanus die spanische Dynastie begründet hätte, aber selbst die österreichischen Habsburger verehrten Herkules als Vorfahren. Damit waren diese Vorstellungen sogar in drei Linien der Familie – in Burgund, Kastilien und Österreich – verbreitet. Nicht überraschen kann nun in diesem geistesgeschichtlichen Geflecht die Tatsache, daß Marliano schrieb, er stimme mit jenen überein, die Österreichs Rolle bei der Beherrschung der Welt betonten, wobei er auf die oben genannten Interpretationen des AEIOU-Mottos Friedrichs III. anspielte. Marliano berief sich bei diesen Weltherrschaftsideen auf die vier damals bekannten Kontinente: Amerika wurde gerade dem Christentum zugeführt, so daß Karl nun noch Afrika und Asien vom Islam befreien müßte, er würde dadurch ein neuer Herkules oder gar ein Atlas, wenn er diese weltweite Verantwortlichkeit, die ihn erwartete, tragen würde.

Die Anspielungen auf die Säulen des Herkules, die der

Die Verwendung geheimnisvoller Symbole war für spätmittelalterliche Herrscher charakteristisch. Der Entwurf Dürers eines Geheimbildes Maximilians I. für die Ehrenpforte ist voll von solchen Sinnbildern. ÖNB, Wien

Sage nach von dem antiken Halbgott an der Straße von Gibraltar errichtet wurden, waren eine mittelalterliche Zutat zur Herkulessage. Auch die Theorie der Zeitgenossen Karls, daß der Wahlspruch sich von dem angeblichen Spruch NE PLUS ULTRA (mit der Bedeutung: „Bis hierher und nicht weiter", und mit dem Hinweis darauf, daß jenseits dieser Säulen kein bewohntes Land gefunden werden könne) auf den Säulen des Herkules ableitete, stammte nicht aus dem antiken Zitatenfundus. Andere ebenfalls spätere Interpretationen sagten, Herkules habe Säulen errichtet mit der Aufschrift ULTRA GADES NIL (Es gibt nichts hinter Cadiz), oder Karl habe nach der Entdeckung Amerikas seinen Wahlspruch PLUS ULTRA im Gegensatz zum älteren Satz ULTRA GADES NIL gemünzt. In diesem Fall

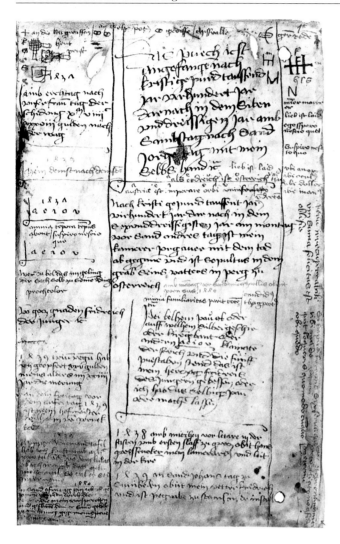

müßte sein neuer Spruch gelesen werden als: „Dahinter gibt es noch viele Länder".

Ein wenig überraschend ist dabei, daß dieser lateinische Spruch – analysiert man ihn sprachlich – eine Realität ausdrückt, während eine *impresa* sonst immer Wünsche beeinhaltet, so daß eher eine Übersetzung wie „noch weiter hinein in die neue Welt" gemeint sein könnte. Dabei müßte man das lateinische Wort PLUS so lesen, als ob es französisch wäre, also als Element der Adjektivsteigerung. 1566 interpretierte Girolamo Ruscelli dieses Motto auch wirklich so, eigentlich sollte es ULTERIUS oder ULTERIOR gelesen werden. Daraus kann man den Schluß ziehen, daß dieses Motto zunächst französisch als PLUS OULTRE formuliert und dann erst sekundär in ein „falsches" Latein übersetzt wurde. Die Übersetzung erfolgte 1517 in Spanien, um der Skepsis der spanischen Granden gegen das Französische, in dem Karl in Burgund erzogen wurde, zu begegnen. Dabei wurde die Korrektheit der Sprache zugunsten einer besseren Merkbarkeit und der stärkeren sprachlichen Kraft von PLUS ULTRA hintangestellt.

Ungewöhnlich ist, daß es keine spanische Übersetzung dieses Spruches gibt, die lateinische Form wurde in ganz Europa verwendet, wenn auch eine selten gebrauchte deutsche Form NOCH WEITER gelegentlich vorkommt. Die ursprüngliche französische Form ist ihrerseits wieder bei Dante in der „Divina Commedia" vorgeprägt.

Ein unmittelbarer Anknüpfungspunkt für den Spruch ergibt sich allerdings, wenn man weiß, daß bei den Exequien, den Totenfeiern für Ferdinand den Katholischen in Brüssel im März 1516 der Spruch ULTERIUS NISI MORTE verwendet wurde, den man interpretierend übersetzen könnte: Er würde weitergemacht haben mit seinen Eroberungen, wenn ihn der Tod nicht daran gehindert hätte. Auf diese Ausdehnung der christlichen Herrschaft, die eben noch weiter erfolgen sollte, spielt wohl die so überaus erfolgreiche Devise Karls V. an. Nach der *Reconquista*, der Vertreibung bzw. gewaltsamen Bekehrung aller Nichtchristen in Spanien, sollte nun Nordafrika, vielleicht sogar das Osmanische Reich ein ähnliches Schicksal erfahren.

Das Motto der beiden Säulen konnte auch mit anderen Symbolen verbunden werden – wie z. B. am Chorgestühl in Barcelona mit denen des Goldenen Vlieses. Damit könnte die Bedeutung „ich verspreche, den Orden zu noch größeren Ruhm zu führen" intendiert sein. Noch andere Sinnschichten sind mit dieser Devise verbunden; so kann man den Ausruf der mittelalterlichen Pilger ULTRA (Wir wollen vorwärts ins Heilige Land) auf diesen Spruch beziehen und damit die stets präsente Kreuzzugsideologie betonen, die bei der Gründungsgeschichte des Vliesordens eine wesentliche Rolle spielte. Alle diese Sinnsprüche wurden bewußt vielschichtig angelegt, sowohl der interpretative Kontext der Entdeckungen als auch jener der Kreuzzüge stecken in diesem Wahlspruch.

Die Umdeutung antiker Vorstellungen in der Interpretation findet sich am eindringlichsten bei dem schon erwähnten Girolamo Ruscelli, der neben der geopolitischen Bedeutung dieses Satzes einen weitern hervorhob: Karl V. wolle den antiken Herkules an „Ruhm und Ehre" übertreffen. Damit schließt diese Devise noch stärker als andere an habsburgische Legenden an. Die Beziehungen zu Herkules und die Interpretation der Habsburger als Herkulier stehen im Hintergrund dieser kleinen Imprese.

Die Säulen der Imprese Karls V. wurden auch später öfter verwendet und nachgeahmt, wie man überhaupt in der politischen Propaganda gerne an den so mächtigen Karl V. anschloß. Insbesonders sein Namensvetter Karl VI., der auch den spanischen Hintergrund mit ihm teilte, knüpfte hier öfter an Karl V. an. Augenfällig ist die Verwendung der beiden Säulen vor allem bei der Karlskirche, die als Votivkirche des Kaisers anläßlich

Oben: Der bekannte Wahlspruch Franz Josephs „Viribus Unitis" taucht hier in einer Allegorie der Austria auf. Die 17 Mädchen verkörpern die Kronländer. Auf einem Kahn, der von einer Allegorie der Verfassung gesteuert wird, ist der junge Franz Joseph mit seinem Wahlspruch zu erkennen. ÖNB, Wien
Linke Seite: Auf der Anfangsseite seines Notizbuches erklärt Friedrich III. selbst Verwendung und Bedeutung seiner Devise AEIOU. ÖNB, Wien

der Befreiung von der Pest 1713 neben der religiösen eine politische Bedeutung kundtut. Die Säulen spielen einerseits an antike Siegessäulen, wie z. B. die Trajanssäule, andererseits aber an das Symbol Karls V. an.

Die Wahlsprüche der neuzeitlichen Habsburger

Ein anderer besonderer Liebhaber solcher emblematischer Figuren und Deutungen – die immer bewußt mehrdeutig waren – war Kaiser Rudolf II. Von seiner Devise ADSIT gibt es – ähnlich wie bei AEIOU – viele unterschiedliche Auslegungen. Allein Rudolfs Zeitgenosse Michael Pieczkonius gibt in seiner 1597 gedruckten lateinischen Apologie des Kaisers 18 verschiedene Deutungen dieses ADSIT, z. B. „*Auxilium Domini scutum impenetrabile Turcis*" (Die Hilfe des Herrn ist ein für die Türken undurchdringlicher Schild) oder „*Adsis devotis summe Iehova tuis*" (Höchster Gott steh' Deinen Gläubigen bei) oder auch „*Austria divinis semper iucunda triumphis*" (Österreich ist immer glücklich durch göttliche Siege), um nur einige Beispiele zu nennen.

Nicht nur die regierenden, sondern auch die nachgeborenen Habsburger und sogar die natürlichen Söhne, wie etwa Don Juan de Austria († 1578), führten solche Wahlsprüche. Don Juans beide überlieferten Wahlsprüche lehnen sich – wie die meisten dieser sprachlichen Floskeln – an antike Vorbilder an. Seinen Sieg bei Lepanto kommentierte er in einer verkürzten Version des bekannten Caesar-Zitates mit „*veni et vici*" (Ich kam und siegte), und auch der zweite Wahlspruch „*audaces juvat*" (Dem Kühnen hilft es [nämlich das Glück] ist aus einem an Vergil angelehnten Cicero-Zitat übernommen. Viele der Wahlsprüche waren auch in anderen Familien üblich, so führte etwa Jakob I. von England den gleichen Wahlspruch wie Philipp III. von Spanien „*ad utrumque paratus*" (Auf beides [nämlich Krieg und Frieden] vorbereitet).

Auch habsburgische Frauen führten solche Wahlsprüche, die allerdings meist weniger kriegerisch ausfielen, so z. B. Anna von Spanien († 1666), die Ludwig XIII. heiratete, „*intaminatis fulget honoribus*" (Es erglänzt in unbefleckter Ehre).

Wiederum als Ausnahme von der Regel sei Kaiser Maximilian von Mexiko angeführt, der seinen Wahlspruch nicht in lateinischer, sondern in spanischer Sprache wählte, seine Devise lautete „*equidad en la justicia*" (Gleichheit in der Gerechtigkeit).

Die Tradition der Wahlsprüche hielt sich also auch noch im 19. Jahrhundert, bekannt ist der Wahlspruch von Kaiser Franz Joseph, „*viribus unitis*" (Mit vereinten Kräften), den er mit Entschließung vom 12. Februar 1849 offiziell annahm, was bisher nicht üblich war. Der letzte Wahlspruch der Monarchie, der Kaiser Karls, der nur zwei Jahre regierte, lautete „*indivisibiliter ac inseparibiliter*", machte also den Grundsatz der Pragmatischen Sanktion von 1713 zur Devise. Daß dieses Motto mit der aktuellen politischen Situation zu tun hatte, ist unübersehbar, rückte bei den Entetemächten doch die Zerstörung der Habsburgermonarchie mehr und mehr in den Vordergrund ihrer Kriegszielpolitik. Daß gerade unter Karls Herrschaft, die nach seiner Auffassung legitim bis zu seinem Tod andauerte, die Aufsplitterung der Donaumonarchie in Nationalstaaten mit dem Grundsatz der Unteilbarkeit brach und – aus Gründen der angestrebten Restaurationspolitik nach 1918, die in einem Land leichter durchzusetzen schien als in der Gesamtheit der Länder – auch theoretisch aufgegeben wurde, ist eine jener historischen Grotesken, an denen die Geschichte Mitteleuropas so reich ist.

Kaiser Karl V., Porträt mit Wappenschild und Insignien und Devise, Gemälde, niederländisch. AKG, Berlin, Erich Lessing

III

LEBENSUMSTÄNDE UND KULTURELLE PRÄGUNG EINER FAMILIE

Reale und symbolische Räume umgeben den Menschen, beeinflussen sein Leben, werden aber andererseits vom Lebensstil der jeweiligen Menschen geprägt. Das Ambiente der kulturellen Umwelt der Familie wird vor allem durch den Faktor der Tradition wesentlich mitbestimmt, wie das ja auch in vielen anderen Familien der Fall ist, mit dem Unterschied allerdings, daß die mit regierenden Häusern verbundenen Traditionen älter und starrer sind als in den meisten Familien bürgerlicher, bäuerlicher oder gar proletarischer Herkunft. Im Gegensatz zu anderen sozialen Schichten steht der Faktor der Repräsentation im Zentrum der Lebensgestaltung der Habsburger. Residenzen dokumentieren ihre Machtansprüche ebenso deutlich wie das Zeremoniell, in dem ihnen natürlich der Vorrang vor allen anderen zukommt, oder die Festlichkeiten, die insbesondere in der Barockzeit verschwenderisch sind und ein gewaltiges Ausmaß an Ressourcen des Landes verschlingen.
Während durch den Bau von Residenzen Bleibendes für die Kulturgeschichte geschaffen wurde, waren Zeremoniell und Feste flüchtige Manifestationen des Glanzes der Dynastie, die man mühsam aus einer Vielzahl an Quellen rekonstruieren muß. Da das Zeremoniell Fest und Alltag völlig durchdringt, ist jedes Ausbrechen aus diesem symbolischen Raum undenkbar, auch wenn es Abstufungen gibt. Vor allem die zeremoniellen Begleitumstände der Jagd waren schlicht, und das Weidwerk bot sich – schon aus diesem Grund – als eine Art von „Gegenwelt" an, in die man entfliehen konnte. Die Schutzfunktion des Zeremoniells im Positiven und die schreckliche Beengung im Negativen wurden in unterschiedlichen Epochen verschieden empfunden, besonders im 19. Jahrhundert konnten und wollten viele Familienmitglieder in diesem symbolischen Raum nicht mehr leben.
Der politische Aspekt dieser Lebenswelt ist unleugbar, die Vielzahl der beherrschten Gebiete korrespondiert mit einer Vielzahl von Residenzen und Schlössern, deren Ähnlichkeiten von Spanien bis Ungarn nicht nur durch die gemeinsame Familientradition, sondern auch durch Zeittendenzen und Vorbilder der allgemeinen Architekturent-

wicklung ableitbar sind. Selbst die Feste – die immer in Konkurrenz zu denen anderer Höfe zu sehen sind, sei es der italienischen Renaissancefürsten oder des Sonnenkönigs in der Barockzeit – wiesen in allen Residenzen der Habsburger ähnliche Strukturmerkmale auf, da sie ähnliche Ansprüche zu erfüllen hatten. Dies zeigt sich insbesondere bei der Ausgestaltung der entscheidenden Wendepunkte des Lebens, bei Taufen, Hochzeiten und Begräbnissen, die ja auch anderenorts zentrale Ereignisse im Zusammenleben der „Großfamilie" bilden.

DER REALE RAUM –
RESIDENZEN, SCHLÖSSER UND GÄRTEN

„Sage mir, wo du wohnst und ich sage dir, wer du bist", könnte man ein altes Sprichwort modifizieren. Herrscher prägen Residenzen, aber Residenzen prägen auch Herrscher. Ob man im sonnigen Aranjuez oder im düsteren Escorial zu Hause war, ob man in Wien oder Prag, in Innsbruck oder Graz residierte, immer übte der Wohnort einen Einfluß auf die Habsburger aus, der nicht zu vernachlässigen ist.

Residenz setzt immer Herrschaft voraus, denn sie ist mehr als der Wohnort eines Fürsten, sie hängt zugleich mit Hofhaltung, Hofstaat und Repräsentation zusammen. Insofern waren die ersten Residenzen der Habsburger in den Stammlanden – allen voran die Habsburg, aber auch Lenzburg, Baden und Kyburg – nur solche im weiteren Sinne des Wortes. Zwar übt jedes Adelsgeschlecht im Rahmen der Grundherrschaft – wie das Wort schon sagt – eben auch Herrschaft aus, doch erst bei Landesfürsten kann man eigentlich von einer Residenz sprechen.

Die Definition des Begriffes „Residenz" ist nicht einfach, lange Zeit hindurch kannte die habsburgische Familie keinen ausschließlichen Residenzort. Als Rudolf I. zum Herrscher im Heiligen Römischen Reich gewählt wurde, gab es in diesem Staatsgebilde keine Residenzstadt, der römisch-deutsche König reiste – wie im frühen Mittelalter – rastlos in seinem Territorium umher. Erst durch die Belehnung mit Österreich übernahmen die Habsburger eine Residenzstadt, denn bereits die Babenberger hatten ihren Hauptsitz nach Wien verlegt und damit diese Stadt zu ihrer Residenz gemacht.

Verschiedene Linien des habsburgischen Hauses residierten in unterschiedlichen Städten, neben Wien und Prag spielten auch Graz, Innsbruck, Brüssel und Madrid eine Rolle. Dennoch lassen sich manche Gemeinsamkeiten zwischen den Residenzen der spanischen und der österreichischen Linie des Hauses feststellen. In beiden Fällen beschränkte sich die Residenz nicht auf ein einziges Gebäude. Wenn von einer Stadt als Residenzstadt die Rede ist, muß man sich immer vergegenwärtigen, daß man damit eine Fülle von Gebäuden meint, daß die Residenzfunktion vom Zentrum der Stadt in die umliegende Landschaft fließend übergeht. Daher ist es sehr schwer, die eigentlichen „Residenzen" (wie die Hofburg in Wien oder den Alcázar in Madrid) von den Lust- und Jagdschlössern der Umgebung als Typus abzugrenzen. Zur Wiener Residenz gehörten außer der Hofburg die alte und die neue Favorita, Schönbrunn, ja sogar das Neugebäude, Kaiserebersdorf und Laxenburg dazu, die natürlich jedes für sich als Lust- oder Jagdschloß einzustufen sind. Im weiteren Sinne waren auch die Klöster des Donautales – allen voran Klosterneuburg – Bestandteile dieses Residenzen-Ensembles.

Die Gemeinsamkeiten der spanischen und der österreichischen Residenzen beschränken sich keineswegs auf ihre Lage, sondern umfassen auch die Funktion und den künstlerischen Charakter der Bauwerke. Die Parallelen sind natürlich ebenso abhängig von zeitbedingten Gemeinsamkeiten des Schlösserbaus der Spätrenaissance und des Barocks in Spanien und Österreich und damit von vergleichbaren architektonischen Einflüssen aus Italien und Frankreich. Auch eine ähnlich funktionierende Verwaltung – das Hofbauamt, das Maximilian I. schuf und das erst im 19. Jahrhundert von der Generalhofbaudirektion abgelöst wurde, ebenso wie die 1545 ins Leben gerufene *Junta de Obras y Bosques* – bestand in beiden Ländern.

Residenzen sind mehr als Wohngebäude, sie prägen das „Image" eines Herrschers oder einer Dynastie. Ludwig XIV. und Versailles gehören untrennbar zusammen, weil das vielfach nachgeahmte Versailles der augenfälligste Ausdruck der politischen Vorherrschaft Frankreichs in Europa war, ein Ausdruck des zur Vollendung gelangten Absolutismus. Das Spezifikum der habsburgischen Bautätigkeit hingegen lag weniger in der Betonung der Repräsentation – auch wenn diese immer eine gewaltige Rolle spielte – als im Verweis auf die Tradition, die man den Machtansprüchen Frankreichs und anderer entgegensetzte.

Residenzen der österreichischen Habsburger

Mit dem Herrschaftsantritt der Habsburger in den österreichischen Ländern übernahmen diese die Residenz der Babenberger in Wien. Im Zuge der Länderteilungen des späten Mittelalters blieb Wien allerdings nur eine von drei Residenzstädten, denn im späten 14. und 15. Jahrhundert und dann nochmals in der zweiten Hälfte des 16. und im 17. Jahrhundert traten Graz und Innsbruck neben die Wiener Residenz. Zudem führten die persönlichen Vorlieben und Abneigungen einzelner

Herrscher ebenfalls zu einer Verringerung der Bedeutung Wiens im späten Mittelalter: Friedrich der Schöne residierte in Gutenstein, Friedrich III. förderte besonders Wiener Neustadt und Graz, sein Sohn Maximilian, der den Wienern die Belagerung seines Vaters in der Burg nicht verzeihen konnte, fügte dem noch Innsbruck hinzu, auch Linz und Wels dienten gelegentlich als Aufenthaltsorte der beiden Kaiser.

Die Wiener Burg ist ein sehr traditionsreicher Gebäudekomplex, dessen heute noch erhaltener Kern, die Burgkapelle und ihre unmittelbare Umgebung, aus dem späten Mittelalter stammt. Seit dem 16. Jahrhundert wurde die Hofburg ständig erweitert, was mit der immer größeren Geltung des Hauses Habsburg in Europa ebenso zusammenhängt wie mit dem seit der Renaissance stärker werdenden Repräsentationswillen. Ferdinand I. legte einen Lustgarten an und baute ein neues Ballhaus, da das alte dem großen Stadtbrand von 1525 zum Opfer gefallen war. In dem Lustgarten, in dem es Orangen- und Feigenbäume gab, die man im Herbst sorgfältig in Decken einpackte, fand Ferdinand „zu morgen vnnd abents mererstels di recreation". Hier zeigt sich erstmals die Vorliebe vieler Habsburger für Gärten, die – neben der erholsamen und repräsentativen – auch eine naturwissenschaftliche Funktion hatten.

Ab 1549 erweiterte Ferdinand die Burg nach Nordwesten und baute das Schweizertor mit den anschließenden Gebäuden. Die Bauleitung hatte der Wiener Stadtbaumeister Hermes Schallautzer inne, aber sogar einige „welsche" – also italienische – Baumeister wie Francesco de Pozo und Sigmund de Preda werden in den Quellen genannt, die Malereien stammten von dem Italiener Pietro Ferrabosco. Neben der eigentlichen landesfürstlichen Burg wurden aber des weiteren eine ganze Reihe anderer Gebäuden, meist Häuser von Adeligen, vom Hof benutzt, die später zum Teil in die Burg eingegliedert werden konnten. Ein gutes Beispiel dafür liefert der Cillierhof – benannt nach den ursprünglichen Besitzern, den Grafen von Cilli –, der als Werkstätte für Tischler und Schmiede diente und dann durch den Amalientrakt der Hofburg abgelöst wurde. Zunächst dürfte es zwischen 1575 und 1577 nur zu einem recht oberflächlichen Umbau der vorhandenen Bausubstanz gekommen sein, denn die Kosten beliefen sich auf nur 992 Gulden, was zeigt, daß es sich um keinen Neubau gehandelt haben kann. Erst in späteren Phasen der Ausgestaltung dieses Traktes, der zunächst Rudolf II. und dann seinem jüngeren Bruder Ernst als Wohnsitz diente, wurden fünfstellige Summen ausgegeben. Mit der Übersiedlung des Hofes nach Prag unter Rudolf II., der seine Residenz 1583 an die Moldau verlegte, sank die Bedeutung Wiens ab – der kaiserliche Bauwille dieser Zeit konzentrierte sich auf den Hradschin, von dem später noch die Rede sein wird – ohne allerdings völlig

zu verschwinden, da ja die Brüder des Kaisers, Ernst († 1595) und Matthias († 1619), als Statthalter weiterhin die Residenz nutzten.

Solange der Hof nur zeitweise in Wien residierte, entsprach der unzusammenhängende Gebäudekomplex der Wiener Hofburg durchaus den Bedürfnissen. Erste Probleme traten auf, als der Hof im frühen 17. Jahrhundert endgültig nach Wien zurückkehrte, denn die

Nach der Erwerbung Böhmens fanden die Habsburger in Prag mit dem Hradschin eine Residenz vor, die sie im 16. und beginnenden 17. Jahrhundert häufig nützten. ÖNB, Wien

Wiener Burg des 17. Jahrhunderts war nach der Aussage des Zeitgenossen Merian „nicht sonders prächtig erbaut und für einen solchen mächtigen und höchsten Potentaten ziemblich eng", sie trug mehr den Charakter einer Befestigung als einer barocken Residenz. Die Anordnung der Zimmer folgte dem strengen spanischen Hofzeremoniell, so gab es eine Zimmerflucht von der Trabantenstube zur Ritterstube, weiter zur ersten – ab 1666 zweiten – *Anticamer*, an die sich Ratsstube, *Retirade* und *Cabinet* anschlossen. Neben Gebäuden waren auch freie Plätze für Turniere und Reiterspiele nötig, so wurde der freie Platz zwischen Burg und Augustinerkloster (der heutige Josefsplatz) als „Roß Tumbl Platz" verwendet.

1660 unternahm Leopold I. einen ersten Schritt zur Uniformierung und Modernisierung des gesamten Komplexes, der aus verschiedenen unzusammenhängenden Einzelgebäuden bestand. Der Kaiser ließ vom italienischen Hofarchitekten Filiberto Lucchese einen neuen Trakt, den sogenannten Leopoldinischen Trakt, bauen, der die mittelalterliche Burg mit der Amalienburg verband und damit zu einem geschlossenen Ganzen umgestaltete. Unter Karl VI. wurde der barocke Ausbau der Burg durch die Anlage des Hofkanzleitrakts 1717 und des Reichskanzleitrakts 1723 sowie die außerhalb der Stadtmauer gelegenen kaiserlichen Stallungen (dem heutigen Messepalast) abgeschlossen. Der Wille zur Repräsentation in der Bautätigkeit Karls VI. und die Schaffung eines spezifischen „Kaiserstils" machte sich aber nicht nur im Bau neuer Trakte der Hofburg, sondern vor allem in deren Dekoration bemerkbar. Die Allegorien der Tugenden des Kaisers, die wirklichen und die biblischen Ahnen, die römischen und mythologischen Vorbilder wurden in den Konzepten, die von Karl Gustav Heraeus und Konrad Adolph von Albrecht stammten, zu einer glorifizierenden Gesamtprogrammatik zusammengefügt, wie wir sie ähnlich auch in den apologetischen literarischen Texten der Zeit finden. Dennoch konnte sich dieser Repräsentationswille gerade in der Hofburg vergleichsweise wenig ausdrücken. Obwohl Fischer von Erlach und Daniel Gran im Prunksaal der Hofbibliothek mit der Apotheose Karls VI. als Förderer der Wissenschaften und Künste einen repräsentativen Bibliotheksraum schufen, blieb dieser eigentlich zweckgebunden – noch war der repräsentative Charakter der Hofburg nicht so ausgeprägt wie in vergleichbaren Residenzen. Man fand keine prachtvollen Stiegenaufgänge oder große repräsentative Säle in diesem Konglomerat von Gebäudeteilen aus verschiedenen Jahrhunderten, dennoch wurde niemals ein Neubau, der das alte Gebäude ersetzen sollte, durchgeführt. Eine ähnliche Konstellation finden wir auch bei den spanischen Verwandten, deren Residenz in Madrid ebenfalls „unmodern" und für einen barocken Herrscher eigentlich untragbar war. Der ganzen Anlage der Wiener Hofburg fehlte also ein einheitliches Konzept und die für die barocke Repräsentation so entscheidende große Schaufassade.

Fischer von Erlachs Entwurf für eine solche wurde zwar in Berlin im Forum Fridericianum weitgehend verwirklicht, die erst im 19. Jahrhundert in Wien errichtete Michaelerfassade der Hofburg hingegen hielt sich nur in stark vereinfachter Form an diesen Plan. Alle Umgestaltungen der Hofburg im Barockzeitalter erfolgten „nicht im Sinne von Modernität, sondern Kontinuität des Hauses Habsburg". Besonders für die Barockzeit war diese Einstellung – zu der sicherlich auch der Geldmangel dazukam – überraschend. Erst im 19. Jahrhundert erwog man in Wien mit der Neuen Burg und dem Plan eines Kaiserforums (heute Heldenplatz) im Zuge der Anlage der Ringstraße monumentale Repräsentationspläne zur Ausgestaltung der Hofburg und verwirklichte sie auch teilweise.

Im Gegensatz dazu setzte Ludwig XIV., der den alten Palast in der Stadt, den Louvre, ganz aufgab, andere Maßstäbe – seine Schöpfung in Versailles wurde zum Vorbild vieler kleinerer Residenzen in Europa. Die Habsburger blieben davon zugleich berührt und unberührt. Man beließ zwar die Hofburg in ihrer unmodernen, unrepräsentativen Form, aber in manchen Teilen der Residenz außerhalb der Hofburg ahmte man die Franzosen sehr wohl nach. Die Residenz in Wien bestand ja, wie schon erwähnt, nicht nur aus der Hofburg, auch die Favorita auf der Wieden bzw. später Schönbrunn sowie die Favorita im Augarten gehörten zu dem Gesamtkomplex der Residenz in Wien. Dazu kamen im weiteren Sinne noch Lustschlösser wie das Neugebäude, Ebersdorf, Laxenburg und die nach dem Tod des Prinzen Eugen erworbenen Marchfeldschlösser, die zum Teil ebenfalls in den jahreszeitlichen Rhythmus der Verlegung des Aufenthaltsortes einbezogen wurden. Noch weiter entfernt von Wien waren dann die – besonders im 19. Jahrhundert wichtigen – Jagdschlösser und Jagdhütten, von denen schon an entsprechender Stelle die Rede war.

Der strenge jahreszeitliche Wechsel der Residenz, der – wenn auch weniger ausgeprägt – in Spanien ähnlich verlief, sah vor, daß der Hof die Wintermonate in der Hofburg, den Frühling in Laxenburg und den Sommer und Herbst in der Favorita auf der Wieden verbrachte, wobei in der Jagdzeit kurzfristig auch in Ebersdorf residiert wurde.

Seit dem Beginn des 17. Jahrhunderts diente die Favorita auf der Wieden, die 1683 bei der Türkenbelagerung zerstört wurde, als kaiserliche Sommerresidenz, 1687–1690 erfolgte der Wiederaufbau des Schlosses. Unter Leopold und seinen Söhnen erfreute sie sich besonderer Beliebtheit, unter Maria Theresia hingegen verlor sie ihre Stellung als kaiserliche Residenz und wurde 1746 den Jesuiten verkauft. Seit damals beherbergt sie eine Schule (heute Theresianum und Diplomatische Akademie). Die Funktion der Favorita im Komplex der Wiener Residenzschlösser übernahm Schönbrunn.

Die Erwerbung des Geländes, auf dem Schloß Schönbrunn erbaut wurde, geht auf das 16. Jahrhundert zurück, als Maximilian II. eine dem Stift Klosterneuburg gehörige Mühle erwarb und sie zu einem Schlößchen umbauen ließ. Auch unter seinen Nachfolgern, insbesondere unter Ferdinand III., kam es zu einem weiteren Ausbau des Schlosses. Das erste Projekt eines barocken Neubaues entwarf Johann Bernhard Fischer von Erlach 1692/93. Dieses umfaßte einen geradezu größenwahnsinnigen Plan für eine Art Super-Versailles, dessen Durchführung in dieser Form niemals ernsthaft ins Auge gefaßt wurde. Das eigentliche Schloß sollte dabei auf der Anhöhe, auf der heute

Haupt- und Residenzstadt" verließ der Hof nur mehr aus triftigem Anlaß, etwa zu Krönungen oder um sich auf Reisen zu begeben. Noch im 16. Jahrhundert war das anders gewesen. Für Ferdinand I., Maximilian II. und besonders Rudolf II. spielte Prag eine mindestens ebenso wichtige Rolle als Residenz wie Wien. Das hing nicht zuletzt mit der Gefährdung Wiens durch die

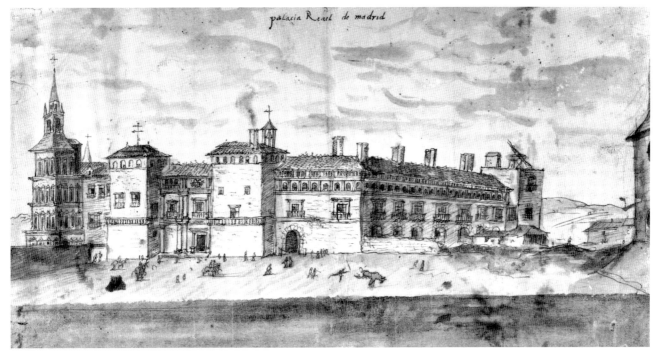

Anton Wyngaerde: Königlicher Palast in Madrid, 1567. ÖNB, Wien

die Gloriette liegt, stehen. Manche Kunsthistoriker nehmen an, daß es sich dabei gar nicht um einen richtigen, ernstzunehmenden Entwurf handelte, sondern daß der junge Fischer von Erlach nur zeigen wollte, was er alles konnte, um sich ein Entrée bei Hof zu schaffen. 1695 begann Fischer mit einem weitaus einfacheren Bau des Schlosses, der relativ zügig voranging, schon 1713 waren auch die Seitenflügel vollendet. Dieser ursprüngliche Barockbau wurde dann noch zweimal tiefgreifend umgestaltet, bereits unter Karl VI. wurden Steildächer an Stelle der Dachloggien angebracht, und zwischen 1744 und 1749 erhielt das Schloß Schönbrunn nach Entwürfen des Architekten Nicolaus Pacassi schließlich seine heutige Form. Wichtig für die barocke Umwelt war auch der im französischen Stil angelegte Park.

Mit der Erwerbung Böhmens 1526 hatte man die Residenzstadt der böhmischen Könige gewonnen, die nun in Konkurrenz zu Wien trat. Schwankte im 16. Jahrhundert die Hauptlinie des Hauses noch zwischen Prag und Wien, so war seit dem frühen 17. Jahrhundert unbestreitbar Wien die Residenzstadt, die als solche immer mehr an Bedeutung zunahm. Die „Reichs-,

Osmanen zusammen – immerhin hatten diese 1529 die Stadt zwar vergeblich, aber hartnäckig belagert. In Prag fanden die Habsburger 1526 eine fertige Residenz vor, die mittelalterliche Teile – etwa das Kloster St. Georg, den Veitsdom und den Weißen Turm –, aber auch Renaissanceelemente – vor allem den berühmten Wladislawsaal – aufwies. So residierten die Habsburger des 16. Jahrhunderts wenigstens teilweise im Prager Hradschin – 1583 übersiedelte Rudolf II. schließlich dauerhaft nach Prag –, womit Wien für einige Jahrzehnte keine kaiserliche Residenz mehr darstellte. Nicht zuletzt um Platz für seine Sammlungen zu schaffen, erweiterte Rudolf den Hradschin baulich. In der Zeit nach Rudolf II. wurde die Prager Burg von den Habsburgern nur mehr gelegentlich benützt, ähnliches galt auch für andere Residenzen, die sie geerbt hatten. Im 18. Jahrhundert wurden den alten Gebäuden einheitliche Fassaden vorgelegt, womit der heutige repräsentative, aber letztlich ebenfalls Spuren der Tradition und Vergangenheit zeigende Burgkomplex entstand.

Ofen, heute ein Teil Budapests, spielte natürlich als Residenz der Habsburger als ungarische Könige keine Rolle, war es doch von 1540 bis 1686 in der Hand der

Türken. Eher kam noch der „Ersatzhauptstadt" des Reiches der heiligen Stephanskrone, Preßburg, Bedeutung zu, die sich allerdings auch auf gelegentliche Kurzbesuche bei Krönungen beschränkte. Erst im 19. Jahrhundert residierten habsburgische Palatine im Königreich Ungarn, gewissermaßen als Stellvertreter des ungarischen Königs und österreichischen Kaisers, dessen Haupt- und Residenzstadt natürlich weiterhin Wien blieb.

Die Linienteilungen der Habsburger im späten Mittelalter und dann nochmals ab 1564 führten zu zwei weiteren habsburgischen Residenzen, die zeitweilig von Bedeutung waren. In beiden Fällen, sowohl in Graz als auch in Innsbruck, konnten die Habsburger auf Traditionen der Otakare als steirische und der Andechser als Tiroler Landesfürsten zurückgreifen. Ein kurzfristiges Intermezzo blieb der Ausbau der Linzer Burg unter Rudolf II. für dessen Bruder Erzherzog Matthias, Statthalter in Donauösterreich.

Der Hauptteil der Grazer Burg, darunter die berühmte Doppelwendeltreppe, wurde unter Friedrich III. gebaut. Unter Karl von Innerösterreich und seinem Sohn Ferdinand wurde der Burgkomplex im frühbarocken Stil ausgebaut und erweitert, wovon ein Großteil im 19. Jahrhundert leider abgerissen wurde.

In Tirol ist bereits seit Herzog Friedrich mit der leeren Tasche († 1439), besonders aber seit Sigmund dem Münzreichen († 1496) eine große Zahl an Baumeistern und eine entsprechende Bautätigkeit nachweisbar. Nachdem Friedrich den Tiroler Fürstensitz von Meran nach Innsbruck verlegt und dort unweit der Ottoburg, der alten Residenz der Grafen von Andechs, den „Newenhof" – das spätere Haus mit dem goldenen Dachl – gebaut hatte, breitete sich die Hofbautätigkeit in Innsbruck aus. Sigmund der Münzreiche war ein namhafter Bauherr, der neben dem Ausbau der Innsbrucker Residenz auch eine Reihe von Burgen, die seinen Namen tragen, bauen ließ: Sigmundskron, Sigmundsburg, Siegmundsried, Siegmundseck, Siegmundslust, Siegmundsfried und Siegmundsfreud gehörten zu den Lust- und Jagdschlössern des Teilregenten. Maximilian I. erweiterte die Innsbrucker Residenz, die ihre endgültige bauliche Gestalt im großzügigen und repräsentativen Ausbau unter Maria Theresia erhielt – allerdings zu einer Zeit, als die Stadt schon lange nicht mehr eine Residenz der Habsburger war.

Einen wesentlichen Ausbau erfuhr Innsbruck als Residenzstadt in der zweiten Hälfte des 16. Jahrhunderts, als Ferdinand von Tirol die Herrschaft im Lande antrat. Schon als Statthalter seines Vaters in Böhmen hatte er Kenntnisse von Architektur erworben. Er kannte die Prager Burg, sah den Bau des Belvederes – eines Renaissancebaues Ferdinands I. für seine Frau Anna – entstehen und entwarf selbst die Pläne für Schloß

Stern, dessen fünfeckiger Grundriß architektonisch in dieser Zeit ohne Vorbild war und ohne Nachahmung blieb. Als er in Tirol regierte, gestaltete er vor allem Schloß Ambras aus, das der Wohnsitz seiner – nicht standesgemäßen – ersten Frau Philippine Welser war, zugleich war der Bau zur Aufnahme der großartigen Sammlungen des Erzherzogs bestimmt. Der Spanische Saal, der 1570–1572 entstand, dokumentiert den Herrschaftsanspruch Ferdinands, die Bilder der Tiroler Landesfürsten und seiner Vorfahren – nicht unähnlich der genealogischen Vorliebe Maximilians I. – führen

Das von Maximilian II. angelegte Neugebäude ist im Hintergrund dieses Gemäldes von Lucas van Valckenborch, das einen kaiserlichen Waldspaziergang darstellt, erkennbar. Kunsthistorisches Museum, Wien

eine personifizierte Geschichte des Landes vor, die Darstellungen der Geschichte von Romulus und Remus und Herkules erheben in der Sprache der Zeit den Anspruch auf eine weit über Tirol hinausgehende Herrschaft.

Die Bezeichnung „Spanischer Saal" stellt uns vor ein Problem, das möglicherweise auch mit der Verbindung der beiden Linien des Hauses zusammenhängt. Kunsthistoriker betonen, daß Ambras Ähnlichkeit mit spanischer Architektur, vor allem mit dem Schloß Karls V. in Granada um 1530, aufweist, doch ist nur schwer zu klären, ob der Begriff „Spanischer Saal" architektonisch oder funktional zu interpretieren ist. Gab es ein Bewußtsein für spanische Vorbilder, oder ist damit eine bestimmte Verwendung des Saales gemeint? Solche „Spanischen Säle" gab es auch in Prag – gebaut von Rudolf II., der ja seine Jugend in Spanien verbracht

Eines der Schlösser des Residenzkomplexes rund um Madrid war Aranjuez, dessen Gestalt in habsburgischer Zeit das Gemälde von Jeremias Gundelach zeigt. ÖNB, Wien

hatte – und im Leopoldinischen Trakt der Hofburg, der Name für diesen Saal, der vielleicht Darstellungen der Vita Karls V. trug, verschwand nach 1750 wieder. Die Gemeinsamkeit dieser Säle – soweit man überhaupt genügend Informationen hat, um Vergleiche anzustellen – ist gering und die Bezeichnung, die oft erst spät auftaucht, nicht völlig zu klären.

Das Schloß in Ambras erfüllte jedenfalls alle Bedingungen der Residenz eines Renaissancefürsten, es gab eine Bibliothek, ein Antiquarium für die Sammlung antiker Statuen, eine Waffensammlung und eine Kunst- und Wunderkammer und einen Renaissancegarten. Nach dem Tod Ferdinands erwarb Rudolf II. Schloß und Sammlungen, doch wurde Ambras bis zum Ende der Monarchie nur selten von der Dynastie genützt. Danach wurde es zu unterschiedlichen Verwendungszwecken herangezogen, erst in den letzten Jahren hat man das Schloß wieder renoviert und rekonstruiert, so daß der Zustand zur Zeit Ferdinands heute gut zu erahnen ist.

Aus der langen Herrschaftsdauer der Dynastie und der Akkumulation von Gebieten erklärt sich die große Zahl der Residenzen des regierenden Zweigs der Dynastie am Ende der Monarchie, die zum Großteil in den Besitz der Nachfolgestaaten übergingen: in Wien die Hofburg, die neue und die alte Favorita, das Belvedere, das Lusthaus im Prater, die Schlösser Schönbrunn und Hetzendorf und weiters Residenzen in Laxenburg, Wiener Neustadt, Budapest, Gödöllö, Prag, Reichstadt, Salzburg, Hellbrunn, Ischl, Innsbruck, Ambras und Miramare. Mit der Entwicklung unterschiedlicher Familienlinien im 19. Jahrhundert vermehrten sich die Wohnsitze der Habsburger. Von all den vielen damit verbundenen noch nicht erwähnten Orten soll nur der exotischste genannt werden. Maximilian – ein Bruder Kaiser Franz Josephs –, der besonders kunstsinnig war, ließ schon in Europa Schloß Miaramare und die Palastanlagen auf einer Insel bei Dubrovnik errichten. Auch der Bau der Wiener Votivkirche geht auf seine Initiative zurück. Als er später Kaiser von Mexiko wurde, nahm er seinen Architekten Max Julius Hofmann mit, der in den wenigen Jahren des mexikanischen Abenteuers in Chapultepec die Residenz, in Guernavaca das Schloß La Borda Quinta und im nahegelegenen Dörfchen Acapacingo ein indisches Schlößchen baute.

Lust- und Jagdschlösser

Die städtischen Residenzen der Habsburger hatten Vor- und Nachteile. Von der Infrastruktur her waren die Städte, die ja auch einen Markt bildeten, günstig. Die zentrale Lage der Städte unterstützte die Herrschaftsfunktion, die jeweilige Residenzstadt wurde durch die Anwesenheit des Hofes wirtschaftlich und prestigemäßig gefördert. Den Hauptnachteil bildete die Beengtheit des zur Verfügung stehenden Raumes, die sich mit den steigenden Wünschen nach Gärten und großzügigen Anlagen, die durch die italienische Renaissance vermittelt wurden, nicht vertrug. So kam schon im 16. Jahrhundert Maximilian II. zu dem Entschluß, in der Nähe seiner Residenzstadt Wien ein Landschloß, eine *villa suburbana*, wie man das in Italien nannte, zu bauen. Dieses 1569 begonnene sogenannte Neugebäude kann stilistisch mit den oberitalienischen Villenbauten Palladios, dem Palazzo del Tè in Mantua, der Villa Poggio Reale der Medici, mit dem Palazzo Farnese in Caparola, der Villa d'Este in Tivoli bei Rom oder der für Kardinal Giovanni Francesco Gambara erbauten Villa Lante di Bagnaia ebenso wie mit französischen Vorbildern, aber auch mit dem „Antiquarium" in München, einem Bau, der zur Aufnahme antiker Objekte dienen sollte, in Verbindung gebracht werden. Maximilian wies seine Gesandten an, Pläne römischer und neapolitanischer Gärten zu beschaffen. Der an der Planung des Antiquariums in München wie auch des Neugebäudes beteiligte Hofantiquarius Jacopo da Strada reiste nach Italien und Frankreich, wo er verschiedene Paläste kennenlernte. Die Gründungslegende des Neugebäudes, die von Kunsthistorikern sowohl bestritten wie verteidigt worden ist, besagt, daß es sich bei diesem Schloß um eine Nachbildung des Zeltes Süleymans handelt, das 1529 bei der Belagerung Wiens an diesem Platz stand. Der schon erwähnte Strada war auch in Istanbul gewesen und kannte den baulich sehr ähnlichen Çinili Köçk im Top Kapı Sarayı, der den Bau ebenfalls beeinflußt haben mag. Ohne die Gründungslegende wird auch die Interpretation der Wahl des Ortes schwierig; die Simmeringer Heide stellt nicht gerade eine freundliche Umgebung für ein Lustschloß dar, gerade deshalb fühlen sich Interpreten bei der „Lage in der kahlen Ebene an arabische Wüstenschlösser" gemahnt. Die Nähe zu den Jagdrevieren der Donauauen und dem Schloß (Kaiser-)Ebersdorf, das seit dem späten Mittelalter den Landesfürsten gehörte und nach seiner teilweisen Zerstörung 1529 umgebaut wurde, wäre vielleicht als sach-

Ferdinand von Tirol baute Schloß Ambras zu seiner Residenz bei Innsbruck aus. Archiv Verlag Styria, Foto: Nemeth

licherer Grund für die Wahl des Ortes zu nennen. Mit großem Aufwand betrieb Maximilian den Bau des Neugebäudes, an dem Pietro Ferrabosco, Hans Mont und Bartholomäus Spranger mitwirkten, und die Anlage der Gärten, für die Hans Gasteiger Brunnen und Wasserwerke und Alexander Colin Statuen schufen. Ein Landschaftsbild Lukas van Valckenborchs zeigt den Bau am Höhepunkt seiner Pracht. 1574 war er schon so weit gediehen, daß für den Polenkönig Heinrich, den späteren Heinrich III. von Frankreich, eine Hofjagd dort gehalten werden konnte.

Der 25achsige Arkadengang des Schlosses, der für Spaziergänge diente, wurde im Osten und Westen durch turmartige, im Grundriß fünfeckige Gebäude abgeschlossen. Schöne Säle im Untergeschoß sollten der Aufnahme der Sammlungen dienen, die das Schloß umgebenden Gärten und Grotten charakterisieren es als typisches Renaissance-Lustschloß. Die Ähnlichkeit in Struktur und Funktion mit dem Antiquarium in München, das die Wittelsbacher 1563–1567 unter der Leitung von Johann Jakob Fugger und Jacopo da Strada erbauen ließen, ist unverkennbar. Ab 1597 mehrten sich allerdings bereits Klagen über den Verfall, der sicher auch mit der Verlegung des Hofes nach Prag zusammenhing. Dieser konnte durch kleinere Restaurierungsarbeiten verzögert, aber nicht aufgehalten werden. Zwar hatte Ferdinand III. das Neugebäude teilweise wieder herrichten und Leopold I. dort einen Tiergarten einrichten lassen, in dem er seine Jagdleoparden, des weiteren Bären, Löwen, Tiger, Luchse und seltene Vögel hielt, aber seine Nachfolger zeigten kein Interesse am Neugebäude. Gegen Ende des 18. Jahrhunderts diente der Palast sogar als Pulverdepot. Der heutige Zustand bildet ein trauriges Kapitel. Der ehemalige Schloßgarten wurde zum Urnenhain des Zentralfriedhofes degradiert, der Hauptbau, dessen Fenster vermauert und dessen Arkadengänge abgerissen wurden, ist im Verfall. Teile der Bausubstanz des Neugebäudes wurden bei der Errichtung der Gloriette in Schönbrunn verwendet, aber die Plastiken und Brunnen, die exotischen Pflanzen und Bäume sind verschwunden. Das mangelnde Interesse am Neugebäude überrascht, baute man doch zur selben Zeit, als dieses verfiel, andere Schlösser wie die Favorita, Schönbrunn und Laxenburg aus.

Schon seit dem 14. Jahrhundert war Schloß Laxenburg im Besitz der Habsburger, seine Zuordnung als Lustschloß macht aber die Problematik der Abgrenzung zum Jagdschloß deutlich. Am Anfang – und noch lange Zeit – wurde es weitgehend als Stützpunkt für die Jagd verwendet, doch sind schon unter Albrecht III. († 1395) Gärten nachweisbar, die Maximilian I. durch einen „niederländischen" Ziergarten erweiterte.

Nachdem das Schloß 1683 zerstört worden war, ließ es Leopold I. von Lodovico Burnacini wieder aufbauen, er residierte von da an im Sommer im neuen Schloß, das unter Karl VI. und Maria Theresia weitere Ausgestaltungen erfuhr. In Laxenburg, ganz anders als in französischen Residenzen, besaß allerdings nicht der Kaiser den großen, zentralen Palast, umgeben von kleineren Pavillons der Höflinge, hier waren es vielmehr die Adeligen, die moderne Lustschlößchen bauten, welche die altmodische Residenz des Kaisers umgaben. Joseph II. ließ den Park in Laxenburg von einem für die Barockzeit typischen französischen Garten in einen für die Aufklärung charakteristischen englischen Park umgestalten, doch erst unter Franz I., der den Aufenthalt in Laxenburg bevorzugte, kam es zur Anlage des heute noch vorhandenen englisch-romantischen Parks und zum Bau der Franzensburg. Die Einrichtung dieses klassizistisch-romantischen Baus wurde aus Klöstern und Schlössern zusammengetragen – darunter aus der Capella speziosa, der bedeutenden mittelalterlichen Kapelle der babenbergischen Residenz in Klosterneuburg –, dazwischen finden wir Neues im Stil der Gotik oder Renaissance und einen reichen Bildschmuck aus alten und neuen Bestandteilen. Grotten, Wasserfälle, Brücken, Tempel und künstliche Ruinen fügen sich im ausgedehnten Park in dieses für die Romantik so charakteristische Ensemble ein.

Bezeichnend für die Zusammenhänge zwischen politischen und kulturellen Leitbildern ist die Tatsache, daß die Habsburger durch Kauf auch das „Erbe" des Prinzen Eugen, der eine Generation lang der führende Kopf des Reiches gewesen war, antraten. Sie erwarben aus dem Besitz der Erbin des Prinzen das Schloß Belvedere, das als Lustschloß und im 19. Jahrhundert sogar als Residenz des Thronfolgers Franz Ferdinand diente, und die sogenannten Marchfeldschlösser, also das von Johann Lukas von Hildebrandt umgebaute Schloßhof und das von Johann Bernhard Fischer von Erlach erbaute Schloß Niederweiden. Im 18. und 19. Jahrhundert vermehrten sich die Besitzungen der

Philipp IV. läßt sich in diesem Porträt mit dem Escorial darstellen, der zwar schon unter seinem Großvater begonnen wurde, aber erst in seiner Regierungszeit fertiggestellt werden konnte. Biblioteca Nacional, Madrid

Habsburger erheblich, was nicht zuletzt mit der wachsenden Zahl ihrer Mitglieder zusammenhängen mochte. Schlösser wie Persenbeug und Wallsee (Linie Salvator), Artstetten und Luberegg (Franz Ferdinand und seine Nachkommen), Orth im Salzkammergut (Linie Toskana) und Stainz (Erzherzog Johann und seine Nachkommen) wurden daher zu Residenzen von Ne-

und Sevilla dienten zeitweilig als Residenz. In diesen Städten fanden die Habsburger, die 1506 die Herrschaft in Spanien antraten, schon bestehende Bauten vor, die Alcázar – nach dem arabischen Wort *Al-qasir*, die Burg – genannt werden. Manche dieser Gebäude spielten auch noch in habsburgischer Zeit eine Rolle, allerdings ist in den meisten Fällen wenig davon erhal-

Der Escorial, die ehemalige Sommerresidenz der spanischen Könige. AKG, Berlin

benlinien des Hauses, andere Schlösser, wie z. B. das erzbischöflich-salzburgische Lustschloß Kleßheim, dienten nur einem Habsburger (Erzherzog Ludwig Victor) als Aufenthaltsort. Andere Besitzungen der Familie, wie Orth an der Donau, Eckartsau und vor allem das durch die Familientragödie zum Mythos gewordene Mayerling, das Erzherzog Rudolf 1886 erwarb, müssen eher als Jagdschlösser angesehen werden. Viele andere Gebäude dienten der Jagd, von Schlössern bis zu einfachen Jagdhütten reichte hier die Spannweite. Die meisten stammen aus dem 19. Jahrhundert und wurden schon im Kapitel über die Jagd besprochen.

Residenzen der spanischen Habsburger

Ähnlich wie im Reich besaß der mittelalterliche spanische Hof einen Wandercharakter, Orte wie Toledo und Valladolid, aber auch Granada und Zaragoza, Segovia

ten, da Feuer und Erdbeben viele der Paläste der *Casa de Austria*, wie etwa den Alcázar in Sevilla oder den mit Königsstatuen geschmückten Alcázar in Segovia, vernichteten. Am besten erhalten ist Habsburgisches in Granada, wo die Katholischen Könige Ferdinand und Isabella, aber auch Philipp der Schöne und Johanna die Wahnsinnige begraben sind. Neben der Alhambra – mit ihrem Löwenhof und den Gärten – ließ Karl V. einen eigenen Palast bauen, der mit den Buchstaben K und Y (für Karl und Isabella) geschmückt ist und dessen Fresken nicht nur die Taten des Herkules und Jasons mit dem Vlies verherrlichen, sondern auch Karls Sieg gegen die Moriskos in Tunis. Dieser Sieg in Tunis wurde auch in anderen Palästen gefeiert; die von Wilhelm Pannemaker angefertigten Tapisserien nach Jan Cornelisz Vermeyen – dessen Entwürfe dazu, die sogenannten Kartons, im Wiener Kunsthistorischen Museum erhalten sind – hingen in Sevilla und im Prado. Die Sitte der Ausschmückung ansonsten leerer Säle mit Tapisserien stammt aus Burgund, die Habsburger verfügten über einen großen Schatz an solchen Wandteppichen, mit denen sie die Räume je nach Wunsch und Anlaß dekorieren konnten.

Schon für die unmittelbaren Vorgänger der Habsburger, die Katholischen Könige, war Madrid ein wichtiger Ort, in dem sie nicht nur Klöster stifteten; auch das *juramento* Ferdinands als Regent – die herrschaftsfundierende Eidesleistung – fand 1509 hier statt. Mit seiner waldreichen Umgebung bot Madrid für Karl V. Möglichkeiten, seiner Leidenschaft für die Jagd nachzugehen, so daß er ein sehr positives Urteil darüber abgab: *„era sitio agradable y sano, de fácil acceso y estratégica situación geográfica, así como dotado de tierras fértiles y agua abundante"* (es liegt angenehm und gesund, ist leicht erreichbar und von guter geographisch-strategischer Lage, umgeben von fruchtbaren Feldern und reichlich mit Wasser versehen). Karl V. gab Madrid den Titel *Villa Imperial y Coronada* und wählte den Alcázar zur Residenz für Philipp II. Unter seiner Regierung entwickelte sich die Stadt ab 1561 zur offiziellen Hauptstadt der Monarchie, was sich auch auf ihr Wachstum positiv auswirkte. 1561 verfügte Madrid über etwa 20.000 Einwohner, bis zum Ende des Jahrhunderts hatte sich diese Zahl verdreifacht. Einer der Gründe für die Wahl des Ortes war die zentrale Lage auf der Iberischen Halbinsel; wie ein Zeitgenosse schrieb: *„Rex et princeps debe esse in medio Regni non lateri in angulo"* (der König oder Prinz muß im Zentrum des Reiches sein, nicht an der Peripherie). Der Hof blieb in Madrid von 1561 an bis nach Philipps Tod, sein Sohn Philipp III. übersiedelte den Hof kurzfristig nach Valladolid, ohne daß Madrid völlig aus dem Blick des Herrschers trat.

Die spanischen Habsburger ergriffen in Madrid eine Reihe von städtebaulichen Maßnahmen: 1572–1588 baute der Architekt Philipps II., Juan de Herrera, die Puente de Segovia über den Fluß Manzanares, und Philipp III. schuf mit der 120 mal 94 Meter großen Plaza Mayor einen großartigen Rahmen für Stierkämpfe und repräsentative Feste, aber auch für die für die spanischen Habsburger so charakteristischen, grausamen *autos sacramentales* oder *Autodafés*, die Aburteilungen und Verbrennungen der „Ketzer". Dieser Platz, dessen Vorbild ein ähnlicher in Valladolid war, hatte 615 Balkone. 3700 Menschen wohnten in den umliegenden Gebäuden, bei Festen konnte der Platz 50.000 Zuschauer fassen.

Die Hermesvilla im Lainzer Tiergarten stellte ein Refugium für Kaiserin Elisabeth mitten in einem schönen Jagdrevier dar. ÖNB, Wien

Das wesentliche Augenmerk aller Habsburger galt aber dem Palast. Der Madrider Alcázar war seit dem 9. Jahrhundert eine arabische Festung, er wurde schon von den Trastámara, den Vorgängern der Habsburger, benützt und ausgebaut. Seit 1541 wurde er im Auftrag Karls V. von seinen Architekten Luis de Vega und Alonso Covarrubias hergerichtet, aber niemals dachte man an einen völligen Neubau – ähnlich wie in Wien baute man lieber auf Tradition. An diesem altmodischen Palast liebte Philipp II. vor allem den Ausblick auf Gärten und Naturlandschaft. Er konnte von dem unter seiner Regierung im burgundischen Stil gebauten Torre Dorada nicht nur den Jardín de los Emperadores, also die Gärten, sehen, sondern auch bis zur Casa del Campo, einem Jagdschlößchen, an klaren Tagen sogar bis zum Escorial. Unter allen Nachfolgern Philipps II. wurde am Palast weiter gebaut, Philipp III. ließ mit dem Bau des Klosters Encarnación auch das Gelände der Gärten erweitern. 1659 wurde unter der Leitung von Diego Velázquez der *Salón Nuevo o de los Espejos* – also ein Spiegelsaal – gebaut, der die große *Sala de la Emperatriz* aus dem 16. Jahrhundert als Repräsentationsraum ergänzte. Am Beginn der Regierung Karls II. – dieser war beim Tod seines Vaters erst vier Jahre alt – kam es durch die Auseinandersetzungen zwischen der Königswitwe Maria Anna († 1696), die von ihrem oberösterreichischen Beichtvater Nithard beeinflußt war, und dem illegitimen Sohn Philipps IV. Juan José de Austria († 1697) zu Wirren, die den weiteren Palastausbau stillegten, doch in der Regierungszeit Karls II. wurde der Alcázar noch durch Arkadenbauten abgeschlossen.

Ähnlich wie in der Residenzstadt Wien war der Alcázar nicht der einzige Palast der Habsburger in Madrid und seiner Umgebung. Bereits seit dem 14. Jahrhundert hatten sich die kastilischen Könige in einem Wald, genannt Prado, in der Nähe von Madrid zur Jagd getroffen, 1430 war dort eine Burg erbaut worden. 1543 befahl Karl V., das Gebäude niederzureißen und durch ein neues zu ersetzen, das dann unter Philipp, als Madrid zur Residenz wurde, als Bildergalerie Verwendung fand, wobei sich nach einem Brand im Jahre 1604 diese Funktion stärker auf den Escorial verlagerte. Heute enthält das – allerdings aus späterer Zeit stammende – Gebäude wieder die bedeutende Gemäldesammlung der früheren spanischen Könige.

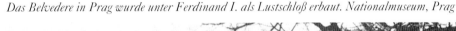
Das Belvedere in Prag wurde unter Ferdinand I. als Lustschloß erbaut. Nationalmuseum, Prag

Ebenfalls in unmittelbarer Nähe zum Alcázar gelegen befanden sich auch andere Schlösser der Dynastie, vor allem das Jagdschloß Pardo, dessen Errichtung 1540 unter Karl V. mit Luis de Vega als Architekt begann. Der auf einem quadratischen Grundriß mit Ecktürmen errichtete Bau hatte Ähnlichkeit mit dem Alcázar von Covarrubias in Toledo. In diesem Palast waren repräsentative Säle, darunter die *Sala Real de los Retratos de los Príncipes, Damas y Cavalleros* mit Bildern von Tizian, Antonio Moro und Antonio Sánchez Coëllo und auch ein Komödiensaal untergebracht.

Ein drittes Schlößchen, das heute auch schon innerhalb der Stadt liegt, stammt noch aus der Zeit Philipps II. – die Casa del Campo, welche Philipp 1562 kaufte und von seinem Hofarchitekten Juan Bautista de Toledo umgestalten ließ. Den Höhepunkt seiner Beliebtheit erreichte dieses Schloß unter Philipp III., dort stand auch ursprünglich dessen Reiterstatue, die dann auf die Plaza Mayor übertragen wurde, wo sie heute noch das Zentrum des Platzes bildet.

Keiner der bisher genannten Bestandteile der Madrider Residenz war wirklich repräsentativ, konnte also der in der Barockzeit so wichtigen Funktion, fremde Besucher zu unterhalten, sie zu beeindrucken und gegebenenfalls auch unterzubringen, genügen. Als 1623 der Prince of Wales zu Besuch in Madrid weilte, mußte er notdürftig im Alcázar einquartiert werden. Dieser Mangel gab offensichtlich den Ausschlag für den Bau des Buen Retiro-Palastes unter Philipp IV. in der Nähe des Hieronymitenklosters San Jerónimo. Dieses Kloster, das im Osten der Stadt Madrid lag, war schon zur Zeit Philipps II. unter der Leitung von Juan Bautista de Toledo vergrößert worden. Dabei erbaute man – vielleicht nach englischen Vorbildern – anschließend an das Kloster einen weltlichen Teil, das sogenannte *quarto viejo*. 1629–1633 wurde das *quarto viejo* umgebaut und vergrößert, es entstand das Buen Retiro.

Im Jerónimokloster fanden die offiziellen Trauerzeremonien beim Tod eines Habsburgers statt, nach dem Bau des anschließenden Palastes verbrachte man dort traditionsgemäß den Beginn der Trauerzeit. Von dort zog man dann in einer feierlichen Prozession zum Alcázar, der den eigentlichen Regierungssitz repräsentierte. Die Umbauten und der Bau des Retiro wurden vom Architekten Don Gaspar de Guzmán angeregt, dessen Vorbilder die Villa Medici, der Palazzo Farnese und die Villa Giulia waren. Alle ähneln sich in der Verteilung der Räume um einen Hof, wie sie im Buen Retiro zu finden ist. Das große Gelände enthielt nicht nur den Palast selbst, sondern insgesamt 20 Gebäude, sechs Teiche, fünf Plätze und ausgedehnte Gärten mit Statuen und Brunnen, die alle in der Napoleonischen Zeit zerstört wurden. Von der Funktion her ergänzte der Buen Retiro den Alcázar, ersetzte ihn aber nicht – er erfüllte also eine ähnliche Funktion wie etwa Schönbrunn in Wien. Der Aufenthalt des Königs im Buen Retiro dauerte nie länger als 30 bis 40 Tage im Jahr, vor allem zu Festen wie Karneval, Christi Himmelfahrt, dem Fest des heiligen Johannes oder der Sonnenwende am 23. Juni. Es wurden im Buen Retiro Feste gefeiert und Theater gespielt, viele Stücke von Calderón wurden dort uraufgeführt. Zunächst spielte man im Freien auf der Insel im See, 1638 wurde dann das Kolosseum gebaut. Andere Vergnügungen umfaßten das Pelotaspiel – eine Art von Squash –, für das es eigene Plätze gab, oder die antiken Kampfspiele mit wilden Tieren, wobei man einmal einen Löwen, einen Tiger, einen Bären und einen Stier gegeneinander kämpfen ließ, den siegreichen Stier erschoß König Philipp IV. am Schluß mit der Muskete. Auch Park und Garten boten Möglichkeiten zum Spazierengehen, Spazierenreiten oder zu Fahrten mit der Kutsche. Auf den Kanälen konnte man mit Gondeln fahren, einige Male wurden Miniaturseeschlachten in der Art der antiken *Naumachie*, eines maritimen Schaukampfes, abgehalten. Die starke religiöse Bindung sieht man nicht nur in der „Anlehnung" des Buen Retiro an das Hieronymitenkloster, sondern auch anhand der verschiedenen Eremitagen, die auf dem Palastgelände standen.

Vergleichbar etwa dem Neugebäude oder später Laxenburg gab es auch ein Sommerschloß der spanischen Habsburger mit Gärten in Aranjuez, das der Jagd, vor allem aber dem Fischfang diente. Ursprünglich gehörte dieser Besitz dem Großmeister des Ordens von Santiago, der dort im 14. Jahrhundert einen Palast erbauen ließ. Seit die Oberhoheit über den Orden am Beginn des 16. Jahrhunderts an den spanischen König übergegangen war, befand sich Aranjuez, das durch den Ankauf von Weingütern, Olivenhainen, Häusern und Feldern systematisch erweitert wurde, in königlichem Besitz. Schon unter Karl V. wurde es 1534 als *Real Bosque y Casa de Aranjuez* (Königlicher Wald und Haus von Aranjuez) bezeichnet und als Sommerresidenz genützt. 1561 beauftragte Philipp II. zunächst Juan Bautista de Toledo, dann Juan de Herrera mit einem Umbau. Das Interesse Philipps für diesen Besitz hing sicherlich mit seiner Leidenschaft für Gärten zusammen, der schöne Garten von Aranjuez wurde 1551 durch einen botanischen Garten erweitert. Die Verwandlung der Natur in eine höfische Umwelt, die Schmückung der Gärten mit Statuen, die im Rahmen eines ikonographisch-politischen Programmes standen, waren nicht nur für den Garten von Aranjuez, sondern für die meisten Gärten dieser Epoche charakteristisch. Auch Philipp III., der verschiedene Brunnen errichtete, und Philipp IV., der Maulbeerbäume für die Seidenerzeugung in Aranjuez pflanzen ließ, zeigten Interesse an diesem Schloß, das durch Brände 1660 und 1665 weitgehend zerstört wurde. Der heutige Bau stammt aus bourbonischer Zeit.

Da das Herrschaftsgebiet der spanischen Habsburger auch die Niederlande umfaßte, fungierte auch Brüssel als Residenzstadt der Familie. Allerdings residierten nur Karl V. und Philipp II. kurzfristig im Palais Coudenberg, das auf den burgundischen Herzog Philipp den Guten zurückgeht.

Als Maximilian I. die burgundischen Länder erheiratete, fanden die Habsburger Wohnräume und eine mittelalterliche Kapelle, einen großen Saal für Zeremonien und einen Park vor. Diese Grundstrukturen wurden erweitert, da das burgundische Zeremoniell – mit seinen immer größer werdenden Stäben – mehr Platz erforderte, die Räume wurden entsprechend dem Hofzeremoniell angeordnet. Auch in dieser Residenzstadt betonten die Habsburger die Tradition mehr als den Repräsentationswillen in Form eines großartigen Neubaus. Philipp II. ließ Verbesserungsarbeiten nur in den Privaträumen durchführen, die offiziellen Räume blieben unverändert. Von dieser burgundischen Residenz gingen, wie schon erwähnt, architektonische Einflüsse auf Spanien aus, sowohl in Madrid als auch in Lissabon bauten die Habsburger bei den jeweiligen Residenzen burgundische Türme, wie sie im Coudenbergpalast vorhanden waren.

Klosterresidenzen

Monarchie und Kloster waren sowohl im Reich und in Österreich als auch in Spanien eng miteinander verbunden. Die mittelalterlichen Kaiser zogen nicht nur von Pfalz zu Pfalz, sondern auch von Kloster zu Kloster. Die Landesfürsten, wie etwa die Babenberger oder die spätmittelalterlichen Habsburger, betrieben ihren Landesausbau durch Klöster, über die sie die weltlichen Rechte, genannt Vogtei, ausübten. Alle Klöster in den österreichischen Ländern und in der Steiermark standen unter der Vogteigewalt der Habsburger, einige Klöster wurden – zum Teil als Begräbnisstätten – von ihnen gegründet, darunter die Kartausen Gaming und Mauerbach, das Dominikanerinnenkloster Tulln und das Zisterzienserkloster Neuberg an der Mürz. Ähnlich war die Situation im mittelalterlichen Spanien, das durch die *Reconquista*, also die Eroberung der von

Unten: Idealplan für den Ausbau von Klosterneuburg in der Zeit Karls VI. Foto: Inge Kitlitschka
Folgende Doppelseite: Schloß Schönbrunn, Ehrenhofseite. Gemälde von Bellotto, gen. Canaletto. Kunsthistorisches Museum, Wien

Die Lebenswelt der Habsburger

den Arabern beherrschten Teile, spezielle religiöse Orientierungen zeigte. Viele Klöster in Spanien waren königliche Gründungen, wie Las Huelgas in Burgos, Santa Clara in Tordesillas, San Jerónimo el Real in Madrid oder San Juan de los Reyes in Toledo. Da das kastilische Königtum ebenfalls noch „nomadisch", also ohne feste Residenz war, verbrachte man immer wieder Zeit im Kloster zur Erholung.

Den Ausgangspunkt für die habsburgische Vorliebe für Klosterresidenzen in Spanien bildete sicherlich der Rückzug Karls V. in das Kloster Yuste im hintersten Winkel der Provinz Extremadura, der allerdings schon wieder von einem mittelalterlichen Vorbild, dem von König Alfons VIII., der sein Lebensende im Kloster Las Huelgas in Burgos verbrachte, beeinflußt erscheint. Karl V. verbrachte die letzten Jahre seines Lebens – sehr zum Ärger und Entsetzen seines Hofstaates – im Kloster San Jerónimo in Yuste. Seit 1402 waren zwei Eremiten in diesem Gebiet nachweisbar, schon 1408 konnte ein Kloster aufgrund eines Privilegs Don Fernandos gegründet werden. Bereits die mittelalterlichen Herrscher Spaniens zeigten eine Vorliebe für den Hieronymiten- (oder Hieromytanier-) Orden, so daß es nicht überrascht, daß die bedeutendsten Klöster der spanischen Habsburger ebenfalls diesem Orden angehörten: Yuste, der Escorial, Guadalupe und Belem im benachbarten Portugal, das die *Casa de Austria* einige Jahrzehnte lang beherrschte.

Dabei lebte Karl V. in Yuste keineswegs asketisch, ein Stab von 60 Bediensteten, feinste Delikatessen wie Hummer, Austern und Forellen und Luxusgegenstände wie Tapisserien, Daunendecken, samtbezogene Sessel, silberne Kannen und Schüsseln, darunter auch Werke von Benvenuto Cellini, und eine kleine Orgel sorgten für die angenehmen Seiten des Lebens. Karl verbrachte seine Zeit auch mit handwerklichen Tätigkeiten, besonders liebte er die Arbeit an Automaten, als Meisterwerk fertigte er eine tanzende Dame mit Tamburin an. Während seines Aufenthaltes in Yuste besuchte Karl V. täglich Predigten und Lesungen mit der Pünktlichkeit eines Klosterbruders sowie täglich vier Messen, je eine für seinen Vater, seine Mutter, seine Frau und die eigene Gesundheit. Andere Messen beobachtete er von seinem Schlafzimmer durch ein Fenster, von dem aus er den Hauptaltar sehen konnte. Knapp vor seinem Tod bat er seinen Beichtvater, die Messen für seine Eltern und seine Frau zu lesen, danach fand eine Probe des eigenen Begräbnisses statt.

Linke Seite: Der Escorial liegt weithin sichtbar in der kargen Landschaft nahe von Madrid. Foto: Vocelka
Rechts oben: Blick durch den Torbogen in den großen Hof des Escorial. Foto: Vocelka
Rechts unten: Die eindrucksvolle strenge Fassade des Escorial. Foto: Vocelka

Der Wunsch Karls V., in einem Kloster begraben zu sein, dürfte einen wesentlichen Hintergrund für die Gründung des Klosters El Escorial – das Kirche, Kloster, Palast und Begräbnisstätte vereinigen sollte – geliefert haben. Unmittelbaren Anlaß bot aber der Sieg der spanischen Truppen über die Franzosen bei Saint Quentin am 10. August 1557, dem Tag des heiligen Laurentius oder Lorenz. Der Escorial wurde in Erfüllung eines Gelübdes errichtet, wobei nicht nur der glückliche Ausgang der Schlacht maßgeblich war, sondern auch die Zerstörung einer Kirche, die dem heiligen Laurentius gewidmet war. Die gitter- oder rostförmige Anlage des Escorials – die allerdings die meisten Klöster aufweisen – wird auf das Attribut dieses spanischen Heiligen, der auf einem Rost gemartert wurde, zurückgeführt. Die Anlage der Hofarchitekten Juan Bautista de Toledo und Juan de Herrera enthält aber auch – wie zeitgenössische und spätere Interpreten betonen – andere Deutungsmöglichkeiten. Sie kann als Anspielung auf Kaiser Konstantin, der Laurentius nach dem Sieg über Maxentius eine Kirche errichtete, gewertet, oder auch in Zusammenhang mit dem Tempel Salomons in Jerusalem oder dem Palast des Diokletian in Split gesehen werden. Der Gedanke der möglichen Nachahmung des salomonischen Tempels, der von dem Schriftsteller Pater Sigüenza vertreten wurde, wird gestützt durch die Tatsache, daß im Hof der Könige Statuen der sechs Erbauer des Tempels in Jerusalem stehen, jüdische Könige, die – wie wir schon gesehen haben – auch in einer fiktiven genealogischen Beziehung zu den Habsburgern standen. Philipp II. wurde öfter in der Malerei bei dem Motiv des salomonischen Urteils selbst als Salomon dargestellt.

Es wird darüber diskutiert, ob im Escorial eher die „römische Erbschaft" oder die spanische Politik Ausdruck fanden, vermutlich waren beide Gedanken vorhanden. Man hat das Kloster mit dem Tempel des Augustus am Palatin verglichen, wie dieses erfüllte es seine Funktion als Residenz, Bibliothek, Verwaltungszentrum und Ort der Andacht. Dieser imperiale Anspruch war nicht nur im ursprünglichen Plan Karls V. enthalten, worin sein Sohn Philipp nach seinem Bruder Ferdinand I. zum Kaiser gemacht werden sollte, sondern spiegelte sich auch im 1583 verbreiteten Gerücht, daß der Papst Philipp den Kaisertitel verleihen werde. Die Widmung des Escorials an San Lorenzo kann aber auch als ein Teil von Philipps bewußter spanischer Politik, entsprechend seiner Position als spanischer König und nicht als europäischer Kaiser, gesehen werden, da Laurentius ein spanischer Heiliger war.

Als Ort des Klosterkomplexes Escorial wählte man ein kleines Dorf bei einer verlassenen Eisenmine, der Name bedeutet „der Schlackenhaufen". Der Bau des Klosters verschlang fünf Millionen Dukaten, das war die Hälfte der Jahreseinnahmen Kastiliens. Die Ausstattung mit Gemälden – darunter 33 Werke von Hieronymus Bosch –, Skulpturen, Möbeln und Teppichen erfolgte durch Ankäufe in den Niederlanden und in Italien. Reiche Sammlungen befanden sich im Kloster, darunter 137 Astrolabien und Uhren, 5000 Münzen und Medaillen, Waffen und Rüstungen, Römisches und „Indianisches". Die Bibliothek des Escorials war eine der größten Europas und umfaßte 14.000 Bücher, die in einem 50 Meter langen Raum mit Bücherschränken aus Ebenholz, Zedern-, Walnuß- und Orangenholz aufgestellt waren. In einem Reliquienkabinett hinter der Kirche war eine Sammlung von 7422 Reliquien untergebracht, darunter 190 menschliche Köpfe und komplette Körper von sechs Heiligen. Die Hauptreliquie bildete ein Fußknöchel des heiligen Laurentius. Das Kloster – vor allem die Königsgruft – wurde erst lang nach dem Tod Philipps II. vollendet.

Ähnlich wie die Hieronymiten für die Männer spielte der Orden der Klarissinnen eine wichtige Rolle für die religiöse Devotion der Königinnen sowie für die Versorgung der königlichen Witwen und des „Überschusses" an Prinzessinnen. Der Klarissinnenorden, das weibliche Gegenstück zum Franziskanerorden, besaß schon im 13. Jahrhundert 49 Klöster in Spanien, in den zwei darauffolgenden Jahrhunderten wurden weitere 71 gegründet, im 16. Jahrhundert allein 83 und im 17. Jahrhundert nochmals 66. Spezifisch für die spanische Linie scheint zu sein, daß man dort auch die natürlichen, also außerehelichen Töchter der Könige und sogar die Töchter der natürlichen Söhne unterbrachte. Juana, eine Tochter des Don Juan de Austria († 1578), wurde Äbtissin von Las Huelgas; dort lebte auch seit ihrer Geburt Mariana de La Cruz y Austria, eine natürliche Tochter des Don Juan José († 1679), der selbst ein natürlicher Sohn Philipps IV. und einer Tochter des Malers Jusepe de Ribera war. Im Madrider Descalzaskloster verbrachte Ana Dorotea de Austria, eine natürliche Tochter Rudolfs II. – der sich offenbar an dem spanischen Vorbild seiner Jugend orientierte –, ihr Leben. Sie nannte sich in einer Inschrift der von ihr renovierten Stiege *Marquese de Austria*. Ebenfalls bei den Descalzas wohnte Margarita de la Cruz y Austria, eine

El Escorial. Ansicht der Westfassade. Foto: AKG, Berlin

natürliche Tochter des Kardinalinfanten Fernando († 1641), und im Madrider Kloster Encarnación lebte Ana Margarita de San José, eine natürliche Tochter Philipps IV., die schließlich Äbtissin wurde und im Chor des Klosters begraben liegt.

Zwei Klostergründungen in Madrid waren es vor allem, die in unmittelbarer Beziehung zum Haus Habsburg – chitekten Juan Bautista de Toledo fertiggestellt wurde, doch befindet sich ihr Grabmal von Jacopa da Trezzo mit einer ganzfigurigen knienden Statue von Leone Leoni in dem von ihr gegründeten Kloster. Johannas ältere Schwester Maria († 1603), Witwe nach Kaiser Maximilian II., verbrachte ihren Lebensabend in den Descalzas Reales.

Im Kloster Yuste verbrachte Karl V. seine letzten Lebensjahre. Foto: Vocelka

der Name *Real*, also königlich, verweist darauf – standen und eine reiche Ausstattung mit Gütern aller Art erhielten. Königin Isabella, die Frau Karls V., residierte nach ihrer Ankunft in Madrid zunächst im Palast des Tesorero Real Don Alonso Gutiérrez, wo auch Prinzessin Juana oder Johanna († 1573) geboren wurde, die zwei Jahre mit Prinz Johann vom Portugal verheiratet war. Nach dem Tod ihres Mannes kehrte die junge Witwe als Statthalterin ihres Vaters nach Madrid zurück. Im Jahre 1559 gründete sie nach langen Beratungen mit dem heiligen Franz von Borgia das Kloster Descalzas Reales, für das sie die Unbeschuhten Klarissinnen, die dem Kloster den Namen gaben *(descalzas* = unbeschuht), aus den Konvent Santa Clara de Gandía holte. Der Architekt Antonio Sillero baute den Palast des Alonso Gutiérrez, den Geburtsort der Prinzessin, zum Kloster Descalzas Reales um. Zwar starb Johanna vor der Vollendung des Baues, der von Philipps Hofar-

Das zweite wichtige habsburgische Kloster in Madrid ist das der Unbeschuhten Augustinerinnen (oder Augustiner-Eremitinnen) Encarnación, das von Doña Margarita oder Margarete, der Frau Philipps III. aus der steirischen Linie des Hauses Habsburg, begründet wurde. Sie plante eine ganze Reihe wohltätiger Institutionen: ein Hospiz für alte Diener des Hofes, Herbergen in Malaga und bei Hof für Kriegsinvalide und ein Jesuitenkolleg in Salamanca, doch nur die Stiftungen des Klarissinnenklosters Las Descalzas in Valladolid und des Klosters Encarnación in Madrid konnten verwirklicht werden. In Valladolid machte Margarete die Bekanntschaft der Nonne Mariana de San José, die sie für die Idee des Klosters Encarnación begeisterte. Margarete wollte den Konvent so nahe wie möglich am Palast, und so wurde unter dem Architekten Juan Gómez de Mora, der schon am Bau des Escorials beteiligt war, das Kloster in der Nähe des Alcázar gebaut. Am

16. Juni 1611 legte man den Grundstein, und schon 1616 konnte der Konvent bezogen werden. Auch dieses Kloster ist reich an Kunstschätzen und Reliquien und spielt in der Kulturgeschichte Spaniens eine wesentliche Rolle.

In den österreichischen Ländern der Habsburger finden sich keine ähnlich gewaltigen Klosterresidenzen. Zwar bauten auch die österreichischen Habsburger der Barockzeit die Klöster aus, doch waren es keine spezifischen Klosterresidenzen, die entstanden. Man begnügte sich mit der Einrichtung von Kaisersälen und Kaiserzimmern in den Klöstern, quasi Reiseresidenzen, die man bei der Reise ins Reich als Übernachtungsort benützte. Solche Säle finden sich in vielen Klöstern, aber auch in weltlichen Gebäuden, stellvertretend seien die Kaisersäle von Ottobeuren und St. Florian sowie das Augsburger Rathaus und Schloß Windhaag genannt. Vieles von dem, was man den Kaiser- oder Reichsstil nannte – ein Begriff, der durch das Dritte Reich ideologisch belastet ist und heute wohl vermieden werden sollte – ist in der Planung steckengeblieben. Manche Idealprojekte hingegen wie Seckau und Göttweig, die wir aus Stichen von Georg Matthäus Vischer und Salomon Kleiner kennen, wurden – zumindest teilweise – realisiert. Das Kloster Seckau, in dem nicht nur die Begräbnisstätte Karls von Innerösterreich, sondern 1640 auch ein Kaisersaal errichtet wurde, stellt sicherlich eines der frühesten Zeugnisse eines Klosterbaus mit escorialähnlichen Zügen dar, der die Verbindung von Kloster, Begräbnisstätte und Residenz aufzeigt. Die Bekrönung der Türme mit Symbolen der kirchlichen und weltlichen Macht stellt ebenfalls den Bezug zum Escorial her.

Zwei Projekte, die immer wieder mit den Madrider Frauenklöstern und dem Escorial verglichen werden, müssen noch Erwähnung finden. In beiden Fällen ist der spanische Einfluß deutlich greifbar. 1580 kehrte Elisabeth, die Tochter Maximilians II., als Witwe des französischen Königs Karl IX. nach Wien zurück. Zwei Jahre später gründete sie nahe der Hofburg – im heutigen Gebiet zwischen Josefsplatz, Bräunerstraße und Dorotheergasse – ein Kloster der Klarissinnen, das sogenannte Königinnenkloster, in dem sie ihren Lebensabend verbrachte. Zu diesem Zweck kaufte sie mehrere Häuser auf und beauftragte den Architekten Pietro Ferrabosco mit dem Bau. Die Ausstattung kam aus den Gütern verödeter Klöster, die Nonnen stammten aus dem Kloster Anger in München. Das Kloster wurde unter Joseph II. aufgehoben und mit Ausnahme der Kirche, die heutige evangelische Stadtpfarrkirche AB, niedergerissen, die Grundstücke füllten später adelige Paläste. Auch einige Witwen der Habsburger zogen sich in Klöster – z. B. Wilhelmine Amalia zu den Salesianerinnen – zurück, doch waren das keineswegs Neugründungen, wenn auch der Aufenthalt der hohen Damen dem Prestige und den Finanzen des jeweiligen Klosters zugute kam und damit Ausbauten ermöglichte.

Als wichtigstes Projekt einer solchen Klosterresidenz in den österreichischen Ländern gilt für die kunsthistorische Forschung der geplante Ausbau von Klosterneuburg, der 1730 von Donato Felice d'Allio in Angriff genommen und dessen Plan durch Johann Bernhard Fischer von Erlach erweitert wurde. Man baute bis 1741 intensiv an diesem Projekt, nach 1755 kamen die Arbeiten aber gänzlich zum Stillstand. Der Entwurf zeigt Ähnlichkeiten mit dem Escorial, auf den Kuppeln sollten die Insignien Karls VI. prangen – wobei nicht eindeutig festzustellen ist, welche Kronen hier gezeigt werden sollten. Fertiggestellt wurde ja nur ein kleiner Teil der weitaus größer geplanten Anlage mit der Reichskrone als Kuppelzier. Sicherlich liegt der Gedanke nahe, daß Karl VI., der sich noch immer als spanischer König fühlte, auch wenn er das Land seinem Rivalen Philipp V. überlassen mußte, die Idee des Escorials aufnahm und in seine österreichische Residenz transferierte. Beweise für diese Annahme gibt es allerdings keine, alle Deutungen des „österreichischen Escorials" stammen nicht von Karl VI. und seinen Baumeistern selbst, sondern von den modernen Kunsthistorikern. Der Verdacht liegt nahe, daß man dabei etwas konstruierte, was man sehen wollte, auch wenn es ursprünglich gar nicht so gedacht war, da es so wunderbar in das Konzept paßte. Der fromme Karl VI. hatte ein spanisches Trauma – was läge näher als die Errichtung eines neuen Escorials – auch wenn seine spanische Herrschaft auf Katalonien beschränkt war und der Escorial weit außerhalb seines Einflußbereiches lag. Die Frage, ob Klosterneuburg wirklich als Klosterresidenz – vergleichbar den spanischen Gegenstücken – gesehen werden kann, muß letztlich offen bleiben.

DER SYMBOLISCHE RAUM –
DAS ZEREMONIELL BEI HOF

Unser aller Leben verläuft im Rahmen eines ungeschriebenen Zeremoniells: Begrüßung und Verabschiedung, Vortritt und Sitzordnung, Glückwünsche und Beileidskundgebungen und vieles andere mehr sind in einem genau festgelegten Verhaltenskodex geregelt, dessen Paragraphen aber wandelbar sind. Sowohl zeitlich wie räumlich, aber auch schichtspezifisch gibt es Unterschiede, denn im Försterhaus neben dem Jagdschloß des Kaisers galten andere Regeln, obwohl beide Orte zeitlich und räumlich eng benachbart waren.

Für die Habsburger spielten zeremonielle Abläufe eine noch weit größere Rolle als im Leben des Durchschnittsmenschen. Zeremoniell und Herrschaft schienen bis ins 18. Jahrhundert „genetisch und praktisch unmittelbar miteinander gekoppelt", das Zeremoniell war ein spezifisches Element der Herrschaftstechnik des Absolutismus. Der Hof war die Welt der Höflichkeit – nicht zufällig sind diese Wörter sprachlich verwandt – und des streng festgelegten Zeremoniells. Jede Geste, jeder Schritt, jedes Wort waren geplant, es durfte nichts spontan oder zufällig erfolgen. Die bereits im zweiten Teil dieses Buches beschriebene Annäherung an die habsburgischen Menschen wird auch dadurch erschwert, daß man zunächst jenen Panzer der Höflichkeitsformen, des oft sinnentleerten Zeremoniells durchbrechen muß, um an die eigentliche Persönlichkeit zu gelangen – oder erkennen muß, daß die zeremonielle Verpackung leer ist, kein wirkliches Individuum mehr enthält. Eine vielleicht sogar wahre Geschichte, die Lord Herbert of Cherburg vom Hof des spanischen Königs Philipps II. berichtete, faßte diesen Gedanken anekdotisch zusammen. Der König tadelte einen seiner Gesandten, weil er auf seiner Gesandtschaftsreise nach Italien die Staatsgeschäfte vernachlässigte und sich stattdessen mit dem französischen Botschafter um eine Zeremonialfrage stritt. Der Gesandte soll erwidert haben: „¿Como por una ceremonia? Vuessa Majesta misma no es sino una ceremonia." (Was heißt hier wegen einer Zeremonie? Eure Majestät selbst sind nichts anderes als eine Zeremonie). Wie wunderbar paßt dazu die Tatsache, daß derselbe Philipp II. eine Audienzfigur besaß, ein silbernes Double seiner Person, das manchmal auch als beweglich beschrieben wird und dessen Kopf Pompeo Leoni schuf. Bekleidet mit einem deutschen Harnisch repräsentierte diese Figur nicht nur die stets gegenwärtige Majestät, sie wurde auch bei Audienzen weniger bedeutender Gesandter verwendet – eben nur eine personifizierte Zeremonie.

Für die Habsburger bedeutete das Zeremoniell also mehr als für andere Menschen; der gesamte Alltag bei Hof, seine Etikette, die Bekleidung, der Rang der Menschen, die Hierarchie der Gegenstände und Materialien und die Feste waren von solchen zeremoniellen Handlungen durchdrungen, eine Privatsphäre war für die Regierenden, aber auch für deren Familienmitglieder kaum möglich, was eine extreme Belastung bedeutet haben mag. Besonders im 19. Jahrhundert hatten viele traurige Schicksale von Habsburgerinnen und Habsburgern mit dem Scheitern an der Leere des Zeremoniells, mit dem Versuch der Befreiung aus dem Gefängnis der Normen zu tun. Mit Elisabeths Flucht vom Wiener Hof, die hektische Suche nach Alternativen durch Kronprinz Rudolf und das Schicksal eines Johann Orth, der „schlichte Bürgerlichkeit liebte", sollen nur drei der geläufigsten Beispiele genannt werden.

Die Entwicklung des burgundisch-spanischen Zeremoniells

Selbstverständlich war auch der habsburgische Hof des Spätmittelalters von einem Zeremoniell geprägt, das Fest und Alltag durchdrang. Doch schien dieses – bei den spärlichen Informationen, die wir darüber besitzen – weniger beengend gewesen zu sein als in späteren Zeiten. Das Zeremoniell hat ja auch zwei Seiten: im Positiven schützt es den Herrscher vor der Zudringlichkeit seiner Untertanen. Bis zu Maximilian I. scheint es noch möglich gewesen zu sein, daß der habsburgische Herrscher und seine Familie sich „unters Volk mischen" konnten, daß umgekehrt aber der Zugang zum Herrscher zumindest für den Kreis der „Hoffähigen", also für die Eliten, relativ problemlos war. Negativ gesehen wirkte sich das Zeremoniell hingegen so aus, daß der Herrscher dadurch immer mehr isoliert wurde, abgehoben von der übrigen Welt.

Besonders deutlich werden diese Auswirkungen im burgundisch-spanischen Hofzeremoniell, das die Habsburger durch ihre Heiratspolitik im späten Mittelalter kennenlernten und übernahmen. Die Herkunft dieses burgundischen Hofzeremoniells ist umstritten, seine Ursprünge sind entweder in Frankreich oder in den *leges palatinae* am Hof Jakobs II. von Mallorca zu finden. Die strengen Vorschriften, von denen nur ein Teil schriftlich überliefert ist, regelten das gesamte Leben des Hofes: Versorgung und Verwaltung ebenso wie die Sicherheit des Fürsten, den Zugang zu seiner Person – der den sozialen Eliten vorbehalten war – und die Beeindruckung der Gegner und Untertanen. Besondere Aufmerksamkeit erforderten die kirchlichen Zeremonien, etwa der Meßbesuch des Herrschers, der abgeschieden vom Rest des Hofes im Oratorium betete, die Prozessionen und die österliche Fußwaschung, aber auch das weltliche Leben des Hofes, der Zutritt zu den Gemächern des Herrschers, sein *Coucher* und *Lever*, also die Zeremonie des Schlafengehens und Aufstehens, die Tischzeremonien und die Festlichkeiten. Am konsequentesten wurde das burgundisch-spanische Zeremoniell am Hof in Madrid verwirklicht, wo Karl V. es 1548 eingeführt hatte. 1647 setzte Philipp IV. eine *Junta* ein, deren Aufgabe es war, die *etiquetas* durchzusehen und neu zu formulieren. Diese in den Jahren 1647–1651 entstandene Neufassung des spanischen Zeremoniells hatte zwei Hauptthemen, die Hofhaltung des Königs und die öffentlichen Zeremonien. Von Spanien her strahlte dieses Zeremoniell auf ganz Europa aus, in verschiedenen Abstufungen übernahmen im 17. und 18. Jahrhundert alle europäischen Höfe Elemente des spanischen Zeremoniells – so natürlich auch der Wiener Hof, wo man das schon unter Ferdinand I. im 16. Jahrhundert nach Wien gelangte spanische Zeremoniell modifizierte. Der Wiener Hof unterhielt ja durch seine verwandtschaftlichen Bindungen und die zahlreichen Heiraten zwischen den beiden Linien der Dynastie eine besonders enge Beziehung zu Spanien. Da es nur wenige Forschungen zu diesem Fragenkomplex gibt und die meisten vorhandenen Studien rein beschreibend sind, muß die Frage, inwieweit das Zeremoniell am Wiener Hof wirklich als „spanisches" bezeichnet werden kann, letztlich offen bleiben. Sicher ist, daß verschiedene Elemente des burgundisch-spanischen Zeremoniells übernommen wurden, doch veränderte man die Strukturen und paßte sie an, so daß der Wiener Hof eine Art von eigenem Zeremoniell entwickelte, das besonders langlebig war und die höfische Welt bis 1918 intensiv prägte.

Vieles von dem, was dieses spezifische Zeremoniell ausmachte, ging weit zurück in anthropologische Dimensionen und althergebrachte Vorstellungen von Regierung. Der Herrscher, dem ursprünglich göttliche Kräfte zugeschrieben wurden – die später in einem christlichen Gottesgnadentum modifiziert erschienen –, ist im doppelten Sinne tabuisiert: er muß geschützt werden, aber auch das Volk muß sich vor ihm schützen. Wie sehr die mutmaßlichen Kräfte der Könige noch im Mittelalter – und weit darüber hinaus – eine wichtige Rolle spielten, zeigt der Glaube, daß der französische König Kranke durch bloßes Handauflegen heilen konnte. Die Merowinger reisten als *rois thaumaturges* im Lande herum und legten Skrofulose-Kranken die Hand auf, doch auch noch im Jahre 1686 machte der französische König bei Tausenden Kranken das gleiche und sprach die Formel: „*Le roi te touche, Dieu te guerisse*" (Der König berührt Dich, Gott heilt Dich). Nicht nur in Frankreich, auch in anderen Ländern, z. B. in England, machten die Könige von der Krankenheilung mittels Berührung ausgiebigen Gebrauch. Der König war also eine geheiligte Person und mußte sich Vorsichtsmaßregeln unterwerfen, die zum Schutz seiner „geheiligten und kraftgeladenen Person" ausgedacht wurden, das ist der positive Sinn des Tabus. Die Tatsache, daß er über solche als übernatürlich geltenden Eigenschaften verfügte, machte ihn aber auch furchterregend, gefährlich, *tremendus*, und eben dadurch wurde er tabu im negativen Sinne. In Spanien gab es ein ungeschriebenes Gesetz, demzufolge ein Pferd, das einmal vom König geritten worden war, von niemandem anderen mehr bestiegen werden durfte. Die Assoziation mit der Legende über Rudolf I., der sein Pferd nicht mehr besteigen wollte, nachdem er einen Priester mit der Hostie geführt hatte, ist naheliegend und lediglich um eine religiöse Variante ergänzt. Ähnliche Tabuvorstellungen waren auch für die Familie des spanischen Königs ausgeprägt. Besondere Distanz kam der Königin zu, sie war für Untertanen und sogar für die Höflinge buchstäblich *intangibilis* (unberührbar) und durfte ohne ausdrücklichen Befehl nicht einmal zum Zwecke der Rettung aus Gefahr angefaßt werden. Sicherlich schwangen dabei auch praktische Gründe, wie die Gewißheit der Legitimität der Nachkommenschaft, mit.

Im burgundischen Hofzeremoniell mögen manche solcher archetypischen Vorstellungen stecken, jedenfalls wurde der König durch das Zeremoniell strengstens behütet und bestens bedient. Zahllose Menschen standen bereit, ihn zu schützen, ihm zu dienen, für ihn zu denken und zu handeln. Das höfische Zeremoniell räumte dem Regenten eine in jeder Hinsicht bevorzugte Stellung ein, alles ging nach seinem Willen – aber eben doch nicht alles, denn der Nebeneffekt dieser strengen Etikette bestand darin, daß dem Herrscher das Leben zur Bürde wurde. Strenge und Einsamkeit waren die Haupteigenschaften des höfischen Lebens unter Philipp II. in Spanien, wo Elisabeth von Valois die Umwelt ihres Mannes als den „trübsinnigsten Hof der Welt" beschrieb. Gefangen in seinem Palast und vereinsamt war Philipp ein Bürokrat, der ca. 400 Papiere pro Tag bearbeitete. Auch dieser Zug zum Bürokratischen blieb über die Zeiten erhalten, ähnliches berichtete man z. B. auch über Kaiser Franz Joseph. Die oft leichthin geäußerte Vermutung, dies läge

„in der Familie" und sei eine Art vererbte und vererbbare Familieneigenschaft, ist biologistisch gedacht und wohl falsch – bei Herrschern, die Jahrhunderte trennen, muß man vergleichbare Sozialisierung und vergleichbare Lebensumstände, eben dieses Eingesperrtsein im Zeremoniell, berücksichtigen.

Fast die einzige Fluchtmöglichkeit vieler Habsburger – und das gilt nun wieder für Philipp II. ebenso wie für Franz Joseph und für die meisten anderen – bildete deren Leidenschaft für das Reiten und Jagen. Besonders ausgeprägt war sie bei Philipp IV. von Spanien, unter dem auch das Zeremoniell seine vollständige Ausprägung fand. Dieser war permanent auf Reisen, er besuchte abwechselnd die Paläste des Pardo, Escorial und Aranjuez, um dort der Jagd zu frönen. Nicht, daß es dabei völlig ohne Zeremoniell abgegangen wäre, aber dieses war limitiert, man konnte schon aus rein praktischen Gründen einfacher, bequemer gekleidet sein, mußte nicht ständig eine formelhafte Etikette über sich ergehen lassen. Franz Joseph als Jäger in Lederhosen mit Hut und Gamsbart ist zwar einerseits ein Klischee der Geschichtsschreibung, aber auch eine reale Gegebenheit dieser zeitweiligen Flucht – in Ischl war das Hofzeremoniell eingeschränkt, man mußte nicht permanent Uniform tragen und hatte ein geringeres Ausmaß an repräsentativen Pflichten. Dieser Umstand trug sicherlich vieles zur Jagdleidenschaft der Habsburger bei, wenn es auch nicht alles an Faszination erklärt, die das Weidwerk auf zahlreiche Mitglieder der Dynastie ausübte.

Ganz gleich, ob man nun die Gemeinsamkeiten oder die Unterschiede des Zeremoniells am spanischen und am österreichischen Hof betont, die Folgen für die Herrscher waren sehr ähnlich. Jede der Handlungen des Herrschers wurde zu einer Staatsaktion erhöht, einige hundert, in der Spätzeit sogar einige tausend Menschen lebten am Hof und dienten den Bedürfnissen des Monarchen, die jeweils in einem höfischen Amt personifiziert waren. Der prunkvolle Lebensstil, die Pracht der Kleider und des Schmuckes, die Teppiche und Baldachine, die als Element der Differenzierung eingesetzen Stufen und Estraden, die vielen Kniebeugungen, Verneigungen und Anredeformen waren nichts anderes als die Symbole der Macht, die sich auch in anderen Bereichen – man denke nur an die Insignien – zeigten. Der Panzer des Zeremoniells wurde zu einer permanenten Kulthandlung, die den Menschen bei Hof und auch – soweit sie davon überhaupt etwas wußten – außerhalb des Hofes vor Augen führte, wie erhaben der Herrscher war, wie weit er über ihnen stand. Man wollte damit jeden Zweifel an der Person des Monarchen oder dem System der Monarchie im Keim ersticken.

Philipp II. in Rüstung. Diese Figur ist ein lebensgetreues Abbild des Monarchen, das ihn bei zeremoniellen Anlässen ersetzen konnte. Prado, Madrid, Foto: Nemeth

Das Zeremoniell hatte gravierende Auswirkungen auf den Lebensstil der spanischen Herrscher. Von einem Raum aus beherrschte der Monarch sein Reich; der Mittelpunkt der Macht, das Arbeitszimmer, war durch vier Räume vom Rest des Palastes abgeschottet: Zuerst mußte man von der Haupttreppe aus durch den großen Salon *(Sala)*, von da aus in den kleinen Salon *(Saleta)*, weiter in das große Vorzimmer *(Antecámara)* und schließlich in das kleine Vorzimmer *(Antecamarilla)*, erst dann gelangte man in das Arbeitszimmer *(Aposento de S. M.)* und weiter in die Privatgemächer des Königs, das Schlafzimmer *(Cuarto de dormir)*, das Ankleidezimmer *(Vestuario)*, dann in eine Zwischenkammer *(Camarín)* und schließlich zur Toilette *(Retrete)*.

Der Zutritt zu den Gemächern des Herrschers hatte sich nicht nur seit der Einführung des burgundisch-spanischen Hofzeremoniells grundsätzlich verengt, er war auch innerhalb dieses Elitenkreises fein abgestuft, wobei die Erlaubnis, ein bestimmtes Gemach zu betreten, rangbezogen war, obwohl der Zutritt auch durch ein Privileg erteilt werden konnte. Bei der spanischen Königin waren mit *Sala, Saleta, Antecámara, Cámara más afuera, Cámara del estrado, Cámara más adentro, Cámara* und *Retrete* ähnliche Strukturen wie bei ihrem Mann gegeben, aber die Einschränkung für Zutritt zu den Räumlichkeiten der weiblichen Mitglieder des Hofes war noch ausgeprägter. Zu den privaten Räumen hatten Männer überhaupt keinen Zugang, der *Retrete* durfte außer von den *Dueñas de Retrete* (Kammerfrau) von niemandem betreten werden. Selbst die Möglichkeit, Damenbesuche zu empfangen, war im wesentlichen auf einige hoffähige Frauen eingeschränkt, von denen eine Gruppe – die Frauen von Granden – die Auszeichnung genossen, sich in Gegenwart der Königin auf ein Kissen setzen zu dürfen. Dieses Privileg korrespondierte mit dem ihrer Männer, die in Gegenwart des Königs bedeckt bleiben durften, also den Hut aufbehalten konnten.

Die Flucht an Gemächern, wie sie heute noch in der Wiener Hofburg existiert, war auch dazu angetan, die Menschen zu beeindrucken, sie auf die Majestät des Herrschers einzustimmen. Noch deutlicher war das sicherlich in Spanien. Schon in der *Antecámara* stand ein Thronhimmel, vor dem man den Hut ziehen und sich verbeugen mußte. Bis zur *Antecamarilla* kamen nur jene Bevorzugten, die das Recht des *Cubrios* hatten – sie wurden vom König aufgefordert, sich in seiner Gegenwart zu bedecken –, also die spanischen Granden, die Bischöfe, die Ordensgenerale, die Räte der Consejos oder Regierungskammern sowie die Ordensritter des Goldenen Vlieses und der Orden von Santiago, Alcántara und Montesa.

Der großen Zahl an Räumen entsprach eine ebensolche an Menschen, die dem König zur Verfügung standen und deren Funktionen alle Lebensbereiche des Monarchen betrafen. Der ganze Palast war wie ein großes Gefängnis, alle Türen waren verschlossen. Zwar waren alle Schlösser gleich, doch gab es nur drei Schlüssel dazu. Einen besaß der König, die beiden anderen verwahrte der Palastquartiermeister, genannt *Aposentador de Palacio*, einen davon lieh er tagsüber dem Oberstkämmerer. Der Quartiermeister mußte dem König alle Türen aufsperren und hinter ihm wieder verschließen – das geschah sogar dann, wenn der König in der Nacht seine Frau aufsuchte, um seinen ehelichen Pflichten nachzukommen. Privatheit gab es also selbst im Intimbereich nie.

Nach dem spanischen Hofzeremoniell war der *Mayordomo mayor* der höchste Beamte. Der erste, der diese Würde am spanischen Hof im Januar 1548 bekleidete, war der Herzog von Alba. Dieser *Mayordomo mayor* hatte zunächst vier, später acht *Mayordomos* oder Hofmeister unter sich. Die weiteren Hofämter in Spanien waren geteilt in jene der *Casa de Borgoña* und die der *Casa de Castilla*. Zu den ersteren gehörten der *Mayordomo*, die *Gentilhombres de la boca*, die den Tischdienst versahen, weiters 40 *Gentilhombres de la casa*, die den König bei öffentlichen Auftritten begleiteten, 40 *Costilleres*, die ihm zu Pferd folgten und Kurierdienste verrichteten, der *Barlet Servant*, dem die Servierpflichten bei Tisch zustanden, der *Maestro de la Cámara*, der die Gagen auszahlte, und der *Controlor* und der *Grefier*, die den Hofstaat kontrollierten und verwalteten. Stäbe wie die *Panadería* waren für Backwaren, aber auch für Gebrauchsgegenstände wie Tischtücher, Salz, Käse und Zahnstocher verantwortlich, die *Frutería* für den Obsteinkauf und das Silbergeschirr, die *Cava* für den Hofkeller. Die *Salsería*, die Soßenküche, und die *Cocina*, die Hofküche, sorgten für das Zubereiten der Speisen, während der *Guardamanger* für den Kauf von Fleisch verantwortlich war. Wie schon erwähnt, waren zwar alle Türen im Palast verschlossen und mußten von einem Angehörigen der *Furriera*, des Hofquartieramts, geöffnet werden, dennoch stand bei jeder Tür noch ein spezieller Türhüter *(Ujer de Cámara)*. Die Wachfunktionen waren fast ausschließlich Teil der Hofämter der *Casa de Castilla:* die *Monteros de Guarda* bewachten den Palast, 32 *Porteros de Cámara* hielten Wache für die königliche Familie, die *Porteros de Cadena* bewachten die Palasttore, außerdem gab es noch die *Guarda de archeros de corps*, genannt die burgundische Garde, die *Guarda español*, die spanische, und die *Guarda alemana*, die deutsche Garde.

Teilweise waren die erwähnten Ämter Ehrenfunktionen des Adels, teils waren es auch Bedienstete, die diese Funktionen verrichteten. Eine solche Auszeichnung für einen Adeligen stellte die Funktion des Ehrenkammerherren dar, wobei abwechselnd immer einige der Ehrenkammerheren den eigentlichen Kammerherren, die beim An- und Auskleiden des Königs durch den Oberstkämmerer bestimmte Handreichungen leisteten, zur Seite standen. Diese Adeligen wurden ihrerseits von Kammerdienern unterstützt, die für die niedrigeren Tätigkeiten zuständig waren. Seit der Zeit Philipps III. war es den Kammerdienern nicht mehr gestattet, das Wort an den König zu richten, ihm etwas mitzuteilen oder ihn etwas zu fragen. Jede Kommunikation mit dem König geschah über einen der anwesenden Kammerherren.

Eine zentrale Rolle spielte in diesem Hofstaat der Oberstkämmerer. Er weckte den König, brachte ihn zu Bett, beaufsichtigte den Leibkammerdiener beim An- und Ausziehen des Königs und reichte dem Souverän eigenhändig das Handtuch, wenn er sich morgens wusch oder nach Tisch die Hände reinigte. Doch schon eine untergeordnete Zeremonie am Beginn des Essens zeigt, daß nichts in diesem Zeremoniell so einfach war, wie wir es uns vorstellen. „Nach Betreten des Speiseraumes hielt der Copero dem Kaiser die Waschbecken zum Händewaschen hin. Der Panetier nahm die Serviette von der Schulter und gab sie dem Mayordomo Semanero, der sie an den Mayordomo Mayor weitergab. War dieser nicht anwesend, erhielt sie der Ranghöchste im Raum. Mit dieser Serviette trocknete sich der Kaiser die Hände. Auf dem gleichen Weg kam die Serviette wieder zum Panetier zurück, der sie über seine Schulter legte. Während des Händewaschens nahm der

Vermählungsbankett im Großen Redoutensaal bei der Vermählung von Kaiser Franz und der bayrischen Prinzessin Karoline Auguste. Aquarell von Johann Höchle. ÖNB, Wien

Trinchante die Deckel von den Schüsseln und zeigte dem Kaiser die einzelnen Gerichte, damit dieser durch ein Zeichen zu verstehen gäbe, von welchen er essen wolle."

An der Präsentation der Speisen waren viele Funktionäre des Hofstaates beteiligt, darunter der Obergeschirrmeister, der Oberfruchtmeister, der Oberkellermeister, der Obersoßenmeister und der Oberküchenmeister.

Im Gegensatz zu Frankreich, wo die „Öffentlichkeit" der höfischen Gesellschaft viel präsenter war, speiste der König allein. In diesem wie in anderen Fällen wurde das Zeremoniell zur Isolierung verwendet. Bei bestimmten, periodisch wiederkehrenden Anlässen „zeigte" sich der König seinen Untertanen, diesem Zweck dienten die gelegentlich angesetzten öffentlichen Mittagstafeln des Herrschers.

Sobald der spanische König sich zu Tisch setzte, waren rund zwanzig Personen um ihn beschäftigt. Die Speisen wurden in verdeckten Schüsseln aus der Küche gebracht, jedes einzelne Gericht, sogar das Salz, mußte vorgekostet werden, um festzustellen, ob es schmackhaft und nicht vergiftet sei. Wenn der Monarch trinken wollte, schenkte sich zuerst der Leibarzt ein Probeglas ein und leerte es vor aller Augen, dann erst wurde ein Becher eingeschenkt, der über drei oder vier Hände zu Tisch gereicht wurde, wo ihn der diensthabende Kammerherr kniend überreichte. Während der gesamten Mahlzeit wurde nicht gesprochen, Schweigen und Lautlosigkeit dominierten im spanischen Zeremoniell. Die Königin speiste ebenso allein, nur zu besonderen Anlässen, wenn der König öffentlich speiste, saßen sie zusammen an einem Tisch. Wundert es dann, wenn man Philipp II. als eine Statue beschreibt? Doch schien Philipp II. dieses Schweigen-Dürfen und nicht zur Unzeit Sprechen-Müssen als ein Mittel zur Herstellung der inneren Isolierung und des *disimular*, des Sich-nicht-durchschauen-Lassens, zu nützen.

Auch wenn sich der König außerhalb des Hofes bewegte, waren Hofwürdenträger für alle seine Verrichtungen zuständig. Der Oberstallmeister oder *Caballerizo mayor* begleitete den ausreitenden König, er schnallte ihm die Sporen an und half ihm aufs Pferd. Bei einem feierlichen Einzug in eine Stadt trug der Oberstallmeister dem König den entblößten königlichen Degen entweder voran oder hatte ihn geschultert.

Seine Funktion entsprach also der des Marschalls im Reich und in den österreichischen Ländern. Auch für die beliebte Jagd gab es zuständige Hofämter, den *Cazador mayor* oder Beizmeister und den *Montero mayor* oder Oberjägermeister.

Jeder Schritt des Lebens gestaltete sich also zu einer Staatszeremonie, einige davon waren besonders feierlich im Zeremoniell geregelt. Beim Kirchgang etwa ritt der König zur Kirche, während die Königin eine Kutsche benützte und der Infant in einer Sänfte getragen wurde. Die Rangordnung der Begleitung in die Kirche entsprach der genauen Festlegung der Reihenfolge des Hofstaates bei einer feierlichen *Entrada*. Zudem verlangten einige Feste des Jahres ein besonderes Zeremoniell, so wurden zum Fest der Heiligen Drei Könige drei Goldpokale gestiftet, wurde zu Maria Lichtmeß ein Lichterbrauch vollzogen oder am Gründonnerstag die Fußwaschung und Speisung der Armen durchgeführt. Zur Demonstration des Glaubens dienten besonders die Fronleichnamsprozessionen, die Anwesenheit des Königs bei der Taufe eines Mauren, die Überreichung von Degen und Hut des Papstes an den König und der goldenen Rose an die Königin, die Überreichung des Kardinalshutes an den Infanten und der Besuch des *Autodafé*. Die Teilnahme am *Autodafé*, abgeleitet aus dem lateinischen Begriff *Actus Fidei*, bedeutete nicht unbedingt die Anwesenheit bei Ketzerverbrennungen, wie es in der Literatur meist erscheint, der König war vielmehr meist nur beim feierlichen Akt der Urteilsverkündigung, nicht aber bei der Hinrichtung anwesend. Die Urteile konnten von der Abschwörung bis zur Verurteilung zur Verbrennung reichen.

Auch politische Akte folgten einem strengen, ewig gleichen Zeremoniell: die Beschwörung und öffentliche Verkündigung des Friedens, die Eröffnung der *Cortes* (Ständeversammlung), die Freitagsversammlung des Rates und das am Ostermontag stattfindende *Besamanos de los Consejos*, die Handkußzeremonie, in der die Mitglieder der Ratsgremien zum Handkuß beim König zugelassen wurden, wobei nur Untertanen des Königs – sofern sie keine Geistlichen waren – die Zeremonie vollziehen mußten. Priester hatten statt des ehrerbietigen Handkusses nur eine tiefe Verbeugung zu leisten, dieses Privileg ging auf Philipp II. zurück, der den Dienern Gottes eine Sonderstellung einräumte.

Einem besonderen Zeremoniell waren auch die Emp-

Öffentliche Hoftafel im Großen Redoutensaal in Gegenwart von Kaiser Franz II. und Gattin. Nach einem Aquarell von Johann Höchle. ÖNB, Wien

fänge fremder Monarchen und der päpstlichen Sondergesandten unterworfen. Nur die Vertreter der damaligen fünf Großmächte – der päpstliche Nuntius, der kaiserliche, der französische, der englische und der venezianische Gesandte – hatten dabei das Recht, mit bedecktem Haupt vor dem König zu erscheinen, waren also den spanischen Granden im Zeremoniell gleichgestellt.

Noch strenger als die männliche war die weibliche Hofhaltung geregelt; bei Ausfahrten und Ausritten befand sich die Königin nicht nur in Begleitung der Hofdamen, sie war dabei auch stets von männlichen Mitgliedern des Hofes umgeben und konnte keinen Augenblick allein zubringen. Auch hatte sie keine Möglichkeit, bei der Kindererziehung mitzuwirken, ihr Leben war also noch eingeengter und eintöniger als das der Männer.

Auch die höfische Kleidung war einem strengen Zeremoniell unterworfen und duldete immer weniger Individualität. War die spanische Hoftracht zunächst noch bunt – wie Bilder des jungen Philipp II. zeigen –, so legte man sich bald auf Schwarz fest und verbannte alle anderen Farben. Dazu kam, daß an allen Höfen immer wieder Hoftrauer herrschte, da man stets für irgendeinen Verwandten oder auswärtigen Monarchen trauerte. Bei den verwitweten Frauen hatte sich seit Philipp IV. die Witwentracht, die große Ähnlichkeit mit einer Nonnentracht hatte, bis zum Ende des Lebens durchgesetzt.

Das Zeremoniell des Wiener Hofes

Das strikte spanische Zeremoniell setzte sich bei den österreichischen Habsburgern nicht in seiner ganzen Strenge durch. Am Hof in Wien oder Prag schien es weniger düster zugegangen zu sein, doch war der Tagesablauf des Herrschers an diesen Höfen genauestens geregelt.

Bedingt durch ein ähnliches Hofzeremoniell wie in Spanien, findet sich eine derartige Anordnung der Räume auch in der Wiener Hofburg: Trabantenstube, Ritterstube, erste (ab 1666 zweite) Anticamera, Ratsstube, Retirade und Cabinet folgen in den Grundzügen diesem Schema. Nach dem Hofzeremoniell stand den Erzherzögen ab dem sechsten Lebensjahr ein eigener Hofstaat zu, so daß sich in gewissen Zeiten eine Aufteilung der Hofhaltung auf verschiedene Plätze er-

Maskenball im Redoutensaal.
Kolorierter Kupferstich nach einem Aquarell von J. Schütz. Museen der Stadt Wien

gab. So waren in der Barockzeit neben der Hofhaltung Kaiser Leopolds I. seine Söhne Joseph im Leopoldinischen Trakt und Karl im Amalientrakt der Hofburg untergebracht. Da der Wiener Hof, wie schon beschrieben, einen konsequenten jahreszeitlichen Wechsel der Residenz betrieb, kam es gelegentlich zu Problemen mit der Aufteilung der vorhandenen Räumlichkeiten, wobei der jüngere Sohn zu kurz kam. Zwar hatte Joseph ursprünglich in der Favorita im Augarten seinen Sommersitz, aber auch einige Zimmer auf der Wieden reserviert; erst 1696 zog er nach Schönbrunn, und Karl erhielt die Favorita im Augarten als Sommerresidenz. Selbst in späterer Zeit wurde diese Trennung der Hofhaltungen mit verschiedenen Orten in Wien und Umgebung aufrechterhalten, man denke nur an die letzte Phase der Monarchie, als Franz Joseph in der Hofburg und in Schönbrunn, der Erzherzog Thronfolger Franz Ferdinand aber im Belvedere (das auch zum Synonym seiner Politik geworden ist) residierte.

Im Zusammenhang mit der Ausbildung des Absolutismus wuchs am österreichischen Habsburgerhof der Hofstaat erheblich an. Während zu Beginn des 16. Jahrhunderts etwa 500 Menschen im Hofstaat beschäftigt waren, waren es unter Karl VI. zu Beginn des 18. Jahrhunderts schon 2175 Personen. Den Ausgangspunkt des Hofstaates der österreichischen Habsburger bildete die alte fränkische Organisation des Hofes, in der die vier Hofämter – Marschall, Kämmerer, Truchseß und Schenk – die Hauptrolle spielten. Diese waren zunächst zu persönlichen Dienstleistungen beim Herrn verpflichtet, doch wurde ihre Funktion im Haushalt bald um eine Regierungstätigkeit im Staat erweitert, da es im patrimonialen Staat keine prinzipielle Trennung zwischen Herrscherhof und Staat gab. Diese ursprünglichen Hoffunktionen, die zur Ausbildung der Kurfürstenränge im Reich beigetragen hatten, gab es auch in den einzelnen Ländern des Reiches. Als die Habsburger 1282 die Herrschaft in Österreich antraten, fanden sie diese in der Babenbergerzeit entstandenen *quatuor officia principalia* – die Landeserbämter – vor, deren Vertreter allerdings ihre Hofdienste nur mehr bei offiziellen Gelegenheiten wie Huldigungen, Belehnungen und Hochzeiten in zeremonieller Weise ausübten. Zunehmend bürgerte es sich ein, daß Adelige im Alltag Hofdienste verrichteten, die ursprünglich von den Trägern der Erbämter ausgeübt worden waren. Die Titel wurden damit zu Ehrentiteln, die Funktionen der Titelträger zu solchen im täglichen Zeremoniell. An der Spitze des Hofes stand der Hofmarschall, der allerdings im Verlauf der Neuzeit gegenüber anderen Funktionären wie dem Obersthofmeister immer mehr in den Hintergrund trat und schon zu Beginn des 17. Jahrhunderts nur mehr an dritter Stelle der Rangordnung stand. Er behielt aber bis in die Zeit Josephs II. die Gerichtsfunktion über den Hofstaat.

Für die weitere Entwicklung des Hofstaates, der den personellen Rahmen des Zeremoniells darstellte, war – wie in Spanien – der burgundische Einfluß von Bedeutung, der durch Maximilian I. und Ferdinand I. vermittelt wurde. Schon 1518 wurde ein Obersthofmeister ernannt, und in der Hofstaatsordnung von 1527 führte Ferdinand nicht nur neue Verwaltungsbehörden wie den Hofrat oder die Hofkammer ein, sondern regelte die Hofämter als Hofbehörden, deren Aufgaben 1537 noch genauer definiert wurden. Damit schuf Ferdinand ein für lange Zeit gültiges Gerüst, das das komplizierte Zeremoniell des Hofes tragen sollte. Der Hofstaat, in den u. a. die Zentralverwaltung des Staates eingegliedert war, hatte auch repräsentative Aufgaben; er stellte das wichtigste Mittel dar, das Ansehen der Dynastie nach außen hin zu verkörpern. Die spätere Verquickung der Ehrendienste bei Hof mit politischen Funktionen im Absolutismus ist für uns ungewöhnlich, doch waren die höchsten Hoffunktionäre – wie der Obersthofmeister, der Oberstkämmerer oder der Oberstmarschall – gleichzeitig auch die Spitzen der Regierungsbehörden. Daneben gab es – wie am spanischen Hof – viele Ehrenämter, deren Zunahme die immer umfassendere zeremonielle Durchdringung der Eliten zeigt. Unter Maximilian I. waren noch sechs Kämmerer tätig, unter Maximilian II. acht, unter Rudolf zwölf, Ferdinand II. hatte bereits 33 wirkliche und 62 außerordentliche Kammerherren, und im Todesjahr Leopolds I. 1705 waren es 423, unter Maria Theresia hingegen schon 1500 Personen, die diesen Titel trugen. Dabei handelte es sich vorwiegend um Ehrentitel, die Zahl der wirklich diensttuenden Kämmerer war mit etwa 50 aber immer noch hoch. Die große Vermehrung des Hofstaates in der Barockzeit betraf allerdings weniger die politischen Ämter, sondern jenes Personal, das der Repräsentation des Hofes unmittelbar diente: die Künstler, Musiker, Schauspieler und Architekten. Der wichtigste Funktionär des Hofes war der Obersthofmeister, dem der Oberstküchenmeister, der Oberststabelmeister und der Ober- und Untersilberkämmerer unterstanden. Der Oberststabelmeister, der das Tafelzeremoniell leitete, hatte seinerseits die Truchsesse, Vorschneider und Mundschenke unter sich, die Ehrendienste bei der kaiserlichen Tafel leisteten. Die öffentlichen Tafelzeremonien waren von feinen Abstufungen geprägt, was schon mit der Sitzordnung und den Serviervorgängen begann. Meist wurden mehrere Tafeln aufgestellt, deren Unterschiede im Rang oft

Hoftafel in der Anticamera anläßlich der Hochzeit Josephs II. mit Isabella 1760. Kunsthistorisches Museum, Wien

noch durch Stufen verdeutlicht wurde. Auf Anrichten standen die Speisen und Pasteten, die an den gedeckten Tisch gebracht wurden, in Wien wurde das Tafeln meist von Musik begleitet. Rundherum standen die Zuseher, die nicht zum Essen geladen waren, sondern an den öffentlichen Tafeln des Herrschers nur passiv teilnahmen. Im Laufe der Frühen Neuzeit kam es zunehmend zu einer immer repräsentativeren Ausstattung mit Tafelaufsätzen – vor allem in Schiffform –, aber erst ab dem 17. Jahrhundert zur Verwendung eines vollständigen Services. Im Gegensatz zu Frankreich sollte der Schmuck allerdings nicht allzu großartig sein, um die Aufmerksamkeit des Betrachters nicht vom Monarchen abzulenken, dessen Person durch das Zeremoniell hervorgehoben werden sollte.

Öffentliche Tafeln gab es auch noch in der letzten Phase der Monarchie, etwa beim Geburtstag des Kaisers, bei Ordensfesten, Neujahrsfeiern und Hochzeiten, die gewöhnlich im Zeremoniensaal oder Redoutensaal der Hofburg stattfanden. Dabei speiste der Kaiser mit seiner links von ihm sitzenden Frau an der gesondert vorbereiteten, von einem Baldachin überdachten *Public-Tafel*, umgeben von Familienmitgliedern und geistlichen Würdenträgern. An dieser reichlich geschmückten Tafel wurden die großen Schaustücke der Küche aufgetragen. Schon seit dem 16. Jahrhundert entwickelte man viel Phantasie bei solchen Schauessen, es gab z. B. Pasteten, aus denen ein geharnischter Hofzwerg kletterte, und noch im 19. Jahrhundert baute man ganze gotische Burgen aus Mandelteig. Bei vielen dieser öffentlichen Essen aß der Kaiser überhaupt nichts, sondern nahm nur einen Trunk, anschließend wurde dann bei der Familientafel im kleinen Kreise wirklich gegessen. Die Zahl der Personen, die bei einer solchen Tafel bedienten – die Adeligen wurden dazu in regelrechten Servierkursen eingeschult –, war hoch, auf zwei Gäste kam oft ein Bediener, obwohl sich der Gebrauch von Besteck seit dem 19. Jahrhundert auch auf die Hoftafel auswirkte und keine Vorschneider mehr bei Tische saßen.

Im 19. Jahrhundert wurde auch das *déjeuner dansant* eine beliebte Form der Unterhaltung, die erstmals 1823 anläßlich eines Besuches des Königs von Neapel belegt ist. Im Kaisergarten der Hofburg waren fünf Tische gedeckt, an denen je 13 bis 18 Damen Platz hatten, es gab Zuckerln und Bäckerei, Obst, Butterschnitten, Briochegebäck, kaltes Fleisch und diverse Sülzen, Malaga- und Kapwein, Tokayer, Muskat und Wasser. Die Herren konnten bei diesem Mahl, das etwa eine halbe Stunde dauerte, nur zusehen, danach wurde getanzt, man konnte sich aber dazwischen von einem Buffet Speisen servieren lassen.

Für das Wohl des Herrschers sorgte der Oberstkämmerer, dem unter anderem die Kammerdiener unterstanden. Anders als in Spanien, konnten diese am österreichischen Hof eine wesentliche Rolle als Vertraute des Kaisers spielen – man denke nur an Rudolf II., bei dem die Kammerdiener oft über die Zulassung zur Audienz oder die Erledigung einer Angelegenheit weit eher bestimmen konnten als die eigentlichen Hofchargen. Eine wesentliche Funktion erfüllte auch der Oberststallmeister, der über die Pferde und Kutschen und – am Ende der Monarchie – auch über die Automobile des Hofes zu wachen hatte.

In der Zeit der höfischen Gesellschaft, wie Norbert Elias sie beschrieb – also im späten 17. und 18. Jahrhundert in Österreich –, trat eine Veränderung ein, ein Spaltungsvorgang, bei dem die wirklich arbeitenden Diener immer mehr in den Hintergrund traten und unsichtbar wurden, während der Monarch nur mehr von Adeligen, die Ehrendienste leisteten, umgeben war. Der theatralische Aspekt des Zeremoniells ist nicht zu übersehen, der Darstellerkreis war allerdings sehr eingeschränkt. Nur mehr die Vliesordensritter und Sternkreuzdamen, die Träger der hohen Hofämter, Gesandte und Botschafter spielten in diesem Theaterstück mit. Innerhalb dieses personellen Rahmens entwickelte sich das Hofzeremoniell, in dem Fragen des Vortritts, des Entgegengehens oder Händereichens von ganz entscheidender Bedeutung waren. Das Hofzeremoniell war ein Anzeiger, der Rangunterschiede offenbarte und sie damit zu einer gesellschaftlichen Realität machte. Dies traf auch innerhalb der Familie zu – selbst Maria Theresia konnte nach dem Tod ihres Mannes als Kaiserinwitwe den Vorrang vor ihrer Schwiegertochter, der Gemahlin Josephs, nicht aufrechterhalten, obwohl sie „regierende frau von den ansehnlichen königreichen Hungarn und Böhmen war". In diesem System, das zur Festigung und Tradierung der Herrschaft der Habsburger diente, bildete der Monarch stets den Mittelpunkt, der allerdings in erheblicher Distanz zu allen anderen stand. Diese hatten die Regeln des Zeremoniells erlernt – ein wesentlicher Teil der adeligen Erziehung – und internalisiert. Wie groß diese Distanz selbst zu ebenfalls regierenden Reichsfürsten war, zeigt das Beispiel eines Besuchs des Preußenkönigs Friedrich Wilhelm I. 1732 bei Karl VI. Davor war die Frage diskutiert worden, ob Karl ihm die Hand reichen solle, was mit der Begründung, daß es „dero allerhöchsten kaiserlichen Autorität nachteilig" wäre, von den Zeremonialspezialisten abgelehnt wurde. Die Hervorhebung des Herrschers ging sogar so weit, daß in Spanien jede ledige Frau, mit der der König geschlafen hatte, ins Kloster gehen sollte, und jeder Adelige bei Hof es als Ehre empfand, wenn der König seine Ehefrau zur Mätresse machte.

Für den Monarchen war das Zeremoniell also Stilisierungsmittel der Herrscherapotheose und Machtinstrument im labilen Machtgefüge des absolutistischen Hofes, es schränkte ihn selbst aber in vieler Hinsicht ein. In der Anwendung verschiedener Formen des Zeremoniells gab es weitere Abstufungen. Wenn man in der Hofburg residierte, galt uneingeschränkt das spanische Hofzeremoniell, während in den Sommerschlössern das etwas einfachere „Teutsche Campagne-Zeremoniell"

sel zur Stadt, aber immer mit einer kurzen Rede am Stadttor. Nur wenn man – wie Joseph II. als Graf von Falkenstein – inkognito unterwegs war, ersparte man sich dieses Zeremoniell, vor der Aufklärung wäre aber ein solcher Gedanke nicht einmal erwogen worden.
Auch die zeremoniell gestalteten Gottesdienste wurden in drei Stufen eingeteilt: in die Toisonämter, die

Oben: Redoute in der Hofburg zur Zeit des Wiener Kongresses. Aquarell nach Höchle, ÖNB, Wien
Folgende Doppelseite: Szene vom Hofball in der Zeit Franz Josephs, sicherlich einer der gesellschaftlichen Höhepunkte der Residenzstadt. Museen der Stadt Wien

Gültigkeit hatte. Für alles und jedes gab es spezielle Regeln, ein eigenes Reise- und Jagdzeremoniell ebenso wie die genaue Festlegung der Gottesdienste. Der „Reisezug", die sogenannte *Cortège*, bot ein getreues Abbild des Hofes und seiner Rangordnungen. Die Tatsache, daß sich Reisen naturgemäß in der Öffentlichkeit vollzogen, bot auch Gelegenheiten zur Demonstration der höfischen Autorität und des Glanzes des Herrscherhauses durch ein besonders ausgeklügeltes Zeremoniell. Das Empfangszeremoniell in den Städten glich dem *Adventus*, dem Einzug, es wurden Salutschüsse abgefeuert, die Kirchenglocken läuteten, die Bürgerschaft wurde aufgeboten, um Spalier zu bilden und *Vivat* zu rufen, der Magistrat der Stadt empfing das jeweilige Mitglied der Dynastie mit oder ohne Schlüs-

Pontifikalämter, die von den Bischöfen und Äbten der Monarchie gehalten wurden, und die Ordinari-Gottesdienste, die von den Hofkaplänen entweder in der Stephanskirche oder in den Hofkirchen St. Augustin, St. Michael oder der kaiserlichen Hofkapelle zelebriert wurden. Der öffentliche Gottesdienst der Dynastie wurde nicht nur bei den vielen Festen des Kirchenjahres – den Ordensfesten, Heiligen-, Marien- und Apostelfesten – vollzogen, sondern auch bei den Festgottesdiensten für Schlachtensiege und den Prozessionen und Wallfahrten. Bei Siegen gegen die Türken oder beim Erlöschen einer Seuche war die Dynastie religiös-zeremoniell präsent.
Die Veränderungen erfolgten – wie auf vielen Gebieten – durch die Aufklärung, die zu einer „Entzaube-

rung der Monarchie" beitrug. Die leise Kritik an der überragenden, ehemals fast gottähnlichen Stellung des Monarchen zeigt sich etwa in den Zeremonial-Schriften der Zeit, z. B. bei Johann Christian Lünig, der schreibt: „Grosse Herren sind zwar sterbliche Menschen, wie andere Menschen, weil sie aber Gott selbst über andre in dieser Zeitlichkeit erhoben, und zu seinen Statthaltern auf Erden gemacht so haben sie freylich Ursache, sich durch allerhand euserliche (äußerliche) Marquen vor anderen Menschen zu distinguiren, um sich damit bey ihren Unterthanen in desto grössern Respect und Ansehen zu setzen."

Am Wiener Hof wurde das Zeremoniell vor allem von Joseph II. stark eingeschränkt, doch schon unter Maria Theresia hatten erste Sparmaßnahmen eingesetzt. Joseph II. hatte einerseits selbst wenig Freude an zeremoniellen Handlungen – man denke nur daran, daß er sich nicht huldigen und nicht krönen ließ –, andererseits waren es die Gedanken der Aufklärung, die hier wirksam wurden. So ordnete Joseph 1786/87 an, daß „die kniegebogene Reverenzen und das Niederknien selbst von jedermann und in allen Fällen" zu unterlassen sei, da „dieses von Mensch zu Mensch keine anpassende Handlung sey, sondern gegen Gott alleine vorbehalten bleiben müsse". Joseph schaffte aber Althergebrachtes wie die Galatage und das spanisches Mantelkleid ab. Was die Kleidung bei Hofe anlangte, stellte das 18. Jahrhundert einen Wendepunkt dar; schon Franz Stephan kleidete sich zunehmend nicht mehr in prunkvolle Gewänder, sondern in militärische Uniform, was dazu führte, daß selbst die Höflinge immer mehr die Uniform trugen – mit der Uniformierung der Hofbeamten wurde dem Hof ein einheitliches Gepräge gegeben. Besonders in der Zeit Josephs II. wurden die kirchlichen Zeremonien des Hofes eingeschränkt, er reduzierte seine Ausfahrten zum Gottesdienst im Vergleich zu Karl VI. auf ein Fünftel, die Zahl der regelmäßig besuchten Kirchen sank ebenfalls von ca. 30 auf zehn, später sogar auf fünf bis sechs Kirchen in Wien und den angrenzenden Vorstädten. Dennoch überlebte das Zeremoniell diesen Rationalisierungsschub der Aufklärung. Von den alten Zeremonien blieben bis zum Ende der Monarchie die Ordensfeste, die kaiserlichen Fußwaschungen am Gründonnerstag und die Fronleichnamsprozessionen in einer von Joseph II. verkürzten Form sowie die öffentlichen Trauergottesdienste bestehen, dazu traten die Stiftungsfeste der unter Maria Theresia und Franz II./I. begründeten Orden. Die Feste der Dynastie wurden – zwar immer noch einem Zeremoniell folgend – mehr und mehr in den privaten Raum der Wiener Hofburg verlegt.

Man könnte nun darüber spekulieren, ob die Tradierung eines sinnentleerten, steifen Zeremoniells mit der Weiterführung einer schon durch die Kritik der Aufklärung erschütterten und letztlich dem Tod geweihten Monarchie korrespondiert. Das Zeremoniell, das bis zuletzt in aller Form aufrechterhalten wurde, bildete eines der letzten Reservate, die den Habsburgern des 19. Jahrhunderts geblieben waren. Mit der Revolution des Jahres 1848, mit der Konstitutionalisierung 1867 und den zunehmenden nationalen Spannungen im Inneren der Monarchie wurde immer deutlicher, daß die Herrschaft der Dynastie hohl geworden war, genauso wie das Zeremoniell, das sie repräsentierte. Die hohe Wirksamkeit zeremonieller Handlungen im Mittelalter und in der Frühen Neuzeit war vorbei, die Dynastie hatte es versäumt, auf die Herausforderungen der Aufklärung und der Französischen Revolution zu reagieren. Die Außenwirkung des Zeremoniells blieb gleich, doch die Voraussetzungen hatten sich geändert. Die vielen „Aussteiger" aus der Dynastie im 19. Jahrhundert sind ein klar erkennbares Symptom einer gesellschaftlichen Erkrankung, die das Haus Habsburg erfaßt hatte und letztlich zu seinem politischen Untergang 1918 wesentlich beitrug.

DER TRIUMPH DER MACHT – FEST UND REPRÄSENTATION BEI DEN HABSBURGERN

Für die Masse der Bevölkerung sind Feste bis in unsere Tage Ausnahmeerscheinungen, die in einem schroffen Gegensatz zum Alltag verlaufen, während für die Eliten oft das gesamte Leben festlich geprägt war. Ihre Alltagsnahrung entsprach der festlichen Nahrung der anderen Bevölkerungsgruppen, ja übertraf diese noch bei weitem, ihre Kleidung war immer festlicher als die der arbeitenden Bevölkerung, genossen doch die kirchlichen und adeligen Eliten ein arbeitsloses Einkommen, das sie zumindest von jeder manuellen Tätigkeit befreite. Ganz besonders traf diese gehobene materielle Kultur natürlich auf die Höfe und damit auch auf die habsburgische Familie zu. Dennoch gab es im Leben der Habsburger eine Spannung zwischen Fest und Alltag, wenn auch auf einer anderen, höheren Ebene als bei den einfachen Menschen.

In verschiedenen Epochen übten Festlichkeiten unterschiedliche Funktionen aus, ihre Bedeutung für die Habsburger wechselte daher mit der Zeit. Schon seit dem Mittelalter war der Hof der Ort des Festes; an den fiktiven Höfen der Epen und höfischen Ritterromane fanden ständig Feste statt, die im Kontrast zur *Aventiure*, der Suche nach Kampf und Sieg der Ritter in der Wildnis außerhalb der höfischen Zivilisation, standen. Dieser Stilisierung der Literatur entsprach aber tatsächlich eine, wenn auch meist etwas bescheidenere, Wirklichkeit an den real existierenden Höfen.

Festlichkeiten bei Hof waren, wie im Leben anderer sozialer Gruppen, an bestimmte Ereignisse gebunden. Die großen Einschnitte des Lebenslaufes und deren *rites de passage* (Übergangsriten) wurden festlich ausgestaltet: Geburt, Hochzeit, Tod und – spezifisch für den Herrscher – die Herrschaftseinsetzung, von der schon die Rede war, und der häufig damit zusammenhängende Einzug in die Städte. Im Rahmen einer Familie, die ihre eigene Frömmigkeit so stark betonte, spielten kirchliche Festlichkeiten selbstverständlich eine große Rolle. Die kirchlichen Feste waren von einem Jahresrhythmus geprägt, der durch das „Herrenjahr" mit den wichtigen Einschnitten Weihnachten (Geburt Christi) und Ostern (Tod und Auferstehung) und durch das „Heiligenjahr" mit den unzähligen Marienfeiertagen und den ebenso unüberschaubaren, lokal sehr unterschiedlichen Heiligenfeiertagen den Kalender des habsburgischen Hofes bestimmte.

Manche dieser Feste – und sicherlich die kulturell bedeutendsten – waren solche, bei deren Planung der jeweilige Herrscher maßgeblich beteiligt war, in denen er seine Herrschaftsvorstellungen darstellte und vermittelte. Sie sind daher nur zu begreifen, wenn man sich den geistigen Hintergrund der Herrschaftsideologie mit seinem Gemisch aus antiken und christlichen Elementen vor Augen führt. Vieles davon fand – da es Gemeingut der Gebildeten war – in den Festen für die Habsburger, die von – meist adeligen – Untertanen initiiert und geplant wurden, seinen Niederschlag. Bei der bisherigen Erforschung solcher Feste hat man die Unterschiede zwischen Festen *der* Habsburger und Festen *für die* Habsburger vielleicht zu wenig beachtet, vielleicht aber auch in dieser Gleichsetzung etwas Richtiges gesehen, in dem man damit das gemeinsame kulturelle Bewußtsein dieser elitären Gruppen betonte.

Turnier und Theater

Vor allem die Feste des Lebenslaufes wurden schon im Mittelalter unterschiedlichst ausgestaltet: Turniere, Jagden, Bankette und kirchliche Zeremonien wechselten einander bei solchen mehrtägigen Festen ab. Der Kreis der Teilnehmer dieser höfischer Veranstaltungen war eng begrenzt, nur die absolute Elite, die adelig-klerikale Führungsschicht war präsent. Am deutlichsten zeigte sich das beim Turnier, bei dem explizit ein Nachweis adeliger Herkunft – und damit auch der Turnierfähigkeit – verlangt wurde. Viele Habsburger des Mittelalters und der Frühen Neuzeit nahmen mit Begeisterung an solchen Turnieren teil, sie gaben Unsummen für die dazu nötigen Harnischgarnituren aus, die bereits ab dem 16. Jahrhundert als Sammlerstücke begehrt waren.

Selbstverständlich dienten schon die mittelalterlichen Feste der Habsburger nicht bloß der Zerstreuung und Erheiterung, sie hatten einen politischen Hintergrund, dienten der Repräsentation von Macht und Reichtum. Doch mit dem Beginn der Neuzeit begann sich der Charakter dieser Feste zu wandeln. Zwei andere Faktoren beeinflußten diese veränderte Haltung der Habsburger zu den Festen: einerseits bildete sich im Rahmen der Renaissance in Italien eine spezifische Festkultur heraus, die an antike Vorbilder, vor allem an römische, anschloß, andererseits hatten die Habsburger mit Burgund ein Land ererbt, das über eine andere, ebenso reiche spätmittelalterliche Festkultur verfügte. Seit Maximilian I. wurden die Festlichkeiten daher zu immer komplizierteren Gebilden, die den Charakter eines Gesamtkunstwerkes annahmen, wobei alle am Hof beschäftigten Künstler und Humanisten in die Feste der Frühen Neuzeit integriert wurden. Sie schrie-

Feuerwerk in Rom anläßlich der Krönung Kaiser Ferdinands II. in Frankfurt 1619. ÖNB, Wien

ben mythologische Programme, die mit der Herrschaftsauffassung zusammenhingen und das habsburgische Sendungsbewußtsein stilisierten, sie bauten ephemere Architekturen (nur für kurze Zeit errichtete Bauten) und malten allegorisch-mythologische Bilder, sie musizierten und spielten Theater.

Noch wesentlicher als die Ausweitung der künstlerischen Bereiche des Festes schien der zunehmende Hang zur Stilisierung zu sein, denn es handelte sich nicht um einfache, amüsante Zusammenkünfte und Zerstreuungen, sondern um hochpolitische, sorgfältig geplante, propagandistisch wirksame Veranstaltungen, bei denen die verschiedenen Elemente herrscherlicher Selbststilisierung zum Zuge kamen.

Das Turnier bietet ein gutes Beispiel, um diesen Wandel zu erläutern. Waren die Turniere des Mittelalters eine Art „praktische" Übung der Ritter, so fiel dieser Aspekt seit dem späten Mittelalter kaum mehr ins Gewicht. Die Turniere entwickelten sich zu einer Art nostalgischer Tätigkeit, sie beschworen die Idealität des Rittertums, dessen Realität schon lange untergegangen war, und wurden für Adel und Herrscher immer mehr zu einem Standessymbol. Der Harnisch, der immer flächendeckender verziert wurde, nahm Kostümcharakter an und wurde zur Standeskleidung des Adels bei repräsentativen Anlässen. Noch in Zeiten, als seine militärische Bedeutung längst verloren gegangen war, findet er sich in der Darstellung von Adeligen auf Grabplatten. Ein gutes Beispiel liefert der von Franz Anton Zauner 1792 geschaffene Kenotaph für Leopold II. in der Augustinerkirche in Wien, der den Kaiser in voller Rüstung darstellt.

Auch das Turnier selbst – noch unter Maximilian ein gefährlicher Kampfsport, dem der Kaiser unter Einsatz seines Lebens huldigte – wurde zunehmend entschärft. Die Absicht, den Gegner aus dem Sattel zu heben, wich in manchen beliebten Turnierformen dem „zierlichen" Zerbrechen der Lanzen. Das sogenannte Paliengestech oder Plankenrennen, das im 16. Jahrhundert andere, ältere Turnierformen ergänzte bzw. ablöste, war weniger gefährlich, dafür nahm es andere, eher theatralische Elemente auf. Die Turnierteilnehmer standen nicht mehr als individuelle Einzelkämpfer auf der Bahn, sondern wurden in ein mythologisches Programm eingegliedert. Ein besonders gutes Beispiel eines solchen Turnieres im Übergang zu einem festlichen Spiel bot das Turnier anläßlich der Hochzeit Karls II. von Innerösterreich mit Maria von Bayern 1571 in Wien. Der Grundgedanke des Spieles basierte auf einem Streit der beiden Göttinnen Juno und Europa. Zu ihrer Unterstützung riefen sie ihre Kinder und Freunde herbei. An der Seite Junos kämpften die Könige von Asien, Amerika und Afrika. Eine Botin der Juno, Iris, ließ sich aus den Wolken nieder und überreichte den versammelten Richtern, die das folgende Ringelrennen beurteilen sollten, ein *Cartell* (Turnierordnung), in dem Juno forderte, daß der Kampfplatz den drei Königen der einzelnen Weltteile überlassen werden sollte. Als die drei Könige, dargestellt durch die Erzherzöge Ferdinand und Karl sowie Wolf von Stubenberg, einzogen, traten ihnen die vier Töchter Europas – Italien, Spanien, Frankreich und Deutschland – entgegen, auch sie überreichten ein *Cartell*. Jedes der Länder war von verschiedenen allegorischen und mythologischen Gestalten begleitet, zum Beispiel Italien von den Sirenen, dem Südwind und dem Element der Luft. Der Siegespreis der Italiener war das Eisen, das der Planet Mars überreichte, die Knappen der „italienischen" Turnierteilnehmer waren als antike Römer verkleidet. Ähnlich waren auch die Aufzüge der anderen europäischen Nationen gestaltet. Neben den vier europäischen Großmächten unterstützten noch andere allegorische Figuren Europa – so die Sieben Freien Künste und die Göttin Diana, die wilde Tiere, wie Löwen, Tiger, Bären und Wölfe mit sich führte.

Am Schluß des Aufzugs erschien Europa selbst, auf einem Ochsen sitzend, auf dem Kampfplatz. Zu ihrer weiteren Unterstützung fand sich noch die Siegesgöttin Victoria ein, die auf einer mit Helmen, Rüstungen, Schildern, Hellebarden, Streitkolben und auch Streitäxten geschmückten Säule stand. Auch die vier Tugenden sowie Neptun, der Gott des Meeres, und vier von Artus gesandte Ritter der Tafelrunde traten für Europa ein. Dieses Kernstück des Aufzuges wurde, wie man es damals liebte, durch allerlei bizarre Absonderlichkeiten ergänzt: Menschen mit Schwanenhälsen, Hofzwerge mit riesigen Köpfen, Zwerge auf Stelzen, als Riesen verkleidete Menschen mit verschiedenen Tiermasken und vieles andere mehr. Besonders Erzherzog Ferdinand von Tirol († 1595), der auch der größte Harnischsammler aller Zeiten war, hatte Freude an allegorischen Turnieren. Schon während seiner Zeit als Statthalter in Böhmen veranstaltete er 1553 und 1555 in Prag und Pilsen husarische Turniere, bei denen sich die Teilnehmer als Mohren oder Türken verkleideten. Er führte ähnliche Spiele in Innsbruck auf, z. B. anläßlich seiner eigenen zweiten Hochzeit 1582, aber auch schon 1580 anläßlich der Hochzeit von Johann Lipsteinsky von Kolowrat, dessen Mutter eine Schwester Philippine Welsers war, mit dem Kammerfräulein seiner Frau Philippine, Katharina von Boymont und Payrsberg. Auch bei dieser Hochzeit im Jahre 1580 kam dem Erzherzog natürlich die Hauptrolle zu, er erschien in dem Triumphzug als Jupiter auf einem Wagen mit Baldachin, der von Adlern gezogen wurde.

Allegorische Programme, die die Herrschaft rechtfertigten, Ansprüche auf Weltherrschaft stellten oder den Kampf gegen die Ungläubigen propagierten, traten immer mehr in den Vordergrund. Daneben waren aber

„Die geschicklichkeit des rennens und stechens auf allerley art und manier." Aus Weißkunig. ÖNB, Wien

bei solchen Festen auch Kuriositäten und Obskuritäten zu sehen, man kann auch Beziehungen der Ideenwelt der Festlichkeiten zu den schon besprochenen Kunst- und Wunderkammern der Habsburger herstellen. Selbstverständlich ist das propagandistische Element habsburgischer Feste im Kontext der Zeit zu sehen, die keine unserer Epoche vergleichbare, allgegenwärtige Propaganda kannte. Die Beeinflussung der Eliten, die entweder selbst an diesen Festen teilnahmen oder durch gedruckte Berichte bzw. die Texte der aufgeführten Theaterstücke davon erfuhren, war ein wesentliches Ziel.

Prachtdrucke der Libretti oder der Festbeschreibungen nahmen ihren Weg von Wien aus zu verschiedenen Höfen Europas und waren oft vom Kaiser mit persönlichen Handschreiben versehen.

Die Ausgestaltung der Feste des 16. Jahrhunderts mit allegorisch-mythologischen Programmen und theatralischen Elementen verweist schon auf die folgende Blüte der barocken habsburgischen Festkultur, denn Mitte des 17. Jahrhunderts setzte am Kaiserhof ein grandioser Reigen theatralischer Feste ein, deren Kernstück die Pflege der italienischen Oper war. Dem kaiserlichen Hof in Wien – und ähnlich auch dem spanischen in Madrid – standen fast unbeschränkte Geldmittel zur Verfügung. Die zunehmende Bedeutung des Theaters ist aber von der sozialen und politischen Entwicklung nicht zu trennen. Einerseits setzte sich in dieser Epoche der habsburgische Absolutismus durch, der einen gesellschaftlichen Wandel zur „höfischen Gesellschaft" hin bedeutete. Der Adel zog immer mehr an den Hof, verlor seine lokalen Einflußsphären, wurde domestiziert und mußte beschäftigt und unterhalten werden. Der Hofstaat wuchs, die Zahl des hoffähigen Adels stieg enorm. Die höfische Gesellschaft entwickelte eine eigene Festkultur, die exklusiv war und an der das Volk keinen Anteil hatte, der gelegentliche Einsatz von Berufskomödianten kann als einzige Brücke der beiden Kulturen betrachtet werden. In dieser höfischen Welt des Festes und des Theaters hingegen waren Publikum und Darsteller identisch und damit auswechselbar, es war Theater des Hofes für Höflinge, an dem sich die Mitglieder der Dynastie beteiligten. Wir wissen aus den Quellen sehr gut darüber Bescheid, daß – ähnlich wie früher an den Turnieren – die Habsburger (und auch Habsburgerinnen) bei den Theaterstücken mitwirkten, als Schauspieler und Schauspielerinnen, Tänzer und Tänzerinnen, aber auch als Komponisten. Die Pflege der Oper am Wiener Hof setzte 1631 mit der Hochzeit Ferdinands III. mit Maria Anna von Spanien, deren festliche Ausgestaltung 365.280 fl. kostete, intensiv ein. Wie an anderen Höfen waren Opernaufführungen zunächst anlaßgebunden und standen meist in Zusammenhang mit dynastischen Hochzeiten. Unter Leopold I. fanden sie regelmäßig statt, wobei Hochzeiten nach wie vor ein wesentlicher Anlaß waren, aber auch alljährlich wiederkehrende Feste wie Geburts- und Namenstage der kaiserlichen Familie boten Gelegenheit für *feste teatrali*. Diese Tradition, die ihren Höhepunkt unter Leopold I. erreichte, wurde von Joseph I. und Karl VI. und in gewissem Maße von Maria Theresia weitergeführt.

Große Festlichkeiten mit Theateraufführungen gab es im Fasching, in denen die sogenannten „Wirtschaften", bei denen Kaiser und Kaiserin als Wirt und Wirtin die adeligen Gäste einluden, ebenso wie Kostümfeste und Bälle der Unterhaltung dienten.

Neben den weltlichen Spielen und Festen führten auch religiöse Anlässe zu Festlichkeiten; in der Karwoche gab die *rappresentazione sacra*, theatralische Aufführungen mit einer oft geistlichen Allegorie. Die Fronleichnamsprozessionen, an denen die Habsburger stets teilnahmen, hatten nicht nur einen festlichen, sondern auch einen theatralischen Charakter. Gerade den Fronleichnamsumzügen kam religionspolitisch eine besondere Bedeutung zu, weil sie ein anti-protestantisches Element darstellten. Wir haben schon im Zusammenhang mit der habsburgischen Frömmigkeit darauf hingewiesen.

Zu der Festkultur der Barockzeit gehörte das Theater unmittelbar dazu und bildete zusammen mit der Musik den Grundstock jeder Festlichkeit. Bis zum Regierungsantritt Leopolds I. wurden große Säle in der Hofburg oder der Favorita, die durch eine temporäre Architektur umgestaltet wurden, für Theateraufführungen verwendet. Erst ab 1659/60 wurden eigene Hoftheatergebäude errichtet, zunächst das „Comoedihaus auf dem Tummelplatz", dessen Gesamtkosten nur knapp über 1000 Gulden ausmachten, also eine lächerlich geringe Summe; 1666/67 wurde anläßlich der Hochzeit Leopolds I. mit Margarita Teresa von Spanien das „Theater auf der Cortina" errichtet. Die festliche Ausgestaltung dieser Hochzeit bildete den Höhepunkt der barocken Festkultur. 1697 begann man mit der Renovierung des großen Comoedisaals in der Hofburg, der aber knapp

vor seiner Vollendung einem Brand zum Opfer fiel, jedoch wiederhergestellt und bis 1744 bespielt wurde.

An diesen Schauplätzen wurden die festlichen Theateraufführungen präsentiert. Alle Künstler – Musiker, Sänger, Kapellmeister, Komponisten, Dichter, Bühnenarchitekten, Kostümbildner und Dekorateure – waren Mitglieder des Hofstaates, sie gehörten zum Stab des Obersthofmeisters. Am Beginn des 18. Jahrhun-

Caroussel in Laxenburg. ÖNB, Wien

derts waren das immerhin über 100 Personen, darunter 27 Sänger und 58 Orchestermitglieder.
Wichtige programmatische Inhalte bei der Ausgestaltung dieser Feste – insbesondere der Opern und Theaterstücke – standen in Zusammenhang mit der Selbststilisierung des Erzhauses und der Verherrlichung der Herrschertugenden, allen voran der habsburgischen *clementia*. Stoffe aus der antiken Götterwelt, dem römischen Kaisertum und der trojanischen Herkunftssage der Habsburger gehörten ebenso wie die Argonautensage zum Standardrepertoire der Darbietungen.
Vor allem im 17. Jahrhundert befand man sich dabei in unmittelbarer Konkurrenz zum großen Gegner Ludwig

XIV., dessen Feste in Versailles gleichzeitig Maßstab und Herausforderung waren. So reagierten die Habsburger in der Programmatik mancher höfischer Feste heftig auf die Inanspruchnahme des Ordens vom Goldenen Vlies und seiner Insignien durch Ludwig XIV., der bei seinem Einzug 1660 in Paris von einem Schiff, das dem Namen *Argo* trug, empfangen wurde. Im selben Jahr schrieb auch der französische Dichter Corneille ein Stück „La conquete de la toison d'or" (Die Eroberung des Goldenen Vliesses), das ebenfalls provokant wirken mußte. Die Betonung der Vliessymbolik bei den Festlichkeiten anläßlich der Hochzeit Leopolds I. 1666/67 bedeutet daher viel mehr als nur die übliche Tradition – im Zuge dieser Feste fand im inneren Burghof das berühmte Roßballett statt, bei dem auch ein Argonautenschiff in den Burghof einfuhr.

Auch die spanischen Habsburger feierten vergleichbare Feste, vor allem Philipp IV. hatte eine Vorliebe für Theater, Stierkämpfe, Tierhetzen, Reiteraufzüge, Maskenspiele, Bälle und Bankette. Mindestens zweimal in der Woche, am Sonntag und Donnerstag, wurden Dramen mit Berufsschauspielern – im Gegensatz zum österreichischen Hof, an dem weitgehend adelige Laien agierten – im privaten Theater des Palastes aufgeführt. Neben dem weltlichen Theater betonte man in Spanien noch stärker als in Österreich die religiösen Feste: Prozessionen und kirchliche Zeremonien sowie religiöse Zerstreuungen im Kloster der Unbeschuhten Karmeliterinnen Descalzas Reales waren an der Tagesordnung.

Einen Höhepunkt der geistlichen Feste stellte 1622

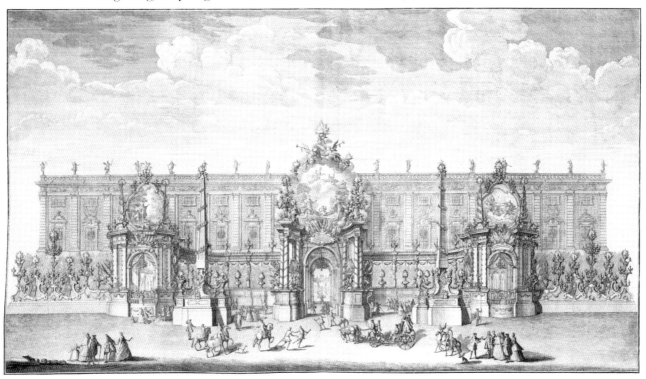

Oben: Prachtgerüst in der Himmelpfortgasse zum Namensfest Josephs 1741. Albertina, Wien
Linke Seite oben: Den Höhepunkt barocker Festlichkeiten bildete sicher die Aufführung der Oper „Il Pomo d'Oro".
Hier ein Dekorationsentwurf von Burnacini. HHSTA, Wien
Linke Seite unten: Eine der Massenszenen aus der Oper „Il Pomo d'Oro". Der betriebene Aufwand war grenzenlos,
sogar echte Elefanten wurden bei der Aufführung eingesetzt. ÖNB, Wien

die Kanonisierung von fünf in Spanien populären Heiligen – Isidor, Teresa von Ávila, Ignatius von Loyola, Franz Xaver und Philipp Neri – dar. Dieser Anlaß wurde unter anderem von Stierkämpfen und *Autodafés*, also Ketzerprozessen und Verbrennungen, „festlich" umrahmt. Die Feste waren mehr als „Unterhaltung", sie können nicht von der politischen Großwetterlage Europas, die sich in diesem Kampf um Symbole und Repräsentation ebenso offenbarte wie auf den Kriegsschauplätzen Europas, getrennt werden.

Diese Form der Repräsentationsfeste ist eng an die politische Situation des *Ancien régime* geknüpft. Bei den Habsburgern der Barockzeit – und dazu ist letztlich auch noch Maria Theresia zu zählen – fand sich der gesamtkunstwerkartige Festtypus deutlich ausgeprägt; mit dem Vordringen der Aufklärung und dem gewandelten Selbstverständnis des Herrschers, der sich nun

Theaterdekoration von der Familie Galli Bibiena. ÖNB, Wien

als erster Diener des Staates verstand und dessen Leitbild eine sparsame, utilitaristische Staatsführung war, hatten solche Ideen keinen Platz mehr. Charakteristisch ist, daß Joseph II. nicht nur alle Krönungen so weit wie möglich vermied und sich so die damit zusammenhängenden Feste ersparte, sondern auch die Galatage bei Hof und das spanische Mantelkleid abschaffte. Seine stark negative Einstellung zu Festen wurde zwar von seinen Nachfolgern nicht in seiner gesamten Strenge übernommen, aber die sündhafte Verschwendungssucht der Festlichkeiten war mit Karl VI. zu Ende gegangen.

Triumph und Einzug

Die Betonung der Tradition des Kaisertums im speziellen und der habsburgischen Familie im besonderen wurde durch die Renaissance, die die Motive der Repräsentation der Antike wiederentdeckte und wiederbelebte, verstärkt. Im Zusammenhang damit ist der Triumphbogen, das Zentralmotiv vieler Feste, zu sehen. Seine Tradition reicht sogar auf römische Vorbilder zurück und hatte vermutlich mit einem *rite de passage*, der rituellen Reinigung der Truppen nach dem Kriegszug, indem sie durch einen Triumphbogen in die Hauptstadt einzogen, zu tun. Das Triumphbogenmotiv spielte allerdings im Mittelalter eine untergeordnete Rolle und gar keine im säkularen Bereich. Die italienische Renaissance nahm dieses Motiv wieder auf und von dort gelangte es auch in die habsburgische Selbststilisierung. Wir finden es graphisch gestaltet in der „Ehrenpforte" Maximilians I. oder gemalt am gotischen Wappenturm in Innsbruck. Doch erst mit dem Einbau der Triumphpforten in die Festkultur gewann das Triumphmotiv seine wirkliche Bedeutung in der Repräsentationskunst der Frühen Neuzeit, wobei die temporäre Festarchitektur ein Experimentierfeld für die dauerhaft gebaute Architektur bot. Verschiedengestaltige temporäre Aufbauten aus Holzlatten, Leinwand, Gips und Farbe, die Obelisken, Triumphbögen, Pyramiden und Portiken darstellten, durften bei größeren Festen, vor allem bei den feierlichen Einzügen der Herrscher, nicht fehlen. Die erfolgreichen Beispiele solcher Zeitarchitektur machten Schule, wurden in Kupferstichen als *apparati delle feste* abgebildet und nachgeahmt.

Neben den unbeweglichen Elementen der Festarchitektur fand man auch großen Gefallen an mechanischer Bewegung. Die ohne sichtbaren Pferdezug fahrenden Festaufbauten *(carri)* finden sich schon in italienischen Triumphdarstellungen des Quattrocento, ihre Tradition kann bis zu den heutigen Winzerfesten und Karnevalsaufzügen geführt werden. Diese Festwagen, die den Eindruck eines Fahrens ohne sichtbaren Antrieb erwecken sollten, blieben ein wesentliches Element herrscherlicher Repräsentation. Eine ähnliche Freude an Technologie verrieten die bei Festen besonders gerne eingesetzten oder vorgeführten Automaten. Außerdem bildete das beliebte Feuerwerk, das Spezialisten der Feuerwerkskunst und Büchsenmeister gestalteten, einen integrativen Bestandteil solcher herrscherlicher Feste. Auch das damals noch sensationell wirkende Beleuchten von Fassaden – das Spiel mit Licht bei wirklicher oder temporärer Architektur – war ein häufig anzutreffendes Festelement. Manchmal betonte man das antike Element der Spiele – *panem et circenses* ist ein heute noch zitierter Wahlspruch der römischen Kaiser –, indem man Zirkusnachbauten herstellte, in denen Festlichkeiten und Spiele ablaufen konnten. Bei einer Illumination zu Ehren Karls VI. anläßlich der Geburt des Thronfolgers Joseph, der im Jahr darauf wieder starb, baute man 1716 einen solchen antiken Zirkus nach. Gelegentlich wurden erfolgreiche Gestaltungen derartiger repräsentativer Elemente auch wiederholt; so gab es einen Mausoleumsaufbau zum Gedächtnis Franz' I. in Lucca 1765, der für Joseph II. 1790 identisch wiederholt wurde.

Vorbildlich für die herrscherlichen Einzüge der Habsburger war derjenige Karls V. in Aachen am 22. Oktober 1520, dessen Grundgestalt alle weiteren Einzüge nachahmten. 1530 zog er in Innsbruck und Schwaz feierlich ein, und auch diese Anlässe wurden durch die Errichtung von Triumphpforten zelebriert. Einen der Höhepunkte bildete der Einzug Maximilians II. in Wien 1552, als er aus Spanien zurückkehrte und der Wiener Bevölkerung bei dieser Gelegenheit unter anderem den ersten lebenden Elefanten vorführen konnte.

Auch mit seinem triumphalen Einzug 1563 in Wien nach seiner Krönung in Ungarn setzte Maximilian II. weitere Maßstäbe. Mit diesem Einzug bürgerte sich die *via triumphalis* in Wien ein. Aber auch die ersten Triumphpforten Wiens, die ein Programm des Wiener Humanisten und Stadtgeschichtsschreibers Wolfgang Lazius visualisierten und thematisch mit der „Ehrenpforte" Maximilians I. zusammenhingen, wurden bei dieser Gelegenheit errichtet. In Wien wurden selten mehr als drei Triumphtore aufgestellt, in der Provinz hingegen oft mehr. 1571 anläßlich der Hochzeit Karls II. von Innerösterreich waren es in Graz sogar sieben Tore, deren künstlerische Ausgestaltung von verschiedenen Vorbildern abhängig war. Neben der „Ehrenpforte" Maximilians I., die immer wieder Anregungen bot, waren es oberitalienische Architekturbücher, die bei der Gestaltung der Triumphpforten eine große Rolle spielten. 1577 errichteten die Hofkünstler Hans Mont und Bartholomäus Spranger in Wien anläßlich des Einzugs Rudolfs II. derartige

Maximilian und seine Familie auf einem Triumphwagen, der mit Symbolen der Herrschaft geschmückt ist. Diese Einzüge im Triumphwagen stehen in der Tradition der Renaissance und somit auch der Antike. Biblioteca Nacional, Madrid

Scheinarchitekturen, 1582 wurde bei der zweiten Hochzeit Erzherzog Ferdinands von Tirol ein Triumphbogen aufgestellt, und 1608 gab es zum Einzug von Matthias in Wien nicht weniger als zehn Triumphtore. Aber auch von der sonstigen Ausstattung her waren die Einzüge großartig, weil die Zahl der Begleiter, vor allem der Pferde, als eine Art von Ranganzeiger gelten konnte. So waren 1588 beim Einzug der Erzherzöge Ferdinand, Ernst, Karl und Matthias in Prag 150 Wagen aufgeboten, Kaiser Rudolf erwartete seine Familie hinter Višehrad mit 60 eigenen Wagen. Allein Ferdinand von Tirol hatte 155 Personen mitgenommen, darunter einen Oberkämmerer mit drei Dienern, den Hofkanzler, den Oberststallmeister, zwölf Kammerherren, die Hausoffiziere, die Hofkapelle, den Pfennigmeister, die Hofkanzlei, die Stallpartei, die Küchenpartei, die Kellerpartei, die Silber- und Lichtkämmerer und andere Diener. Eine besondere Ausgestaltung erfuhren diese festlichen Einzüge in der Zeit des Barock, da man noch mehr Wert auf Prunk und Repräsentation legte. Auch die Zusammenhänge zwischen den gerade am Wiener Hoftheater so üppigen Theaterdekorationen und der Barockkunst im allgemeinen sind nicht zu übersehen.

Ein gutes Beispiel einer Herrscherapotheose bietet der Einzug Josephs I. 1690 in Wien. Man hatte bei dieser Gelegenheit drei Triumphtore aufgestellt: der Magistrat errichtete eines am Stock im Eisen-Platz, die freien Kaufleute des Hofes ein zweites am Kohlmarkt und schließlich die fremden Niederleger, also die ausländischen Kaufleute, ein drittes in der Wollzeile. Entworfen wurden diese Bögen von niemand Geringerem als von Johann Bernhard Fischer von Erlach. Das Bildprogramm der Bögen enthält alle traditionellen Elemente der Stilisierung – so findet man etwa die Apotheose des Herrschers als Lichtgott auf dem Triumphbogen der Niederleger, auf dem der junge Joseph I. als Sonnengott dargestellt wird. Dieses Motiv findet sich schon früh in der habsburgischen Ideologie: Bereits auf einer der Darstellungen der „Ehrenpforte" Kaiser Maximilians I. strahlt die Sonne mit der Aufschrift *Quod in coelis sol hoc in terra Caesar* (Was die Sonne am Himmel, ist der Kaiser auf Erden); das Motiv wurde dann vereinzelt, etwa unter Rudolf II., in der emblematischen Propaganda weiterverwendet und fand schließlich im Frankreich des 17. Jahrhunderts weite Verbreitung. Die Wiederaufnahme des Motivs der Sonne und ihre Gleichsetzung mit dem Herrscher in der barocken Ikonographie der Triumpharchitektur ist als Gegenbestrebung zur Identifikation Ludwigs XIV. als Sonnenkönig zu sehen. Auch andere lang bekannte Motive, wie z. B. der Titanensturz, wurden im neuen politischen Zusammenhang auf Türken und Franzosen umgemünzt. Die Stilisierung der habsburgischen Familie in den Triumphpforten des Jahres 1690 zeigt aber nicht nur Joseph als Sonnenkönig, auch Leopold wird als in der Schlacht siegreicher Jupiter dargestellt, der die Giganten als Symbol des Bösen besiegt. Ein weiteres Tor stellt Joseph I. mit Szepter und Lorbeer als römischen Triumphator auf der Quadriga sitzend dar. Seit der Spätantike repräsentiert

Das Elefantenhaus am Linzer Hauptplatz ist eines der vielen Denkmäler für den Zug des ersten Elefanten von Spanien nach Wien 1552. Foto: Vocelka

der Gestus des Sitzens die übermenschliche Majestät. Diese Vielfalt der Darstellungsweisen ist charakteristisch für die Inhalte solcher propagandistisch-repräsentativer Programme, die Herrscherapotheose ist dreifach: Der römische König wird als *roi soleil*, als römischer Kaiser der Antike und als olympischer Gott dargestellt. Hinsichtlich der Wirksamkeit dieser Programme ist natürlich ein Ausstrahlen vom Zentrum in die Peripherie festzustellen. Viele Aristokraten, aber auch klösterliche Gemeinschaften griffen bei der Ausstattung ihrer Schlösser dieses Lob der Dynastie auf und ließen es in die Freskenprogramme integrieren – ein gutes Beispiel wäre etwa das Schloß des Christoph Wenzel Nostiz in Lobris in Schlesien, wo aus Anlaß des 50. Geburtstags Leopolds I. ein besonders aussagekräftiges Huldigungsprogramm gemalt wurde.

Das Bildprogramm Fischers von Erlach von 1690 rief auch in der kaiserlichen Kunst eine Welle von Nachahmungen hervor. Bis 1790 wurde die Ikonographie der Barockideologie wiederholt, vielfach jedoch nur mehr schematisch. Ein aus Stein gebauter Triumphbogen aus dem 18. Jahrhundert hat sich in Innsbruck erhalten; er entstand 1765 anläßlich der Vermählung des Großherzogs der Toskana Leopold (des späteren Kaisers Leopold II.) mit Maria Ludovica von Spanien († 1792). Die Nordseite des Triumphtores wurde nachträglich dem Tod Franz Stephans, der während der Vermählungsfeierlichkeiten in Innsbruck starb, gewidmet.

1790 wurde der für Leopold II. errichtete Triumphbogen von Melchior Hefele erstmalig wie ein Denkmal des Kaisers gestaltet. Die Kaiserfigur ist nicht mehr in den Triumphbogen eingebaut, sondern steht samt ihrem Siegesgespann golden angestrichen auf einem Sockel. Der Kaiser ist zu seinem eigenen antikisierenden Denkmal geworden, das man ihm *modo antico* errichtete. Im 19. Jahrhundert wurden die kurzfristig errichteten Denkmäler der Triumpharchitektur weitgehend durch die für die Ewigkeit geplanten – meist aus Bronze gegossenen – Statuen abgelöst. Die wenigen im 19. Jahrhundert entstandenen Triumphbögen ahmten teils die alten Motive nach, teils verzichteten sie völlig auf diese antikisierenden Anspielungen, so trägt etwa das Heldentor in Wien – eine auf Dauer gebaute Triumpharchitektur – nur noch eine Inschrift.

Neben den herrscherlichen Einzügen, die das Hauptfeld der Anwendung antiker Triumphideen bildeten, fanden diese auch im kirchlichen Triumph Verwendung, etwa bei der Zurschaustellung von Reliquien oder der *Translatio* von Heiligen, der Übertragung der Reliquien eines Heiligen in einen Reliquienschrein. Den Hauptanlaß für die weltlichen Einzüge mit den anschließenden Festlichkeiten boten die Krönungen mit dem jeweils anschließenden „Umritt", der zwar nicht mehr dieselbe Bedeutung wie im Hochmittelalter hatte, aber dennoch eine bestimmte Funktion erfüllte. Der neue Herrscher mußte sich in einigen der wichtigsten Städte seines Herrschaftsbereichs – bei den Habsburgern waren das die Landeshauptstädte der Erbländer, Böhmens, Mährens und Schlesiens – zeigen und wurde bei diesen Gelegenheiten mit einem triumphalen Einzug gefeiert. Eine andere, weit weniger häufig als in der Gegenwart stattfindende Gelegenheit für Festlichkeiten boten „Staatsbesuche". Wie wenig dieser Terminus auf die Zeit der großen Festlichkeiten der Frühen Neuzeit übertragbar ist, sollen zwei kleine Beispiele verdeutlichen. In den Jahren 1548/49 reiste Philipp II. von Spanien ins Reich. Diese Reise führte ihn zunächst über Genua nach Mailand, wo er triumphal empfangen wurde, unter anderem von den Herzögen von Savoyen und Ferrara und den Ge-

Die Silberhochzeit Franz Josephs und Elisabeths wurde im Jahr 1879 durch einen Festzug in Wien gefeiert. Geplant hat ihn Hans Makart. ÖNB, Wien

sandten von Venedig, Florenz und Siena. Bei dieser Gelegenheit wurde eine Komödie aufgeführt, und Stadt und Herzogtum brachten große Geldgeschenke dar. Auch in Mantua, wo man Philipp zu einer Wildschweinjagd einlud, wurden Triumphbögen errichtet, ähnliches wiederholte sich in Trient, wo der Triumphbogen mit „ägyptischen Zeichen" – vermutlich der schon unter Maximilian I. populären Hieroglyptik – den Ruhm des Hauses Österreich verherrlichte. In Bozen ließen die Bewohner eine gewaltige Silbermedaille, die mit einem eigenen Maultier transportiert werden mußte, mit dem Porträt Philipps anfertigen, und auch in München wechselten Bälle und Bankette mit Jagden ab. In Augsburg erhielt der spanische Infant großartige Geschenke von den Fuggern, in Ulm veranstaltete man eine Seeschlacht auf der Donau, in Heidelberg traf Philipp mit verschiedenen Familienmitgliedern zusammen und zog dann nach Brüssel weiter. Dort wurde noch deutlicher als auf der gesamten bisherigen Reise der Aspekt der Huldigung betont, galt Philipp damals doch noch als Nachfolger im Reich. Es handelte sich also keineswegs um den Besuch eines Monarchen in einem anderen Land, sondern um einen Umritt. In Brüssel wurde er als *seigneur naturel* in einer Investiturzeremonie anerkannt, die aber auch von festlichen Elementen wie Triumphbögen und einem Turnier umrahmt war.

Die größten Feierlichkeiten auf dieser Reise fanden offenbar in Binche am Hof der verwitweten Königin Maria von Ungarn († 1558) – die einen Hof mit rund 150 beschäftigten Personen unterhielt – statt. Durch das dichte Netz des Konnubiums der Habsburger waren Reisen häufig gleichzeitig auch „Verwandtenbesuche". Über die Feste in Binche sind wir durch Zeichnungen, die vermutlich entweder von Pieter Coecke van Aelst, Jan Cornelisz Vermeyen oder Michael Coxcie stammen, und eine Beschreibung des spanischen Adeligen Juan Cristoval Calvete de Estrella gut informiert. An diesen Festlichkeiten, die auch von Brantôme gerühmt wurden, nahmen Karl V., Philipp II., Maria von Ungarn und Eleonore, die Witwe des französischen Königs Franz I., teil. Am ersten Tag fand ein Turnier statt, das durch Intermezzi mit Musik unterbrochen wurde, und abends ein Tanzfest, bei dem u. a. eine Quadrille und ein deutscher Tanz, in dem die Teilnehmer als alte Männer verkleidet auftraten, vorgeführt wurden. In den nächsten Tagen wurde ein Maskenspiel mit 28 Schauspielern aufgeführt, ein Spiel in Anlehnung an den spanischen Ritterroman „Amadís de Gaula" veranstaltet und eine speziell erbaute „Burg" aus vergänglichen Materialien von 400 Rittern belagert, es folgten ein weiteres Turnier sowie ein Festmahl mit Feuerwerk.

Ein zweites Beispiel liefert der Besuch des prunkliebenden, kunstverständigen bayrischen Herzogs Albrecht V. 1560 in Wien. Auch hier ist das Element des Staatsbesuches im Nachbarstaat von dem des Familienbesuches nicht zu trennen. Bei dieser Gelegenheit trumpfte Maximilian II. auf: Er veranstaltete ein riesiges Fest in Wien, in dem Turniere und Schaukämpfe ebenso Platz fanden wie Jagden und Bankette. Ein Fußturnier, ein „Thurnier zu Roß" und ein vom spanischen Botschafter Graf von Luna arrangiertes „Plankengestech" bildeten den Kern der Veranstaltungen im weltlichen Bereich, eine besonders feierliche Fronleichnamsprozession, an der auch die Wiener Zünfte mit ihren Fahnen teilnahmen, den Höhepunkt der geistlichen Feste. Am letzten Tag des Festes führte man auf der Donau eine von zwei Parteien naturgetreu nachgestellte Seeschlacht und die Eroberung eines eigens zu diesem Zweck erbauten Städtchens durch.

Übergangsriten

In allen Gesellschaften der Welt werden die Übergänge des Lebens – die Geburt oder die Aufnahme in die jeweilige religiöse Gemeinschaft (z. B. durch Taufe oder Beschneidung), das Erwachsenwerden, die Verehelichung und der Tod – besonders festlich gestaltet. Für diese anthropologische Konstante hat der Ethnologe Arnold van Genepp den schönen Begriff *rite de passage* – Übergangsritus – geprägt, der sich zunehmend durchgesetzt hat. Mit Ausnahme des Initiationsritus in die Gemeinschaft der Erwachsenen, der häufig mit der Hochzeit zusammenfiel, wurden all diese Feste auch bei den Habsburgern gefeiert, wobei man der Aufnahme in den Vliesorden, wenn sie nicht schon als Kind erfolgte, eine ähnliche Bedeutung zumessen könnte. Wir wollen uns hier mit der Taufe von Erzherzoginnen und Erzherzögen und mit den habsburgischen Hochzeiten beschäftigen. Der dritte Übergangsritus, das Sterben und Begrabenwerden, wird in einem eigenen Kapitel behandelt; der spezifische Ritus der Krönung, der nur wenigen Menschen beschieden war, wurde schon gesondert besprochen.

Die Sicherung vor allem von männlichen Nachkommen spielte bei Dynastien immer eine große Rolle, schließlich war ja einiges vorhanden, was man vererben konnte und wollte. Besonders in der Barockzeit stieg die Bedeutung der Nachkommenschaft bei den Habsburgern, denn Karl VI. war der letzte männliche Habsburger. Man kann sich daher gut vorstellen, daß die Geburt von Kindern – und besonders Söhnen – in dieser Zeit stärker gefeiert wurde als sonst. Die Rituale um Geburt und Taufe der Habsburger waren auch mit der spezifischen Frömmigkeit der Dynastie, der *pietas Austriaca*, verbunden. Mit Gebeten, Prozessionen und

Opfergaben erflehte man Thronerben, eine gute Schwangerschaft und glückliche Geburt.

Sofort nach der Niederkunft wurde ein Tauftermin festgesetzt, weil man das Sakrament der Taufe – in Anbetracht der hohen Kindersterblichkeit – möglichst rasch vollziehen wollte; die Taufe erfolgte normalerweise noch am Tag der Geburt oder am darauffolgenden Tag. Lebensschwache Kinder wurden von der Hebamme notgetauft. Die Taufzeremonie fand nicht in der Hofburgkapelle, sondern in einem zum Taufsaal umgestalteten Gemach statt, zunächst in der kaiserlichen Ritterstube. Ab 1755 diente die zweite Anticamera in der Hofburg als Taufgemach, ebenso in Schönbrunn. Habsburgische Taufen fanden 1680 und 1683 auch in der Ritterstube des Linzer Schlosses statt.

Der jeweilige Saal wurde mit Teppichen bespannt, auf einer Bühne war ein Altar mit einem Baldachin darüber errichtet, vor dem Altar standen die Kniebänke und Lehnsessel für die Mitglieder der kaiserlichen Familie, auf dem Altar war die kaiserliche Taufgarnitur aufgestellt. Die heute in der Schatzkammer ausgestellte Garnitur war ein Hochzeitsgeschenk der Kärntner Stände, deren Wappen sie auch trägt, an Karl II. von Innerösterreich und Maria von Bayern anläßlich ihrer Hochzeit 1571. Die goldene, mit wunderbaren Emailarbeiten verzierte Garnitur war allerdings ursprünglich keineswegs für den Zweck der Taufe, sondern als wertvoller Tafelaufsatz und Handwaschgarnitur gedacht. Später erst, ab der zweiten Hälfte des 17. Jahrhunderts, wurde sie regelmäßig bei Taufen verwendet.

Zugleich mit dieser Garnitur wurden auch verschiedene Reliquien aus der habsburgischen Schatzkammer geholt; das heilige Kreuz, der heilige Nagel, das heilige Blut, der heilige Dorn und der heilige Schleier wurden auf dem Altar bereitgestellt. Diese Christusreliquien sollten dem Kind – entsprechend den Frömmigkeitsvorstellungen des Barock – Kräfte vermitteln und Heil bringen. Wir haben ähnliche Vorstellungen bei der Verwendung der Reichsreliquien in der Krönungszeremonie gesehen. Die Reliquienaussetzung hörte erst unter Maria Theresia auf.

Die eigens für diesen Anlaß angefertigten Taufgewän-

Die Trauungszeremonie zwischen Franz Joseph und Elisabeth 1854 fand – wie die meisten kirchlichen Zeremonien des Hauses Habsburg – in der Augustinerkirche statt. ÖNB, Wien

der sind ebenfalls zum Teil in der Schatzkammer erhalten, das älteste stammt aus dem Jahre 1757. Diese Taufkleider sind Staatskleider, so wurden sie etwa zur erwarteten Taufe des Kindes der Erzherzogin Maria Anna († 1744), der Schwester Maria Theresias, nach Brüssel gesandt.

Der Täufling wurde von der *Aja* (der späteren Erzieherin) hereingetragen, vom Obersthofmeister übernommen und während der Taufzeremonie zunächst vom Taufpaten oder dessen Stellvertreter gehalten. Ab 1745 hielt der Obersthofmeister den Täufling, wenn dessen Vater Kaiser war, sonst stand der *Aja* diese Ehre zu. In Ausnahmefällen trugen auch die Großeltern das Kind zur Taufe, wobei stets bestätigt wurde, daß dies ohne Präjudiz für Obersthofmeister und *Aja* geschah. Das Recht, die kaiserlichen Kinder zu taufen, lag beim päpstlichen Nuntius, die österreichischen Bischöfe und Prälaten assistierten, die gesamte hohe Geistlichkeit war anwesend. Dem Taufwasser wurden einige Tropfen Jordanwasser beigefügt, wieder eine der subtilen Anspielungen auf den sakralen Charakter der kaiserlichen Familie.

Nach der eigentlichen Taufzeremonie wurde ein *Te deum* gesungen, von außen hörte man dazu die Salutschüsse auf den Bastionen, die bis in die Zeit Maria Theresias allerdings nur bei der Geburt eines Erzherzogs erdröhnten. Die Zahl der Geschütze wurde immer größer, das Lärmen immer unerträglicher, so daß van Swieten das Abschießen der Geschütze in der Nähe des Säuglings kurzerhand verbot.

In der Barockzeit erfolgte beim männlichen Erstgeborenen nach dem Beispiel Philipps des Guten von Burgund († 1467) auch die Aufnahme in den Vliesorden – dieser hatte seinem Sohn Karl dem Kühnen († 1477) bei der Taufe schon die Ordenskette umgehängt. Diese Zeremonie wurde von Karl VI. erneut eingeführt, geriet aber bis zum Ende des Jahrhunderts wieder außer Gebrauch. Man hängte dabei dem Neugeborenen ein besonders kleines Vlies um, das nach dem Tod Franz Stephans in der Schatzkammer verwahrt wurde. Die Vliesritter erschienen im Ordenshabit, auch der Kaiser war in Ordenstracht. Noch Franz Stephan machte Joseph während der Taufe zum Ordensritter, Vlieskette und Schwert lagen bereit, und der Kaiser führte drei Ritterstreiche aus. Nach der Vliesverleihungszeremonie wurden die Ordensritter zum Kuß der Windeltücher vorgelassen.

Noch zwei weitere Zeremonien hingen mit der Geburt zusammen, obwohl sie zeitlich verzögert stattfanden. Das eine war die sogenannte päpstliche Windelpräsentation, bei der wertvolle Geschenke mit einer symbolischen Windel überreicht wurden. Dabei ereignete sich der kuriose Fall, daß diese Zeremonie für Erzherzog Joseph (II.) erst 1746 erfolgte, als er bereits sechs Jahre alt war und der Windeln sicherlich nicht mehr bedurfte. Die letzte päpstliche Windelpräsentation fand 1793 für Kronprinz Ferdinand, den späteren Kaiser Ferdinand I., statt. Der andere Geburtsritus folgte sechs Wochen nach der Niederkunft. Zu diesem Zeitpunkt feierte die Kaiserin – wie allgemein üblich –

Die Taufgarnitur der Habsburger war das Hochzeitsgeschenk der Kärntner Stände an Karl II. und Maria von Bayern 1571. Kunsthistorisches Museum, Wien

den „Hervorgang" aus dem Kindbett, sie zeigte sich dabei erstmals wieder in der Öffentlichkeit. Die sogenannte „Hervorsegnung" fand je nach Aufenthaltsort in der Loretokapelle bei den Augustinern oder in Schönbrunn in der Schloßkapelle und seit Joseph II. in der Hofburgkapelle statt, wobei der Nuntius den Muttersegen erteilte, während die junge Mutter ihr Kind dem Herrn durch die Mutter Gottes symbolisch aufopferte. Nur bei Totgeburten führte man die Hervorsegnung in aller Stille in der Kammerkapelle durch.

Eine wichtige Rolle im Gefüge der Familie, wie in dem der europäischen Staatenwelt, spielte die Wahl des Taufpaten. In erster Linie wurden Großeltern und nahe Verwandte um die Übernahme der Patenschaft gebeten, aber gerade bei einem Kind des Kaisers trug diese Rolle so viel politisches Gewicht, daß Monarchen im Ausland oder sogar der Papst gefragt werden mußten. Bis zu den Kindern Leopolds I. und Josephs I. fungierten fast ausschließlich Familienangehörige als Taufpaten, unter Karl VI. und noch verstärkt unter Maria Theresia kamen zunehmend ausländische Monarchen zum Zug. So waren etwa die verwitwete Kaiserin Eleonore Gonzaga von Mantua und Prinz Karl von Lothringen Paten Erzherzog Ferdinands († 1668), des erstgeborenen Sohnes Leopolds I., während Papst Clemens X. diese Rolle bei Erzherzogin Maria Josepha

(† 1676) übernahm, Papst Clemens XI. bei Maria Theresia und Papst Benedikt XIV. bei Erzherzog Joseph (II.).
Später, unter dem Einfluß der Ideen der Aufklärung, wurden manchmal einfache Menschen aus dem Volk als Paten genommen. So war etwa der Pate Erzherzog Johanns ein armer Mann namens Giovanni Philippo Barellai aus Florenz, für drei der jüngeren Brüder, die in Pisa geboren wurden, mußten Kapuziner aus dem dortigen Kloster als Taufpaten fungieren. Allen Habsburgern wurde eine Reihe von Namen gegeben, deren Herkunft und Bedeutung für die Familie charakteristisch waren. Hier soll nur ein Beispiel eines formell nicht zur habsburgischen Familie gehörenden Kindes, das aber im biologischen Sinne ein Habsburger war, gegeben werden. Selbst bei diesem erstgeborenen Sohn Erzherzog Johanns, Stammvater der Grafen von Meran, spielte die Namenstradition eine zentrale Rolle: er wurde vom Pfarrer der Michaelerkirche auf die Namen Franz (nach seinem Onkel Kaiser Franz) Ludwig (nach seinem Taufpaten Erzherzog Ludwig) Johann (nach seinem Vater) Jakob (nach seinem Großvater mütterlicherseits) und Gregor (nach dem regierenden Papst) getauft.

Aber nicht nur für die engere Familie, sondern für den gesamten Hof bedeutete die Geburt eines Prinzen ein freudiges Ereignis, es gab große Gala auf drei Tage – bei einer Prinzessin große Gala auf einen und kleine Gala auf zwei Tage. Hofbeamte erschienen zur Taufzeremonie zunächst in Mantelkleidern, später in der sogenannten *Campagne-Gala*, seit 1754 waren auch Militäruniformen als Hofkleidung zugelassen, unter Joseph II. galt die Uniform sogar als die übliche Hofkleidung. Auch die Bevölkerung der Residenzstadt feierte die Geburt eines Habsburgers mit Beleuchtungen und Tanz auf den Straßen. Die sogenannten „Illuminationen" waren eine Kombination aus Lichteffekten – man muß sich mittelalterliche und frühneuzeitliche Städte ja fast völlig finster vorstellen – und anderen Schmuckelementen, wie an Häusern angebrachte Bilder mit propagandistischem Inhalt und Sinnsprüchen.

Eine Illuminationsbeschreibung anläßlich der Geburt Erzherzog Karls 1745, in der 370 Wiener Gebäude erwähnt werden, umfaßt 696 Seiten. In anderen Städten wurde nach dem Vorbild der Residenzstadt ähnliches in bescheidenerem Ausmaß gestaltet. Zu diesen Festlichkeiten trug auch der Hof bei: Man ließ Geld, Krapfen und Semmeln auswerfen und Rot- und Weißwein ausschenken.

Die Taufe Maximilians I. in der Burgkapelle in Wiener Neustadt 1459 wird in dieser Graphik aus dem Weißkunig abgebildet.
ÖNB, Wien

Bei den besonders festlich gestalteten Geburten der Thronfolger in den Jahren 1716 und 1743 wurden Festschießen organisiert und viele Preise – der Silberwert betrug insgesamt 5000 Gulden – ausgesetzt. Nicht ohne Eigeninteresse ordnete Maria Theresia an, daß „aus besonderen Consideration den Tag nach der Geburt Abends nur einmal die Illumination und Gala vor sich gehen und die andere zwey Abende (erst) nach dero glückseligen Hervorgang gehalten" werden sollten, sie verschob also die Festlichkeiten auf einen Zeitpunkt, zu dem sie selbst wieder daran teilnehmen konnte. Das Herrscherpaar fuhr dabei inkognito durch die Stadt, wurde aber erkannt und von Jubelgeschrei begleitet. 1745 fand die letzte Illumination in der Regierungszeit Maria Theresias statt, erst unter Franz II./I. wurde anläßlich der Geburt des Kronprinzen Ferdinand 1793 wieder eine Beleuchtung der Häuser von Wien durchgeführt.

Ein Übergangsritus, der den Status eines Menschen ändert, war und ist auch die Hochzeit. Vielfach bedeutete sie den endgültigen Eintritt ins Erwachsenenleben, wobei das Heiratsalter weiblicher wie auch männlicher Habsburger oft sehr niedrig war. Elisabeth von Bourbon war zwölf Jahre alt, als sie Philipp IV. 1615 heiratete, doch war dieser selbst erst zehn, so daß die Ehe erst fünf Jahre später vollzogen werden konnte.

Die Heiraten der Habsburger trugen natürlich auch jede Menge politischer Implikationen in sich, von denen im zweiten Band, der sich mit der Sozialgeschichte der Familie beschäftigt, noch die Rede sein wird. Vor allem die dynastische Verbindung zwischen Jagiellonen und Habsburgern 1515 in Wien, die Staatsbesuch, Vertragsabschluß und Doppelhochzeit mit weitreichenden Folgen einschloß, war für das weitere Geschick der Dynastie von grundlegender Bedeutung. Im Vergleich zur zweiten Hälfte des 16. Jahrhunderts, in der ein qualitativer Sprung einsetzte, hielt sich die festliche Ausschmückung 1515 in relativ bescheidenen Grenzen. Die Steigerung der Pracht späterer Hochzeiten dürfte nicht zuletzt auf den kulturellen Einfluß der Bayern auf die österreichischen Habsburger zurückzuführen sein. Mit der berühmten Hochzeit von Landshut 1475 zwischen Georg von Bayern und der polnischen Königstochter Hedwig, an der auch Friedrich III. teilnahm, wurden schon im späten Mittelalter Maßstäbe in diesem Lande gesetzt. Es ist kein Zufall, daß diese Hochzeit noch heute – als Touristenattraktion und als Volksfest – nachgespielt wird, die Pracht dieses lang vergangenen Ereignisses beeindruckt noch immer. Die Tradition prunkvoller Hochzeiten blieb in Bayern erhalten, 1568 fand eine großartige Hochzeitsfeier in München statt. Dem Programm dieser Hochzeit zwischen Wilhelm V. von Bayern und Renata von Lothringen folgte in wesentlichen Punkten die aufwendigste der habsburgischen Hochzeiten dieser Zeit, die zwischen Karl II. von Innerösterreich und Maria von Bayern 1571 in Wien und Graz.

Die Feste begannen mit dem Einzug der Braut in Wien, die per Schiff anreiste, und vom Hof, aber auch von den Wiener Bürgern festlich empfangen wurde. Der Berichterstatter dieser Hochzeit, der Pritschenmeister Heinrich Wirrich, schildert den Empfang der Braut so: „Habn die von Wienn baldt vernommen / Vnd sich gerüst gleich wie vor / zu gehn hinauß zum newen Thor / Auff einen Platz lustig und grün/ Da sah man manchen Bürger kün / In seinem Harnisch angethan / Nicht gnugsam ich sie loben kan / Ein jeder hat sich schön berreidt/ Zugfallen der Oberkeit." Eine ganze Serie dieser im Vers erwähnten Harnische ist im übrigen im ehemaligen Wiener bürgerlichen Zeughaus erhalten geblieben und befindet sich heute im Historischen Museum der Stadt Wien. Zwei Tage nach dem Einzug, am 26. August 1571, fand die Trauungszeremonie in der Augustinerkirche statt, die der Bischof von Salzburg zelebrierte, assistiert von den Äbten der großen österreichischen Klöster. Anschließend wurde festlich getafelt, neben der kaiserlichen Tafel, an der 39 Personen Platz fanden, gab es 15 Herrentafeln und 20 „frawenzimmertafeln". Fünf Gänge wurden serviert, sie bestanden aus Fisch, Geflügel und Wildbret, selbst exotische Südfrüchte wurden aus diesem Anlaß importiert. Insgesamt waren 308 Personen allein mit dem Auftragen der Speisen, dem Vorschneiden und dem Reinigen der Hände in speziellen Becken und dem Verteilen der Servietten zum Händetrocknen beschäftigt. Das Mahl dauerte – wie der päpstliche Nuntius berichtet – drei Stunden und wurde von instrumentaler Musik begleitet, anschließend wurde getanzt. Am darauffolgenden Montag wurden die Geschenke überreicht, und am Dienstag begann ein Turnier, das schon oben geschildert wurde und dessen Programm Johann Baptist Fonteius und Giuseppe Arcimboldo entwarfen. Die allegorischen Züge dieses Turniers lassen es eher als theatralische Herrschaftsstilisierung denn als Waffenübung verstehen. Der eigentliche „Waffensport" bestand in einem sogenannten Ringrennen, in dem ein aufgehängter Ring mit der Lanze „gestochen" und heruntergerissen werden mußte, also eine Geschicklichkeitsübung, wie sie später das Ringelspiel und das bäuerliche Kufenstechen tradierten. Nach einem Ruhetag fand am Donnerstag ein „Thurnier vber die Balia" statt, ein sogenanntes Plankengestech, bei dem die anreitenden Pferde der Turniergegner durch eine Holzwand getrennt waren. Diese vor allem in Italien beliebte Turnierform war gegenüber den traditionellen Spielarten der ritterlichen Übungen „entschärft", weil es dabei nicht mehr auf ein Zu-Boden-Schleudern des Gegners ankam, sondern auf ein „zierliches" Brechen der Spieße an einem eigens dafür angebrachten Schild an der Rüstung. Am Sonntag darauf fand im Burghof noch ein Fußturnier statt. Nach diesen Feierlichkeiten in Wien zog das Brautpaar mit Gefolge nach Graz, wo man Triumphpforten errichtet hatte. Dem festlichen Einzug folgte ein Turnier, ein Festbankett und ein Feuerwerk am linken Murufer, bei dem u. a. die Eroberung einer Burg in einem Scheinkampf auf dem Programm stand. Auf ähnliche Weise wurden fast alle großen Hochzeiten dieser Zeit gefeiert.

Auch die Einholung und Übergabe der Braut spielten eine bedeutende Rolle. Diese Übergaben zeigen besonders deutlich den Charakter der *rites de passage*. Zwei Beispiele aus der österreichischen Linie der Habsburger mögen das illustrieren. Als Erzherzogin Elisabeth († 1592), die Braut des französischen Königs Karl IX. († 1574), in Mezière, dem für die Hochzeit vorgesehenen Ort an der Grenze Frankreichs, eintraf, war sie spanisch gekleidet. „Darauff die alte Königin sampt deren Frawenzimmer / die Junge Königin hinweg geführt / vnd ihre Königliche Würden verkleiden lassen / Nemlich mit einem gulden langen Rock mit schwartzen streiffen / so einem nachschleifft wol von fünffzehen elen gehabt haben solle / durchauß mit Lilien ge-

Die Vermählungszeremonie Franz II./I. mit seiner ersten Frau Elisabeth von Württemberg. Nach einer Zeichnung von Jakob Adam gestochen. ÖNB, Wien

bordet / köstliche Perlein allerley Edelgesteins von Demanten / Rubinen vnd andern mehr reichlich gzirt / mit einer königlichen Crone/ so gleichfalls mit Edelgestein geschmücket / gekrönt / alles von den Frantzösischen vber ein Million Golds geschätzt vnnd geachtet worden." Noch deutlicher wird der Symbolgehalt dieses Übergangsritus – die zukünftige französische Königin verläßt ihr Land, das durch ihre Kleidung symbolisiert wird, und geht in das neue Land, dessen Kleider sie nun anlegt – in einem dichterischen Text. Stefan Zweig beschreibt in seiner Biographie Marie Antoinettes († 1793) eine ganz ähnliche Szene: „Die Übergabe Marie Antoinettes soll Abschied von allen und allem veranschaulichen, was sie mit dem Hause Österreich verbindet; auch hierfür haben die Zeremonienmeister ein Symbol ersonnen; nicht nur darf niemand ihres heimatlichen Gefolges sie über die unsichtbare Grenzlinie begleiten, die Etikette heischt sogar, daß sie keinen Faden heimatlicher Erzeugung, keinen Schuh, keinen Strumpf, kein Hemd, kein Band auf dem nackten Leibe behalten dürfe. Von dem Augenblick an, da Marie Antoinette Dauphine von Frankreich wird, darf nur Stoff französischer Herkunft sie umhüllen. So muß sich im österreichischen Vorzimmer die Vierzehnjährige vor dem ganzen österreichischen Gefolge bis auf die Haut entkleiden, dann wird ihr ein Hemd aus französischer Seide übergeworfen, Jupons aus Paris, Strümpfe aus Lyon, Schuhe des Hofkordonniers, Spitzen und Maschen."

Auch in der spanischen Linie wurden die Einholungen, Übergaben und Hochzeiten überaus feierlich gestaltet, wobei dem Ein- und Umzug besondere Bedeutung zukam. Bei jeder der Hochzeiten im *Siglo de Oro*, der Blütezeit spanischer Herrschaft im 16. und beginnenden 17. Jahrhundert, fand ein feierlicher Zug durch einen Teil Spaniens statt; zwischen 1525 und der zweiten Heirat Philipps IV. 1649 insgesamt siebenmal. Einzig die Ehe mit Maria Tudor folgte anderen Traditionen, weil sie in England geschlossen wurde.

Die Braut Karls V., Isabella von Portugal, wurde vom Erzbischof von Toledo mit großem Gefolge eingeholt. Nach der feierlichen Übergabe der Braut an der Grenze fand die Hochzeit zwischen Karl und Isabella in Sevilla statt, dann reiste man insgesamt sieben Monate durchs Land. Ähnliches ereignete sich, mit leicht veränderter Route, in anderen Fällen. Die Hochzeit Philipps II. mit der portugiesischen Prinzessin Maria Emanuela fand in Salamanca statt, dann reiste man nach Valladolid. Die Hochzeit Philipps II. mit seiner dritten Frau Elisabeth von Valois 1560 fand in Guadalajara im Palais der Herzöge von Infantado statt, einem prachtvollen Palast im flamboyant-mudéjaresken Stil. Auf dem Weg nach Madrid wurden in Toledo Triumphbögen mit antiken Gottheiten errichtet, Stierkämpfe, Turniere zu Pferd und zu Fuß sowie Tänze *La Sagra* veranstaltet, den ebenso prächtigen Einzug in Madrid beschrieb Brantôme. Anna von Österreich hingegen kam über Santander und Segovia nach Spanien. Philipp II. schickte seiner Verwandten und Verlobten einen Zug von 2000 Personen entgegen, um sie in Santander abzuholen, darunter 150 Musiker. In Burgos und Valladolid gab es jeweils einen großartige Empfang, allerdings reiste die Braut ohne ihren zukünftigen Gemahl – Philipp wurde durch die politische Situation, vor allem die Ligavorbereitungen (1571 Lepanto!), abgehalten und stieß erst in Segovia zur Hochzeitsgesellschaft. Die Frau Philipps III., Margarete von Österreich, wurde ihm 1598 in Ferrara durch Prokuration angetraut, sie reiste von dort über Genua nach Valencia, wo Philipp sie erwartete, weiter über Barcelona – mit einem Besuch des Klosters Montserrat – nach Zaragoza und Madrid; insgesamt war die Gesellschaft fünfeinhalb Monate unterwegs.

Als das letzte große Repräsentationsfest des *Siglo de Oro* kann man die Hochzeit zwischen Philipp IV. und Maria Anna von Österreich 1649 ansehen, die mit Musik, Illuminationen, Komödien und Stierkämpfen festlich begangen wurde. Auch die Reisen nach Madrid und zu den Residenzen Escorial, Pardo und Buen Retiro wurden besonders feierlich gestaltet, allein in Madrid gab es zwölf Tage lang Komö-

Oben: Ferdinand von Tirol vertrat den französischen König Karl IX. bei dessen Hochzeit mit Elisabeth und erhielt dafür vier Objekte als Geschenk. Der Bergkristallpokal ist eines dieser Geschenke aus dem Jahr 1570. Kunsthistorisches Museum, Wien
Rechte Seite: Triumphpforte für Leopold I. und seinen Sohn Joseph I. anläßlich dessen Wahl zum römischen König, errichtet in Wien 1690. ÖNB, Wien

Die Lebenswelt der Habsburger

Szenen aus dem Makart-Festzug anläßlich der Silberhochzeit des Kaiserpaares 1879, die deutlich die An-

lehnung an Renaissanceeinzüge und die Graphiken aus der Zeit Maximilians I. zeigen. Museen der Stadt Wien

dien und Stierkämpfe. Bei den österreichischen Habsburgern erreichten die Hochzeitsfeste erst im späten 17. Jahrhundert ihren Höhepunkt. Zwar wurden die Eheschließungen der Kaiser Matthias, Ferdinand II. und III. jeweils in Anwesenheit von zahlreichen Familienmitgliedern mit großem Gefolge gefeiert, doch übertraf die erste Hochzeit Leopolds I. alles bisher Dagewesene.

Schon die Einholung der spanischen Prinzessin Margarita Teresa in Italien, die mit großem Gefolge reiste, war mit außergewöhnlichem Aufwand verbunden; 4000 Arbeiter besserten allein die Straße zwischen Finale und Mailand aus. In Mailand wurde eine Reihe von Triumphbögen errichtet; dort empfing der Feldherr Raimund Montecuccoli im Namen des Kaisers die Braut. Die Fahrt nach Wien dauerte drei Monate, die man zur Vorbereitung der Festlichkeiten in Wien nützte. Am 19. Oktober 1666 fand die feierliche Verabschiedung der spanischen Granden statt, kniend küßte der Herzog von Albuquerque der Braut die Hand; wenig später wurde sie in Wiener Neustadt von der verwitweten Kaiserin und ihren Töchtern begrüßt, in Ebersdorf ruhte sie sich für den Einzug in Wien aus. Die daran anschließenden Festlichkeiten, Feuerwerke, Festtafeln, Ballette und Lustjagden dauerten Monate. Leopold I. selbst schrieb über eine solche Gelegenheit: „Gesterdt hatt auch die verwittibe Kayserin ein Festl gehaldten, wobey main Schatz auch gar lustig gwest. Schaue haldt, sie lustig zu erhaldten, das sie alls contento habe."

Die am 12. Dezember 1666 geschlossene Hochzeit zog eine weitere Reihe von Festlichkeiten nach sich, die schon von Zeitgenossen als außergewöhnlich prächtig angesehen wurden. Eine alte Wiener Stadtgeschichte etwa schildert die lange andauernden Festlichkeiten folgendermaßen: „Anno 1666 ward das Kayserliche Beylager mit der Spanischen Infantin Margaretha Theresia vollzogen; und zwar mit solcher Pracht, daß man damahls am Kayserlichen Hof so viel Geld auf Kleidung, Feuerwercke, Balleten, Comödien, Jagden, Aufzügen und andere Lustbarkeiten verwendet, daß es nicht genugsam zu beschreiben. Die überaus künstliche Opera, so unter dem Namen Pomo d'Oro bekannt, und damahls vorgestellet worden, wird für die allerkostbareste gehalten, so jehmals in der Welt zum Vorschein kommen, und ward endlich der Schluß gemacht mit dem so hoch berümten Roß-Ballet, welches mit den prächtigsten Aufzügen der Antiquität und neuer Zeit kan verglichen werden."

Einen der beiden Höhepunkte dieser Festlichkeiten, die sich über ein halbes Jahr hinzogen und andere Anlässe miteinschlossen, bildete eine *Festa a cavallo*, ein Roßballett mit opernhaften Elementen, mit dem Titel „Der Wettstreit von Luft und Wasser". Es wurde nach vielen Proben am 24. Januar 1667 aufgeführt, Francesco Sbarra hatte den Text, Antonio Bertalli und Johann Heinrich Schmelzer die Musik dazu geschrieben. Neben anderen Adeligen, darunter Herzog Karl von Lothringen und Gundakar Graf Dietrichstein, wirkte der Kaiser selbst mit. Großartige Maschinerien machten es möglich, die Pferde und Kutschen durch die Luft schweben zu lassen, man sparte weder an Menschen noch an Materialien, obwohl aufgrund des schlechten Wetters die Federn und teuren Stoffe nicht voll zur Wirkung kommen konnten. Eine Woche später wurde das Werk wiederholt, allerdings gekürzt und ohne Mitwirkung des Kaisers. Den Höhepunkt der Festserie bildete die Aufführung der Oper „Il Pomo d'Oro" (Der Goldene Apfel). Die lange geplante *festa teatrale*, für die man eigens ein Komödienhaus nach venezianischem Vorbild an der Stelle des Bibliothekshofes der heutigen Nationalbibliothek gebaut hatte, fand in zwei Teilen am 12. und 14. Juli 1667 anläßlich des Geburtstages der Kaiserin statt und wurde vermutlich am 22. und 23. Juli wiederholt. Am Zustandekommen dieser Oper, die den Stoff des Urteils des Paris behandelt, waren die Komponisten Antonio Cesti, Johann Heinrich Schmelzer und Kaiser Leopold I. selbst, der die 9. Szene des 2. Aktes komponierte, der Librettist Francesco Sbarra und der Bühnen- und Kostümbildner Lodovico Burnacini beteiligt.

Viele der Themen, die in den damaligen Theaterstücken behandelt wurden, können als politische Absichtserklärungen verstanden werden. So wurde etwa das Konstantinsthema, das man mit den Ansprüchen des Kaisers auf Konstantinopel – und damit mit der Vertreibung der Türken aus Europa – sowie mit dem Weltherrschaftsgedanken verbinden konnte, im 17. Jahrhundert bei fünf verschiedenen Gelegenheiten verwendet. Anläßlich der Krönung Ferdinands II. in Prag 1617 führten die Jesuiten das erste dieser Konstantinsstücke auf, die Reihe läßt sich bis zur „Pietas Victrix", einem 1659 am Hof Leopolds I. aufgeführten Werk, weiterführen. Manchmal verbanden diese Stücke auch unterschiedliche Lebensstationen eines Habsburgers miteinander – so wurde 1652 anläßlich der im Jahr davor erfolgten Geburt der Erb-Infantin Margarita Teresa († 1673) ein allegorisches Spiel der Genien mit dem Titel „La Gara" in Wien aufgeführt, dessen Thematik man 1671 zum 20. Geburtstag der mittlerweile mit Leopold I. verheirateten Infantin wieder aufgriff.

Aber auch manche der Hochzeiten habsburgischer Erzherzoginnen ins Ausland haben kulturelle Spuren sowohl in Wien als auch in der jeweiligen neuen Heimat hinterlassen. Drei Beispiele seien genannt. Als 1565 die Erzherzogin Johanna († 1578) den toskanischen Prinzen Francesco de Medici heiratete, brachte dieser bei seiner Werbung den „Fliegenden Merkur" des Giovanni da Bologna als Geschenk nach Wien, der sich noch heute im Kunsthistorischen Museum befindet. In Florenz selbst wurden im Innenhof des Palazzo Vecchio Stadtansichten von Wien, Graz, Linz, Innsbruck, Hall, Sterzing, Wiener Neustadt, Klosterneuburg, Stein, Passau, Freiburg im Breisgau, Prag und Preßburg gemalt, in der Absicht, der Braut bei ihrer Ankunft einen Gruß aus der alten Heimat darzubieten. Trotz dieser freundlichen Geste ihres Bräutigams stand Erzherzogin Johanna schon während der Hochzeitsfeierlichkeiten im Schatten der schönen Venezianerin Bianca Cappello, der Geliebten Francescos.

Ebenfalls in der Toskana findet man in der Villa Poggio Imperiale östlich von Florenz einen Bilderzyklus, der Szenen aus dem Leben Rudolfs I., Maximilians I., Karls V. und Ferdinands II. zeigt. Auch diese Fresken stehen in Zusammenhang mit der Hochzeit einer Erzherzogin – es handelt sich dabei um Maria Magdalena († 1631), die Schwester Kaiser Ferdinands II., die 1608 den Mediceer Cosimo II. heiratete. Die Fresken sind charakteristisch für die propagandistische Dimension solcher Kunstwerke, weil in ihnen habsburgische Legenden und Anschauungen ausgedrückt und verbreitet wurden. Der Freskenzyklus des Malers Matteo Roselli beginnt mit einer Darstellung der Episode Rudolfs I., als dieser einem Priester sein Pferd schenkt, und endet mit der Schlacht am Weißen Berg. Die Bilder der ersten Wiener Türkenbelagerung, der Grazer Protestantenvertreibung und der Schlacht am Weißen Berg bei Prag sprechen nicht nur drei wichtige habsburgische Residenzen an, sondern sind auch ideologisch in den Motivkreis des Kampfes gegen die Türken und die „neuen Türken", die Protestanten, als Aufgabe der *Casa de Austria* einzuordnen.

Das Ereignis, das in den habsburgischen Sammlungen – und damit in den heutigen Bundesmuseen – die wertvollsten Spuren hinterließ, war die Hochzeit Karls IX. von Frankreich mit Elisabeth, einer Tochter Maximilians II., im Jahr 1570. Nicht nur das prachtvolle Porträt Karls von François Clouet – heute im Kunsthistorischen Museum – kam als Werbebild nach Wien, sondern auch vier weitere bedeutende Kunstgegenstände, die Erzherzog Ferdinand von Tirol, der den französischen Dauphin bei der Hochzeit vertrat, als Belohnung erhielt und die alle in Wien erhalten sind: die Saliera des Benvenuto Cellini, der Michaelsbecher, die Onyx- oder Achatkanne und der sogenannte burgundische Hofbecher, der in der Schatzkammer steht und erst vor einigen Jahren als viertes Stück dieser Geschenke identifiziert werden konnte, wie auch schon im Kapitel über die Sammlungen näher ausgeführt wurde.

Die Feste des letzten Jahrhunderts der Monarchie – Jubiläen und Hofbälle

Auch nach der Aufklärung wurden im Hause Habsburg Feste gefeiert, doch sie hatten eine andere Qualität angenommen, sie gehörten nicht mehr in derselben Weise zur Herrschaftsfundierung wie die Feste der Frühen Neuzeit. In ihrem ganzen Pomp waren sie natürlich noch immer losgelöst von allem, was Adelige oder gar Bürgerliche sich leisten konnten, aber dennoch fehlten ihnen wesentliche ideologische Elemente der frühneuzeitlichen Festkultur. Zwar standen sie noch in der Tradition der Repräsentation monarchischer Machtvollkommenheit, aber die alten antik-mythischen Ideen waren verblaßt, und die neue, rationale Herrschaftsfundierung hatte noch keinen eigenen Ausdruck gefunden – und fand ihn letztlich bis zum Ende der Monarchie nicht.

Ein Element der Feste, das auch im Mittelalter und in der Frühen Neuzeit eine Rolle spielte, verselbständigte sich im „langen 19. Jahrhundert", das erst 1918 endete: der Tanz. Der Tanz als Ausdrucksform einer festlichen Stimmung ist eine anthropologische Konstante der Menschheit. In Europa machte er schichtspezifisch eine besondere Entwicklung vom hohen Mittelalter bis in die Zeit des Absolutismus durch. Die Beherrschung der höfischen Tänze, die im Gegensatz zu den „dörperischen" Tänzen des Volkes standen, war einer der Abschließungsmechanismen der Eliten. In diesem Zusammenhang ist der Ball noch bis zum Ende der Monarchie als Strategie der Integration der Hofgesellschaft, aber auch des Ausschlusses der „Nicht-Höflinge" zu verstehen. Dazu kommt, daß im Prozeß der Disziplinierung, der am Hof im späten Mittelalter einsetzte, der Tanz ein Instrument der Kontrolle darstellt. Bei den höfischen Tänzen war jede Körperbewegung vorbestimmt, der Tanz war bis ins letzte Detail kontrolliert, der Hof mußte „nach der Pfeife des Königs tanzen".

Viele dieser höfischen Tänze sind in einer abgewandelten Form in die Volkskultur eingedrungen, aber daneben gab es mit dem Walzer als aufsteigendem Kulturgut auch Einflüsse der Volkskultur auf die Kultur der Eliten. Der Einzug des Walzers, trotz seiner Bekämpfung durch den Hof, bedeutete eine Abschwächung genau dieser Funktion der Kontrolle und des Ausschlusses sowie eine Öffnung nach außen. Bei einer Hochzeit im Wiener Kaiserhaus 1808 gab es einen Ball, doch war der Walzer noch von den Hoftänzen ausgeschlossen. Man tanzte Menuett und Contredanse, doch im Augenblick, als der Hof sich zurückzog, setzte sich der populäre Walzer durch. Ähnlich ging es auch beim Wiener Kongreß 1815 zu, der ja als „tanzender" Kongreß verspottet wurde. Erst nachdem die Souveräne den Ball verlassen hatten, wurde Wal-

*Johann Strauß dirigiert seine Kapelle beim Hofball.
Farbdruck nach Theo Zasche. Museen der Stadt Wien*

zer getanzt. Dieser allzu ekstatische Tanz schien sich mit der Diszipliniertheit der höfischen Welt nicht zu vertragen, doch war sein Siegeszug nicht aufzuhalten. Bei den Hofbällen der letzten Phase der Monarchie, die eine Legende für sich bilden – man denke nur an die vielen Filme, die dieses Thema aufgriffen –, war der Walzer in Wien hoffähig, in Berlin hingegen nicht.

Die Initiative zu den meisten großen Festen des 19. Jahrhunderts ging eher von anderen Gruppen und nicht mehr von der kaiserlichen Familie selbst aus. Das große Fest diente nicht mehr der öffentlichen Stilisierung der Macht und Legitimität, sondern der Bestätigung dieser eingebürgerten Herrschaft durch die Untertanen, der Huldigung an das „angestammte" Herrscherhaus. Als gutes Beispiel eines solchen Festes *für* den Herrscher und nicht *durch* den Herrscher kann die Silberhochzeit Franz Josephs und Elisabeths gelten. Das eigentliche Familienfest fand unter Ausschluß der Öffentlichkeit statt, die Dynastie stellte sich – nach einem vom Historiker Alfred von Arneth, dem Biographen Maria Theresias, entworfenen Programm – selbst dar. Die Ausstattung dieses intimen Festes am 22. April 1879 besorgte Hans Makart, der Festkantatendichter Joseph Ritter von Weilen schrieb den Text und Joseph Hellmesberger die Musik. Als Ausstattungsgegenstände verwendete man Originalobjekte, z. B. die Reichskrone aus der Schatzkammer. Unter Mitwirkung einer großen Zahl an Erzherzögen und Erzherzoginnen, allen voran dem Kronprinzen Rudolf, dem die tragenden Rollen vorbehalten waren, spielte man Szenen aus der Familiengeschichte: zuerst die Belehnung der Habsburger mit Österreich durch Rudolf I., dann die Verkündigung der Hausordnung durch Albrecht II., gefolgt von der Übertragung der österreichischen Länder durch Karl V. an seinen jüngeren Bruder Ferdinand, weiters die Begrüßung Karls von Lothringen durch Kaiser Leopold I. nach dessen Rückkehr von der Eroberung von Ofen 1686 und schließlich die Begrüßung Isabellas von Parma, der ersten Frau Josephs II., durch Maria Theresia. An der letzten Szene wirkten nicht weniger als 20 Mitglieder des Erzhauses mit.

Wenige Tage später, am 27. April 1879, kam es zum Festzug der Wiener Bürger – teils Huldigungszug, teils bürgerliche Selbstdarstellung. Studenten, Vereine – vor allem Schützenvereine – und Genossenschaften waren an der Organisation maßgeblich beteiligt. Gemäß der Kunsttheorie des Historismus stellte sich das Bürgertum in Renaissancetracht dar. Makart hatte Kostüme und 27 Festwagen entworfen, die Ausschmückung des Festplatzes hatte der damals noch junge Architekt Otto Wagner besorgt. 10.000 Teilnehmer stellten Jagdgruppen aus der Zeit Maximilians I. und eine Hochgebirgsjagd, Gartenbau und Weinbau, Bergbau und verschiedene Gewerbe wie Bäcker, Müller und Fleischer dar. Das hohe Niveau der Ausstattung und Planung machte dieses Ereignis zu einer zentralen kulturellen Manifestation der Monarchie in ihrer Spätphase, mit der auch das Kaiserjubiläum 1908 nicht konkurrieren konnte.

Zwar wurden zu diesem Anlaß – dem 60. Regierungsjubiläum Franz Josephs – unendlich viele Aktivitäten entwickelt, die von der Herausgabe einer prachtvollen Festschrift über die Pflanzung von Kaiserjubiläums-Bäumen bis zur Errichtung von Kaiserjubiläums-Schulen und -Aussichtswarten reichten, aber schon die Silberhochzeit des Kaiserpaares war nur mehr ein Nachglanz einer Blüte gewesen, wie man sie in der romantischen Rückwendung des 19. Jahrhunderts bewunderte. Das Zeitalter der großen Feste war vorbei. Der Verlust der Symbolkraft der dynastischen Feste kann – zusammen mit vielen anderen Symptomen – als Teil der Entzauberung der monarchischen Staatsform und damit letztendlich als Vorbote des Endes der Donaumonarchie gesehen werden.

DER LETZTE TRIUMPH –
DAS HABSBURGISCHE BEGRÄBNISZEREMONIELL

Ein Übergangsritus, der zwar nicht mehr für den Verstorbenen, jedoch für seine Angehörigen eine wesentliche Bedeutung hat, ist das Begräbnis, das den Abschied von dem Toten ritualisiert und dabei das leistet, was man Trauerarbeit nennt. Neben diesem Aspekt, der für alle Begräbnisse in jeder Gesellschaftsschicht Gültigkeit hat, kommt bei einer regierenden Dynastie noch ein weiterer Gesichtspunkt zum Tragen. Das Begräbnis eines Familienmitgliedes ist auch ein repräsentativer Anlaß, bei dem der Glanz, der *splendor* der Familie zur Schau gestellt wird. Beim Begräbnis eines regierenden Herrschers kommt zusätzlich das Motto „Der König ist tot, es lebe der König", also der Übergang der Herrschaft an eine neue Generation derselben Familie, zum Ausdruck.

Das mittelalterliche und frühneuzeitliche Zeremoniell

Die Begräbnisfeierlichkeiten der frühen Habsburger, über die wir relativ wenig wissen, dürften zwar bescheidener als später, aber ebenfalls dem hohen Rang der Familie angemessen gewesen sein. Wenn ein Familienmitglied weit von jenem Ort starb, an dem es eigentlich begraben werden wollte, wurde das Verfahren des *mos Teutonicus*, das Kochen der Leiche – meist in Rotwein – und das Bestatten der Weichteile an Ort und Stelle, praktiziert. Die Knochen wurden in ein Fell eingenäht und an den Ort des eigentlichen Begräbnisses gebracht. Dieses Verfahren, das kirchlicherseits nicht gerne gesehen war, wurde zum Beispiel bei Rudolf IV. dem Stifter († 1365) angewandt, der in Mailand starb und in St. Stephan in Wien begraben liegt. Im Zusammenhang mit solchen Mehrfachbestattungen kam es zur Aufteilung der Leichen, wobei das Herz als Sitz des Lebens und der Seele oftmals an einem dem Verstorbenen besonders wichtigen Ort, z. B. in einem bestimmten Kloster, begraben wurde.

Das erste Begräbnis eines Habsburgers, das uns detailliertere Einblicke in das Zeremoniell ermöglicht, ist das Friedrichs III. Mehrere Wochen nach der Amputation eines Beines, das völlig schwarz gewesen sein soll, starb Friedrich III. in Linz – vermutlich an einer durch den Genuß von unreifen Melonen ausgelösten Dysenterie (= Ruhr). Unmittelbar nach dem Tod veranlaßte sein Hofstaat die Einbalsamierung der Leiche. Angeblich soll der mit dem Kaiserornat bekleidete Tote in einem Sessel öffentlich ausgestellt gewesen sein, das *bed of state* erfolgte also in Friedrichs Fall vermutlich im Sitzen. Die Eingeweide wurden, wie das schon aus hygienischen Gründen erforderlich war, schnell beigesetzt. Dies erfolgte, vielleicht zusammen mit dem amputierten Bein, in der Stadtpfarrkirche von Linz, für die *Intestina* wurde eine eigene Grabplatte gesetzt. Der einbalsamierte Leichnam wurde dann nach Wien gebracht, wo erst einige Wochen später die feierlichen Exequien in St. Stephan vor sich gingen. Dieses Zeremoniell nahm – wie immer wenn es sich um langfristige Traditionen handelte – ältere Vorbilder auf und bildete seinerseits die Grundlage für die Exequien Karls V. und Ferdinands I. Im Mittelschiff des Domes, dessen Gewölbe bis zur halben Höhe schwarz verhangen war, wurde eine Bahre mit dem Sarg Friedrichs III. aufgestellt; darauf legte man die nachgebildeten Funeralinsignien: Schwert, Krone, Szepter und Reichsapfel sowie die Ordenskette vom Goldenen Vlies. Über dem Sarg errichtete man eine Art temporärer Architektur, eine Kapelle aus Säulen, auf denen 446 Kerzen brannten; vor diesem Trauergerüst zelebrierte man dann das Seelamt und das Lobamt. Während der Trauerfeierlichkeiten trugen Vertreter der Länder Panier, Schild und Helm und führten ein Pferd jedes Landes zum Trauergerüst. Die Funeralwappen des Landes ob der Enns, der Windischen Mark, der Grafschaft Pfirt, Pordenones, Kiburgs, des Sundgaus, des Elsaß, Tirols, Habsburgs, Krains, Kärntens, der Steiermark, Alt- und Neuösterreichs, Ungarns und des Reiches blieben – wie schon zuvor die Funeralwappen Albrechts VI. – noch lange Zeit auf eisernen Balken im Dom hängen, einige davon sind bis heute im Historischen Museum der Stadt Wien erhalten geblieben. Für das Seelenheil des Verstorbenen wurden allein am Tag der Exequien 482 Messen gelesen. Da das Grabmal im Chor noch nicht fertig war, wurde Friedrich III. zunächst provisorisch in der Herzogsgruft beigesetzt, 20 Jahre später erfolgte in Anwesenheit Maximilians I. die Übertragung der sterblichen Überreste in das Grab im Apostelchor von St. Stephan.

Damit sind die Grundzüge eines habsburgischen Begräbnisses im wesentlichen ausgebildet. Auch in der Folgezeit wurde der Leichnam gleich nach dem Tod einbalsamiert. Die Eingeweide wurden sofort – meist in einem kostbaren Becher – beigesetzt. Später, als der

Trauerfeierlichkeiten für Kaiser Karl V. in Brüssel 1558. Kupferstiche, koloriert. AKG, Berlin

Die Lebenswelt der Habsburger

Hof dauerhaft in Wien residierte und die Kapuzinergruft zur Hauptbegräbnisstätte der österreichischen Habsburger geworden war, setzte sich als Ort der Bestattung der Eingeweide die alte Herzogsgruft in den Katakomben von St. Stephan durch.

Bald trat ein neues Element hinzu: Die Herzen der Habsburger wurden in eigenen Herzbechern ebenfalls separat bestattet und sollten an einem Ort gesammelt stehen. Bis zum Ende des 19. Jahrhunderts wurden daher die Herzen der Habsburger in Silberbechern in der Loretokapelle in der Augustinerkirche bestattet, wohin man auch die Herzen der im Ausland verstorbenen Familienmitglieder brachte. Insgesamt sind dort 54 Urnen mit Herzen von Habsburgern aufgestellt. Die symbolische Bedeutung liegt auf der Hand. Die Loretokapelle mit der Nachbildung der *Casa Santa*, in der sich die Herzgruft befand, wurde von Eleonore von Gonzaga († 1655) als eine Art Privatkultstätte des Kaiserhauses gestiftet, allerdings nicht als Grabstätte, denn Eleonore selbst ist nicht in der Loretokapelle, sondern in der Herzogsgruft im Stephansdom beigesetzt. Als erster bestimmte der 1654 jung verstorbene König Ferdinand IV., daß man sein Herz „unnser Lieben Frawen Maria zu Loreto unter Ihre füeß legen und begraben solte". Von da an entwickelte sich dieses zu einem von vielen Habsburgern geübten Brauch. Als Joseph II. 1784 die Nachbildung der *Casa Santa* von Loreto abbrechen ließ, wurde die Herzgruft in eine Seitenkapelle versetzt.

Die Mehrfachbestattung der Habsburger – *Intestina*, Herz und Körper – ist ein ganz besonderes Element im Totenkult dieser Dynastie, das sich in ähnlicher Form auch im spanischen Zweig der Familie findet. Nach der Entnahme der Eingeweide und des Herzens wurde der einbalsamierte Leichnam mit allen Zeichen seiner Würden im Rittersaal oder in der Hofburgkirche in einem offenen Holzsarg mit vergoldeten Beschlägen auf dem Paradebett ausgesetzt. Das *bed of state*, die Zurschaustellung des Toten mit der Möglichkeit, von ihm Abschied zu nehmen, ist nicht nur für die Habsburger überliefert, sondern allgemeiner Bestandteil des europäischen Herrschaftszeremoniells. Bis heute finden wir an allen Herrscherhöfen, aber auch im Zeremoniell demokratischer Staaten ähnliche Rituale.

Eine wesentliche Neuerung des Totenzeremoniells, die Trennung der Bestattung von der Totenfeier oder – anders ausgedrückt – die Totenfeierlichkeit ohne Leichnam, wurde konsequent seit der Mitte des 17. Jahrhunderts ausgeübt, fand sich vereinzelt aber schon seit dem Beginn des 16. Jahrhunderts. Gerade bei den Habsburgern mit ihren zahlreichen Besitzungen war es naheliegend, daß jedes Herrschaftsgebiet von seinem Monarchen Abschied nehmen wollte. Für Karl V. wurden Staatsakte in Brüssel und in Augsburg abgehalten;

*Das Trauergerüst für Kaiser Karl V. in Brüssel 1558 zeigte die Form eines Schiffes,
das mit Wappensymbolen der Säulen des Herkules, der Devise Karls V., geschmückt war.
ÖNB, Wien*

die Infantin Johanna veranstaltete Trauerfeiern in Valladolid, außerdem zelebrierte man Exequien in der Neuen Welt in Mexiko und Peru, in Santiago, in Mailand, Neapel und Messina und in sämtlichen Kirchen der Niederlande. Großmächte und befreundete Staaten veranstalteten Trauerfeierlichkeiten in Lissabon, Paris und London, in Florenz, Genua, Lucca und Piacenza und sogar in Konstantinopel. Der Papst ließ Funeralien für Karl in Rom und Pesaro abhalten, und die spanischen Gemeinschaften in Bologna und Rom feierten ihre eigenen Exequien. In den Kirchen, in denen eine solche Feier stattfinden sollte, wurden alle Betstühle hinausgeräumt, die ganze Kirche schwarz auspaliert – mit Stoff ausgeschlagen – und mit Wappenschildern und Trauerzeichen geschmückt. Im Chor der Kirche errichtete man ein Trauergerüst, das den echten oder symbolischen – leeren – Sarg enthielt.

Das *Castrum doloris* oder Trauergerüst war in einfacher Form – man denke nur an das Begräbnis Friedrichs III. – schon im Mittelalter üblich, doch fand es seine großartige künstlerische Ausgestaltung durch die Impulse der Renaissance und des Humanismus. Das Trauergerüst für den Herrscher hatte etwas mit der Wiederaufnahme der antiken Triumphidee zu tun, die uns schon bei den Festen begegnete. Neben dem Einzug war der Begräbniszug eines der triumphalen Elemente der Antike, die man in der Epoche der Renaissance wiederbelebte. Das Trauergerüst entsprach damit einem ins Negative gewandten Triumphbogen, der die Regierung des Verstorbenen nochmals ins Gedächtnis rief und die Kontinuität der Herrschaft betonte. Es ist zum Beispiel signifikant, daß selbst Matthias für seinen wenig geliebten Bruder Rudolf II., den er absetzte und dem er viel Böses antat, ein stilvolles Begräbnis veranstaltete. In den erhaltenen Beratungsprotokollen ist davon die Rede, daß man beim Begräbnis Kaiser Rudolfs auf keinen Fall weniger Aufwand treiben dürfe als bei dem seines Vaters Maximilian II. Das ist erklärlich, weil die *repraesentatio maiestatis* ja nicht der Person, sondern der Funktion galt. Es ist nicht der habsburgische Mensch, sondern der Herrscher, dessen zweiter Körper – wie es Kantorowicz in seinem Buch „The Kings' two bodies" ausdrückt – niemals stirbt, weil seine Funktion an einen Nachfolger übergeht, der im Mittelpunkt dieser Trauerzeremonie steht. Grillparzer hat dieses besondere Verhältnis der Herrschenden in der wunderbaren Phrase „Was an mir sterblich war, ich hab es ausgezogen, ich bin der König nur, der niemals stirbt" intuitiv erfaßt und gültig ausgedrückt. Das Begräbnis ist mit einem Triumph der kaiserlichen Idee, die an einen Nachfolger übergeht, verbunden. Mögen die individuellen Habsburger – vor allem durch ihre religiöse Demut – noch so bescheiden gewesen sein, die eigentlichen Trauerfeierlichkeiten waren immer ein glanzvolles Spektakel. Einzelne Habsburger trafen jedoch Anordnungen, die diese Demut, die Gleichheit vor Gott und die Sündhaftigkeit des einzelnen Menschen, eigens betonte.

Am ergreifendsten sind die Bestimmungen, die Maximilian I. für seine Leiche traf. Er hatte sich die übliche Balsamierung verbeten und eine Demütigung seines Körpers nach dem Tode angeordnet; die Haupthaare sollten geschnitten, die Zähne ausgebrochen, der Körper gegeißelt werden. Zwei Tage wurde der geschundene Leichnam Maximilians öffentlich aufgebahrt, ein gespenstisches Porträt des Welser Meisters Andre Astel zeigt ihn ganz naturalistisch und erschreckend.

Das Trauergerüst, das vom späten Mittelalter an durch die ganze Frühe Neuzeit die habsburgischen Exequien prägte, war eine ephemere Architektur, die nur kurzfristig aufgestellt wurde, obwohl Teile davon bei späteren Gelegenheiten wiederverwendet werden konnten. Die frühesten Gerüste ähnelten großen Leuchtern oder Kronen mit vielen Kerzen; wir kennen solche aus Mecheln aus dem Jahr 1506 für Philipp den Schönen und aus Brüssel 1516 für Ferdinand den Katholischen. Unter Karl V. fanden auch andere Formen Verwendung, vor allem das Schiff, das an die Argonautensage anschließt und dadurch auch mit dem Goldenen Vlies verbunden ist. Eine der Grundformen bildete die *Chapelle ardente*, ein Lattengerüst, das viele Kerzen trug und damit den Eindruck einer brennenden Kapelle erweckte; aber auch der Baldachin mit Kuppelformen, wie er für Rudolf II. errichtet wurde, oder das Trauergerüst als Triumphbogen waren gängige Formen. Wie die meisten der habsburgischen Symbole war das Trauergerüst auch Ausdruck einer bestimmten sozialen Stellung. Der Wappenschmuck, der schon auf mittelalterlichen *Castra doloris* zu finden ist, die Insignien der Herrschaft, aber auch Elemente der Architektur wie der den Herrschern vorbehaltene Baldachin und die schwarze und silberne Farbe am Trauergerüst geben Hinweise auf die Stellung des Toten. Man muß die Trauergerüste, die auch Motti und Inschriften trugen, zusammen mit der Leichenpredigt, der feierlichen Messe und der dabei gespielten Musik als Teil eines Gesamtkunstwerkes sehen, ähnlich wie die Freudenfeste an den Habsburgerhöfen. Eine weitere Gemeinsamkeit kann man auch darin sehen, daß die Programme und Inhalte dieser Totenfeiern durch umfangreiche Beschreibungen große Verbreitung fanden. Ähnlich wie die Leichenreden, die ebenfalls gedruckt wurden, sind sie aus der Propaganda der Dynastie nicht wegzudenken. Die mit 33 Kupfertafeln illustrierte Beschreibung der Exequien für Kaiser Karl V. in Brüssel 1558 wurde in fünf Sprachen übersetzt und 1619 nochmals aufgelegt. Von den Beschreibungen der Leichenfeierlichkeiten für die Tiroler Nebenlinie der

Trauerfeierlichkeiten für Karl V. in Brüssel: Castrum Doloris in St. Gudula. AKG, Berlin

Habsburger im 17. Jahrhundert wurden jeweils zwischen 300 und 900 Exemplare gedruckt.

Die Exequien fanden aber nicht nur in der jeweiligen Residenz der Habsburger statt, sondern natürlich auch für die Mitglieder der anderen Familienzweige; für die spanischen Habsburger gab es zum Beispiel auch Trauergerüste in Wien. Außerdem wurden an befreundeten Höfen – vor allem in Rom – derartige Trauergerüste errichtet, so z. B. 1665 bei der Trauerfeier für Philipp IV. von Spanien in San Giacomo degli Spagnioli in Rom, in der das Zeremoniell für Philipp II. von 1598 nachgeahmt wurde. Arbeitszeit und Kosten dieser Scheinarchitektur waren enorm – 1598 arbeiteten bei den Exequien für Philipp II. in Zaragoza 200 Mann 27 Tage lang, in Sevilla sogar 52 Tage, die Kosten betrugen zwischen 2000 und 6000 Dukaten. 1701 wurde für Karl II. von Spanien ein relativ bescheidenes Trauergerüst in Wien errichtet, das mit 3740 Gulden immerhin ein Fünftel eines Ministergehaltes kostete.

Die Exequien wurden auch für die Mitglieder des spanischen Zweiges der Familie feierlich ausgeschmückt, wie das Trauergerüst für Philipp IV. in Wien 1665 demonstriert. Albertina, Wien

Die Formen dieser Trauergerüste waren einem stilistischen und ideengeschichtlichen Wandel unterworfen, sie konnten als Kuppelziborium gestaltet sein wie bei Lukas von Hildebrandt oder als Triumpharchitektur wie bei Giovanni Burnacini, als historische Architektur wie bei Fischer von Erlach oder als virtuos gestaltetes Denkmal wie bei den Galli-Bibienas, dennoch waren die Elemente ihrer Ausgestaltung immer ähnlich. Symbole des Todes und der Auferstehung, Symbole der Herrschaft und Symbole des Machtanspruchs der Dynastie bestimmten diese auf Zeit gebauten Architekturen.

Ein gutes Beispiel für den Gesamtablauf eines solchen habsburgischen Begräbnisses im 16. Jahrhundert stellt das Maximilians II. dar. Nach seinem Tod am Reichstag in Regensburg wurde der Kaiser seziert, um die Todesursache festzustellen, man entfernte die Eingeweide und bestattete sie in einem Kupferkessel in der Domkirche zu Regensburg. Das Herz wurde in einem speziellen Behälter aufbewahrt, den man jedoch nicht getrennt begrub, sondern in den Sarg stellte. Darauf begann eine ganze Serie von Exequien, die mit dem Transport der Leiche zusammenhingen. Maximilians einbalsamierter Körper wurde von Regensburg donauabwärts nach Wilhering, dann nach Linz und von dort über Böhmisch-Krumau und Budweis nach Prag gebracht. In Hohenfurt wurde der Leichnam vom Bischof von Olmütz und von den Vertretern der böhmischen Stände – es waren allerdings nur drei Ritter anwesend – übernommen.

Der Trauerzug in Prag, bei dem es während des Geldauswurfes zu großen Tumulten kam – man hatte 2200 kleine und 2000 große silberne, 112 kleine und 160 große goldene Auswurfpfennige bereitgestellt –, ist ebenfalls charakteristisch für diese Zeit. Es wurden Funeralwaffen und -insignien, Fahnen und ein sogenanntes *Clagroß*, ein Rappe mit schwarzer Schabracke, sowie ein *Leibroß*, ein Schimmel mit lichter Pferdedecke und kostbarem Sattel für den neuen Herrscher, mitgeführt. Gerade dieses Detail zeigt die symbolische Bedeutung solcher Übergangsriten deutlich. Alle Pferde außer dem Klagroß hatten die Hufe mit Stroh umwickelt, was auf den speziell zu diesem Anlaß errichteten Holzstegen einen eigenartigen Klang mitten in der Stille erzeugt haben mußte. Die ganze Zeremonie dauerte beinahe sechs Stunden und war mit großem personellen Aufwand verbunden. Der Trauerzug wurde angeführt von jungen Priestern mit Kreuz, gefolgt von 200 Armen mit Windlichtern, den Mitgliedern italienischer und spanischer Bruderschaften, Priestern, Bettelmönchen, Bürgern von Prag, Kanzleipersonal, Edelknaben, Hofdienern und Räten, der Hofkapelle, den Bischöfen, kaiserlichen Trompetern und den Herolden von Böhmen und Ungarn. Ähnlich

Der Ausschnitt aus dem Leichenbegängnis Ferdinands I. 1564 zeigt vermummte Männer, die den Sarg tragen, und davor zwei Herolde. Museen der Stadt Wien

wie schon beim Begräbnis Friedrichs III. trugen Adelige aus den verschiedenen habsburgischen Ländern Fahnen und führten Pferde mit sich. Folgende Länder waren repräsentiert: Görz, Tirol, Elsaß, Pfirt, Lausitz, Krain, Kärnten, Steiermark, Schlesien, Mähren, Burgund, Österreich ob und unter der Enns, Kroatien, Dalmatien, Slawonien, Serbien, Bosnien, Walachei, Böhmen und Ungarn. Am Schluß trugen Repräsentanten des Reiches die kleine, sogenannte Blutfahne und die große Reichsfahne. Unmittelbar vor dem Sarg gingen Adelige mit den Funeralinsignien, flankiert von zwei Reichsherolden. Der Sarg wurde abwechselnd von 48 Männern getragen, hinter dem Sarg schritten die Söhne des Verstorbenen oder deren Gesandte, andere Verwandte und die Abgeordneten der Kurfürsten. Ähnliche Leichenzüge sind auch für andere Familienmitglieder im 16. Jahrhundert überliefert und in einem Fall besonders gut dokumentiert. Vom Begräbnis Karls II. von Innerösterreich († 1590) gibt es Abbildungen – 41 Kupferstichblätter von Daniel Hefner –, die uns diesen langen Zug der Trauergäste, der uns sonst großteils nur aus Berichten und Beschreibungen überliefert ist, auch bildlich vor Augen führte. Außerdem sind im Fall Karls die Original-Funeralwaffen überliefert, die an der Außenseite des Seckauer Mausoleums angebracht sind: Visierhelm mit Pfauenfedern, Sporen, Reiterschwert und Dolch. Solche Funeralwaffen finden wir auch in der Silber-

Die Lebenswelt der Habsburger

Aufbahrung der Kaiserin Anna, der Gründerin der Kapuzinergruft. Albertina, Wien

nen Kapelle in Innsbruck, wo sich jene Erzherzog Ferdinands von Tirol († 1595) erhalten haben.

Die Begräbnistradition in der Kapuzinergruft

Mit der seit dem 17. Jahrhundert sich etablierenden Familiengruft bei den Kapuzinern wurden die Begräbnisriten, die im wesentlichen den beiden erwähnten Beispielen folgten, stark reglementiert.

Nach dem Tod, der in der Regel unter Anteilnahme des Hofstaates halböffentlich erfolgte, wurde der verstorbene Habsburger einbalsamiert, festlich bekleidet und als Herrscher für drei Tage öffentlich aufgebahrt. Die Einbalsamierung, die bei allen, die nicht öffentlich aufgebahrt wurden, fehlte, und über deren genaues Procedere wir wenig wissen, sollte nicht, wie etwa im alten Ägypten, dauerhaft sein, sondern vor allem für die Zeit der Begräbnisfeierlichkeiten die Verwesung des Körpers hintanhalten. Die Aufbahrung zeigte den Monarchen nochmals in seinem ganzen Glanz. „Der leichnam lage unter einem schwartzsameten baldachin und unterm kopf 2 sammete pölster, im schwartz seidenen mantel klaid mit huet, perruquen, mantl, handtschuh, degen. Bey denen fuessen ahm ende der bünne stunde ein silbernes cruxifix, zu beeden seithen der füessen zwey schwartz gold stukene pölster, auff dem zur rechten die reichs crohn, der reichsapfel, scepter und der Toison, auff dem zur linken die hungarische und böhmische Crohn."

Die landesweite Trauer schränkte alle Aktivitäten wie die Aufführung von Musik, Komödien, die Abhaltung von Fechtschulen und anderen Lustbarkeiten ein, dem Hof wurde Trauerkleidung verordnet. Im Hoftrauerzeremoniell waren die Kleidervorschriften für das Hofpersonal, die Wagen und Pferde sowie die Ausschmückung der Räume der Hofkirchen und Kapellen genauestens festgelegt, ebenso war für den Trauerkondukt eine strenge Ordnung vorgesehen. Für das Prägen von Totenmünzen, die Exequien und Trauergerüste wurden detaillierte Anweisungen erteilt. Hoftraueransagen regelten die Hoftrauer an allen europäischen Höfen, aber auch im Land selbst, wo es genaue Vor-

Aufbahrung der Leiche Franz Josephs in der Hofburgkirche. ÖNB, Wien

schriften für die Landes-, Hof- und Kammertrauer gab. Schwarz war in der Regel die Trauerfarbe, es durfte aber nichts Glänzendes getragen werden, Krepp und schwarze Wollstoffe dominierten. Doch war Schwarz nicht immer die alleinige Trauerfarbe, sie setzte sich vermutlich erst in Spanien unter Karl V. und Philipp II. weitgehend durch. Es verblieben noch Reste der alten spanischen Trauerfarben Weiß und Rot, wie z. B. im roten Trauerwagen in der Wagenburg; noch im 19. Jahrhundert konnte „schwarzes Seidenzeug, mit Kopfputz und Garnituren von weißen Spitzen und mit echtem Schmucke oder in grauen und weißen Kleidern, mit schwarzen Spitzen und mit schwarzem Schmucke oder mit Perlen" getragen werden. Selbst die Kleidung des Toten war nicht immer schwarz, sondern manchmal sogar bunt. Die Kleiderreste, die wir heute in Gräbern finden, wurden erst mit der Zeit und durch die Verwesung „gruftbraun". Eine spezielle Form der Trauerkleidung ist die Witwentracht, die viele Frauen nie mehr ablegten, diese konnte entweder schwarz oder weiß sein. So trug z. B. die Habsburgerin Elisabeth von Frankreich ein schwarzes Kleid in Verbindung mit schwarzem Schleier, während Maria, die Witwe Maximilians II., eine weiße Haube bevorzugte. Nach der öffentlichen Aufbahrung des Verstorbenen wurde dieser in einen Sarg gelegt, dessen Matratze und Polster karmesinrot waren – entweder eine Anspielung auf das Vorrecht des Herrschers, Purpur zu tragen, oder eine Erinnerung an Rot als alte Trauerfarbe Spaniens. Bei Regierenden waren die Särge mit schwarz-goldenem Samt überzogen, bei Erzherzögen hingegen mit rotsilbernem Stoff, was mit den Wappenfarben des Reiches und Österreichs zusammenhängen dürfte. Der genau geordnete Leichenzug – 24 Kammerherren trugen den Sarg, assistiert von zwölf Kammerdienern und umgeben von 48 Edelknaben mit Fackeln – begab sich in die Augustinerkirche, wo das Herz, manchmal auch zusammen mit der Zunge, beigesetzt wurde. Seit der Mitte des 18. Jahrhunderts wurde der Sarg nicht mehr getragen, sondern geführt. In der Nacht zog man dann weiter in die Kapuzinergruft, wo die Patres sich beim Klostertor versammelten und die Leiche mit Fackeln in die Kirche geleiteten. Die Leiche wurde in der Mitte der Kirche auf ein Podest gestellt, der Bischof von Wien vollzog die Einsegnung. Dann wurde der mit zwei Schlössern versperrte Sarg nochmals geöffnet. Der Obersthofmeister oder dessen Stellvertreter fragte den Pater Guardian: „Erkennen Sie in dem (oder der) Verblichenen den durchlauchtigsten Erzherzog oder unseren allergnädigsten Herrn (oder Frauen) Majestät?", auf die Bejahung sprach der Obersthofmeister: „Mithin sechsspännigen Wagen in die Kapuzinergruft überführt.

Um die Einlaßzeremonie entstand im Laufe der Zeit eine Legende, die beim Begräbnis der Kaiserin Zita in die Praxis umgesetzt wurde. Obwohl diese Geschichte sehr eindrucksvoll ist, entspricht sie nicht der Realität. Gemäß dieser Version des Begräbniszeremoniells

Kaiser Leopold I. auf dem Totenbett. HHSTA, Wien

überantworte ich Ihnen den Leichnam des (oder der) seligen N. N.", worauf der Pater Guardian antwortete: „Der höchste Leichnam wird hier nach schuldigster Obsorge bei uns wohl verwahrt sein." Nun wurde der Sarg verschlossen, den einen Schlüssel behielt der Obersthofmeister, den anderen übernahm der Pater Guardian. Der erste Schlüssel wurde in einem speziellen Schrank, der sich heute in der geistlichen Schatzkammer befindet, verwahrt, dort wurden auch die Schlüssel für die Särge der Habsburger in Bozen, Gmünd, Graz, Linz, Mantua und Neuberg an der Mürz hinterlegt. Nach einigen Wochen wurde der hölzerne Sarg in den größeren kupfernen Sarg gestellt. Weitaus weniger prunkvoll gestaltete sich das Zeremoniell bei den Habsburgerkindern, sie wurden ohne Kondukt mit

klopft der Zeremonienmeister dreimal an die Tür der Gruft und jedesmal fragt ein Mönch: „Wer begehrt Einlaß?" Die erste Antwort zählt zunächst den großen Titel des Kaisers auf, worauf der Mönch sagt „Den kennen wir nicht." Das Ganze wiederholt sich mit dem kleinen Titel, es folgt dieselbe Antwort. Beim dritten Mal sagt der Zeremonienmeister: „N. N., ein armer Sünder, dessen Sünden so zahlreich sind wie die Sterne am Himmel, bittet um Einlaß", und erst jetzt öffnet sich die Pforte der Gruft. Dieser Topos der Bescheidenheit, der mit der habsburgischen Frömmigkeit zusammenhängt, ist allerdings nichts, was sich im ursprünglichen Zeremoniell nachweisen läßt. Die Zeremonie ist allerdings gut erfunden, denn sie könnte wirklich aus der Barockzeit stammen.

Die Rituale der spanischen Habsburger

Ähnlich wie in den österreichischen Ländern waren Sterben und Begrabenwerden auch in Spanien genauestens geregelt. Das Vorbild für diese Sterbe- und Begräbniszeremonien findet sich in der Art, wie sich Karl V. 1558 auf den Tod vorbereitete, denn seine Nachfolger auf dem spanischen Thron verbrachten ihre letzten Tage in bemerkenswert ähnlicher Weise. Diese dienten dazu, die weltlichen Angelegenheiten ins Reine zu bringen und sich auf das Leben nach dem Tod vorzubereiten. Letzte Dekrete wurden erlassen, das Testament auf den neuesten Stand gebracht, man erteilte Frau und Kindern den Segen und nahm Abschied von den Untertanen, beichtete, betete, das *Viaticum* wurde gebracht, und man erhielt die letzte Ölung, oft wurden die letzten Tage im Mönchsgewand verbracht.

Als etwa Philipp IV. im Sterben lag, wurde ihm von den Ärzten mitgeteilt, daß sein Zustand sehr ernst sei, und man riet ihm, nach dem *Viaticum* zu senden. Als man ihn fragte, ob es geheim oder in öffentlicher Prozession gebracht werden sollte, entschied er sich für letzteres – so brachte Alonso Pérez de Guzmán, der Patriarch von „Indien" (= Amerika), die Monstranz mit dem Allerheiligsten und spendete ihm auch die Letzte Ölung. In der königlichen Kapelle wurde das Altarsakrament öffentlich ausgesetzt, zwei Stunden lang sang der Chor Psalmen Davids in Anwesenheit der Frau des Königs Maria Anna und ihrer beiden Kinder Karl und Margarita Teresa. Verschiedene Bitten und Geschenke wurden den für wundertätig gehaltenen Madonnenbildern, besonders der Madonna von Atocha, dargebracht, und die Stadt Madrid veranstaltete eine Prozession, bei der das Kapitel der Kathedrale die Reliquien des heiligen Isidor von der Kapelle in der San-Andrés-Kirche in die Pfarrkirche Santa Maria trug.

Karl V. (Karl I. als spanischer König), Philipp II., Philipp III. und Philipp IV. starben alle mit dem gleichen Kruzifix in der Hand. Philipp IV. nahm es sogar auf alle seine Reisen mit, und als der Thronfolger Balthasar Carlos bei einem Besuch in Zaragoza 1646 tödlich erkrankte, wurde es auch an sein Totenbett gebracht. Im Sterbezimmer wurden Bilder Christi und der Jungfrau

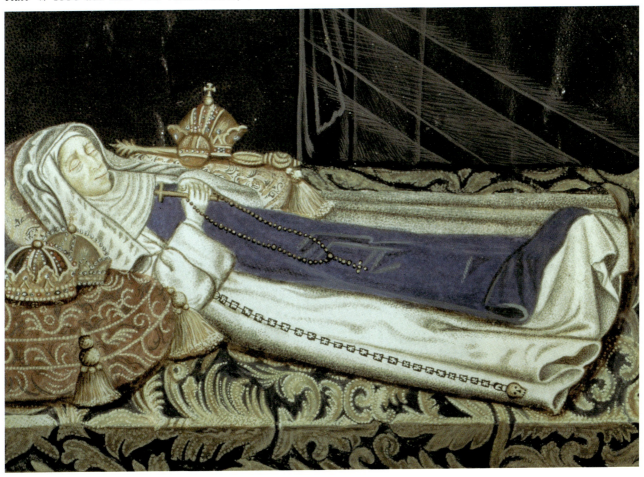

Kaiserin Eleonore Magdalena Theresia auf dem Totenbett. HHSTA, Wien

Maria aufgestellt und Reliquien von Heiligen herbeigeschafft, um als Vermittler für den Sterbenden im Himmel zu wirken.

Wenn der König, die Königin oder einer der *principes jurados* von Spanien starb, wurde genauso wie beim österreichischen Zweig der Familie der Körper des Toten zunächst gereinigt, in den meisten Fällen auch einbalsamiert und für die Grablegung gekleidet.

Danach wurde der Leichnam ein oder zwei Tage öffentlich aufgebahrt. Dieses *lying in state* in der großen Halle des Alcázar von Madrid markierte den Beginn der Leichenfeier, die dann mit dem Transport des Toten in einer feierlichen Prozession zum Escorial – normalerweise dauerte sie eine Nacht – und schließlich mit seiner Bestattung im königlichen Kloster von San Lorenzo endete. Der Leichenzug wurde von hochrangigen Klerikern, Mönchen verschiedener Orden, Adeligen, Mitgliedern des Hofstaates und der königlichen Garden gebildet.

Im Kloster selbst übernahmen die Hieronymitenmönche von San Lorenzo die Leiche, um sie zu begraben. Erst Wochen später – und somit ohne Leiche – wurden die königlichen Exequien zelebriert. Der erste Tag bildete die *Vigil* oder Vesper der Exequien, am zweiten Tag fanden die wirklichen Exequien statt. Daran nahm der gesamte Hofstaat teil und demonstrierte damit die Größe der Dynastie, der sie diente. Diese Exequien wurden im königlichen Kloster San Jerónimo am östlichen Rand von Madrid abgehalten, das ebenfalls im Besitz der Hieronymitaner war, die seit dem 14. Jahrhundert intensive Beziehungen zu den kastilischen Königen pflegten. In diesem Kloster fand traditionsgemäß auch das *juramento*, der Loyalitätseid der kastilischen Stände, statt. 1561 ließ sich Philipp II. von dem Architekten Juan Bautista de Toledo ein königliches Gemach in dem Kloster bauen, das als Ort des Rückzugs für den König in Zeiten der Trauer diente und unter Philipp IV. vergrößert wurde. Aus diesem Zubau entwickelte sich das Schloß Buen Retiro, das seit 1644 durch ein Stiegenhaus und einen Eingang mit dem Kloster San Jerónimo verbunden war, so daß Balthasar Carlos anläßlich der Exequien für seine Mutter Isabella von Bourbon schon direkt vom Schloß in die Kirche gelangen konnte. Noch Philipp III. hatte 1598 bei

Oben: Neben dem Grabdenkmal war auch das Totenschild – hier für Kaiser Rudolf II. – ein Teil der Memoria.
Prag, Hradschin
Rechte Seite: Allegorisches Bildnis anläßlich des Ablebens Franz Josephs, der im offenen Uniformmantel auf dem Thron sitzt. Zur linken Todesengel mit Lorbeerzweigen, dahinter die österreichische Kaiserkrone, unten beidseitig Wappen von Österreich und Ungarn. ÖNB, Wien

den Exequien für seinen Vater die Kirche vom Süden her, also vom Kreuzgang, betreten müssen, was ein zeremonielles Problem dargestellt zu haben scheint.

Die ersten Exequien in der Regierungszeit Philipps II., die in San Jerónimo abgehalten wurden, waren die für seinen Vater Karl V. 1559, während die Exequien für seinen Sohn Don Carlos 1568 im Kloster San Domingo und die für seine dritte Frau Isabella von Valois († 1568) im selben Jahr im Konvent der Descalzas Reales stattfanden. Erst für seine vierte Frau, die Habsburgerin Anna († 1580), fanden die Exequien wieder in San Jerónimo statt, wo sie von da an regelmäßig zelebriert wurden. Die Kirche konnte eine größere Anzahl Menschen und prachtvolle Dekorationen aufnehmen und war als Schwesterkloster von San Lorenzo im Escorial durch seine Nähe zur Madrider Residenz für Leichenfeiern bestens geeignet.

Die Capilla Mayor von San Jerónimo wurde bei solchen Gelegenheiten mit Stoff aus goldenem und schwarzem Samt ausgekleidet, auch das Kirchenschiff wurde schwarz dekoriert. Die Böden und die Bänke für die Gesandten, Granden und Räte wurden ebenfalls mit schwarzem Stoff bedeckt. Der Hochaltar war mit Vorhängen verdeckt, das Türgitter ausgehängt und der gesamte Kirchenraum mit Wappen, Fahnen und *Tropaia* (kunstvoll arrangierte Waffenbündel) geschmückt. In diesem Umfeld wurde ein bedeckter Katafalk errichtet, der auf reich dekorierten Säulen ruhte, die ebenfalls mit Wappen und Trophäen geschmückt

waren. Darüber wurde ein Lattenrost aufgestellt, der mit Kerzen bedeckt war – eben jene schon erwähnte *Chapelle ardente*. Die Tumba des Königs, der Königin oder eines Prinzen wurde mit einem von Philipp II. gestifteten kostbaren Tuch, das mit Skeletten als Symbol der Vergänglichkeit bestickt war und heute noch erhalten ist, verhüllt, darauf lag ein Kreuz. War der Verstorbene König, lag zu seinen Füßen überdies ein Polster mit Krone und Szepter, die Ordenskette des Vlieses und ein Schwert – also Funeralinsignien. Bei Königinnen wurden nur Krone und Szepter ausgelegt, bei Prinzen Krone und Schwert sowie das Vlies, wenn er schon Toisonritter war.

Der Katafalk bildete das Zentrum des Gesamtkunstwerkes, seit 1530–1540 finden sich diese von den mittelalterlichen *Chapelles ardentes* abgeleiteten Bauten auch in Spanien. In Valladolid nahm Philipp II. an den Exequien für seinen Vater teil, die in der Kirche San Benito el Real stattfanden. Der 83 Fuß hohe, an den Idealen des Vitruv orientierte *túmulo*, der in einem unregelmäßigen Sechseck Schiffsform andeutete, war in drei Stockwerke gegliedert, die von einem großen kaiserlichen Schild zwischen zwei Säulen – der Imprese Karls – bekrönt und mit allegorischen Figuren geschmückt waren. Die Ikonographie nimmt Bezug auf die Herrschertugenden und den Triumph des Todes. Der Kaiser wurde zu Pferd dargestellt, gerüstet mit dem Harnisch der Gerechtigkeit, dem Helm der Geduld, der Lanze der Großzügigkeit, dem Schwert der Milde, dem Schild des Glaubens, dem Beil der Macht, dem Panzerhemd des unsterblichen Ruhmes und dem Dolch der Standhaftigkeit, begleitet von seinem Herold, der unbesiegbaren Seele im Kampf mit dem triumphierenden Tod.

Weitaus einfacher gestaltete sich ein im Kloster San Francisco in Mexiko errichtetes Trauergerüst. Auf dem Grundriß eines lateinischen Kreuzes bestand der Aufbau aus nur zwei Stockwerken, der untere war von zwölf toskanischen Säulen gebildet, im oberen Stock war ein großes Wappen mit dem Kaiseradler angebracht, das von Obelisken flankiert war. Das ganze Trauergerüst war mit Fahnen behängt. In Brüssel hingegen wählte man für den pyramidenartigen Aufbau ein mittelalterliches Vorbild, eben die *Chapelle ardente* mit ihren vielen Kerzen, in die man die Symbole der Macht – die Kronen – integrierte. Auch diese Form der

Begräbniszug Franz Josephs 1916. ÖNB, Wien

Scheinarchitektur war sehr kostspielig, eine noch unvollständige Rechnung der Exequien für Isabella von Bourbon ergibt Kosten von 227.522 Reales. Allein 1298 Kerzen wurden an jedem Tag der Exequien verbraucht, bei Philipp III. waren es sogar 3400 Kerzen, die zu Ehren des Verstorbenen angezündet wurden. Das Trauergerüst für Philipp IV. in der Kirche Encarnación in Madrid wurde von dem bekannten Architekten und Maler Sebastián de Herrera Barnuevo entworfen und war mit emblematischen Darstellungen, Pyramiden und Obelisken, Hieroglyphen und Malereien melancholischer Sierra-Landschaften reich geschmückt. Bekrönt wurde das mehrstöckige Gebilde von der spanischen Krone auf der Weltkugel.

Lateinische, griechische, italienische, französische, portugiesische und kastilische Epitaphien, wohl als Schriftkartuschen vorzustellen, stellten den Toten und seine Tugenden vor und verherrlichten sie. Das Hauptanliegen bestand darin, die *majestad* und *grandeza* des oder der Verstorbenen zu preisen. Beim Tode Philipps IV. waren es 41 solcher „hieroglyphischer" Texte, deren „Invention" durch die Gelehrten des Hofes mühsam verschlüsselt worden waren. Manche waren individuell auf den Verstorbenen gemünzt, andere tauchten immer wieder auf, z. B. das Sonnensymbol oder Apollo im Sonnenwagen, deren Bedeutung wir in einem anderen Zusammenhang schon gesehen haben. Bei Philipp IV. hatte das auch eine individuelle Bedeutung, da er ja *el rey planeta* (der Planetenkönig) genannt wurde, wobei man auch einen Zusammenhang zwischen seiner Ordnungszahl „der Vierte" und der Tatsache, daß man die Sonne als vierten Planeten ansah, herstellen wollte. Konventionelle Todessymbole wie Totenschädel, Skelett, Fledermaus, Sanduhr und gebrochenes Licht spielten in diesem Zusammenhang ebenfalls eine Rolle, es waren die in ganz Europa verbreiteten *Vanitas*- oder *Memento-mori*-Bilder. Wesentlicher Inhalt der „politischen Hieroglyphen" war das Aufzeigen der Herrschaftskontinuität, was vor allem angesichts des ungesunden Thronfolgers Karl, der mit vier Jahren noch immer von Ammen gesäugt wurde und durch sein hohes Gewicht nicht gehfähig war, besonders wichtig erschien.

Alle die zu dieser Zeremonie nötigen Gewänder, Ornate, Tücher und Polster wurden gemeinsam mit den Funeralien im Escorial aufbewahrt, von wo sie der Be-

Begräbniszug der letzten österreichisch-ungarischen Kaiserin Zita 1989. Archiv Kleine Zeitung, Foto: Votava

wahrer der Kronjuwelen, der *ayuda de guardajoyas*, holte, wenn sie benötigt wurden. Die eigentliche Trauerfeier bildete eine kirchliche Zeremonie, die aus drei Messen bestand, wobei als erstes der Pontifikalämter eine Heiligen-Geist-Messe, für welche die Priester rote Ornate anlegten, als zweites eine Messe für die Jungfrau Maria in weißen Gewändern und als letztes schließlich ein Totenamt in schwarzen Gewändern gelesen wurden.

Wie in den österreichischen Ländern markierten diese Trauerfeierlichkeiten den Übergang der Herrschaft auf den neuen Herrscher, bedeuteten aber auch eine Verherrlichung der Dynastie und ihres Rechtes auf Herrschaft, das zu dokumentieren man keine Kosten und Mühen scheute.

Damit rückten die Begräbniszeremonien in das Zentrum der Herrschaftslegitimation; sie hatten – vergleichbar den Krönungen oder Huldigungen – einen staatspolitischen und keineswegs einen familiären, privaten Charakter.

Kapuzinergruft: Kaiser Matthias und Kaiserin Anna, Gründer von Kirche, Kloster und Kaisergruft.
Verlag R. Pietsch u. Co. K.G., Wien

„... ZU EWIGER GEDECHTNUS" – DIE HABSBURGISCHEN GRABLEGEN

Von den vielen Möglichkeiten, die *memoria* der Familie zu pflegen, kommt den Grabstätten bis in unsere Zeit eine hervorragende Bedeutung zu, ja für lange Epochen waren die Funeralbauten und Funeralplastiken die einzigen plastischen Denkmäler der einzelnen Angehörigen der Dynastie, die bleibenden Charakter trugen. Während mit dem Auseinanderreiten der Teilnehmer die Festlichkeiten verwehten und die propagandistischen Drucke in Bibliotheken verstaubten, waren und sind die Grabdenkmäler der Familie ein bleibendes Erinnerungszeichen. Noch heute – wenn auch für die meisten aus anderen Gründen als der Loyalitätsbezeugung zur Dynastie oder der politischen und religiösen *memoria* – sind Orte wie die Kapuzinergruft, der Escorial oder auch das Grabmal Maximilians I. in Innsbruck touristische Anziehungspunkte, die noch immer eine ihrer ursprünglichen Aufgaben, das Andenken an den Verstorbenen aufrechtzuerhalten, erfüllen. Denkt man an die Grabstätten der Habsburger, so fallen den meisten Menschen zunächst jene prunkvollen, meist für ganze Zweige der Familie errichteten Grabmäler ein, und man nimmt zunächst an, daß die meisten Habsburger in diesen wenigen Orten – in Wien, in Prag, im Escorial oder in St. Paul im Lavanttal (ursprünglich in Königsfelden) – begraben liegen, doch trifft dies nur teilweise zu.

Eine der selbstverständlichen, pragmatischen Möglichkeiten bestand darin, ein Mitglied der Familie dort zu begraben, wo es zufällig starb. Wollte man alle bekannten, verstreuten Gräber der Habsburger in Europa besuchen, müßte man eine weite Reise unternehmen, denn Mitglieder der Familie sind in vielen Ländern und Orten dieses Kontinentes begraben. In Österreich müßte man nach Innsbruck, Hall in Tirol, Tulfes bei Innsbruck, Salzburg-Aigen und Salzburg-Siezenheim, Mariazell und Glashütten in der Steiermark, nach Klagenfurt, St. Gilgen, Altmünster am Traunsee, St. Florian, Linz, Schwertberg, nach Persenbeug zur Familiengruft der Linie Salvator, nach Sindelburg bei Wallsee, Gmünd, Baden bei Wien und Lilienfeld und schließlich nach Halbturn reisen, und in Wien zusätzlich zur Kapuzinergruft und nach St. Stephan, des weiteren noch die Dominikanerkirche und das Salesianerinnenkloster besuchen. Sogar in Deutschland ist die Liste der Begräbnisstätten der Habsburger lang. Man müßte die Schloßkirche in Altenburg, die württembergische Familiengruft in Altshausen, Baden-Baden, den Berliner Friedhof am Mehringdamm, Birstein, Dresden, Feldafing, das Zisterzienserkloster Fürstenfeld in Bayern, Günzburg, die Kartause Gutenstein bei Urach, das Zisterzienserkloster Lehnin, die Stiftskirche Maria Himmelfahrt in Kleve, die Kirche Maria Thann im Allgäu, Minden, München, das Zisterzienserstift Raitenhaslach in Bayern, Regensburg, das Kloster Seligenthal in Bayern, den St. Antonsberg bei Neuburg an der Donau und Wittenberg besuchen, um alle Habsburgerbegräbnisstätten zu sehen. Doch dann müßte man noch nach Italien, nach Turin, Rom, Florenz, Ferrara, Viareggio, Neapel, Mantua, Modena, Triest, Venedig, Piacenza, nach Bozen/Maria Himmelfahrt und nach Obermais in Meran, nach Vaduz in Liechtenstein, in Belgien nach Brüssel, Laeken, Lüttich, Brügge und Gent, aber auch nach London und nach Basel reisen und hätte noch lange nicht alle Gräber gesehen. Denn auch in Spanien gibt es neben dem Escorial Habsburgergräber in Madrid (Santa Clara, Descalzas Reales), Granada, Córdoba, Badajoz und Barcelona, in Lissabon, in Stična in Slowenien, in der tschechischen Republik außer in Prag auch in Brünn, Brandeis und das Herz des Kardinals Rudolf in der Krypta in Olmütz. Auch in Frankreich, in Paris und Champmol bei Dijon, in Ungarn, nämlich in Ungarisch Altenburg und Budapest, in Gran und der Benediktinerabtei Pannonhalma, in Polen, in Breslau, Schweidnitz und Krakau, ja sogar in Wilna in Litauen, in Neudorf im rumänischen Banat und in St. Knud in Odensee in Dänemark liegen Angehörige der Familie, und mindestens eine Erzherzogin ist sicher außerhalb Europas, in Brasilien in São Paulo, begraben. Von einigen in unserem Jahrhundert verstorbenen Familienmitgliedern sind die Begräbnisorte nicht bekannt, doch da sie außerhalb Europas starben, ist anzunehmen, daß sie auch dort begraben wurden. Für diese überaus große Zahl an Grabstätten, die nicht in den genannten zentralen Orten habsburgischer Herrschaft liegen, gibt es mehrere Erklärungen: Erzherzoginnen, die in ein fremdes Land geheiratet hatten, wurden auch dort begraben, ebenso Erzherzöge und Erzherzoginnen jüngerer Linien im 19. Jahrhundert oder auch Mitglieder von Nebenlinien, wie etwa Modena, die in Familiengrüften ihrer Linie bestattet sind, und natürlich Habsburger, die nach 1918 starben und nicht – wie die wenigen „Privilegierten", von denen noch die Rede sein wird – in die Kapuzinergruft aufgenommen wurden.

Doch zeigen sich in der Geschichte der Familie neben diesen eher zufälligen Begräbnisorten zwei grundlegende Tendenzen, die sich in verschiedenen Epochen und verschiedenen Formen ausprägten. Einerseits versuchten viele Habsburger, entweder nur für sich oder für die engste Familie – also Frau bzw. Frauen und Kinder – eine eigene Grabstätte, eine Art Familiengrab zu schaffen, andererseits gab es mehrere Versuche, Grablegen als zentralen Begräbnisplatz der Gesamtfamilie zu bestimmen. Solche Versuche, ein „Erbbegräbnis", also eine gemeinsame Familiengrablege, zu schaffen, blieben nicht auf die Habsburger beschränkt. In vielen Reichen und Dynastien gab es solche traditionellen Begräbnisstätten, etwa in St. Denis für die französischen Könige, wo unter anderem auch Marie Antoinette († 1793) ruht – oder in Krakau am Wawel für die polnischen Könige – wo man die Gräber der Erzherzoginnen Elisabeth († 1505), Anna († 1598), Cäcilia Renata († 1644) und Konstanze († 1631) findet. Selbst landsässige Adelsfamilien errichteten solche Erbbegräbnisse, in denen verschiedene Generationen von Mitgliedern der Familie ihre letzte Ruhestätte fanden. Eine vollständige Übersicht und Beschreibung der Begräbnisstätten aller Habsburger würde selbstverständlich hier zu weit führen, wäre ermüdend für den Leser und außerdem nicht in aller Vollständigkeit erstellbar. Bei vielen der frühen Habsburger wissen wir gar nicht, wo sie begraben sind, erst seit der Generation um Rudolf I. kommt der Familie verstärktes Gewicht zu, werden die Grabstätten der Vorfahren überliefert und gepflegt. Die Familienmitglieder vor Rudolf I. sind vermutlich alle in den ursprünglichen Besitzungen der Habsburger am Rhein und in der Schweiz begraben, wobei sicherlich die von den Habsburgern gestifteten Klöster und Kirchen, vor allem das Hauskloster Muri, aber auch Ottmarsheim im Elsaß eine besondere Rolle spielten. Auch Basel, zu dem die Habsburger zwar oft gespannte politische Beziehungen unterhielten, war durch seine Nähe zum Kernbesitz früh ein Begräbnisort der Familie geworden – die 1281 gestorbene erste Frau Rudolfs I. Anna (Gertrud) von Hohenberg) und

ihr Söhnchen Karl († 1276) sind im Dom begraben, ursprünglich auch ein zweiter Sohn Hartmann († 1281). Das Grabmonument Annas, ein ausgezeichneter, vermutlich in Straßburg entstandener figuraler Stein, ist eines der ältesten erhaltenen Grabdenkmäler der Familie. Die Gebeine Annas wurden allerdings 1770 – ähnlich wie die von Königsfelden, wie wir noch sehen werden – nach St. Blasien im Schwarzwald und von dort nach St. Paul im Lavanttal überführt. Aussagekräftig ist die Begräbnisstätte Rudolfs I., des ersten habsburgischen Herrschers im Reich, denn dieser schloß mit der Wahl seines Begräbnisortes nicht an die Tradition der Familie, sondern an die Tradition seiner „Funktionsverwandten" an und ließ sich dort begraben, wo die hochmittelalterlichen Salier und Staufer ihre letzte Ruhestätte fanden, in der Kaisergruft des Domes von Speyer. Seine Grabplatte, für die damalige Zeit künstlerisch ziemlich revolutionär, zeigt ein realistisches Bild des Begrabenen. Es überrascht vielleicht, daß in späterer Zeit, als man in vieler Hinsicht auf das Vorbild des großen Ahnen zurückgriff, nur Albrecht I. sich in Speyer begraben ließ. Ein Erbbegräbnis in Speyer faßte man nicht ins Auge, wenn auch Maximilian I. den Plan eines Kaisermonumentes erwogen hatte. Doch Speyer lag weit weg von den Machtinteressen der späteren Generationen, selbst wenn diese Herrschaftsfunktionen im Reich ausübten. Ähnliches galt zunehmend auch für die schweizerischen Begräbnisorte der Habsburger, die im Verlauf des Spätmittelalters schon deshalb nicht mehr in Frage kamen, weil sie sich nicht mehr im Besitz der Familie befanden. Eines dieser frühen Erbbegräbnisse der Habsburger befand sich im Kloster Königsfelden bei Baden im Aargau. Dieses Doppelkloster der Franziskaner und Klarissinnen wurde 1308 nach der Ermordung Albrechts I. durch seinen Neffen Johann († 1313) von seiner Witwe Elisabeth († 1313) gestiftet und diente nicht nur Albrecht I. und Elisabeth sowie deren Tochter Agnes († 1364), der verwitweten ungarischen Königin, und dem bei Sempach gefallenen Leopold III. († 1386), sondern insgesamt elf Habsburgerinnen und Habsburgern als Begräbnisstätte.

orgskapelle in Wiener Neustadt, unweit seiner Mutter Eleonore von Portugal († 1467), die im Zisterzienserkloster von Wiener Neustadt ihre letzte Ruhestätte fand. Maximilians Herz ruht hingegen in Brügge in der Notre-Dame- oder Liebfrauenkirche, in der seine geliebte erste Frau Maria von Burgund begraben ist, wo eine von Jan Borman geschaffene wundervolle, vergoldete Tumba, die Maria in voller Figur zeigt, an sie erinnert.

Ähnlich wie Maximilian hat auch seine Tochter Erzherzogin Margarete († 1530) einen Grabmalsplan durch lange Jahre ihres Lebens betrieben. Die Begräbnisstätte in der eigens dafür erbauten Kirche in Brou (Frankreich) ist allerdings weniger durch Repräsentation gekennzeichnet als durch den Gedanken der Vergänglichkeit des Lebens. In dem zweistöckigen Grabstein ist oben die Erzherzogin in aller Feierlichkeit und aller Schönheit auf dem Staatsbett aufgebahrt dargestellt, während darunter nochmals ihre Liegefigur, von Würmern und Kröten zerfressen, sich im Stadium der Verwesung darbietet. Dieses Meisterwerk der Renaissance ist zugleich auch eines der eindrucksvollsten Denkmäler der *vanitas*. In diesen unterschiedlichen Auffassungen ist man geneigt, nicht nur individuelle, sondern auch geschlechtsspezifische Differenzen festmachen.

Mit der Ausdehnung der habsburgischen Herrschaft um 1500 und der folgenden Ausbildung verschiedener Linien des Hauses nahm auch die Zahl der Grabstätten zu. Im 16. Jahrhundert versuchte jede Linie des Erzhauses, ein eigenes Erbbegräbnis einzurichten: die spanischen Habsburger im Escorial, die drei österreichischen Linien tendierten nach Prag und Wien, nach Graz und Seckau bzw. nach Innsbruck. Am klarsten waren die Vorstellungen der spanischen Linie. Schon vor der Einigung Spaniens kannten die verschiedenen spanischen Königreiche das Phänomen des Erbbegräbnisses – z. B. die Herrscher von Navarra in Santa Maria La Real de Najera, die Herrscher von León in St. Isidoro oder die von Kastilien in der Kathedrale von Toledo. Die Katholischen Könige Ferdinand und Isabella hatten für sich in der Capilla Real in Granada eine Begräb-

Grabplastiken Karls V. und seiner Familie im Escorial von Leone Leoni.
Archiv Verlag Styria, Foto: Nemeth

nisstätte geschaffen, an die allerdings nur die erste Generation der Habsburger anknüpfte – neben dem prachtvollen Sarkophag Ferdinands und Isabellas steht der Philipps des Schönen († 1506) und seiner Frau Johanna († 1555) von Bartolomé Ordoñez. Noch bis 1554 gab es den Versuch, an die Tradition von Granada anzuknüpfen; die späteren Generationen schufen sich im Escorial ein eigenes Erbbegräbnis, in dem alle Mitglieder der spanischen Linie nach Karl V. mit ihren Frauen begraben sind. Wie schon dargelegt wurde, geht die Gründung des Escorial auf ein Gelübde Philipps II. in der Schlacht von St. Quentin zurück. Bereits in der Planung war vorgesehen, unter dem Hochaltar der Kirche eine Gruft für die spanischen Könige anzulegen, in der als erster Karl V., der inzwischen im Kloster in Yuste unter dem Altar begraben worden war, bestattet werden sollte und später auch bestattet wurde. Die später verwirklichte Gruft im Escorial gliedert sich in das sogenannte *Panteón de los Infantes* und das *Panteón de los Reyes*. Die schlichte, aber kostspielig ausgestattete Krypta – die Treppen sind aus Granit, die Wände aus Marmor, Jaspis und Porphyr – enthält in Nischen die Särge der spanischen Habsburger. Eine Inschrift besagt, daß Karl V. sich diesen Begräbnisort gewünscht, Philipp II. den Ort gewählt, Philipp III. den Bau begonnen und Philipp IV. ihn 1654 erweitert und vollendet habe. In den Oratorien zu beiden Seiten des Hochaltars erinnern eindrucksvolle Statuengruppen an Karl V., seine Schwestern Eleonore († 1558) und Maria († 1558), seine Frau Isabella († 1539) und seine Tochter Maria († 1603), die spätere Frau Maximilians II., und auf der anderen Seite an Philipp II. mit seinen vier Frauen und dem so tragisch gestorbenen Don Carlos († 1568). Die Gruft ist so angelegt, daß der Priester, wenn er am Hochaltar der Kirche die Messe feiert, auf dem Schlußstein des Gewölbes zu stehen kommt.

Zu dieser Zeit hatte die österreichische Linie weder eine wirklich feste Residenz noch eine bevorzugte Begräbnisstätte. Mehr durch Zufall als durch systematische Planung entwickelte sich für die ältere Linie – seit dem Tod Ferdinands I. war der österreichische Zweig ja dreigeteilt – ein solcher Ort im Prager Veitsdom, dem traditionellen Begräbnisplatz der böhmischen Könige. Schon im Mittelalter waren die Habsburgerinnen Guta († 1297) und Agnes († 1297), die mit böhmischen Königen verheiratet waren, in Prag begraben worden, aber auch Rudolf II. († 1290) (als Habsburger) – also der Sohn Rudolfs I. –, Rudolf III. († 1307) und Ladislaus Postumus († 1457) sind dort bestattet. Für das schon zu Lebzeiten Maximilians II. geplante Grabmal für Ferdinand I. und seine Frau Anna, die Tochter König Wladislaws, das in Innsbruck angefertigt wurde, war der Aufstellungsort zunächst nicht festgelegt. Um die Plastik Maximilians II. erweitert, wurde es nach Prag gebracht und in der Mitte des Chores des Veitsdomes aufgestellt. Die Seitenflächen der klassischen Tumba mit den drei Liegefiguren tragen Reliefdarstellungen, darunter Porträts Karls IV., Wenzels und weiterer böhmischer Fürsten sowie von Ladislaus Postumus und Georg von Podiebrad – also wieder von „Funktionsverwandten". Die gesamte Tumba ist von einem kunstvollen Gitter umgeben

Auch Kaiser Rudolf II., der in Prag residierte, ist im Veitsdom begraben, allerdings verhältnismäßig bescheiden in einem vergleichsweise schlichten Zinnsarkophag in der Fürstengruft. Ein Zeitgenosse beschrieb dieses Grabmal folgendermaßen: „Die Baar / war ain Zinen Sarch / auf 10 Engelköpfen stehn / hett auff der Seitten Lewenköpff / mit Ringen im Maul / auff beeden Seiten der Erbländer Wappen gegossen / auff dem Teckel hett es auch 4 Ring / ain Crucifix / darunter S.Mariae vnnd Johannis Bildnuß: Auff den vier Egk / auch in der Mitten 6 Engel / alles schön gegossen und gemalet vnd in die 1800 Daler geschetzt worden." In späterer Zeit wurde nur noch eine Tochter Maria Theresias, Maria Amalia († 1804), die sich nach dem Tod ihres Mannes nach Böhmen zurückgezogen hatte, in Prag begraben.

Auch die jüngeren Linien des Hauses entwickelten im 16. Jahrhundert Ansätze zur Schaffung von Erbbegräbnissen. Der kunsthistorisch vielleicht bedeutendste Versuch ist das Mausoleum, das Karl II. von Innerösterreich († 1590) für sich und seine Familie in Seckau von Alexander de Verda gestalten ließ. Im Zentrum der Anlage ist der Kenotaph, der oben die zwei lebensgroßen liegenden Gestalten des Erzherzogs Karl II. und der Erzherzogin Maria von Bayern zeigt. An ihrem Kopf- und Fußende sieht man je zwei Engel, deren Gesichter angeblich die Züge frühverstorbener Kinder des Paares tragen. Die reichlich mit österreichischen und wittelsbachischen Wappen verzierten Tumbawände enthalten Darstellungen aus dem Leiden und der Verherrlichung Christi, darunter acht Engelsköpfe, zwischen denen sieben Texte aus dem *Dies irae* und der Heiligen Schrift angebracht sind. An der Außenseite des Mausoleums sind die Funeralwaffen, die bei den Bestattungsfeierlichkeiten vorangetragen wurden, befestigt: Visierhelm mit Pfauenfedern, Sporen, Reiterschwert und Dolch. An der Wand hingen ursprünglich zwölf Fahnen, die bei der Beerdigung Erzherzog Karls von steirischen, Kärntner und krainischen Adeligen vorangetragen wurden. Die Deckengemälde von 1588 von Theodoro Ghisi aus Mantua zeigen Gottvater und die triumphierende Kirche mit singenden und musizierenden Engelsscharen, Szenen aus dem Leben des Heilands und der Muttergottes sowie die Himmelfahrt Mariens. Überaus reich ist auch die figurale Ausschmückung. 50 Ganzfiguren in Marmor und Stuck,

Als Königsfelden 1415 an Bern überging, verlor die Stifterfamilie den Kontakt zu ihrem Kloster, aber erst 1770 unter Maria Theresia wurden die Gebeine der Habsburger geborgen und nach St. Blasien im Schwarzwald gebracht, aber auch dort fanden sie keine endgültige Ruhe. Als das Kloster St. Blasien 1806 aufgelöst wurde, mußten die Gebeine der mittelalterlichen Habsburger

hundert nicht mehr benützt worden war, 1645 durch einen Zufall wieder entdeckt, als ein Kammerdiener Kaiser Ferdinands III. namens Schnepf unweit davon eine Familiengruft erbauen ließ. Man fand 13 Leichen, in ihrer Mitte jene Rudolfs IV., dessen Gerippe in eine schwarze Kuhhaut eingenäht und mit einem Grabtuch bedeckt war. Seit der Zeit Maria Theresias diente die

Oben: Das Grabmal für die Infantinnen und die Infanten im Escorial. Foto Vocelka
Linke Seite: Grabdeckel Rudolfs IV. und seiner Frau Katharina von Böhmen in der Wiener Stephanskirche. ÖNB, Wien

erneut übersiedeln und kamen schließlich nach St. Paul im Lavanttal in Kärnten.
Die Verlagerung der Interessen der Dynastie im späten Mittelalter aus den Stammlanden in der Schweiz und am Oberrhein nach Österreich hatte auch Konsequenzen für die Wahl der Begräbnisstätten. Die spätmittelalterlichen Habsburger ließen sich entweder in ihren Residenzen oder in Klöstern, natürlich in erster Linie in solchen, die sie selbst gestiftet hatten, begraben. Im Wiener Stephansdom wurden die Herzöge Albrecht III. († 1395), Albrecht IV. († 1404), Wilhelm († 1406), Leopold IV. († 1411) und Albrecht VI. († 1463) sowie einige Habsburgerfrauen in der Gruft begraben, für Rudolf IV. wurde ein besonders prunkvolles Grab errichtet. Später wurden noch einige früh verstorbene Kinder Maximilians II. in St. Stephan beigesetzt. Diese Gruft wurde, nachdem sie seit dem späten 16. Jahr-

Gruft zur Bestattung der Eingeweide verstorbener Habsburger. 1782 wurden aus dem aufgelassenen Königinnenkloster (heute die evangelische Stadtpfarrkirche) die französische Königin Elisabeth († 1592), eine Tochter Maximilians II., und Eleonore von Mantua († 1655), die zweite Frau Kaiser Ferdinands II., in die 1754 geschaffene neue Fürstengruft in St. Stephan überführt.
Neben dem Stephansdom gab es eine weitere mittelalterliche Begräbnisstätte in Wien – die Minoritenkirche –, in der hauptsächlich Habsburgerinnen begraben wurden. Blanche de Valois († 1305), Isabella von Aragón († 1330) und die von den Habsburgern beerbte Margarete Maultasch († 1369) hatten ihre Hochgräber hier, wenn diese später auch verlorengingen. Viele spätmittelalterliche Habsburger wählten allerdings nicht in Wien gelegene Klöster als Begräbnisorte, so

Friedrich I. († 1330) ursprünglich die Kartause Mauerbach (nach deren Aufhebung 1783 wurde er in die Fürstengruft zu St. Stephan überführt), Herzog Ernst der Eiserne († 1424) das Stift Rein bei Graz, Otto der Fröhliche († 1339) ruht mit seiner Frau und zwei Söhnen unter dem Kapitelsaal in der von ihm gegründeten Zisterzienserabtei Neuberg an der Mürz, Mitglieder der Tiroler Linie, wie z. B. Friedrich IV. († 1439) und seine Frauen, Sigmund († 1496) und Maximilians I. zweite Frau Bianca Maria Sforza († 1510) im Zisterzienserstift Stams in Tirol, das schon den Grafen von Görz-Tirol als Grabstätte gedient hatte, und schließlich Albrecht II. († 1358) in der von ihm gestifteten Kartause Gaming. Eine bezeichnende Ausnahme im späten Mittelalter stellte jener Habsburger dar, der es zur Herrschaft im Reich, in Böhmen und in Ungarn gebracht hatte. Albrecht II. (als Habsburger Herzog Albrecht V.) starb in Ungarn und wurde mit seiner Frau als einziger gekrönter ungarischer König aus der habsburgischen Familie in der traditionellen Begräbniskirche der ungarischen Könige in Stuhlweißenburg begraben. Bei der Sprengung der ungarischen Krönungs- und Begräbniskirche durch die Türken 1601 wurden nicht nur sein Grab, sondern auch die ungarischen Königsgräber aller seiner Vorgänger zerstört.

Das Grab Friedrichs III. in der Wiener Stephanskirche kann man durchaus in der spätmittelalterlichen Tradition seiner Vorgänger sehen, wenn es auch stilistisch in eine neue Richtung weist, die mit der Herrschaftserweiterung dieser Epoche, dem Fußfassen der Habsburger in Burgund, im Westen Europas, zusammenhängt. Das vom Straßburger Bildhauer Nikolaus Gerhaert von Leyden entworfene Friedrichsgrab ist von seinem Typus her eng mit den burgundischen Herzogsgräbern verwandt. Die in der Sockelzone des Tumbengrabes abgebildeten trauernden Mönche, die *Pleurants*, gehen auf Anregungen der burgundischen Grabmalkunst zurück. Schon um 1460 beschäftigte sich Friedrich III. mit Plänen für eine Grablege für sich und seine Familie. Ursprünglich für das von ihm gestiftete Neukloster in Wiener Neustadt bestimmt, wurde das Monument in der Stephanskirche erst 1511 vollendet, bis dahin lag Friedrich provisorisch in der Krypta von St. Stephan. Das aus 171 verschiedenen Teilen zusammengesetzte Grabmal Friedrichs III. scheint unmittelbar vom Grabmal Rudolfs IV. in St. Stephan angeregt worden zu sein, es gilt als spätmittelalterliche *Summa* der Herrscher-Ikonographie. Auf der Deckplatte von gewaltiger Ausdehnung (6,20 mal 4,65 Meter, ca. acht Tonnen schwer) ist halbplastisch die Gestalt Friedrichs im Kaiserornat, mit der aus dem Ornat herauswachsenden Fünfvokaldevise als Zeichen geistiger Verfasserschaft, eingeschnitten. Auf den acht Reliefs der Tumbawände sind die geistlichen Stiftungen des Kaisers dargestellt: Neukloster in Wiener Neustadt, Georgsritterorden, Kollegiatskapitel und Bischofssitz von Wiener Neustadt, Augustinerchorherrenstift St. Ulrich in Wiener Neustadt, Dominikaner von Wiener Neustadt, Minoriten von St. Leonhard in Graz und Bistum Laibach. An den Tumbapfeilern sind Statuetten der Kurfürsten, an den Balustradenpfeilern Christus und Heiligenfiguren angebracht. Diese Heiligen sind Friedrichs persönliche Patrone: die von ihm besonders verehrten 14 Nothelfer, österreichische und habsburgische Landespatrone (wie Koloman, Morandus, Wolfgang und Othmar) und heilige Herrscherinnen und Herrscher (wie Kaiserin Helena und Kaiser Heinrich II.). Zu diesem steinernen Grabmal gehörten ursprünglich noch die Funeralhelme und Funeralwappen aus Holz, die heute im Historischen Museum der Stadt Wien zu sehen sind, ein nach 1945 verschollenes hölzernes Epitaph mit einem Porträt Friedrichs III. sowie zwei Inschriftentafeln, deren Verfasser vermutlich der Humanist Stabius war, der an Maximilians „Ehrenpforte" mitgearbeitet hatte. Der letzte Satz dieser Inschriften enthält eine Notiz über die endgültige Beisetzung Friedrichs III. in diesem Grab 1513. Ein wissenschaftlicher Streit darüber, ob Friedrich III. wirklich in diesem Hochgrab liegt oder ob das Kaisergrab leer und die sterblichen Überreste des Herrschers an einer anderen, heute nicht mehr lokalisierbaren Stelle in St. Stephan beigesetzt worden sind, ist 1969 aufgeflammt. Aus falsch verstandener, dem Historiker hinderlicher Pietät wurden (und werden) die meisten Habsburgergräber nicht wissenschaftlich genau untersucht. In dieser Hinsicht scheint die Monarchie in den Köpfen vieler noch nicht zu Ende zu sein. 1969 erfolgte also zunächst nur eine Durchleuchtung des Friedrichsgrabes, die kein klares Ergebnis brachte, dann wurde die Tumbawand angebohrt, darunter fand man einen Sarg aus gebrannten, grünglasierten Tonplatten. In diesem Sarg konnte ein golddurchwirkter Stoff festgestellt werden, woraus man schloß, daß Friedrich wirklich in dieser Tumba begraben liegt.

Friedrichs Sohn Maximilian I. hat auf unterschiedlichsten Gebieten Wesentliches für das Selbstverständnis der Familie geleistet. Sein Grabmal in der Hofkirche in Innsbruck kann in vieler Hinsicht als eine Zusammenfassung seiner Bestrebungen, als ein erster Höhepunkt des Stilisierungs- und Repräsentationswillens der Habsburger gesehen werden. Das geplante Grabmal, das der „gedechtnus" des Herrschers dienen sollte, hatte ähnlich wie die maximilianeische Geschichtsschreibung die Aufgabe, den Herrscher selbst und die Seinen – das sind einerseits die verstorbenen Angehörigen des Hauses und andererseits auch die Vorfahren auf dem Herrscherthron – dem Vergessenwerden durch die Nachwelt zu entreißen. Somit ist das

Grabmal von den „propagandistischen" Schriften und Druckwerken Maximilians nicht zu trennen. Ideen aus den Genealogien und den autobiographischen Werken wie dem „Weißkunig" und vor allem der „Ehrenpforte" sind in das Ideenprogramm des Grabmales aufgenommen und zu einem Gesamtkunstwerk gestaltet worden. Laut seinem Testament hatte Maximilian die Sankt-Georgs-Kapelle in Wiener Neustadt ursprünglich als Aufstellungsort des Grabmales vorgesehen, er dachte zeitweise an die Errichtung einer eigenen Kapelle, aber auch andere Aufstellungsorte wie z. B. St. Wolfgang am Abersee (Wolfgangsee) wurden diskutiert. Er selbst wollte unter dem Altar begraben sein, womit er eine burgundische Tradition aufnahm – auch seine erste Frau Maria von Burgund ruht unter dem Hochaltar der Liebfrauenkirche zu Brügge, während ihre prächtige Tumba im Chor der Kirche ein Kenotaph blieb. Erst lange nach seinem Tod und keineswegs in seiner ursprünglichen Form und Ausführlichkeit wurde Maximilians Grabmalprojekt in Innsbruck mit vielen Unterbrechungen wiederaufgenommen und weitergeführt. Das Grundkonzept blieb aber gleich: eine Reihe von Ahnen sollten das Totengeleit geben, die dreidimensionalen Gestalten sollten ursprünglich gegossene Kerzen in der vorgestreckten Rechten halten. Mit dem Maximiliansgrab wurde eine ganz neue Grabmalkonzeption entwickelt, denn in allen Vorläufern, die als Vorbild gelten können – den Tumben der Habsburger ebenso wie denen der burgundischen Herzöge – waren immer nur die Wände der Tumben mit den trauernden Gestalten geschmückt worden. Maximilian erweiterte dieses Konzept ins Architektonische – die gesamte Kirche sollte das Grabmal sein, in dem die Ahnen dem Toten das Geleit geben. Ob die Figuren als Totengeleit oder als Trauerversammlung zu interpretieren sind, wird von den Kunsthistorikern noch diskutiert. Der Einfluß der antiken, von der Renaissance wiedererweckten Idee des Totenpompes, in dem Ahnenbilder eine besonders wichtige Rolle spielen, ist unverkennbar. Im antiken Rom hatte man möglichst naturalistische Bilder der Ahnen aus Wachs angefertigt, die in die Begräbniszeremonien eingebunden waren. Der Idee des ewigen Gedenkens verbunden, wurden diese Ahnenfiguren beim Maximiliansgrabmal in einem dauerhafteren Material ausgeführt. Diese wichtige Gruppe von Bildwerken, von denen die ersten Figuren 1502 fertiggestellt wurden, umfaßt die großen Ahnenfiguren Maximilians, in denen sich die Bemühungen der genealogischen Forschung spiegeln. Wirkliche und fiktive Ahnen sollten einander ablösen: Julius Caesar, Dietrich von Bern, König Artus, Chlodwig, Karl der Große, Theobert, Robert (Ottobert), Haug der Große, Radepot, St. Stephan von Ungarn und dessen Gemahlin Geisula (Gisela oder Gisa), Gottfried von Bouillon, Leopold der Heilige, Ottokar, Graf Albrecht (IV.) von Habsburg (Vater Rudolfs I. von Habsburg), Rudolf I., Albrecht I. und dessen Gemahlin Elisabeth, Albrecht II. der Weise, Albrecht V. (als König der II.) und dessen Gemahlin Elisabeth sowie deren Sohn Ladislaus Postumus, Leopold III. der Fromme und dessen Gemahlin Virida (Viridis), Friedrich mit der leeren Tasche, Sigmund der Münzreiche, Ernst der Eiserne und dessen Gemahlin Zimburgis von Masovien, Friedrich III. und dessen Gemahlin Eleonore von Portugal, Ferdinand (Johann) von Portugal, Maria von Burgund (die erste Frau Maximilians), Karl von Burgund (deren Vater), Philipp von Burgund (deren Großvater), Bianca Maria Sforza

Totenmaske Kaiser Maximilians I., Joanneum, Graz. Foto: Kurt Roth

(die zweite Frau Maximilians), Kunigunde (die Schwester Maximilians), Margarete (die Statthalterin der Niederlande und Tochter Maximilians), Philipp der Schöne (der Sohn Maximilians) sowie dessen Gemahlin Johanna die Wahnsinnige und Ferdinand der Katholische, ihr Vater. Von den 40 Figuren, die ursprünglich vorgesehen waren, wurden nur 28 in den Werkstätten von Gilg Sesselschreiber, Stefan Godl, Peter Vischer und Gregor Löffler auch ausgeführt. Von den legendären Ahnen sind heute nur König Artus, Theoderich der Große und Chlodwig zu sehen, die restlichen Statuen stellen wirkliche Verwandte des Kaisers dar. Zudem sind alle Personen auch stellvertretend für die verschiedenen Länder zu sehen, die sie einst beherrschten. Die Entwürfe für die um das Grab herum aufgestellten überlebensgroßen Figuren, die sogenannten „Schwarzen Mander", stammen von verschiedenen Künstlern; neben Albrecht Dürer war Gilg Sesselschreiber tätig, die Oberaufsicht über das Projekt führte Jörg Kölderer.

Eine zweite Gruppe von Skulpturen, deren Planung dem Humanisten Konrad Peutinger in Augsburg oblag, wurde von Maximilian als „Funktionsverwandte" – „vorfaren am reich" – gesehen. Dem Ruhm der Familie in Form der großen Ahnenbilder wurde der Ruhm des Kaisertums in 34 Kaiserbüsten, die ursprünglich an den Wänden aufgestellt werden sollten, gegenübergestellt. Auch diese Büsten gehen auf die „Ehrenpforte" zurück, allerdings ist dort die Reihe der Kaiser und Könige etwas umfangreicher, nämlich 49 Persönlichkeiten, die für das Grabmal Maximilians auf 34 Büsten reduziert wurden. Inhaltlich wurde dabei von der Gesamtheit der antiken römischen wie auch der mittelalterlichen deutschen Kaiser und Könige in der „Ehrenpforte" abgegangen. Dies ist nur aus den schriftlich festgelegten Planungen Maximilians bekannt, denn nur 20 dieser Büsten wurden angefertigt, sie befinden sich heute im Schloß Ambras und stellen nur die römischen Kaiser des Altertumes dar. Eine dritte Gruppe von Bildwerken bilden schließlich die geplanten hundert kleinen Statuen der „Heiligen der Sipp-, Mag- und Schwägerschaft Kaiser Maximilians I.", die sich eng an die große Holzschnittfolge der Heiligen, die im Zusammenhang mit den genealogischen Bemühungen Maximilians publiziert wurde, anlehnen. Ausgeführt wurden nur 23, sie befinden sie heute auf der Orgelempore der Hofkirche. Die Heiligen aus dem eigenen Haus wurden für eine besonders wirkungsvolle Gruppe von Fürbittern gehalten und daher am Grab versammelt. Auch damit schließt das Maximiliansgrab an ältere Traditionen an, denn eine kleine Anzahl solcher Heiliger des Hauses ist schon in den Seitenwänden der Tumba Kaiser Friedrichs III. im Stephansdom zu sehen.

Im Zentrum der Grabanlage Maximilians I. steht die eigentliche Tumba, seitlich geschmückt mit Szenen aus dem Leben des Kaisers in Reliefs von Alexander Colin. Auf der Tumba kniet Maximilian im Typus der ewigen Anbetung vor dem Kruzifix, Personifikationen der vier Herrschertugenden und der Reichsadler bilden den Schmuck dieses Aufbaus. Maximilian selbst ist nicht in diesem letztlich in der Hofkirche in Innsbruck aufgestellten Denkmal begraben, sondern in der ursprünglich für die Aufstellung des Grabmales vorgesehenen Ge-

Grabmal für Ferdinand I., seine Frau Anna und deren Sohn Maximilian II. im Veitsdom in Prag.
Archiv Verlag Styria, Foto: Nemeth

ungefähr 150 kleinere Relieffiguren und über 60 größere und kleinere Köpfe zählt man auf diesem prunkvollen Habsburgergrabmal. Karl von Innerösterreich und seine Frau Maria wurden aber selbst nicht in Seckau, sondern in Graz begraben. In Seckau befinden sich jedoch die sterblichen Überreste von neun Angehörigen ihrer Linie des Hauses in Zinnsärgen. Das dinands gepriesen werden. Der Abgang zur Gruft und die umliegenden Altäre nehmen auf die Thematik der Auferstehung Bezug, sie zeigen z. B. die Aufweckung des Lazarus sowie Elias, der im feurigen Wagen zum Himmel aufsteigt, eine alttestamentarische Präfiguration der Auferstehung Christi. Links vom Altar finden sich in einer Nische die Überreste Ferdinands, in der

In der Krypta des Veitsdoms befindet sich der Sarkophag Rudolfs II., bescheiden verglichen mit dem Denkmal seines Vaters, aber von hohem künstlerischen Wert. Archiv Verlag Styria

Mausoleum wurde noch von späteren Habsburgern besucht, so etwa 1660 von Kaiser Leopold, der bei dieser Gelegenheit dem Ort Seckau das Marktprivileg verlieh. 1824 stattete auch Erzherzog Johann seinen Vorfahren einen Besuch ab.

Der älteste Sohn Karls, Kaiser Ferdinand II., schloß allerdings nicht an die Seckauer Tradition seines Vaters an, er ließ vielmehr ein eigenes Mausoleum in seiner ursprünglichen Residenzstadt Graz bauen. Die barocke Begräbniskirche Ferdinands II. neben dem Grazer Dom wird von zwei Kuppeln – eine mit dem Reichsadler mit Kreuz, die andere mit gekröntem Adler samt Schwert und Szepter – gekrönt. Im Inneren ist sie mit Stukkaturen ausgekleidet, in denen die Tugenden Ferdinands gepriesen werden.

Mitte des Raumes steht der für die Eltern des Kaisers, Karl von Innerösterreich und Maria von Bayern, bestimmte Sarkophag, deren ganzfigurige Darstellungen er trägt.

Bei der Tiroler Linie kam die Errichtung einer einheitlichen Grablege für die gesamte Familie ebenfalls nicht zustande. Ferdinand von Tirol († 1595) schuf für sich und seine nicht ebenbürtige erste Frau Philippine Welser († 1580), die auch im Grabmal nicht gleichgestellt ist, in der sogenannten „Silbernen Kapelle" der Hofkirche in Innsbruck einen Funeralbau mit einem Wandgrab venezianischen Typus, neben dem sein Funeralharnisch im Gestus der ewigen Anbetung kniet. Seine zweite Frau Anna Katharina von Mantua († 1621) ist hingegen im Servitenkloster in Innsbruck begraben, und sein Nachfolger Maximilian III. († 1618) hat sich ebenfalls ein eigenes Grabmal in der Innsbrucker Pfarrkirche St. Jakob geschaffen. In diesem Grab wurde im 20. Jahrhundert noch Erzherzog Eugen († 1952), der ebenso wie Maximilian Hoch- und Deutschmeister des Deutschen Ritterordens war, bestattet. Das Grabdenkmal Maximilians III. vom Mergentheimer Künstler Caspar Gras in der Jakobskirche zeigt den knienden Erzherzog, dem St. Georg zur Seite steht. In seinem Testament bestimmte Maximilian III. die Errichtung seiner Begräbnisstätte beim Hochaltar, die Aufstellung eines Wappen-Grabsteins sowie die Anbringung je eines Totenschildes als Erzherzog und Hochmeister des Deutschen Ordens. Die Mitglieder der von Erzherzog Leopold († 1632), einem Sproß der innerösterreichischen Linie, gegründeten jüngeren Tiroler Linie sind hingegen in der von ihm angelegten Familiengruft in der Innsbrucker Jesuitenkirche begraben.

Am Beginn des 17. Jahrhunderts war aber etwas für die österreichischen Habsburger Zukunftsweisendes – das allerdings damals noch nicht erkennbar war – passiert: 1617 hatten Kaiser Matthias und seine Frau Anna die Gruft der Kapuziner in Wien als Begräbnisstätte für sich selbst bestimmt. Erst viel später entwickelte sich diese Gruft zum zentralen Begräbnisort der österreichischen Linie. Der typisch gegenreformatorische Kapuzinerorden wurde von den barocken Habsburgern besonders gefördert, deshalb stiftete 1617 die Frau von Matthias, die besonders fromme Tiroler Erzherzogin Anna, einen Konvent mit Kirche und legte fest, daß in der Gruft das Begräbnis für Matthias und sie selbst vorgesehen werden sollte. Anna bestimmte 10.000 Gulden für den Bau der Kirche und weitere 12.000 Gulden für den Bau einer Kapelle und eines Altars mit Begräbnisstätte, weiters stiftete sie verschiedene Heiltümer – also Reliquien –, die später in die geistliche Schatzkammer gelangten und dort noch erhalten sind. Als Anna und Matthias starben, war der Bau aber noch keineswegs vollendet, weshalb die Leichname der Stifter vorläufig im Wiener Königinnenkloster in der Dorotheergasse bestattet wurden.

Oben: Ausschnitt aus dem Grabmal Rudolfs I. im Dom von Speyer. AKG, Berlin, Foto: Erich Lessing
Rechte Seite: Mausoleum für Karl II. von Innerösterreich in Seckau. Foto: Kurt Roth

1633 erfolgte die feierliche Überführung der Stifterleichname in die fertige Gruft, die sogenannte Engelsgruft. Da sich Ferdinand II., der Nachfolger des Kaisers Matthias, wie wir schon ausführten, sein eigenes Mausoleum in Graz baute, schien die Begräbnisstätte in der Kapuzinergruft zunächst nur auf Matthias und Anna beschränkt zu bleiben. Doch im Jahre 1639 ließ Kaiser Ferdinand III. seine beiden Söhne Philipp und Maximilian neben Anna und Matthias beisetzen, 1646 folgten seine erste Frau Maria Anna († 1646) und seine Tochter Maria, später wurden auch seine zweite Gemahlin Maria Leopoldine († 1649) und eine Tochter aus dritter Ehe, Maria Theresia († 1653), sowie der erstgeborene Sohn Ferdinand IV. († 1654) in der Gruft beigesetzt. Schließlich bestimmte Ferdinand III. dieses Kloster auch für sich selbst als Ruhestätte, obwohl die Gruft so klein war, daß eigentlich kein Platz für seinen Sarg vorhanden war. Sein jüngerer Sohn und Nachfolger Leopold I. ließ 1657 die Kapuzinergruft erstmals erweitern, andere Erweiterungen erfolgten 1701, 1710–1720, 1748 und 1753 mit dem Bau der jetzigen Maria-Theresien-Gruft durch Jean Nicolas Jadot de Ville-Issey und Nicolaus Pacassi. Schon über mehr als ein Jahrhundert hatte diese Begräbnisstätte fast alle verstorbenen Mitglieder der österreichischen Linie des Erzhauses aufgenommen. Unter Maria Theresia wurde dort auch die einzige Nichthabsburgerin (oder mit einem Habsburger verheiratete Frau), die *Aja* Maria Theresias, Gräfin Fuchs-Mollard († 1754), begraben. 1787 verbot Joseph II., der aus hygienischen Gründen alle Grüfte in der Innenstadt schließen ließ, konsequenterweise den Besuch, allerdings nicht die Begräbnisse, in der Kapuzinergruft. Doch bereits unter seinem Nachfolger Leopold II. wurde die Gruft wieder geöffnet und in der Folgezeit, in Anbetracht der permanenten Benützung einer immer größer werdenden Familie, noch einige Male erweitert, 1824 mit der Franzensgruft, 1840 mit der Ferdinandsgruft, 1840 bis 1842 mit der Toskanagruft, und unter Franz Joseph wurden noch zwei Räume hinzugefügt. Die letzten Ausbauten erfolgten in der Zweiten Republik 1960 bis 1962.

145 Habsburger, darunter 12 Kaiser (Maximilian von Mexiko [† 1867] mitgerechnet) und 16 Kaiserinnen (darunter Marie Louise [† 1847], die Gemahlin Napoleons) sind in dieser Gruft beigesetzt. Damit ist die Kapuzinergruft zur bedeutendsten Familienbegräbnisstätte der Habsburger geworden. Ein guter Teil der österreichischen Habsburger seit Ferdinand III. liegt dort begraben. Dennoch findet man in der Kapuzinergruft nur einen Teil der Familienmitglieder. Einzelne Zweige der Familie, wie die italienischen Nebenlinien, begründeten und benützten eigene Begräbnisstätten, und die meisten nach 1918 verstorbenen Habsburger wurden natürlich anderswo begraben, auch wenn es nach dem Ende der Monarchie noch einige Beisetzungen in der Kapuzinergruft gab. 1944 – erstaunlicherweise während des nicht gerade habsburgerfreundlichen nationalsozialistischen Regimes – wurde Maria Josefa, die Mutter Kaiser Karls, in der Gruft beigesetzt. 1958 wurde die Urne von Leopold Maria Alphons aus der toskanischen Linie, der in den USA gestorben war, in die in Kapuzinergruft aufgenommen und 1989 versuchte schließlich das Begräbnis der letzten Kaiserin Zita, noch einmal den alten Glanz der Monarchie zu beschwören.

Die Gruft mit ihren prunkvollen Sarkophagen aus Blei, Bleilegierungen, Zinn und Bronze ist nicht nur eine Gedenkstätte einer Dynastie, sondern bietet auch einen kulturgeschichtlichen Spaziergang durch den Wandel des Totengedenkens im Lauf der Jahrhunderte. Die Grabmäler zeigen Symbole der Repräsentation, aber auch der Vergänglichkeit. Einfache Särge mit flachen oder giebelförmigen Deckeln wechseln mit komplizierten barock überladenen Tumbenaufbauten. Kaum irgendwo sonst kann man den Zeitenwandel vom Barock zur Aufklärung so gut auf einen Blick erfassen wie in der Kapuzinergruft. Vor dem Prunksarkophag von Balthasar Ferdinand Moll für Maria Theresia und Franz Stephan von Lothringen steht der schlichte, nur mit einem Kreuz gezierte Sarg Josephs II. – ein augenfälligeres Symbol eines Wandels der Vorstellungswelten ist kaum denkbar.

Alle diese Grabmäler der Habsburger sind geschmückt

Das Grabmal Kaiser Friedrichs III. im Wiener Stephansdom.
Archiv Verlag Styria, Foto: Nemeth

mit Symbolen und Attributen: Titel und Wappen, Kronen, Szepter, Reichsapfel und Hermelin, Löwenköpfe und Löwenfüße zeigen vergangene Herrschaft an; Bildnisse in Relief oder vollplastischer Darstellung dienen der *memoria*, der Erinnerung an den Verstorbenen; Waffentropaia und die Darstellung kriegerischer Ereignisse oder politischer Aktionen sollen an die großen Taten erinnern; Totenköpfe, Gebeine, Sanduhren und gebrochene Kerzen machen die Vergänglichkeit menschlichen Seins bewußt; Kruzifixe und Engelsköpfe geben religiöse Hoffnung, und im Bild des Phönix, der immer wieder stirbt und aufersteht, wird die Hoffnung auf das ewige Leben symbolisiert. Die Kapuzinergruft ist zugleich ein Ort der triumphalen Erinnerung an die Größe einer Familie und ein Symbol der Vergänglichkeit. Vielleicht ist sie gerade wegen dieser Ambivalenz so anziehend für ihre Besucher. Schon früh hatten Auserwählte die Möglichkeit, diese Gruft zu besuchen. Natürlich Habsburger selbst, wie Maria Theresia, die oft kam, aber auch ausländische Besucher wie die russische Großfürstin Maria Feodorowna und Paul Petrowitsch, Pius VI., Napoleon und Zar Nikolaus besuchten diese Stätte des Gedenkens. Für die Allgemeinheit war die Gruft schon früh zu den Totengedenktagen im November geöffnet. Heute besuchen Tausende Touristen jährlich diese Sehenswürdigkeit – nicht immer zum Vorteil der Gruft.

Gab es für die österreichischen Habsburger seit dem 17. Jahrhundert einen solchen zentralen Ort des Begräbnisses, so gibt es – neben den vielen relativ unbekannten Habsburgern – auch einige bedeutende Ausnahmen, die ebenfalls nicht bei den Kapuzinern bestattet sind. So sind etwa einige barocke Kaiserinnen in Wiener Klöstern begraben, denen sie besonders zugetan waren: Eleonore († 1655), eine der Frauen Ferdinands II., im Karmeliterinnenkloster, Claudia Felicitas († 1676), eine der Frauen Leopolds I., bei den Dominikanerinnen und Wilhelmine Amalie († 1742), die Frau Josephs I., bei den Salesianerinnen. Auch ein Kaiser versuchte, sich außerhalb der Kapuzinergruft ein Grabmal zu schaffen – Kaiser Leopold II. gab ein Epitaph bei Franz Anton Zauner in Auftrag, das den Kai-

Grabmal Ludwigs XVI. von Frankreich und seiner habsburgischen Gemahlin Marie Antoinette in der Kathedrale von Saint Denis in Paris. Archiv Verlag Styria, Foto: Nemeth

Das Mausoleum in Graz für Kaiser Ferdinand II. Foto: Kurt Roth

ser in voller Rüstung und von einer trauernden weiblichen Gestalt beweint zeigt. Dieses Grabmal blieb jedoch leer und steht heute in der Georgskapelle der Augustinerkirche – Leopold wurde letztlich doch in der Kapuzinergruft begraben. Ein weiterer „berühmter", mütterlichsseits von den Habsburgern abstammender junger Mann wurde ursprünglich zwar in der Kapuzinergruft begraben – Napoleon Franz Joseph Karl († 1832), der Sohn Napoleons, genannt „Roi de Rome" oder Herzog von Reichstadt, wurde allerdings 1940 nach Paris überführt und liegt heute im Invalidendom. Die Schicksale einiger Persönlichkeiten des 19. Jahrhunderts zeigen deutlich, daß das Begrabensein in der Kapuzinergruft auch mit der Akzeptanz innerhalb der Familie zusammenhängt. So stellte Erzherzog Johann († 1859) sich selbst durch seine Hochzeit mit der bürgerlichen Postmeisterstochter Anna Plochl († 1885) ins Abseits. Sein Leichnam hätte natürlich in der Familiengruft begraben werden können, seiner nicht ebenbürtigen Frau blieb die Aufnahme aber verwehrt, so beschloß Erzherzog Johann, der neben seiner Frau begraben sein wollte, eine eigene Familienbegräbnisstätte für seine Nachkommen aus dieser Ehe – die Grafen von Meran – in Schenna in Südtirol zu errichten. Er ließ nach Plänen von Moritz Wappler aus Wien eine an die Sainte Chapelle in Paris gemahnende neugotische Grabkapelle in der Form eines Chores erbauen, in deren Krypta sich die eigentliche Begräbnisstätte befindet. Ähnlich erging es Erzherzog Franz Ferdinand († 1914), der ebenfalls durch seine nicht ebenbürtige Heirat mit Gräfin Chotek, später Herzogin von Hohenberg, keine gemeinsame Aufnahme in die Kapuzinergruft fand. Das Begräbnis des in Sarajevo ermordeten Thronfolgerpaares fand in aller Stille in Artstetten, ihrem Familiensitz, statt. Auch die sicherlich bemerkenswerteste „Aussteigerin" unter den Erzherzoginnen, die „Rote Erzherzogin" Elisabeth († 1963), die zunächst mit einem Windisch-Graetz und dann mit dem Sozialdemokraten Leopold Petznek verheiratet war, ist selbstverständlich nicht in der Kapuzinergruft begraben. Ihr Grab ist am Hütteldorfer Friedhof in Wien zu finden.

Die politischen Verhältnisse, die zu seiner Vertreibung aus den Ländern der ehemaligen Monarchie führten, beeinflußten auch die Begräbnisstätte des letzten Kaisers Karl I. Er wurde in Funchal in Madeira am 1. April 1922 in der Kirche Nossa Senhora do Monte beigesetzt. Im Jahre 1971 begründete die habsburgische Familie in der Loretokapelle von Muri, dem alten Familienkloster, eine neue Familiengruft, in die 1974 das Herz Kaiser Karls überführt wurde. Die Diskussionen um die Überführung des Leichnams des letzten österreichischen Kaisers in die Kapuzinergruft erreichten mit den Begräbnisfeierlichkeiten für seine Frau Zita 1989 ihren Höhepunkt, sind in letzter Zeit aber wieder verstummt.

Kapuzinergruft: Die Sarkophage von Kaiser Franz Joseph, Kaiserin Elisabeth und Kronprinz Rudolf.
Verlag R. Pietsch u. Co. K.G., Wien

SPUREN IN DER GESCHICHTE –
KULTUR UND POLITIK EINER FAMILIE

Die Familie Habsburg bzw. Habsburg-Lothringen gestaltete durch geraume Zeit – von 1273 bis 1918 – die europäische Politik und zum Teil auch die Weltpolitik wesentlich mit, im guten wie im schlechten Sinne. Häufig hebt die Geschichtsschreibung die positiven Dinge besonders hervor, welche die Dynastie geleistet hat, wobei auch diese Beurteilung nur dann stimmig ist, wenn man konservative Werte – die „Verteidigung des Abendlandes", die „Bekehrung der Neuen Welt", oder den „gerechten Krieg", um nur drei Beispiele zu nennen – zu akzeptieren bereit ist. Bei einer kritischen Betrachtung der politischen Handlungen der Habsburger ist diese rein positive Beurteilung nicht mehr aufrecht zu erhalten. Anders sieht die Situation aus, wenn man den kulturellen Bereich ins Auge faßt. Obwohl man sich auch dabei stets vor Augen halten muß, daß die finanziellen Mittel für die Aktivitäten der Eliten durch die Ausbeutung vieler zustande kamen, ist dabei Bleibendes geschaffen worden, das heute – entkleidet den exklusiven Machtansprüchen der Herrschenden oder einer bestimmten Familie – Allgemeingut der Kulturgeschichte geworden ist.

In vielen Ländern haben die Habsburger also kulturelle Spuren hinterlassen, denen dieses Buch nachspürte – in Spanien, Italien, Burgund, den spanischen bzw. österreichischen Niederlanden und im Gebiet der Donaumonarchie. Residenzen und Sammlungen, Kirchen und Klöster, Denkmäler und Grabstätten sind die offensichtlichen, real sichtbaren Spuren dieser habsburgischen Vergangenheit, und einige Bücher mit dem Titel „Auf den Spuren der Habsburger ..." wurden schon geschrieben, viele Reisen führen zu diesen Zielen. Doch neben diesen greifbaren Zeugnissen sind auch subtilere Spuren vorhanden, in der Volksfrömmigkeit etwa, die bis heute viele Züge der habsburgischen Barockfrömmigkeit trägt, in der Mentalität der Bevölkerung gegenüber Autoritäten, die das scheue Aufblicken des Untertanen zu dem durch Titel, Wappen, Orden und Kronen überhöhten habsburgischen Herrscher noch immer nicht ganz vergessen hat. Vieles ist auch verweht – die zu den Einzügen aufgerichteten prachtvollen Triumphbögen demolierten schon wenige Wochen danach Wind und Regen, der Feste erinnerten sich einige Jahre danach vielleicht noch die Teilnehmer, die Jagd hatte zwar den Viehbestand dezimiert, doch die Rehe und Hirsche des Waldes konnten kein Zeugnis von den blutigen Spektakeln liefern, in denen so viele von ihnen gestorben waren. Viele dieser Spuren sind also nur noch in Archiven und Bibliotheken nachzuvollziehen, deren Drucke und Handschriften über Feste und Jagden, Musik- und Theateraufführungen, Mäzenatentum und Kunstbestrebungen berichten. Doch alle diese Zeugnisse, die offensichtlichen und die versteckten, geben nur zusammen Sinn; jede Annäherung an einen Bereich ohne das Wissen um alle anderen muß zwangsläufig zu einer verkürzten, falschen Perspektive führen. Erst in der Gesamtheit der Spuren der Vergangenheit wird die mentale Prägung – die Vorstellungswelt der Habsburger verschiedener Zeiten – lebendig, werden die kulturellen Hervorbringungen in den richtigen Kontext gestellt. Die Autoren dieses Buches versuchen einen Weg in diese Richtung zu finden. Sicherlich gibt es keine endgültigen Antworten, weil die Geschichtsschreibung niemals abgeschlossen ist. Neue Fragen müssen immer wieder gestellt werden, neue Erkenntnisse lassen jede wissenschaftliche Arbeit schon im Augenblick des Entstehens veralten, und spätestens seit der methodischen Diskussion der Postmoderne wissen wir, daß es DIE Wahrheit nicht gibt, daß jeder Text, jedes Objekt, jedes Ereignis der Vergangenheit eine Überfülle an Sinninhalten – und damit an Deutungsmöglichkeiten – in sich trägt. Eine von ihnen bietet dieses Buch an. Wir hoffen, daß es andere, kontroverse Deutungen anregen wird, denn nur so funktioniert dieses „sich Rechenschaft geben über die eigene Kultur", das wir Geschichte nennen.

ANHANG

Stammtafel

Literaturverzeichnis

Personenregister

Die Lebenswelt der Habsburger

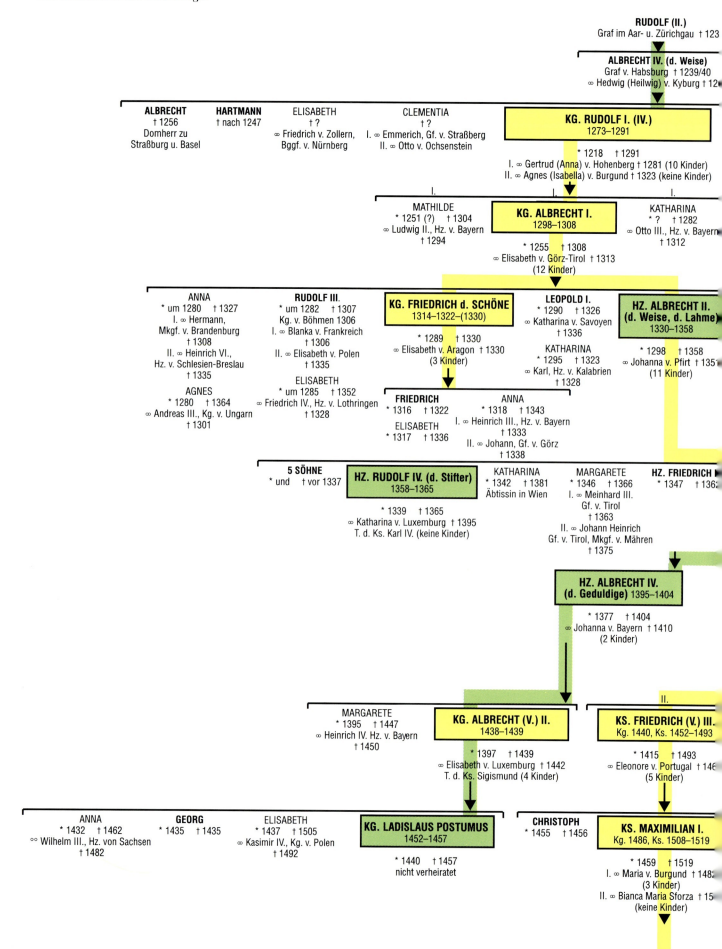

Stammtafel

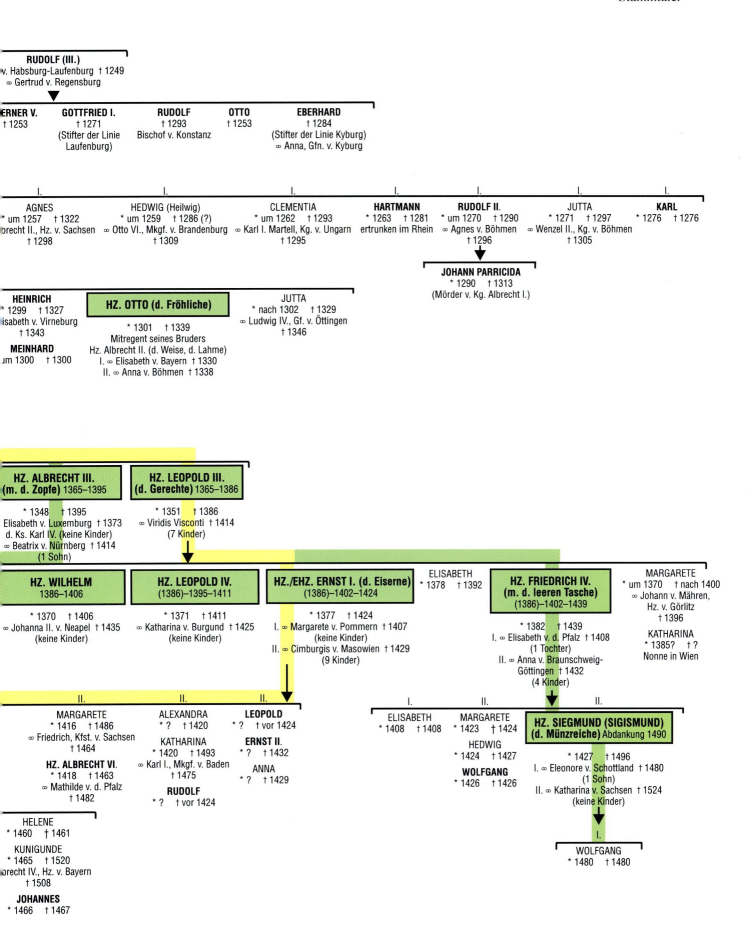

Die Lebenswelt der Habsburger

(KG.) EHZ. PHILIPP d. Schöne (I.)
(1504–1506)

* 1478 † 1506
∞ Johanna (d. Wahnsinnige) v. Kastilien u. Aragon † 1555 (6 Kinder)

Kinder Philipps

ELEONORE
* 1498 † 1558
I. ∞ Emanuel I., Kg. v. Portugal † 1521
II. ∞ Franz I., Kg. v. Frankreich † 1547

(KG.) KS. KARL V. (I.)
1519–1556
* 1500 † 1558
∞ Isabella v. Portugal † 1539 (5 Kinder)

ISABELLA (als Kgn. Elisabeth)
* 1501 † 1526
∞ Christian II., Kg. v. Dänemark † 1559

span. Linie

ELISABETH
* 1526 † 1545
∞ Sigismund II. August, Kg. v. Polen † 1572

KS. MAXIMILIAN II.
1564–1576
* 1527 † 1576
I. ∞ Maria v. Spanien † 1603
T. d. Ks. Karl V. (I.) (16 Kinder)

ANNA
* 1528 † 1590
∞ Albrecht V., Hz. v. Bayern † 1579

EHZ. FERDINAND
* 1529 † 1595
I. ∞ Philippine Welser, Gfn. v. Burgau † 1595
II. ∞ Anna Katharina Gonzaga v. Mantua † 1621

MARIA
* 1531 † 1581
∞ Wilhelm III., Hzg. v. Jülich-Kleve-Berg † 1592

MAGDALENE
* 1532 † 1590
Nonne

KATHARINA
* 1533 † 1572
I. ∞ Franz III., Hz. v. Mantua † 1550
II. ∞ Sigismund II. Aug., Kg. v. Polen † 1572

Kinder Maximilians II.

ANNA
* 1549 † 1580
∞ Philipp II., Kg. v. Spanien † 1598

FERDINAND
* 1551 † 1552

KS. RUDOLF II.
1576–1612
* 1552 † 1612
nicht verheiratet

EHZ. ERNST
* 1553 † 1595
nicht verheiratet
Statthalter in Ungarn, ob u. unt. d. Enns u. den Niederlanden

ELISABETH
* 1554 † 1592
∞ Karl IX., Kg. v. Frankreich † 1574

MARIA
* 1555 † 1556

KS. MATTHIAS
1612–1619
* 1557 † 1619
∞ Anna v. Österr.-Tirol (keine Kinder) † 1618

SOHN totgeboren † 20. 10. 1557

EHZ. MAXIMILIAN III.
* 1558 † 1618
nicht verheiratet
Hochmeister d. Dtsch. Ordens, Statthalter v. Tirol u. den habsb. Vorlanden

EHZ. ALBRECHT VII.
* 1559 † 1621
Kardinal u. Erzbischof, Vizekönig v. Portugal, päpstl. Dispens z. Vermählung
∞ Isabella (Clara Eugenie) v. Spanien † 1633

WENZEL
* 1561 † 1578
Großprior d. Johanniteror. v. Kastilien

FRIEDRICH
* 1562 † 1563

MARIA
* 1564 † 1564

KARL
* 1565 † 1566

MARGARETE
* 1567 † 1633
Nonne in Madrid

ELEONORE
* 1568 † 1580

Geschwister Ferdinands III.

CHRISTINE * 1601 † 1601
KARL * 1603 † 1603
JOHANN KARL * 1605 † 1619

KS. FERDINAND III.
1637–1657
* 1608 † 1657
I. ∞ Maria Anna v. Spanien † 1646 (6 Kinder)
II. ∞ Maria Leopoldine v. Tirol † 1649 (1 Sohn)
III. ∞ Eleonore Gonzaga v. Mantua † 1686 (4 Kinder)

MARIA ANNA
* 1610 † 1665
∞ Maximilian I., Kfst. v. Bayern † 1651

CÄCILIE (Renate)
* 1611 † 1644
∞ Wladislaw IV., Kg. v. Polen † 1648

EHZ. LEOPOLD WILHELM
* 1614 † 1662
Bischof v. Passau, Straßburg, Halberstadt, Olmütz, Breslau
Hochmeister d. Dtsch. Ordens, Generalstatthalter d. span. Niederlande

Kinder Ferdinands III.

I. **KG. FERDINAND IV. (Franz)**
1653–1654
* 1633 † 1654
nicht verheiratet

I. **MARIA ANNA**
* 1635 † 1696
∞ Philipp IV., Kg. v. Spanien u. Portugal † 1665
PHILIPP AUGUST * 1637 † 1639
MAXIMILIAN THOMAS * 1638 † 1639

I. **KS. LEOPOLD I.**
1658–1705
* 1640 † 1705
I. ∞ Margareta Theresia v. Spanien † 1673 (4 Kinder)
II. ∞ Claudia Felicitas v. Tirol † 1676 (2 Kinder)
III. ∞ Eleonore Magdalene v. d. Pfalz-Neuburg † 1720 (10 Kinder)

I. **MARIA** * 1646 † 1646

II. **EHZ. KARL JOSEF**
* 1649 † 1664
Hochmeister d. Dtsch. Ordens, Bischof v. Olmütz

Kinder Leopolds I.

I. **FERDINAND WENZEL** * 1667 † 1668
I. **(MARIA) ANTONIA** * 1669 † 1692 ∞ Maximilian II. Emanuel, Kfst. v. Bayern † 1726

I. **JOHANN LEOPOLD** * 1670 † 1670
I. **MARIA ANNA ANTONIE** * 1672 † 1672

II. **ANNA MARIA SOPHIE** * 1674 † 1674
II. **MARIA JOSEPHA KLEMENTINE** * 1675 † 1676

III. **KS. JOSEPH I.**
1705–1711
* 1678 † 1711
∞ Wilhelmine Amalie v. Braunschweig-Lüneburg † 1742 (3 Kinder)

III. **CHRISTINE** * 1679 † 1679
III. **MARIA ELISABETH** * 1680 † 1741 Statthalterin d. Niederlande
III. **LEOPOLD (JOSEF)** * 1679 † 1679

III. **MARIA ANNA JOSEPH** * 1683 † 1754 ∞ Johann V., Kg. v. Portugal † 1750
III. **(MARIA) THERESIA** † 1696

Kinder Josephs I.

MARIA JOSEPHA * 1699 † 1757
∞ Friedrich August II., Kfst. v. Sachsen (Kg. August III. v. Polen) † 1763

LEOPOLD JOSEPH * 1700 † 1701

MARIA AMALIA JOSEPHA ANNA * 1701 † 1756
∞ (Karl Albrecht) Karl VII., Kfst. v. Bayern, röm.-dt. Ks. † 1745

Stammtafel

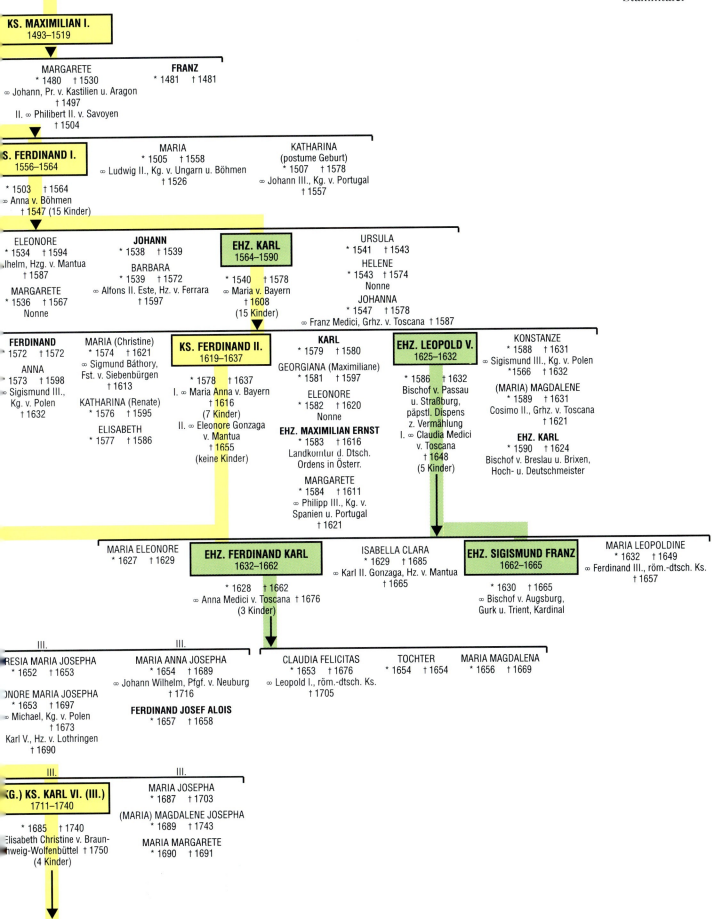

Die Lebenswelt der Habsburger

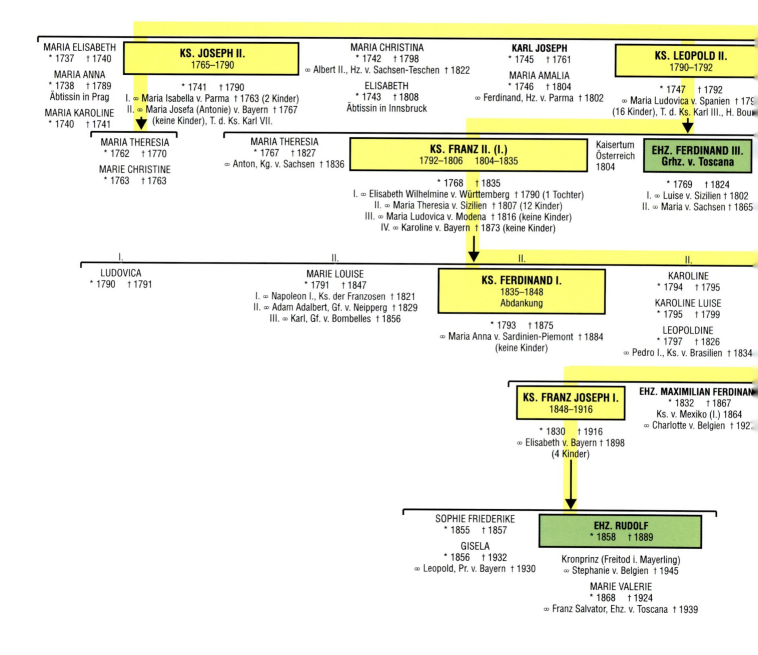

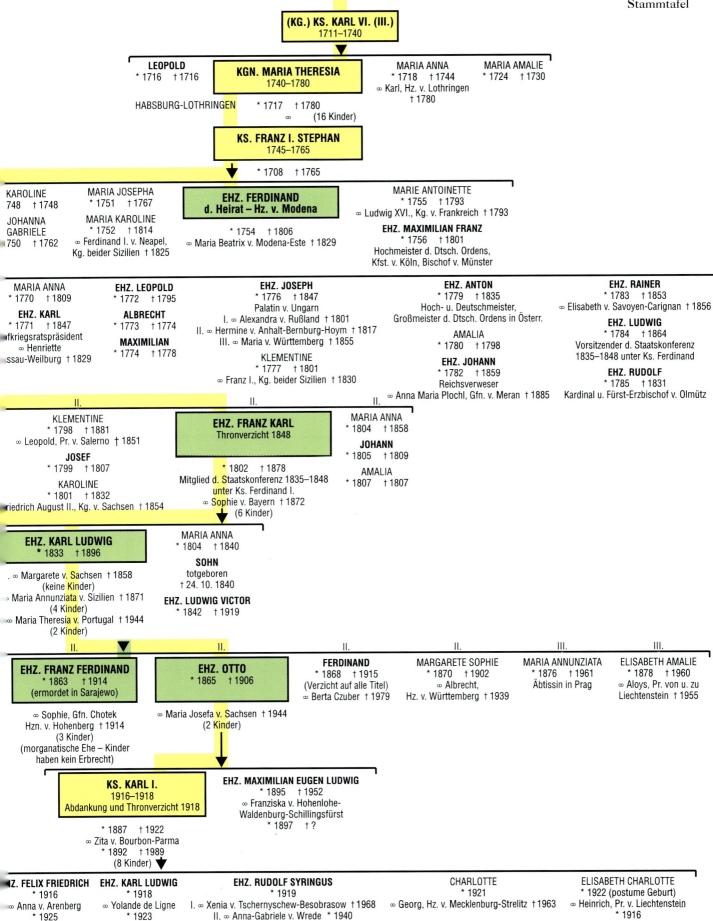

Stammtafel

LITERATURVERZEICHNIS

Das Literaturverzeichnis stellt selbstverständlich nur eine Auswahl aus der vorhandenen und benützten Literatur dar. Werke allgemeinen Charakters oder Einzelbiographien wurden nur in Ausnahmefällen aufgenommen, man vgl. dazu das Literaturverzeichnis von *Vacha, Brigitte (Hg.)* : DIE HABSBURGER. Sammelbände wurden unter dem Abschnitt Allgemeines zitiert, auch wenn sie Einzelbeiträge zu speziellen Kapitel enthalten. Besonderes Schwergewicht der Auswahl lag auf der Spanien betreffenden Literatur und den wenig geläufigen Titel, die sich in manchem Detail des Buches niederschlugen.

Allgemein

Asch, Ronald G. und *Adolf M. Birke (Hg.):* Princes, patronage and the Nobility. The Court at the beginning of the Modern Age c. 1450–1650. Oxford 1991.

Belenguer, Ernest: El Imperio hispánico 1479–1665. Barcelona 1995.

Bennassar, Bartolomé: Un siècle d'or espagnol (vers 1525–vers 1648). Paris 1982.

Boogert, Bob van den und *Jacqueline Kerkhoff (Hg.):* Maria van Hongarije. Koningin tussen keizers en kunstenaars 1505–1558. Utrech-'s-Hertogenbosch 1993.

Boyden, J. M.: The Courtier and the King. Ruy Gomez de Silva, Philip II., and the court of Spain. Berkeley 1995.

Bulbena, Josef Rafael Carreras y: Karl von Österreich und Elisabeth von Braunschweig-Wolfenbüttel in Barcelona und Girona (Musik, Feste, Geschäfte des Palastes, Vertheidigung des Kaisers, Frömmigkeit dieses Monarchen). Carlos d'Austria y Elisebth de Bruswich Wolfenbüttel a Barcelona y Girona (Musiques, Festes, Cárechs palatins, Defensa de l'Emperador, Religiositat d'aquest Monarques). Barcelona 1902.

Bustamante, Perez: Felipe III. Semblanza de un monarca y perfiles de una privanza. Madrid 1959.

Castaño, Emilio Sola: La España de los Austrias la hegemonía mundial. Madrid 1988.

Castro, Crístobal de: Felipe III. Idea de un príncipe político cristiano. Madrid 1944.

Cloulas, Ivan: Philippe II. Paris 1992.

Devèze, Michel: L'Espagne de Philippe IV (1621–1665) („Siècle d'or et de misère"). Paris 1970.

Dìaz, José Simón: Fuentes para la Historia de Madrid y su Provincia Tomo 1 Textos impresos de los siglos XIV y XVII. Madrid 1964.

Dickens, A. G. (Hg.): Europas Fürstenhöfe. Herrscher, Politiker und Mäzene 1400–1800. Graz–Wien–Köln 1978.

Ehalt, Hubert Christian: Ausdrucksformen absolutistischer Herrschaft. Der Wiener Hof im 17. und 18. Jahrhundert. Wien 1980 (= Sozial- und wirtschaftshistorische Studien 14).

Elisabeth von Österreich. Einsamkeit, Macht und Freiheit. Katalog der Ausstellung in der Hermesvilla im Lainzer Tiergarten, 22. März 1986 bis 22. März 1987. Wissenschaftl. Mitarbeit von Karl Albrecht-Weinberger. Red. von Susanne Walther. Wien 1986 (= Sonderausstellung des Historischen Museums der Stadt Wien 99).

Engel-Janosi, Friedrich und *Grete Klingenstein* und *Heinrich Lutz (Hg.):* Fürst, Bürger, Mensch. Untersuchungen zu politischen und soziokulturellen Wandlungsprozessen im vorrevolutionären Europa. Wien 1975 (= Wiener Beiträge zur Geschichte der Neuzeit 2).

Evans, Robert John Weston: The Making of the Habsburg Monarchy 1550–1700. An Interpretation. Oxford 1979.

Ezquerra, Alfredo Alvar: Felipe II, la corte y Madrid en 1561. Madrid 1985 (= Monografias de Historia moderna).

Feuchtmüller, Rupert und *Elisabeth Kovacs (Hg.):* Welt des Barock. Bde. 1–2. Katalog der Oberösterreichischen Landesausstellung vom 25. April bis 26. Oktober 1986 im Augustinerchorherrenstift St. Florian. Wien–Freiburg–Basel 1986.

Fichtenau, Heinrich und *Erich Zöllner (Hg.):* Beiträge zur neueren Geschichte Österreichs. Adam Wandruszka zum 60. Geburtstag gewidmet. Wien–Graz–Köln 1974 (= Veröffentlichungen des Instituts für Österreichische Geschichtsforschung 20).

Franzel, Emil (Hg.): Virtute fideque. Festschrift für Otto von Habsburg zum 50. Geburtstag. Wien–München 1965.

Gamazo, Gabriel Maura y: Carlos II y su corte Tomo II. 1669–1679. Madrid 1915.

Hamann, Brigitte (Hg.): Die Habsburger, ein biographisches Lexikon. Wien 1988.

Hamann, Brigitte: Rudolf. Kronprinz und Rebell. Wien 1978.

Hantsch, Hugo und *Eric Voegelin* und *Franco Valsecchi (Hg.):* Historica. Studien zum geschichtlichen Denken und Forschen. Festschrift für Friedrich Engel-Janosi. Wien–Freiburg–Basel 1965.

Hödl, Günther: Habsburg und Österreich 1273–1493. Gestalten und Gestalt des österreichischen Spätmittelalters. Wien–Graz–Köln 1988.

Hoffmann, Lieselotte: Protestantismus im Hause Habsburg. Bad Rappenau 1978 (= Studien und Dokumente 31/32).

Hume, Martin: The court of Philip IV. Spain in decadence. London 1907.

Hummelberger, Walter: Erzherzog Matthias in den Niederlan-

den (1577–1581). In: Jahrbuch der kunsthistorischen Sammlungen in Wien 61 (1965). S. 91–118.
Ingrao, Charles W. (Hg.): State and society in early modern Austria. West Lafayette 1994.
Ingrao, Charles W.: The Habsburg monarchy 1618–1815. Cambridge 1994 (= New approaches to European history 3).
Jover, José María: Carlos V y los Espanoles. Madrid 1987.
Kann, Robert A.: Geschichte des Habsburgerreiches, 1526–1918. Wien–Köln–Graz 1981 (= Forschungen zur Geschichte des Donauraumes 4).
Kertész, Johann: Bibliographie der Habsburg-Literatur 1218–1934. Budapest 1934.
Kohler, Alfred und *Friedrich Edelmayer (Hg.):* Hispania-Austria. Die katholischen Könige, Maximilian I. und die Anfänge der Casa de Austria in Spanien. Wien 1993.
Königsberger, Helmut Georg: The Habsburgs and Europe 1516–1660. Ithaca 1971.
Koschatzky, Walter (Hg.): Maria Theresia und ihre Zeit. Eine Darstellung der Epoche von 1740–1780 aus Anlaß der 200. Wiederkehr des Todestages der Kaiserin. Salzburg–Wien 1979.
Krömer, Wolfgang (Hg.): Spanien und Österreich im Barockzeitalter. Akten des Spanisch-Österreichischen Symposions. Innsbruck 1985 (= Innsbrucker Beiträge zur Kulturwissenschaft. Sonderheft 58).
Krömer, Wolfgang (Hg.): Spanien und Österreich in der Renaissance. Akten des fünften spanisch-österreichischen Symposions 21. bis 25. September 1987 in Wien. Innsbruck 1989 (= Innsbrucker Beiträge zur Kulturwissenschaft. Sonderheft 66).
Lhotsky, Alphons: Aufsätze und Vorträge. 5 Bde. Wien 1970–1976.
Lynch, John: Spain under the Habsburgs. Oxford 1969. 2. Aufl. 1981.
Mamaty, Victor S.: Rise of the Habsburg Empire 1526–1815. New York 1971.
Martin-Weidinger, Karin: Bibliographie der Habsburger-Literatur seit dem Jahre 1934. Wien 1985 (= Phil. Diss.).
Martínez Millán, José (Hg.): La corte de Felipe II. Madrid 1994.
Mecenseffy, Grete: Die Habsburger im 17. Jahrhundert. Die Beziehungen der Höfe von Wien und Madrid während des Dreißigjährigen Krieges. Wien 1955 (= Archiv für österreichische Geschichte 121).
Moragas, Jerónimo de: De Carlos I Emperador a Carlos II el Hechizado. Historia humana de una dinastia. Barcelona 1970.
Neumann, Dieter, Rudolf Lehr und *Silvia Müller* und *Friedrich Heer:* Bad Ischl und die Habsburger. Bad Ischl 1992.
Novotny, Alexander und *Berthold Sutter (Hg.):* Innerösterreich 1654–1619. Graz 1967 (= Ioannea 3).
Pickl, Othmar (Hg.): Erzherzog Johann von Österreich. Sein Wirken in seiner Zeit. Festschrift zur 200. Wiederkehr seines Geburtstages. Graz 1982 (= Forschungen zur geschichtlichen Landeskunde der Steiermark 33).
Piñuela, José Deleito y: El rey se divierte. Recuerdos de hace tres siglos. Madrid 1935.
Prag um 1600. Kunst und Kultur am Hofe Kaiser Rudolfs II. Ausstellung im Kunsthistorischen Museum Wien, 24. November 1988 bis 26. Februar 1989. Wien 1988.

Radics, Peter Paul: Fürstinnen des Hauses Habsburg in Ungarn. Zur Millenniums- und Huldigungsfeier. Dresden–Leipzig–Wien 1896.
Reifenscheid, Richard: Die Habsburger in Lebensbildern. Graz 1982.
Ribalta, Pere Molas: Edad Moderna (1574–1808). 3. Aufl. Madrid 1988 (= Manual de historia de España 3).
Röhrig, Floridus und *Gottfried Stangler:* Die Zeit der frühen Habsburger. Dome und Klöster 1279–1379. Wien 1979 (= Katalog des Niederösterreichischen Landesmuseums, NF 85).
Spielman, John Philipp: The city and the crown. Vienna and the Imperial Court 1600–1740. West Lafayette 1993.
Tolosana, Carmelo Lisón: La imagen del Rey (Monarquía, realeza y poder ritual en la Casa de los Austria). Madrid 1991.
Wandruszka, Adam: Habsburger und Habsburg-Lothringer. In: Genealogica et heraldica. Kongreßberichte des 10. Internationalen Kongresses für Genealogische und Heraldische Wissenschaften vom 14. bis zum 19. September 1970. Wien 1972. S. 315–320.
Weissensteiner, Friedrich: Große Herrscher des Hauses Habsburg. 700 Jahre europäische Geschichte. München–Zürich 1995.

Begräbnis · *Seiten 288 bis 319*

Ankwicz-Kleehoven, Hans: Das Totenbildnis Kaiser Maximilians I. In: Wiener Jahrbuch für Kunstgeschichte 11 (1937). S. 59–68.
Aurnhammer, Achim und *Friedrich Däuble:* Die Exequien für Kaiser Karl V. in Augsburg, Brüssel und Bologna. In: Blum, Paul Richard (Hg.): Studien zur Thematik des Todes im 16. Jahrhundert. Wolfenbüttel 1983 (= Wolfenbüttler-Forschungen 22) S. 141–190.
Bergmann, Joseph: Sebastian Tombners Epitaphium auf Kaiser Maximilian I. in der Burg zu Wels. In: Oesterreichische Zeitschrift für Geschichts- und Staatskunde 3 (1837). S. 15–16.
Bidet, Alfred: Brou. Temple de la fidélité. Lyon o. J.
Brix, Michael: Die Trauerdekorationen für die Habsburger in den Erblanden. Studien zur ephemeren Architektur des 16.–18. Jahrhunderts. Kiel 1971 (1973) (= Phil. Diss.).
Brix, Michael: Trauergerüste für die Habsburger in Wien. In: Wiener Jahrbuch für Kunstgeschichte 26 (1973). S. 208–265.
Correa, Antonio Bonet: El Tumulo de Felipe IV, de Herrera Barnuevo y los Retablos-Baldaquinos del Barocco Espanol. In: Archivio Español de Arte 24 (1961). S. 285–296.
Correa, Antonio Bonet: Tumulos del Emperador Carlos V. In: Archivio Español de Arte 23 (1960). S. 55–66.
Guglia, Eugen: Die Geburts-, Sterbe- und Grabstätten der Römisch-Deutschen Kaiser und Könige. Wien 1914.
Hawlik-van de Water, Magdalena: Die Kapuzinergruft. Begräbnisstätte der Habsburger in Wien. Wien–Freiburg–Basel 1987.
Hertlein, Edgar: In Friderici imperatoris incoluminate salus imperii consistit. Antike und mittelalterliche Herrscher-Auffassung am Grabmal Friedrichs III. in Wien. In: Jb. der kunsthist. Sammlungen in Wien 81 (NF 45) (1985). S. 33–102.

Die Lebenswelt der Habsburger

Joss, Johannes und *Anna Hedwig Benna:* Das Kaisergrab in St. Stephan: Kenotaph oder Grab Friedrichs III. – Zu den Untersuchungen im März 1969. In: Wiener Geschichtsblätter 24 und 25 (1969 und 1970). S. 493–502 und 22–30 und 43–51.
Krapf, Michael: Alexander Colins Konzeption des Grabmals Erzherzog Ferdinands II. in der Silbernen Kapelle in Innsbruck. In: Wiener Jahrbuch für Kunstgeschichte 26 (1973). S. 199–207.
Lein, Elisabeth: Begräbnisstätten der Alt-Habsburger in Österreich. Rudolf I. – Karl VI. Wien 1978.
Oberhammer, Vinzenz: Die Bronzestandbilder des Maximiliansgrabes in der Hofkirche zu Innsbruck. Innsbruck 1935.
Oettinger, Karl: Die Grabmalkonzeptionen Kaiser Maximilians. In: Zeitschrift des deutschen Vereins für Kunstwissenschaft 19 (1965). S. 170–184.
Orso, Steven N.: Art and Death at the Spanish Habsburg Court. The Royal Exequies for Philip IV. Columbia 1989.
Popelka, Liselotte: Castrum Doloris oder „Trauriger Schauplatz". Untersuchungen zu Entstehung und Wesen ephemerer Architektur. Wien 1994 (= Veröffentlichungen der Kommission für Kunstgeschichte 2).
Roth, Benno: Das Habsburger-Mausoleum in der Seckauer Basilika. Seckau 1958 (= Seckauer geschichtliche Studien 14).
Schimmer, Karl August: Die Ruhestätten der österreichischen Fürsten aus dem babenberg'schen, habsburg'schen und habsburg-lothringen'schen Stamme. Wien 1841.
Thomas, Bruno: Die Augsburger Funeralwaffen Kaiser Karls V. Ein Beitrag zur 400. Wiederkehr seiner Totenfeier. In: Zeitschrift der Gesellschaft für historische Waffen- und Kostümkunde 18 (1959). S. 28–46.
Triumph des Todes? Ausstellungskatalog. Ausstellung im Museum Österreichischer Kultur in Eisenstadt vom 12. Juni bis 26. Oktober 1992. Eisenstadt 1992.
Varela, Javier: La muerte del Rey. El ceremonial funerario de la monarquía española (1500–1885). Madrid o. J. (1990).
Vocelka, Rosemarie: Die Begräbnisfeierlichkeiten für Kaiser Maximilian II. 1576/77. In: Mitteilungen des Instituts für Österreichische Geschichtsforschung 84 (1976). S. 105–136.
Voss, Gabriele: Der Tod des Herrschers. Sterbe- und Beerdigungsbrauchtum beim Übertritt vom Mittelalter in die Frühe Neuzeit am Beispiel der Kaiser Friedrich III., Maximilian I. und Karl V. Wien 1989 (= Diplomarbeit).
Wastler, Joseph: Das Mausoleum des Erzherzogs Karl II. von Steiermark in Seckau. In: Mitteilungen der k.k.Central-Commission für die Erforschung und Erhaltung der kunst- und historischen Denkmale NF 7 (1881). S. 50–57.

Devisen · *Seiten 219 bis 226*

Lhotsky, Alphons: Die sogenannte Devise Kaiser Friedrichs III. und sein Notizbuch cod. Vind. Palat. n. 2674. In: Jahrbuch der kunsthistorischen Sammlungen in Wien 49 (1944). S. 71–112.
Pivec, Karl: Noch einmal: A.E.I.O.V. In: Grass, Nikolaus und Werner Ogris (Hg.): Festschrift Hans Lenzte. Zum 60. Geburtstag dargebracht von Fachgenossen und Freunden. Innsbruck–München 1969. (= Forschungen zur Rechts- und Kulturgeschichte 4). S. 497–504.

Porta, W.: Devisen und Motto der Habsburger. Wien 1887.
Rosenthal, Earl E.: Plus Ultra. Non Plus Ultra and the Columnar Device of Emperor Charles V. In: Journal of the Warburg and Courtland Institutes 34 (1971). S. 204–228.
Rosenthal, Earl E.: The Invention of the Columnar Device of Emperor Charles V at the Court of Burgundy in Flanders in 1516. In: Journal of the Warburg and Courtland Institutes 36 (1973). S. 198–230.

Fest · *Seiten 263 bis 287*

Berney, Arnold: Die Hochzeit Josephs I. In: Mitteilungen des Instituts für Österreichische Geschichtsforschung 42 (1927). S. 64–83.
Blaha, Herta: Österreichische Triumph- und Ehrenpforten der Renaissance und des Barock. Wien 1950 (= Phil. Diss.).
Braun, Rudolf und *David Gugerli:* Macht des Tanzes – Tanz der Mächtigen. Hoffeste und Herrschaftszeremoniell 1550–1914. München 1993.
Dietrich, Margret: Goldene Vlies-Opern der Barockzeit. Ihre politische Bedeutung und ihr Publikum. In: Anzeiger der Österreichischen Akademie der Wissenschaften philosophisch-historische Klasse 111 (1974 (erschienen 1975)). S. 469–512.
Díez Borque, José M. und *Karl F. Rudolf (Hg.):* Barroco español y austríaco: Fiesta y teatro en la Corte de los Habsburgo y los Austrias. Madrid 1994.
Grossegger, Elisabeth (Hg.): Theater Feste Feiern zur Zeit Maria Theresias 1742–1776. Nach den Tagebucheintragungen des Fürsten Johann Joseph Khevenhüller-Metsch, Oberst-hofmeister der Kaiserin. Wien 1987.
Hecher, Martin: Hans Makart und der Wiener Festzug von 1879. Wien 1986 (= Phil. Diss.).
Jacquot, Jean: Les Fêtes de la Renaissance. Paris 1961.
Kühnel, Harry: Spätmittelalterliche Festkultur im Dienste religiöser, politischer und sozialer Ziele. In: Altenburg, Detlef und Jörg Jarnut und Hans-Hugo Steinhoff (Hg.): Feste und Feiern im Mittelalter. Sigmaringen 1991. S. 71–85.
Landwehr, John: Splendid Ceremonies. State entries and Royal funerals in the Low Countries 1515–1791. A Bibliography. Nieuwkoop-Leiden 1971.
Leithe-Jasper, Manfred: Der Bergkristallpokal Herzog Philipps des Guten von Burgund – das „vierte Stück" der Geschenke König Karls IX. von Frankreich an Erzherzog Ferdinand II. In: Jahrbuch der kunsthistorischen Sammlungen in Wien 66 (1970). S. 227–242.
Loserth, Johann: Zum Einzug der Erzherzöge Ferdinand, Karl, Ernst und Matthias in Prag am 3. August 1588 (Neun Briefe der Erzherzöge Ferdinand, Ernst und Matthias und Peter Woks von Rosenberg). In: Mitteilungen des Vereines für Geschichte der Deutschen in Böhmen 35 (1897). S. 357–362.
Malfatti, C. V.: The accession, coronation and marriage of Mary Tudor as related in four manuscripts of the Escorial. Barcelona 1956.
Maschek, Ilse: Die zweite Hochzeit Erzherzog Ferdinands von Tirol mit Anna Katharina von Gonzaga. Wien 1962 (= Lehramtshausarbeit).

Oechslin, Werner und *Anja Buschow:* Festarchitektur. Der Architekt als Inszenierungskünstler. Stuttgart 1984.
Pribram, Alfred Francis: Die Heirat Kaiser Leopolds I. mit Margaretha Theresia von Spanien. In: Archiv für österreichische Geschichte 77 (1891). S. 319–375.
Put, Albert van de: Two drawings of the fêtes at Binche for Charles V and Philip (II.) 1549. In: Journal of the Warburg and Courtland Institutes 3 (1939–1940). S. 49–58.
Scheicher, Elisabeth: Ein Fest am Hofe Erzherzog Ferdinands II. In: Jahrbuch der kunsthistorischen Sammlungen in Wien 77 (1981). S. 119–153.
Schollich, Ambros: Zur Geschichte der Vermählungsfeierlichkeiten des Matthias (1611). In: Zeitschrift des historischen Vereins für Steiermark 9 (1911). S. 180–187.
Seifert, Herbert: Der Sig-prangende Hochzeit-Gott. Hochzeitsfeste am Wiener Hof der Habsburger und ihre Allegorik 1622–1699. Wien 1988 (= Dramma per musica 2).
Sommer-Mathis, Andrea: Tu felix Austria nube. Hochzeitsfeste der Habsburger im 18. Jahrhundert. Wien 1994 (= Dramma per musica 4).
Stöckelle, Angela: Geburten und Taufen am barocken Kaiserhof. In: Österreich in Geschichte und Literatur 18 (1974). S. 129–141.
Stöckelle, Angela: Taufzeremoniell und politische Patenschaften am Kaiserhof. In: Mitteilungen des Instituts für Österreichische Geschichtsforschung 90 (1982). S. 271–337.
Vocelka, Karl: Habsburgische Hochzeiten 1550–1600. Kulturgeschichtliche Studien zum manieristischen Repräsentationsfest. Wien–Köln–Graz 1976 (= Veröffentlichungen der Kommission für Neuere Geschichte Österreichs 65).
Zedinger, Renate: Hochzeit im Brennpunkt der Mächte. Franz Stephan von Lothringen und Erzherzogin Maria Theresia. Wien–Köln–Weimar 1994 (= Schriftenreihe der Österreichischen Gesellschaft zur Erforschung des 18. Jahrhunderts 3).

Frömmigkeit · *Seiten 13 bis 38*

Breuer, Dieter (Hg.): Religion und Religiosität im Zeitalter des Barock. Wiesbaden 1995 (= Wolfenbütteler Arbeiten zur Barockforschung 25).
Castro, Manueal Castro y: Confesores franciscanos en la corte de Carlos I. o. O. 1975.
Coreth, Anna: Pietas Austriaca. Österreichische Frömmigkeit im Barock. 2. Aufl. Wien 1982 (= Schriftenreihe des Instituts für Österreichkunde).
Fillitz, Hermann: Ein Gebetbuch Kaiser Ferdinands II. In: Mitteilungen des Instituts für Österreichische Geschichtsforschung 60 (1952). S. 232–237.
Hopfen, Otto Helmut: Kaiser Maximilian II. und der Kompromißkatholizismus. München 1895.
Langer, Ellinor: Die Geschichte des adeligen Damenstiftes zu Innsbruck. Innsbruck 1950 (= Schlern-Schriften 73).
Laschitzer, Simon: Die Heiligen aus der „Sipp-, Mag- und Schwägerschaft" des Kaisers Maximilian I. In: Jahrbuch der kunsthistorischen Sammlungen des allerhöchsten Kaiserhauses in Wien 4 (1886). S. 70–288.
Der heilige Leopold. Landesfürst und Staatssymbol. Wien 1985 (= Katalog des Niederösterreichischen Landesmuseums NF 155).
Loidl, Franz: Jahresgottesdienst im Barock bei St. Augustin, ehemaliger Hofkirche. Verzeichnis der Andachten, wie solche das Jahr hindurch in der k. k. Hofkirche bey den Augustiner Barfüssern gehalten werden. In: Beiträge zur Wiener Diözesangeschichte 16 (1975). S. 10–11.
Matsche, Franz: Gegenreformatorische Architekturpolitik. Casa-Santa-Kopien und Habsburger Loreto-Kult nach 1620. In: Jahrbuch für Volkskunde und Kulturgeschichte 1 (1978). S. 81–118.
Maurer, Joseph: Zwei Wohlthäterinnen der Minoriten. In: Berichte und Mittheilungen des Alterthums-Vereines zu Wien 26 (1890). S. 41–47.
Mayer, Heinrich A.: Die Loretokapelle an der Neuklosterkirche in Wiener Neustadt. In: Beiträge zur Wiener Diözesangeschichte 14 (1973). S. 17–18.
Nowotny, Ernst: Die Gründung der Hofspitäler durch Ferdinand I. im 16. Jahrhundert mit besonderer Berücksichtigung des Wiener Hofspitals. In: Unsere Heimat 42 (1971). S. 91–103.
Nowotny, Ernst: Geschichte des Wiener Hofspitals. Mit einem Beitrag zur Geschichte der inkorporierten Herrschaft Wolkersdorf. Wien 1978.
Piñuela, José Deleito y: La vida religiosa española bajo el cuarto Felipe. Santos y Pecadores. Madrid 1952.
Rapp, Ludwig: Königin Magdalena von Oesterreich, Stifterin des königlichen Stiftes zu Hall in Tirol. Ein Lebensbild aus dem sechzehnten Jahrhundert. Innsbruck 1858 (= Vereins-Gaben der marianischen Gesellschaft zur Verbreitung guter Schriften in Innsbruck 1).
Rassl, Hermann: Zur Geschichte des Königinklosters. In: Wiener Geschichtsblätter 39 (1984). S. 159–166.
Scribner, Charles III.: The Triumph of the Eucharist. Tapestries designed by Rubens. Ann Arbor 1982 (= Studies in Baroque art history 1).
Stirling, William: The cloister life of the Emperor Charles the Fifth. Boston–New York 1853.
Wandruszka, Adam: Ein Freskenzyklus der „Pietas Austriaca" in Florenz. In: Mitteilungen des Österreichischen Staatsarchivs 15 (1962). S. 495–499.
Wodenegg-Röck, Selma: Die Schicksale des königlichen Damenstiftes zu Hall. In: Tiroler Heimat 31/32 (1967/68). S. 163–180.
Zenotty, Franz: Die Schutzheiligen Österreichs. Ihre Lebensgeschichte aus den besten Quellen geschöpft für Jung und Alt. Wien 1881.

Herrschaftszeichen · *Seiten 161 bis 178*

Begrich, Ursula: Die fürstliche „Majestät" Herzog Rudolfs IV. von Österreich. Ein Beitrag zur Geschichte der fürstlichen Herrschaftszeichen im späten Mittelalter. Wien 1965 (= Wiener Dissertationen aus dem Gebiete der Geschichte).
Benna, Anna Hedwig: Erzherzogshut und Kaiserkrone. Zu den „kaiserlichen und koniglichen zierden, die einen herzogen von Ostereich nicht angehoren". In: Mitteilungen des Österreichischen Staatsarchivs 25 (1972). S. 317–333.

Chytil, Karel: Archivalische Beiträge zu Hans Vermeyen und Andreas Osenbruck, den Verfertigern der österreichischen Kroninsignien. In: Jahrbuch der kunsthistorischen Sammlungen in Wien 39 (1929). S. 271–274.
Fillitz, Hermann: Die Insignien und Ornate des Kaisertums Österreich. In: Jahrbuch der kunsthistorischen Sammlungen in Wien 52 (1956). S. 123–146.
Fillitz, Hermann: Katalog der weltlichen und der geistlichen Schatzkammer. 5. Aufl. Wien 1971.
Fillitz, Hermann: Studien zur römischen Reichskrone. In: Jahrbuch der kunsthistorischen Sammlungen in Wien 50 (1953). S. 23–52.
Madrazo, Pedro de: Über Krönungsinsignien und Staatsgewänder Maximilians I. und Karls V. und ihr Schicksal in Spanien. In: Jahrbuch der kunsthistorischen Sammlungen des allerhöchsten Kaiserhauses in Wien 9 (1889). S. 446–464
Mayer, Anton: Der österreichische Erzherzoghut. Ein geschichtliche Studie. In: Berichte und Mittheilungen des Alterthums-Vereines zu Wien 42 (1909). S. 3–22.
Pauker, Wolfgang und *Ernst Kris:* Der österreichische Erzherzoghut im Stifte Klosterneuburg. Historisch und kunsthistorisch betrachtet. In: Jahrbuch der kunsthistorischen Sammlungen in Wien 43 (1933). S. 229–248.
Rosenthal, Earl E.: Die „Reichskrone" und die „Wiener Krone" und die „Krone Karls des Großen" um 1520. In: Jahrbuch der kunsthistorischen Sammlungen in Wien 66 (1970). S. 7–48.
Schramm, Percy Ernst: Herrschaftszeichen und Staatssymbolik. Beiträge zu ihrer Geschichte vom dritten bis zum sechzehnten Jahrhundert. Tle. I, II, III. Stuttgart 1955 (= Schriften der Monumenta Germaniae historica 13).
Weixlgärtner, Arpad: Die weltliche Schatzkammer in Wien (Neue Funde und Forschungen). In: Jahrbuch der kunsthistorischen Sammlungen in Wien 37 (1926). S. 15–84.
Weixlgärtner, Arpad: Die weltliche Schatzkammer in Wien (Neue Funde und Forschungen II). In: Jahrbuch der kunsthistorischen Sammlungen in Wien 38 (1928). S. 267–325.
Weltliche und Geistliche Schatzkammer. Bildführer. Wien 1991 (=Führer durch das Kunsthistorische Museum 35).

Jagd · *Seiten 39 bis 51*

Auer, Gisela: Die Jagdgebiete Kaiser Maximilians I. in den Herrschaften Scharferneck, Hornstein und Eisenstadt. In: Burgenländische Heimatblätter 43 (1981). S. 185–189.
Bauer, Gertrud: Maximilian I. und die Kunst, mit Vögeln zu jagen. Innsbruck 1987 (= Diplomarbeit).
Böhm, Eduard: Weidwerk im alten Österreich. In: Jagd in Österreich. Weidwerk in Vergangenheit und Gegenwart. Wien–München–Zürich 1964. S. 63–89.
Eckhardt, Heinz-Werner (Hg.): Jagd einst und jetzt. Wien 1978 (= Kulturberichte aus Niederösterreich).
Geringer, Hans Helmut: Kaiser Maximilian als Jäger und die Jagd seiner Zeit. Graz 1970 (= Phil. Diss.).
Habsburg-Lothringen, Michael S.: Kaiser Franz Joseph I. und die Hofjagd im Salzkammergut. In: Oberösterreich. Kulturzeitschrift 36 (1986). S. 35–43.
Jagdzeit. Österreichs Jagdgeschichte. Eine Pirsch. Wien 1996

(= Katalog der 209. Sonderausstellung des Historischen Museums der Stadt Wien)
Martin, Rüdiger und *Günther Martin:* In den Jagdrevieren auf den Spuren der Habsburger. Wien 1994.
Mitis, Oskar von: Jagd und Schützen am Hofe Karls VI. Wien 1912.
Niederwolfsgruber, Franz: Kaiser Maximilians I. Jagd- und Fischereibücher. Jagd und Fischerei in den Alpenländern im 16. Jahrhundert. Innsbruck-Frankfurt/Main 1979.
Relacion de la cacería dada en el bosque de Doña Ana á Felipe IV por D. Manuel Alonso Perez de Guzman el Bueno VIII Duque de Medina Sidonia. Madrid 1984 (= Libros raros de Caza. Curiosidades bibliograficas del siglo XIX 9).
Röttgen, Herwarth: Das Ambraser Hofjagdspiel. In: Jahrbuch der kunsthistorischen Sammlungen in Wien 57 (1961). S. 39–68.
Wacha, Georg: Hofjagd in Oberösterreich – Kaiser Karl VI. und Neuwartenburg. In: Oberösterreich. Kulturzeitschrift 36 (1986). S. 19–24.
Winkler, Gerhard: Zur Kulturgeschichte der Jagd in Österreich unter besonderer Berücksichtigung von Niederösterreich. In: Eckhardt, Heinz-Werner (Hg.): Jagd einst und jetzt. Wien 1978 (= Kulturberichte aus Niederösterreich). S. 111–125.

Legende · *Seiten 117 bis 140*

Althoff, Gerd: Studien zur habsburgischen Merowingersage. In: Mitteilungen des Instituts für Österreichische Geschichtsforschung 87 (1979). S. 71–100.
Barghahn, Barbara von: Age of Gold, Age of Iron: Renaissance Spain and Symbols of Monarchy. Lanham–New York–London 1985.
Biener, Clemens: Entstehungsgeschichte des Weisskunigs. In: Mitteilungen des Instituts für Österreichische Geschichtsforschung 44 (1930). S. 83–102.
Bruck, Guido: Habsburger als „Herculier". In: Jahrbuch der kunsthistorischen Sammlungen in Wien 50 (1953). S. 191–198.
Checa Cremades, Fernando: Carlos V y la imagen del héroe en el renacimiento. Madrid 1987.
Chmelarz, Eduard: Die Ehrenpforte des Kaisers Maximilian I. In: Jahrbuch der kunsthistorischen Sammlungen des allerhöchsten Kaiserhauses in Wien 4 (1886). S. 289–319.
Coreth, Anna: Dynastisch-politische Ideen Kaiser Maximilians I. In: Mitteilungen des Österreichischen Staatsarchivs 3 (1950). S. 81–105.
Irtenkauf, Wolfgang: Jakob Mennel, Hofgenealoge Maximilians I. In: Kühebacher, Egon (Hg.): Literatur und bildende Kunst im Tiroler Mittelalter. Die Iwein-Fresken von Rodenegg und andere Zeugnisse der Wechselwirkung von Literatur und bildender Kunst. Innsbruck 1982 (= Innsbrucker Beiträge zur Kulturwissenschaft. Germanistische Reihe 15). S. 53–66.
Kalmár, Margaretha: Herrschaftsauffassung und Sendungsbewußtsein habsburgischer und burgundischer Fürsten im späten Mittelalter. Wien 1983 (= Diplomarbeit).
Lernet-Holenia, Alexander: Die Geheimnisse des Hauses Österreich. Roman einer Dynastie. Zürich 1971.

Lettner, Gerda: Lang lebe der Mythos vom Revolutionär auf dem Thron! In: Österreich in Geschichte und Literatur 33 (1989). S. 25–28.

Mezler-Andelberg, Helmut J.: Österreichs schwarze Legenden. Zur Kritik an der Habsburgermonarchie durch österreichische Zeitgenossen Erzherzog Johanns. In: Mitteilungen des Österreichischen Staatsarchivs 16 (1963). S. 216–249.

Moeglin, Jean-Marie: Dynastisches Bewußtsein und Geschichtsschreibung. Zum Selbstverständnis der Wittelsbacher, Habsburger und Hohenzollern im Spätmittelalter. In: Historische Zeitschrift 256 (1993). S. 593–635.

Mraz, Gottfried: Anekdoten über Maria Theresia, Joseph II. und ihre Umgebung. In: Österreich in Geschichte und Literatur 33 (1989). S. 1–12.

Musper, H. Th. (Hg.): Kaiser Maximilians I. Weisskunig. Im Lichtdruck-Faksimile nach Frühdrucken. Stuttgart 1956.

Pinette, G. L.: Die Spanier und Spanien im Urteil des deutschen Volkes zur Zeit der Reformation. In: Archiv für Reformationsgeschichte 48 (1957). S. 182–191.

Pokorny, Veronika: Clementia Austriaca. Studien zur Bedeutung der Clementia Principis für die Habsburger im 16. und 17. Jahrhundert. In: Mitteilungen des Instituts für Österreichische Geschichtsforschung 86 (1978). S. 310–364.

Pokorny, Veronika: Clementia Austriaca. Studien zur besonderen Bedeutung der Clementia principis für das Haus Habsburg. Wien 1974 (= Phil. Diss.).

Pollatschek, Gustav: Habsburger Legenden. Wien 1927.

Powell, Philip Wayne: Arbol de odio. La leyenda Negra y sus consecuencias en las relaciones entre Estados Unidos y el mundo hispánico. Madrid 1972.

Redlich, Oswald: Rudolf von Habsburg in der volkstümlichen Überlieferung. In: Jahrbuch für Landeskunde von Niederösterreich 17/18 (1918/1919). S. 1–11.

Repgen, Konrad (Hg.): Das Herrscherbild im 17. Jahrhundert. Münster 1991 (= Schriftenreihe der Vereinigung zur Erforschung der Neueren Geschichte 19).

Rudolf, Karl: Illustration und Historiographie bei Maximilian I.: „Der Weisse Kunig". In: Römische Historische Mitteilungen 25 (1983). S. 35–108.

Scheicher, Elisabeth: Die Imagines gentis Austriacae des Francesco Terzio. In: Jahrbuch der kunsthistorischen Sammlungen in Wien 79 (NF 43) (1983). S. 43–92.

Schestag, Franz: Kaiser Maximilian I. Triumph. In: Jahrbuch der kunsthistorischen Sammlungen des allerhöchsten Kaiserhauses in Wien 1 (1883). S. 154–181.

Schnürer, Franz: Habsburger-Anekdoten. Stuttgart 1906 (= Anekdoten-Bibliothek 5).

Schreyvogl, Friedrich: Habsburglegende. Wien 1933.

Skalweit, Stephan: Das Herrscherbild des 17. Jahrhunderts. In: Historische Zeitschrift 184 (1957). S. 65–80.

Tanner, Marie: The Last Descendant of Aeneas. The Habsburgs and the Mythic Image of the Emperor. New Haven–London 1993.

Winzinger, Franz: Albrecht Altdorfer und die Miniaturen des Triumphzuges Kaiser Maximilians I. In: Jahrbuch der kunsthistorischen Sammlungen in Wien 62 (1966). S. 157–172.

Yates, Frances A.: Astraea. The Imperial Theme in the Sixteenth Century. London–Boston 1975.

Musik · *Seiten 52 bis 66*

Adler, Guido: Die Kaiser Ferdinand III., Leopold I., Joseph I. und Karl VI. als Tonsetzer und Förderer der Musik. In: Vierteljahreshefte für Musikwissenschaft 8 (1892). S. 252–274.

Adler, Guido: Einleitung zur Ausgabe der Compositionen der Kaiser Ferdinand III., Leopold I., Josef I. Prag 1892.

Anglès, Higino: Der musikalische Austausch zwischen Österreich und Spanien im 16. Jahrhundert. In: Festschrift 1817–1867. Akademie für Musik und darstellende Kunst in Wien. Wien 1967. S. 15–18.

Antonicek, Theophil: Musik und italienische Poesie am Hofe Kaiser Ferdinands III. In: Anzeiger der Österreichischen Akademie der Wissenschaften philosophisch-historische Klasse 126 (1989 (erschienen 1990)). S. 1–22.

Beethoven-Studien. Festgabe der Österreichischen Akademie der Wissenschaften zum 200. Geburtstag von Ludwig van Beethoven. Wien–Köln–Graz 1970 (= Sitzungsberichte der Österreichischen Akademie der Wissenschaften, philosophisch-historische Klasse 270. Veröffentlichungen der Kommission für Musikforschung der Österreichischen Akademie der Wissenschaften, philosophisch-historische Klasse 11).

Comberiati, Carmelo Peter: Late Renaissance music at the Habsburg court. Polyphonic settings of the Mass Ordinary at the court of Rudolf II. (1576–1612). New York 1987 (= Musicology series 4).

Einstein, Alfred: Italienische Musik und italienische Musiker am Kaiserhof und an den erzherzöglichen Höfen in Innsbruck und Graz. In: Studien zur Musikwissenschaft. Beilage der Denkmäler der Tonkunst in Österreich 21 (1934). S. 3–52.

Federhofer, Hellmut: Die landschaftlichen Trompeter und Heerpauker in Steiermark. In: Zeitschrift des historischen Vereins für Steiermark 40 (1949). S. 63–102.

Federhofer, Hellmut: Die Niederländer an den Habsburgerhöfen in Österreich. In: Anzeiger der Österreichischen Akademie der Wissenschaften philosophisch-historische Klasse 93 (1956). S. 102–120.

Federhofer, Hellmut: Musik am Grazer Habsburgerhof der Erzherzöge Karl II. und Ferdinand (1564–1619). In: Österreichische Musikzeitschrift 25 (1970). S. 585–595.

Federhofer, Hellmut: Musikpflege und Musiker am Grazer Habsburgerhof der Erzherzöge Karl und Ferdinand von Innerösterreich (1564–1619). Mainz 1967.

Federhofer, Hellmut: Niederländische und italienische Musiker der Grazer Hofkapelle Karls II. 1564–1590. Wien 1954 (= Denkmäler der Tonkunst in Österreich 90).

Gergely, Thomas und *Gabriele Gergely* und *Hermann Prossinagg:* Vom Saugarten des Kaisers zum Tiergarten der Wiener. Die Geschichte des Lainzer Tiergartens – entdeckt in einem vergessenen Archiv. Wien–Köln–Weimar 1993.

Goldscheider, Josef: Kaiser Leopold I. als Musiker. Graz 1880.

Hamann, Heinz Wolfgang: Musik am Hofe Leopolds I. In: Österreichische Musikzeitschrift 17 (1962). S. 453–457.

Köchel, Ludwig von: Die kaiserliche Hof-Musikkapelle in Wien von 1543–1867. Wien 1869.

MacArdle, Donald W.: Beethoven and the Archduke Rudolph. In: Beethoven-Jahrbuch 4 (1962). S. 36–58.

Noone, Michael: A census of monk musicians at El Escorial

during the reigns of Philip II and Philip III. In: Early Music 22 (1994). H. 2. S. 221–236.
Novotny, Alexander: Kardinal Erzherzog Rudolph (1788–1831) und seine Bedeutung für Wien. In: Wiener Geschichtsblätter 16 (1961). S. 341–347.
Rainer, Ulrike: Aspekte der sozialen und politischen Bedeutung der Oper am Hof Leopolds I. Wien 1987 (= Phil. Diss.).
Riedel, Friedrich W.: Kirchenmusik am Hofe Karls VI. (1711–1740). Untersuchungen zum Verhältnis von Zeremoniell und musikalischem Stil im Barockzeitalter. München–Salzburg 1977.
Robledo, Luis: Questions of performance practice in Philip III's chapel. In: Early Music 22 (1994). H. 2. S. 198–218.
Seifert, Herbert: Die Oper am Wiener Kaiserhof im 17. Jahrhundert. Tutzing 1985 (= Wiener Veröffentlichungen zur Musikgeschichte 25).
Senn, Walter: Innsbrucker Hofmusik. In: Österreichische Musikzeitschrift 25 (1970). S. 659–671.
Senn, Walter: Musik und Theater am Hof zu Innsbruck. Geschichte der Hofkapelle vom 15. Jahrhundert bis zu deren Auflösung im Jahre 1748. Innsbruck 1954.
Somerset, H. V. F.: The Habsburg emperors as musicians. In: Music & Letters 30 (1949). S. 204–215.
Sommer-Mathis, Andrea: Die Tänzer am Wiener Hofe im Spiegel der Obersthofmeisteramtsakten und Hofparteienprotokolle bis 1740. Wien 1992 (= Mitteilungen des österreichischen Staatsarchivs Ergänzungsband 11).
Wisoko-Meytsky, Karl: Die Hofmusikkapelle und die Hofburgkapelle in Wien. Wien 1965.

Orden · *Seiten 205 bis 218*

Allmayer-Beck, Johann Christoph: Die Kanzlei und das Archiv des Militär-Maria Theresien-Ordens. In: Mitteilungen des Österreichischen Staatsarchivs 10 (1957). S. 243–256.
Auer, Erwin M.: Das „Elisabethinische und Theresianische Stiftungs-Creutz" vom Jahre 1771. In: Mitteilungen des Instituts für Österreichische Geschichtsforschung 60 (1952). S. 286–299.
Auer, Erwin M.: Der Maria Theresien-Orden. Von der Ordensgemeinschaft zum Verdienstorden. In: Numismatische Zeitschrift 74 (1951). S. 105–112.
Auer, Erwin M.: Die Ordensgarderobe. Ein Beitrag zur Geschichte der kleinen Wiener Hofdienste. In: Santifaller, Leo (Hg.): Festschrift zur Feier des zweihundertjährigen Bestandes des Haus-, Hof- und Staatsarchivs. Wien–Horn 1949–1951 (= Mitteilungen des österreichischen Staatsarchivs Erg. Bd. 2–3). S. 3–23.
Auer, Erwin M.: Die Präbende des Ordens vom Goldenen Vlies. In: Mitteilungen des Österreichischen Staatsarchivs 15 (1962). S. 1–62.
Auer, Erwin M.: Ein Stiftbrief aus dem Jahre 1771. In: Wiener Geschichtsblätter 6 (1951). S. 17–24.
Auer, Erwin M.: Rudolfs-Orden, Franzens-Orden, Leopolds-Orden. In: Numismatische Zeitschrift 73 (1949). S. 151–153.
Auer, Erwin M.: Vom Ordensornat zur Ordenuniform. Ein Beitrag zur neueren Kostümkunde. In: Wiener Geschichtsblätter 5 (1950). S. 17–24.
Auer, Erwin M.: Zur Kulturgeschichte der österreichischen Orden und Ehrenzeichen. In: Wiener Geschichtsblätter 8 (1953). S. 18–20.
Brandl, Hellfried: Kaiser Maximilian I. und die Ritterorden. Graz 1970 (= Phil. Diss.).
Coreth, Anna: Der „Orden von der Stola und den Kanndeln und dem Greifen" (Aragonischer Kannenorden). In: Mitteilungen des Österreichischen Staatsarchivs 5 (1952). S. 34–62.
Definiciones de la Orden de Alcántara, titulo XIII, Capítulo IX, que trata de la forma que se ha de tener en dar el hábito a los Caballeros de la Orden. o. O. o. J.
Demel, Bernhard: Der Deutsche Orden und die Stadt Neckarsulm (1484-1805). In: Jahrbuch für fränkische Landesforschung 45 (1985). S. 17–106.
Fillitz, Hermann und *Martina Pippal:* Der Schatz des Ordens vom Goldenen Vlies. Salzburg–Wien 1988.
Gutton, Francis: L'Ordre d'Alcántara. Paris 1974.
Kris, Ernst: Das große Majestätssiegel Kaiser Maximilians I. In: Jahrbuch der kunsthistorischen Sammlungen in Wien 36 (1923–1925). S. 157-162.
Lukeš, J.: Militärischer Maria Theresien-Orden 1850–1890. Wien 1890.
Měřička, Václav: Orden und Ehrenzeichen der österreichisch-ungarischen Monarchie. Wien–München 1974.
Merzbacher, Friedrich: Aus der Rechtsgeschichte des Ritterordens vom Goldenen Vlies. In: Grass, Nikolaus und Werner Ogris (Hg.): Festschrift Hans Lentze. Zum 60. Geburtstag dargebracht von Fachgenossen und Freunden. Innsbruck–München 1969. (= Forschungen zur Rechts- und Kulturgeschichte 4). S. 429–447.
Müller, Helmut-Theobald und *Johann Stolzer:* Ritterorden-Verdienstorden-Auszeichnungen. Ihre Entwicklung von der Antike bis zum Ende der österreichisch-ungarischen Monarchie. In: Steinböck, Wilhelm (Hg.): Graz als Garnison. Beiträge zur Militärgeschichte der steirischen Landeshauptstadt. Graz–Wien 1982. (= Publikationsreihe des Grazer Stadtmuseums 3). S. 129–152.
O'Callaghan, Joseph F.: The Spanish military Order of Calatrava and its affiliates. Collected Studies. London 1975.
Probszt-Ohstorff, Günther: Der Kulturkreis des Ordens vom Goldenen Vlies. In: Adler. Zeitschrift für Genealogie und Heraldik 7 (XXII.) (1966). S. 109–114.
Stolzer Johann und *Christian Steeb (Hg.):* Österreichs Orden vom Mittelalter bis zur Gegenwart. Graz 1996.
Hoch-Adeliche und Gottselige Versammlung, vom Stern-Creuz genannt, So Ihro Kaiserl. Majestät Eleonora Verwittibten Römischen Kaiserinn aufgerichtet. Wien 1760.
Hochadelige und gottselige Versammlung vom Sternkreuze. Wien 1839.
Weber, Annemarie: Der österreichische Orden vom Goldenen Vliess. Geschichte und Problem. Bonn 1971 (= Phil. Diss.).

Residenzen · *Seiten 227 bis 248*

Alcón, María Teresa Ruiz: Monasterio de las Descalzas Reales. Madrid 1987.
Alcón, María Teresa Ruiz: Real monasterio de la Encarnación. Madrid 1987.

Barbeito, José Manuel: Alcazar de Madrid. Madrid 1992.
Barghahn, Barbara von: Philip and the „Golden House" of the Buen Retiro. In the Tradition of Caesar. New York–London 1986.
Brown, Jonathan und J. H. Elliott: A Palace for a King. The Buen Retiro and the Court of Philip IV. New Haven 1980.
Calvert, Albert F.: The Escorial. A historical and descriptive account of the Spanish royal palace, monastery and Mausoleum. London–New York 1907.
Checa Cremades, Fernando: El real Alcázar de Madrid. Dos siglos de arquitectura y colleccionismo en la corte de los reyes de España. Madrid 1994.
Chueca Goita, Fernando: Casas reales en monasterios y conventos espanoles. Madrid 1966.
Correa, Antonio Bonet: Royal monasteries in the national heritage of Spain. Barcelona 1988.
Cuevas, Julian Zarco: Documentos para la historia del monasterio de San Lorenzo el real de el Escorial. Instrucciones de Felipe II para la fabrica y obra de San Lorenzo el Real. Madrid 1990.
Dreger, Moriz: Baugeschichte der Hofburg in Wien bis zum 19. Jahrhundert. Wien 1914 (= Österreichische Kunsttopographie 14).
Die Eremitage Maximilians des Deutschmeisters und die Einsiedeleien Tirols. Innsbruck–Wien–Bozen 1986 (= Messerschmitt Stiftung Berichte zur Denkmalpflege 2).
Esteban, Mario Grande: Historia y Guía del real sitio y villa de Aranjuez. Aranjuez 1985.
Felmayer, Johanna (Hg.): Die Kunstdenkmäler der Stadt Innsbruck. Die Hofbauten. Wien 1986 (= Österreichische Kunsttopographie 47).
González, Juan José Martín: El palacio de Aranjuez en el siglo XVI. In: Archivio Español de Arte 35 (1962). S. 237–252.
González, Juan José Martín: El Palacio de Carlos V en Yuste. In: Archivio Español de Arte 23 und 24 (1950 und 1951). S. 27–51 und 235–251, 125–140.
Hammer, Heinrich: Die Bauten Herzog Siegmunds des Münzreichen von Tirol. In: Zeitschrift des Ferdinandeums für Tirol und Vorarlberg 42 (1898). S. 205–276.
Haupt, Herbert: Das unausgeführte Projekt eines kaiserlichen Hofstallgebäudes aus dem Jahre 1659. In: Wiener Geschichtsblätter 39 (1984). S. 149–158.
Hernández, Leticia Sánchez: Königliche Häuser im Nationalvermögen. Barcelona 1988.
Justi, Carl: Miscellaneen aus drei Jahrhunderten spanischen Kunstlebens. Berlin 1908.
Klaar, Adalbert: Baupläne der alten Wiener Hofburg (3 Grundrisse). In: Anzeiger der Österreichischen Akademie der Wissenschaften philosophisch-historische Klasse 95 (1958). S. 290–291.
Knöbl, Herbert: Das Neugebäude und sein baulicher Zusammenhang mit Schloß Schönbrunn. Wien–Köln–Graz 1988.
Kubler, George: Building the Escorial. Princeton 1982.
Kühnel, Harry: Beiträge zur Geschichte der Wiener Hofburg im 16. und 17. Jahrhundert. In: Anzeiger der Österreichischen Akademie der Wissenschaften philosophisch-historische Klasse 95 (1958). S. 268–282.
Kühnel, Harry: Die landesfürstlichen Baumeister der Wiener Hofburg von 1494 bis 1569 (Forschungsergebnisse zur Geschichte der Wiener Hofburg III). In: Anzeiger der Österreichischen Akademie der Wissenschaften philosophisch-historische Klasse 96 (1959). S. 296–325.
Kühnel, Harry: Forschungsergebnisse zur Geschichte der Wiener Hofburg im 16. Jahrhundert. In: Anzeiger der Österreichischen Akademie der Wissenschaften philosophisch-historische Klasse 93 (1956). S. 255–271.
Die Kunstdenkmäler Wiens – die Profanbauten des III., IV., und V. Bezirkes. Wien 1980 (= Österreichische Kunsttopographie 44).
Lietzmann, Hilda: Das Neugebäude in Wien. Sultan Süleymans Zelt – Kaiser Maximilians II. Lustschloß. Ein Beitrag zur Kunst- und Kulturgeschichte der zweiten Hälfte des sechzehnten Jahrhunderts. München–Berlin 1987.
Madrid de los Austrias. Madrid 1992.
Medicus, Thomas: Städte der Habsburger. Frankfurt/Main 1991.
El monasterio de Yuste y la retirada del Emperador Carlos V. Textos escogidos de Fr. José de Sigüenza, Fr. Prudencio de Sandoval y D. Pedro Antonio de Alarcón. Yuste 1983.
Müller, Wolfgang J.: Die älteste Darstellung des „Neugebäudes". In: Wiener Geschichtsblätter 6 (1951). S. 47–50.
Orso, Steven N.: Philip IV and the decoration of the Alcázar of Madrid. Princeton 1986.
Ottilinger, Eva B. und *Lieselotte Hanzl:* Kaiserliche Interieurs. Die Wohnkultur des Wiener Hofes im 19. Jahrhundert. Wien–Graz–Köln 1997.
Patze, Hans und *Werner Paravicini (Hg.):* Fürstliche Residenzen im spätmittelalterlichen Europa. Sigmaringen 1991 (= Vorträge und Forschungen 36).
Piñuela, José Deleito y: Sólo Madrid es corte. La capital de dos mundos bajo Felipe IV. 3. Aufl. Madrid 1968.
Pohl, Brigitte: Das Hofbauamt. Seine Tätigkeit zur Zeit Karls VI. und Maria Theresias. Wien 1968 (= Phil. Diss.).
Pollak, Oskar: Studien zur Geschichte der Architektur in Prag 1520–1600. In: Jahrbuch der kunsthistorischen Sammlungen des allerhöchsten Kaiserhauses in Wien 29 (1910/11). S. 85–170.
Quindos, Juan Antonio Alvarez de: Descripción historica del real bosque y casa de Aranjuez. Aranjuez 1982.
Raschauer, Oskar: Die kaiserlichen Wohn- und Zeremonialräume in der Wiener Hofburg zur Zeit der Kaiserin Maria Theresia. In: Anzeiger der Österreichischen Akademie der Wissenschaften philosophisch-historischen Klasse 95 (1958). S. 283–290.
Sancho, José Luis: Das Kloster San Lorenzo el Real de el Escorial. Vitoria 1994.
Scheicher, Elisabeth: Der Spanische Saal von Schloß Ambras. Die malerische Ausgestaltung. In: Jahrbuch der kunsthistorischen Sammlungen in Wien 71 (1975). S. 39–94.
Schlöss, Erich: Die Favorita auf der Wieden um 1700. In: Wiener Geschichtsblätter 46 (1991). S. 162–170.
Sedlmayr, Hans: Die Schauseite der Karlskirche in Wien. In: Braunfels, Wolfgang (Hg.): Kunstgeschichtliche Studien für Hans Kauffmann. Berlin 1956. S. 262–271.
Sigmund, Anna Maria: Das Haus Habsburg – Habsburgs Häuser. Wohnen und Leben einer Dynastie. Wien 1995.
Thiel, Viktor: Die landesfürstliche Burg in Graz und ihre historische Entwicklung. Wien–Graz 1927 (= Beiträge zur Kunstgeschichte Steiermarks und Kärntens 3).

Thomas, Christiane: Wien als Residenz unter Kaiser Ferdinand I. In: Jahrbuch des Vereins für Geschichte der Stadt Wien 49 (1993). S. 101–117.

Vega, Ramón Guerra de la: Madrid de los Austrias. Guía de arquitectura. Madrid o. J.

Wagner-Rieger, Renate: Das Wiener Neugebäude. In: Mitteilungen des Instituts für Österreichische Geschichtsforschung 59 (1951). S. 136–144.

Walde, Kurt: Der Innsbrucker Hofgarten und andere Gartenanlagen in Tirol. Innsbruck 1964 (= Schlern-Schriften 231).

Walther, Susanne: Das „Schlafgemach" der Kaiserin. In: Kaiser Franz Joseph oder Der Verfall eines Prinzips. Wien 1980 (= Sonderausstellung des historischen Museums der Stadt Wien 64). S. 236–237

Walther, Susanne: Das Turnzimmer der Kaiserin. In: Kaiser Franz Joseph oder Der Verfall eines Prinzips. Wien 1980 (= Sonderausstellung des historischen Museums der Stadt Wien 64). S. 246.

Walther, Susanne: Die Hermesvilla – neuere Forschungsergebnisse, In: Wiener Geschichtsblätter 40 (1985). S. 49–55 und 110–118, sowie 41 (1986) S. 125–130

Weller, Franz: Die kaiserlichen Burgen und Schlösser in Bild und Wort. Wien 1880.

Sammeln und Mäzenatentum · *Seiten 67 bis 112*

Alonso Sanchez Coello y el retrato en la corte de Felipe II. Madrid 1990.

Altfahrt, Margit: Die Denkmäler für Franz I. Stephan, Joseph II. und Franz I. im Bereich der Wiener Hofburg. Zu Motivation, Aussage und Funktion dreier Wiener Kaiserdenkmäler. In: Jahrbuch des Vereins für Geschichte der Stadt Wien 38 (1982). S. 71–81.

Altfahrt, Margit: Die politische Propaganda für Maximilian II. (Erster Teil). In: Mitteilungen des Instituts für Österreichische Geschichtsforschung 88 (1980). S. 283–312.

Altfahrt, Margit: Die politische Propaganda für Maximilian II. (Zweiter Teil). In: Mitteilungen des Instituts für Österreichische Geschichtsforschung 89 (1981). S. 53–92.

Anders, Ferdinand: Der Federkasten der Ambraser Kunstkammer. In: Jahrbuch der kunsthistorischen Sammlungen in Wien 61 (1965). S. 119–132.

Auer, Alfred und *Eva Irblich:* Natur und Kunst. Handschriften und Alben aus der Ambraser Sammlung Erzherzog Ferdinands II. (1529–1595). Wien 1995.

Auer, Alfred: Das Inventarium der Ambraser Sammlungen aus dem Jahre 1621 (Haubt inventary ober das fürstlich schloß Ombras sambt der kunst, auch rüsst camer und bibliotheca) Teil 1: Die Rüstkammern. In: Jahrbuch der kunsthistorischen Sammlungen in Wien 80 (NF 44) (1984). S. I–CXXI.

Auer, Alfred: Vorbild-Abbild. Zur Selbstdarstellung des Renaissancefürsten. Wien 1988.

Los Austrias. Grabados de la Biblioteca Nacional. Madrid 1993.

Baer, Winfried: Ein Bernsteinstuhl für Kaiser Leopold I. Ein Geschenk des Kurfürsten Friedrich Wilhelm von Brandenburg. In: Jahrbuch der kunsthistorischen Sammlungen in Wien 78 (1982). S. 91–138.

Baldass, Ludwig: Die Bildnisse Kaiser Maximilians I. In: Jahrbuch der kunsthistorischen Sammlungen des allerhöchsten Kaiserhauses in Wien 31 (1913/14). S. 247–362.

Baldass, Ludwig: Geschichte der Wiener Gemäldegalerie in den Jahren 1911–1931. Gustav Glück zum sechzigsten Geburtstage gewidmet von den wissenschaftlichen Beamten des Kunsthistorischen Museums. In: Jahrbuch der kunsthistorischen Sammlungen in Wien 41 (1931). S. 1–19.

Baldass, Ludwig: Hans Burgkmairs Entwurf zu Jörg Erharts Reiterbildnis Kaiser Maximilians I. In: Jahrbuch der kunsthistorischen Sammlungen des allerhöchsten Kaiserhauses in Wien 31 (1913/14). S. 359–362.

Baldass, Ludwig: Tapisserieentwürfe des niederländischen Romanismus. In: Jahrbuch der kunsthistorischen Sammlungen in Wien 38 (1928). S. 247–266.

Barta, Ilsebill: Studien zum Familienporträt des 18. Jahrhunderts in Österreich: von der „Domus Austria" zur „Familia Augusta". Zur politischen Funktion und zum Wandel des Familienbegriffes in den Ahnen- und Familiendarstellungen der Habsburger. Hamburg 1986 (= Phil. Diss.).

Bauer, Rotraud und *Herbert Haupt:* Das Kunstkammerinventar Kaiser Rudolfs II. 1607–1611. In: Jahrbuch der kunsthistorischen Sammlungen in Wien 72 (1976).

Bauer, Rotraud: Veränderungen im Inventarbestand der Tapisseriesammlung des Kunsthistorischen Museums in Wien. In: Jahrbuch der kunsthistorischen Sammlungen in Wien 76 (1980). S. 133–171.

Bayton, Gloria Fernández: Inventarios reales. Testamentaria del rey Carlos II 1701–1703. Madrid 1975.

Beaufort-Spontin, Christian: Der höfische Prunkharnisch im Zeitalter des Absolutismus. In: Jahrbuch der kunsthistorischen Sammlungen in Wien 77 (1981). S. 163–188.

Becher, Charlotte und *Ortwin Gamber* und *Wolfgang Irtenkauf:* Das Stuttgarter Harnisch-Musterbuch 1548–1563. In: Jahrbuch der kunsthistorischen Sammlungen in Wien 76 (1980). S. 9–96.

Becker, Ulrich: Zur Entwicklung des Herrscherbildes im Spiegel niederländischer Porträtbüsten des 17. Jahrhunderts. In: Wallraff-Richartz-Jahrbuch 54 (1993). S. 163–203.

Beer, Rudolf: Die Galeere des Don Juan de Austria bei Lepanto nach einer zeitgenössischen Beschreibung. In: Jahrbuch der kunsthistorischen Sammlungen des allerhöchsten Kaiserhauses in Wien 15 (1894). S. 1–14.

Berns, Jörg Jochen: „Dies Bildnis ist bezaubernd schön". Magie und Realistik höfischer Porträtkunst in der Frühen Neuzeit. In: Held, Jutta (Hg.): Kultur zwischen Bürgertum und Volk. Berlin 1983 (= Argumente Sonderband AS 103). S. 44–65.

Bertele, Hans von und *Erwin Neumann:* Der kaiserliche Kammeruhrmacher Christoph Margraf und die Erfindung der Kugellaufuhr. In: Jahrbuch der kunsthistorischen Sammlungen in Wien 59 (1963). S. 39–98.

Bertele, Hans von: Jost Burgis Beitrag zur Formentwicklung der Uhren. In: Jahrbuch der kunsthistorischen Sammlungen in Wien 51 (1955). S. 169–188.

Birk, Ernst Ritter von: Inventar der im Besitze des Allerhöchsten Kaiserhauses befindlichen Niederländer Tapeten und Gobelins. In: Jahrbuch der kunsthistorischen Sammlungen in Wien 1 (1883). S. 213–248.

Blunt, Anthony: El Greco's Dream of Philip II. An Allegory of the Holy League. In: Journal of the Warburg and Courtland Institutes 3 (1939–1940). S. 58–69.

Braunfels, Wolfgang (Hg.): Kunstgeschichtliche Studien für Hans Kauffmann. Berlin 1956.

Brown, J.: El triunfo de la pintura sobre el coleccionismo en el siglo XVII. Madrid 1995.

Buchowiecki, Walther: Kaiser Maximilian II. gründet die Wiener Hofbibliothek. Paralipomena einer Geschichte der Österreichischen Nationalbibliothek. In: Unsere Heimat 40 (1969). S. 127–144.

Callmer, Christian: Königin Christina, ihre Bibliothekare und ihre Handschriften. Beiträge zur europäischen Bibliotheksgeschichte. Stockholm 1977 (= Acta bibliothecae regiae Stockholmiensis 30).

Cantón, Francisco Javier Sánchez: The Prado. London 1971.

Checa Cremades, Fernando (Hg.): Reyes y mecenas. Los reyes católicos - Maximiliano I y los inicios de la casa de Austria en España. Madrid 1992.

Checa Cremades, Fernando: Pintura y escultura del renacimiento en España 1450–1600. Madrid 1988.

Checa Cremades, Fernando: Felipe II. Mecenas de las artes. 2. Aufl. Madrid 1993.

Cremades, Fernando Checa und *José Miguel Morán:* El barocco. Madrid 1989 und 1982.

DaCosta Kaufmann, Thomas: From treasury to museum. The collection of the Austrian Habsburgs. In: Elsner, John and Robert Cardinal: The cultures of collecting. Harvard 1994. S. 137–154.

Deutsch, Angela: Die Welt im Kleinen. Die Praxis des Universal-Sammelns im 16. Jahrhundert, eine historisch-psychologische Studie. Wien 1995 (= Diplomarbeit).

Diez, Ernst: Der Hofmaler Bartholomäus Spranger. In: Jahrbuch der kunsthistorischen Sammlungen des allerhöchsten Kaiserhauses in Wien 28 (1909/10). S. 93–151.

Distelberger, Rudolf: Die Sarachi-Werkstatt und Annibale Fontana. In: Jahrbuch der kunsthistorischen Sammlungen in Wien 71 (1975). S. 95–164.

Distelberger, Rudolf: Dionysio und Ferdinand Eusebio Miseroni. In: Jahrbuch der kunsthistorischen Sammlungen in Wien 75 (1979). S. 109–188.

Drach, C. Alhard von: Jost Burgi, Kammeruhrmacher Kaisers Rudolf II. Beiträge zu seiner Lebensgeschichte und Nachrichten über Arbeiten desselben. In: Jahrbuch der kunsthistorischen Sammlungen des allerhöchsten Kaiserhauses in Wien 15 (1949). S. 15–44.

Dreier, Franz-Adrian: Die Weltallschale Kaiser Rudolfs II. In: Kohl, Karl-Heinz (Hg.): Mythen der Neuen Welt. Zur Entdeckungsgeschichte Lateinamerikas. Berlin 1982. S. 111–120.

Dworschak, Fritz: Der Medailleur Johann Bernhard Fischer von Erlach (Johann Permann und Ignaz Bendl). Ein Beitrag zur Geschichte der österreichischen Barockmedaille. In: Jahrbuch der kunsthistorischen Sammlungen in Wien 44 (1934). S. 225–238.

Dworschak, Fritz: Die Renaissancemedaille in Österreich (Mit einem Exkurs über Hubert Gerhard als Medailleur). In: Jahrbuch der kunsthistorischen Sammlungen in Wien 37 (1926). S. 213–244.

Ebenstein, Ernst: Der Hofmaler Franz Luycx, ein Beitrag zur Geschichte der Malerei am österreichischen Hofe. In: Jahrbuch der kunsthistorischen Sammlungen des allerhöchsten Kaiserhauses in Wien 26 (1906/07). S. 183–254.

Éber, Ladislaus: Der Wiener-Neustädter Altar Erzherzog Maximilians III. In: Zeitschrift des Ferdinandeums für Tirol und Vorarlberg 49 (1905). S. 339–355.

Effmert, Viola: ... ein schön kunstlich silbre vergult truhelein ... Wenzel Jamnitzers Prunkkasette in Madrid. In: Anzeiger des Germanischen Nationalmuseums Nürnberg (1989). S. 131–158.

Egger, Hermann: Entwürfe Balldassare Peruzzis für den Einzug Karls V. in Rom, eine Studie zur Frage der Echtheit des sienesischen Skizzenbuches In: Jahrbuch der kunsthistorischen Sammlungen des allerhöchsten Kaiserhauses in Wien 23 (1902). S. 1–44.

Ehrmann, Gabriele: Die Fürstenbilder in den Handschriften der Autobiographie Georgs von Ehingen in der Ehingischen Familienchronik. Die Bildnisse des Ladislaus Postumus und Karls VII. von Frankreich in der Bibliotheque nationale und die Kupferstiche des Dominicus Custodis. In: Kühebacher, Egon (Hg.): Literatur und bildende Kunst im Tiroler Mittelalter. Die Iwein-Fresken von Rodenegg und andere Zeugnisse der Wechselwirkung von Literatur und bildender Kunst. Innsbruck 1982 (= Innsbrucker Beiträge zur Kulturwissenschaft. Germanistische Reihe 15). S. 123–140.

Eichler, Fritz: Der Adler-Cameo in Wien. In: Jahrbuch der kunsthistorischen Sammlungen in Wien 37 (1926). S. 1–9.

Falk, Tilman: Naturstudien der Renaissance in Augsburg. In: Jahrbuch der kunsthistorischen Sammlungen in Wien 82/83 (1986/87). S. 79–89.

Feest, Christian F.: Vienna's Mexican Treasures. Aztec, Mixtec and Tarascan works from the 16th century Austrian collections. In: Archiv für Völkerkunde 44 (1990). S. 1–64.

Festschrift anläßlich des 200jährigen Bestehens der Menagerie zu Wien-Schönbrunn. Wien 1952.

Fidler, Katharina: Mäzenatentum und Politik am Wiener Hof. Das Beispiel der Kaiserin Eleonore Gonzaga-Nevers. In: Innsbrucker Historische Studien 12/13 (1990). S. 41–68.

Fitzinger, Leopold Josef: Geschichte des kaiserlich-königlichen Hof-Naturalien-Cabinetes in Wien. In: Sitzungsberichte der mathematisch-naturwissenschaftlichen Classe der kaiserlichen Akademie der Wissenschaften 21 (1856). S. 433–479.

Fučíková, Eliška: Die rudolfinische Zeichnung. Praha 1986.

Fučíková, Eliška: Historisierende Tendenzen in der rudolfinischen Kunst – Beziehung zur älteren deutschen und niederländischen Malerei. In: Jahrbuch der kunsthistorischen Sammlungen in Wien 82/83 (1986/87). S. 189–198.

Gamber, Ortwin: Der Plattner Kunz Lochner – Harnische als Zeugnisse habsburgischer Politik. In: Jahrbuch der kunsthistorischen Sammlungen in Wien 50 (1954). S. 35–60.

Gamber, Ortwin: Der Turnierharnisch zur Zeit König Maximilians I. und das Thunsche Skizzenbuch. In: Jahrbuch der kunsthistorischen Sammlungen in Wien 53 (1957). S. 33–70.

Gamber, Ortwin: Die Kriegsrüstungen Erzherzog Ferdinands II. aus der Prager Hofplattnerei. In: Jahrbuch der kunsthistorischen Sammlungen in Wien 68 (1972). S. 109–152.

Gamber, Ortwin: Die mittelalterlichen Blankwaffen der Wiener Waffensammlung. In: Jahrbuch der kunsthistorischen Sammlungen in Wien 57 (1961). S. 7–38.

Gamber, Ortwin: Harnischstudien V. Stilgeschichte des Plattenharnisches von den Anfängen bis um 1400. In: Jahrbuch der kunsthistorischen Sammlungen in Wien 50 (1953). S. 53–92.

Gamber, Ortwin: Harnischstudien VI. Stilgeschichte des Plattenharnisches von 1440–1510. In: Jahrbuch der kunsthistorischen Sammlungen in Wien 51 (1955). S. 31–102.

Gamber, Ortwin: Koloman Helmschmid, Ferdinand I. und das Thun'sche Skizzenbuch. In: Jahrbuch der kunsthistorischen Sammlungen in Wien 71 (1975). S. 9–38.

Gamber, Ortwin: Romantische Harnische des 18. Jahrhunderts. In: Jahrbuch der kunsthistorischen Sammlungen in Wien 77 (1981). S. 189–196.

Garas, Klara: Das Schicksal der Sammlung des Erzherzogs Leopold Wilhelm. In: Jahrbuch der kunsthistorischen Sammlungen in Wien 64 (1968). S. 181–278.

Garas, Klara: Die Entstehung der Galerie des Erzherzogs Leopold Wilhelm. In: Jahrbuch der kunsthistorischen Sammlungen in Wien 63 (1967). S. 39–80.

Garcés, Jesús Juan: El museo Madrileño de las Descalzas reales. Madrid 1959.

Kaiserliche Geschenke. Katalog der Ausstellung im Schloßmuseum Linz 1988. Linz 1988 (= Kataloge des Oberösterreichischen Landesmuseums NF 16).

Giehlow, Karl: Die Hieroglyphenkunde des Humanismus in der Allegorie der Renaissance, besonders der Ehrenpforte Kaisers Maximilian I. In: Jahrbuch der kunsthistorischen Sammlungen des allerhöchsten Kaiserhauses in Wien 32 (1915). S. 1–232.

Giese, Ursula: Wiener Menagerien. Ebersdorf, Neugebäude, Belvedere, Schönbrunn. Wien 1962.

Glück, Gustav: Bildnisse aus dem Hause Habsburg II. Königin Maria von Ungarn. In: Jahrbuch der kunsthistorischen Sammlungen in Wien 44 (1934). S. 173–196.

Glück, Gustav: Bildnisse aus dem Hause Habsburg III. Kaiser Karl V. In: Jahrbuch der kunsthistorischen Sammlungen in Wien 47 (1937). S. 165–178.

Glück, Gustav: Peter Breughels des Älteren „kleiner" Turmbau zu Babel. In: Jahrbuch der kunsthistorischen Sammlungen in Wien 46 (1936). S. 193–196.

Glück, Gustav: Velázquez' Bildnis der Infantin Maria Theresia aus dem Jahre 1659. In: Jahrbuch der kunsthistorischen Sammlungen in Wien 37 (1926). S. 209–212.

Goldberg, Gisela: Münchener Aspekte der Dürer-Renaissance unter besonderer Berücksichtigung von Dürers Tier- und Pflanzenstudien. In: Jahrbuch der kunsthistorischen Sammlungen in Wien 82/83 (1986/87). S. 179–188.

Grüll, Georg: Der erste Elephant in Linz. In: Historisches Jahrbuch der Stadt Linz (1958). S. 386–390.

Grunfeld, Frederic V.: Die Könige von Spanien. München 1983 (= Schatzkammern und Herrscherhäuser der Welt).

Gschwend, Annemarie Jordan: A crystal elephant from the „Kunstkammer" of Catherine of Austria. In: Jahrbuch der kunsthistorischen Sammlungen in Wien 87 (1991). S. 121.

Die Habsburger als Gartenschöpfer und Botaniker. Begleiter durch die Ausstellung. Wien 1988.

Hamann, Günther: Die Geschichte der Wiener naturhistorischen Sammlungen bis zum Ende der Monarchie. Unter Verwendung älterer Arbeiten von Leopold Fitzinger und Hubert Scholler und mit einem Kapitel über die Zeit nach 1919 von Max Fischer, Irmgard Moschner und Rudolf Schönmann. Wien 1976 (= Veröffentlichungen aus dem Naturhistorischen Museum NF 13).

Hamann, Günther: Zur Wissenschaftspflege des aufgeklärten Absolutismus. Naturforschung, Sammlungswesen und Landesaufnahme. In: Zöllner, Erich (Hg.): Österreich im Zeitalter des aufgeklärten Absolutismus. Wien 1983 (= Schriften des Instituts für Österreichkunde 42). S. 151–177.

Haupt, Herbert: Archivalien zur Kulturgeschichte des Wiener Hofes I. Teil: Kaiser Ferdinand III.: Die Jahre 1646 bis 1656. In: Jahrbuch der kunsthistorischen Sammlungen in Wien 75 (1979). S. I–CXX.

Haupt, Herbert: Archivalien zur Kulturgeschichte des Wiener Hofes. II. Teil: Kaiser Leopold I.: Die Jahre 1657–1660. In: Jahrbuch der kunsthistorischen Sammlungen in Wien 76 (1980). S. I–L.

Haupt, Herbert: Archivalien zur Kulturgeschichte des Wiener Hofes III. Teil: Kaiser Leopold I. : Die Jahre 1661–1670. In: Jahrbuch der kunsthistorischen Sammlungen in Wien 79 (1983). S. I–CXIX.

Haupt, Herbert: Das Reichspfennigmeisteramt und andere neue Quellen zur rudolfinischen Kunst in Wiener Archiven. In: Jahrbuch der kunsthistorischen Sammlungen in Wien 82/83 (1986/87). S. 261–272.

Haupt, Herbert: Kultur- und kunstgeschichtliche Nachrichten vom Wiener Hofe Erzherzog Leopold Wilhelms in den Jahren 1646–1654. In: Mitteilungen des Österreichischen Staatsarchivs 33 (1980). S. 346–355.

Haupt, Herbert: Kunst und Kultur in den Kammerzahlamtsbüchern Kaiser Karls VI. Wien 1993 (= Mitteilungen des Österreichischen Staatsarchivs, Ergänzungsband 12).

Heiden, Rüdiger an der: Die Porträtmalerei des Hans von Aachen. In: Jahrbuch der kunsthistorischen Sammlungen in Wien 66 (1970). S. 135–226.

Heinz, Günther: Beiträge zum Werk des Frans Floris. In: Jahrbuch der kunsthistorischen Sammlungen in Wien 65 (1969). S. 7–28.

Heinz, Günther: Das Portraitbuch des Hieronymus Beck von Leopoldsdorf. In: Jahrbuch der kunsthistorischen Sammlungen in Wien 71 (1975). S. 165–310.

Heinz, Günther: Der Anteil der italienischen Barockmalerei an der Hofkunst zur Zeit Kaiser Ferdinands III. und Kaiser Leopolds I. In: Jahrbuch der kunsthistorischen Sammlungen in Wien 54 (1958). S. 173–196.

Heinz, Günther: Gedanken zu den Bildern der „Donne famose" in der Galerie des Erzherzogs Leopold Wilhelm. In: Jahrbuch der kunsthistorischen Sammlungen in Wien 77 (1981). S. 105–118.

Heinz, Günther: Geistliches Blumenbild und dekoratives Stilleben in der Geschichte der kaiserlichen Gemäldesammlungen. In: Jahrbuch der kunsthistorischen Sammlungen in Wien 69 (1973). S. 7–54.

Heinz, Günther: Studien zur Porträtmalerei an den Höfen der österreichischen Erblande. In: Jahrbuch der kunsthistorischen Sammlungen in Wien 59 (1963). S. 99–224.

Heinz, Günther: Zwei wiedergefundene Bilder aus der Galerie des Erzherzogs Leopold Wilhelm. In: Jahrbuch der kunsthistorischen Sammlungen in Wien 58 (1962). S. 169–180.

Hilger, Wolfgang: Ikonographie Kaiser Ferdinands I. (1503–1564). Wien 1969 (= Veröffentlichungen der Kommission für Geschichte Österreichs 3).

Hirn, Josef: Ein Ambraser Inventar. In: Zeitschrift des Ferdinandeums für Tirol und Vorarlberg 31 (1887). S. 187–215.

Honold, Konrad: Ein unbekanntes Bildnis Kaiser Maximilians I. von Bernhard Strigel. In: Tiroler Heimatblätter 42 (1967). S. 33–39.

Hunger, Herbert: Aus der Vorgeschichte der Papyrussammlung der Österreichischen Nationalbibliothek. Briefe Theodor Grafs, Josef von Karabaceks, Erzherzog Rainers. Wien 1962 (= Mitteilungen aus der Papyrussammlung der Österreichischen Nationalbibliothek 7).

Hunger, Herbert: Die Papyrussammlung der Österreichischen Nationalbibliothek. Katalog der ständigen Ausstellung. Wien 1962 (= Biblos-Schriften 35).

Ilg, Albert: Das Spielbrett des Hans Kels. In: Jahrbuch der kunsthistorischen Sammlungen des allerhöchsten Kaiserhauses in Wien 3 (1885). S. 53–78.

Ilg, Albert: Die Werke Leone Leonis in den kaiserlichen Haussammlungen. In: Jahrbuch der kunsthistorischen Sammlungen des allerhöchsten Kaiserhauses in Wien 5 (1887). S. 65–89.

Ilg, Albert: Giovanni da Bologna und seine Beziehungen zum kaiserlichen Hofe. In: Jahrbuch der kunsthistorischen Sammlungen des allerhöchsten Kaiserhauses in Wien 4 (1886). S. 38–51.

Jungwirth, Helmuth: Europäische Prunkmedaillen aus fünf Jahrhunderten. In: Jahrbuch der kunsthistorischen Sammlungen in Wien 65 (1969). S. 79–93.

Kalinowski, Konstanty: Die Glorifizierung des Herrschers und des Herrscherhauses in der Kunst Schlesiens im 17. und 18. Jahrhundert. In: Wiener Jahrbuch für Kunstgeschichte 28 (1975). S. 106–122.

Keller, Ulrich: Reitermonumente absolutistischer Fürsten. Staatstheoretische Voraussetzungen und politische Funktionen. München–Zürich 1971.

Kenner, Friedrich: Die Porträtsammlung des Erzherzogs Ferdinand von Tirol. In: Jahrbuch der kunsthistorischen Sammlungen des allerhöchsten Kaiserhauses in Wien 14 (1893) S. 37–186 und 15 (1894) S. 147–259 und 17 (1896) S. 101–274 und 18 (1897) S. 136–261 und 19 (1898) S. 6–146.

Klapsia, Heinrich und *Bruno Thomas:* Harnischstudien II. Der Prunkharnisch des Manierismus. In: Jahrbuch der kunsthistorischen Sammlungen in Wien 47 (1937). S. 159–164.

Klapsia, Heinrich: Dionysio Miseroni. In: Jahrbuch der kunsthistorischen Sammlungen in Wien 49 (1944). S. 301–358.

Klapsia, Heinrich: Ein Beitrag zur Entstehung der Ambraser Rüstkammer. In: Jahrbuch der kunsthistorischen Sammlungen in Wien 46 (1936). S. 197–206.

Klapsia, Heinrich: Ein Bildnis Kaiser Ferdinands III. von Georg Schweigger. In: Jahrbuch der kunsthistorischen Sammlungen in Wien 44 (1934). S. 199–205.

Klauner, Friderike: Spanische Portraits des 16. Jahrhunderts. In: Jahrbuch der kunsthistorischen Sammlungen in Wien 57 (1961). S. 123–158.

Klos, Herbert: Die Papyrussammlung der österreichischen Nationalbibliothek. Mit einem Katalog der ständigen Ausstellung. Wien 1955 (= Biblos-Schriften 9).

König, Gebhard: Peter Lambeck (1628–1680), Bibliothekar Kaiser Leopolds I. In: Mitteilungen des Instituts für Österreichische Geschichtsforschung 87 (1979). S. 121–166.

Kowaschitz, Walter: Kardinal Erzherzog Rudolf, der Bruder des Kaisers Franz, und seine Beziehung zu den Künsten. Graz 1975.

Krenn, Stefan: Der kaiserliche Schatz bei der Kapuzinergruft und seine Inventare. Die Stiftung der Kaiserin Anna. In: Jahrbuch der kunsthistorischen Sammlungen in Wien 84 (1988). S. I–CXIII.

Kris, Ernst: Der Stil „rustique". Die Verwendung des Naturabgusses bei Wenzel Jamnitzer und Bernhard Palissy. In: Jahrbuch der kunsthistorischen Sammlungen in Wien 37 (1926). S. 137–208.

Kris, Ernst: Die Arbeiten des Gabriel de Grupello für den Wiener Hof. In: Jahrbuch der kunsthistorischen Sammlungen in Wien 44 (1934). S. 205–224.

Kris, Ernst: Vergessene Bildnisse der Erzherzogin Johanna, Prinzessin von Portugal. In: Jahrbuch der kunsthistorischen Sammlungen in Wien 36 (1923–1925). S. 163–166.

Kusche, Maria: La Antigua Galería de Retratos del Pardo I. su reconstruccíon y el orden de colocación de los cuadros. In: Archivio Español de Arte 64 (1991). S. 1–28.

Kusche, Maria: La Antigua Galería de Retratos del Pardo II. su reconstrucción pictórica. In: Archivio Español de Arte 64 (1991). S. 261–281.

Kusche, Maria: La Antigua Galería de Retratos del Pardo: Su importancia para la obra de Tiziano, Moro, Sánchez Coello y Sofonisba Anguissola y su significado para Felipe II. su fundador. In: Archivio Español de Arte 65 (1992). S. 1–36.

Lacaci, Guillermo Quintana: Armeria del Palacia Real de Madrid. Madrid 1987.

Ladner, Gerhart: Zur Porträtsammlung des Erzherzogs Ferdinand von Tirol (Ambraser Porträtsammlung). In: Mitteilungen des Instituts für Österreichische Geschichtsforschung 47 (1933). S. 470–482.

Laschitzer, Simon: Die Genealogie des Kaisers Maximilian I. In: Jahrbuch der kunsthistorischen Sammlungen des allerhöchsten Kaiserhauses in Wien 7 (1888). S. 1–200.

Lauts, Jan: Eine neue Vorzeichnung zum Farnese-Harnisch der Wiener Waffensammlung. In: Jahrbuch der kunsthistorischen Sammlungen in Wien 46 (1936). S. 207–209.

Los Leoni (1509-1608). Escultores del Renaciemento italiano al servicio de la corte de España. Madrid 1994.

Lhotsky, Alphons: Die Geschichte der Sammlungen. 2 Bde. Wien 1941–1945 (= Festschrift des Kunsthistorischen Museums zur Feier des fünfzigjährigen Bestandes 2. Teil).

Loebenstein, Helene: 100 Jahre Papyrus Erzherzog Rainer. Dokumentation von 3000 Jahren ägyptischer Geschichte. In: Biblos. Österreichische Zeitschrift für Buch- und Bibliothekswesen, Dokumentation, Bibliographie und Bibliophilie 32 (1983). S. 289–295.

Loga, Valerian von: Antonis Mor als Hofmaler Karls V. und Philipps II. In: Jahrbuch der kunsthistorischen Sammlungen des allerhöchsten Kaiserhauses in Wien 27 (1907). S. 91–123.

Loga, Valerian von: Las Meninas, ein Beitrag zur Ikonographie des Hauses Habsburg. In: Jahrbuch der kunsthistorischen Sammlungen des allerhöchsten Kaiserhauses in Wien 28 (1909/10). S. 171–199.

Luchner, Laurin: Denkmal eines Renaissancefürsten. Versuch einer Rekonstruktion des Ambraser Museums von 1583. Wien 1958.

Mahl, Elisabeth: Die „Mosesfolge" der Tapisseriensammlung des kunsthistorischen Museums in Wien. In: Jahrbuch der kunsthistorischen Sammlungen in Wien 63 (1967). S. 1–38.

Mai, Ekkehard und *Hans Vlieghe (Hg.):* Von Brueghel bis Rubens. Das goldene Zeitalter der flämischen Malerei. Wien–Köln 1993.

Matsche, Franz: Die Kunst im Dienst der Staatsidee Kaiser Karls VI. Ikonographie, Ikonologie und Programmatik des „Kaiserstils". Berlin 1981.

Meijers, Debora J.: Kunst als Natur. Die Habsburger Gemäldegalerie in Wien um 1780. Wien 1995 (= Schriftenreihe des kunsthistorischen Museums 2).

Melion, Walter S.: Love and Artisanship in Hendrick Goltzius's „Venus, Bacchus and Ceres" of 1606. In: Art History 16 (1993). S. 60–94.

Miguel Morán, J. und *Fernando Checa Cremades:* El coleccionismo en España. De la cámara de maravillas a la galería de pinturas. Madrid 1985.

Mraz, Gottfried und *Herbert Haupt:* Das Inventar der Kunstkammer und der Bibliothek des Erzherzog Leopold Wilhelm aus dem Jahre 1647. In: Jahrbuch der kunsthistorischen Sammlungen in Wien 77 (1981). S. I–LIX.

Mussak, Karl: Hofleben und Kulturpflege in Tirol unter Erzherzog Leopold V. (1619–1632). Innsbruck 1962 (= Phil. Diss.).

Neumann, Erwin: Die Tischuhr des Jeremias Metzker von 1564 und ihre nächsten Verwandten. Bemerkungen zur Formengeschichte einer Gruppe süddeutscher Stutzuhren der Renaissance. In: Jahrbuch der kunsthistorischen Sammlungen in Wien 57 (1961). S. 89–122.

Neumann, Erwin: Florentiner Mosaik aus Prag. In: Jahrbuch der kunsthistorischen Sammlungen in Wien 53 (1957). S. 157–202.

Neumann, Erwin: Materialien zur Geschichte der Scagliola. In: Jahrbuch der kunsthistorischen Sammlungen in Wien 55 (1959). S. 75–158.

Nowotny, Karl Anton: Die Gastgeschenke des Motecuhçoma an Cortés. In: Archiv für Völkerkunde 2 (1947). S. 210–221.

Nowotny, Karl Anton: Mexikanische Kostbarkeiten aus Kunstkammern der Renaissance im Museum für Völkerkunde Wien und in der Nationalbibliothek. Wien 1960.

Oberhaidacher, Jörg: Zu Tizians Reiterbildnis Karls V. Eine Untersuchung seiner Beziehungen zum Georgsthema. In: Jahrbuch der kunsthistorischen Sammlungen in Wien 78 (1982). S. 69–90.

Oberhammer, Evelin: Archivalien zur Kulturgeschichte des Wiener Hofes. Erzherzog Karl (VI.): Die Jahre 1695 und 1696. In: Jahrbuch der kunsthistorischen Sammlungen in Wien 78 (1982). S. I–XXX.

Oberhammer, Evelin: Archivalien zur Kulturgeschichte des Wiener Hofes. Erzherzog Karl (VI.): Die Jahre 1696 und 1700. In: Jahrbuch der kunsthistorischen Sammlungen in Wien 81 (NF 45) (1985). S. I–XL.

Parshall, Peter W.: The print collection of Ferdinand, Archiduke of Tyrol. In: Jahrbuch der kunsthistorischen Sammlungen in Wien 78 (1982). S. 139–184.

Peltzer, Rudolf Arthur: Der Hofmaler Hans von Aachen, seine Schule und seine Zeit. In: Jahrbuch der kunsthistorischen Sammlungen des allerhöchsten Kaiserhauses in Wien 30 (1911). S. 59–182.

Pichler, Fritz: Beiträge zur Geschichte der landesfürstlichen Rüst- und Kunstkammer sowie des landesfürstlichen Zeughauses in Grätz. In: Archiv für österreichische Geschichte 61 (1880). S. 223–266.

Piuk, Anna: Maler am Hofe Kaiser Karls VI. Wien 1990 (= Diplomarbeit).

Plon, Eugène: Leone Leoni, sculpteur de Charles-Quint et Pompeo Leoni, sculpteur de Philippe II. Paris 1887.

Pochat, Götz und *Brigitte Wagner (Hg.):* Barock regional-international. Graz 1993 (= Kunsthistorisches Jahrbuch Graz 25).

Polleroß, Friedrich B.: Das sakrale Identifikationsporträt. Ein höfischer Bildtypus vom 13. bis zum 20. Jahrhundert. Worms 1988 (= Manuskripte zur Kunstwissenschaft in der Wernerschen Verlagsgesellschaft 18).

Porträtgalerie zur Geschichte Österreichs von 1400 bis 1800. Wien 1976.

Prag um 1600. Kunst und Kultur am Hofe Kaiser Rudolfs II. Wien–Freren 1989.

Primisser, Alois: Die kaiserlich-königliche Ambraser-Sammlung. Um ein Standortverzeichnis und Register der beschriebenen Handschriften vermehrter, photomechanischer Nachdruck der 1819 erschienenen Ausgabe. Graz 1972.

Pühringer-Zwanowetz, Leonore: Zur kunstgeschichtlichen Bedeutung des Reiterdenkmals für Kaiser Leopold I. in Klagenfurt. In: Carinthia I. Zeitschrift für geschichtliche Landeskunde von Kärnten 155 (1965). S. 714–751.

Romantische Glasmalerei in Laxenburg. Katalog der Ausstellung. Laxenburg 1962.

Rudolf, Karl: „Das gemäl ist also recht". Die Zeichnungen zum „Weißkunig" Maximilians I. und des Vaticanus Latinus 8570. In: Römische Historische Mitteilungen 22 (1980). S. 167–207.

Satzinger, Helmut: Die frühen Erwerbungen für die ägyptische Sammlung. In: Jahrbuch der kunsthistorischen Sammlungen in Wien 87 (1991).

Scheicher, Elisabeth und *Alfred Auer:* Das Museum Erzherzog Ferdinands II. in Schloß Ambras. Ried 1988.

Scheicher, Elisabeth: Die „Trionfi", eine Tapisseriefolge des Kunsthistorischen Museums in Wien. In: Jahrbuch der kunsthistorischen Sammlungen in Wien 67 (1971). S. 7–46.

Scheicher, Elisabeth: Die Groteskenmonate. Eine Tapisserieserie des Kunsthistorischen Museums in Wien. In: Jahrbuch der kunsthistorischen Sammlungen in Wien 69 (1973). S. 55–84.

Scheicher, Elisabeth: Die Kunst- und Wunderkammern der Habsburger. Wien–München–Zürich 1979.

Schlosser, Julius von: Aus der Bildnerwerkstatt der Renaissance. Fragmente zur Geschichte der Renaissanceplastik. In: Jahrbuch der kunsthistorischen Sammlungen des allerhöchsten Kaiserhauses in Wien 31 (1913/14). S. 67–135.

Schlosser, Julius von: Die Kunst- und Wunderkammern der Spätrenaissance. Leipzig 1908.

Schlosser, Julius von: Geschichte der Porträtbildnerei in Wachs. Ein Versuch. In: Jahrbuch der kunsthistorischen Sammlungen des allerhöchsten Kaiserhauses in Wien 29 (1910/11). S. 171–258.

Schoch, Rainer: Das Herrscherbild in der Malerei des 19. Jahrhunderts. München 1975 (= Studien zur Kunst des neunzehnten Jahrhunderts 23).

Schönherr, David: Die Kunstbestrebungen Erzherzog Sigismunds von Tirol. In: Jahrbuch der kunsthistorischen Sammlungen des allerhöchsten Kaiserhauses in Wien 1 (1883). S. 202–248.

Schröder, Klaus Albrecht: Ein böhmischer Zyklus habsburgischer Herrscher. Beiträge zum allegorischen Fürstenbildnis des 16. Jahrhunderts. In: Kunstjahrbuch der Stadt Linz (1982). S. 5–65.

Stern, Friederike: Untersuchungen des panegyrischen Schrifttums für Kaiser Karl VI. (1685–1740). Wien 1986 (= Diplomarbeit).

Stix, Alfred: Tizians Diana und Kallisto in der kaiserlichen Gemäldegalerie in Wien. In: Jahrbuch der kunsthistorischen Sammlungen des allerhöchsten Kaiserhauses in Wien 31 (1913/14). S. 335–346.

Stoichita, Victor I.: Imago Regis. Kunsttheorie und königliches Porträt in den Meninas von Velázquez. In: Zeitschrift für Kunstgeschichte 49 (1986). S. 165–189.

Strebl, Laurenz (Hg.): Vorträge des Internationalen Kongresses der Bibliophilen. Wien, 29. September bis 5. Oktober 1969. Wien 1971 (= Wiener Bibliophilen-Gesellschaft. Jahresgabe).

Stummvoll, Josef (Hg.): Die österreichische Nationalbibliothek. Festschrift zum 25jährigen Dienstjubiläum des Generaldirektors Univ. Prof. Dr. Josef Bick. Wien 1948.

Stummvoll, Josef (Hg.): Geschichte der Österreichischen Nationalbibliothek. 1. Teil. Die Hofbibliothek (1368–1922). Wien 1968 (= Museion. Veröffentlichungen der österreichischen Nationalbibliothek NF 2. Reihe. 3).

Thiel, Viktor: Zur Geschichte der ehemaligen Hofbibliothek in Graz. In: Zeitschrift des historischen Vereins für Steiermark 9 (1911). S. 158–162.

Thomas, Bruno: Der Turiner Prunkharnisch für Feld und Turnier B2 des Nürnberger Patriziers Wilhelm Rieter von Boxberg – Meisterwerk von Kolman Helmschmid zu Augsburg um 1525. In: Jahrbuch der kunsthistorischen Sammlungen in Wien 73 (1977). S. 137–154.

Thomas, Bruno: Die Innsbrucker Plattnerkunst. Ein Nachtrag. In: Jahrbuch der kunsthistorischen Sammlungen in Wien 70 (1974). S. 179–220.

Thomas, Bruno: Die Münchner Harnischvorzeichnung mit Rankendekor des Étienne Delaune. In: Jahrbuch der kunsthistorischen Sammlungen in Wien 61 (1965). S. 41–90.

Thomas, Bruno: Harnischstudien III. Stilgeschichte des deutschen Harnisches von 1530 bis 1560. In: Jahrbuch der kunsthistorischen Sammlungen in Wien 48 (1938). S. 175–202.

Thomas, Bruno: Harnischstudien IV. Stilgeschichte des deutschen Harnisches von 1560 bis 1590 (Erste Hälfte). In: Jahrbuch der kunsthistorischen Sammlungen in Wien 49 (1944). S. 256–300.

Thomas, Bruno: Jörg Helmschmied d. J. – Plattner Maximilians I. in Augsburg und Wien. In: Jahrbuch der kunsthistorischen Sammlungen in Wien 52 (1956). S. 33–50.

Thomas, Bruno: Kaiser Ferdinands I. Harnisch von Kunz Lochner. In: Jahrbuch der kunsthistorischen Sammlungen in Wien 50 (1953). S. 131–136.

Thomas, Bruno: Zwei Vorzeichnungen zu kaiserlichen Garde – Stangenwaffen von Hans Stromaier 1577 und Johann Bernhard Fischer von Erlach 1705. In: Jahrbuch der kunsthistorischen Sammlungen in Wien 65 (1969). S. 61–78.

Thomas, Christiane und *Bruno Thomas:* Die sogenannte Dreiprinzengarnitur in Wien. Neue Erkenntnisse und Ergebnisse. In: Jahrbuch der kunsthistorischen Sammlungen in Wien 79 (NF 43) (1983). S. 19–42.

Tietze, Hans: Programme und Entwürfe zu den großen österreichischen Barockfresken. In: Jahrbuch der kunsthistorischen Sammlungen des allerhöchsten Kaiserhauses in Wien 30 (1911).

Tietze, Hans: Wolfgang Wilhelm Praemers Architekturwerk und der Wiener Palastbau des XVII. Jahrhunderts. In: Jahrbuch der kunsthistorischen Sammlungen des allerhöchsten Kaiserhauses in Wien 32 (1915). S. 343–402.

Tietze-Conrat, E.: Zur höfischen Allegorie der Renaissance. In: Jahrbuch der kunsthistorischen Sammlungen des allerhöchsten Kaiserhauses in Wien 34 (1918). S. 25–32.

Tietze-Conrat, E.: Zwei Porträte Kaiser Ferdinands III. In: Jahrbuch der kunsthistorischen Sammlungen des allerhöchsten Kaiserhauses in Wien 28 (1909/10). S. I–III.

Trenkler, Ernst: Herzog Albrecht III. als Büchersammler. In: Biblos. Österreichische Zeitschrift für Buch- und Bibliothekswesen, Dokumentation, Bibliographie und Bibliophilie 16 (1967). S. 100–103.

Trevor-Roper, Hugh: Princes and artists. Patronage and ideology at four Habsburg courts 1517–1633. London 1976.

Trunz, Erich: Wissenschaft und Kunst im Kreise Kaiser Rudolfs II. 1576–1612. Neumünster 1992 (= Kieler Studien zur deutschen Literaturgeschichte 18).

Unzeitig, Andrea: Die Italiener am Wiener Hof während der Regierungszeit Kaiser Karls VI. Wien 1993 (= Diplomarbeit).

Vignau-Wilberg, Thea: Naturemblematik am Ende des 16. Jahrhunderts. In: Jahrbuch der kunsthistorischen Sammlungen in Wien 82/83 (1986/87). S. 145–156.

Wandruszka, Adam: Aus Oenipons wurde Cenipeus. Zu den römischen Städtebildern in und bei Florenz. In: Römische Historische Mitteilungen 23 (1981). S. 319–328.

Wandruszka, Adam: Die Habsburg-Lothringer und die Naturwissenschaften. In: Mitteilungen des Instituts für Österreichische Geschichtsforschung 70 (1962). S. 355–364.

Warnke, Martin: Hofkünstler. Zur Vorgeschichte des modernen Künstlers. Köln 1985.

Wastler, Josef: Das Kunstleben am Hofe zu Graz unter den Herzogen von Steiermark, den Erzherzogen Karl und Ferdinand. Graz 1897.

Wescher, Paul: Das höfische Bildnis von Philipp dem Guten bis zu Karl V. In: Pantheon 28 (1941). S. 195–202, 272–277.

Wied, Alexander: Lucas van Valckenborch. In: Jahrbuch der kunsthistorischen Sammlungen in Wien 67 (1971). S.119 bis 231.

Wilczek, Karl: Fügers künstlerischer Entwicklungsgang. In: Jahrbuch der kunsthistorischen Sammlungen in Wien 38 (1928). S. 329–354.

Wilde, Johannes: Wiedergefundene Gemälde aus der Sammlung des Erzherzog Leopold Wilhelm. In: Jahrbuch der kunsthistorischen Sammlungen in Wien 40 (1930). S. 245 bis 266.

Winkler, Hubert: Bildnis und Gebrauch. Zum Umgang mit

dem fürstlichen Bildnis in der frühen Neuzeit: Vermählungen – Gesandtschaftswesen – Spanischer Erbfolgekrieg. Wien 1993 (= Dissertationen der Universität Wien 239).
Zimmermann, Heinrich und *Anton Handlirsch* und *Ottokar Smital:* Die beiden Hofmuseen und die Hofbibliothek. Wien – Leipzig 1920.

Titel und Wappen · *Seiten 141 bis 160*

Benna, Anna Hedwig: Von der erzherzoglichen Durchlaucht zur kaiserlichen Hoheit. Eine Titelstudie. In: Mitteilungen des Österreichischen Staatsarchivs 23 (1970). S. 1–35.
Berger, Julius Maria: Der grosse Titel des Kaisers von Oesterreich. Wien 1907.
Gall, Franz: Österreichische Wappenkunde. Handbuch der Wappenwissenschaft. 2. Aufl. Wien–Köln–Weimar 1992.
Hanisch, Wilhelm: Erzherzog und Erzgraf. In: Österreich in Geschichte und Literatur 16 (1972). S. 132–149.
Holzmair, Eduard: Maria Theresia als Trägerin „männlicher Titel". In: Mitteilungen des Instituts für Österreichische Geschichtsforschung 72 (1964). S. 122–134.
Hye, Franz-Heinz: Die heraldischen Denkmale Maximilians I. in Tirol. Versuch einer maximilianischen Heraldik. In: Der Schlern 43 (1969). S. 56–77.
Hye, Franz-Heinz: Der heraldische Schmuck der Innsbrucker Hofburgfassade. Ein Beitrag zur Geschichte des kaiserlich-österreichischen Wappens und des Deutschen Ordens. Innsbruck 1973. S. 151–161.
Hye, Franz-Heinz: Neues zur Wappenproblematik beim Maximiliansgrab in der Hofkirche. In: Tiroler Heimatblätter 66 (1991). S. 2–5.
Probszt-Ohstorff, Günther: Der Titel „König von Jerusalem" auf österreichischen Münzen. In: Mitteilungen der Österreichischen Numismatischen Gesellschaft 14 (1966). S. 63–65.
Redlich, Oswald: Die Pläne einer Erhebung Österreichs zum Königreiche. In: Zeitschrift des historischen Vereins für Steiermark 26 (1931). S. 88–99.
Steinherz, Samuel: Kaiser Karl IV. und die österreichischen Freiheitsbriefe. In: Mitteilungen des Instituts für Österreichische Geschichtsforschung 9 (1889). S. 63–81.

Krönungen und Herrschaftseinsetzungen · *Seiten 179 bis 204*

Duchhardt, Heinz (Hg.): Herrscherweihe und Königskrönung im frühneuzeitlichen Europa. Wiesbaden 1983 (= Schriften der Mainzer philosophischen Fakultätsgesellschaft 8).
Gerig, Hans: Die Kaiserhuldigung zu Köln vom Jahre 1705. In: Jahrbuch des Kölnischen Geschichtsvereins 17 (1935). S. 197–233.
Holzmair, Eduard: Die offiziellen österreichischen Krönungs- und Huldigungspfennige seit Kaiser Josef I. In: Jahrbuch der kunsthistorischen Sammlungen in Wien 50 (1953). S. 199–210.
Die Krönung Leopolds des Zweyten zum römischen Kaiser. Beschrieben von einem Augenzeugen. Wien 1790.

Lange, Hans: Zur Erbhuldigung der steirischen Stände im Jahre 1728. In: Mitteilungen des historischen Vereines für Steiermark 37 (1889). S. 212–215.
Loserth, Johann: Der Huldigungsstreit nach dem Tode Erzherzog Karls II. 1590–1592. Graz 1898 (=Forschungen zu Verfassungs- und Verwaltungsgeschichte der Steiermark 2/2).
Pillich, Walter: Zwei Quellen zur Linzer Erbhuldigung von 1658 für Kaiser Leopold I. In: Mitteilungen des Oberösterreichischen Landesarchivs 4 (1955). S. 233–255.
Reuter-Pettenberg, Helga: Bedeutungswandel der Römischen Kaiserkrönung in der Neuzeit. Köln 1963. (= Phil. Diss.).
Seemüller, Joseph: Friedrichs III. Aachener Krönungsreise. In: Mitteilungen des Instituts für österreichische Geschichtsforschung 17 (1896). S. 584–665.
Steinmann, Ulrich: Die älteste Zeremonie der Herzogseinsetzung und ihre Umgestaltung durch die Habsburger. In: Carinthia I. Zeitschrift für geschichtliche Landeskunde von Kärnten 157 (1967). S. 469–497.
Strnad, Alfred A.: Wahl und Informativprozeß Erzherzog Leopold Wilhelms. In: Archiv für schlesische Kirchengeschichte 26 (1968). S. 153–190.
Thomas, Christiane: Ornat und Insignien zur lombardo-venezianischen Krönung 1838. Entwurf und Ausführung. In: Mitteilungen des österreichischen Staatsarchivs 32 (1979). S. 165–197.
Wanger, Bernd Herbert: Kaiserwahl und Krönung im Frankfurt des 17. Jahrhunderts. Darstellung anhand der zeitgenössischen Bild- und Schriftquellen und unter besonderer Berücksichtigung der Erhebung des Jahres 1612. Frankurt am Main (= Studien zur Frankfurter Geschichte 34) 1994.

Zeremoniell · *Seiten 249 bis 262*

Benedik, Christian: Zeremonielle Abläufe in habsburgischen Residenzen um 1700. Die Wiener Hofburg und die Favorita auf der Wieden. In: Wiener Geschichtsblätter 46 (1991). H. 4. S. 171–178.
Benna, Anna Hedwig: Das Kaisertum Österreich und die römische Liturgie. In: Mitteilungen des Österreichischen Staatsarchivs 9 (1956). S. 118–136.
Berbig, Hans Joachim: Zur rechtlichen Relevanz von Ritus und Zeremoniell im römisch-deutschen Imperium. In: Zeitschrift für Kirchengeschichte 92 (1981). S. 204–249.
Diaz-Varela, Dalmiro de la Valgoma y: Norma y ceremonia de las reinas de la casa de Austria. Madrid 1958.
Dirnberger, Franz: Das Wiener Hofzeremoniell bis in die Zeit Franz Josephs. Überlegungen über Probleme, Entstehung und Bedeutung. In: Das Zeitalter Kaiser Franz Josephs I. Ausstellungskatalog Grafenegg. Wien 1984. S. 42–48.
Ferdinandy, Michael de: Die theatralische Bedeutung des spanischen Hofzeremoniells Kaiser Karls V. In: Archiv für Kulturgeschichte 47 (1965). S. 306–320.
Gerteis, Klaus: Zum Wandel von Zeremoniell und Gesellschaftsritualen in der Zeit der Aufklärung. Hamburg 1992 (= Aufklärung 6).
Giehlow, Karl: Dürers Entwürfe für das Triumphrelief Maximilians I. im Louvre. Eine Studie zur Entwicklungsge-

schichte des Triumphzuges. In: Jahrbuch der kunsthistorischen Sammlungen des allerhöchsten Kaiserhauses in Wien 29 (1910/11). S. 14–84.

Hofmann, Christina: Das spanische Hofzeremoniell von 1500–1700. Frankfurt/Main–Bern–New York 1985 (= Erlanger Historische Studien 8).

Hoos, Hildegard (Hg.): Die kaiserliche Tafel. Ehemalige Hofsilber- und Tafelkammer Wien. Frankfurt 1991.

Kovacs, Elisabeth: Kirchliches Zeremoniell am Wiener Hof des 18. Jahrhunderts im Wandel von Mentalität und Gesellschaft. In: Mitteilungen des Österreichischen Staatsarchivs 32 (1979). S. 109–142.

Pfandl, Ludwig: Philipp II. und die Einführung des burgundischen Hofzeremoniells in Spanien. In: Historisches Jahrbuch der Görres-Gesellschaft 58 (1938). S. 1–33.

PERSONENREGISTER

Aachen, Hans von (1522–1615), dt. Maler 56, 70, 98f., 124, 174
Abdul Hamid II. (1842–1918), türk. Sultan 1876–1909 210
Abondio, Antonio (um 1538–1591), ital. Medailleur 70
Abraham a Sancta Clara (1644–1709), Prediger 220
Adalbert von Prag, hl. (um 956–997), Bischof von Prag 25, 167
Adolf von Nassau (1248/50–1298), röm.-dt. König 1292–1298 184
Aelst, Pieter Coecke van, Maler 274
Agnes von Franken (1072/73–1143), Gattin 1. Friedrichs I. von Schwaben und 2. Leopolds III. von Österreich 25
Agnes († 1297), Königin von Böhmen 312
Agnes (1281–1364), Herzogin von Österreich, Gattin von König Andreas III. von Ungarn 134, 306
Agnes († 1392), Tochter Herzog Leopolds I. 145
Aichel, Johann Santin (1667–1723), böhm. Baumeister 26
Al Malik al Kamil († 1238), Sultan von Ägypten 1218–1238 151
Alba, Herzöge von 252
Albert II. (1738–1822), Herzog von Sachsen-Teschen, Generalgouverneur der österr. Niederlande 106
Albert (1828–1902), König von Sachsen 49
Albrecht IV. († um 1240), Graf von Habsburg, Vater König Rudolfs I. 309
Albrecht I. (um 1253–1308), Herzog von Österreich 1282–1298, röm.-dt. König 1298–1308 39, 121, 130, 134, 142, 144, 161, 184, 188, 191, 306, 309
Albrecht II. der Weise (1298–1358), Herzog von Österreich 34, 40, 84, 87, 91, 182, 286, 308f.
Albrecht III. (1348-1395), Herzog von Österreich 52, 84, 87, 92, 106, 130, 206, 236, 307
Albrecht IV. (1377–1404), Herzog von Österreich 307
Albrecht V. (II.) (1397–1439), Herzog von Österreich, röm.-dt. König 1438–1439 52, 72, 91, 168, 170, 184, 188, 194, 196, 205f., 219, 308f.
Albrecht VI. (1418–1463), Herzog von Österreich 87, 162, 187, 288, 307
Albrecht von Brandenburg (1490–1568), Hochmeister des Dt. Ritterordens 212
Albrecht V. (1528–1579), Herzog von Bayern 93, 196, 274
Albrecht VII. (1559–1621), Erzherzog, Generalgouverneur der Südl. Niederlande 70, 75, 84, 98, 192, 209
Albrecht (1817–1895), Erzherzog, Feldherr 106, 140
Albrecht, Konrad Adolph von 230
Albuquerque, Herzog von 284
Alexander der Große (356–323 v. Chr.), König von Makedonien 79
Alexander VI. (um 1430–1503), Papst 1492–1503 92
Alexander VII. (1599–1667), Papst 1655–1667 20
Alfieri, Victor (1749–1803), Schriftsteller 139

Alfons VIII. (1155–1214), König von Kastilien 1158–1214 244
Alfons V. (1396–1458), König von Aragón, Neapel und Sizilien 206
Alfons XIII. (1886–1941), König von Spanien 1886/1902–1931 147
Allio, Donato Felice d´ (um 1677–1761), ital. Baumeister 248
Altenburg, Lanzelin Graf, Ahnherr der Habsburger, 2. Hälfte 10. Jhdt. 132
Altomonte, Bartolomeo (1702–1779), Maler 75
Amaltheo, Aurelio, ital. Hofpoet 82
Amerling, Friedrich von (1803–1887), österr. Maler 75
Ana Dorotea de Austria, natürliche Tochter Kaiser Rudolfs II. 246
Ana Margarita de San José, natürliche Tochter König Philipps IV. von Spanien 247
Andechs, Grafen von 232
Andrássy, ungar. Magnatenfamilie 84
Andrássy, Julius d. Ä. Graf (1823–1890), erster ungar. Ministerpräsident seit 1867 200
Andreas, hl. († nach 60), Apostel 210
Andreas II. (1176–1235), König von Ungarn 1205–1235 198
Andreas III. (1270–1301), König von Ungarn 1290–1301 170
Angiola, Pietro Michele, Tierwärter 103
Anguissola, Sofonisba (um 1528–1624), ital. Malerin 101
Anicius, Quintus, Aedil 134
Anjou, franz. Adelsgeschlecht 134, 151, 170
Anna (Gertrud) von Hohenberg (um 1225–1281), 1. Gattin König Rudolfs I. 306
Anna von Bretagne (1476–1514), Gattin König Karls VIII. von Frankreich 157
Anna Jagiello (1503–1547), Königin von Böhmen, Gattin Kaiser Ferdinands I. 34, 88, 199f., 232, 312
Anna (1549–1580), Erzherzogin, Gattin König Philipps II. von Spanien 82f., 280, 300
Anna (1528–1590), Gattin Albrechts V. von Bayern 196
Anna (1573–1598), Erzherzogin 306
Anna (1585–1618), Erzherzogin von Österreich-Tirol, Gattin von Kaiser Matthias 30, 171, 314
Anna Katharina von Mantua (1566–1621), 2. Gattin Ferdinands II. von Österreich-Tirol 21f., 30, 314
Anna Maria (1601–1666), Gattin König Ludwigs XIII., Königin von Frankreich 1610 (1617) 73, 224
Anton Viktor (1779–1835), Erzherzog, Hoch- und Deutschmeister 90, 212
Archimedes (um 285–212 v. Chr.), griech. Mathematiker und Physiker 110
Arcimboldo, Giuseppe (um 1527–1593), ital. Maler 70, 74, 81f., 278

Aristoteles (384–322 v. Chr.), griech. Philosoph 110
Arneth, Alfred von (1819–1897), Historiker 286
Astel, Andre, Welser Maler 292
Auer, Erwin Maria, Historiker 215
August (1526–1586), Kurfürst von Sachsen 1553–1586 189, 191
Augustinus Aurelius (354–430), Kirchenvater und Philosoph 38, 110
Augustus (63 v. Chr.–14 n. Chr.), röm. Kaiser 110, 117f., 245
Aviano, Marco d´ (1631–1699), Kapuziner und Prediger 17

Babenberger, österr. Herrscherdynastie 25, 39f., 91, 136, 141, 153f., 159, 179, 227, 241
Baillou, Jean de, Chevalier 102
Balduin I. (1058–1118), Graf von Boulogne, König von Jerusalem 150
Baldung, Hans gen. Grien (1484/85–1545), dt. Maler 101
Balthasar Carlos († 1646), Infant von Spanien 203, 299f.
Barellai, Giovanni Philippo, Pate Erzherzog Johanns 277
Baren, Anton van der, Hofkaplan 99
Barnuevo de Herrera, Sebastián, span. Maler und Architekt 303
Barocci, il (1528/35–1612), ital. Maler 101
Bassano, Jacopo (1517/18–1592), ital. Maler 99
Báthory, Andreas († 1563), Landrichter 199
Báthory, István, Palatin 199
Báthory, Nikolaus (1520–1584) 199
Batoni, Pompeo (1708–1787), ital. Maler 74
Batthyány, Franz (1497–1566), Palatin 199
Baudouin I. (1930–1993), König von Belgien 1951–1993 210
Beatrix Elisabeth von Schwaben (1205–1235), Gattin König Fernandos III. von Kastilien 178
Beck, Leonhard (um 1480–1542), dt. Maler und Zeichner 69, 158
Beck, Max Freiherr von (1854–1943), Ministerpräsident 1906–1908 49
Beethoven, Ludwig van (1770–1827), dt. Komponist 52, 62, 65f.
Bela III. (1148–1196), König von Ungarn seit 1173 169
Bellarmin, Robert (1542–1621), ital. Gelehrter 107
Benedictus de Opitiis (um 1485–1544), dt. Komponist 54
Benedikt, hl. (um 480–547), Begründer des abendländischen Mönchstums 134
Benedikt XIV. (1675–1758), Papst 1740–1758 276
Benzoni, Girolamo (1519–nach 1572), ital. Schriftsteller 139
Berengar I. († 924), König von Friaul 172
Bertali, Antonio (1605–1669), ital. Hofkapellmeister 64, 284
Bethlen, Gabriel (1580–1629), Fürst von Siebenbürgen, König von Ungarn 1620/21 171
Bianca Maria Sforza (1472–1510), 2. Gattin Kaiser Maximilians I. 40, 91, 106, 308f.
Birken, Sigmund von (1626–1681), Historiker, Dichter 79
Blanca von Frankreich (um 1285–1305), 1. Gattin Herzog Rudolfs III. 34, 308

Blotius, Hugo (1533–1608), Humanist 94, 107
Boethius, Anicius Manlius (um 480–524), röm. Philosoph und Staatsmann 110
Böhm, Karlheinz (* 1928), Schauspieler 139
Bolko II. von Schweidnitz, Schwiegersohn Herzog Leopolds I. 145
Bologna, Giovanni da (1529–1608), fläm.-ital. Bildhauer 75, 94, 284
Booth, Boethius de, Gelehrter 86
Borman, Jan, fläm. Bildschnitzer 311
Born, Ignaz von (1742–1791), Freimaurer und Schriftsteller 102
Bosch, Hieronymus (um 1450–1516), niederländ. Maler 97, 99, 101, 246
Bösing, Grafen von, Kronwächter 170
Bourbon, franz. Dynastie 12, 58, 91, 112, 146
Boymont und Payrsberg, Katharina von, Kammerfräulein 265
Brabant, Herzöge von 135
Brahe, Tycho (1546–1601), dän. Astronom 87
Bramante (1444–1541), ital. Baumeister 22
Brandis, Jakob Andrä, Historiograph 97
Brantôme, Pierre de Bourdeille (um 1540–1614), franz. Schriftsteller 274, 280
Braun, Matthias Bernhard (1684–1738), Bildhauer und Architekt 46
Breughel, Pieter d. J. (um 1564–1638), fläm. Maler 70, 83, 97
Bruck, Arnold von (1490–1554), Kapellmeister 54
Bruckner, Anton (1824–1896), österr. Komponist 62
Brunner, Otto, Verfassungshistoriker 145
Bry, Theodore de, Schriftsteller 139
Burgau, Karl von, Sohn Erzherzog Ferdinands II. von Tirol 96
Burghart, Ernst August, Ägyptologe 106
Burgi, Jost, Uhrmacher 83
Burgkmair, Hans d. Ä. (1473–1531), dt. Maler und Zeichner 69, 75, 173
Burglehner, Matthias (1573–1642), Historiograph und Kartograph 97
Burgunder, Herrschergeschlecht 136
Burnacini, Lodovico (um 1636–1707), ital. Baumeister und Theaterregisseur 57, 236, 284, 294
Busbecq, Augier Ghiselain (1522–1592), Polyhistor 88, 107

Cabanilles, Joan (1644–1712), spanischer Komponist 58
Cabezón, Antonio de (1510–1566), spanischer Komponist 57
Cäcilia Renata (1611–1644), Erzherzogin 306
Caesar, Gajus Julius (100–44 v. Chr.), röm. Feldherr und Staatsmann 79, 110, 142, 144, 223, 309
Caldara, Antonio (um 1670–1736), ital. Komponist 56f., 65, 132
Calderón de la Barca, Pedro (1600–1681), span. Dramatiker 20, 58, 70, 101, 124, 240
Calvete de Estrella, Juan Cristobal, span. Maler 274
Calvin, Johannes (1509–1564), franz.-schweiz. Reformator 18
Cambiaso, Lucas (1527–1585), ital. Maler und Bildhauer 70

Canisius, Petrus (1521–1597), dt. Jesuit 21, 36, 107
Capello, Bianca, Mätresse Franz' I. von Medici 285
Carducho, Bartolomé (1560–1608), ital. Maler, Architekt und Bildhauer 70
Carducho, Vicente (1578–1638), span. Maler 70, 101
Carreño de Miranda, Juan (1614–1685), span. Maler 70
Castiglione, Baldassare de (1478–1529), ital. Schriftsteller und Politiker 54, 68
Castro, Juan Blas de (um 1560–1634), span. Komponist 58
Cavalli, Francesco (1602–1676), ital. Komponist 56
Cellini, Benvenuto (1500–1571), ital. Goldschmied und Bildhauer 96, 244, 285
Celtis, Konrad (1459–1508), dt. Humanist 106
Cesti, Antonio (1623–1669), ital. Komponist 56, 284
Chamisso, Albert von (1781–1838), dt. Dichter 88
Charles I. (1600–1649), König von England 1625–1649 99, 101
Charlotte von Belgien (1840–1927), Gattin Kaiser Maximilians I. von Mexiko 140
Checa Cremades, Fernando 68
Chenier, André, Schriftsteller 139
Cherburg, Herbert Lord of 249
Chlodwig I. (um 466–511), fränk. König 120, 309
Christine (1626–1689), Königin von Schweden 1632, 1644–1654 101
Cicero, Marcus Tullius (106–43 v. Chr.), röm. Staatsmann und Philosoph 223
Cid, El, d. i. Rodrigo Díaz de Vivar (um 1043–1099), span. Ritter und Nationalheld 178, 202
Cilli, Grafen von 91, 228
Cimburgis s. Zimburgis
Claudia Felicitas (1653–1676), Erzherzogin, 2. Gattin Kaiser Leopolds I. 64, 318
Clemens VII. (1478–1534), Papst 1523–1534 187
Clemens X. (1590–1676), Papst 1670–1676 276
Clemens XI. (1649–1721), Papst 1700–1721 276
Clemens August (1700–1761), Erzbischof und Kurfürst von Köln 188
Clouet, François (1505/10–1572), franz. Maler 83, 285
Clusius, Carolus (Charles de l' Ecluse) (1526–1609), Hofbotaniker 88
Colin, Alexander (1527/29–1612), fläm. Bildhauer 235, 311
Colleoni, Bartolomeo, Condottiere 78
Collimitius, Georgius (1482–1535), Arzt und Humanist 94
Colloredo, Adelsfamilie 204
Colon, natürlicher Sohn von Christoph Columbus 110
Colonna, röm. Patriziergeschlecht 134ff.
Columbus, Christoph (1451–1506), genues. Seefahrer 110, 124
Conti, Francesco (1682–1732), ital. Hofmusiker 57
Cook, James (1728–1779), brit. Entdecker 103
Cornay, Orfe de, Oberkapellmeister Herzog Ferdinands II. von Tirol 56
Corneille, Pierre (1606–1684), franz. Dramatiker 269
Correa de Arajo, Francisco (um 1575–1663), span. Komponist und Organist 58
Correggio (um 1489–1534), ital. Maler 101
Cortés, Hernán (1485–1547), span. Conquistador 103, 110

Cosimo I. Medici (1519–1574), Großherzog von Toskana 1569–1574 75
Cosimo II. Medici (1590–1621), Großherzog von Toskana 1609–1621 285
Covarrubias, Alonso (um 1488–1564), span. Architekt 239f.
Covarrubias Orozco, Sebastian de, Historiograph 221
Coxcie, Michael (1499–1592), fläm. Maler 274
Cranach, Lucas d. Ä. (1472–1553), dt. Maler und Zeichner 22, 99, 101
Cuspinian, Johannes (1473–1529), dt. Humanist und Diplomat 106, 220

Dante Alighieri (1265–1321), ital. Dichter 128, 222
Daun, Leopold Graf (1705–1766), österr. Feldmarschall 214
Dee, John (1527–1606/08), Alchimist 106
Deér, Josef (1905–1972), Historiker 169f.
Denimal, Therese, Mätresse Kaiser Maximilians I. von Mexiko 140
Dernschwamm, Hans (1494–1568), Botaniker und Humanist 107
Dietrichstein, Adam Graf (1527–1590), österr. Diplomat 83, 207
Dietrichstein, Franz Fürst von (1570–1636), Kardinal und Erzbischof von Olmütz, Geheimer Rat 22
Dietrichstein, Gundaker Graf († 1690) 284
Dietrichstein, Maximilian Graf (1596–1655) 182
Diokletian (um 240–313/16), römischer Kaiser seit 284 245
Dolci, Carlo (1616–1686), ital. Maler 81
Domenichino, d. i. Domenico Zampieri (1581–1641), ital. Maler 70
Don Carlos (1545–1568), Infant von Spanien 83, 139, 300, 312
Don Juan de Austria (1547–1578), Statthalter der Niederlande 20, 75, 124, 139f., 223, 246
Doumergue, Gaston (1863–1937), franz. Politiker 210
Douwen, Jan Frans van (1656–1727), holl. Hofporträtist 81
Draghi, Antonio (1635–1700), ital. Komponist 56f.
Dubček, Alexander (1921–1992), tschechoslowak. Politiker 168
Dürer, Albrecht (1471–1528), dt. Maler und Zeichner 67f., 84, 98–101, 106, 122, 155, 164, 173, 310
Durón, Sebastián (um 1650–1716), span. Komponist 58
Duval, Valentin Jameray, Leiter des Münzkabinetts 102
Dyck, Anthonis van (1599–1641), fläm. Maler 99f.

Ebendorfer, Thomas (1388–1464), österr. Geschichtsschreiber und Diplomat 145
Eggenberg, Johann Ulrich von (1568–1634), Ratgeber Kaiser Ferdinands II. 182
Eleonore von Portugal (1436–1467), Gattin Kaiser Friedrichs III. 157, 187, 309, 311
Eleonore von Schottland (1431–1480), Gattin Herzog Sigmunds des Münzreichen 13
Eleonore (1498–1558), Erzherzogin, Gattin 1. König Manuels I. von Portugal und 2. König Franz' I. von Frankreich 93, 192, 274, 312

Eleonore († 1620), Erzherzogin 37

Eleonore von Mantua (1598–1655), 2. Gattin Kaiser Ferdinands II. 22, 56, 290, 307, 318

Eleonore Gonzaga (1630–1686), 3. Gattin Kaiser Ferdinands III. 18, 56, 216f., 276

Eleonore Magdalena von Pfalz-Neuburg (1655–1720), 3. Gattin Kaiser Leopolds I. 30, 217

Elias, Norbert, Historiker 258

Elisabeth s. auch Isabella

Elisabeth, hl. (1207–1231), Landgräfin von Thüringen 36, 217

Elisabeth (um 1262–1313), Gattin König Albrechts I. 306, 309

Elisabeth von Aragón (um 1296–1330), Gattin König Friedrichs des Schönen 34, 308

Elisabeth von Böhmen und Ungarn (um 1409–1442), Gattin König Albrechts II. 170, 309

Elisabeth (1437–1505), Herzogin von Österreich 306

Elisabeth von Valois (1545–1568), 3. Gattin König Philipps II. von Spanien 250, 280, 300

Elisabeth (1554–1592), Erzherzogin, Gattin König Karls IX. von Frankreich 24, 35, 60, 82f., 96, 248, 278, 285, 297, 307

Elisabeth (Isabella) von Bourbon (1602–1644), Gattin König Philipps IV. von Spanien 25, 83, 277, 300, 302

Elisabeth Christine von Braunschweig-Wolfenbüttel (1691–1750), Gattin Kaiser Karls VI. 11, 44, 132, 215

Elisabeth (1743–1808), Erzherzogin 37

Elisabeth von Bayern (1837–1898), Gattin Kaiser Franz Josephs I. 9, 50, 78, 138f., 177, 200, 217, 249, 286

Elisabeth (1831–1903), Erzherzogin 62

Elisabeth (1883–1963), Erzherzogin 319

Emmerich (1174–1204), König von Ungarn 1196–1204 170

Engelbert von Admont (um 1250–1331), Historiograph 130

Enikel, Jan (1230/40–1290), Wiener Geschichtsschreiber 145

Erdödy, Peter, Banus von Kroatien 199

Erhardt, Gregor († vor 1540), dt. Bildhauer 75

Ernst der Eiserne (1377–1424), Herzog von Steiermark 40, 91, 145, 182, 205, 308f.

Ernst (1553–1595), Erzherzog, Statthalter der Niederlande 60, 97f., 228, 272

Esterházy, ungar. Magnatenfamilie 52

Eticho, Ahnherr der Habsburger 133

Eugen von Savoyen Prinz (1663–1736), österr. Feldherr 52, 88, 110, 139, 230, 237

Eugen (1895–1952), Erzherzog, Hoch- und Deutschmeister des Dt. Ritterordens 314

Eugen (1863–1954), Erzherzog, Hoch- und Deutschmeister des Dt. Ritterordens 212

Eybler, Joseph Leopold von (1765–1846), österr. Komponist 62

Eyck, Jan van (um 1390–1441), niederländ. Maler 99, 101

Eytzing, Michael von († 1522), Geschichtsschreiber 135

Faure, Félix (1841–1899), franz. Politiker 210

Feigl, Erich, Historiker 38, 177

Felix III. (IV.) († 530), Papst 526–530 134

Fendi, Peter (1796–1842), österr. Maler und Graphiker 177

Ferdinand II. der Katholische (1452–1516), König von Aragón-Kastilien 57, 124, 146, 178, 203, 206f., 222, 237f., 292, 309, 312

Ferdinand I. (1503–1564), röm.-dt. Kaiser 1556–1564 19, 29, 34, 36, 41, 54, 69, 73, 75, 86, 88, 92f., 96, 106f., 131, 148, 150, 156, 171, 174, 188, 192, 194, 196, 199f., 228, 231f., 238, 245, 250, 256, 286, 288, 312

Ferdinand II. (1529–1595), Erzherzog von Österreich-Tirol 19, 21f., 26, 36, 42, 56, 69ff., 73, 84, 88, 93f., 96ff., 103, 106f., 123, 130, 162, 192, 196, 232, 234, 264f., 272, 285, 295, 314

Ferdinand II. (1578–1637), röm.-dt. Kaiser 1619–1637 18f., 21f., 24, 42, 56, 72, 86, 98, 131, 162, 171, 175f., 181f., 189f., 192, 196, 232, 256, 280, 284f., 307, 313f., 318

Ferdinand (1609–1641), Kardinal-Infant, Generalgouverneur der Südl. Niederlande 70

Ferdinand IV. (1633–1654), Erzherzog, röm.-dt. König seit 1653 37, 72, 98, 176, 181f., 188, 196, 290, 314

Ferdinand III. (1608–1657), röm.-dt. Kaiser 1637–1657 9, 18f., 24, 56, 63f., 72, 76, 98, 114, 168, 171, 181f., 186, 189f., 196, 216f., 230, 236, 266, 280, 307, 314, 316

Ferdinand Karl (1628–1662), Erzherzog von Österreich-Tirol 1632–1662 76, 180

Ferdinand Wenzel (1667–1668), Erzherzog, Sohn Kaiser Leopolds I. 276

Ferdinand Karl (1754–1806), Erzherzog 60

Ferdinand VII. (1784–1833), König von Spanien 1808, 1814–1833 102

Ferdinand I. (1793–1875), Kaiser von Österreich 1835–1848 46, 90, 96, 100, 138, 162, 168, 173, 176f., 179, 190, 193, 196, 200f., 204, 276f.

Ferdinand IV. (1835–1908), Großherzog von Toskana 49

Fernando III. (1200–1252), König von León 1230–1252 und von Kastilien 1217–1252 177

Fernando I. (1380–1416), König von Aragón und Sizilien 244

Fernando († 1641), Kardinalinfant 247

Ferrabosco, Pietro (1512/13–1588), ital. Architekt und Maler 36, 228, 235, 248

Fichtel, Leopold von (1770–1810), Reisender 103

Fillastre, Guillaume 211

Finck, Heinrich (1444/45–1527), Komponist 54

Fischer von Erlach, Johann Bernhard (1656–1723), österr. Architekt und Baumeister 110, 230f., 236, 248, 272, 294

Flecha, Matheo (1481–1553), span. Komponist 58

Florian, hl. († um 304), röm. Offizier und Märtyrer 25, 72

Fonteius, Johann Baptist 278

Francavilla, Pietro (1548–1615), Bildhauer, Architekt und Maler 88

Franz I. (1494–1547), König von Frankreich 1515–1547 101, 274

Franz I. Medici (1541–1587), Großherzog von Toskana 284f.

Franz I. Stephan von Lothringen (1708–1765), röm.-dt. Kaiser 1745–1765 37, 46, 60, 72, 74, 78, 89, 99, 102, 133, 135, 147, 149ff., 153, 165, 176, 190, 200, 209f., 214, 258, 262, 264, 271f., 276, 317

Franz II. (I.) (1768–1835), röm.-dt. Kaiser seit 1792, Kaiser

von Österreich 1804–1835 38, 46, 65,75, 78, 90, 100, 103, 138, 149f., 152, 156, 175f., 190, 192f., 196, 200, 214f., 236, 262, 277
Franz V. (1819–1875), Herzog von Modena 152
Franz Karl (1802–1878), Erzherzog, Vater Kaiser Franz Josephs I. 49, 193
Franz Ferdinand (1863–1914), Erzherzog von Österreich-d' Este, Thronfolger 48, 50f., 90, 141, 152, 175, 236f., 256, 319
Franz Joseph I. (1830–1916), Kaiser von Österreich 1848–1916 38f., 47–50, 68, 71, 79, 90, 100, 110, 131, 138ff., 150, 152, 156, 158, 190, 193, 196, 200, 202, 207, 215, 217, 224, 234, 250f., 256, 286f., 316
Franz Salvator (1866–1939), Erzherzog von Österreich-Toskana 49
Franz von Borgia, hl. (1510–1572), span.-ital. kath. Theologe 247
Frauenpreiß, Matthäus d. Ä. († 1549), fläm. Waffenschmied 80
Friedrich I. von Lothringen-Vaudemont 151
Friedrich I. von Staufen (um 1050–1105), Herzog von Schwaben 1079–1105 25
Friedrich I. Barbarossa (um 1125–1190), König seit 1152, Kaiser seit 1155 144
Friedrich II. der Streitbare (um 1210–1246), Herzog von Österreich und der Steiermark 142, 159
Friedrich II. der Staufer (1194–1250), röm.-dt. Kaiser 1212–1250 122, 128, 144, 151, 165, 212
Friedrich von Antiochien (um 1225–1256), Graf von Alba 151
Friedrich I. der Schöne (1289–1330), röm.-dt. König, Herzog von Österreich und der Steiermark 31, 34, 40, 91, 134, 184, 228, 308
Friedrich II. (1327–1344), Sohn Herzog Ottos des Fröhlichen 84
Friedrich IV. mit der leeren Tasche (1382–1439), Herzog von Tirol 54, 87, 91, 232, 308f.
Friedrich III. (1415–1493), röm.-dt. Kaiser 1452–1493 13, 40, 52ff., 68, 72, 75, 86, 91f., 106, 120f., 130, 136, 142, 145, 157, 162, 164f., 171, 174, 186ff., 190, 192, 201, 205f., 212f., 219ff., 228, 232, 278, 288, 292, 294, 308ff.
Friedrich III. der Weise (1463–1525), Kurfürst von Sachsen 13
Friedrich II. der Weise (1482–1556), Kurfürst von der Pfalz 1544–1556 187
Friedrich III. der Fromme (1515–1576), Kurfürst von der Pfalz 1559–1576 189
Friedrich V. (1596–1632), Kurfürst von der Pfalz, König von Böhmen 1619/20 196
Friedrich I. (1657–1713), König in Preußen 1701–1713 121
Friedrich Wilhelm I. (1688–1740), König in Preußen 1713–1740 258
Friedrich (1856–1936), Erzherzog 106
Fuchs-Mollard Gräfin († 1754), Aja Maria Theresias 314
Füger, Johann Friedrich Heinrich (1751–1818), Maler 74
Fugger, Augsburger Kaufmannsfamilie 274
Fugger, Hans (1531–1598), Kaufherr und Mäzen 71
Fugger, Johann Jakob (1516–1575), Kaufherr 235
Fux, Johann Joseph (1669–1741), österr. Komponist 57, 65

Galilei, Galileo (1564–1642), ital. Mathematiker und Philosoph 83
Gall, Franz, Historiker 154
Galleazo, Gualdo Priorato Conte, Hofhistoriograph 82
Galli-Bibiena, ital. Baumeisterfamilie 294
Galli-Bibiena, Antonio (1700–1774), ital. Baumeister und Theaterdekorateur 57
Galli-Bibiena, Ferdinando (1657–1743), ital. Baumeister 57
Galli-Bibiena, Giuseppe (1696–1756), ital. Theaterdekorateur 57
Gambara, Giovanni Francesco (1533–1587), Kardinal 235
Gassmann, Florian Leopold (1729–1774), böhm. Komponist 65
Gasteiger, Hans (1499–1577), Wasserbaumeister 235
Geisula (Gisela) (985–1033), Gattin König Stephans I. von Ungarn 309
Genepp, Arnold van, Ethnologe 274
Georg von Podiebrad (1420–1471), König von Böhmen 1458–1471 21, 312
Georg der Reiche (1455–1503), Herzog in Bayern 278
Georg von Bayern (1880–1943), Enkel Kaiser Franz Josephs I. 49
Germain, Jean, belg. Kanzler 211
Geza (um 943–997), Fürst von Ungarn 972–997 198
Geza I. (1044–1077), König von Ungarn 1074–1077 169
Ghisi, Theodoro († 1601), ital. Maler 313
Giordano Luca (1632–1705), ital. Maler 70, 101
Giorgione (1478–1510), ital. Maler 99
Giovio, Paolo (1483–1552), ital. Humanist 96
Gisela, Mutter Berengars I. von Friaul 172
Gluck, Christoph Willibald (1714–1787), dt. Komponist 62, 65, 132
Godl, Stefan († 1534), österr. Erzgießer und Büchsenmeister 309
Goethe, Johann Wolfgang von (1749–1832), dt. Dichter 190
Gómez de Mora, Juan (um 1580–1648), span. Architekt 247
Gonzaga, ital. Fürstengeschlecht 99
Görz-Tirol, Grafen von 308
Gottfried von Bouillon (um 1060–1100), Herzog von Niederlothringen 79, 150f., 309
Gottschalk, Hans, Wiener Arabist 159
Graf, Theodor, Teppichhändler 110
Gran, Daniel (1694–1757), Maler 110, 230
Granvelle, Antoine Perrenot de (1517–1586), Kardinal und span. Minister 98
Gras, Kaspar (1584/85–1674), österr. Bildhauer 75, 314
Greco, El (um 1541–1614), span. Maler griech. Herkunft 126
Gregor I. der Große (um 540–604), Papst 590–604 134, 172
Gregor IX. (um 1170–1241), Papst 1227–1241 107
Gregor X. (um 1210–1276), Papst 1271–1276 133
Gregor XIII. (1502–1585), Papst 1572–1585 208
Gregor XVI. (1765–1846), Papst 1831–1846 277
Greiss, Herren von 40
Greiß, Wilhelm von, Gejaidschreiber 41
Grillparzer, Franz (1791–1872), österr. Dichter 292
Großschedel, Wolfgang († 1563), Plattner 80
Grupello, Gabriel de (1644–1730), fläm.-ital. Bildhauer 76
Guerrero, Francisco (1528–1599), span. Komponist 57

Guevara, Antonio (um 1480–1545), span. Humanist 120
Guilliman, Franz (um 1568–1612), Historiograph 97, 134
Gumpp, Christoph (1600–1672), Tiroler Baumeister 56, 75
Gumppenberg, Wilhelm (1609–1675), Jesuit 21
Gundelfingen, Heinrich von († 1490), Geschichtsschreiber und Humanist 134
Guntram der Reiche, Ahnherr der Habsburger 132
Guta (1271–1297), Königin von Böhmen, Tochter König Rudolfs I. 312
Gutiérrez, Alonso, span. Schatzmeister 247
Guzmán, Gaspar de, span. Architekt 240

Habersack, Hans, Chronist 196
Habsburg-Lothringen, Otto (* 1912), Chef des Hauses Habsburg-Lothringen 209f.
Hakluyt, Richard, Schriftsteller 139
Haller, Hans († 1547), Augsburger Goldschmied 174
Hamilton, Herzog von († 1649) 99
Handl, Jakob, gen. Jacobus Gallus (1550–1591), österr. Komponist 54
Hans von Tirol, Baumeister 26
Hardegg, Graf von, Oberstjägermeister 44
Haro, Luis de (1598–1661), span. Staatsmann 101
Hartmann (1263–1281), Graf von Habsburg, Sohn König Rudolfs I. 306
Harun ar Raschid (766–809), Kalif 165
Hašek, Jaroslav (1883–1923), tschech. Schriftsteller 73
Hasenauer, Karl Freiherr von (1833–1894), österr. Architekt und Baumeister 50
Haug der Große 309
Haydn, Joseph (1732–1809), österr. Komponist 52, 65
Hedwig, hl. (1174–1243), Herzogin von Schlesien 25
Hedwig (1457–1502), Gattin Herzog Georgs des Reichen von Bayern 278
Hefele, Melchior (1716–1799), österr. Baumeister 273
Hefner, Daniel († 1624), Kupferstecher 295
Heinrich II. von Zypern, König von Jerusalem 151
Heinrich I. der Vogeler (876–936), König 919–936 166
Heinrich II. (973–1024), Kaiser 1014–1024 164, 172, 308
Heinrich III. (1017–1056), Kaiser 1046–1056 168
Heinrich IV. (1050–1106), Kaiser 1084–1106 144, 166f.
Heinrich V. (1086–1125), Kaiser 1111–1125 26
Heinrich X. der Stolze (1100-1139), Herzog von Bayern 1126–1138 und von Sachsen 1137–1139 141
Heinrich II. Jasomirgott (um 1107–1177), Herzog von Österreich 1156–1177 141
Heinrich VI. (1165–1197, Kaiser 1191–1197 142
Heinrich VII. (1211–1242), Gegenkönig 1220–1235 144
Heinrich VIII. (1491–1547), König von England 62
Heinrich III. (1551–1589), König von Frankreich 1574–1589 und von Polen 1572–1574 235
Heinrich Julius (1533–1598), Herzog von Braunschweig 76
Heinrich IV. (1553–1610), König von Frankreich 1589–1610 75
Heinrich von Meissen, gen. Frauenlob (1250/60–1318), mittelhochdt. Lyriker 52
Heinrich von Mügeln, mittelhochdt. Dichter des 14. Jhdts. 52

Helena, hl. (um 250–329), Mutter Kaiser Konstantins I. des Großen 14, 72, 165, 172, 308
Helena (1543–1574), Erzherzogin 36
Hellmesberger, Georg (1800–1873), österr. Musiker 62
Hellmesberger, Joseph (1828–1893), österr. Hofkapellmeister 62, 286
Helmschmied, Desiderius, Plattner 80
Helmschmied, Jörg, Plattner 80
Helmschmied, Lorenz († 1516), Plattner 80
Heraeus, Carl Gustav, Medaillen- und Antiquitäteninspektor 99, 230
Hermann von Niederaltaich (1242–1273), Geschichtsschreiber 14
Herrera, Francisco de (um 1576–1656), span. Maler 70
Herrera, Juan de (um 1530–1597), span. Architekt 238, 240, 245
Hidalgo, Juan († 1685), span. Komponist 58
Hildebrandt, Johann Lukas von (1668–1745), österr. Architekt und Baumeister 236, 294
Hinderbach, Johann, Sekretär Kaiser Friedrichs III. 53
Hirohito (1901–1989), Kaiser von Japan 210
Hitler, Adolf (1889–1945), nationalsozialist. Politiker und Reichskanzler 172
Hoecke, Jan van den (1611-1651), Maler 74, 99
Hoefnagel, Joris (1542–1600), Miniaturmaler und Zeichner 88, 99
Hoffmann, Hans († 1591/92), dt. Tiermaler 88, 98
Hofhaimer, Paul (1459–1537), österr. Organist und Komponist 54
Hofmann, Max Julius (1840–1896), dt. Architekt 234
Hohenberg, Grafen von 141
Hohenberg, Ferdinand von (1732–1816), österr. Architekt 88
Hohenleiter, Wolfgang, Gejaidschreiber 41
Hohenstaufer s. Staufer
Hohenzollern, dt. Dynastie 134, 140, 191
Holbein, Hans d. J. (1497/98–1543), dt. Maler 99, 106
Holzer, Hans, Schriftsteller 140
Hubertus, hl. (um 655–727), Missionar und Bischof 46
Hubert Salvator (1894–1971), Enkel Kaiser Franz Josephs I. 49
Hügel, Karl Alexander Freiherr von (1795–1870), Hofbotaniker 90
Hügel, Freiherr von, Prinzipal-Commisär 167
Hugo von Montfort (1357–1423), mittelhochdt. Dichter 52
Hus, Johann (1369–1415), tschech. Reformator 26, 190

Ignatius von Loyola (1491–1556), Begründer des Jesuitenordens 25, 100, 269
Infantado, Herzöge von 280
Innozenz III. (1160/61–1216), Papst 1198–1216 142, 202
Innozenz XI. (1611–1689), Papst 1676–1689 220
Innozenz XIII. (1655–1724), Papst 1721–1724 26
Isaac, Heinrich (um 1450–1517), fläm. Komponist 54
Isabella s. auch Elisabeth
Isabella von Brienne (1211/12–1228), 2. Gattin Kaiser Friedrichs II. 151

Isabella von Lothringen († 1453), 1. Gattin Renés I. von Lothringen 151
Isabella von Portugal (1397–1472), Gattin Herzog Philipps III. von Burgund 208
Isabella I. die Katholische (1451–1504), Königin von Aragón-Kastilien 57, 146, 177f., 202, 237f., 312
Isabella von Portugal (1503–1539), Gattin Kaiser Karls V. 92, 237, 247, 280, 312
Isabella Clara Eugenia (1566–1633), Infantin von Spanien, Gattin Erzherzog Albrechts VII. 18, 22, 70, 84, 98, 209
Isabella von Bourbon–Parma (1741–1763), 1. Gattin Kaiser Josephs II. 286
Isabella II. (1830–1904), Königin von Spanien 1833/43–1868 210
Isidor von Sevilla, hl. (560–636), Bischof und Kirchenlehrer 269, 299

Jacquin, Nikolaus von (1727–1817), Botaniker 89
Jadot, Jean Nicolas (1710–1761), franz. Baumeister 88f., 314
Jagiellonen, poln. Dynastie 199, 277
Jakob II. († 1349), König von Mallorca seit 1329 250
Jakob I. (1394–1437), König von Schottland 13
Jakob I. (1566–1625), König von England 1603–1625 149, 223
Jamnitzer, Wenzel (1508–1585), Goldschmied 83
Jansenius, Cornelius (1585–1638), Weihbischof, Begründer des Jansenismus 38
Jelačič, Josef Freiherr von Bužim (1801–1859), Banus von Kroatien 193
Jentzenstein, Johannes von (1347/48–1400), Erzbischof von Prag 26
Joachim II. (1505–1571), Kurfürst von Brandenburg 189
Joanelli, Barnabit 24
Johann von Brienne († 1237), König von Jerusalem 151
Johann Parricida (um 1290–1313), Sohn Kaiser Rudolfs II. 191, 306
Johann Heinrich (1322–1375), Markgraf von Mähren 1355–1375, Gatte von Margarete Maultasch 182
Johann Ohnefurcht (1371–1419), Herzog von Burgund 1404–1419 208
Johann (1478–1497), Infant von Kastilien-Aragón 202
Johann (1537–1554), Infant von Portugal 247
Johann IV. (1604–1656), König von Portugal 1640–1656 62
Johann Georg I. (1585–1656), Kurfürst von Sachsen 22
Johann III. Sobieski (1624–1696), König von Polen 1674–1696 22, 220
Johann Wilhelm (1658–1716), Kurfürst von der Pfalz 76
Johann (1782–1859), Erzherzog, dt. Reichsverweser 46, 90, 103, 139, 237, 277, 313, 319
Johann (Orth) (1852–1911 für tot erklärt), Erzherzog 38, 140, 249
Johann von Nepomuk (um 1340–1393), Theologe 26, 29
Johann von Viktring (um 1270–1345/47), Chronist 182
Johanna von Pfirt (um 1300–1351), Gattin Herzog Albrechts II. 84, 308
Johanna die Wahnsinnige (1479–1555), Gattin König Philipps I. von Spanien 202f., 237, 292, 309, 312

Johanna (1537–1573), Gattin Johanns, Infant von Portugal 247
Johanna (1547–1578), Erzherzogin, Gattin Franz' I. Medici 284
Jolante von Anjou, Tochter Renés I. von Lothringen 151
Jonas, Franz (1899–1974), österr. Bundespräsident 1965–1974 18
Jonghelinck, Nicolas († 1570), niederländ. Maler 83
Jörger, protest. Adelsfamilie 17
Joseph I. (1678–1711), röm.-dt. Kaiser 1705–1711 19, 25, 43f., 56f., 65, 73, 76, 78, 124, 132, 186, 190, 196, 255f., 266, 272, 276, 318
Joseph II. (1741–1790), röm.-dt. Kaiser 1756–1790 22, 25, 29, 34, 36ff., 44, 46, 62, 65, 68, 72ff., 78, 89, 100, 102, 124, 136, 138f., 147ff., 162f., 171, 188, 190, 195f., 200f., 209, 236, 248, 256, 258f., 262, 270f., 276f., 286, 290, 314, 317
Joseph (1716–1717), Erzherzog 271
Joseph Bonaparte (1768–1844), König von Neapel und Sizilien 1806–1808 und von Spanien 1808–1813 146
Joseph August (1872–1962), Erzherzog 49
Juan Carlos (* 1938), König von Spanien seit 1975 147, 210
Juan José de Austria († 1697), natürlicher Sohn König Philipps IV. von Spanien 239, 246
Juana, natürl. Tochter Don Juans de Austria 246

Kaňka, František Maximilian (1674–1766), Architekt 46
Kantorowicz, Alfred (1899–1979), dt. Schriftsteller 292
Karabacek, Joseph Ritter von (1845–1918), Wiener Orientalist 110
Karl I. der Große (742–814), röm.-dt. Kaiser 800–814 79, 117, 120ff., 124, 134ff., 155, 163f, 155, 163f, 167, 174, 184, 188, 190, 196, 309
Karl († 1276), Sohn König Rudolfs I. 306
Karl I. von Anjou (1226–1285), König von Sizilien und Neapel 151
Karl IV. von Luxemburg (1316–1378), röm.-dt. Kaiser 1346/55–1378), König von Böhmen und Italien 142, 144, 161f., 165, 167f., 184, 194, 196, 312
Karl der Kühne (1433–1477), Herzog von Burgund 75, 206, 276, 309
Karl V. (1500–1558), röm.-dt. Kaiser 1519–1556, als Karl I. König von Spanien 1516–1556 9, 18, 20f., 30, 37, 44, 54, 57, 63, 67, 69, 72, 75, 83, 86ff., 93, 98, 100f., 103, 110, 112, 120, 122, 124, 126, 131, 142, 145f., 150, 155, 164, 173f., 178, 186ff., 191ff., 201ff., 208, 221ff., 233f., 237–241, 244f., 247, 250, 271, 274, 280, 285f., 288, 290, 292, 296, 298ff., 302, 312
Karl IX. (1550–1574), König von Frankreich 35, 83, 96, 248, 278, 284
Karl II. (1540–1590), Erzherzog von Innerösterreich 18, 21, 24, 35, 42, 56, 74, 88, 93, 97, 107, 162, 181, 196, 232, 248, 264, 271f., 275, 278, 295, 312f.
Karl Ferdinand (1590–1624), Erzherzog, Hoch- und Deutschmeister, Bischof von Brixen und Breslau 212
Karl Joseph (1649–1664), Erzherzog, Hochmeister des Dt. Ordens, Bischof von Olmütz 212
Karl IV. (1605–1675), Herzog von Lothringen 284
Karl V. (1643–1690), Herzog von Lothringen 22, 46, 276, 286

Karl II. (1661–1700), König von Spanien 1665–1700 37, 70, 76, 101, 124, 239, 294, 299, 303
Karl XII. Gustav (1682–1718), König von Schweden 1697–1718 121
Karl VI. (1685–1740), röm.-dt. Kaiser 1711–1740, als Karl III. König von Spanien 9, 11, 19, 25, 37, 42–46, 57, 60, 65, 73–76, 78, 99, 114, 124, 129, 132, 135, 138, 146, 148ff., 152f., 157, 181ff., 190, 192, 195f., 220, 222, 230f., 236, 248, 255f., 258, 262, 266, 270f., 274, 276
Karl Albrecht (1697–1745), Kurfürst von Bayern 1726–1745, als Karl VII. Albrecht Kaiser seit 1742 26, 184, 188
Karl (1745–1761), Erzherzog, Sohn Maria Theresias 210, 277
Karl (1712–1780), Herzog von Lothringen 60
Karl III. (1716–1788), König von Spanien 1759–1788 102, 146
Karl (1771–1847), Erzherzog, österr. Feldmarschall 75, 78, 90, 106, 140, 212
Karl Ludwig (1833–1896), Erzherzog 90
Karl I. (1887–1922), Kaiser von Österreich (nicht gekrönt) 1916–1918 25, 38, 73, 146, 150, 152, 196, 201, 224, 316, 319
Karl Stephan (1860–1933), Erzherzog 66
Karl Salvator (1909–1953), Erzherzog 49
Karolina Augusta von Bayern (1792–1873), 4. Gattin Kaiser Franz' II./I. 217
Karolinger, fränk. Adelsgeschlecht 133, 135f., 165f.
Katharina von Sachsen (1468–1524), 2. Gattin Herzog Sigmunds des Münzreichen 92
Katharina (1507–1578), Erzherzogin, Gattin König Johanns III. von Portugal 73, 83f.
Kepler, Johannes (1571–1630), dt. Astronom 87
Kertész, Johann, Historiker 9
Kerzel, Joseph Ritter von, Arzt 49
Khevenhüller, Hans Christoph, Gesandter 84
Khevenhüller-Metsch, Johann Joseph Fürst (1706–1776), österr. Hofkanzler 62
Kinsky, Fürstenfamilie 65
Kircher, Athanasius (1602–1680), Jesuit 63f., 79
Kleiner, Salomon (1700/03–1761), Kupferstecher 248
Kohl, Ludwig, Maler 102
Kölderer, Jörg († 1540), österr. Maler und Architekt 310
Kolman, gen. Helmschmied (1471–1532), Augsburger Plattner 80
Koloman, hl. († 1012), irischer Missionar und Märtyrer 25, 308
Kolowrat, Franz Anton (1778–1861), Staatsminister 193
Kolowrat Lipsteinsky, Johann von 265
Kolowrat Lipsteinsky, Philippine von 265
Königsmarck, Hans Christoph Graf (1600–1663), schwed. General 98
Konrad II. (990–1039), Kaiser 1027–1039 164
Konrad von Bayern (1883–1969), Enkel Kaiser Franz Josephs I. 49
Konrad von Mure (um 1210–1281), Historiograph 130, 133
Konstantin I. der Große (280–337), röm. Kaiser 14, 120, 126, 136, 165f., 172, 245
Konstantin, Sohn Michaels VII. Dukas von Griechenland 169

Konstanze von Aragón (1179–1222), Gattin König Emmerichs von Ungarn 170
Konstanze (1588–1631), Erzherzogin, Königin von Polen 306
Körner, Theodor (1873–1957), österr. Bundespräsident 1951–1957 18
Kotannerin, Helene, Kammerfrau Elisabeths von Böhmen und Ungarn 170
Kozeluh, Leopold (1752–1818), böhm. Komponist 62
Krafft, Peter (1780–1856), dt. Maler 75
Krätsch, Matthias, Maler 98
Kraus, Karl (1874–1936), österr. Schriftsteller 106
Kreussenbach, Friedrich von, Jagdmeister Herzog Rudolfs IV. 40
Kuenring, Herren von 131
Kunigunde (1465–1520), Gattin Herzog Albrechts IV. von Bayern 309
Kupetzky, Johann (1667–1740), böhm. Porträtist 74
Kyburg, Grafen von 153

Ladislaus I. der Heilige (1040/46–1095), König von Ungarn 25
Ladislaus Postumus (1440–1457), Herzog von Österreich, König von Böhmen und Ungarn 87, 91, 170f., 187, 196, 219, 309, 312
Lambeck, Peter (1628–1680), Bibliothekar und Historiker 106, 110, 219f.
Lamormaini, Wilhelm (1570–1648), Jesuit 18f., 131
Lampi, Johann Baptist d. Ä. (1751–1830), Bildnis- und Historienmaler 74
Lasso, Orlando di (1532–1594), ital. Komponist 54, 56
Laurentius von Brindisi (1559–1619), Gründer des Kapuzinerordens 17
Lazius, Wolfgang (1514–1565), Humanist 106, 271
Lechner, Karl, Historiker 154, 159
Lederer, Carl Freiherr von (1817–1890), Diplomat 49
Leisek, Georg (1869–1936), österr. Bildhauer 49
Leitner, Ischler Büchsenmacher 49
Leitner, Quirin von (1834–1893), Waffenhistoriker 100
Leoni, Leone (1509–1590), Bildhauer, Goldschmied und Architekt 69, 72, 75, 98, 124, 247
Leoni, Pompeo (um 1533–1608), Bildhauer und Medailleur 174, 249
Leopold III. der Heilige (um 1075–1136), Markgraf von Österreich 1095–1136 25f., 36, 72, 136f., 158, 162, 309
Leopold V. der Tugendhafte (1157–1194), Herzog von Österreich 1177–1194 153
Leopold VI. der Glorreiche (um 1176–1230), Herzog von Österreich 1198–1230 159, 170
Leopold I. der Glorwürdige (1290–1326), Herzog von Österreich 145
Leopold III. (1351–1386), Herzog von Österreich 205f., 306, 309
Leopold IV. (um 1371–1411), Herzog von Österreich 91, 307
Leopold († 1557), Bischof von Córdoba, natürl. Sohn Kaiser Maximilians I. 136
Leopold V. (1586–1632), Erzherzog von Tirol, Bischof von Passau und Straßburg 22, 42f., 56, 76, 192, 314

Leopold Wilhelm (1614–1662), Erzherzog, Statthalter der Niederlande 1647–1655, Bischof von Passau, Hochmeister des Dt. Ordens 19, 64, 69f., 76, 83, 99, 107, 179f., 212, 220
Leopold (1700–1701), Erzherzog 124
Leopold I. (1640–1705), röm.-dt. Kaiser 1658–1705 11, 22, 24f., 26, 39, 43, 56, 60, 64, 72f., 75f., 78, 82, 88, 96, 99, 110, 124, 131f., 138, 179–182, 188, 192, 196, 230, 236, 255f., 266, 269, 272, 276, 280, 284, 286, 313f., 318
Leopold II. (1747–1792), röm.-dt. Kaiser 1790–1792 37f., 62, 65, 74, 102, 132, 147, 168, 190, 196, 200, 210, 264, 272, 316, 318
Leopold (1846–1930), Prinz von Bayern 49
Leopold Salvator (1863–1931), Erzherzog 66
Leopold Maria Alphons (1897–1958), Erzherzog 316
Leopoldine (1797–1826), Erzherzogin, Kaiserin von Brasilien 90, 103, 178, 201
Lernet-Holenia, Alexander (1897–1976), österr. Schriftsteller 140
Le Vasseur, Jacques, Historiograph 221
Leyden, Nikolaus Gerhaert von († um 1487), Bildhauer 308
Lhotsky, Alphons (1903–1968), Historiker 67, 142, 145, 159, 219f.
Licino, Giulio (1527–1593), Porträtmaler 74, 81
Liechtenstein, Fürstenfamilie 204
Liechtenstein, Anton Florian Fürst († 1721), Diplomat 44
Liechtenstein, Georg von († 1419), Bischof von Trient 91
Liechtenstein, Hartmann Fürst, Obersthofjägermeister Kaiser Karls VI. 45
Linné, Carl von (1707–1778), schwed. Naturforscher 89
Lobkowitz, Fürstenfamilie 65
Lobkowitz, Benigna Katharina von 22
Lobkowitz, Jan d. J. von, Oberst-Burggraf 196
Lobkowitz, Nikolaus († 1462) 206
Löffler, Gregor († 1565), Tiroler Erzgießer 309
Logau, Friedrich von (1604–1655), dt. Dichter 81
Longuyon, Jaques de, Dichter 79
Lope de Vega, Félix (1562–1635), span. Dichter 20, 25, 58
Lorenz, hl. († 258), röm. Diakon 245f.
Lorenzo I. il Magnifico (1449–1492), Herzog von Toskana 100
Lothringer, Herrscherdynastie 12, 60, 89, 133, 135, 147, 151, 184, 209
Louis Ferdinand (1772–1806), Prinz von Preußen 65, 114
Lucchese, Filiberto, Hofarchitekt Kaiser Leopolds I. 230
Lucchese, Giovanni († 1581), ital. Architekt, Steinmetz 26
Ludmilla, hl. (um 860–921), Herzogin von Böhmen 25
Ludwig IV. der Bayer (1282–1347), Herzog von Bayern, Kaiser 1328–1347 155, 184
Ludwig I. (1326–1382), König von Ungarn 1342–1382 22, 198
Ludwig II. Jagiello (1506–1528), König von Böhmen und Ungarn 198f.
Ludwig XIII. (1601–1643), König von Frankreich 1610/1617 224
Ludwig XIV. (1638–1715), König von Frankreich 1661–1715 73, 76, 78, 121f., 124, 126, 226f., 230, 250, 269, 272

Ludwig XVI. (1754–1793), König von Frankreich 60
Ludwig (1784–1864), Erzherzog, Vorsitzender der Staatskonferenz unter Kaiser Ferdinand I. 103, 277
Ludwig Salvator (1847–1915), Erzherzog 103
Ludwig Victor (1842–1919), Erzherzog 218, 237
Luis de Granada, span. Philosoph 110
Luna, Graf von, span. Botschafter 274
Lünig, Johann Christian (1662–1740), Geschichtsschreiber und Rechtshistoriker 262
Luther, Martin (1483–1546), Reformator 18, 38, 131
Luxemburger, Adelsgeschlecht 91, 133, 136, 182
Luycx, Franz (1604–1668), Maler 74
Luython, Charles (um 1556–1620), belgischer Komponist 54

Mach, Franz Edler von, Hof- und Kammerjuwelier 176
Machuca, Pedro († 1550), span. Maler, Architekt und Bildhauer 72
Magdalena (1532–1590), Erzherzogin 36
Magellan, Fernando de (um 1480–1521), portug. Seefahrer 110, 124
Maino, Juan Battista Fray († 1649), span. Maler 73
Makart, Hans (1840–1884), österr. Maler 286
Mander, Karl von, Kunstschriftsteller 83
Mansfield, Herzog von 101
Mantegna, Andrea (1431–1506), ital. Maler 122
Marc Aurel (121–180), röm. Kaiser 161–180 75, 120
Marchesi, Pompeo († 1789), ital. Bildhauer 78
Marcy, Johann, Abbé, Leiter des physik.-math. Kabinetts 102
Margareta (1536–1566), Erzherzogin 36, 73
Margarete (1480–1530), Erzherzogin, Statthalterin der Niederlande 54, 67, 73, 93, 202, 309, 311
Margarethe Maultasch (1318–1369), Gräfin von Tirol 182, 308
Margarita de la Cruz y Austria, natürliche Tochter des Kardinalinfanten Fernando 246
Margarita (1584–1611), Gattin König Philipps III. von Spanien 247, 280
Margarita Teresa von Spanien (1651–1673), 1. Gattin Kaiser Leopolds I. 43, 64, 266, 280, 284, 299
Margraf, Christoph, Uhrmacher 83
Maria, Gattin Friedrichs von Antiochien 151
Maria von Burgund (1457–1482), 1. Gattin Kaiser Maximilians I. 40, 106, 210, 309, 311
Maria Emanuela (1527–1545), 1. Gattin König Philipps II. von Spanien 280
Maria (1505–1558), Erzherzogin, Gattin König Ludwigs II. von Böhmen und Ungarn 100f., 192, 199, 274, 312
Maria Tudor (1516–1558), 2. Gattin König Philipps II. von Spanien 280
Maria von Spanien (1528–1603), Gattin Kaiser Maximilians II. 60, 70, 83, 247, 297, 312
Maria Anna von Bayern (1551–1608), Gattin Herzog Karls II. von Innerösterreich 21f., 56, 97, 264, 275, 278, 312f.
Maria Christierna (1574–1621), Erzherzogin 37
Maria Magdalena (1589–1631), Gattin Cosimos II. Medici 285

Maria († 1646), Tochter Kaiser Ferdinands III. 314

Maria Anna von Spanien (1608–1646), 1. Gattin Kaiser Ferdinands III. 56, 266, 314

Maria Leopoldina (1632–1649), 2. Gattin Kaiser Ferdinands III. 314

Maria Theresia (1652–1653), Tochter Kaiser Ferdinands III. 314

Maria Josepha (1675–1676), Erzherzogin 276

Maria Anna (1635–1696), 2. Gattin König Philipps IV. von Spanien 239, 280, 299

Maria Elisabeth (1680–1741), Erzherzogin 44

Maria Magdalena (1689–1743), Erzherzogin 44, 73

Maria Anna (1718–1744), Erzherzogin, Gattin, Herzog Karls von Lothringen 60, 276

Maria Elisabeth Christina († 1750), Prinzessin von Wolfenbüttel 217

Maria Anna (1683–1754), Erzherzogin, Gattin König Johanns V. von Portugal 65

Maria Josefa von Bayern (1739–1767), 2. Gattin Kaiser Josephs II. 258

Maria Theresia (1717–1780), österr. Herrscherin, Königin von Böhmen und Ungarn 1740–1780 11, 29, 35, 37ff., 44, 46, 60, 62, 65, 68, 72ff., 78, 86, 132f., 135, 138f., 146ff., 150–153, 162, 168, 170, 177, 190, 196, 200, 203f., 210, 214–217, 230, 232, 236, 256, 258, 262, 266, 269, 275ff., 286, 307, 312, 314, 317

Maria Anna (1738–1789), Erzherzogin, Äbtissin des Prager Damenstiftes 35, 37, 102

Maria Ludovica von Spanien (1745–1792), Gattin Kaiser Leopolds II. 65, 190, 217, 272

Maria Christine (1742–1798), Erzherzogin, Gattin Alberts II. von Sachsen-Teschen 106

Maria Amalia (1746–1804), Erzherzogin 312

Maria Theresia von Sizilien (1772–1807), 2. Gattin Kaiser Franz' II.(I.) 65, 217

Maria Ludovica (1787–1816), 3. Gattin Kaiser Franz' II.(I.) 177, 217

Maria Beatrix von Modena d' Este (1750–1829), Gattin Erzherzog Ferdinand Karls 60

Maria Antonia (1858–1883), Erzherzogin, Tochter Herzog Ferdinands IV. von Toskana 140

Maria Henriette († 1902), Erzherzogin 66

Maria Josefa von Sachsen (1867–1944), Gattin Erherzog Ottos, Mutter Kaiser Karls I. 316

Maria Immakulata († 1971), Tochter Erherzog Leopold Salvators 66

Maria Feodorowna, Großfürstin 317

Mariana de la Cruz y Austria, natürliche Tochter Don Juan Josés 246

Mariana de San José, Nonne 247

Marianne von Sardinien-Piemont (1793–1875), Gattin Kaiser Ferdinands I. 177

Marie Antoinette (1755–1793), Erzherzogin, Gattin König Ludwigs XVI. von Frankreich 60, 65, 140, 280, 306

Marie Louise (1791–1847), Erzherzogin, Gattin Napoleons I. 316

Marie Valerie (1868–1924), Erzherzogin, Gattin von Franz Salvator, Erzherzog von Österreich-Toskana 48

Marin, José (1619–1699), span. Komponist 58

Marliano, Luigi, Arzt und Gelehrter 221

Martin V. (1368–1431), Papst 1417–1431 167

Martin-Weidinger, Karin 9

Matsch, Tiroler Vogtfamilie 134

Matthias Corvinus (1440/43–1490), König von Ungarn 1458–1490 107, 171, 205

Matthias (1557–1619), röm.-dt. Kaiser 1612–1619 9, 25, 30, 41, 54, 74, 86, 134, 137, 156, 168, 170f., 174f., 179, 186, 189f., 192, 196, 228, 232, 272, 280, 292, 314

Matthias von Neuenburg († vor 1370), Geschichtsschreiber 134

Mattioli, Pier Andrea (1501–1577), ital. Mediziner und Botaniker 88

Mauritius, hl. († um 300), röm. Legionär und christl. Märtyrer 165ff.

Max Joseph Este (1782–1863), Hoch- und Deutschmeister des Dt. Ordens 212

Maxentius (um 279–312), röm. Kaiser 306–312 120, 245

Maximilian I. (1459–1519), röm.-dt. Kaiser 1486/93–1519 19, 22, 25f., 30, 34f., 39–43, 48, 54, 67–70, 72f., 75, 79f., 84, 87, 91f., 96, 106, 120–124, 130, 134ff., 138f., 142, 145, 153, 155, 157f., 162, 165, 173f., 186, 188, 203, 205f., 209f., 212, 227f., 232f., 236, 241, 249, 256, 264, 270ff., 274, 285, 287f., 292, 305f., 308–311

Maximilian II. (1527–1576), röm.-dt. Kaiser 1564–1576 35, 41, 52, 54, 58, 60, 69f., 82ff., 88, 92ff., 96ff., 106f., 113, 168, 174f., 189ff., 195f., 199, 230f., 235, 147f., 256, 271, 274, 285, 292, 294, 297, 307, 312

Maximilian III. der Deutschmeister (1558–1618), Erzherzog 30, 84, 97, 134, 136, 162, 212, 314

Maximilian (1638–1639), Sohn Kaiser Ferdinands III. 314

Maximilian I. (1573–1651), Herzog und Kurfürst von Bayern 1598–1651 24, 98

Maximilian II. Emanuel (1662–1726), Kurfürst von Bayern 1679–1726 220

Maximilian Franz (1756–1801), Erzbischof von Köln, Hochmeister der Dt. Ordens 65, 203f., 212

Maximilian I. (1832–1867), Kaiser von Mexiko 38, 78, 90, 140, 204, 216, 224, 234, 316

Mayerhofer, Silberwarenfabrikant 176

Mechel, Christian (1737–1817), Kupferstecher und Kunsthändler 100

Medici, florent. Bankiersfamilie 91f.

Meginhard (820/25–888), Geschichtsschreiber 165

Mendez Silva, Rodrigo, span. Historiograph 221

Mennel, Jakob (um 1460–1526), Geschichtsschreiber 134ff., 158

Meran, Grafen von, Nachkommen Erzherzog Johanns 277, 319

Meran, Franz Graf (1839–1891) 49, 277

Merian, Matthäus d. Ä. (1593–1650), schweiz. Kupferstecher 229

Merowinger, fränk. Adelsgeschlecht 133–136, 250

Messmer, Franz (1728–1773), Maler 102

Metastasio, Pietro (1698–1782), Hofdichter 57, 82, 132

Metternich, Clemens Wenzel Lothar Fürst von Metternich-Winneburg (1773–1859), österr. Staatskanzler 65, 193, 215

Meytens, Martin van (1695–1770), Maler 74

Michael VII. Dukas († 1078), Kaiser von Griechenland 169
Michelangelo (1475–1564), ital. Maler, Bildhauer und Baumeister 99
Minato, Nicolo Graf, Hofpoet 57, 82
Miseroni, Mailänder Steinschneiderfamilie 86
Miseroni, Dionysius († 1661), Steinschneider 86
Miseroni, Eusebio, Steinschneider 86
Miseroni, Ferdinand († 1684), Steinschneider 86
Miseroni, Ottavio († 1624), Steinschneider 70, 86
Mitterer, Albert 221
Mohs, Friedrich (1773–1839), dt. Mineraloge 102
Moll, Balthasar (1717–1785), österr. Bildhauer 78, 317
Monet, Claude (1840–1926), franz. Maler 106
Mont, Hans († nach 1583), Architekt und Maler 235, 271
Monte, Philipp de (1521–1603), fläm. Komponist 54
Montecucculi, Raimund (1609–1681), kaiserl. General 284
Montenuovo, Wilhelm Fürst von (1821–1895), General 49
Montesquieu, Charles de Secondat (1689–1755), Baron, franz. Staatstheoretiker 74
Monteverdi, Claudio (1567–1643), ital. Komponist 56
Montfort, Ulrich Graf 103
Mor (Moro), Antonis (1519–1575), Maler 74, 101, 240
Morales, Christóbal (um 1500–1553), span. Komponist 57
Morandus, hl. († um 1115) 135, 308
Motecuhzoma II. Xocoyotzin (Moctezuma) (1467–1520), aztek. Herrscher 103
Mozart, Nannerl (Maria Anna) (1751–1829), Schwester Mozarts 60
Mozart, Wolfgang Amadeus (1756–1791), österr. Komponist 52, 60, 62, 65, 102, 132
Müller, Ignaz, Probst von St. Dorothea in Wien 38

Napoleon I. Bonaparte (1769–1821), Kaiser der Franzosen 1804–1814/15 80, 124, 146, 149, 173, 192, 201, 211f., 214, 316–318
Napoleon II. (1811–1832), König von Rom, Herzog von Reichstadt 124, 318
Nave, Bartholomeo della, venez. Sammler 99
Neipperg, Wilhelm Graf (1684–1774), österr. General 214
Nepotis, Govard, Organist und Erzieher 54
Neri, Philipp (1515–1595), ital. kath. Theologe 25, 269
Nero (37–68), röm. Kaiser 144
Niedbruck, Kaspar von, luth. Berater 106
Nikolaus V. (1397–1455), Papst 1447–1455 167, 187
Nikolaus II. (1868–1918), Zar von Rußland 1894–1917 48, 317
Nithard, Beichtvater Maria Annas, Gattin König Philipps IV. von Spanien 239
Nostiz, Christoph Wenzel 272
Nostradamus (1503–1566), franz. Mathematiker und Astrologe 140
Nuñez de Arce, Schriftsteller 139f.

Ordoñez, Bartolomé († 1520), span. Bildhauer 312
Osenbruck, Andreas, Hofgoldschmied 175
Oswald, hl. (um 604–642), König von Northumbrien 72

Oswald von Wolkenstein (um 1377–1445), spätmittelhochdt. Liederdichter und -komponist 52
Otakare, steir. Adelsgeschlecht 232
Othbert, Vater der hl. Ottilie 134f.
Ottilie, hl. (um 660–720), elsäss. Äbtissin 135
Otto I. (912–973), Kaiser 962–973 164, 166, 184, 188
Otto II. (955–983), Kaiser 973–983 164, 188
Otto III. (980–1002), Kaiser 996–1002 155, 165, 167
Otto IV. von Braunschweig (1175/76–1218), Kaiser 1209–1218 142, 165
Otto der Fröhliche (1301–1339), Herzog von Österreich 34, 84, 182, 205, 308
Otto V. von Lengenbach, Domvogt von Regensburg 159
Ottokar II. Přemysl (um 1230–1278), König von Böhmen 1253–1278 16, 133, 170, 309
Ottokar aus der Geul (1260/65–1319/21), Chronist 130
Ottonen, dt. Herrschergeschlecht 184

Paar, Eduard Graf (1837–1919), General 49
Pacassi, Nicolaus (1716–1790), österreichischer Architekt 231, 314
Pachmann, Robert, vermeintlicher Sohn von Kronprinz Rudolf 140
Padovano, Hannibale (1527–1575), ital. Komponist 56
Palestrina, Giovanni Pierluigi da (um 1525–1594), ital. Komponist 54
Palladio, Andrea (1508–1580), ital. Baumeister 235
Palladius, Rutilius Taurus, Autor des 4. Jhdts. 87
Pallavicini, Hortensio, Jesuit 16
Pállffy, István (1586–1646), ungar. Kronhüter 171
Palma, Giovane (1480–1528), ital. Maler 99
Pambio, Juan Maria del, Architekt 26
Pancotti, Antonio, ital. Komponist 56
Pannemaker, Wilhelm, Hoftapisseur Karls V. 237
Pantoja de la Cruz, Juan (1551–1608), span. Maler 101
Pappenheim, schwäb.–fränk. Adelsgeschlecht, erbl. Inhaber des Marschallamtes 191
Pargfrieder, Joseph Gottfried (1782–1863), Armeelieferant 78
Pariati, Pietro, Dichter 57
Paul II. (1418–1471), Papst 1464–1471 212
Paul Petrowitsch 317
Payer, Julius (1841–1915), österr. Polarforscher 90
Pedro II. (1175–1213), König von Spanien 1195–1213 202
Pedro I. (1798–1834), Kaiser von Brasilien 178
Perdieri, Luca Antonio, ital. Kapellmeister 60
Perény, Gábor, ungar. Magnat 199
Perényi, Péter (1502–1548), Kronhüter 171, 199f.
Perez de Guzmán, Alonso, Patriarch von Indien (Amerika) 299
Petrarca, Francesco (1304–1374), Humanist und Dichter 144
Petznek, Leopold (1881–1956), Präsident des österr. Rechnungshofes, Gatte der Erzherzogin Elisabeth 319
Peutin, Jean, Goldschmied 208
Peutinger, Konrad (1465–1547), dt. Humanist 122f., 310
Pfeffenhauser, Anton (um 1525–1603), Plattner 80
Philipbert († 1580), Herzog von Savoyen 192

Philipp, Neffe Friedrichs II. von der Pfalz 187
Philipp von Schwaben (1176–1208), König 1198–1208 142, 178
Philipp IV. der Schöne (1268–1314), König von Frankreich 1285–1314 39
Philipp II. der Kühne (1342–1404), Herzog von Burgund 1363–1404 208
Philipp III. der Gute (1396–1467), Herzog von Burgund 1419–1467 54, 79, 208, 241, 276, 309
Philipp I. der Schöne (1478–1506), Erzherzog, König von Kastilien 1504–1506 54, 93, 120, 145, 202, 210, 237, 292, 309, 312
Philipp II. (1527–1598), König von Spanien 1556–1598 37, 57, 67, 69f., 72, 84, 88, 98, 100ff., 110, 112, 122, 124ff., 130, 139f., 146, 174, 192, 203, 208f., 238–241, 245ff., 249ff., 253ff., 273f., 280, 294, 296, 299f., 302, 312
Philipp III. der Fromme (1578–1621), König von Spanien 1598–1621 20, 37, 57, 70, 73, 75, 101, 223, 238ff., 247, 252, 280, 299f., 302, 312
Philipp (1637–1639), Erzherzog, Sohn Kaiser Ferdinands III. 314
Philipp IV. (1605–1665), König von Spanien 1621–1665 25, 37, 46, 57f., 70, 72, 83, 100ff., 112, 114, 122, 124, 146, 239f., 246f., 250f., 255, 269, 277, 280, 294, 299f., 303, 312
Philipp V. von Anjou (1683–1746), König von Spanien 1700–1746 146, 248
Philippine von Lancester (1360–1415), Gattin König Johanns I. von Portugal 157
Piccolomini, Enea Silvio (1405–1464), Sekretär Kaiser Friedrichs III., als Papst Pius II. 53, 164, 167
Pieczkonius, Michael, Gelehrter 223
Pierleoni, Grafen vom Aventin, röm. Adelsfamilie 134
Pirkheimer, Willibald (1470–1530), dt. Humanist 122
Pius II. s. Piccolomini, Enea Silvio
Pius V. (1504–1572), Papst 1566–1572 21
Pius VI. (1717–1799), Papst 1775–1799 188, 317
Pius X. (1835–1914), Papst 1903–1914 210
Plain-Hardegg, Otto II. Graf († 1260) 158
Pless, Fürsten von 50
Plochl, Anna (1804–1885), Gattin Erzherzog Johanns 319
Podstatzky-Liechtenstein, Leopold Graf, Musikoberdirektor 62
Pohl, Walter, Historiker 8
Poigen, Grafen von 159
Poigen-Hohenburg-Wildberg, Grafen von 154
Poincaré, Raymond (1860–1934), franz. Politiker 210
Polleroß, Friedrich, Kunsthistoriker 72
Pomis, Pietro de (1569–1633), ital. Maler und Architekt 81
Pordenone (um 1483–1539), ital. Maler 99
Pötting, Franz Eusebius, Botschafter 132
Pourbus, Frans (1545–1581), Maler 74, 81, 99
Poussin, Nicolas (1594–1665), franz. Maler 70
Pozo, Francesco de, ital. Baumeister und Architekt 228
Preda, Sigmund de, ital. Baumeister 228
Přemysl, legendärer Ahnherr Böhmens 194f.
Priuli, Giovanni (1575/80–1629), ital. Komponist 56
Ptolemäus, Claudius (um 100–nach 160), alexandrinischer Astronom, Mathematiker und Geograph 110
Putsch, Johann, Maler 120

Quicchlberg, Samuel (1527–1571/72), niederländ. Mediziner und Sammler 93

Racine, Jean (1639–1699), franz. Dramatiker 60
Radepot († 1035), Graf im Klettgau, Vorfahre der Habsburger 141, 309
Radetzky von Radetz, Johann Josef (1766–1858), österr. Feldmarschall 193
Raffael (um 1483–1520), ital. Maler und Baumeister 74, 101
Rainer (1827–1913), Erzherzog 110
Rákóczi, Georg II., Fürst von Siebenbürgen 1642–1660 171
Rapperswil, Grafen von 153
Ratbot s. Radepot
Regnart, Jakob (1540–1599), fläm. Komponist 54
Rembrandt (1606–1669), niederländ. Maler 99, 106
Renata von Lothringen (1544–1602), Gattin Herzog Wilhelms V. von Bayern 278
René I. von Anjou († 1480), Herzog von Lothringen 151
Renner, Karl (1870–1950), österr. Bundespräsident 1945–1950 18
Repgow, Eike von († nach 1233), Geschichtsschreiber 142
Reuttner, Georg von (1656–1738), Kapellmeister 60
Révay, Peter (1568–1622), ungar. Kronhüter 171
Ribera, José de (1591–1652), span. Maler 99, 101, 246
Richter, Hans (1843–1916), dt. Kapellmeister 62
Richter, Hans, Botaniker 88
Rizzi, Francesco, ital. Maler 70
Robert (Ottobert), Vorfahre der Habsburger 309
Romero, Mateo († 1647), span. Kapellmeister 58
Romulus Augustulus (um 459–475/76), letzter weström. Kaiser 117
Roo, Gerhard van († 1590), Hofhistoriker 130
Rosa, Wiener Galeriedirektor 100
Roselli, Matteo (1578–1650), ital. Maler 285
Rosenberg, Adelsgeschlecht 196
Rosenberg, Wilhelm von, Oberst-Landkämmerer 196
Rosenthal, Earl E., Historiker 164f., 173
Rosenthal, Taulow von, Archivar 162
Rota, Martino (1520–1583), ital. Hofmaler 74
Rubens, Peter Paul (1577–1640), fläm. Maler 18, 70, 84, 98–101
Rudolf II. (1270–1290), Herzog von Österreich 144, 161, 191, 312
Rudolf I. von Habsburg (1218–1291), röm.-dt. König 1273–1291 8, 14, 16, 18, 20f., 31, 34, 39, 52, 73, 91, 106, 121, 130, 132f., 137f., 141f., 144, 153, 155, 168, 184, 191, 219, 227, 250, 285f., 306, 309, 312
Rudolf III. (1282–1307), Herzog von Österreich, König von Böhmen 1306 34, 91, 168, 196, 312
Rudolf IV. der Stifter (1339–1365), Herzog von Österreich 26, 40, 52, 68, 84, 86f., 91f., 130, 136, 142, 144f., 161f., 181f., 192, 288, 307f.
Rudolf II. (1552–1612), röm.-dt. Kaiser 1576–1612 42, 54, 56, 60, 67, 69f., 73f., 76, 82–88, 92, 94, 96–99, 102, 106f., 113, 121f., 124, 138f., 149, 156, 168, 171, 174 ff., 186, 188ff., 192, 194, 196, 223, 228, 231, 234, 246, 256, 258, 271f., 292, 312

Rudolf (1788–1831), Erzherzog, Bischof von Olmütz und Kardinal 60, 65f., 305
Rudolf (1858–1889), Erzherzog und Kronprinz 9, 38, 50f., 103, 139f., 168, 210, 237, 249, 286
Rue, Pierre de la (um 1460–1518), Komponist 54
Ruscelli, Girolamo, Gelehrter 222
Ruzzola, Domenico a Jesu Maria, Karmelit 17, 21, 25
Ryckaert, David (1612–1661), fläm. Maler 99

Saar, Florian Dietrich Ritter von 22
Sadeler, Ägidius (1570–1629), fläm. Kupferstecher und Maler 70, 76
Salburg, Franz Ferdinand Graf 43f.,
Salburg, Gotthard Heinrich Graf 43f.
Salier, dt. Dynastie 26, 306
Salieri, Antonio (1750–1825), Hofkapellmeister und Komponist 62, 65
Salvador, Antonio (1685–1716), Bildhauer 78
Sambucus, Johannes (1531–1584), ungar. Humanist 107
Sánchez Coëllo, Alonso (1531/32–1588), span. Maler 74, 101, 240
Sandrart, Joachim von (1606–1688), dt. Maler und Kunstschriftsteller 99
Sansovino, Andrea (1460–1529), ital. Bildhauer und Baumeister 22
Santin-Aichel s. Aichel, Johann Santin
Sarachi, Gasparo, Steinschneider 86
Sarachi, Girolamo, Steinschneider 86
Sarto, Andrea del (1486–1530), ital. Maler 101
Savery, Roelant (1576–1639), niederländ. Maler 99
Savoyen-Carignan, Herzogin von, Gräfin von Soisson 37
Savoyer, burgund. Adelsgeschlecht 91, 151, 173
Sbarra, Francesco (1611–1668), ital. Hofpoet 82, 284
Scalletari, Joseph, Jesuit 14
Schallautzer, Hermes (1503–1561), Wiener Stadtbaumeister und Bürgermeister 228
Schärf, Adolf (1890–1965), österr. Bundespräsident 1957–1965 18
Schäuffelein, Hans (1480/85–1538/40), dt. Maler und Zeichner 69
Scheicher, Elisabeth 67
Schiller, Friedrich (1759–1805), dt. Dichter 18, 139
Schindler, Norbert, Historiker 13
Schliemann, Heinrich (1822–1890), dt. Altertumsforscher 126
Schmelzel, Wolfgang (nach 1500–1561), Dichter 145
Schmelzer, Johann Heinrich (1623–1680), österr. Komponist 284
Schneider, Romy (1938–1982), österr. Schauspielerin 139
Schnepf, Kammerdiener Kaiser Ferdinands II. 307
Schönleben, Johann Ludwig, Chronist 13
Schoppe, Caspar (1576–1649), Publizist 21, 131
Schrenck von Notzing, Jacob, Kustos 96
Schubert, Franz (1797–1828), österr. Komponist 52, 62
Schuppen, Jacob van (1670–1751), franz. Maler 74
Schurff, Carl Freiherr 162
Schwarzenberg, Fürstenfamilie 204
Schwarzenberg, Adam Franz Fürst von († 1732), Oberstallmeister Kaiser Karls VI. 44

Seghers, Hercules (1589/90–1638), niederländ. Maler 99
Seisenegger, Jakob (1505–1667), österr. Maler 69, 74
Seldeneck von, Erbküchenmeister 191
Senfl, Ludwig (um 1486–1452/53), dt.-schweiz. Komponist 54
Sesselschreiber, Gilg (1460/65–1520), dt. Maler 309f.
Seusenhofer, Hans (1470–1555), Plattner 80
Seusenhofer, Jörg (1516–1580), Plattner 80
Seusenhofer, Konrad (1450/60–1517), Plattner 80
Siebenbürger, Johann, erster Hochmeister des St. Georgs Ritterordens 212
Sigismund (1368–1437), Kaiser 1433–1437 158, 164f., 167, 205
Sigismund (1826–1891), Erzherzog 90
Sigmund der Münzreiche (1427–1496), Herzog von Tirol 13, 54, 92, 106, 232, 308f.
Sigmund Franz (1630–1665), Erzherzog von Österreich-Tirol, Bischof von Augsburg, Gurk und Triest 128, 180, 192
Sigüenza, José de (um 1544–1606), Pater und Schriftsteller 245
Silber, Johann 98
Sillero, Antonio, span. Architekt 247
Škréta, Karel (1610–1674), Prager Maler 86
Slatkonia, Georg, Oberstkapellmeister 54
Snayers, Peter (1592–1666), fläm. Maler 46, 99
Snyders, Frans (1579–1657), fläm. Maler 70
Soliman, Angelo, Mohr am Wiener Hof 103
Sophie Friederike von Bayern (1805–1872), Mutter Kaiser Franz Josephs I. 38, 193
Sophie (1868–1914), Gräfin Chotek, Gattin des Thronfolgers Franz Ferdinand 141, 319
Soto, Francisco de (1539–1619), span. Komponist 57
Soto, Pedro de (1494/1500–1563), Philosoph, Dominikanertheologe 110
Sporck, Franz Anton Graf († 1738), Kunstfreund 46
Spranger, Bartholomäus (1546–1611), niederländ. Maler 70, 235, 271
Springer, Wiener Büchsenmacher 49
Springinklee, Hans, Formschneider und Zeichner 69
St. Georgen, Grafen von 170
Stabius, Johannes (um 1460–1522), Humanist 122, 135, 308
Stadler, Hans, Schriftsteller 139
Stainreuter, Leopold, gen. Leopold von Wien (um 1340–nach 1385), Geschichtsschreiber 136, 145, 153, 157
Staufer, schwäb. Adelsgeschlecht 26, 130, 134, 136, 141, 165, 184, 201, 306
Stein, Diepolt von, Lehrer Kaiser Maximilians I. 40
Steinbüchel, Anton, Ägyptologe 106
Steinle, Matthias (um 1644–1727), österr. Baumeister und Bildhauer 76
Stephan I. der Heilige (um 975–1038), König von Ungarn 25, 162, 167f., 170, 196, 199, 201, 309
Stephanie von Belgien (1864–1945), Gattin von Kronprinz Rudolf 37
Strada, Jacopo da (um 1515–1588), ital. Universalgelehrter 94, 235
Strattmann, Paul 110

Streun vom Schwarzenau, Reichart († 1600), Geschichtsschreiber 134
Strigel, Bernardin (um 1460–1528), dt. Maler 68
Strudel, Paul (1648–1708), Bildhauer und Architekt 76
Stubenberg, Adelsfamilie 40, 206
Stubenberg, Wolf von 264
Stubenrauch, Philipp von (1784–1848), österr. Zeichner und Maler 176
Sueton (um 70–um 140), röm. Schriftsteller 132
Süleyman II. (1494–1566), osman. Sultan 171, 235
Sunthaym, Ladislaus (um 1440–1513), Genealoge und Topograph 136
Susini, Francesco († 1646), ital. Bildhauer 76
Sustermans, Justus (1597–1681), fläm. Maler 74
Swieten, Gerhard van (1700–1772), niederländ. Leibarzt Maria Theresias, Direktor der Wiener Hofbibliothek 102, 276
Sylvester II. (940/50–1003), Papst 999–1003 25, 168, 198
Szálasi, Franz (1897–1946), ungar. Politiker 172

Tacca, Pietro (1577–1640), ital. Bildhauer 75
Tacitus, Publius Cornelius (um 55–nach 115), röm. Geschichtsschreiber 133
Tafur, Piero (um 1410–1484), span. Reisender 206
Tahy, Franz, Oberstallmeister 199
Tenier, David d. J. (1610–1690), Maler 99
Teresa de Jesú s. Theresia von Ávila
Theobert, legendärer Ahne der Habsburger 309
Theodelinde († um 626), Königin der Langobarden 172f.
Theoderich der Große (um 453–526), König der Ostgoten 172, 309
Theresia von Ávila (1515–1582), span. Mystikerin 25, 214, 269
Thiers, Adolphe (1797–1877), franz. Politiker 210
Thurn und Taxis, Maximilian Fürst von (1802–1871) 49
Tibaldi, Pellegrino (1527–1596), ital. Baumeister und Maler 70, 110
Tintoretto (1518–1594), ital. Maler 99, 101
Titus (39–81), röm. Kaiser 79–81 119, 132
Tizian (1477/88–1576), ital. Maler 67, 69f., 99ff., 120, 126, 240
Toledo, Juan Bautista de († 1567), span. Hofarchitekt 240, 245, 247, 300
Trabucco, C., Bildhauer 78
Trastámara, span. Dynastie 239
Trehet, Jean, Gartenarchitekt 88
Trezzo, Jacopo da (1519–1589), ital. Medailleur und Bildhauer 247
Trithemius, Johannes († 1516), Abt von Sponheim 135
Troger, Paul (1698–1762), Maler 75
Typotius, Jacobus, Historiograph 221

Ulrich (1487–1550), Herzog von Württemberg 152
Ulrich von Liechtenstein (um 1200–1275), mittelhochdt. Dichter 158
Umberto I. (1844–1900), König von Italien 1878–1900 173
Umlauf, Ignaz (1824–1902), österr. Musiker 65

Urban VIII. (1568–1644), Papst 1623–1644 22
Urbino, Herzog von 101
Ursinus, Caspar s. Velius, C.

Vacha, Brigitte, Historikerin 8
Vaet, Jakob (1529–1567), niederländ. Komponist 54
Valentini, Giovanni († 1649), ital. Komponist 63
Valkenauer, Hans (um 1448–nach 1518), österr. Bildhauer 68
Valkenborch, Lucas van (1535–1597), niederländ. Maler 74, 81, 97, 99, 235
Valturio, Roberto (um 1413–1483), ital. Kriegstechniker 122
Valvasor, Johann (1641–1693), Laibacher Topograph 132
Vaschang, Heinrich der, Wiener Bürger und Maler des 14. Jhdts. 68, 162
Vega, Luis de († 1562), span. Architekt 239f.,
Velázquez, Diego (1599–1660), span. Maler 46, 67, 70, 101, 239
Velius, Caspar Ursinus, Humanist 94, 130
Verda, Alexander de († nach 1601), ital. Architekt und Baumeister 312
Vergil (70–19 v. Chr.), röm. Dichter 117, 119
Vermeyen, Cornelis (1500–1559), Maler 237, 274
Vermeyen, Jan († 1606), Goldschmied 174
Vernulaeus, Nicolaus 130f.
Verocchio, Andrea (1436–1488), ital. Goldschmied und Bildhauer 78
Veronese, Paolo (1528–1588), ital. Maler 99, 101
Vespasian (9–79), röm. Kaiser 69–79 110
Victoria, Tomás Luis de (um 1548/50–1611), span. Komponist 57, 60
Viktor, hl. († um 302), röm. Märtyrer 83
Viktor Emanuel II. (1820–1878), König von Italien 1861–1878 173, 215
Villanueva, Martín de, span. Komponist 57
Vintler, Konrad, Hofmeister Sigmunds des Münzreichen 13
Viridis Visconti (um 1350–1414), Gattin Herzog Leopolds III. 309
Vischer, Georg Matthäus (1628–1696), Kupferstecher und Maler 248
Vischer, Peter (um 1460–1529), dt. Erzgießer 309
Vitruv, röm. Architekturtheoretiker und Baumeister des 1. Jhdts. 302
Völs, Herren von, Tiroler Familie 134
Völs, Regina Colonna von, Adelige 36
Vries, Adriaen de (um 1560–1626), Bildhauer 70, 76, 98f., 124, 174

Wagenseil, Georg Christoph (1715–1777), österr. Komponist 65
Wagner, Otto (1841–1918), österr. Architekt 286
Wagner von Wagenfels, Hanns Jacob († nach 1700), Jurist, Erzieher Kaiser Josephs I. 132
Waldmüller, Ferdinand Georg (1793–1865), österr. Maler 106

Wallenstein, Albert Wenzel Eusebius von (1583–1634), Herzog von Friedland, kaiserl. Feldherr 22
Wandruska, Adam, Historiker 11
Wappler, Moritz (1821–1906), österr. Architekt 319
Weber, Johann Adam, Barockschriftsteller 130
Weilen, Joseph Ritter von, Dichter 286
Weinheber, Josef (1892–1945), österr. Schriftsteller 62
Welfen, Herrschergeschlecht 141
Welser Philippine (1527–1580), Gattin Erzherzog Ferdinands II. von Tirol 96, 232, 265, 314
Weltzer, Gerhard, Adeliger 207
Wenzel I. der Heilige (um 903–935), Herzog von Böhmen 25, 162, 167ff., 312
Wenzel IV. (1361–1419), König von Böhmen 1378–1419, dt. König 1378–1400 26, 91
Werböczy, ungar. Schriftsteller 170
Weygand, Maxime, vermeintliche Tochter Kaiser Maximilians von Mexiko 140
Weyprecht, Karl (1838–1881), österr. Polarforscher 90
Weys, Rudolf 220
Widerhofer, Hermann (1832–1901), Arzt 49
Wilhelm (um 1370–1406), Herzog von Österreich 206, 307
Wilhelm IV. (1493–1550), Herzog von Bayern 88
Wilhelm (1533–1584), Prinz von Oranien 192
Wilhelm V. (1548–1626), Herzog von Bayern 21, 278
Wilhelm I. (1797–1888), König von Preußen, dt. Kaiser 1871–1888 48
Wilhelm (1827–1894), Erzherzog, Hoch- und Deutschmeister des Dt. Ritterordens 212
Wilhelm II. (1859–1941), dt. Kaiser 1888–1918 48
Wilhelmine Amalie von Braunschweig-Wolfenbüttel (1673–1742), Gattin Kaiser Josephs I. 217, 248, 318
William von Orange, Schriftsteller 139
Windisch-Graetz, Alfred Fürst zu (1787–1862), österr. Feldmarschall 193
Windisch-Graetz, Otto Fürst (1873–1952), Gatte Erzherzogin Elisabeths („Rote Erzherzogin") 319
Windischgrätz, Leopold Victorin, Gesandter 146
Wirrich, Heinrich, Pritschenmeister 278
Wittelsbach, bayr. Dynastie 91, 142, 235
Witz, Michael, Innsbrucker Plattner 80
Wladislaw I. (1423–1444), König von Ungarn 1440–1444, als Wladislaw III. König von Polen 1434–1440 170, 198
Wladislaw II. Jagiello (1456–1516), König von Ungarn 1490–1516 und von Böhmen 1471 171, 198, 312
Wolfgang, hl. († 994), dt. Missionar und Bischof 308
Wolmuet, Bonifaz († 1579), Steinmetz und Architekt 26
Wrangel, Gustaf (1613–1676), schwed. Feldmarschall 98
Wratislaw, König von Böhmen seit 1085 167
Wyke, Charles Sir, engl. Diplomat 204

Xaver, Franz (1506–1552), span. kath. Theologe, Jesuit 25, 100, 269

Yaqut ar-Rumi († 1229), Geograph 159

Zähringer, schwäb. Adelsfamilie 134
Zapolya, Johann (1487–1540), König von Ungarn 1526–1540 171, 198f.
Zauner, Franz Anton (1746–1822), Bildhauer 78, 264, 318
Zeiller, Simon, Bibliothekar 107
Zeno, Apostolo (1668–1750), ital. Dichter 57
Ziani, Marc' Antonio (1653–1715), ital. Komponist 56
Zimburgis von Masovien (um 1394–1429), 2. Gattin Herzog Ernsts des Eisernen 40, 309
Zita von Bourbon-Parma (1892–1989), Gattin Kaiser Karls I. 38, 128, 177, 298, 316, 319
Zorn, Michael, Stadthauptmann von Linz 180
Zrinyi, Nikolaus (1508–1566), Schatzmeister 199
Zrinyi, Peter (1621–1671), Banus von Kroatien 132
Zuccari, Federico (um 1540–1609), ital. Maler und Zeichner 70
Zurbarán, Francisco de (1598–1664), span. Maler 70, 101
Zweig, Stefan (1881–1942), österr. Schriftsteller 280

WEITERFÜHRENDE LITERATUR ZUM THEMA HABSBURG

Brigitte Vacha (Hg.)
DIE HABSBURGER
Eine europäische Familiengeschichte
Textautoren Walter Pohl und Karl Vocelka
2. Auflage, 512 Seiten, durchgehend farbig illustriert
mit 619 Abbildungen, Karten und Stammtafeln.
Leinen mit Schutzumschlag, Format 22,5 x 29,5 cm
ISBN 3-222-12107-9

Richard Reifenscheid
DIE HABSBURGER IN LEBENSBILDERN
Von Rudolf I. bis Karl I.
3. Auflage, 376 Seiten, 28 Porträts, Stammtafeln,
Register und Farbkarte.
Leinen mit Schutzumschlag
ISBN 3-222-11431-5

Die europäische Geschichte im Spiegel der Habsburger-Dynastie, der prachtvolle Bild-Text-Band zur 12teiligen TV-Serie: Dokumentation, Bildband und Geschenk.

Über einen Zeitraum von fast 650 Jahren zeichnen diese Kurzbiographien regierender Habsburger von 1273 (Rudolf I.) bis 1918 (Karl I.) die Geschichte eines Hauses nach, das wie keine andere Dynastie die Entwicklung des Abendlandes mitgestaltet hat.

IM MEDIENHAUS STYRIA

Die Deutsche Bibliothek – CIP-Einheitsaufnahme

Vocelka, Karl:
Die Lebenswelt der Habsburger : Kultur- und Mentalitätsgeschichte
einer Familie / Karl Vocelka/Lynne Heller. – Graz ; Wien ; Köln :
Verl. Styria, 1997
ISBN 3-222-12424-8

© 1997 Verlag Styria Graz Wien Köln
Alle Rechte vorbehalten.
Kein Teil des Werkes darf in irgendeiner Form
(durch Fotografie, Mikrofilm oder ein anderes Verfahren)
ohne schriftliche Genehmigung des Verlages reproduziert
oder unter Verwendung elektronischer Systeme verarbeitet,
vervielfältigt oder verbreitet werden.
Umschlaggestaltung, Layout und Produktion: Franz Hanns, Wien
Reproduktionen: Grafo, Wien
Druck und Bindearbeit: Druckservice Styrian
ISBN 3-222-12424-8